Karl Baedeker

# Österreich

Handbuch für Reisende

Karl Baedeker

**Österreich**
*Handbuch für Reisende*

ISBN/EAN: 9783743328860

Hergestellt in Europa, USA, Kanada, Australien, Japan

Cover: Foto ©Andreas Hilbeck / pixelio.de

Manufactured and distributed by brebook publishing software
(www.brebook.com)

Karl Baedeker

# Österreich

# ÖSTERREICH

## (OHNE UNGARN, DALMATIEN UND BOSNIEN)

---

## HANDBUCH FÜR REISENDE

VON

## K. BÆDEKER

---

Mit 23 Karten und 20 Plänen

VIERUNDZWANZIGSTE AUFLAGE

---

## LEIPZIG

VERLAG VON KARL BÆDEKER

1895

Wer reisen will,
Der schweig fein still,
Geh steten Schritt,
Nehm nicht viel mit,
Tret an am frühen Morgen,
Und lasse heim die Sorgen.

Philander von Sittewald. 1650.

Das vorliegende Reisehandbuch umfaßt die österreichischen Länder bis zur ungarischen Grenze, mit Ausnahme von Dalmatien. Die Alpen-Routen konnten in diesem Bande nur in stark abgekürzter Form Aufnahme finden und wird für diese auf des Herausgebers „Südbaiern, Tirol etc." (26. Aufl., 1894) verwiesen. Eine vollständige Beschreibung der österreichisch - ungarischen Monarchie, einschließlich von Ungarn und Siebenbürgen, Dalmatien, Bosnien etc. enthält der Band „Österreich-Ungarn".

Um denjenigen Reisenden, welche nicht fortwährend den ganzen Band bei sich führen wollen, die Benutzung zu erleichtern, sind Druck und Einband so eingerichtet, daß das Buch in sechs selbständig geheftete Abteilungen zerlegt werden kann (I. Wien und Umgebungen, II. Erzherzogtum Österreich, Salzkammergut und Salzburg, III. Tirol, IV. Steiermark, Kärnten, Krain, Istrien, V. Böhmen und Mähren, VI. Galizien und Bukowina). Man bricht zu diesem Zweck das Buch am Beginn und am Schluß der loszulösenden Abteilung stark auf und durchschneidet die Gaze, auf welche die Bogen geheftet sind, mit einem Messer. Leinwanddecken zum Hineinlegen der Hefte sind durch alle Buchhandlungen zu beziehen.

Daß die Angaben dieses Buches über Gasthöfe u. dgl. stets mit Sorgfalt revidiert werden, ist bereits in weiten Kreisen bekannt. Empfehlenswerte Häuser, d. h. solche, bei denen Zimmer und Bett, Verpflegung und Bedienung zu loben sind und die in Rechnung gebrachten Preise den Wert des Gebotenen nicht übersteigen, sind, soweit des Verfassers persönliche Erfahrung und an zuverlässiger Quelle eingezogene Erkundigungen reichen, mit einem Sternchen (*) bezeichnet. So wenig damit aber ausgeschlossen ist, daß es unter den nicht auf diese Weise hervorgehobenen ebenfalls gute Gasthöfe giebt, ebenso wenig wird, bei dem raschen Wechsel, dem diese Dinge unterliegen, und der großen Verschiedenheit der gemachten Ansprüche, ein billig denkender Reisender dem Verfasser eine unbedingte Verantwortlichkeit für seine Gasthofssterne zumuten wollen. — Die Preisangaben sind durchweg Rechnungen aus den letzten Jahren entnommen, deren eine große Anzahl, häufig mit einem kurzen Urteil versehen, dem Herausgeber alljährlich von den verschiedensten Seiten in dankenswertester Weise zur Verfügung gestellt werden. Sie können natürlich nur einen ungeführen Anhalt bieten, namentlich in Bezug auf die Zimmer, für welche hohe und niedere Preise, je nach Lage und Einrichtung, in jedem Hause vorkommen.

Eine buchstäbliche Genauigkeit wird überhaupt niemand von einem Reisehandbuch fordern, das über zahllose Dinge Auskunft geben muß, die beständigem Wechsel unterworfen sind. Daher wiederholt der Herausgeber seine Bitte an die Freunde seiner Bücher, ihn auch ferner auf etwaige Irrtümer oder Auslassungen aufmerksam machen zu wollen. Jede neue Auflage wird den besten Beweis liefern, wie schätzenswert ihm stets solche Berichtigungen erschienen sind.

Für Gasthofsbesitzer, Restaurateure u. s. w. folge hier noch die Bemerkung, daß die Empfehlungen dieses Handbuchs auf keine Weise zu erkaufen sind, *auch nicht in der Form von Inseraten.*

---

### Verzeichnis der Karten und Pläne.

#### *a. Karten.*

#### *b. Pläne.*

# Inhalts-Verzeichnis.

### Abkürzungen.

Z. = Zimmer.
L. = Licht.
B. = Bedienung.
F. = Frühstück.
M. = Mittagessen.
o. W. = ohne Wein.
m. W. = mit Wein.

n., ö., s., w. = nördlich, östlich, südlich, westlich.
r. = rechts.
l. = links.
St. = Stunde.
m = Meter.

km = Kilometer.
qkm = Quadratkilometer.
ha = Hektar.
kg = Kilogramm.
M., Min. = Minute.

Das vorzugsweise Beachtenswerte ist durch ein Sternchen (*) hervorgehoben.

# I. Wien und Umgebungen.

## 1. Wien.†

**Paß, Zoll, Geld in Österreich.** Ein Paß ist in Österreich nicht mehr nötig, eine Paßkarte aber angenehm für den immer möglichen Fall, daß der Reisende mit den Behörden in Berührung kommt.

Die Zollrevision wird gegen unverdächtige Reisende in mildester Form gehandhabt. Durchaus verboten und selbst gegen eine Zollabgabe nicht zugelassen sind Spielkarten, Kalender, versiegelte Briefe. 36 Gramm Tabak und 10 Cigarren sind frei, für größere Quantitäten ist bis zu dem höchsten zulässigen Gewicht von 2,5 kg ein Zoll von c. 6 fl. pro Kilogramm zu entrichten. Die Zoll-Quittung bewahre man auf.

Geld. Die neue österreichische Währung hat als Münzeinheit die Krone (= ¹/₂ fl. oder 85 Pf.) zu 100 Hellern (1 Heller = ¹/₂ Kreuzer). Einstweilen ist jedoch erst ein Teil der alten Münzen aus dem Verkehr zurückgezogen und man rechnet noch gewöhnlich nach Gulden. Zwischen Silber- und Papiergulden besteht kein Unterschied. Die Einguldenzettel werden allmählich eingezogen; als Zahlungsmittel für höhere Beträge dient noch ausschließlich Papiergeld (Staatsnoten von 5, 50 und Banknoten von 10, 100 und 1000 fl.). Der Wert des Guldens beträgt nach dem Gesetz 1 ℳ 70 Pf. (100 ℳ also = c. 59 fl.), doch ist der Kurs des öster-

---

Bei den Verweisungen auf die Stadtpläne im Text ist der große Übersichtsplan (S. 1) überall mit Pl. I, der Plan der innern Stadt (S. 16) mit Pl. II bezeichnet. — Als Mittelpunkt der Straßen-Numerierung ist die Stephanskirche (Pl. II: C 3) angenommen. Von dort fängt stets Nr. 1 links, Nr. 2 rechts an. Die nach der Stadt führenden Straßen- u. Nummern-Schilder sind viereckig; die der im Kreise laufenden oval. Die Randeinfassung der Straßen- und Hausnummertafeln ist im I. Bezirk rot, im II. violett, im III. grün, im IV. rosa, im V. schwarz, im VI. gelb, im VII. blau, im VIII. grau, im IX. braun, im X. orange, u. s. w. — In der Stadt sind viele „Durchhäuser", durch deren Hofräume abkürzende Wege für Fußgänger führen; doch verlieren diese infolge der großen Neubauten immer mehr an Bedeutung.

reichischen Geldes zur Zeit bedeutend niedriger, sodaß man für 100 *fl.*
durchschnittlich 61 fl. erhält. — Die Umwechselung des Geldes (am vor-
teilhaftesten deutsche Banknoten) geschieht am besten in einem Bank-
geschäfte Wiens oder einer andern größern Stadt Österreichs (vgl. S. 11).

**Ankunft in Wien.** Wien hat 7 **Bahnhöfe**: 1. *Nordbahnhof* (Pl. I:
F G 3), II. Leopoldstadt, Nordbahnstraße, beim Praterstern; 2. *Nordwest-
bahnhof* (Pl. I: F 2), ebenfalls II. Leopoldstadt, Taborstraße; 3. *Südbahnhof*
(Pl. I: F 6) und 4. *Staatsbahnhof* (Pl. I: F 6), beide in X. Favoriten; 5. *West-
bahnhof* (Pl. I: C 5), XV. Fünfhaus (S. 72); 6. *Franz Josef-Bahnhof* (Pl. I:
E 2), IX. Alsergrund, Althanplatz; 7. *Aspanger Bahnhof* (Pl. I: F G 5),
III. Landstraße, Rennweg. Über die Bahnhöfe der *Verbindungsbahn* vgl.
S. 7. — Bei der Ankunft mit der Eisenbahn (auf den Bahnhöfen findet
wegen der städtischen Maut eine oberflächliche Gepäckrevision statt)
versichere man sich schnell einer Droschke; Tarif (vgl. S. 6) von den
Bahnhöfen 1-5 nach der innern Stadt für einen Einspänner 1 fl. 10 kr.
(nachts 1 fl. 50 kr.) und 30 kr. für Gepäck, für einen Zweispänner 1 fl. 60 kr.
(nachts 2 fl. 20 kr.) u. 40 kr. für Gepäck; von den Bahnhöfen 6 u. 7 Einsp.
90 kr., Zweisp. 1 fl. 30 kr. (nachts 1 fl. 20, bez. 1 fl. 75 kr.) und 30 bez.
40 kr. für Gepäck. Kleineres Gepäck, das im Innern des Wagens untergebracht wird, ist frei. — Hotel-Omnibus sind an den Bahnhöfen selten
vorhanden. Die Benutzung der gewöhnlichen Omnibus (S. 6) ist für den
nicht ortskundigen Fremden kaum möglich. — Die Wiener Ortszeit geht
der Mitteleuropäischen (Eisenbahn-) Zeit um 5 Min. *voraus*. — Bei der
Ankunft mit dem Dampfboot werden die Reisenden mit kleineren
Dampfern auf dem Donaukanal bis zur Stefaniebrücke oder dem Dampfschiffahrtsgebäude befördert (vgl. S. 7), wo Wagen bereitstehen. — Gepäckträger für das Tragen des Gepäcks vom Bahnhof zum Wagen
20-50 kr. — An den Bahnhöfen sind Sammelkästen für gelesene Zeitungen
„für die Spitäler" aufgestellt, welche die Berücksichtigung der Reisenden
verdienen. — Verkauf von Fahrkarten und Rundreiseheften auch in den
S. 11 gen. Reisebureaux.

**Hotels** (vgl. den Plan II, S. 16). *In der innern Stadt:* Hôtel Imperial (Pl. a: C 5), Kärntnerring 16, *Grand Hôtel (Pl. b: C 4, 5),
Kärntnerring 9, *H. Bristol (Pl. s: C 4), Kärntnerring 7, alle drei vornehm, mit hohen Preisen. — H. Métropole (Pl. c: C D 2), Franz Josefs-
Quai 19; *H. Sacher (Pl. x: C 4), Augustinerstr. 4, hinter dem Opernhaus, mit feinem Restaurant (S. 3); Residenz-Hot., I. Teinfaltstr. 2,
beim Franzensring; *H. Munsch (Nr. 28; Pl. e), *Erzherzog Karl
(31; Pl. f), *H. Meißl & Schadn (24; Pl. g), alle Kärntnerstr. (Pl. C 4);
H. de France (Pl. d: B 2), Schottenring 3; *Kaiserin Elisabeth
(Pl. k: C 3), Weihburggasse 3; *Stadt Frankfurt (14; Pl. h), *Mat-
schakerhof (6; Pl. i), beide Seilergasse (Pl. C 3); *Österreichischer
Hof (Pl. m: D 2, 3), Fleischmarkt 2, Ecke der Rotenturmstr.; Bauer's
H. Royal (Pl. y: C 3), Singerstr. 3, beim Graben; *H. Müller (Pl. l:
C 3), Graben 19; *König von Ungarn (Pl. s: D 3), Schulerstr. 10, beim
Stephansplatz; Ungarische Krone (Pl. q: C 4), Himmelpfortg. 14. —
Zweiten Ranges: H. Wandl (Pl. n: C 3), Petersplatz 12; *Goldne Ente
(Pl. t: D 3), Riemergasse 4; H. Ronacher (Pl. D 4; S. 9), Sellerstätte 9;
*H. Habsburg (Pl. z: D 2; S. 5), Rotenturmstr. 24, beim Quai; Stadt
London (Pl. o: D 3), Fleischmarkt 22; H. Klomser (Pl. p: B 2), Her-
rengasse 19; H. Orient (vorm. *Weißer Wolf*; Pl. r: D 3), Wolfengasse 3;
H. Rabl, Fleischmarkt 18. — Hotels Garnis u. a. *Brofft's* H. Tegett-
hoff (Pl. v: D 4), verl. Johannesgasse 23, mit Café, in ruhiger Lage,
Z. 1½-3½ fl., L. 30, B. 40 kr. — H. Kolbe, Postalozzigasse 4 (Pl. D 5);
andere Dominikanerbastei 19, Neubadgasse 4, Seilerstätte 11.

*In den äußeren Bezirken:* II. Leopoldstadt (nordöstl., jenseit des Donaukanals): *Hôt. Continental (vorm. *Goldnes Lamm*; Pl. a: D 2), Praterstr. 7; *H. de l'Europe (2; Pl. c), *Kronprinz von Österreich
(1; Pl. b), beide Aspenngasse (Pl. E 2); Sacher's H. Central (vorm.
*Weißes Roß*; Pl. r: D 2), mit Garten, Taborstr. 8. — Zweiten Ranges:
*Grand Hôt. National (18; Pl. s), *Zum Goldnen Brunnen (20),
Schwarzer Adler (11; Pl. l), H. Stefanie (vorm. *Schröder*; 10, Pl. e),

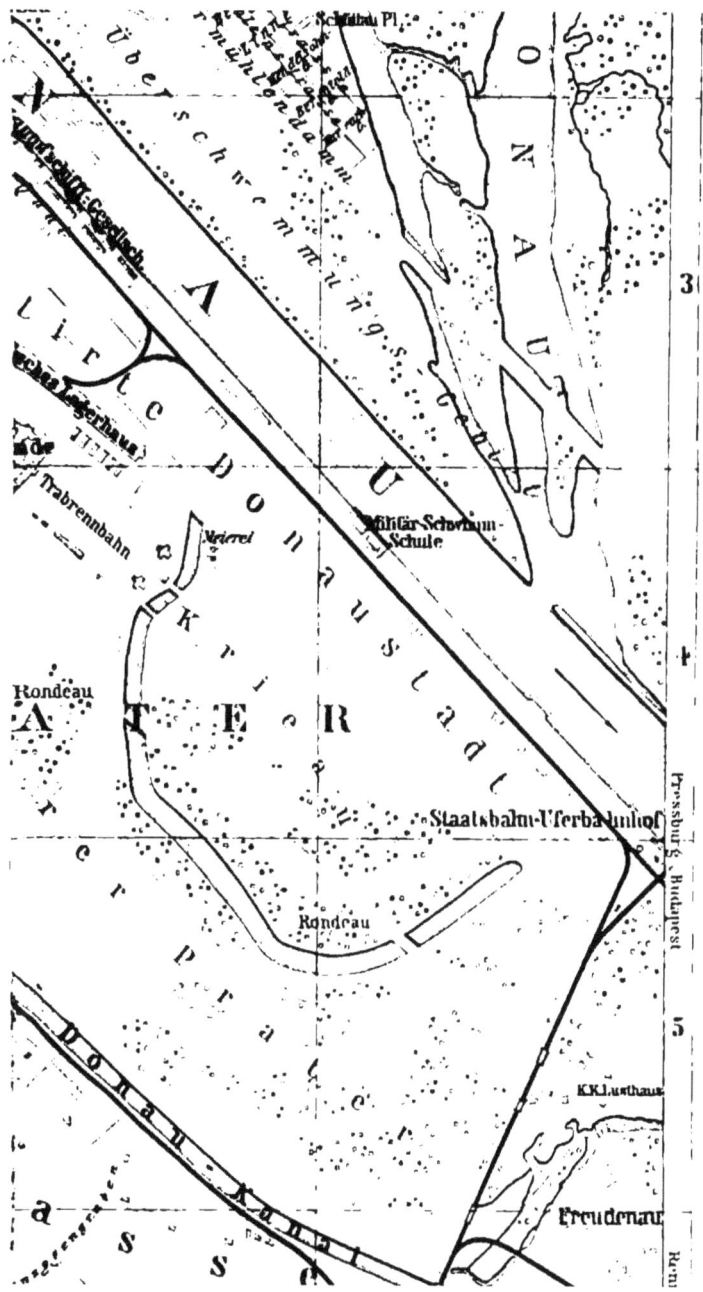

alle vier Taborstr. (Pl. D 1, 2); Bayerischer Hof (39), Donau-Hotel
(49), beide ebenfalls Taborstr. (n. von Pl. DE 1); H. Nordbahn (Pl. *d;*
F 1), Praterstr. 72; H. du Nord', Kaiser-Josefstr. 15 (n.w. von Pl. F 1);
Kaiserkrone (Pl. *g:* E 2), Circusgasse 3 (von Israeliten bevorzugt). —
III. Landstraße (s.ö.): H. Hungaria (Pl. *a:* F 2), Pragerstr. 13; Goldne
Birn (31; Pl. b), *Rother Hahn (40; Pl. d), beide Hauptstraße (Pl.
F 4); Goldner Adler (Pl. *e:* F 2), Radetzkystr. 5; Zur Goldspin-
nerin, Ungargasse 2. — IV. Wieden (südl.): H. Victoria, mit Garten,
Favoritenstr. 11 (südl. von Pl. C 5); Goldnes Lamm (7; Pl. *i*), Stadt
Oedenburg (9; Pl. *k*), beide Wiedener Hauptstr. (Pl. C 5); *Stadt
Triest (14), Goldnes Kreuz (20), Zillinger (25), alle drei ebenfalls
Wiedener Hauptstraße (südl. von Pl. BC 5); H. Ranftl, Favoritenstr. 58
(bescheiden). — VI. Mariahilf (s.w.): *H. Kummer (71a), mit besuchter
Restauration, *Goldnes Kreuz (99), Englischer Hof (81), alle Maria-
hilfer Hauptstraße (s.w. von Pl. A 5). — VII. Neubau (w.): H. Höller
(Pl. *q:* A 4), Burggasse 2, mäßig. — VIII. Josefstadt (w.): *H. Hamme
rand, Florianigasse 8 (w. von Pl. A 2), nicht weit von der Ringstr. —
IX. Alsergrund (n.w.): H. Bellevue, Althangasse 7, beim Franz Josef-
Bahnhof; H. Union, Nußdorferstr. 23. — X. Favoriten: Steudel's
Gasth., Himbergerstr. 2. — XI. Simmering: H. Winkler, Haupt-
str. 62. — XV. Fünfhaus: H. Fuchs (12), Holzwarth (28), beide Schön-
brunnerstr., beim Westbahnhof; H. Wimberger, Neubau-Gürtel 84;
H. Landgraf, Neufünfhaus, Michaelergasse 2. — XVI. Ottakring: Stadt
Frankfurt, Ottakringerstr. 7. — XIX. Döbling: *H. Kahlenberg
(S. 81), auf dem Kahlenberg.

Preise der größeren Gasthöfe: Zimmer 1-5 fl., Licht, Bedienung je
25-50 kr. täglich. Table d'hôte findet man nur in einigen wenigen Häusern
ersten Ranges, dagegen besitzen die meisten Hotels eigene Restaurationen,
in welchen man zu jeder Tageszeit nach der Karte oder per Couvert (von
1 fl. 50 bis 2 fl. 50 kr. aufwärts) speisen kann. Bei längerem Aufenthalt
werden fast überall Pensionspreise bewilligt.

Trinkgelder sind in den großen Gasthöfen in folgender Art üblich:
Zimmermädchen für 3-5 Tage 50 kr., für 8 Tage 1 fl.; Zimmerkellner
50 kr. (ist der Fremde mit ihm in gar keine Berührung gekommen, so ist
ein Trinkgeld überflüssig); Portier 50 kr.; Lohndiener für das Reinigen
der Kleider und Stiefel 20 kr. täglich, für 8 Tage 1 fl.; Hausdiener für den
Transport des Gepäcks vom Zimmer in den Wagen bei der Abreise 20-40 kr.
Zahlkellner 4-5°/₀ der Zeche. Vom Hauspersonal sind, wo „Service" schon
auf der Rechnung steht, nur Hausdiener und Portier, in einigen Häusern
auch der Lohndiener, falls sie Dienste geleistet haben, zu bezahlen. —
Sperrgeld (s. unten) 10 kr.

Pensionen. *In der inneren Stadt:* Frau Lejeune, Teinfaltstr. 2, em-
pfohlen; Frau Ranfort, Universitätsstr. 6; Fräulein Pohl, Rat-
hausstr. 20. — *In den äußeren Bezirken:* Frau Schwab, II. Große
Pfarrgasse 30; Frau Körner, VIII. Lammgasse 73; Frau Fischer,
IX. Garnisongasse 3; Frau Számwald, IX. Hörlgasse 4; H. Reitter,
IX. Ferstelgasse 5; Frau Koch, IX. Garelligasse 3 (Anfang der Alserstr.);
P. Vienna (*Seng*), IX. Frankgasse 6; Frau Tatlock, XI. Ebersdorfer-
str. 4; Pension St. Veit, XIII. Hietzinger Hauptstr. 53, 12 Min. vom
Schönbrunner Park. — *Deutsches Erzieherinnen-Heim,* I. Klostergasse 8.

Privatwohnungen überall zu haben, bei längerm Aufenthalt vorzuziehen (monatl. 20 fl. und mehr; in den Vorstädten billiger). Der Haus-
meister, welcher Nachts das Thor öffnet, bekommt einen Sperrgrosch
(10 kr., bei mehr Personen und spät Nachts 20-30 kr.)

Restaurants oder Speisehäuser (sämtlich zugleich Bier- und Wein
häuser; Mittagessen von 12 bis 3 Uhr, Abendessen nicht vor 7 Uhr, hauptsächlich nach dem Theater; dem Speise- u. Getränkekellner 5-10 kr. Trkg.),
in den meisten Hotels, auf den Bahnhöfen und in den S. 9 gen. Konzert-
lokalen; außerdem in der *innern Stadt:* *E. Sacher, Augustinerstr. 4 (und
im Prater, Constantinhügel, S. 78), vornehm, Couvert von 3 fl. an;
*Kellerei zu St. Stephan, Rotenturmstr. 11, Couvert von 3 fl. an;
Restaur. International, Ecke Neuer Markt und Tegetthoffgasse, mit
Wintergarten und Stehbierhalle (Eingang Kärntnerstr. 32a); Kührer

garten und Stehbierhalle (Eingang Kärtnerstr. 32a); K ü h r e r (*Monopol*), Kärntnerring 10; *Münch. F r a n z i s k a n e r k e l l e r, Annagasse 3, neu; *Leidinger's Nachf. (*Hartmann*); verläng. Kärntnerstr. 61, nahe der Elisabethbrücke; *Münch. Spatenbräu, Augustinerstr. 8 (und im Prator, 8. 78); *Dreher, Operngasse 8, Couvert von 1½ fl. an; Gause's Nachf., Johannesgasse 12; *Münch. Pschorrbräu (schöner Speisesaal), Jasomirgottstr. 3 u. 5, in der Nähe der Stephanskirche; *Zur großen Tabakspfeife, Goldschmiedgasse 9, beim Stephansplatz; *L e h n e r (*zur Linde*, hübsches Lokal mit Garten), Rotenturmstr. 12; *Roter Igel, Wildpretmarkt 3, mit Durchgang nach den Tuchlauben; *Goldne Kugel, Am Hof 11; *Wieninger, Naglergasse 1, beim Graben (auch gute Weine); *Drei Raben, Rothgasse 12 und Rabenplatz 1; *Münch. Bürgerbräu, Schottengasse 7; *Münch. Löwenbräu, Franzensring, hinter dem Burgtheater (schlecht ventiliert); Zoglmann (im Höt. de France), Schottenring 3; K a i s e r h o f (*Zwierschütz*), Reichsratstr. 19; Tucherbräu, Reichsratstr. 16; K a s t n e r (zum Magistrat), Lichtenfelsgasse 3; *Bellaria, Bellariastr. 12; K r i s c h k e, Kolowratring 1; B i e r - e g g e r (*zum alten Komödienbierhaus*), Albrechtplatz; M a x i m i l i a n s k e l l e r des Alt - Pilsenetzer Bräuhauses, Maximilianstr. 2; L e h n i n g e r, Kärntnerstr. 35; G r ü n e r A n k e r (*Ristorante italiano*), Grünangerstr. 10 (ital. Küche); L e b e r, Babenbergerstr. 5; M i c h a e l e r B i e r h a u s, Michaelerplatz 6, Högelsberger, Schottengasse 4, beide ganz gut und nicht teuer; H e r n f e l d (israelit.), Franz Josefs-Quai 23, u. v. a. — *In den äußeren Bezirken:* H a u s w i r t h, II. Praterstr. 62; K u g e l, II. Praterstr. 46; D r e h e r ' s B i e r h a l l e, III. Hauptstr. 97; B a z a r, IV. Schleifmühlgasse 7; R o t e s R ö ß l, IV. Hauptstr. 31; S c h i b i c h, IV. Favoritenstr. 16; A n s b a c h e r B i e r h a l l e, VI. Mariahilferstr. 1a; Zum W e i n g a r t e n, VI. Getreidemarkt 5 (beim Theater an der Wien); H o p f - n e r „zur goldnen Birn", VII. Mariahilferstr. 80; R i e d h o f, VIII. Wickenburggasse 15; W e i ß e r H a h n, VIII. Josefstädterstr. 24; P i l s e n e t z e r B i e r h a l l e, IX. Währingerstr. 1, bei der Votivkirche; N e w a l d h o f, IX. Währingerstr. 22. — Große *Biergärten* in den äußeren Bezirken : T i v o l i, XII. Meidling; Pilsener Bierquelle (zum Glücksradl), XIX. Nußdorferstr. 37; Zur schönen Aussicht, Nußdorferstr. 1; S u l k e ' s R e s t a u r. im Türkenschanspark (S. 78), XVIII. Vergl. auch S. 9, Vergnügungsorte. — „Gulyás" (Gullasch), gedünstete Fleischstücke in Paprikasauce, „Paprikahuhn" ähnlich zubereitetes Huhn, „Jungfernbraten" Schweinebraten mit Wachholder, „Matrosenbraten", gedämpfter Spitz, Ofener Braten, Husarenbraten" verschiedene Arten Rinderbraten, „Ungarisches Rebhuhn" gesulztes Kalbfleisch, „Fisolen" Bohnen, „Carfiol" Blumenkohl, „Kren" Meerrettig, „Aspic" Sülze, „Häuptlsalat" Kopfsalat, „Risibisi" Reis mit Erbsen, „Minestra" Suppe mit Reis und Blumenkohl, „Beuschel" sauer zubereitete Kalbslunge, „Junges Wild" Ragout und Eingeweide von Wild oder Geflügel, „Kaiserfleisch" Jungschweinefleisch geräuchert, „Krenfleisch" gesottenes frisches Schweinefleisch mit Meerrettig, „Frankfurter" ein Paar kleiner geräucherter Würstchen; ein einzelnes heißt „Einspänner". Vesperbrot heißt „Jause." — Man trinkt das Bier in ½ Liter- („Krügel") oder 3 Deciliter-Gläsern („Glas, Seidel").

**Weinstuben.** *Stephanskeller (s. S. 3), Stephansplatz 2; Tiroler W e i n s t u b e (*Paul Egger*), I. Wildpretmarkt 8; Jos. T ö r l e y (*Champagner-Pavillon*), I. Wallfischgasse 11; A l t d e u t s c h e W e i n s t u b e (*Bertha Kunz*), I. Führichgasse; Aug. S c h n e i d e r, I. Johannesgasse 22; V a l. R i c h t e r, I. Rotenturmstr. 31; O b e n a u s, I. Kölnerhofgasse 2; S t i e - b i t z & C o. (*zum schwarzen Kamel*), I. Bognergasse 5; T o m m a s o n i, I. Wollzeile 12, südtiroler und dalmatiner Weine (Frühstückszimmer); D o - m i n i k a n e r k e l l e r (*Franz Glanz*), I. Wollzeile 37; Zur Schnecke (altdeutsche Weinstube), I. am Peter 3; Z e t t, I. am Hof 15; D r e i L a u f e r, I. Herrengasse 28. — Gute echte Naturweine im Göttweiger S t i f t s k e l l e r, I. Spiegelgasse 9; H e i l i g e n k r e u z e r K e l l e r e i, I. Schönlaterngasse 5; bei B e r g e r in Grinzing (S. 81). — Fremde Weine: billigster *Ungarwein* im E s t e r h a z y - K e l l e r, I. Haarhof, in der Nähe der Naglergasse (Pl. BC 3), von 11-1 und 5-7 Uhr geöffnet, dunkel,

von allen Klassen besucht, keine Tische, nur Holzbänke; ferner im
Schottenstiftskeller, I. Freiung 6; *Dalmatiner Weine* im Dalmatiner Weinkeller, Naglergasse 18 (9-1 und 4-9 geöffnet). *Istrische
Weine* in der Istrianer Weinstube, I. Wollzeile; *Spanische Weine* in
der Bodega, I. Kärntnerstr. 14, Goldschmiedgasse 9 und Kolowratring 14
(originelles Lokal). — Man erhält den Tischwein gewöhnlich in offenen
(¼ Liter-) Flaschen oder in Gläsern; beliebt sind Mischungen mit Sodawasser (Syphon 10-20 kr.), Gießhübler (alkal. Säuerling) oder Rohitscher
Sauerwasser; „ein Achtel gespritzt“ heißt ½ Liter Tischwein mit ⅛ Liter
Sodawasser; „doppelt“ oder „voll“ gespritzt heißt Beimengung der doppel-
ten Menge Sodawasser zum Wein. Die besseren österreichischen Weine sind
(weiße) *Weidlinger, Gumpoldskirchener, Pfaffstättner, Vöslauer, Retzer, Mail-
berger* u. a., rot *Vöslauer.* Weiße Ungarweine: *Ruster, Neszmelyer, Szeg-
szarder, Schomlauer, Tokayer;* rote *Erlauer, Ofener, Carlowitzer.*

**Cafés.** Von den zahllosen Wiener Cafés (alle bis nach 2 oder 3 U.
Nachts geöffnet) nennen wir hier nur einige der größeren und am besten
gelegenen. In der *innern Stadt:* *Café de l'Europe, Stephansplatz 8;
*Schrangl, Graben 29, mit Sommer-Kiosk; *Habsburg (S. 2), Roten-
turmstr. 24; *Pucher, Kohlmarkt 10; *Central, Ecke Herren- und
Strauchgasse; Café de l'Opéra, Operngasse 8; Bauer Opernring 3;
*Scheidl, Walfischgasse 1, bei der Oper; Imperial (16), Kremser (8),
Sperrer (7), Kärntnerring; Ferlés, Kolowratring 2; Schützwald,
Parkring 2; J. Ronacher (24), Landtmann (14), Liebenberg (18),
Franzensring; *Arcaden-Café, Universitätstr. 9; Union, Reichs-
ratstr.; Machanek, Bellariastr. 8; Café de France (4), Germania (9)
u. a. am Schottenring; Edison (1), Residenz (17), am Franz Josefs-Kai;
Métropole, Morzinplatz 2. Dann die Cafés im Volksgarten (S. 9
u. 21) und Stadtpark (S. 9 u. 65, *Kursalon, im Sommer viel besucht).
— In den *äußeren Bezirken:* II. Leopoldstadt: Stierböck, Praterstr. 6;
Niebauer, Taborstr. 36 (und im Augarten, S. 68). — III. Landstraße:
Ratz, Hauptstr. 17. — IV. Wieden: Jungwirth, Schleifmühlgasse 6;
Eichinger, Wiedener Hauptstr. 11. — VI. Mariahilf: Pedretti (1 B),
Marschall (22), Planer (81), alle Mariahilferstraße. — VIII. Josef-
stadt: Haasmann (2), Greilinger (13), beide Josephstädterstraße. —
IX. Alsergrund: Katzer, Währingerstr. 26. — Ferner eine große Anzahl
Kaffee- und Milchwirtschaften, auch von Damen besucht, wie die
*Guntramsdorfer, I. Ecke Weihburg- und Schellinggasse; Fürst
Schwarzenberg'sche, I. Ecke Himmelpfort- u. Schellinggasse; Wie-
ner Molkerei, I. Wollzeile 26; Tirolerhof (Fürstl. Wrede'sche),
I. Führichgasse 8; Luise Jesovits, I. Schauflergasse 6. — Kaffee im
Glas oder Tasse (Schale) 12-20 kr. (mit Milch „Melange“, mehr Milch als
Kaffee „mehr weiß“, mehr Kaffee als Milch „Kapuziner“; Rahm heißt
„Obers“ oder „Schmetten“); mürbes Gebäck steht auf jedem Tisch und
wird nach Belieben genommen (Stück 2 kr.). Dem „Zahlmarqueur“ giebt
ein einzelner 2-3 kr. Trinkgeld. Eine „Portion Kaffee“ zu fordern ist nicht
üblich; man erhält in diesem Fall Kaffee und Milch besonders und eine
Tasse, zahlt aber für den Inhalt von 1½ Gläsern den Preis von zwei. —
*Gefrornes* (20 u. 30 kr.) ist fast in jedem Café zu haben.

**Konditoreien** (Eis, „Gefrornes“, in großer Auswahl: „Ribisel“ ist Jo-
hannisbeer, „Weinscharl“ Berberizen, „Dierndln“ Cornelkirschen, „Maril-
len“ Aprikosen, „Schmankerl“ vanilleartiges Eis; auch gute Bonbons u.
dgl.). *Demel, I. Kohlmarkt 18; *Gerstner, I. Kärntnerstr. 12, gute
Confitüren; *Pischinger, I. Kärntnerstr. 42; *Schelle, I. Kärntnerstr. 58; Ehrlich, I. Rotenturmstr. 22; Lehmann, I. Singerstr. 1;
Gfrorner, I. Kolowratring 14 u. Tuchlauben 23; Ullmann's Söhne,
Sechshaus, Hauptstr. 19. Chocolade bei Jordan & Timäus, Frei-
singerg. 6; Cabos, I. Kärntnerstr. 27, u. a. — *Ambulant-Verkäufer* von
*Gefrornem* (10 kr. die Portion) besonders in den Vorstädten.

**Droschkentarif** (über Fahrten von den Bahnhöfen vergl. S. 2): von
6 Uhr (Okt. bis Ende April 7 U.) Morg. bis 11 Uhr Abends (Nachts die
Hälfte mehr), für Einspänner („Comfortable“) bis zu 3 Pers., für Zweispänner („Fiaker“; z. T. nur zweisitzig!) bis zu 4 Personen:

| | Einsp. | | Zweisp. | |
|---|---|---|---|---|
| | fl. | kr. | fl. | kr. |
| In der inneren Stadt . . . . . . . . . . . . . . | — | 40 | — | 60 |
| Aus der innern Stadt nach den Bezirken II-IV und VI-IX (incl. Aspang- u. Franz-Josefs-Bahnhof) . . | — | 60 | — | 90 |
| Aus der innern Stadt in den V. Bezirk, nach den Communalbädern an der Donau, Brigittenau, Ober-Döbling, Fünfhaus, Hernals, Nord- und Nordwestbahnhof, Staatsbahnhof, Südbahnhof, Westbahnhof, Ottakring, Rudolfsheim, Sechshaus, Arsenal, Schlachtviehmarkt, Währing, Weinhaus . . . . . . . | — | 80 | 1. | 20 |
| Nach Unter-Döbling, Favoriten, Gaudenzdorf, westl. Prater, Rotunde, Praterquai (Dampfb.-St.), Simmering | 1. | — | 1. | 50 |
| Nach Dornbach, Floridsdorf, Kaisermühlen, Ober- u. Unter-Meidling, östl. Prater bis Krieau, Ottakring jenseit der Wattgasse. . . . . . . . . . . . . | 1. | 20 | 1. | 80 |
| Nach Grinzing, Hietzing, Penzing, Pötzleinsdorf, Schönbrunn . . . . . . . . . . . . . . . | 1. | 40 | 2. | 10 |
| Nach Baumgarten, Centralfriedhof, Freudenau, Hacking, Hetzendorf, Jedlesee, Kahlenbergerdorf, Lusthaus im Prater, Neuwaldegg, Nußdorf, Unter-Sievering | 1. | 60 | 2. | 40 |

Der ausführliche *Streckentarif*, mit alphabetischem Verzeichnis der Abfahrtstationen, muß in der im Innern des Wagens angebrachten Wagentasche vorhanden sein. Alle direkten Fahrten sind nach der im Tarif festgesetzten Streckentaxe zu entlohnen, wobei für Wartezeit bis zu 10 Min. nichts zu vergüten ist; der Mehraufwand an Wartezeit, sowie Unterbrechungszeit und Rückfahrten sind nach der Zeittaxe zu vergüten (jede ¼ St. für den Einspänner 20, Zweisp. 30 kr.). Eine Extragebühr von 30 kr. für den Einspänner, 40 kr. für den Zweisp. hat der Kutscher zu beanspruchen, wenn der Wagen vorherbestellt wurde, sowie bei (nicht vorausbestellten) Fahrten *von* einer Eisenbahn- und Dampfschiffstation, sowie von Theatern und Vergnügungslokalen; endlich für das auf dem Kutschbock oder Wagendach mitgeführte Gepäck (Handgepäck im Wagen ist frei). — Glaubt man vom Kutscher überfordert zu sein, so erhebe man Beschwerde bei der Polizei (S. 8) oder dem nächsten Sicherheitswachmann (Beschwerdeblatt in der Streckentaxtabelle, event. vom Kutscher zu verlangen). Bei weiteren Fiakerfahrten schütze man sich von vornherein durch genaue Vereinbarung.

**Omnibus** gehen von der innern Stadt nach den meisten äußern Bezirken, den ebem. Vororten (Döbling, Hietzing u. s. w.). Haupthalte- und Kreuzungspunkt ist der Stephansplatz. Die Fahrpreise werden nach drei Zonen berechnet: die erste von einem Punkte in der innern Stadt bis zu einem Punkt der Ringstraße, die zweite von der Ringstraße bis zum ebem. Linienwall, die dritte von der ebem. Linie bis zur Endstation in den äußeren Bezirken oder umgekehrt; die Fahrt durch eine Zone kostet 6, durch zwei auf einander folgende 9, innerhalb der nähern Vororte, auch mit Umsteigen (also bis zu 6 Zonen) 12 kr. Besondere *Eisenbahn-Omnibus* (6-15, nachts 10-20 kr.) unterhalten die Verbindung zwischen den Hauptbahnhöfen, sowie zwischen dem Stephansplatz und sämtlichen Bahnhöfen. Sie fahren gewöhnlich alle 5 oder 10 Minuten. Bis zum Nord-, Nordwest-, Franz Josef- u. Aspang-Bahnhof gebrauchen sie 15, zum Süd- u. Staatsbahnhof 25, zum Westbahnhof 30 Min., daher ratsam, ½-¾ St. vor Abfahrt des Zuges am Stephansplatz sich einzufinden. Standort für *Arsenal* (12 kr.) Stephansplatz; *Centralfriedhof* (20 kr.) I. Wollzeile 37; *Döbling* (Fahrz. ½ St., 12 kr.) I. Am Hof u. Matzleinsdorfer Linie; *Dornbach* (¾ St., 20 kr.) I. Am Hof; *Gersthof* (20 kr.) I. Freiung; *Grinzing* (¾ St., 20 kr.) I. Am Hof; *Hernals* (12 kr.) I. Am Hof, II. Praterstern; *Hietzing* (und *Neu-Penzing*, *Schönbrunn*, 12; nach 10 U. abends 20 kr.) I. Neuer Markt, Petersplatz, Stephansplatz; *Meidling* Stephansplatz (12 kr.), II. Praterstern (15 kr.); *Neu-Penzing* s. *Hietzing*; *Neuwaldegg* (1 St., 20 kr.) I. Am Hof; *Ottakring* (12 kr.) I. Am Hof; *Penzing* (½ St., 20 kr.) I. Neuer

**Markt,** II. **Praterstern;** *Schönbrunn* (wie Hietzing); *Sievering* (25 kr.) I.
Am Hof; *Währing, Cottage-Verein* (12 kr.) I. Wipplingerstraße. Der erste
Wagen fährt Vm. 6 U., im Winter 7 U. hinein, der letzte abends 10 U., im
Winter 9 U. hinaus. In den ältern Wagen sind eigene Rauch-Coupés;
in den neuern wie Pferdebahnwagen gebauten darf nur auf der Plattform
geraucht werden.

**Pferdebahn** *(Tramway)* um die ganze innere Stadt über die Ringstraße und den Franz Josefs-Quai (Fahrt 7 kr.), sowie über die Aspern-
brücke zum Praterstern (Nord- u. Nordwestbahnh.) und von dort einer-
seits zu den Communalbädern, anderseits zum Lagerhaus (Rotunde); ferner
nach Döbling, Währing, Weinhaus, Dornbach (Hernals), Penzing-Hietzing
(Rudolfsheim), Himbergerstraße (Favoriten), Südbahnhof (nur im Sommer),
Simmering (Centralfriedhof). Die Fahrpreise werden mit Ausnahme der
Ringstraßen-Linie an Wochentagen nach dem Zonentarif berechnet: erste
Zone 5, zweite Z. 7, ganzes Netz excl. Dornbach, Penzing-Hietzing,
Centralfriedhof, wenn nötig auch mit mehrfachem Umsteigen, 10 kr. An
Sonn- und Feiertagen kostet jede Strecke 10 kr. (nach dem Central-
friedhof jedoch 20 kr.). Es werden Korrespondenzscheine ausgegeben,
die innerhalb einer Stunde zum Wagenwechsel an den Kreuzungs- und
Abzweigungsstellen berechtigen. *Wer nicht Bescheid weiß, sagt beim Ein-
steigen am besten dem Kondukteur wohin er will; derselbe giebt dann
nötigenfalls von selbst die Umsteigekarte.* Eine blaue Laterne neben der Sig-
nallaterne zeigt an, daß der Wagen Abends der letzte auf der betr. Linie ist.
Die meisten Wagen haben besondere Rauchcoupés; andernfalls ist den
Rauchern die Plattform angewiesen. — Auf der *Gürtelstraße* außerhalb des
alten Linienwalls fährt die *Neue Wiener Tramway-Gesellschaft* vom Meidlin-
ger Bahnhof bis Döbling (alle 7 Min., Fahrt 10 kr.), mit Abzweigungen von
der Mariahilfer Linie nach Ottakring und von der Westbahn-Linie nach
Baumgarten und Hütteldorf; ferner vom Opernring einerseits zum Meidl-
linger Bahnhof, anderseits nach der Gürtelstraße im Anschluß an die
Dampftrambahn nach Wiener-Neudorf (s. unten), vom Schottenring nach
Nußdorf, zur Kahlenbergbahn, sowie nach Oberdöbling.

**Dampftrambahn.** 1. Von der Stefaniebrücke (Pl. II : C D 2) in das Marchfeld durch den Fabrikort *Floridsdorf* (S. 278) einerseits nach *Stammers-
dorf,* anderseits über *Aspern* und *Eßling* (Schlachtfeld, S. 80) nach *Groß-
Enzersdorf.* — 2. Von der Schönbrunner Linie (Pl. I: C D 6) über *Schönbrunn,
Hietzing, Lainz, Speising, Mauer, Kalksburg, Rodaun, Perchtoldsdorf, Brunn
am Geb., Maria-Enzersdorf* nach *Mödling,* mit einer kurzen Nebenlinie von
Hietzing nach *St. Veit.* — 3. Vom Matzleinsdorfer Viadukt nach *Meidling*
und *Wiener-Neudorf* ö. von Mödling. — 4. Von der Sternwartenstraße
(Pl. I : D 2) nach der *Nußdorfer Linie* und *Nußdorf, Zahnradbahnhof,* im Sommer mit einer Abzweigung von der Grinzinger Str. nach *Heiligenstadt.* —
5. Von der Westbahnlinie (Pl. I: C 5) nach *Breitensee* und *Hütteldorf.*

Die **Verbindungsbahn** der Südbahngesellschaft führt Personencoupés
vom *Praterstern* (Pl. I: D 3) über die Stationen *Hauptzollamt* (beim Eislaufplatz; Pl. II : E 3, 4), *Rennweg* (Pl. I : F 5), *Arsenal* (Pl. I : F 6) und *Favoriten*
(Pl. I : EF 6) nach *Meidling,* wo sie in die Südbahn einmündet, dann aber,
von dieser wieder abzweigend, über *Hetzendorf, Speising, Lainz, St. Veit*
nach *Baumgarten* und der Station *Hütteldorf-Hacking* der Westbahn.

**Dampfboote.** Bureau im Dampfschiffahrtsgebäude am Donau-Kanal
jenseit der Radetzky-Brücke, Dampfschiffstraße 2 (Pl. II : EF 2; S. 68). Die
großen Donaudampfer können nicht in den Donau-Kanal einfahren; der
Verkehr bei Ankunft u. Abfahrt wird durch kleine Localboote vermittelt,
deren Landestelle für die Fahrt von und nach Linz (R. 4) bei der Stefaniebrücke am Franz Josefs-Kai ist, von wo auch die Lokalboote nach Nußdorf und Kahlenbergerdorf abfahren; für Preßburg und Budapest am
Dampfschiffahrtsgebäude (s. oben).

**Post.** *Hauptpostamt* (Pl. II : D 3), auch für postlagernde Briefe, Postgasse 10, von 8 U. morgens bis 9 U. abends geöffnet. Neben-Postämter in
der innern Stadt: Habsburgergasse 9, Seilerstätte 22, Wipplingerstr. 8, Eß-
linggasse 4, Maximilianstr. 4, Minoritenplatz 9. Nibelungengasse 6 (Schiller

platz), Schottenring 16, Börsenplatz 4, im Rathaus und Reichsratsgebäude.
Stadtbriefe 3 kr., Österreich und Deutschland (20 gr.) 5 kr., Postkarten
2 kr. Auch *pneumatische Postanstalten* sind im Betrieb (in der innern Stadt
Börsenplatz 4, Fleischmarkt 19, Kärntnerring 3, Schottenring 16 und in Verbindung mit den 3 letztgenannten Filialpostämtern); Frankogebühr für
Briefe 20 kr., für Karten 10 kr., mit Antwortkarte 20 kr. Die Postbrief-
kästen sind gelb, die (kleineren) Sammelkästen der Rohrpost rot ange-
strichen. Briefmarken und Postkarten erhält man auch in allen Tabak-
Trafiken.

**Telegraph.** *Centralbureau* (Pl. II: B 2) Börsenplatz 1; daneben zahlreiche Filialämter. Telegramm-Annahme bei allen Neben-Postämtern,
auch in den äußern Bezirken.

**Telephon.** Öffentliche Telephonstationen befinden sich am Börsen-
platz 1, Effekten- und Fruchtbörse, Reichsratsgebäude, Fleischmarkt 19,
Kärntnerring 3, Wollzeile 16, II. Praterstr. 34, IV. Neumanng. 3, VI.
Siebensterng. 13; dann in Döbling, Ottakring, Währing, Hernals, Liesing
u. s. w. auf den Postämtern. Öffentliche Fernsprechstellen auch an allen
Bahnhöfen. Gebühr für 5 Min. Sprechzeit 20 kr. Unentgeltliche Telephon-
Benutzung in den meisten größeren Gast- und Kaffeehäusern.

**Polizeidirektion** (Pl. II: B 1) Schottenring 11 (Nachts Eingang in der
Hohenstaufengasse); selbständige Kommissariate in den äußern Bezirken.

**Gesandtschaften.** *Deutsches Reich,* III. Metternichgasse 3; *Bayern,* I.
Schwarzenbergplatz 2; *Amerika* (Verein. Staaten), IV. Schwindgasse 11; *Bel-
gien,* I. Albrechtgasse 3; *Dänemark,* I. Kärntnerring 16; *Großbritannien,*
III. Metternichgasse 6; *Frankreich,* I. Lobkowitzpl. 2; *Italien,* I. Jo-
sefspl. 6; *Niederlande,* IV. Schwindgasse 7; *Nuntiatur (päpstl.),* I. Am
Hof 4; *Rußland,* III. Reisnerstr. 45; *Sachsen,* IV. Schwindgasse 10; *Schwe-
den* und *Norwegen,* IV. Schwindgasse 6; *Schweiz,* IV. Wohllebengasse 5;
*Spanien,* I. Annagasse 20; *Türkei,* III. Metternichgasse 12; *Württemberg,*
IV. Heugasse 20.

**Theater** (Anfang meist 7 U.; Vorverkaufsgebühr 30 kr. bis 1 fl.,
Tageskasse meist 9-5 Uhr geöffnet; Garderobegebühr das Stück 10 kr.).
K. K. Theater (im Sommer abwechselnd 6-8 Wochen, gewöhnlich Juni und
Juli oder August geschlossen): *Hof-Operntheater (Pl. II: C 4; S. 58),
nur Opern und Ballet. Logensitz Parterre und 1. Rang 5 fl., 2. Rang 4 fl.,
3. Rang 3 fl., Fauteuil im Parkett (1. Reihe) 5 fl., Parkett 2.-4. Reihe 4 fl.,
5.-9. Reihe 3½ fl., 10.-13. Reihe 3 fl., Parterre 1. Reihe 3 fl., 2.-4. Reihe 2½ fl.,
Stehplatz im Parterre 1 fl. 20 kr. (Vorverkauf Tags vorher 2-5 U., für
Parkettsitze außerdem am Tage der Vorstellung 9-12 U.). — *Hofburgtheater (Pl. II: B 3; S. 31), Trauer-, Schau- und Lustspiele, viel klassische
Sachen. Logensitz im Parterre u. 1. Rang 6 fl., 2. Rang 3½-4½, 3. Rang
2½-3, Parkettsitz 1. Reihe 5, 2.-5. Reihe 4, 6.-10. Reihe 3½, 11.-14. Reihe 3,
Parterresitz 1. Reihe 3, 2.-5. Reihe 2½, Sitz auf der III. Galerie 1, Reihe
2½, IV. Galerie 1½, Eintritt ins Parterre 1 fl. (Vorverkauf Tags vorher
1½-5 U.). — Privat-Theater: *Deutsches Volkstheater (Pl. II: A 4;
S. 32), Trauer-, Schau- u. Lustspiele, deutsche und fremdländische Volks-
stücke. Balkonsitz 1-2 fl., 2. Rang 1-1½, Orchestersitz 2¼, Parkettsitz
1.-5. Reihe 2 fl., 6.-11. Reihe 1 fl. 80 kr., 12.-16. Reihe 1 fl. 50 kr. u. s. w.
Anf. ¼8 Uhr. — Theater an der Wien (Pl. II: B5; S. 71), Operetten,
Ausstattungsstücke u. dgl. Logensitz 5, Orchester- oder Balkonsitz 3, Parkettsitz 2½, 1. Galerie 2, 2. Galerie 1,80, 3. Galerie 1½, Stehparterre 1 fl. —
Karl-Theater in der Leopoldstadt (Pl. II: E 1, 2; S. 67), Possen, Operetten. Fremdenloge 3-5, Parkett 1½-2, Balkon-Fauteuil 2, Galerie-Sitzplatz
1-1½ fl. 20-80 kr., Stehplatz 30-80 kr. —Josefstädter Theater (Pl. I:
D4; S. 73), Lokalpossen. Logensitz 3 u. 2, Balkonsitz 2 u. 1,30, Parkettsitz 2,
Parterresitz 1½ fl. — Raimund-Theater (Pl. I: C 5; S. 72), Volks-
stücke, Schau- u. Lustspiele, Parterre 80 kr.-1 fl. 80, 1. Rang 60 kr.-2 fl.,
2. Rang 30 kr.-1 fl. — Im Winter Sonnt. Nachm. volkstümliche Vorstellungen zu ermäßigten Preisen. Bei Zugstücken pflegt der Billethandel
lebhaft betrieben zu werden (Billette zu sämtlichen Theatern bei *Albin
Förstl,* Bellariastr. 4, zu den vier zuletzt gen. Privattheatern auch von
9-5 U. im *Bazar,* I. Rotenturmstr. 16). Bei längerm Aufenthalt in Wien

ist die „Logen- und Sitzeinteilung sämtlicher Theater" im Verlage von
Gutmann, Operngasse, zu empfehlen (Preis 50 kr.). — *Sommer-Theater:*
Jantsch' Wiener Volkstheater im Prater (Pl. I: G 3; S. 79), Sitze
80 kr.-2½ fl. — Volkstheater in XIV. Rudolfsheim, Arnsteingasse 31,
Sitz 1½ fl. Fürst Sulkowski'sches Privattheater (Übungsbühne),
V. Matzleinsdorferstr. 49, Sitz 50-70 kr.
    Variété-Theater (mit Restaur.). *Ronacher* Etablissement
(Pl. II: D 4; S. 23), I. Seilerstätte 9, unnumerierter Parkettsitz 1 fl.; Pertl's
Orpheum (Pl. II: A 1), IX. Wasagasse 33, nur im Winter; Sommer-
Orpheum im 3. Kaffeehaus im Prater (S. 78).
    Konzertlokale (meist gute Militärmusik). *Rotunde in der Garten-
bau-Gesellschaft* (Pl. II: D 4), Weihburggasse 29, im Sommer jeden
Abend; *Kursalon* im Stadtpark (S. 64), nur im Winter So. u. Do.;
Restaur. im Volksgarten (S. 21), im Sommer jeden Nachmittag
(wochentags 10, So. 50 kr.), im Winter nur Sonn- u. Festtags; die 3 Prater-
Kaffeehäuser (S. 78), im Sommer jeden Nachm. (Eintr. frei); Tiergarten (S. 78); *Hot. Kahlenberg* (S. 81), im Sommer So. und bei
günstiger Witterung auch Do. nachm.; Weigl's Dreherpark, XII. Bez.;
Hopfner's Casino (vorm. Dommayer), *Tucher'sches* Etablisse-
ment, beide in XIII. Hietzing (S. 80); Restaur. im Türkenschanzpark
(S. 78); Boekkeller in *Nußdorf* (S. 78); Zur Güldnen Waldschnepfe
in *Dornbach* (S. 83; Wiener Spezialitäten); Casino im *Baumgartner Schloßpark;* Hohe Warte, Zögernitz' Casino, Schwarzer Adler, in
*Oberdöbling* (S. 78), u. v. a. — VOLKSKONZERTE (Militärkapelle) im Sommer
Mo. Do. 5½ U. Nm. im *Rathauspark* (S. 29). — KÜNSTLER-KONZERTE (nur
im Winter) meist im großen oder kleinen *Musikvereins-Saal* (S. 63); in den
Sälen der Klavierfabrikanten *Bösendorfer,* I. Herrengasse 6; *Ehrbar,* IV.
Mühlgasse 6; *Heitzmann & Sohn,* I. Graben 15.
    Kirchenmusik. Sonnt. 10 U. vorm. in der Votivkirche (S. 28) und Alt-
lerchenfelder Kirche (S. 72), 11 U. vorm. in der Stephanskirche (S. 16),
Hofburgkapelle (S. 19), Augustinerkirche (S. 21) und Karlskirche (S. 89).
    Volksfeste. Während des Karnevals öffentliche Maskenbälle in den
Sofiensälen (s. unten), den Blumensälen (S. 64), im Schwender's
Colosseum, XIV. Schönbrunnerstr. 1, größter Tanzsaal (Haltestelle der
Pferdebahn Ringstraße Penzing-Hietzing) u. a. O. Feinere „Redouten" (Zutritt nur gegen Einladungskarten) im Opernhause (S. 59) und im Rat-
haussaale (S. 29), großer *„Gschnaßball"* (Eintr. 10 fl., nur in Kostüm)
der Wiener Künstler im Künstlerhause (S. 63). — Über die Feste im
Prater vergl. S. 78. — Am Leopoldstage (15. Nov.) wird Klosterneuburg (S. 82) von Wienern viel besucht (Zutritt zur Leopoldskapelle an
diesem Tage allgemein gestattet).

    Bäder (Tkrg. 10-15 kr.). I. Bez. (Innere Stadt). *Centralbad,* Weih-
burggasse 20, in 3 Abteilungen: I. Dampf- (1.20-3 fl.), Wannen- (1-2 fl.)
und Douchebäder (60 kr.); II. Kaltwasserkur (80 kr.) und Massage (1 fl.
50 kr.) III. Medicinalbäder. Badezeit 6 U. früh bis 8 U. Abends. — Kaiser-
bad (Pl. II: C 1), Franz-Josefs-Quai 4, unweit des Schottenrings, Bad mit
Wäsche 35-80 kr. (auch Kaltwasserheil- u. Massage-Anstalt). — II. Bez.
Leopoldsbad, obere Donaustr. 45; *Dianabad* (Pl. II: D 2), obere
Donaustr. 93 (Dampfbarkasse am Franz-Josefs-Quai), ähnlicher Art wie
das Sofienbad (s. unten), aber kleiner (Wannenbad 30 kr.-1 fl. 80 kr.); im
Sommer Schwimmbassin für Herren und Damen (40 kr.). — *Römisches
Bad,* kleine Stadtgutgasse 9, gegenüber dem Nordbahnhof (Pl. I: F 3). —
III. Bez. Sofienbad (Pl. II: F 3), Marxergasse 13, von April bis Nov.
stark besucht (9-12 U. nur für Frauen). — °Josefsbad, Sofienbrücken-
str. 12, elektr. Bäder, Wasserkuren, Dampfbäder. — Beatrix-
bad, Linke Bahngasse 5, mit Schwimmbassin (9-12 nur für Frauen). —
IV. Bez. *Florabad,* Floragasse 7. — V. Bez. *Margaretenbad*
(Pl. I: E 5), Wildenmanngasse 5 (Bad 1. Kl. 1 fl. 20 kr., vortrefflich).
— VI. Bez. *Esterhazybad,* Gumpendorferstr. 59; *Russisches*
Dampfbad, Liniengasse 5. — VII. Bez. Marienbad, Schottenfeldgasse
94. — *Strombäder:* *Kommunalbad* am r. Ufer der Donau oberhalb

der Kronprinz Rudolf-Brücke (Pl. I: G 2; S. 79), Bad 1. Kl. (Kabine) mit Wäsche 1 fl., Vollbad 10-30kr.; \*Militär-Schwimm- und Bade-Anstalt (Pl. I: J 4), am r. Ufer unterhalb der Kronprinz Rudolf-Brücke; Holzer's Bad am l. Donau-Ufer nächst derselben; Concordiabad am r. Ufer des Donaukanals oberhalb der Stefaniebrücke. — In den äußeren Bezirken: Bäder in *Oberdöbling*, Hauptstr. 70, mit schattigem Park (auch warme Bäder); *Heiligenstadt* (Kurpark), Grinzingerstr. 28; *Meidling*, Matzleinsdorferstr. 22 u. 24 (Mineralbad); *Nußdorf*, Hauptstr. 8; u. v. a.

Ärztliche Behandlung unentgeltlich in der *allgem. Poliklinik*, IX. Schwarzspanierstr. 12, und im *Mariahilfer Ambulatorium*, VI. Esterhazygasse 31. *Dr. Eder's Privat-Heilanstalt*, VIII. Langegasse 53, gute Unterkunft für operative Fälle. — Zahnärzte: *Dr. Hillischer*, I. Kärntnerstr. 12; *Dr. von Metnitz*, I. Am Hof 11; *Dr. Fischer-Colbrie*, I. Kohlmarkt 11.

Dienstmänner: für einen Gang (einschl. Gepäck bis 10kg) innerhalb eines Bezirks 10, in die unmittelbar anstoßenden Bezirke 20, für jeden weiter zu durchschreitenden Bezirk 15 kr.; bei Paketen von 10-20kg das Doppelte. Nach den Bahnhöfen, falls im gleichen Bezirk, mit Gepäck bis 10kg 15 kr., wenn im angrenzenden Bezirk 30, für jeden weiter zu durchschreitenden Bezirk 15 kr. Bei Nacht (April-Sept. nach 9 U. abends und vor 7 U. Morg., Okt.-März nach 8 U. ab. und vor 8 U. Morg.) das Doppelte.

Kaufläden, die reichsten am Kohlmarkt, Graben, Kärntnerstr., Stephansplatz und Ringstraße, die Fabriklager namentlich in der Mariahilferstraße. Eine Auswahl der neuesten Wiener kunstgewerblichen Erzeugnisse findet man in der Ausstellung des *Wiener Kunstgewerbereins* im österr. Museum für Kunst u. Industrie (S. 67). Leder- u. Galanteriewaren bei *Aug. Klein*, I. Graben 20; *Pachhofer*, I. Kärntnerstr. 39; *Rodeck*, I. Kohlmarkt 7; *F. Hieß & Söhne*, I. Kärntnerstr. 25; *J. Weidman*, I. Babenbergerstr. 7; *Sirk*, I. Kärntnerring 55; *Palais Royal* u. *Wiener Louvre*, I. Kärntnerstr.; *Kl. Schüttenheims Söhne*, I. Kärntnerstr. 28. — Teppiche: *Haas & Söhne*, I. Stock im Eisen 6; *Backhausen*, I. Opernring 1. Oriental. Teppiche, Stickereien: *Generich C. & Orendi*, I. Sonnenfelsgasse 2; *Zacchiri*, I. Kärntnerstr. 45; *Jac. Adutt*, I. Fleischmarkt 7. — Gold- & Silberarbeiten: *Klinkosch*, I. Kohlmarkt 22; *Mayer's Söhne*, I. Stock im Eisen 7; *Rozet & Fischmeister*, I. Kohlmarkt 11; *Hauptmann & Co.*, I. Kohlmarkt 3; *Hoffstätter*, I. Kärntnerstr. 7; *Th. Brandeis*, I. Singerstr. 31; *Goldschmidt's Söhne*, I. Goldschmiedgasse 3 u. Graben 31. — Alfenidewaren: *Christofle & Co.*, I. Opernring 5; Niederlage der *Berndorfer Metallwarenfabrik*, I. Wollzeile 12. — Meerschaumsachen bei *F. Hieß & Söhne*, I. Kärntnerstr. 25; *C. Hieß*, I. Graben 11. — Glaswaren bei *Lobmeyr*, I. Kärntnerstr. 11; *E. Bakalowits Söhne*, I. Hoher Markt 5; *J. Schreiber & Neffen*, I. Tegetthoffstr. 3; Gräfl. *Harrach'sche* Niederlage, I. Freiung 3; *Walltisch*, I. Johannesg. 3. — Porzellan: *E. Wahliß*, I. Kärntnerstr. 17; *Haas & Czjzek*, I. Kärntnerstr. 5; *Rädler*, VII. Breitegasse 26 (s. S. 72; Porträte auf Porzellan). — Galvanoplast. Kunstsachen: *C. Haas*, VII. Westbahnstr. 21. — Kunsthandlungen (alte und neue Bilder u. dgl.): *E. Hirschler & Co.*, I. Graben 11; *L. T. Neumann*, Kohlmarkt 11. — Photographische Ansichten: *Kramer*, I. Graben 7; *Czihak*, I. Graben 22; *Artaria & Co.*, I. Kohlmarkt 9; *Heck*, I. Kärntnerring 12. — Optiker: *S. Waldstein*, I. Kohlmarkt 5. — Böhm. Granatwaren: *Kersch*, I. Graben 16. — Schuhwaren: *Leop. Hahn*, I. Bognergasse 1. — Herren-Kleider bei *C. M. Frank*, I. Graben 12, elegant, aber nicht billig; *Rothberger* (fertige Kleider), I. Stephansplatz 9; *Grünbaum*, I. Graben 26. — Wäsche bei *Jägermayer*, I. Kärntnerstr. 38; *Malowan & Franz*, I. Tuchlauben 7 und Opernring 23; *Riedel & Beutel*, I. Stephanspl. 9; *Trettenhahn*, I. Weihburgg. 4; *Schostal & Härtlein*, I. Kärntnerstr. 13; *Weidler & Budie*, I. Tuchlauben 13; *Bollarth* (Erzgeb. Spitzen), I. Graben 29; *Steinbühler*, I. Freiung 6. — Damen-Moden: *Dürr*, I. Kärntnerstr. 16 u. Graben 20; *F. Uzel & Mme. Alexandrine*, I. Maysedergasse 1; *Jungmann & Neffe*, Albrechtsplatz 3; *Zwieback*, im Equitable-Palast (S. 18); *Binder*, I. Jasomirgottgasse; *Grünzweig*, I. Wipplingerstr. 12; *Elsinger & Söhne*, VII. Mariahilferstraße 60; *Tomasi*, VII. Kirchengasse 28. — Regen- u. Sonnenschirme bei *Schaller*, I. Bognerg. 15 u. Weihburgg. 31; *Fr. Huber*, I. Kohlmarkt 8 u.

IX. Währingerstr. 17. — Parfümerieen: *Zeno*, I. Graben 7; *Filz's Sohn*, I. Graben 13; *Calderara & Bankmann*, I. Graben 18; *J. M. Farina*, I. Kohlmarkt 22; *G. Steinmetz*, I. Bauernmarkt 1; *K. Steinmetz*, I. Stephanspl. 6; *J. Ritter*, I. Rotenturmstr. 14. — Handschuhe: *Zacharias*, I. Spiegelgasse 2, Tuchlauben 18 u. Kohlmarkt 11; *Jaquemar*, I. Herrengasse 6; *Adam's Sohn*, IV. Wieden, Hauptstr. 14; *Th. Schubert*, IV. Wieden, Paniglgasse 22. — Herrenhüte: *Habig*, I. Kärntnerstr. 51 u. IV. Hauptstr. 29; *Pleß*, I. Graben 31; *Skrivan*, I. Graben 30. — Damenhüte: *Galimberti*, I. Seilerg. 7 u. VI. Mariahilferstr. 33; *Demelbauer* I. Singerstr. 7; *Wopalensky*, I. Kohlmarkt 3.

**Tabak und Cigarren.** Der Verkauf von Tabak und Cigarren ist in Österreich Staatsmonopol und findet nur in den sog. Tabak-Trafiken statt. Beliebte Sorten sind Virginias (c. 5½ kr., sehr stark), Britannicas (7 kr.), Trabuccos (8 kr.), Regalitas (9 kr.). Specialitätenladen (Havanna-Cigarren etc.) I. Kärntnerstr. 3.

**Geldwechsler.** *Unionbank*, I. Graben 13; *Escompte-Gesellschaft*, I. Kärntnerstr. 7; *Anglo-österr. Bank*, I. Heidenschuß 3; *Lombardenbank*, I. Kärntnerstr. 10; *Epstein*, I. Stock im Eisenpl. 3; *Völcker & Co.*, I. Teinfaltstr. 3; *Verkehrsbank*, I. Wipplingerstr. 28; u. a.

**Märkte.** Die Victualien-Märkte verdienen Vormittags einen Besuch. Der Obstmarkt (am Hof und an der Elisabethbrücke, IV. Wieden) liefert die schönsten Früchte; der Fischmarkt (Freitags, am Franz-Josefs-Quai) vortreffl. Fische, Fogasch im Plattensee gefangen, Huchen, eine Art Forellen, Schill (Zander), Sterling, dem Stör ähnlich. Sehenswert die große *Central-Markthalle* (Pl. II: E 4), III. Landstraße; *Detail-Markthallen:* I. Stubenbastei 5; I. Landesgerichtsstr. 2; IV. Phoruspl. 5; VI. Mariahilferstr. 73, Gumpendorferstr. 58, Esterhazyg. 24; VII. Neustiftg. 89 u. 91. — Pferdemarkt: *Wiener Tattersall*, II. Schüttelstr. (Pl. I: G 4).

**Auskunfts-Bureau** des Wiener Vereins für Stadtinteressen und zur Hebung des Fremdenverkehrs, I. Kohlmarkt 7; geöffnet tägl. 9-1 u. 3-6 U. (unentgeltlich), Sonn- u. Feiertags geschlossen. — *Wiener Wohnungs-Zeitung*, I. Wallfischgasse 8.

**Reise-Bureaux.** *G. Schröfl's Witwe*, I. Kolowratring 9; *Schenker & Co.* (Agentur von *H. Gaze & Son*), I. Schottenring 3; *Cook & Son*, I. Stephansplatz 2. — *Fahrkarten-Stadtbureau der kgl. ungar. Staatsbahnen*, I. Kärntnerring 9.

___

**Besuchsordnung der Sammlungen u. dgl.** (Der Besuch der k. k. Sammlungen: Naturhistor. Hofmuseum, Kunsthistor. Hofmuseum, Heeresmuseum, ist unentgeltlich, die Annahme von Trinkgeldern dem Dienstpersonal untersagt; Garderobegebühr 10 kr. das Stück. In den Privatsammlungen ist ein Trinkgeld von 30-50 kr. an den Galeriediener üblich.)

*Akademie der bildenden Künste* (S. 58), Gemäldegalerie Sa. u. So. 10-1 Uhr, sonst nach Meldung beim Custos gegen Trkg. (an der Thür der Galerie schellen!); Gipsabgüsse das ganze Jahr an den ersten fünf Wochentagen 9-1 Uhr, in den Wintermonaten auch alle Samst. 5-7 Uhr abends bei Beleuchtung; Sonn- und Feiertags geschlossen. Bibliothek Mo. Di. Mi. Do. Fr. 3-6 (Okt. bis Ostern 3-7), Sa. 9-1 U.; August u. Sept. geschlossen.

*Albertina*, *Kupferstich- u. Handzeichnungen-Sammlung des Erzh. Albrecht* (S. 22), Mo. u. Do. 9-12 Uhr öffentlich, sonst nach Meldung beim Portier.

*Anatomisches Museum* (S. 73), Sa. 10-12 U. (nur für Herren).

*Anatomisch-pathologisches Museum* (S. 73), Sa. 11-1 U. gegen Karten der Direktion (Kartenausgabe Do. 11-12 U.).

*Arsenal* (S. 70), Heeresmuseum s. S. 12; die Werkstätten nur mit Erlaubnis des Kriegsministeriums.

*Beethoven-Sammlung* in Heiligenstadt (S. 78), im obern Schulhaus, Pfarrplatz 4 (Pferdebahn vom Schottenring in ½ St. oder Omnibus vom Platz am Hof), täglich nach Meldung beim Hausbesorger (30, So. Do. Nachm. 20 kr.).

*Blinden-Institut* (S. 73). Erlaubnis dem Unterricht beizuwohnen, tägl. beim ing Do. 10-12 U

*Burgtheater* (S. 31), nach Meldung beim Inspektor.
*Czernin'sche Gemäldesammlung* (S. 72), Mo. und Do. 10-2 U. (im Winter
  geschlossen).
*Export-Musterlager* des öst.-ung. Export-Vereins, Wollzeile 37, tägl. 9-4,
  So. 9-12 Uhr.
*Geologische Reichsanstalt* (S. 68), wochentags 9-12 u. 1-4, Sonn- u. Festt.
  9-12 U.
*Gewerbe-hygienisches Museum*, I. Reichsratstr. 23, Di. Mi. Do. Sa. 10-4,
  So. 10-2 Uhr.
*Gewerbe-Museum, technolog.* (S. 73), So. 9-12, Mo. Di. Mi. Do. Fr. 10-4 U.;
  Eintr. Mo. frei, sonst 20 kr.
*Handelsmuseum* (S. 28), I. Börseng. 3, wochentags 10-4 U., 30 kr. (Fr. 1 fl.),
  So. u. Feiert. 9-1 U., 10 kr. (Mo. geschlossen).
*Harrach'sche Gemäldesammlung* (S. 25), Mo. Mi. Sa. 10-4 U., vom 1. Mai-
  31. Oktober.
*Heeres-Museum* im Arsenal (S. 70) vom 1. April bis 30. Sept. Di. u. Do.
  10-2, Sa. 1-5, vom 1. Okt. bis 31. März Do. 10-2 Uhr.
*Historisches Museum der Stadt Wien* (S. 30) im neuen Rathaus. Fest-
  stiege 2, mit dem *städtischen Waffenmuseum* vereinigt. Eintr. im Sommer
  Sonn- und Feiertags 9-1, Di. Do. 9-2 U. unentgeltlich. An anderen
  Tagen Karten zu 1 fl. beim Zeugwart (Feststiege 2, 1. Stock).
*Hofbibliothek* (S. 20) an Wochentagen 9-4 U., vom 1. Aug. bis 15. Sept.
  geschlossen (der große Saal wird gegen Trkg. bis 2 U. Nm. gezeigt,
  man klopfe eine Treppe hoch r.; Handschriften nur bis 2 U. zugänglich).
*Hofburg* (S. 18), die allgem. Zimmer tägl. 8-6 U.
*Hofstall, k. k.* (S. 68), Karten Vorm. 10-12 U. beim Oberststallmeister-
  amt, im Amalienhof (S. 18); Eintritt an Wochentagen 1-3 Uhr.
*Künstlerhaus* (S. 63), permanente Ausstellung neuer Bilder (alle vier
  Jahre internationale Kunstausstellung), tägl. 9-5, im Winter 9-4 U.
  (50 kr., an Sonn- u. Festtagen Nachm. 20 kr.).
*Kunstgewerbeverein*, *Wiener*, Ausstellung im österr. Museum für Kunst u.
  Industrie (S. 67), Eintrittsstunden wie bei diesem (s. unten).
*Kunsthistorisches Hofmuseum* (S. 37), Mo. Mi. Fr. 10-3, Do. 1-5, Sonn- u.
  Festtags 9-1 Uhr. Am Oster- und Pfingstsonntag, 1. Weihnachtstag und
  Fronleichnamstag geschlossen.
*Kunstverein, österr.* (S. 24), Tuchlauben 8, permanente Ausstellung,
  tägl. 9-5, an Sonn- und Feiertagen 9-7, im Winter 9-4 U. (50 kr.).
*Landwirtschafts-Gesellschaft* (S. 27), Modell- und Mustersammlungen, tägl.
  nach Anmeldung beim Sekretariat.
*Liechtenstein'sche Gemäldesammlung* (S. 73), im Sommer an Wochentagen
  außer Sa. 9-4, an Sonn- u. Feiertagen 2-4 U. Im Winter in Ausnahme-
  fällen gegen Karten bei der Direktion.
*Miethke's permanente Kunstausstellung*, I. Dorotheergasse 11, tägl. 9-6 U.
  (30 kr.).
*Museum, österr. für Kunst und Industrie* (S. 64), Sonn- u. Festtags 9-1,
  Do. Fr. Sa. 9-4 U. frei, Di. Mi. 9-4 U. 30 kr. Papyrus Rainer Mo. Fr.
  2-5 U. unentgeltlich. Bibliothek wochentags außer Mo. 9-2 (im Winter
  9-1 u. 6-8½) U., Sonn- u. Festtags 9-1 Uhr.
*Musikvereins-Gebäude* (S. 63), tägl. außer Sonnt. 9-5 U., Trkg. 20 kr.
*Naturhistor. Hofmuseum, k. k.* (S. 33), Di. Do. u. Sa. 10-3, Sonn- u. Feier-
  tags 9-1 U.; Do. Sa. So. unentgeltlich. Di. gegen 1 fl. Am Oster- u.
  Pfingst-Sonntag, 1. Weihnachtstag und Fronleichnamstag geschlossen.
*Opernhaus* (S. 68), während der Ferien im Juni oder Juli gegen Karten
  von der Direktion.
*Postmuseum* (S. 79), im Sommer Mi. Sa. 9-6 Uhr.
*Rathaus* (S. 29), am Franzensring, an Wochentagen 2-6 U. (Meldung unter
  dem Portal an der Lichtenfelsstr.; Trkg.).
*Reichsratsgebäude* (S. 32), außerhalb der Sessionen So. 9-1, Mo. Mi. Fr.
  10-5 U. (Meldung beim Portier unter der Rampe); Eintritt 20 kr., Gesell-
  schafts (Familien)-Karten für 3-5 Personen 50 kr.
*Schönborn'sche Gemäldesammlung* (S. 26), Mo. Mi. Fr. 9-3 U.; nur vom
  1. Juni bis 31. Okt. geöffnet.
*Staatsdruckerei* (S. 68), Führung Freit. punkt 10 Uhr.

*Städtische Bibliothek* (S. 29), Di. Fr. 9-7, an den übrigen Wochentagen
9-1 U., So. geschlossen.
*Taubstummen-Institut* (S. 70), Sa. 10-12 U. öffentliche Prüfung (im August
u. Sept. Ferien).
*Technische Hochschule* (S. 69), Wieden, alle Wochentage Vorm. nach Mel-
dung beim Aufseher, im 1. Hof r., linke Ecke.
*Technologisches Kabinett* (S. 68), So. 10-12 U. unentgeltlich.
*Universität* (S. 28), an Wochentagen von 1 U. ab, Sonn- u. Feiertags den
ganzen Tag (Trkg.). Bibliothek wochentags 9 5 (im Winter 9-1 u. 5-8)
U., Sonn- u. Festtags 9-12 Uhr.
*Vivarium* (S. 78), Prater, Hauptallee, Sammlung lebender Tiere, tägl.
von 9 U. Vm. bis Abends; 30, von 11-2 U. 60 kr.
*Vorlesungen, öffentliche*, im Winter jeden Mittw. im Saale des Ingenieur-
Vereins und im Verein zur Verbreitung naturw. Kenntnisse (akad. Gym-
nasium), jeden Donn. im österr. Museum, jeden Sonnt. im zootom. In-
stitut gegen Karten, die man sich vorher verschafft (unentgeltlich).
*Waffenmuseum, städt., s. Histor. Museum der Stadt Wien.*

**Stundenzettel.** TÄGLICH: Export-Musterlager 9-4 (So. 9-12) U.; Geolog. Reichsanstalt 9-12 u. 1-4 (So. 9-12) U.; Hofbibliothek 9-4 U. (außer
So.; 1. Aug. bis 15. Sept. geschlossen); Künstlerhaus 9-5 (Winter 9-4;
50, Sonn- u. Festtags nachm. 20 kr.); Kunstverein 9-5 (Winter 9-4); Miethke's
Kunstausstellung 9-6; Musikvereinsgebäude 9-5 U. (außer So.); Technische
Hochschule 9-2 (außer So.); Vivarium (30, von 11-2 U. 60 kr.); Burgtheater,
nach Anmeldung; Universität Nachm. (So. den ganzen Tag); Rathaus 2-6
(außer So.); Hofburg 3-6; Hofstall 1-3 (Eintrittskarten 10-12); Wachparade
1 U. (außer So., am innern Burgplatz); Landwirtsch. Gesellschaft, nach
Anmeldung; Beethoven-Sammlung (30 kr.).
MONTAG: Akademie der bild. Künste (Gipsabgüsse) 9-1; Albertina 9-12;
Schönborn'sche Gemälde-Galerie 9-3 (Sommer); Liechtenstein'sche Ge-
mälde-Galerie 9-4 (Sommer); Czernin'sche Gemälde-Galerie 10-2 (Sommer);
Technolog. Gewerbe-Museum 10-4; Harrach'sche Gemälde-Galerie 10-4
(Sommer); Kunsthistor. Hofmuseum 10-3.
DIENSTAG: Akademie (Gipsabgüsse) 9-1; Histor. Museum der Stadt
Wien 9-2 (Sommer); Liechtenstein'sche Gemälde-Galerie 9-4 (Sommer);
Museum für Kunst u. Industrie 9-4 (30 kr.); Heeresmuseum 10-2 (Sommer);
Gewerbe-hygienisches Museum 10-4; Technolog. Gewerbe-Museum 10-4
(20 kr.); Handels-Museum 10-4 (30 kr.); Naturhist. Hofmuseum 10-3 (1 fl.).
MITTWOCH: Akademie der bild. Künste (Gipsabgüsse) 9-1; Schön-
born'sche Gemälde-Galerie 9-3 (Sommer); Liechtenstein'sche Gemälde-
Galerie 9-4 (Sommer); Museum f. Kunst u. Industrie 9-4 (30 kr.); Postmuseum 9-6; Technolog. Gewerbe-Museum 10-4 (20 kr.); Kunsthistor.
Hofmuseum 10-3; Gewerbe-hygienisches Museum 10-4; Harrach'sche Gemälde-Galerie 10-4 (Sommer); Handels-Museum 10-4 (30 kr.).
DONNERSTAG: Akademie der bild. Künste (Gipsabgüsse) 9-1; Albertina
9-12; Naturhist. Hofmuseum 10-3; Historisches Museum der Stadt Wien
9-2 (Sommer); Liechtenstein'sche Gemälde-Galerie 9-4 (Sommer); Museum
für Kunst und Industrie 9-4; Prüfung im Blinden-Institut 10-12; Czernin'sche Gemälde-Galerie 10-2 (Sommer); Heeresmuseum 10-2; Technolog.
Gewerbe-Museum 10-4 (20 kr.); Gewerbe-hygienisches Museum 10-4; Handels-Museum 10-4 (30 kr.); Kunsthistor. Hofmuseum 1-5.
FREITAG: Staatsdruckerei, Führung punkt 10 U. Akademie der bildenden Künste (Gipsabgüsse) 9-1; Schönborn'sche Gemälde-Galerie 9-3
(Sommer); Liechtenstein'sche Gemälde-Galerie 9-4 (Sommer); Museum für
Kunst u. Industrie 9-4; Kunsthistor. Hofmuseum 10-3; Technolog. Gewerbe-Museum 10-4 (20 kr.); Handels-Museum 10-4 (30 kr.).
SAMSTAG: Museum für Kunst u. Industrie 9-4; Postmuseum 9-6; Akademie der bildenden Künste (Gemälde-Sammlung) 10-1; Naturhistor. Hofmuseum 10-3; Prüfung im Taubstummen-Institut 10-12; Anatomisches
Museum 10-12; Anatomisch-pathologisches Museum 11-1; Gewerbe-hygienisches Museum 10-4; Harrach'sche Gemälde-Galerie 10-4 (Sommer); Handelsmuseum 10-4 (30 kr.); Heeresmuseum 1-5 (Sommer); Akademie der bildenden Künste (Gipsabgüsse) 5-7 (Winter).

Sonn- und Feiertags (über Kirchenmusik vgl. S. 9): Kunsthistor.
Hofmuseum 9-1; Naturhistor. Hofmuseum 9-1; Technolog. Gewerbe-Museum
9-1 (20 kr.); Historisches Museum der Stadt Wien 9-1 (Sommer); Museum
für Kunst u. Industrie 9-1; Handelsmuseum 9-1 (10 kr.); Technologisches
Kabinett 10-12; Akademie der bildenden Künste (Gemälde-Sammlung)
10-1; Gewerbe-hygienisches Museum 10-2; Liechtensteinsche Galerie 2-4
(Sommer).
Ein Teil der Sammlungen ist gegen besonderes Trinkgeld auch an
anderen, als den öffentlichen Tagen zugänglich.
Bei beschränkter Zeit: *Stephanskirche (S. 16); Graben und Kohlmarkt
(S. 18); Michaelerplatz und k. k. Burg (S. 18); Kärntnerstraße (S. 23);
*Ringstraße (S. 28 ff.); **k. k. Hofmuseen (S. 33, 37); *Liechtenstein'sche
Galerie (S. 73); Museum für Kunst u. Industrie (S. 64); Heeresmuseum (S. 70);
Prater (S. 78); Schönbrunn (S. 79); *Kahlenberg und Leopoldsberg (S. 81).

**Wien** (170m), die Haupt- und Residenzstadt des österreich.
Kaiserstaates, liegt in einer von fernen Bergen umgebenen Ebene
am *Donaukanal*, dem südlichsten Arm der *Donau*, in welchen
innerhalb der Stadt die *Wien* mündet. Die Stadt besteht aus
19 Bezirken: I. Innere Stadt, II. Leopoldstadt, III. Landstraße,
IV. Wieden, V. Margarethen, VI. Mariahilf, VII. Neubau, VIII.
Josefstadt, IX. Alsergrund, X. Favoriten, XI. Simmering, XII.
Meidling, XIII. Hietzing, XIV. Rudolfsheim, XV. Fünfhaus,
XVI. Ottakring, XVII. Hernals, XVIII. Währing, XIX. Döbling.
Nach der Volkszählung vom J. 1891 hatte die innere Stadt 67 029
Einw.; mit den 18 äußeren Bezirken 1 364 500 Einwohner, da-
runter 118 000 Juden und 22 651 Mann Besatzung.

Wien ist ein altkeltischer Ort (altkelt. *Vindôbona*, keltisch *Vindomnn,
Vindomîna)*, den die Römer ungefähr im J. 14 nach Chr. befestigten. Marc
Aurel starb hier 180 nach Chr. Ende des III. Jahrh. war schon eine Munici-
palstadt aus der Ansiedelung geworden. Vindobona blühte als Sitz der
röm. Civil- u. Militärgewalt bis zum Einfall der Avaren c. 588. Hier verschwindet das römische Vindobona aus der Geschichte, bis Karl der Große
die Macht der Avaren brach und 791 das Land zwischen der Enns und
dem Wiener Walde als festen Grenzpunkt organisierte. Seit Kaiser Otto II.
waren die *Babenberger* im ständigen Besitz Österreichs erst als Markgrafen,
seit Friedrich I. Barbarossa als Herzöge. Im J. 1030 zuerst als *Viennis*
in Altaicher Urkunden, 1137 als *Viennensis locus* erwähnt, wurde Wien
1156 von Heinrich Jasomirgott zur Residenz erwählt. Die Kreuzzüge wirk-
ten mächtig auf die Entwicklung der Stadt ein, die sich fortwährend
vergrößerte, sodaß beim Aussterben der Babenberger (1246) und während
der Occupation des Landes durch Ottokar von Böhmen 1251-1276 aller
Wahrscheinlichkeit nach jene Befestigungslinien schon gezogen waren, die
bis zur Stadterweiterung (1857) die Gestalt der inneren Stadt bestimmten.
Nachdem Rudolf von Habsburg 1276 Ottokar besiegt hatte, wurde Wien
Sitz der Habsburgischen Dynastie. Herzog Rudolf IV. gründete 1365 die
Universität. Im J. 1519 bewirtete Kaiser Maximilian I. in Wien den
König von Ungarn und Böhmen, Wladislaus, und den König von Polen,
Sigmund, und schloß daselbst die Doppel-Ehen seiner Kinder, welche
später Böhmen, Mähren und Ungarn an das Haus Österreich brachten.
daher der Spruch:

> *Bella gerant alii, tu felix Austria nube;*
> *Nam quae Mars aliis, dat tibi regna Venus.*

Wien wurde zweimal von den Türken belagert, unter Soliman II. vom
22. Sept. bis 15. Okt. 1529 und unter Mohammed IV. von dem Groß-Vezier
Kara Mustapha von 14. Juli bis 12. Sept. 1683. Johann Sobieski, König von
Polen, und Markgraf Ludwig von Baden mit dem vereinigten Heer der
Polen, Österreicher, Sachsen, Bayern und Franken befreiten Wien von
dieser letzten Belagerung. Neben den Festungswerken der inneren

Stadt entstand im J. 1704 zum Schutz gegen die unter Franz Rakoczy vor-
dringenden Kuruzzen die äußere Stadtbefestigung, ein 4m hoher Wall
und Graben, welche unter den Namen *Linien-Graben* und *Linien-Wall* die
Vorstädte umschloß; die 18 Ausgänge, meist nach den Vorstädten benannt, hießen „*Linie*". Nach den unglücklichen Schlachten von 1805
(Austerlitz) und 1809 (Wagram) wurde Wien kurze Zeit von den Franzosen
besetzt. Vom 3. Nov. 1814 bis 9. Juni 1815 tagte hier der Wiener Kongreß,
der nach dem Sturze Napoleons die neue Gestaltung Europas bestimmte.
Die nun folgende Zeit der politischen Reaktion hemmte auch die wirt-
schaftliche Entwicklung der Stadt. Der Aufstand im J. 1848 wurde zwar
blutig unterdrückt, führte aber doch die Abdankung Kaiser Ferdinands I.
und mit dem Regierungsantritte Franz Josephs bessere Zustände herbei.
Im J. 1857 bestimmte eine kaiserl. Verordnung die Schleifung der inneren Festungswerke (Bastei, Stadtgraben und Glacis), an deren Stelle
seitdem die prächtige Ringstraße (S. 28) die innere Stadt umgiebt. Der
„Ausgleich" mit Ungarn 1867 machte Pest zur Hauptstadt der östlichen,
„transleithanischen" Landeshälfte und zur zweiten Residenz des Kaisers
als nunmehrigen „Königs von Ungarn"; eine Entschädigung für den Rück-
gang seiner Bedeutung als Reichshauptstadt brachten Wien die Fortschritte
in Handel und Verkehr durch die großartige Donau-Regulierung in den
J. 1870-77, welche zugleich dem Flusse ein neues Bett gab und die Hoch-
wassergefahr beseitigte, und die Weltausstellung von 1873, sowie die
Verbesserungen in gesundheitlicher Beziehung durch die Anlage der vor-
trefflichen Hochquellenleitung 1870-73. Auf eine neue Stillstandsperiode
in den achtziger Jahren folgten seit 1890 die Niederlegung des Linien-
walles und die Einverleibung der Vororte, aus denen die neun S. 14 zuletzt gen. Bezirke gebildet wurden, die Eröffnung der großen Hofmuseen,
des neuen Burgtheaters u. a. Schaubühnen. In Hinsicht auf Straßenbe-
leuchtung und Verkehrsmittel steht jedoch Wien noch immer hinter andern Großstädten weit zurück; eine teilweise Besserung in den Verkehrs-
verhältnissen wird von dem Bau der Stadtbahn, der Wienfluß-Regulierung
u. a. erhofft.

Wien hat seit einigen Jahrzehnten eine K u n s t b e d e u t u n g gewonnen,
welche niemand nach der Öde der unmittelbar voraufgegangenen Zeit erwartet hätte. Zwar besaß Wien seit Ende des XVII. Jahrh. eine Kunstakademie, doch hatte diese an der großartigen Erneuerung unserer Kunst
nicht den geringsten Anteil. Die Wege eines *Füger* gingen mit jenen eines
Cornelius und Overbeck nicht zusammen; auch *Karl Ruß*, *Kraffl*, *L. Schnorr*
besaßen nicht die Kraft, die akademische Starrheit zu durchbrechen.
Die jungen Talente wanderten aus, suchten sich in Rom, München und
Paris weiterzubilden. Die längste Zeit war eigentlich nur die seichte Nachahmung des englischen Porträtstils (Lawrence) in den tonangebenden
Kreisen eingebürgert und angesehen. Es ist das Verdienst *Karl Rahl's*
(† 1865), der seit der Revolution 1848 in Wien wirkte, in die Wiener
Malerei frisches Leben gebracht, sie wieder zu monumentaler
Würde, zu stilvollem Ernste erhoben zu haben. Doch hätten Rahl und
der einsam wirkende Genosse Overbecks, *Führich*, der erst in den letzten
Lebensjahren († 1876) seine volle Kraft rein entfaltete, die Wiener Kunst
auf die Dauer nicht emporgehalten, wenn nicht glückliche äußere Um-
stände hinzugetreten wären. In den fünfziger Jahren wurden durch den
Bau der Votivkirche (*Ferstel*) und des Arsenals zahlreiche Künstlerkräfte
in Bewegung gesetzt. Der große Aufschwung datiert aber erst aus den
sechziger Jahren, seit denen der Plan der Stadterweiterung verwirk-
licht wurde, die Kunstgewerbe in dem trefflich geleiteten Museum für
Kunst und Industrie einen Sammelpunkt fanden, zahlreiche Monumental-
bauten (Reichstagsgebäude, Museen, Universität, Rathaus, Theater) in Angriff genommen wurden und der reichen Klassen der Bevölkerung sich eine
fast leidenschaftliche Bilderfreude bemächtigte. Unter den Architekten ge-
wannen namentlich *Fr. Schmidt*, eine Autorität ersten Ranges in der gotischen Baukunst, *Hansen*, *Hasenauer* u. a. einen großen Namen. *Semper's*
Einfluß machte sich vielfach mit Glück geltend. Und wenn auch auf dem
Gebiete der Plastik zugewanderte Meister (*Zumbusch*) sich am meisten aus-

zeichneten, so bildete sich doch bald eine im einheimischen Leben wurzelnde, fröhliche und naturfrische Richtung aus, die namentlich in der Porträtskulptur (*Kundmann, Tilgner*) einen trefflichen Ausdruck fand. Zahlreiche Kräfte tummeln sich auf dem Felde der Malerei, nicht wenig durch den Wetteifer mit ungarischen Künstlern angespornt. Münchener und Pariser Einflüsse lassen sich nicht übersehen. Doch offenbart auch hier der bekannteste Meister der neueren Zeit, *Hans Makart* († 1884), in vielen Zügen seine echt österreichische Natur, sodaß man ihn vom Wiener Boden gar nicht abtrennen kann.

# I. Innere Stadt und Ringstrasse.
## a. Stephanskirche. Graben. Kohlmarkt.

Die *St. Stephanskirche (Pl. II : C 3), unter den Bauwerken Wiens das bedeutendste, wurde nach den Bränden von 1258 und 1276 an Stelle der älteren 1144-47 errichteten Pfarrkirche erbaut. Nach dem ersten Brande begann man als ältesten Erweiterungsbau die Westfassade, die am Portal und den Türmen noch einzelne spätroman. Formen zeigt; erst im nächsten Jahrh. folgte der Neubau des 1340 geweihten dreischiffigen Chors. Herzog Rudolf IV. (1356-65) ließ durch Meister Wenzla von Klosterneuburg umfassende Pläne für die übrigen Teile entwerfen und legte am 7. April 1359 den Grund zum Langhause und wahrscheinlich auch zum südl. Turm. Letzterer wurde 1433 vollendet; der Bau des nördl. Halbturms, 1450 begonnen, wurde 1519 eingestellt. Als weitere Meister werden u. a. genannt: Ulrich Helbling, Hans von Brachaditz, der den Hauptturm vollendete, und Hans Puchsbaum, der 1446 das Langhaus einwölbte. Die Kirche (108m lang), in Form eines latein. Kreuzes aus Grobkalkquadern aufgeführt, hat drei Schiffe von fast gleicher Höhe (27m) und Breite (Mittelschiff 10,6, Seitenschiffe 8,8m), die von einem einschiffigen Querhause durchschnitten werden. Die reichen Netzgewölbe werden von 18 mit mehr als 100 Standbildern geschmückten, sehr starken (fast 3m im Durchm.) Pfeilern getragen. Das Dach ist mit farbigen glasierten Ziegeln gedeckt. — Seit 1852 wurde der Dom unter der Leitung der Dombaumeister L. Ernst († 1862), Fr. v. Schmidt († 1891) und Herrmann fast in allen seinen Teilen restauriert.

AUSSENSEITE. An der Westseite das roman. *Riesenthor* (nur bei großen kirchlichen Feierlichkeiten geöffnet), die beiden 64m h. *Heidentürme* und zahlreiche Skulpturen aus romanischer Zeit. Südseite: neben dem 1. Eingang (Singerthor) l. das Grabmal des Schwankdichters Neithart Fuchs (xiv. Jahrh.). Weiter in der Turmhalle das *Primthor* und Denktafeln mit Büsten für die Dombaumeister L. Ernst und Fr. v. Schmidt (s. oben), von *Kundmann* (1894). Der *Chor* ist von Grabsteinen umgeben; in der Armeseelen-Nische eine Freskendarstellung des Fegefeuers von *Danhauser* (1827, im J. 1894 durch *Groll* erneut); unter dem Steinreliefs Christi Abschied von den Frauen, Christus am Ölberg, Kreuztragung, aus dem xv. Jahrh. Auf der Nordostseite die Kanzel des Franziskanermönches *Capistranus* (1451); daneben der Eingang in die Katakomben (s. S. 17). Der Eingang in die Halle des ausgebauten nördl. Turms (65m h.) heißt *Adlerthor*, der zweite *Bischofsthor*.

INNERES. Durch das Adlerthor betritt man die n. Turmhalle; daneben l. die BARBARAKAPELLE, mit einem got. Votivaltar zur Erinnerung an die

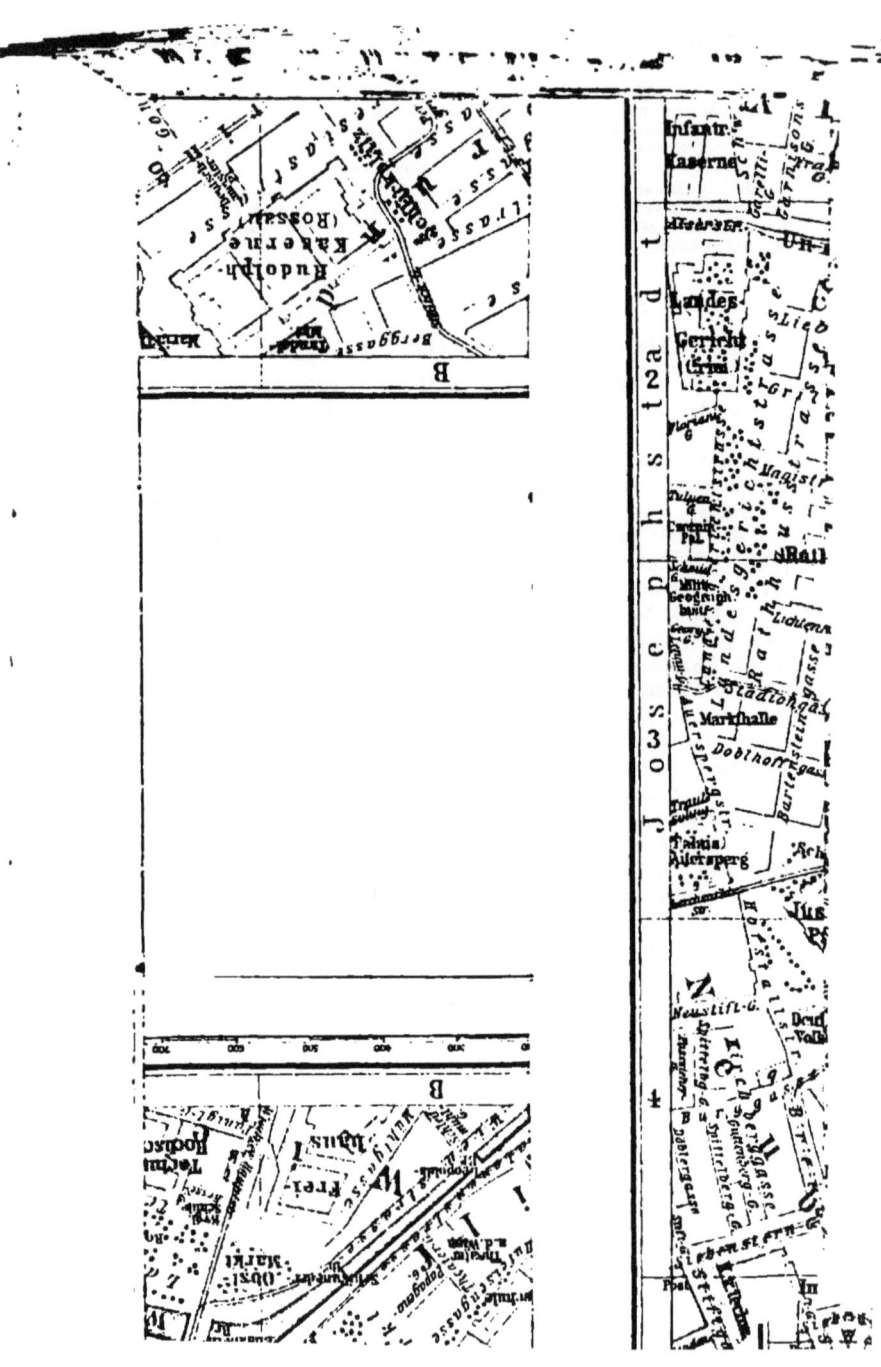

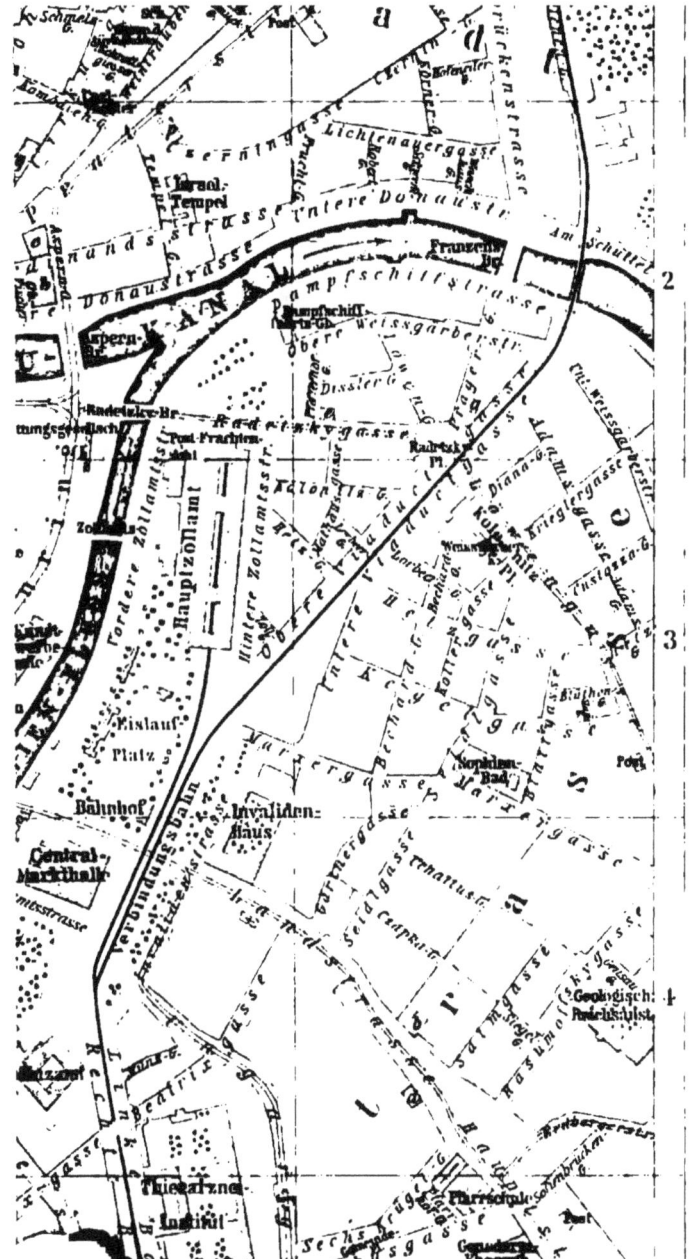

Rettung des Kaisers Franz Josef 1853. Folgt der FRAUENCHOR (n. Seiten-
chor) mit neuem Altar nach Entwürfen von Schmidt und zahlreichen Grab-
denkmälern, darunter das Herzog Rudolf's IV. und seiner Gemahlin Katharina, sowie das des *Cardinals Rauscher* († 1875), mit seiner Porträtstatue,
von Erler (1882), unter einem von dem Verstorbenen gestifteten Fenster
mit Glasgemälden. Im HAUPTCHOR l. der Altar des h. Johannes v. Nepomuk; in der Mitte der Hochaltar von schwarzem Marmor, Altarbild
Steinigung des h. Stephanus von *Bock;* r. der Altar des h. Karl Borromäus; reich geschnitzte Chorstühle aus dem XV. Jahrh. Vor den Stufen
zum Priesterraum der Schließstein der alten Fürstengruft (seit 200 Jahren
werden zu St. Stephan nur noch die Eingeweide, die Leichen der Mitglieder des Herrscherhauses aber in der Fürstengruft bei den Kapuzinern,
S. 23, beigesetzt). Endlich der THEKLA- oder FRIEDRICHSCHOR (südl. Seiten-
chor) mit dem *\*Sarkophag Kaiser Friedrichs III.* († 1493) von *Lerch,* 1513
vollendet, von rot und weißem Marmor höchst sorgfältig gearbeitet,
rundum 32 Wappenschilder, darunter in 8 Abteilungen bibl. Darstellungen, Hochrelief, am Fuß allerlei Getier. Vor den Stufen des Altars
eine Messing-Grabplatte mit 3 Wappen und einer latein. Inschrift, welche
meldet, daß hier 3 Ratsherren ruhen, *Conradus Vorlauf, Kunz Ram-
persdorfer, Hans Rokk,* die im J. 1408 Leopold der Stolze wegen ihrer An-
hänglichkeit an ihren rechtmäßigen Herrn, den unmündigen Albrecht V.,
hinrichten ließ. R. vom Grabmal des Kaisers ein schöner, 1885 aus dem
Neu-Kloster in Wiener-Neustadt hierhergebrachter Flügelaltar. In der
Halle des südl. Turms ein \*Denkmal zur Erinnerung an die Befreiung
der Stadt von der Türkenbelagerung im J. 1683, von *Hellmer* (1894), ein
15m h. Triumphbogen im Barockstil, aus rotem Marmor, mit zahlreichen
Figuren und Reliefs in Bronze und Carrara-Marmor, durch eine Inschrift-
tafel erklärt; gegenüber die KATHARINENKAPELLE mit dem Grabmal des
Erzbischofs Milde († 1853) und schönem Taufstein von 1481. — Im SCHIFF
die spätgot. \*Kanzel, 1512 von Meister *Pilgram* in Stein gearbeitet, an der
Brüstung vier Kirchenväter. unter der Treppe das Steinbild des Meisters,
aus einem Fenster blickend. An der n. Kirchenwand, gleich w. neben
dem Eingang, als Schluß eines ehem. Orgelchors das \**Steinbild des Baumeisters Jörg Öchsel* (Anfang des XVI. Jahrh.), Winkelmaß und Zirkel in
der Hand, durch ein Fensterchen in die Kirche schauend. — Neben dem
w. Portal das marmorne Reiterstandbild (1893) des Grafen Ernst Rüdiger
von Starhemberg († 1701), Verteidigers von Wien gegen die Türken 1683;
an der Nordseite die SAVOTISCHE oder LIECHTENSTEIN-KAPELLE, mit (l.)
dem Grabmal des „Prinzen Eugenius" von Savoyen († 1736). — Von den
Fenstern im Chor haben nur noch zwei alte Glasmalereien aus dem
XIV. und XV. Jahrh., die aber jetzt beseitigt werden sollen (!), die übrigen
sind alle von Geyling gemalt (drei davon nach Zeichnungen von Führich);
auch alle anderen Kirchenfenster sind jetzt mit Glasmalereien versehen. —
Unter der Stephanskirche ausgedehnte KATAKOMBEN, drei Gewölbe über-
einander, mit zahllosen Knochen und Schädeln; der größte Teil jetzt
verschüttet und dem Besuch nicht mehr zugänglich.

Vom \*Stephansturm (533 Stufen) weite Aussicht, guter Standpunkt
um die Schlachtfelder von Lobau, Wagram und Eßling zu übersehen. Der
jetzige stattliche Bau, 1860 von Ernst begonnen, 1864 von Schmidt vollendet (der alte mußte wegen Baufälligkeit abgetragen werden), hat mit
Kreuz und Adler (diese beiden haben ein Gewicht von 178kg und bedurf-
ten zur Vergoldung 284 Dukaten) eine Höhe von 136,2m. Im zweiten Ge-
schoß die große Glocke. Karten zur Besteigung des Turms beim Kirchen-
meister-Amt, Stephansplatz 3 (20 kr.; Zutritt, nur an Wochentagen, 8-5 U.).

Auf der Nordseite des Stephansplatzes, Ecke der Rotenturmstraße, der *Erzbischöfl. Palast* (1632-41 erb.), mit schönem
Brunnen im Hof (in der Kapelle Altarblatt von Kupelwieser). Gegenüber, Ecke der Brandstätte, das prächtige *Thonet'sche Haus.* — Die
südl. Fortsetzung des Stephansplatzes heißt *Stock-im- Eisenplatz.*

N° 6, Ecke des Grabens, das Lagerhaus von *Ph. Haas & Söhne* (S. 10)
mit reicher Barockfassade von Van der Null (1867). — An der Ecke von

Graben und Kärntnerstraße an dem 1890 erbauten Palast der Versicherungs-
gesellschaft „Equitable" der „*Stock im Eisen*", ein Wahrzeichen Wiens,
der umgekehrte Stumpf einer Lärchentanne, die nach des Botanikers Franz
Unger († 1870) Ansicht als geheiligter Baum mit Nägeln beschlagen wurde,
eine bei vielen Völkern vorkommende Sitte. Der Stock wird von einem
Eisenreif und Schloß festgehalten, auf dem die Jahreszahl 1575 und das
Monogramm H. B. steht. Der Baumstamm soll das Ende des Wiener
Waldes bezeichnet haben. — An der Ecke des Platzes und der Singerstr.
das mit Fresken geschmückte prächtige Haus „zum goldenen Becher".

Der **Graben** (Pl. II: C 3) mit seinen reichen Läden (S. 10),
neben der Kärntnerstraße (S. 23) der Mittelpunkt des Geschäfts-
verkehrs, war im XII. Jahrh. wirklich Festungsgraben längs der
Stadtmauer, die an der Stelle der jetzigen nördl. Häuserreihe stand.

Rechts № 31 der *Ariendahof* (Passage) im ital. Renaissancestil von
Hasenauer, dann (№ 29) der *Trattnerhof* (von 1776), und (№ 21) die *erste
österr. Sparkasse* (1836); 1. № 8 das Gebäude der *Vers.-Anstalt Newyork*,
dann № 14 u. 15 das *Lechleitner'sche Haus*(„Grabenhof") mit reicher Fassade
von Wagner und Thienemann (1876). — Die Dreifaltigkeits-Säule (Pl. II:
C 3) in der Mitte (21m h.) ließ Kaiser Leopold I. 1679 von Fischer von Erlach (S. 70) nach dem Aufhören der Pest errichten, ein Knäuel von Figuren aus und auf Wolken aufsteigend, unten Reliefs; vorn das knieende
Bild des Kaisers (1881 restaur.). — Die Figuren auf den beiden *Brunnen*,
der h. Joseph und der h. Leopold, sind von J. M. Fischer (1804).

N.ö. führt vom Graben die Jungferngasse zum Petersplatz; auf
demselben die **St. Peterskirche** (Pl. II: C 3) mit schöner Kuppel,
1702 von *Fischer v. Erlach* erbaut, 1839-34 und 1890 restauriert;
Deckengemälde von *Rothmayer* und *Bibbiena*, Altarbilder von *Alto-
monte, Kupelwieser* u. a.

Vom Ende des Grabens führt l. der **Kohlmarkt** (Pl. II: B
C 3), gleichfalls eine der Haupt-Geschäftsstraßen, zur k. k. Burg.
Am Michaelerplatz l. die **Michaelerkirche**, 1219-21 ursprüng-
lich als kreuzförmige Pfeilerbasilika im Übergangsstil erbaut, Chor
und Turm gotisch (1327), im XVII. Jahrh. sehr verändert, mit
Gemälden von *Schnorr* u. a. Am Hochaltar der Sturz der Engel in
Stuck; zahlreiche Grabsteine aus dem XVI.-XVIII. Jahrhundert. —
In der Mitte des Platzes ein *Monumentalbrunnen* von Hellmer (1895).

## b. *Die k.k. Hofburg.*

Die **k. k. Hofburg** (Pl. II: B C 3, 4), gewöhnlich die *Burg* genannt, seit Anfang des XIII. Jahrh. Sitz der Fürsten des Hauses
Österreich (S. 14), ist eine große Gebäudegruppe aus verschiedenen
Jahrhunderten. Die glänzende, in einer eingezogenen Bogenlinie
ausgeführte *Fassade am Michaelerplatz, 1890-93 von *Ferd. Kirschner* nach alten Plänen *Fischer von Erlach's* z. T. an Stelle des alten
Burgtheaters errichtet, mit schönem eisernen Portal, stattlichen
Mittel- und zwei kleineren Nebenkuppeln, bildet den n.ö. Abschluß
des 1728 von Fischer von Erlach erbauten *Reichskanzleipalastes*.
In den Nischen der Kuppelpavillons zwei symbolische Marmor-
brunnengruppen: l. die Macht zur See, von Rud. Weyr (1895), r.
die Macht zu Lande, von Hellmer (1896). In der Mitte des Vestibüls,

zwischen dem Michaelerplatz und dem *innern Burghof* oder *Franzensplatz*, eine große Rotunde mit den Aufgängen zum Staats-
archiv, dem Obersthofmeisteramt und den Wohngemächern des
Kaisers (im 1. Stock).

Neben dem Portal am Michaelerplatz vier Herculesgruppen (Kampf
mit der Hydra, von *Hoffmann v. Aspernburg*; Rettung der Hesione, von
*Joh. Scherpe*; Befreiung des Prometheus, von *Jos. Lax*; Kampf mit dem
Cerberus, von *A. P. Wagner*); über dem Eingang die Stiftungsurkunde
(*Franciscus Josephus I.* vetus palatii opus a Carolo VI. inchoatum a Maria
Theresia et Josepho II. continuatum perfecit. A.D. MDCCCXCIII); dar-
über eine Attikagruppe, Gerechtigkeit, Weisheit und Stärke, von *Joh. Benk*,
u. a. plastischer Schmuck. — In den äußeren Durchgängen vor der Ro-
tunde zwei Hochreliefs nach *Kenner's* Entwurf, r. Auszug des Herrschers
in den Krieg, von *Otto König*, l. siegreiche Heimkehr, von *Stefan Schwartz*.
In den Nischen der schmalen Quergänge vier allegor. Figuren: r. Pietas
Augusti, von *H. Kalmsteiner*, und Fides publica, von *W. Seib*, l. Providentia
Augusti, von *Fr. Koch*, und Spes publica, von *W. David*; jenseit der Rotunde die Wahlspruchgruppen der am Ausbau der Burg beteiligten Herr-
scher. — Neben dem Ausgang am Franzensplatz zwei Herculesgruppen
(Antäus, Busiris) von *Matthielli*; zwei weitere (nemeischer Löwe, kretischer
Stier) von *demselben* am n.w. Zugang aus der Schauflergasse.

In der Mitte des Franzensplatzes das **Denkmal des Kaisers
Franz II.**, 1846 durch Kaiser Ferdinand errichtet: der Kaiser
(✝ 1835) in antikem Gewande, am Sockel die allegor. Figuren der
Religion, des Friedens, der Gerechtigkeit und Tapferkeit, Erzguß
nach *Marchesi's* Entwurf. Die Inschrift auf der Vorderseite enthält
Worte aus des Kaisers Testament: „Amorem meum populis meis".

Dem Reichskanzleipalast gegenüber, an der SW.-Seite des
Franzensplatzes, im sog. *Leopoldinischen Trakt* (nach dem Brande
von 1668 von Kaiser Leopold I. erbaut), ist die ehem. *Residenz*
mit dem prächtigen Rittersaal, dem langen Controlorgang, in
welchem Josef II. allgemeine Audienz erteilte, den Gemächern,
welche Maria Theresia und Josef II. bewohnten (Eintr. s. S. 12),
und die *Militärkanzlei* des Kaisers; davor die *Hauptwache* (Wachparade tägl. außer Sonnt. um 1 Uhr).

R. (n.w.) stößt an den Franzensplatz der *Amalienhof*, Ende
des XVII. Jahrh. erbaut, von der Kaiserin Elisabeth zeitweilig bewohnt, mit dem *Oberststallmeisteramt* (im Durchgang r. unter der
Uhr werden an Wochentagen 10-12 U. Vm. die Karten für den
Marstall ausgegeben, s. S. 12) Der Durchgang l. in der s.ö. Ecke
des Burghofs mit den in Gold und Farben prangenden Wappen
führt über eine ehem. Zugbrücke und Graben in den *Schweizerhof*,
den ältest erhaltenen Teil des Burgbaues, aus dem XVI. Jahrh.;
an der Grabenbrücke zwei kleine steinerne Löwen mit Wappen-
schildern, l. das Habsburger Wappen, r. fünf Lerchen oder eigentlich Adler, das uralte Wappen des Erzherzogtums. L. in der Ecke
des Schweizerhofs ist der Eingang zur *Schatzkammer*, die ihren
ehemals reichen Inhalt größtenteils an das kunsthistorische Hofmuseum (S. 42) abgegeben hat und jetzt in den Reichskanzleipalast verlegt werden soll; r. die *Burgkapelle*, ursprünglich 1449
im got. Stil erbaut (Chorschluß noch aus dieser Zeit; Kirchen-

musik s. S. 9). Ein Thorweg führt von hier zum Josefsplatz
und der Augustinerkirche. Am *Josefsplatz* in der Ecke r.
der Aufgang zur Hofbibliothek, in der Mitte der zum Kupferstich-
Kabinet; l. die *Redoutensäle* und die von Fischer von Erlach 1735
erbaute *Winter-Reitschule* mit einer von 46 Säulen getragenen
Galerie. In der Mitte des Platzes das 1806 von Kaiser Franz errichtete *Reiterstandbild Kaiser Josefs II.* († 1790), aus Erz, von
*Zauner*, auf einem Granitsockel; an den Langseiten zwei große Reliefs, auf den Aufschwung des Ackerbaues und Handels hindeu-
tend, an den Ecksäulen 16 kleine Bronze-Medaillons, Ereignisse
aus des Kaisers Leben. — *Augustinerkirche* u. s. w. siehe S. 21.
Die *Hofbibliothek* (Eingang durch die Thür in der SO.-Ecke
des Josefsplatzes; Eintr. s. S. 12), 1722 von *Fischer v. Erlach*
erbaut, nimmt die ganze SW.-Seite des Josefsplatzes ein.
Breite Treppen, an den Wänden römische Altertümer, führen in
den glänzend dekorierten *Büchersaal*, dessen Länge (78m bei
17m Breite) die des ganzen Platzes ist; in der Mitte Marmor-
standbilder Kaiser Karls VI. und andrer Fürsten des Hauses Habsburg. In dem mächtigen Kuppelgewölbe Fresken von *Daniel Gran*.
Die Bibliothek umfaßt über 400000 gedruckte Bände und
20000 Handschriften, unter diesen sehr wichtige für die ältere
deutsche Litteratur, und die bedeutende Sammlung oriental.
Handschriften, durch den Frhrn. v. Hammer-Purgstall († 1856)
veranstaltet, dann ein Musik-Archiv von 12000 Bänden. Unter
den 6800 *Inkunabeln* (vor 1500 gedruckte Bücher) ein Psalterium
vom J. 1457, Druck von Schöffer und Fust, ferner die älteste
Ausgabe der Biblia pauperum vom J. 1430. Die Schaustücke der
Bibliothek sind in 8 Glasschränken ausgelegt. Das Bemerkens-
werteste mag folgendes sein :
   S c h r a n k  A. *Stoffe, auf welche geschrieben wurde* u. a. Purpur-
farbiges Pergament mit Silber- und Goldschrift des VI. Jahrh., Theile der
Evangelien; Baumwoll-, Linnen-, Maulbeerbaum-Papier, Palmblätter. —
S c h r. B. *Griech. Handschriften:* Bruchstücke der Genesis aus dem V. Jahrh.
auf Purpur-Pergament; ein Werk über Medicinalpflanzen mit Abbildungen,
aus dem V. Jahrh. — S c h r. C. *Latein. Handschriften:* Bruchstücke der
röm. Geschichte des Livius, die einzige Handschrift, welche die 5. Decade
enthält, von dem heil. Suitbertus im VII. Jahrh. aus Schottland gebracht.
— S c h r. D. *Deutsche Handschriften:* Otfried's Evangelien-Harmonie (um
865 verfaßt), hervorragende gleichzeitige Handschrift; Tristan und Isolt
des Meisters Gottfried von Straßburg (um 1210 verfaßt; aus dem XIV. Jahrh.;
Fragmente einer Monseer Pergamenthandschrift (VIII. Jahrh.). — S c h r. E.
*Andere abendländ. Sprachen:* Bilderbibel mit Miniaturen auf Goldgrund
und franz. Text, aus dem XIV. Jahrh.; Tasso's Gerusalemme conquistata,
von des Dichters eigener Hand geschrieben. — S c h r. F. *Morgenländ.
Sprachen:* Koran vom J. 1545, achteckig, 5cm hoch und breit, als Amulet
getragen; chines. Papier-Handschrift mit goldnen Buchstaben auf azur-
blauem Grund, mit Bildern auf Feigenblättern. — S c h r. G. und H.
Handschriften mit den schönsten *Miniaturen* vom VIII.-XVI. Jahrh. Hor-
tulus animae von Seb. Brant mit 60 Bildern von höchster Vollendung,
Scenen aus dem Leben des Heilandes und verschiedener Heiligen von einem
vläm. Künstler; das vielgebrauchte Gebetbuch Kaiser Karls V. mit Na-
mensschrift seiner Verwandten, seiner Muhme Margaretha, seiner Schwester
Maria u. a.

Mit der Hofbibliothek ist eine vom Prinzen Eugen begonnene Sammlung von Kupferstichen und Holzschnitten vereinigt (unter dem Kuppelgewölbe aufgestellt, Eingang links vom Hauptthor), an 300000 Nummern, die Künstler von den frühesten Zeiten bis auf die Gegenwart umfassend, im ganzen über 1000 Bände. Die *Porträtsammlung* umfaßt 34000 Blätter.

Auf dem großen *äußern Burgplatz*, auch *Heldenplatz* genannt, zwischen Burg und Ringstraße, erhebt sich r. das *Denkmal des Erzherzogs Karl, der Erzherzog († 1847) auf vorspringendem Pferd, mit hochgeschwungener Fahne, Hindeutung auf jenen berühmten Moment bei Aspern (S. 80), nach *Fernkorn's* Modell 1860 in Wien gegossen, mit der Inschrift „dem heldenmüthigen Führer der Heere Österreichs errichtet von Franz Josef I." L. das *Denkmal des Prinzen Eugen von Savoyen („Prinz Engenius der edle Ritter", † 1736), ebenfalls von *Fernkorn* (1865).

Das **äußere Burgthor** (Pl. II: B 4), 1822 von *Nobile* erbaut, hat fünf Durchgänge mit zwölf dorischen Säulen; an der innern Seite der Wahlspruch des Kaisers Franz: „Justitia regnorum fundamentum." Das Thor wird nach dem von Semper entworfenen Plan des Neubaues der Burg durch zwei mächtige Flügelbauten längs des Hofgartens und des Volksgartens mit dem kuppelgekrönten Mittelbau der neuen Hofburg verbunden; der s.ö. Flügel am Hofgarten ist schon fast vollendet.

Der **Volksgarten** (Pl. II: A B 3), an der NW.-Seite des Burgplatzes, 1824 von Kaiser Franz angelegt, ist im Sommer sehr besucht (Café-Restaurant; im Sommer bei günstiger Witterung täglich 6 Uhr Nachm. Konzert, s. S. 9). In dem sog. *Theseus-Tempel*, von Nobile im dorischen Stil erbaut, befand sich bis 1891 *Canova's* große Marmorgruppe, Theseus' Sieg über den Kentaur, einst von Napoleon I. für Mailand bestimmt (jetzt im kunsthist. Hofmuseum, vgl. S. 37). — L., in der Nähe der Restauration, das 1889 errichtete *Grillparzer-Denkmal, im Halbrund; in der Mittelnische die überlebensgroße sitzende Figur des Dichters, von *Kundmann;* an den Innenwänden der Flügel Reliefs mit Darstellungen aus seinen Werken (l. Ahnfrau, Traum ein Leben, König Ottokar, r. Sappho, Medea, Hero und Leander) von *R. Weyr.*

Der **k.k. Hofgarten** (Pl. II: B 4), auf der Südseite des Burgplatzes, mit dem *Reiterbild des Kaisers Franz I.* († 1765), von Moll, ist wegen des Ausbaues der Burg zur Zeit abgesperrt.

### c. *Der südöstliche Teil der inneren Stadt.*

Am Josefsplatz (S. 20), dem Denkmal gegenüber, N° 5 das *Palais Pallavicini* (Pl. II: B C 3), 1784 erbaut, am Portal kolossale Doppel-Karyatiden von Zauner; daneben r. (N° 6) der *Palast der ital. Botschaft,* l. die 1529 erbaute *Stallburg,* mit dem Oberstkämmerer- und Obersthofmarschallamt, durch einen Bogengang mit dem Hauptbau der Hofburg verbunden. Die Augustinergasse führt von hier s. zum Opernhaus; in ihr gleich r. die **Augustinerkirche** (Hof-

pfarrkirche; Pl. II: B C4), 1330 begonnen, eine dreischiffige got.
Hallenkirche mit auffallend langem Chor(Schiff18,₆m, Chor22,₈m
hoch). Der Turm stammt aus dem J.1850 (der alte brannte 1848 ab).
Dem Eingang gegenüber das schöne *Grabmal der Erzherzogin Maria
Christina* († 1793), Tochter der Kaiserin Maria Theresia, das ihr Gemahl
Herzog Albert von Sachsen-Teschen „uxori optimae" im J. 1805 von *Canova*
errichten ließ: eine 9m h. Marmorpyramide mit den Allegorien der Glück-
seligkeit (das Medaillonporträt der Erzherzogin haltend), der Tugend und
der Wohlthätigkeit. Weiter l. führt eine Thür zur *Lorettokapelle*, in
welcher die Urnen mit den Herzen sämtlicher Kaiser und Kaiserinnen
seit Matthias aufbewahrt werden; l. anstoßend eine durch ein Gitter ab-
gesperrte Kapelle, in welcher ein Grabdenkmal des Kaisers Leopold II.
(† 1792) in Marmor von Zauner, der Kaiser auf einem Sarkophag, an den
die Religion sich trauernd anlehnt. An der Wand das Grabmal des Feldmarschalls Grafen Daun († 1766), von der Kaiserin Maria Theresia „patriae
liberatori" errichtet. Auch van Swieten († 1772), der berühmte Leibarzt
der Kaiserin, ruht hier. — Pater Abraham a Sancta Clara († 1709) war
Prediger an dieser Kirche.

Der Kirche schräg gegenüber in der Dorotheengasse (N° 18)
die *Evang.-luth.* und (N° 16) die *Reformierte Kirche*, und auf dem
kl. *Lobkowitzplatz* der fürstl. *Lobkowitz'sche Palast*, 1685-90 erbaut, jetzt vom franz. Botschafter bewohnt. R. davon an der Stelle
des ehem. *Bürgerspitals* erheben sich monumentale Neubauten, u. a.
der von Thienemann erbaute *Kärntnerhof* mit großem glasgedeckten
Hof, und der von König erbaute prächtige *Philipp-Hof*, in dem
sich das Lokal der *Jockey-Clubs* befindet. — Gegenüber, Ecke der
Augustinerstraße und Augustinerbastei, an der Stelle des frühern
Kärntnerthors der *Albrechtsbrunnen*, 1869 errichtet, mit Marmorstatuen von Meixner: in der Mitte Danubius mit Vindobona; r.
Theiß, Raab, Enns, Traun, Inn; l. Save, March, Salzach, Mur, Drau.

Auf der Augustinerbastei steht der *Palast des † Erzherzogs
Albrecht* (Pl. II: C 4), 1801-4 erbaut, 1865-67 umgestaltet, mit
der *Albertina*, Bibliothek nebst berühmter Sammlung von Kupferstichen und Handzeichnungen (Eintr. s. S. 11).

Die Albertina (Eingang im Hintergebäude, 1. Stock), von Herzog Albert
von Sachsen-Teschen († 1822) angelegt, von Erzherzog Karl († 1847) und
Erzherzog Albrecht († 1895) fortgeführt, ist besonders an *Handzeichnungen*
eine der reichsten in Europa: an 17000 Blätter, u. a. c. 50 von Raffael,
eins (Studie zur Saracenenschlacht bei Ostia) aus Dürer's Nachlaß, dem
Raffael es 1515 geschenkt; 160 von Dürer, 152 (meist echt) von Rubens,
147 (davon 100 authentisch) von Rembrandt (größte Rembrandt-Samm-
lung). Besonders beachtenswert das Porträt des Kaisers Max I., die sog.
„grüne Passion", der Hase, die Blumen u. a. von *Dürer*, eine große Anzahl
von Federzeichnungen und anderen Skizzen erster Meister. Die *Kupferstichsammlung* enthält in Foliobänden über 220000 Blätter, besonders die
ältern Meister sehr reichhaltig, darunter u. a. das Werk des *Marc-Anton
Raimondi* in Prachtdrucken. Die schönsten Blätter der Sammlung sind in
Schränken unter Glas und Rahmen wechselnd ausgestellt. Die *Bibliothek*
von 50000 Bänden ist reich an älteren Prachtwerken, an historischen,
militärwissenschaftlichen und besonders an kunstgeschichtlichen Werken
und seltenen alten Drucken. Die *Kartensammlung* umfaßt 24000 Landkarten
und Pläne.

*Opernhaus, Ringstraße* u. s. w. siehe S. 59.

Nördl. führt vom Albrechtplatz die Tegetthoffgasse auf den
Neuen Markt (Pl. II: C 3, 4). In der Mitte ein *Brunnen* mit

fünf Figuren, die Hauptflüsse des Erzherzogtums Österreich
(Enns, Ybbs, Traun und March) darstellend, die ihr Wasser in die
Donau ergießen: „Raph. Donner fec. 1739. C. M. Fischer restaur.
1801" (ursprünglich in Blei, 1873 durch Bronzekopien ersetzt).

An der Südseite des Platzes nimmt ein 1894 aufgeführter, bis
zur Kärntnerstraße reichender Neubau, mit glänzenden Geschäfts-
räumen, die Stelle des ehem. fürstl. Schwarzenberg'schen Palastes
ein; an der Westseite die **Kapuzinerkirche** (Pl. II: C 4), nach
1622 im Barockstil erbaut, mit der *kaiserlichen Gruft.* Diese ist
am 1. und 2. Nov. für jedermann geöffnet, Fremden von Ostern
bis Allerheiligen tägl. 9-12, im Winter 10-12 U.; Meldung beim
Pförtner (dem Führer, einem Priester Kapuziner, eine Gabe für
die Armen). Durch die Mitte des langen Gewölbes führt ein
Gang zwischen den (115) Särgen hin.

Gleich vorn **Maria Theresia** († 1780) und ihr Gemahl **Franz I.** († 1765),
großer Doppelsarkophag von Moll; **Josef II.** († 1790), **Franz I.** († 1835);
**Marie Luise,** die Gattin Napoleons I. († 1847) und ihr Sohn, der Herzog
von Reichstadt († 1832); **Kaiser Maximilian von Mexico** († 1867); **Erzherzog
Rudolf** († 1889). Im Seitengewölbe l. **Erzh. Karl** († 1847); **Leopold II.** († 1792);
Seitengewölbe r. die älteren meist reich verzierten Särge: **Karl VI.** († 1740),
**Leopold I.** († 1705), **Josef I.** († 1711), **Matthias II.** († 1619); der letztere
wurde mit seiner Gemahlin Anna († 1618) zuerst hier beigesetzt.

Die kurze Schwanengasse führt von hier auf die belebte K ä r n t -
n e r s t r a ß e, eine der Hauptverkehrsadern der innern Stadt, mit
einigen schönen Neubauten; die Verbreiterung der Straße ist im
Werk (Neubauten müssen einrücken). Schräg gegenüber der Schwanengasse die **Malteserkirche** (Pl. II: C 4) oder *Kirche St. Johannes
des Täufers,* ungar. Nationalkirche, mit einem Ehrendenkmal aus
Gips, die Festung Malta, dem Großmeister Joh. v. Lavalette gewidmet. — In der Nähe, Annagasse 3, der *Annahof,* 1894 von Fellner
und Hellmer erbaut, mit freskengeschmückter Fassade (Franzis-
kanerkeller s. S. 4), und die **St. Annakirche** (Pl. II: C 4), nach
einem Brande 1747 im Barockstil erneut, früher Jesuiten-, jetzt
franz. Nationalkirche (Sonnt. franz. Predigt); Fresken und Marienbild von D. Gran. — N., Himmelpfortgasse N° 8, das *Finanzmini-
sterium,* der ehem. *Palast des Prinzen Eugen von Savoyen* († hier
am 21. April 1736), im reichen Barockstil 1703 von Hildebrand und
Fischer v. Erlach erbaut, mit prächtigem Vestibül und Stiegen-
haus. — Ö., auf der *Seilerstätte* (Pl. II: C D 4) das von Fellner
1871/72 erbaute, 1884 ausgebrannte *Stadttheater,* jetzt *Ronachers
Etablissement* (S. 9), und (N° 3) das *Palais des Herzogs von Coburg.*

Wir kehren vom n. Ende der Seilerstätte zum Graben durch
die Siugerstraße zurück. In letzterer r. (N° 7) das *Deutschordens-
haus* (Komturei mit Kapelle schon vom J. 1200); die mit Wappen-
schildern, Fahnen und Grabmälern reich geschmückte got. Kirche
wurde 1326 erbaut, 1730 modernisiert und 1864 hergestellt.

N.ö. führt vom Stephansplatz die belebte *Rotenturmstraße* nach der Leopoldstadt; r. No 10, Ecke des Lugeck, der prachtvolle neue „Germaniahof". Durch das Lugeck, dann r. durch die Bäckerstraße gelangt man auf den kleinen *Universitätsplatz* (Pl. D 3) mit der **Universitäts** *(Jesuiten)*-**Kirche**, 1628-31 im Barockstil erbaut, die Gewölbefresken von Andr. Pozzo (1705; 1834 von P. Krafft restauriert), das Hochaltarblatt von Kupelwieser; daneben (No 2) die *Akademie der Wissenschaften* (gegründet 1846), die seit 1857 hier, in den Räumen der ehem. Universität, der im J. 1848 viel genannten „Aula", ihren Sitz hat.

Die nächste Seitenstraße (r.) der Rotenturmstr. ist der Fleischmarkt; daselbst (No 13) die **griech. Kirche** (Pl. II: D 3, 4; *Kirche der nicht-unierten Griechen*), 1804 erbaut, 1858 auf Kosten des Barons Sina († 1876) nach *Hansen's* Plänen umgebaut; neue Fassade im byzant. Stil (polychromer Ziegelrohbau), mit Fresken auf Goldgrund von Rahl; im Vestibül Bilder von Bitterlich u. Eisenmenger, in dem reich ausgestatteten Innern Fresken von Thiersch. — Gottesdienst der *unierten Griechen* in der 1852 gut hergestellten *Barbarakirche* in der anstoßenden Postgasse. Daneben (No 8) das *Handelsministerium*, (No 9) das *Postsparkassenamt* und (No 10 u. 12) das *Hauptpostamt* (S. 7).

## d. Der nordwestliche Teil der inneren Stadt.

Vom NW.-Ende des Grabens führt geradeaus die Nagler- u. Bognergasse (Gedenktafel am Haus No 1) zum Hof und der Freiung; r. die *Tuchlauben* (hier No 8 der *österreich. Kunstverein*, S. 12) zum Hohen Markt (Pl. II: C 2, 3), angeblich dem Forum des römischen Wien. Der jetzige *Sina'sche Palast* (No 8), restauriert von Hansen, mit Fresken von Rahl, ist ein Teil des ältesten Hauses von Wien, des *Berghofs;* das römische Prätorium soll hier gestanden haben (Denktafel). In der Mitte ein **Votiv-Denkmal** nach Fischer v. Erlach's Entwurf, die Vermählung Mariä, von Kaiser Karl VI. 1732 zum Andenken an die Tapferkeit Kaiser Josefs I. bei der Belagerung von Landau errichtet, 1852 erneuert (Figuren von Corradini); zu beiden Seiten Springbrunnen. Zwischen dem Hohen Markt und der Donau lag das ehemalige *Judenviertel*. Von der Nordecke des Platzes führt die Marc Aurel-Straße zur Donau. — Unweit n.w., Wipplinger Str. 8, das nicht mehr benutzte **alte Rathaus** oder *Magistrats-Gebäude;* der ältere gegen die Salvatorgasse gelegene Teil vom J. 1455, die heutige Fassade vom J. 1706. Im Hof ein *Brunnen* mit Perseus und Andromeda, Bleigruppe von Donner. — Gegenüber (No 11), Ecke des Judenplatzes, das *Ministerium des Innern,* von Fischer v. Erlach 1716 erbaut.

R. neben dem Rathaus die **Salvator-** oder **Rathaus-Kapelle** (Pl. II: C2), aus zwei Kapellen bestehend, die ältere, ein zierlicher frühgot. Bau, vom J. 1361, die zweite, durch einen Spitzbogen

mit der älteren Kapelle verbunden, 1452-57 errichtet, mit Renais-
sance-Portal vom J. 1515; der Turm 1867 von Schmidt erbaut.
Seit 1871 wird die Kapelle für den altkatholischen Gottesdienst
benutzt.

Die Kirche **Maria-Stiegen** (*Maria am Gestade;* Pl. II: C 2),
Salvatorgasse, böhmische National-Kirche, mit einschiffigem, seit
1394 erbautem spätgotischen Langhaus, das sich an den zierlichen um 1350 vollendeten einschiffigen Chor in etwas verscho-
bener Richtung anlegt, 1817-20 ausgebessert, hat schöne Altäre
und alte und neue Glasgemälde. Der 57m h. siebeneckige Turm,
vom Ausgang des xv. Jahrh., endet in einer zierlichen durchbrochenen Kuppel.

Zurück zur Wipplinger Straße (zwischen N° 22 u. 24 Blick
auf den hier überbrückten „Tiefen Graben") und durch die Färbergasse auf den Platz Am Hof (Pl. II: B C 2, 3), den größten der
innern Stadt; auf ihm stand, wie eine Inschrift am Hause N° 14
(s. unten) meldet, die alte Burg der Markgrafen und Herzöge aus
dem Hause Babenberg (S. 13). In der Mitte eine *Mariensäule,* 1667
von Leopold I. errichtet. An der Südseite das 1892 enthüllte
*\*Reiterdenkmal des Feldmarschalls Radetzky* (1766-1858), Erzguß
nach Zumbusch's Modell. In der SO.-Ecke des Platzes (N° 14) das
*Kriegs-Ministerium;* daneben die *Pfarrkirche am Hof* (Pl. II: C 2),
aus dem xv. Jahrh., früher Jesuitenkirche, mit Barockfassade von
1662. Gegenüber (N° 6) die *österr. Credit-Anstalt* (Pl. II: B 2),
1858-60 von Fröhlich erbaut, mit sechs Statuen von Gasser. Das
*bürgerliche Zeughaus* (N° 10, Nordseite), 1562 erbaut, mit Fassade
von 1732, hat sein Waffenmuseum an das neue Rathaus abgegeben
(vgl. S. 30).

Auf der Freiung (Pl. II: B 2), dem westl. anstoßenden
Platz, in der Mitte ein *Brunnen* von L. v. Schwanthaler, auf
einer Säule mit Eichenblättern die Figur der Austria, unten Donau,
Elbe, Weichsel und Po, 1846 errichtet.

L. (N° 3) der gräfl. **Harrach'sche Palast** (Pl. II: B 2), 1689
erbaut, mit schönem Wintergarten und *\*Gemälde-Galerie* (Eintr.
s. S. 12), Eintritt durch die Thür l. vom Hauptportal, 2 Treppen
hoch, gut eingerichtet, Licht von oben, an 400 Bilder in 3 Sälen
und 2 Kabinetten. Katalog 70 kr.

I. Saal. Niederländer und Deutsche. 1. *Fyt,* Früchtekranz; 4. *Heda,*
Stilleben; 11-15. *Valkenburg,* Stilleben; 16. *Jac. van Es,* Fischhändler; 17.
*Paul Potter* (?), Kühe; 21. *Berchem.* Waldpartie; 22. *F. Snyders,* Hirschjagd;
45. *Weenix,* Abraham's Zug; 46. *Art des Holbein (Amberger?),* Porträt (des
Moritz von Ellen?); *\*44. Meister der weibl. Halbfiguren,* drei musicierende
Mädchen; 51. *Niederl. Schule,* großer Flügelaltar (aus Robrau), in der Mitte
Christus am Kreuz, l. die h. Familie, r. die h. Helena; 53-56. *Dav. Teniers d.J.,*
rauchende Bauern, Schreiber und Violinspieler; 69. *Ryckaert,* Plünderung;
72. *Flinck,* Brustbild eines jungen Mannes; 73. *Beek,* Brustbild eines Man-
nes; *Ovens:* 75. Mädchen mit einem verblutenden Huhn, 76. Mädchen mit
Weintraube; 78. *Griffier,* Greenwich; 82. *W. v. d. Velde d.J.,* Malta; 86. *Griffier,*
Windsor; 110, 114. *Cornelis de Waal,* Lager aus dem 30j. Kriege. — II. Saal.
Franzosen und Italiener. *\*119. Claude Lorrain,* Sonnenuntergang; 121. *J. Vernet*

## c. *Die Ringstraße.*

Die *Ringstraße*, die in Verbindung mit dem *Franz Josefs-Quai* die ganze innere Stadt umzieht, seit 1857 größtenteils auf dem ehemaligen Festungsgraben und Glacis angelegt (vgl. S. 15), enthält neben den unvermeidlichen „Zinskasernen" eine Fülle prächtiger Neubauten, wie sie kaum eine andere europäische Hauptstadt aufzuweisen hat. Die Straße ist durchgängig 57m breit und von der Aspernbrücke bis zum Ende des Schottenrings 42 Min. lang (die Linden in Berlin 20 Min., die alten Boulevards in Paris c. 1 St. bei gleicher Breite).

An dem am *Franz Josefs-Quai* (S. 67) beginnenden S c h o t t e n - r i n g (Pl. II: BC 1, 2) l. (N° 16) die *Börse*, im Renaissancestil von *Hansen* und *Tietz* 1872-77 erbaut, ein Viereck von 91m Länge und 99m Breite; im Innern das Vestibül und der große Börsensaal sehenswert (Eintr. 10 kr.). Im 1. Stock (Eingang von der Börsengasse) das *k. k. Handelsmuseum* (Eintr. s. S. 12), eine reiche Sammlung namentlich ostasiatischer Erzeugnisse (Naturprodukte, Fabrikate, Modelle u. a.); im *Lesezimmer* oriental. Zeitungen. Dahinter, Börsenplatz 1, das *Central-Telegraphenamt* (Pl. II: B 2). — Weiter, auf der r. Seite der Ringstraße, die *Polizeidirektion* (Pl. II: B 1); dann, Ecke der Heßgasse, das an der Stelle des am 8. Dec. 1881 niedergebrannten Ringtheaters auf Kosten des Kaisers vom Dombaumeister Fr. Schmidt im got. Stil erbaute *Stiftungs-* oder *Sühnhaus* (Pl. II: B 1, 2), den Wiener Wohlthätigkeitsanstalten gewidmet, mit Kapelle, in der am 9. Dec. jedes Jahr für die bei dem Brande Verunglückten (an 400) eine Messe gelesen wird.

Auf dem dreieckigen, mit Anlagen geschmückten *Maximiliansplatz* zwischen Währingerstr. und Universitätsstr. erhebt sich die **Votivkirche** (*Heilandskirche*; Pl. II: A 1), zum Andenken an die Rettung des Kaisers aus Mörderhand im J. 1853 nach *Ferstel's* Plänen 1856-79 erbaut, ein prächtiger got. Bau, dreischiffig mit Querschiff, Chorumgang und Kapellenkranz. Schöne Fassade mit zwei schlanken durchbrochenen 99m h. Türmen und reichem Statuenschmuck. Das in Gold und Farben prangende Innere, mit 78 gemalten Glasfenstern, ist tägl. 6-11 und 4-6 U. zugänglich. In der Salmkapelle neben dem n. Querschiff das Marmorgrabmal des kais. Feldhauptmanns Grafen Niklas Salm († 1530), Verteidigers von Wien gegen Soliman II. im J. 1529, 1878 von Raitz bei Brünn hierher übertragen; gegenüber ein prächtiger Taufstein.

Auf dem an den Schottenring s. anstoßenden *Franzensring* (Pl. II: A B 2, 3) erhebt sich eine Reihe großartiger Bauten, die diesen Teil der Ringstraße zum architektonischen Glanzpunkte Wiens machen. Zunächst r. die *Universität* (Eintr. s. S. 13), im Stil der ital. Hochrenaissance von *Ferstel* 1873-84 erbaut, 1886 eröffnet, ein mächtiges 21 720qm umfassendes Viereck mit Räumen für die meisten Hörsäle und die Sammlungen der Universität. Eine

Rampe und Freitreppe führen zu dem mit Skulpturen geschmückten Portikus, aus dem man in das Vestibül, die durch zwei Stockwerke gehende „Aula" tritt; l. eine Marmortafel mit den Namen sämtlicher Rektoren seit 1365. Im ersten Stock des r. Flügels der Eingang zu dem prächtigen großen Festsaal; über der Haupttreppe des l. Flügels ein *Marmorstandbild des Kaisers Franz Josef I.*, von K. Zumbusch. In den Arkadengängen des Hofraums sind die Büsten berühmter verstorbener Universitätslehrer aufgestellt: *R. v. Eitelberger, J. B. Quarini, F. Schuh, G. B. van Swieten, Jos. Hyrtl, A. J. v. Stifft, Joh. u. Th. von Oppolzer, Lor. von Stein* u. v. a. — Die Mitte der Westfassade nimmt die nach dem Muster der Ste-Geneviève zu Paris gebaute *Universitäts-Bibliothek* ein, mit 320 000 Bänden und prächtigem, nach Fakultäten geteiltem Lesesaal (Eintr. s. S. 13).

Die Universität, 1365 gegründet, unter Maria Theresia durch den berühmten Arzt van Swieten (S. 22) reorganisiert, zählt etwa 6000 Studenten und 347 Professoren und Docenten. Die medicinisch-chirurgische Fakultät hat europäischen Ruf. — Zur Universität gehören die *Sternwarte* (S. 78), das *physikalische Institut* (IX. Türkenstr. 3), der *botanische Garten* sammt Herbarien (III. Rennweg 14), das *chemische Laboratorium* (S. 73), das *pathologisch-anatomische Museum* (im allgemeinen Krankenhaus, S. 73), die *evangelisch-theolog. Fakultät* (IX. Mariannengasse 25), das *anatom. Institut* (IX. Währingerstr. 13, S. 73), u. v. a.

Hinter der Universität (Universitätsstr. 7) das *Generalkommando* (Pl. II: A 2), ein Renaissancebau von Doderer (1872-74); am Portal Atlanten von Pilz. — Gegenüber der Universität auf der l. Seite der Ringstraße, wo die Mölker Bastei mündet, das *Liebenberg-Denkmal*, Obelisk mit Bronze-Medaillon und ruhendem Löwen, zur Erinnerung an Liebenberg, den tapfern Bürgermeister von Wien während der Türkenbelagerung 1683, von Silbernagl (1890).

Von der Südseite der Universität bis zum Reichsratsgebäude erstreckt sich der hübsch angelegte *Rathauspark* (Pl. II: A 2,3; im Sommer Nachm. Konzert, s. S. 9). Auf der W.-Seite, c. 150m vom Franzensring, das **Rathaus** (Eintr. s. S. 12), 1873-83 im got. Stil vom Dombaumeister *Schmidt* mit einem Aufwand von 15 Millionen fl. erbaut, mit reichem Statuenschmuck. Den mächtigen 100m h. Turm krönt ein in Kupfer getriebener Bannerträger, der „eiserne Mann"; an den drei freien Seiten des Turms im Mezzanin Reliefporträte des Kaisers Franz Josef I., Rudolfs von Habsburg und Herzog Rudolfs des Stifters (von Zumbusch, Kundmann, Gasser). Im Innern des einen großen von Arkaden umgebenen und sechs kleinere Höfe umfassenden Gebäudes (Flächenräum c. 2ha) sind namentlich sehenswert die Sitzungssäle des Magistrats, der prächtige Gemeinderatssaal mit Fresken von *Mayer*, die sog. Volkshalle unter dem Turm an der Hauptfassade, die beiden Feststiegen mit Säulen von Untersberger Marmor und vergoldetem Gitterwerk, und die durch zwei Stockwerke gehende Festhalle. Von den Balkonen schöner Blick auf den von stattlichen Gebäuden umgebenen Rathauspark. Im 1. Stock die *städtische Bibliothek* (reiche Samm-

lung namentlich auf Wien bezüglicher Bücher, Wiener Theater-
litteratur u. dgl., besondere Abteilung für das Städtewesen ; Eintr.
s. S. 12) und das **\*Historische Museum der Stadt Wien**, verbunden
mit dem STÄDTISCHEN WAFFENMUSEUM (Zugang über die Feststiege
No. 2; Eintr. s. S. 12). An allen Gegenständen erklärende Bei-
schriften. Katalog des Histor. Museums in Vorbereitung, des
Waffenmuseums 20 kr. Direktor Dr. Glossy.

I. ABTEILUNG. Denkmale aus dem Stephansdom: Sonne und Mond von
der ältesten Turmkrone (xv. Jahrh.); Glasgemälde aus dem xv. Jahrb ;
Überreste von Wandmalereien aus dem xIII. Jahrh. — II. ABT. Römische
Altertümer (Särge, Votivsteine, Überreste eines Bades, Säulenkapitäle,
Münzen). Vorchristliche Funde verschiedener Art aus Wiens Umgebung,
gefunden beim Bau der Hochquellenleitung; Steindenkmale des Mittelalters
und der neueren Zeit; Standbilder österr. Herzöge und von Heiligen aus
dem xIv. und xv. Jahrb. aus dem Stephansdom. — Stadtpläne. Studien über
die Anlage des röm. Wien und mittelalterliche Stadterweiterungen (Nr. 1-3
und 4-13), ein Originalplan von 1438-1455 (Nr. 14), ein runder Tisch mit
dem Originalplan von *Hirschvogel* von 1547 (15), Pläne von *Wolmuet* von
1547 (17), von *Suttinger* von 1684 (19), von *Anguissola* und *Marinoni* von
1706 (20), von *Nagel* von 1770 (21; die drei letzteren Kopien) und neuere
Pläne. — 37-454. Gesamt- und Einzelansichten: älteste Ansicht vom J. 1483
(37), von 1493 (38; aus der Schedel'schen Chronik), dann von *Hirschvogel*
1547 (39, 40), von *Lautensack* 1558 (41), von *J. N. Vischer* und *Hufnagel* 1640
(43), von *M. Vischer* 1675 (44-46), von *Suttinger* 1676 (47, 48), von *Folbert
van Allen* 1630-1682 (49), von *Delsenbach* 1719 (54-57), eine große Ansicht
der Stadt und Vorstädte aus der Vogelschau, von *J. D. v. Huber* 1774 (69)
und eine Reihe von Einzelansichten aus dem xvIII. und xIx. Jahrb. in
Ölbildern, Aquarellen [u. a. von *F. Matsch* und *G. Klimt*, das Innere des
alten Burgtheaters, dann Aquarelle von *Charlemont* (311-313. Innenansichten
des Amerling-Museums), von *Jacob*, *Frans* und *Rud. Alt* (327-330. das alte
Rathaus; 331. Makart's Atelier; *Varonne* u. a.] und Kupferstichen (besonders von *Pfeffel*, *Kleiner*, *Schütz* und *Ziegler*). Übersicht der Stadtbefestigung
vom xvI. Jahrh. bis zum Abbruch der Basteien in neuester Zeit. —
455-623. Geschichtliche Wiener Ereignisse: *Meldemann's* Rundansicht der
Stadt mit der Aufstellung der Türken im J. 1529 (460); türkische Heerführer
und Soldaten von 1529 (463-474); Darstellungen aus der Türkenbelagerung
1683, darunter ein großes Ölgemälde von *Wyk* (485-529); Einzüge der Kaiser,
Huldigungen, Vermählungen, Gedenkblätter auf Maria Theresia und Josef II.,
französische Invasionen 1805 und 1809, Revolution 1848 in Ölbildern, Aquarellen, Kupferstichen und Lithographien. — 621-788. Wiener Volksfiguren
und -Scenen, Trachten und Moden aus dem xvIII. und xIx. Jahrb. —
789-841. Volksfeste und -Belustigungen, Bälle, Konzerte. — 842-1085. Porträte bedeutender Wiener Persönlichkeiten vom xvI. Jahrb. an in Ölbildern,
Miniaturen, Aquarellen und Stichen. — III. ABT. Im Korridor 4-14.
Embleme der einstigen richterlichen Gewalt der Stadt Wien, Marter- und
Hinrichtungswerkzeuge; 3, 19, 37, 38, 44, 51, 99, 100, 102, 106, 107, 174,
200-202, 206-208. Fahnen und Banner alter Zünfte; 28-31, 56-58, 108, 112,
113. Zunftladen; 20-27, 33-38, 39-42, 52-55, 63-98, 115, 116, 175-198. Abbildungen der Wiener Bürgerwehr vom xvI. bis zur Mitte des xIx. Jahrb.;
117-167. Wiener Originalmaße und Gewichte; 171, 172, Meistertafeln der
Genossenschaften der Steinmetzen und Baumeister; 301-687. Wiener Geld-
umlauf vom xv.-xIx. Jahrb.; 688-713. Geldwertzeichen des xvIII und xIx.
Jahrb.; 714-1124. Medaillen und Gedenkmünzen des xv.-xIx. Jahrb. — Im
I. Zimmer 1125-1235. Bildnisse von Dichtern, Musikern, Kostümbilder
von Schauspielern, u. a.; 1216. Mozart's Klavier; 1238. Schubert's Klavier;
1210-1212. Totenmasken von Haydn, Beethoven und Lenau. Außerdem
Handschriften von Haydn, Beethoven, F. Laube, F. Raimund, Franz Liszt,
Herwegh, Kossuth, Bismarck u. a. — Im II. Zimmer Bilder, Kostüme,
Fahnen, Standarten zu dem von *Makart* entworfenen Wiener Festzug vom
J. 1879 (zur Feier der silbernen Hochzeit des Kaiserpaares). In der Mitte:

1365. großes plastisches Modell der inneren Stadt um 1852-54 mit den Basteien und Glacis. — An das I. Zimmer grenzt 1. das Grillparzer-Zimmer: im Vorraum eine Sammlung von Bildnissen des Dichters, seiner Eltern und der Familie Fröhlich; nebenan Zimmer und Kabinet, welche die ganze Wohnungseinrichtung Grillparzer's und seine Bibliothek enthalten, in den Schaukästen Handschriften seiner Werke, Ehrendiplome und dergleichen.

Die IV. Abt. (*Waffenmuseum), im II. Stock, umfaßt allein 1460 Nummern, die in 7 Räumen aufgestellt sind. I. Vorsaal. Wappenschilde von der Leichenfeier Herzog Albrechts VI. im J. 1463 und Kaiser Friedrichs IV. im J. 1493. Mailänder Harnische; got. Reiterharnisch (xv. Jahrh.); kunstvoll bemalte Tartschen (Reiterschilde) aus dem xv. Jahrh. In der Mitte die Wiener Bürgerfahne (xv. Jahrh.), bei beiden Türkenbelagerungen in Gebrauch. — II. Zimmer. Schwarze Morions (spanische Schützenhauben), zweihändige und einhändige Schwerter aus dem xv.-xvi. Jahrh., ein Hand-Hakenbüchsenlauf aus dem xv. Jahrh. — III. Saal. Stangenwaffen aller Art, Bürgerharnische, schön geätzte ganze Harnische (namentlich 592, 593, xvi. Jahrh.). In Schaukästen Armbrüste, Radschloßbüchsen und Revolver, Jagdgewehre, Baläster (xvi.-xvii. Jahrh.). An den Wänden Gruppen von Ahlspießen (xv. Jahrh.; eine seltene Spezialität der Sammlung), Büststücken, Tartschen, Reißspießen etc. — IV. Saal. Schwarzgraue und schwarze Harnische, Reiter- und Landsknecht-Harnische, ein ungarischer Krebs; zahlreiche Trophäen aus der zweiten Türkenbelagerung 1683, von den Büsten Karls v. Lothringen und Starhembergs flankiert. Der angebl. Schädel Kara Mustapha's mit der seidenen Schnur, mit welcher der Großvezier 1683 zu Belgrad erdrosselt worden sein soll; sein angebl. Totenhemd; die Blutfahne, 1684 von Herzog Karl v. Lothringen in der Schlacht von Hamzabeg erbeutet; andere türk. Fahnen, Roßschweife, Schnapphahnmusketen, Bogen, Pfeile, Schilde, Rauchgefäß, Ziehlaterne und Trommeln. Außerdem Lunten, Radschloßgewehre, Trombons, die Fahne der Bäckerzunft, von der Decke herabhängend die schöne Fahne des Malteser-Grafen Herberstein. — V. Saal. Türkische Waffen aus den Kriegen des Prinzen Eugen und Laudon's, franz. Waffen von 1805-9, um die Büste Kaiser Franz' I. gruppiert. Waffen und Fahnen der Wiener Bürgerwehr aus dem xviii. Jahrh.; Hakenbüchsen größten Kalibers. In den Schaukästen prächtige Degen, Dolche, Handschars. Beim Ausgang ein Abguß von Natter's Hofer-Denkmal in Innsbruck (S. 140). — VI. Korridor. Bergstock Andreas Hofers; Gewehre der Wiener Nationalgarde 1848; Waffen und Fahnen der Bürgerwehr. Sechs Kanonenrohre, Geschenk des Kaisers an die Bürger 1809; Uniformstücke, von Kaiser Franz I. in der Schlacht bei Leipzig und beim Einzug in Paris getragen. Büsten Wrbna's und Saurau's. — VII. Zimmer. Waffen der Wiener Nationalgarde; Fahne des akadem. Corps 1848 und der Tiroler Freischützen 1848 und 1859; Modelle der Wiener Freiwilligen (1859 und 1866).

. Dem Rathaus gegenüber auf der O.-Seite der Ringstraße das neue *Hofburgtheater (Pl. II: A B 2, 3; S. 8), 1876-89 nach Plänen von *Semper* und *Hasenauer* in reicher Spätrenaissance erbaut.

Der plastische Schmuck der AUSSENSEITE ist von *Kundmann* (Apollo und die tragische und komische Muse, über der Attika des Mittelbaues), *Weyr* (Triumphzug des Bacchus, Relief über dem Eingang), *Edm. Hofmann*, *Tilgner* (Büsten von Calderon, Shakspeare, Molière, Lessing, Goethe, Schiller, Hebbel, Grillparzer, Halm), *Benk* (Allegorien), *Costenoble*, *Gasser* u. a. — In den beiden *Treppenhäusern Deckengemälde von *Matsch* und den Brüdern *Klimt*, die Entwicklung der Schauspielkunst darstellend, sowie je 2 allegor. Statuen von *Benk* und Standbilder berühmter Schauspieler; in den Vestibülen Deckengemälde von *Karger*, im Foyer von *Charlemont*; in den Nebenräumen des letzten die 1786 von Joseph II. gegründete *Bildnisgalerie der Burgtheaterkünstler, in den Lünetten und Kuppeln des Hauptsaals Bilder von *R. Ruß* und *Charlemont*. Der ZUSCHAUERRAUM (Platz für 2000 Personen) ist mit Skulpturen von *Weyr* und *Tilgner* und Bildern von *Hynais* reich geschmückt. In den zu den kais. Logen führenden Prachträumen u. a. ein Rundfries (Kinder- und Tiergestalten) von *Eisenmenger* und eine Klytia-Statue von *Benk.*

Weiter, auf der W.-Seite der Ringstraße dem Volksgarten gegenüber, das *Reichsratsgebäude (Pl. II: A 3), ein imposanter Bau im griechischen Stil von *Hansen* (Eintr. s. S. 12). Das Abgeordnetenhaus und das Herrenhaus bilden zwei auch nach außen hin selbständige, an den Ecken von je 4 Bronze-Quadrigen gekrönte und mit Marmorstatuen und Reliefs geschmückte Gebäude, die durch niedrigere Seitenflügel verbunden sind. Eine breite Rampe führt zu dem säulengetragenen Portikus; an denselben schließt sich das Atrium, an dieses das prächtige Peristyl, getragen von 24 Monolithsäulen aus Untersberger Marmor, mit Wänden von Carrara - Marmor und einem umlaufenden Fries mit Freskogemälden historischen Inhalts. Auf das Peristyl öffnen sich die schönen, völlig gleich ausgestatteten Sitzungssäle des (l.) Herrenhauses und des (r.) Abgeordnetenhauses, um die sich beiderseits Lese- und Konferenzzimmer, Räume für die Bureaux, die Ausschüsse, die Minister u. s. w. gruppieren. — Hinter dem Parlamentsgebäude l., an der Volksgartenstr., der *Justizpalast, in deutscher Renaissance nach *Wielemanns*' Plänen 1875-81 erbaut, für verschiedene Justizbehörden; in der prachtvollen Centralhalle die 3m h. Marmorstatue der Gerechtigkeit von *Pendl.* — Hinter dem Justizpalast an der Kreuzung der Bellaria- und Museumstr. des *Deutsche Volkstheater (Pl. II: A 4; S. 8), 1887-89 nach Plänen von *Fellner* und *Hellmer* im ital. Spätrenaissancestil erbaut; die Skulpturen der Hauptfront von *Vogl*, im Innern von *Friedl;* Deckengemälde und Vorhang von *Veith.*

Am Burgring (Pl. II: C 4) dem Burgthor gegenüber auf dem Maria Theresia-Platz erhebt sich das großartige *Maria Theresia-Denkmal, „errichtet von Franz Joseph 1888", Bronzeguß nach *Zumbusch's* Modellen, der architekton. Aufbau von *Hasenauer.*

Auf einem 13m h. Marmorsockel thront die sitzende 6m h. Bronzestatue der Kaiserin († 1780), als 35jährige Frau dargestellt, die rechte Hand grüßend ausgestreckt, mit der sceptertragenden Linken die pragmatische Sanktion (die Bürgschaft der Einheit des Reichs) umfassend. An der untern Abteilung des Sockels auf weit auslandenden Postamenten vier Reitergestalten: r. Laudon, l. Daun, rückwärts r. Traun, l. Khevenhüller; zwischen ihnen vier hohe Standbilder: vorn der Reichskanzler Fürst Kaunitz, an der Rückseite der Artilleriegeneral Fürst Wenzel Liechtenstein, dann l. der Rechtskundige Haugwitz und r. der Arzt van Swieten. In den Nischen am obern Teil des Sockels Porträtgruppen bedeutender Männer des Zeitalters: über Kaunitz die Bildnisse von Starhemberg, Bartenstein und Mercy, über Liechtenstein die der Generale Lacy, Hadik und Nadasdy; über Haugwitz Brukenthal, Grassalkovits, Rieger, Martini und Sonnenfels; über van Swieten der Numismatiker Eckhel, der Historiker Pray, dann Gluck und Haydn, an seiner Hand der Knabe Mozart. Oberhalb leiten die Idealgestalten der Stärke, Weisheit, Gerechtigkeit und Milde zum Standbild der Kaiserin hinan.

Einen weiteren Schmuck des Platzes bilden vier *Brunnen* mit Marmorgruppen von Schmidgruber, E. v. Hoffmann und H. Härdtl, sowie am Aufgang zur Museumstraße zwei *Kolossalgruppen von Pferdebändigern*, von Th. Friedl.

Auf beiden Seiten des Platzes die *k. k. Hof-Museen, zwei im
Außenbau völlig gleichartige Gebäude im ital. Hochrenaissancestil,
von *Hasenauer* unter Mitwirkung von *Semper* 1872-89 erbaut, das
westl. für die naturhistorischen Hofsammlungen, das östl. für die
kunsthistorischen Sammlungen des Kaiserhauses. Jedes Museum
bildet ein gewaltiges, 169m l., 70m br. Rechteck, dessen Ecken
und Mitte durch mäßig vorspringende, säulengeschmückte Risalite
markiert sind. Über dem Mittelbau erhebt sich eine Kuppel, einschließlich der bekrönenden Kolossalfigur 64m hoch.

Das *k. k. Naturhistorische Hofmuseum enthält in den beiden
mittleren Stockwerken den Hauptteil der umfangreichen Sammlungen, deren Grund durch Kaiser Franz I. 1748 mit dem Ankauf
der Naturaliensammlung des J. v. Baillou in Florenz gelegt wurde
Jetziger Intendant ist der namhafte Geologe Franz v. Hauer. Eintritt s. S. 12; Stöcke und Schirme müssen abgegeben werden.

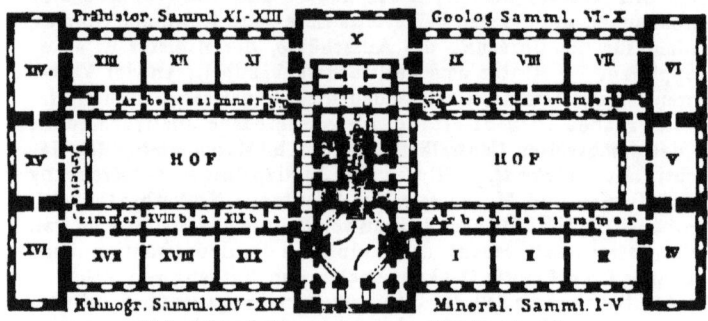

Naturhistorisches Hofmuseum (Hochparterre).

Der reiche Figurenschmuck des Äußern deutet auf die Zwecke
des Gebäudes hin. Auf der Kuppel die bronzene Kolossalfigur des Helios,
von *Joh. Benk;* in den die Kuppel flankierenden vier Tabernakeln Hephästos,
Poseidon, Gaea und Urania, von *Silbernagl.* In den Zwickeln der Kuppel
und an der Attika des Mittelrisalits Victorien von *Härdtl* und *Kundmann.*
Auf der Balustrade Porträtstatuen der für die Naturwissenschaften bahn-
brechenden Männer; über den Fenstern des II. Stocks Porträtköpfe von
Naturforschern, ferner in den Medaillons des II. Stocks, in den Bogen-
wickeln der großen Fenster und in den Nischen der Risalite allegorische
Figuren, über deren Bedeutung der S. 31 gen. offizielle Führer Auskunft
giebt. Zwischen den Säulenstellungen der Mittelrisalite im Erdgeschoß
plastische Gruppen: vorn Europa und Amerika-Australien von *Kundmann,*
rückwärts Asien und Afrika von *Paul Wagner.*

Der Eingang befindet sich unter der Kuppel, in der Mitte der Hauptfront. Aus dem Vestibül, in dessen Kuppelfeldern 8 Medaillonporträte
früherer Museumsdirektoren von *Jos. Lax,* führt eine niedere Treppe r. ins
Hochparterre, geradeaus die imposante Haupttreppe zum Foyer des 1.
Stocks. Das große Deckengemälde des Treppenhauses (der Kreislauf
des Lebens) und die 12 allegor. Figuren in den Lünetten sind von *Canon,*
8 Porträtstatuen an den Wandpfeilern von *Tilgner* u. a. In den Kuppelnischen
des Foyers allegor. Figuren von *Tilgner,* darüber am Gesims ein heiterer
Tierfries von *Benk;* in den Zwickeln der Fenster Reliefs von *Weyr.*

Die Verteilung und Aufstellung der einzelnen Sammlungen ist folgende. A. Hochparterre. Saal I-V. Mineralogisch-petrogra-

phische Abteilung. 1. Terminologische Mineraliensammlung zur
Erläuterung der Kennzeichen (I. S., Mittelschränke); 2. Laboratoriums-
krystalle (I. und II., Rückende der Mittelschränke); 3. Dynamische Mineraliensammlung (I., Wandschränke); 4. Systematische Mineraliensammlung, nach dem chemischen System von Groth geordnet (II.-IV., Mittelschränke; große Schaustücke hierzu, I. Mitteltisch, II. u. III., Schränke
an den Querwänden); 5. Technische Sammlung, Bergprodukte (II. u. III.,
Schränke an der Rückwand); 6. Edelsteinsammlung (III., Tische in den
Fensternischen); 7. Aus Mineralien gefertigte Kunstobjekte (III. u. IV.,
Rückende der Mittelkästen); 8. Technische Sammlung, Baumaterialien
(IV., Wandschränke); 9. Gesteinsammlung (V., Wandschränke); 10. Meteoritensammlung (V., Mittelschränke und Tische an den Fenstern). —
Saal VI-X. Geologisch-paläontologische Abteilung. 1. Fossile
Floren, d. h. versteinerte Pflanzen des ältesten oder paläozoischen, des
mittleren oder mesozoischen und des jüngsten oder känozoischen Zeitalters.
(VI., Wand- und Mittelschränke); 2. Hieroglyphen, d. h. Tierfährten etc.
auf den Schichten der Gesteine (VI., Mittelschränke 86-92); 3. Dyna-
misch-geologische Sammlung (VII., Schrank 1-12); 4. Gesteine und Fauna
der paläo-, meso- und känozoischen Perioden (VII-IX); 5. Größere Säuge-
tier- und Vogelreste aus den känozoischen Formationen (X). — Saal
XI-XIII. Prähistorische Sammlung. XI: ältere Steinzeit oder
paläolithische Periode, jüngere Steinzeit oder neolithische Periode, Bronzezeit; XII. Bronze- und Hallstatt-Periode; XIII: Hallstatt-Periode (erste
Eisenzeit), La Tène-Periode (zweite Eisenzeit oder keltische Periode),
römische Kaiserzeit, Völkerwanderungszeit. — Saal XIV-XIX. Ethno-
graphische Sammlung. XIV: Vorder-, Nord- und Ost-Asien; XV:
Indien und malayischer Archipel (zum Teil); XVI: Malayischer Archipel
(Schluß), Melanesien; XVII: Australien, Neu-Seeland, Südsee-Inseln;
XVIII: Südamerika, Nordamerika (zum Teil); XVIIIa, XVIIIb, XIXa,
XIXb(Nebensäle): Nordamerika (Schluß), amerik.Altertümer; XIX: Afrika.
B. Erster Stock. Zoologische Abteilung. XXI: Schwämme,
Schlauchtiere, Stachelhäuter, Würmer; XXII: Insekten; XXIIc.: Krebse,
Spinnen etc.; XXIII: Weichtiere; XXIV-XXVI: Fische; XXVII-XXVIII:
Lurche und Reptilien; XXIX-XXXIII: Vögel; XXXIV-XXXIX: Säugetiere.
C. Zweiter Stock. Botanische Abteilung. S. L-LIII: Her-
barium; S. LIV: Botanische Schausammlung. Die übrigen Säle des
II. Stocks enthalten zoologische, geologische, ethnographische und anthro-
pologische *Spezialsammlungen* und sind dem Publikum nicht zugänglich.

Falls man dem Museum nur 2-3 Stunden widmen will, so empfiehlt
es sich, nur das Hochparterre und den ersten Stock zu durchwandern.
Für einen solchen kurzen Besuch sind nachstehend die besonders sehenswerten Gegenstände aufgeführt. Bei eingehenderer Besichtigung ist der
offizielle „Allgemeine Führer durch das k. k. naturhistor. Hofmuseum"
unentbehrlich (60 kr., beim Portier und den Saalaufsehern zu haben).

Vom Vestibül r. die kurze Treppe hinan zum
**Hochparterre.** Die 19 Hauptsäle sind von der.Hand der ersten österreich. Landschaftsmaler mit 112 auf die einzelnen Sammlungen bezüg-
lichen *Wandgemälden* geschmückt; darüber Tafeln mit der Bezeichnung
der dargestellten Gegenstände und den Namen der Maler. A. *Mineralogisch-
petrographische Sammlung.* Saal I. Große Bergkrystalle und andere Mineral-
arten am 2. Fensterpfeiler und auf dem Mitteltisch; künstliche Krystalle
an den Rückseiten der Mittelkästen. Beim mittleren Fenster eine Tropfstein-
gruppe aus der Adelsberger Grotte. — Saal II. Große Schaustücke in den
Wandkästen der Querwände (101 und 102. Diamant und Edelmetalle). —
Saal III. Auf dem mittlern Pultkasten das berühmte *Edelsteinbouquet*
in einem Bergkrystallgefäße, Geschenk der Kaiserin Maria Theresia an
ihren Gemahl Franz I. (Wert 60-70000 fl.). Daneben l. *Edelopal* von
Czerwenitza in Ungarn, 594 gr schwer, vollkommen rein (bis auf 2 Mill. fl.
geschätzt). Gegenüber in den Tischen des Mittelfensters rohe, geschliffene
und in Ringe gefaßte Edelsteine, besonders verschiedenfarbige Diamanten.
— Saal V. In den Mittelkästen die *Meteoritensammlung*, die reichste und
wertvollste Europas, aus c. 430 Orten. Im 1. Kasten u. a. der große 300kg
schwere Meteorstein von Knyahinya in Ungarn (Darstellung der Auffindung

desselben auf dem mittleren Wandgemälde); in den Pultkästen kleinere
Meteoriten; im letzten Mittelkasten große Stücke Meteoreisen und ein
Stück tellurisches Eisen von Ovifak in Grönland. — B. *Geologisch-paläontologische Sammlung.* Saal VI: r. neben der Thür ein *Ölgemälde, Kaiser
Franz I. mit den Vorstehern seiner wissenschaftl. Hofinstitute, von *Fr.
Mesmer.* Wandkasten 1. von der Thür und an der Rückwand: Abdrücke
und Stämme der steinkohlenbildenden Pflanzen. — Saal VII: an der Fensterwand beim Eingang Kalksteinplatten mit Erosionserscheinungen aus
Divacca, Nabresina u. a. O. — Saal VIII: in Rahmen an den Wänden Seelilien (bes. No. 108) und Fischeideehsen (Ichthyosaurier; No. 106-109, 111,
112, 114) aus dem schwäbischen Lias; fliegende Eidechsen (Pterodactylus
und Ramphorhynchus; No. 131, 132, 136, 137) aus dem Schiefer von Solnhofen. — Saal IX: im Rahmen neben der Ausgangsthür ein diluviales Steinbockskelett. — Saal X: Skelette von *Höhlenbären, *Höhlenlöwen und
*Riesenhirsch; im großen Mittelschrank Skelette von *Moas, ausgestorbenen
Riesenvögeln von Neu-Seeland; in den zwei Mittelschränken große diluviale
Knochenreste; in der Mitte des Wandkastens an der Rückseite (No. 11-18)
pliocäne *Säugetierreste von Maragha in Persien. — C. *Prähistorische Sammlung.* Saal XI: im ersten Mittelschrank (No. 8) menschlicher Schädel der ältesten Steinzeit aus einer Höhle bei Lautsch in Mähren; im 2. und 3. Mittelkasten (No. 20-31 und 32-34) Pfahlbaufunde der jüngeren Steinzeit und
Bronzezeit. — Saal XII: im 2.-4. Mittelkasten und beim 1. Fenster *Grab-
und Bergbaufunde von Hallstatt in Oberösterreich (S. 111; erste Eisenzeit,
Hallstattperiode); am 2. Fensterpfeiler und neben der Ausgangsthür Urnen
aus einem Tumulus bei Gemeinlebarn, Niederösterreich; im Wandkasten
1. 76-78 und 55-60 der reiche Fund aus der Byciskala-Höhle in Mähren. —
Saal XIII: Wandkasten r. neben dem Eingang und 1. Mittelkasten: Funde
der 1. Eisenzeit von Waatsch in Krain; im 3. Mittelkasten Funde der keltischen oder 2. Eisenperiode (bes. No. 35-39). — D. *Ethnographische Sammlung.* Saal XIV, an der r. Schmalwand ein runder Kasten aus Flechtwerk,
vom Euphrat; bei dem Fenster der Eingangsthür gegenüber zwei altarabische *Glasampeln aus Kairo (XIV. Jahrh.); im 3. Mittelkasten (No. 19-20)
zwei altchinesische Büchsen aus rotem Lack, (No. 21-23) chinesische
Bronze-, Cloisonné- und Silberfiligranvasen; im 5. Mittelkasten (No. 39-42)
japanische Lack-, Porzellan- und Bronzearbeiten; im 6. Mittelkasten (No. 43-46) Musikinstrumente und Schauspielermasken; im 6. Mittelschrank (No. 52-54) japan.
Toilette- und Schmuckgegenstände, (No. 55-58) Waffen, z. T. sehr alt und
kostbar. In den Wandschränken No. 79-91 japan. gottesdienstliche Gegenstände; Götterfiguren, Altäre, Priestergewänder u. a., in No. 92-94 Rüstungen, No. 99, 100 Gewänder; daneben r. eine große japan. Glocke. — Saal
XV: im 1. Mittelkasten (No. 2) altindischer Schmuck; 4. Mittelkasten
(43-48) javanische, z. T. alte Waffen; Wandkasten an der l. Langwand
(No. 74, 75) Zauberstäbe der Battas auf Sumatra; Wandkasten beim 3.
Fenster (No. 86) Schädeltrophäen der Dajaks auf Borneo; am Fenster daneben zierliche Figuren für javanische Wayang (Schatten)-Spiele. — Saal
XVI: Wandkasten r. an der Thür (No. 73-76) alte Gefäße von den Philippinen, z. T. aus Seladon-Porzellan; an der Ausgangswand (No. 88-93)
Speere von Neu-Irland und den Admiralitäts-Inseln, daneben an der Fensterwand (No. 95-96) und im letzten Mittelkasten (61-63) bemalte Schnitzereien von Neu-Irland; in No 64 Tanzmasken aus Menschenschädeln von Neu-
Britannien. — Saal XVII: im 1. Mittelkasten (No. 12) neuseeländische Beile
aus Nephrit; über dem 2. Mittelkasten geschnitztes Canoe-Modell und an
der Langwand (70-73) andere Schnitzereien, Amulette aus Nephrit, sowie
eine menschliche Mumie von Neuseeland; im 2. Wandkasten (74) mit Federn
besetzte Helme von Hawaii; an der Ausgangswand in No. 84 die Figur eines
Kriegers in voller Ausrüstung, von den Gilbert-Inseln. Beim 1. Fenster
Teile eines Kriegscanoes von Neuseeland. — Saal XVIII: 2.-4. Mittelkasten
*Federschmuck und anderes von brasilian. Indianern. — Durch die Thür
1. zum Nebensaal XVIII b: im Mittelkasten nordamerikan. und altmexikanische Steinwaffen, Idole und Schmuck. — Kleiner Nebenraum XVIII a:
an der r. Wand im Rahmen *Federschmuck des Kaisers Montezuma von
Mexiko; darunter altmexikanische Skulpturen; im Wandkasten (4 u. 5)
bei der Ausgangsthür Gesichtsmasken aus Stein, unten r. Menschenfigur

aus grünem Jadeït. — Nebensaal XIX b: in den Wandschränken (7-15) altperuanische Thongefäße; im Mittelkasten Beigaben aus altperuanischen Gräbern. — Nebenraum XIX a: im freistehenden Glasrahmen altperuanisches Kleidungsstück mit aufgenähten Gobelin-Schildern, daneben zwei altperuanische Mumien mit Beigaben. — Zurück nach Saal XIX: im Wandkasten an der r. Schmalwand (No. 61-67) und dem 1. und 2. Mittelkasten Gegenstände aus den Negerländern am obern weißen Nil; 3. und 4. Mittelkasten: äquatoriales West-Afrika.

Durch die Ausgangsthür ins Vestibül zurück und l. über die Haupttreppe in den

**Ersten Stock.** *Zoologische Sammlungen.* L. Saal XXI: in den Wandkästen mannigfaltige Korallen, besonders an der l. Langwand (No. 10 u. 11) *Edelkorallen in hervorragenden Exemplaren, in No. 18-22 u. 30-33 an den Schmalwänden riffbauende Korallen. — Saal XXII: Insekten; in den Wandkästen bemerkenswerte biolog. Sammlung; im 1. Mittelkasten Nester von Wespen und Bienen, an den Fensterpfeilern solche von Termiten und Ameisen; im 2. Mittelkasten (No. 55) seltsame große Fang- und Gespenst-Heuschrecken, u. a. das sog. wandelnde Blatt (Phyllium curifolium); No. 63 der heilige Pillendreher (Ateuchus sacer; Urbild der ägyptischen Scarabäen); No. 85 Nashorn- und verwandte tropische Riesenkäfer; 66. Prachtkäfer und 69. Rüsselkäfer von besonderer Farbenpracht; 71, 72. riesige Bockkäfer (u. a. der Macropus longimanus); 74-84. Schmetterlinge. — Nebensaal XXII c: im Wandkasten l. von der Thür große Krebse, darunter in No. 6 die ungeheure Macrocheira Kaempferi aus Japan. — Saal XXIII: in den drei ersten Mittelkästen farben- und formenreiche Schneckengehäuse in geschmackvoller Aufstellung. — Saal XXIV-XXVI: *Fischsammlung, die reichhaltigste und bestbearbeitete der Welt. — Saal XXVII: Lurche und Reptilien; beim Mittelfenster indische Riesenschlange (Python molurus; Skelett an der Wand, r. neben dem Eingang); im 2. und 3. Mittelkasten große exotische Eidechsen. — Saal XXVIII: in den Wandkästen an den Schmalwänden und darüber große Fluß- und Meerschildkröten; in den Mittelkästen Krokodile, Alligatoren u. a. — Saal XXIX: die *Vogelfauna Österreichs mit Nestern, Eiern und den verschiedenen Alters- und Geschlechtsformen der einzelnen Arten. Am Mittelfenster ein vollständiger Seeadlerhorst. — Saal XXX (in diesem und den folgenden Sälen sind die hervorragenden Schaustücke meist an den Stirnenden der Kästen aufgestellt). Wandkasten 1. Pelikane; 1. Mittelkasten Flamingos; 2. südamerikan. Wehrvögel mit Sporen am Flügelbug; 4. Laufvögel, u. a. No. 51 Schnepfenstrauße oder Kiwis (Apterygidae), No. 51-58 amerikanische und afrikanische Strauße. — Saal XXXI: 1. Mittelkasten Fasane; 3. Pfefferfresser; 4. Papageien. Außerdem die 1894 erworbene Scharnhelm'sche Sammlung osteologischer Präparate von Vogel-Schädeln, Zungenbeinen und Gehörorganen. — Saal XXXII: in den Wandkästen neben den Thüren Kolibris; 1. Mittelkasten Paradiesvögel; 4. Leierschwanz; Wandkasten No. 15 Webervögel mit ihren Nestern. — Saal XXXIII: 1. Mittelkasten Jagdfalken; 4. Kasten Geier, in No. 53 unten der Condor. — Saal XXXIV: *Skelette von Säugetieren, neben der Ausgangsthür r. und l. Affen, an der Fensterseite r. neben den Walskeletten große Barten (Fischbein) des japanischen Wales. — Saal XXXV: im Wandschrank l. neben dem Eingang Beuteltiere; Wandkasten r. neben der Ausgangsthür Faultier, Schuppentier und Ameisenbär. — Saal XXXVI: zwei skelettierte und zwei ausgestopfte Elephanten. — Saal XXXVII: an der Rückwand Nagetiere; in den Mittelkästen Antilopen und Hirsche. — Saal XXXVIII: Raubtiere. — Durch die Thür l. in den Nebensaal *XXXVIII c, mit den vom verst. Kronprinzen Rudolf erlegten Vögeln und Säugetieren in malerischen und naturgetreuen Stellungen. — Saal XXXIX: Affen, im Mittelkasten die menschenähnlichen Affen in ausgezeichneten Exemplaren.

Zum Zweiten Stock gelangt man bei Saal XXX über eine zweiarmige Treppe. Das berühmte Wiener Herbarium ist in den Sälen L-LIII in Kästen verwahrt und dem Publikum nicht zugänglich. Die botanische Schausammlung in Saal LIV enthält vornehmlich getrocknete oder in Weingeist konservierte Hölzer, Früchte und Samen.

Das **k. k. Kunsthistorische Hofmuseum** enthält die bisher
an verschiedenen Stellen verwahrten, umfangreichen Kunstsammlungen des Österreichischen Kaiserhauses. Eintritt s. S.
12; Stöcke und Schirme müssen abgegeben werden.
Am Äußern ähnlich wie beim Naturhistor. Hofmuseum reicher plasti-
scher Schmuck. Auf der Kuppel die eherne Kolossalstatue der Pallas
Athene von *Joh. Benk;* in den vier Tabernakeln der Kuppel die allegor.
Gestalten „Begabung, Maß, Begeisterung und Willenskraft", von *Fr. Gastell.*
In den Zwickeln der Kuppeln und auf der Attika des Mittelbaues Victorien
von *Härdtl* und *Benk.* Auf der Balustrade Statuen von Künstlern und
Förderern der Kunst. Über den Fenstern des II. Stocks Porträtköpfe von
Künstlern, ferner in den Medaillons des II. Stocks, in den Bogenzwickeln
der großen Fenster und in den Nischen der Risalite allegor. Darstellungen
(vgl. den amtlichen Katalog, s. unten). Zwischen den Säulenstellungen der
Mittelrisalite im Erdgeschoß vorn die Figuren der Malerei von *Hellmer* und der
Bildhauerei von *Benk,* hinten Architektur und Kunstgewerbe von *Kundmann.*
Der **Eingang** befindet sich unter der Kuppel, in der Mitte der gegen
das Maria Theresia-Denkmal gerichteten Hauptfassade. Aus dem **Vestibül** gelangt man r. zu den Sammlungen des Tiefparterres und des Hochparterres, geradeaus in das mit farbigem Marmor und Stuckmarmor reich
geschmückte **Treppenhaus.** Auf dem mittleren Treppenabsatz die S. 21
gen. Theseusgruppe von *Canova;* an der Decke ein großes Gemälde von
*Munkacsy,* die Apotheose der Kunst; in den Bogenfeldern unter der Decke
Personifikationen der großen Meister der Kunst, von *Makart;* in den
Zwickelfeldern und in den Intercolumnien unter dem Hauptgesims Bilder
von *Fr. Matsch* und den Brüdern *Klimt,* Darstellungen der Entwickelung
der Kunst und des Kunstgewerbes vom Altertum bis zur Neuzeit. In dem
schönen **Kuppelraum** reicher, plastischer Schmuck von *Benk, Kundmann, Tilgner* und *Weyr,* Verherrlichung der Habsburger als Förderer der
Kunst, darunter gegenüber dem Treppenhause ein Relief von *Weyr,* Kaiser
Franz Joseph I. erteilt den Auftrag zur Vergrößerung und Verschönerung Wiens.

Die Einteilung der einzelnen Sammlungen ist folgende. **A.** Im **Tiefparterre** die lykischen Funde und andere größere Skulpturen, das Lapidarium mit der Sammlung der antiken Inschriften, die römischen Provin-
zial-Altertümer, ein Bildermagazin und die Bibliothek des Museums. — **B.**
**Hochparterre. Saal** I-VI. Ägyptische Altertümer. **Saal** VII-XIV. An-
tikensammlung. **Saal** XV-XVI. Sammlung der Münzen und Medaillen.
**Saal** XVII-XXIV. Kunstgewerbliche Sammlung. **Saal** XXV-XXXVI.
Waffensammlung. — **C. I. Stock.** Gemäldegalerie. Hauptsaal I-IV,
Kabinett I-VI. Italiener, Spanier, Franzosen. **Saal** XI-XXIV. Niederländer.
**Saal** XXV-XXVII. Deutsche Schulen. **Saal** XXVIII-XXXIII. Moderne
Bilder. — **D. II. Stock. Saal** XXXV-XLVI. Sammlung der Aquarelle und
Handzeichnungen. Außerdem befinden sich hier die Kopiersäle und die
Restaurieranstalt.

Für eine kurze Besichtigung des Museums, bei der man sich auf das
Hochparterre und den ersten Stock beschränke, reichen unsere Angaben aus. Bei eingehenderen Studien ist die Benutzung der amtlichen
„Übersicht der kunsthistorischen Sammlungen des Allerhöchsten Kaiserhauses" (CO kr.) und der S. 47 gen. „Führer durch die Gemälde-Galerie"
(beim Verkäufer im Vestibül des Museums) zu empfehlen.

**Aus dem Vestibül führt vorn r. eine Treppe in das Tiefparterre
hinab.**

In dem großen SW.-Hof und dem mittleren Saal an der SW.-Seite
des Museums ist das HEROON VON GJÖLBASCHI in Kleinasien zur Aufstellung gekommen, ein um die Mitte des v. Jahrb. vor Chr. unweit des
antiken Trysa errichtetes lykisches Fürstengrab, 1842 durch den preußi-
schen Gelehrten *Schönborn* aufgefunden, 1881 durch den Wiener Professor
*Benndorf* wieder entdeckt und 1882-83 nach Wien überführt. Die sämtlichen Innenwände der den Sarkophag des Verstorbenen umschließenden

Grabanlage, eines friedhofartigen rechteckigen Raumes von 20 ✕ 24m
Länge, sowie die s. Außenwand neben dem Thor schmückte ein größtenteils erhaltener doppelter Kalkstein-Relieffries, mit (sehr beschädigten) Darstellungen aus der Ilias und Odyssee u. a. , z. T. verloren gegangenen
epischen Schilderungen der griech. Heldensage, wahrscheinlich von ionischen Meistern unter dem Einfluß der Gemälde des Polygnot und seiner
Schule ausgeführt. — Eine gute Anschauung des sehr ungünstig aufgestellten Grabdenkmales giebt die *Rekonstruktion* von P. Kohl im Mittelraum des Saales. Im Hof, vor dem Eingang, das *Thor* des Heroons, mit
vier Vorderteilen geflügelter Stiere u. a. Bildwerken an der Außenseite,
Relieffiguren zweier tanzenden Jünglinge und sieben zwerghafter, den
phönikischen Kabiren verwandter Gestalten an der Innenseite. Unter den
*Friesreliefs* im Innern des Saales seien genannt: im Nebenraum zur
Rechten r. I, 1 (oben) Kampf der Sieben gegen Theben; I, 2 (unten).
Landung der Griechen vor Troja; II, 3 (oben). Kampf der Amazonen
und Griechen; II, 4 (unten). Kampf der Lapithen und Kentauren bei
der Hochzeit des Peirithoos; im Nebenraum zur Linken r. V, 9
(oben). Odysseus tötet die Freier der Penelope, V, 10 (unten). Die kaly-
donische Eberjagd; 1. VI A. Feldschlacht zwischen Griechen und Tro-
janern; beim Eingang zum Mittelraum l. VI B. der Sturm auf
Troja, r. VI C. die Amazonenschlacht; im Mittelraum r. VII, 12. der
Raub der Leukippiden; l. IV, 8. Gelage und Tanz.

Im Hof vor dem Thore des Heroons der *Sarkophag des Dereimis und
Aischylos*, ebenfalls aus Gjölbaschi; in der Halle l. vom Heroon-Saal *Bau-
bruchstücke von den griech. Heiligtümern auf Samothrake*, in der Halle r.
*Kultbilder und Votivsteine des Mithras.*

R. von der Thordurchfahrt das LAPIDARIUM. Pfeiler I, 6. Stele aus
Erythrae in Kleinasien, mit der Abschrift eines Volksbeschlusses der
Mytilenäer (II. Jahrh. vor Chr.); 10. Bruchstück eines Zollvertrages des
Königs Amyntas von Makedonien (390-374 vor Chr.) mit den Städten
Chalkis und Olynth; Pf. II, 28. Bauinschrift einer Basilika zu Ehren des
röm. Kaisers Antoninus Pius (138-161 nach Chr.), aus Assuan (Syene) in
Ägypten; 38. Votivtafel zu Ehren des keltischen Kriegsgottes Marmogius,
aus Perwart in Niederösterreich; Pf. III, 53-55. Täfelchen aus röm. Colum-
barien (Grabkammern), mit der Bezeichnung der Verstorbenen. — An der
r. Schmalwand (No. 91-96), sowie an der Rückwand (No. 98-107, 109, 110-
116) die *größeren Grabsteine.* — An der l. Schmalwand (181-185) *altchristliche Inschriften;* ebendort und an der Fensterwand (122, 124-128, 131-136,
138-142) *röm. Meilensteine.* — An der r. Schmalwand (144-164, 166-168, 178)
*Inschriften aus Karthago.* — I. Schautisch: *Amphorenhenkel mit Fabrikmarken;*
II. Tisch: Bruchstücke sog. *Terra Sigillata-Gefäße,* im III. Tisch *Oculisten-
steine, Schleuderbleie* u. a.

Im Thorraum an der NO.-Seite des Museums einige unbedeutende
*röm. Provinzial-Altertümer.*

Zurück in das Vestibül und von hier r. in das Hochparterre.

Die SAMMLUNG DER ÄGYPTISCHEN ALTERTÜMER, im Jahre 1821
größtenteils aus den Erwerbungen des Dr. Burghardt begründet,
1878 durch die Einverleibung der ägyptischen Sammlung des
Museums zu Miramar (S. 228) bedeutend vergrößert, war bis 1889
im untern Belvedere (S. 69) aufgestellt. Sie enthält meist kleinere
plastische Werke und Erzeugnisse des Kunstgewerbes von der ältesten Zeit bis zur Römerherrschaft. Direktor Dr. A. Dedekind.

I. Saal. In der Mitte zwei antike Bündelsäulen aus rotem Granit
von Syene (Basis und Knauf modern). An den oberen Wandteilen farbige
Kopien der Wandgemälde eines Felsengrabes von Benihassan (c. 2400
v. Chr.), von Weidenbach; darunter Grabstelen und Inschriften von den
Zeiten des Alten Reiches bis zum Neuen Reich. Unter den Sarkophagen und
Skulpturen hervorzuheben: No. II. sitzende Statue eines Schreibers (aus der
Zeit der 5. Dynastie); V. Granitsarkophag (26. Dynastie); XIII. knieende

Statue eines Hohenpriesters, Kalkstein (19. Dynastie); XIV. Altar aus
Quarzit; XIX. Granitsarkophag aus der Ptolemäerzeit, daneben der zu-
gehörige Deckel; XXI. männl. Porträtstatue aus Granit (13. Dynastie);
XXXIX. Kolossalbüste des jungen Horus, aus Granit (griech.-röm. Zeit).
— Nun l. in den II. Saal. An den oberen Wandteilen Kopieen der oben
gen. Wandgemälde von Benihassan; darunter Inschriften, Grabstelen u.
a. von der Zeit des Neuen Reiches bis zur griech. und röm. Herrschaft.
An den Fenstern No. XVIII. kleine Pyramide; Bruchstücke von Skulpturen,
meist aus der saïtischen Periode (VII.-IV. Jahrh. vor Chr.); 172. Grabstein der Ta-Thot, aus der Ptolemäerzeit. In der Mitte Mumien von
Katzen und Krokodilen, Krokodileier, Stierschädel u. a. — Geradeaus
der III. Saal. An den Wänden Sargdeckel und Sargbretter aus dem
Neuen Reich und aus späterer Zeit. In den Wandschränken Totenstatuetten aus dem Neuen Reich. In der Mitte ein hölzerner Sarg in Mumien-
form (21.-26. Dynastie). — Geradeaus der IV. Saal. In den Schränken
Särge, Mumien und Kanopen; außerdem im *VII. Schrank* Totenstatuetten
aus der saïtischen Epoche. Im *VI. Pultkasten* Bruchstücke bemalter und

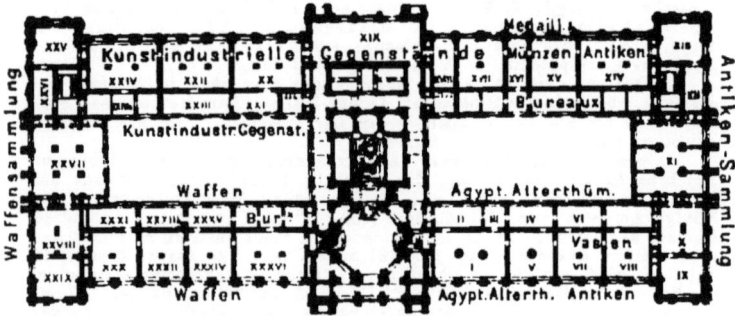

Kunsthistorisches Hofmuseum (Hochparterre).

vergoldeter Pappe; No. 16. bemalte Gesichtsmaske einer Mumienhülle. Im
*IV. Pultkasten* Farbenerde, Früchte, Scarabäen und Amulette aus altägypt.
Gräbern. — Nun r. in den V. Saal. In der Mitte, neben der großen Tem-
pelsäule aus rotem Granit (XVI. Jahrh. vor Chr.), No. I, III. Kolossalköpfe
eines Königs, wahrscheinlich aus der saïtischen Periode; II, IV, VI.
männl. Sphinxe. Beim 1. Fenster No. VII. bemalte sitzende Porträtstatue
aus Kalkstein (aus der Zeit des Neuen Reiches). *I. Schrank.* Porträtköpfe,
Büsten und Statuetten von Königen und Privatleuten. *II-IV. Schr.*, V. und
VI. *Pult.* Götterstatuetten. *VII. Schr.* Bronzegefäße u. a. *VIII-IX. Schr.*
Statuetten von heiligen Tieren. *X. Schr.* Holzskulpturen und hölzerne Grabstelen. *III. und IV. Pult.* Scarabäen. *Pult Vb und VIb.* Amulette.
— Nun durch den VII. l. in den VI. Saal. *I. Schrank.* Toilettegegen-
stände. *II. Pult.* Schmucksachen u. a. *VII. Postament.* Gefäße und Kanopen.
*X. Pult.* Figurale Reliefbruchstücke. *XI. Schr.* Gefäße. *XII. Schr.* Ge-
räte und Instrumente. In der Mitte sechs bemalte Mumiensärge vornehmer
Persönlichkeiten (21. Dynastie).

Die *ANTIKENSAMMLUNG enthält die bisher z. T. im Antikenkabinett der k. k. Burg, z. T. im untern Belvedere aufbewahrten
griechischen, etruskischen und römischen Altertümer. Direktor
Dr. Rob. Ritter von Schneider.

VII. Saal. Vasen. Beim Eingang eine Thonfigur der Minerva aus As-
promonte in Unteritalien. *I. Schrank.* Vasen von Cypern. *II. Schr.* Älteste
griech. Vasen (protokorinthische und korinthische Gefäße). *III. Schr.*
Schwarze Thongefäße aus etrusk. Gräbern, sog. vasi di bucchero. *IV.-V.*

*Schr.* Griech. schwarzfigurige Vasen aus attischen Töpfereien. *VI. Schr.*
Attische rotfigurige Vasen. — Geradeaus der VIII. Saal. Fortsetzung
der Vasensammlung. Bei den Fenstern vier Weinbehälter (Pythoi). *VIII.
Schr.* Mischkrüge (Kratere). *X. Schr.* Salbölflaschen (Lekythoi), *XI-XV.
Schr.* Unterital. Vasen. *XVI. Schr.* (l. neben dem Ausgang) Vasen aus der
röm. Kaiserzeit, meist Nachahmungen der roten Terra Sigillata-Gefäße von
Arezzo. — Nun durch den X. r. in den
    IX. Saal: Terrakotten und Steinskulpturen. Allegor. Deckengemälde
von Karger; in der Lünette das Ptolemaion auf Samothrake, von Rob.
Ruß. *I. Schrank.* Älteste Schöpfungen der griech. Thonplastik, besonders
aus Idalion auf Cypern. *II. Schr.* Thonfigürchen aus Tanagra in Böotien,
hervorzuheben No. 142-145. *III. Schr.* Thonfiguren aus Kleinasien,
meist von Myrina. *IV. Schr.* Sizil., unterital. und röm. Thonfiguren. *V.
Schr.* Griech. und röm. Thonlampen, darüber aus der Wand röm. Thonreliefs. *VI. Schr.* Spätantike und altchristliche Lampen u. a.; No. 213.
Wandgemälde, Landschaft mit Figuren; darüber an der Wand Thonreliefs
mit bacchischen Darstellungen. *VII. Schr.* Steinskulpturen. No. 1. Relief
aus Khorsabad (Assyrien), männl. Kopf, und 2. desgl., aus Persepolis;
40. vornehme Frau im Wagen, mit Wagenlenker und Dienerin, aus Ama-
thus in Cypern; 44. Apollon; 45, 46. Aphrodite; 47. jugendlicher Pan im
Stile Polyklet's; 48, 49. Satyrköpfe; 58. bärtiger Dionysos; 68. sog. Genius
des Schlafes. *VIII. Schr.* Steinskulpturen. No. 88. Knabenbüste; 89. Anti-
nous; 92. Gladiator; 122. Zeus Sarapis; 130. Telesphoros, der Gott der
Genesung; 136. Hängelampe aus Marmor. An der Thürwand 9, 10, 11. Sarkophag des II. Jahrh. nach Chr.; 13. weibl. Kopf aus Heliopolis; an der
Wand gegenüber 16. röm. Porträtbüste, sog. Antoninus Pius.
    X. Saal, mit allegor. Deckengemälden von Simm: Steinskulpturen.
No. 20. überlebensgroße Bacchusstatue aus Karthago; '29. Athena, Kolossal-
kopf aus der Villa Hadrian's bei Tivoli, in der Art der Parthenos des
Phidias; 27. Schutzgeist des Kaisers Caracalla; 35. Claudius Marcellus; 31.
röm. Porträtbüste eines alten Mannes; 23. Kaiser Geta, Büste; 39. Mithras-
opfer; 40. sog. Germanicus; *41. Vitellius (antik?); 47. Julia Mammæa; 45.
Julia Domna (?), Büste mit abnehmbarer Perrücke; oben: *43. Maske des
Jupiter Ammon; in der Mitte: 62, 63. Marc Aurel; 64. Julia Domna, Gemahlin des Kaisers Septimius Severus; 65. Knabe mit der Keule des Herakles, Grabfigur; 51, 52. Augustus; 53. Isisstatue; 55. Hadrian; 57. Trajan.
    XI. Saal: Steinskulpturen. No. 73-81. Skulpturen aus Kalkstein, aus
Cypern; *82. sterbende Amazone, Bruchstück einer Statuengruppe, gute
Kopie eines archaischen griech. Werkes aus dem Anfang des v. Jahrh.;
83. Diskuswerfer, Kopie nach Myron; 92. Doryphoros, Kopie nach Polyklet (Torso); 97. Hera; 98. Aphrodite; 107. 110. jugendlicher Satyr; 113.
Poseidon, aus Chios (III. Jahrh. vor Chr.); 96. Mänade; **108. Kopf der
Artemis, aus Tralle, der Aphrodite von Melos verwandt; **121. sog. Fugger'scher Sarkophag, mit der Darstellung einer Schlacht zwischen Griechen
und Amazonen, aus pentelischem Marmor (c. 300 vor Chr.); 126, 127. Bruchstücke attischer Grabreliefs; 141. Hygieia, Bruchstück eines Weihreliefs;
in der Mitte ein röm. Mosaikboden mit Darstellungen aus der Sage von
Theseus und Ariadne, 1815 bei Salzburg gefunden; weiter, an der Straßen-
seite, 146. großer Krater mit bacchischen Scenen; *150, *151. Marmorreliefs mit Tiergruppen in landschaftlicher Umgebung, aus hellenistischer
Zeit; 152. Artemis, Statuette aus der Werkstatt des Praxiteles, mit Resten
von Bemalung; *153. Grabstein eines Jünglings, attisches Werk des IV. Jahrh.
vor Chr.; 159-167. Funde aus Samothrake, Giebelfiguren, Architekturstücke
u. a.; 168. Unterteil einer Statue der Aphrodite; 172. Torso eines Kentauren;
175. Vitellius, Porphyr; 176. männl. Porträtkopf, aus schwarzem Granit;
*179. Porträt eines griech. Philosophen; 180, 184, 188. weibl. Porträtbüsten;
*193. Porträt eines Barbaren; 200. Kora, Statue, als Euterpe ergänzt.
    XII. Saal: Bronzen. *I. Schrank.* Etrusk. Geräte und Gefäße, sowie
sog. prähistorische Funde aus Hallstatt und Siebenbürgen. *II. Tisch.* Kan-
delaber, Dreifüße, in der Mitte: *50. Bronzetischchen mit Halbfiguren bar-
barischer Kriegsgefangener, auf diesem *49. Figur eines Greifen; dahinter
an der Fensterwand ein Mosaik mit dem Kopfe des Okeanos. *III. Schrank.*
Röm. Gefäße und Geräte, darunter 105. Gefäß in Form einer Feldflasche,

mit Grubenemail, aus Istrien. *IV. Pult* (beim Eingang). Löffel, Griffel,
Nadeln u. a., darüber ein Mosaik, Darstellung eines Schiffkampfes. *V. Pult*
(beim Ausgang). Schlüssel, Schlösser, darüber ein eherner Zeuskopf. *VI.
Schrank.* Schwerter, Helme, darunter 281, 282. griech. Helme von ko-
rinthischer Form; 2˙8. samnitische Helmhaube; 284-295. Sturmhauben,
aus Radkersburg; 360. röm. Helm; außerdem Lampen, Glocken u. a.
XIII. Saal: Bronzen. An der Decke allegor. Gemälde von Karger;
in der Lünette das Heroon von Gjölbaschi in Lykien (S. 37), von
Fischer. Auf dem *VII. Pult* ein sitzender Panther; 1. Abteilung. Masken,
Köpfe und Figuren, meist Beschlägstücke; 472. schlafender Neger, aus
dem v. Jahrh. vor Chr.; 2. Abt. Gefäßhenkel. *VIII. Pult.* 615-664. Gewand-
nadeln (fibulae); 665-701. Fingerringe; 702. Ohrring; 705-707. Gürtelschnallen.
*IX. Pult.* Etrusk. Spiegel, Spiegelkapseln, Bronzebleche mit getriebenen
Reliefs, Eintrittsmarken für Spiele und Theater (tesserae). In der Fenster-
nische 1. eine Bronzetafel, das Senatus Consultum de Bacchanalibus, vom
J. 186 vor Chr., die älteste erhaltene röm. Staatsurkunde. In den übrigen
Schränken figürliche Bronzen; hervorzuheben im *X. Schr.* 816. thronender
Zeus, 817, 818. Athena, ˚819. Zeus von Dodona, 838. Herakles, 839. Hypnos,
der Gott des Schlafes; 849-851. ausruhender Hermes; im *XI. Schr.* etrusk.
Figuren; im *XII. Schr.* 934, 936. Aphrodite, 935. jugendlicher Bacchus 942.
Silen, 944. lachender Satyr, 968. Dionysos; im *XIII. u. XIV. Schr.* Figuren
aus den röm. Hausaltären (Lararien); im *XV. Schr.* röm. Porträtköpfe,
Götter- und Tierfiguren. In der Mitte des Saales: ˚˚Bronzestatue eines
Jünglings, wahrscheinlich eines Siegers in den griech. Kampfspielen,
Originalwerk aus der Schule des Polyklet (1. Hälfte des v. Jahrh. vor
Chr.), 1502 in Virunum in Kärnten (S. 223) gefunden.
XIV. Saal. In den *Schränken I-IV.* Arbeiten in Gold und Silber.
*I. Pult.* Ringe, mit Gemmen in antiker Fassung. *II. Pult.* Geräte aus
Silber (darunter 1. Votivschale aus Aquileja, mit Relief: ein römi-
scher Kaiser als Triptolemos der Ceres opfernd), goldene Schmucksachen
u. a. *III. Schr.* Gold- und Silbergegenstände, darunter 4. Vorderteil eines
Kentauren. *IV. Schr.* Goldschatz von Groß-St. Miklos in Ungarn, wahr-
scheinlich aus der Zeit der Völkerwanderung, 23 Gefäße, 1799 gefunden.
In den *Schr. V-XIX* die kostbare ˚SAMMLUNG DER GESCHNITTENEN STEINE aus
dem Altertum und aus neuerer Zeit. *V.-X. Schr.* Erhaben geschnittene
Steine (Kameen), u. a. im *V. Schr. vorn* (nach der Mitte des Saales zu)
24. Ptolemæus II. und seine Gemahlin Arsinoe, Onyx; 31. griech. Porträtkopf; *hinten* meist Kameen aus der späteren Kaiserzeit; an der
Schmalseite r. 44, 53. Ketten aus Herculaneum. *VI. Schr.*, mit Hauptwerken
der Sammlung. Vorn 1. Tiberius; 3. Augustus (Tiberius?); 5. Adler; 9. Livia;
10. Augustus und die Göttin Roma thronend; ˚14. sog. Apotheose des
Augustus, Onyx: oben Augustus und Roma thronend, daneben Germanicus,
Tiberius und allegor. Gestalten, unten Errichtung eines Siegeszeichens
durch röm. Soldaten; 18. Tiberius; 22. Claudius und Agrippina, Livia und
Tiberius; hinten schöne Kameen der Renaissance. *VII. Schr. vorn* Bildnisse
von Mitgliedern des österr. Kaiserhauses, darunter 1. Karl V., von Alabaster (c. 1530); 22. Porträte habsburg. Fürsten, Muschelkameen; 23. die
selben, 48 Bildnisse als Glieder einer Toison-Ordenskette, wahrscheinlich
für Leopold I. († 1705) angefertigt; *hinten* Kameen der Renaissance. *VIII.
Schr.* Renaissance-Kameen, darunter 24. Leda mit dem Schwan, von Benvenuto Cellini (1524). *X. Schr.* 3. Goldene Kanne, mit Rubinen und 127
Kameen besetzt; 6. Schüssel mit 850 geschnittenen Steinen, in der Mitte
Kleopatra, beide aus dem Ende des XVI. Jahrh. *XI-XVII. Pult.* Meist
vertieft geschnittene Steine (Intaglien), darunter im *XII. Pult.* 85. Brustbild
der Athena, aus augusteischer Zeit, Nachbildung der Parthenos des Phidias.
*XIX. Pult.* 1. u. 7. Abteilung: Geschnittene Steine von L. Siriès; 2.-6. Abteilung: Timoni'sche Sammlung. *XX. Schr.* Antike Gläser. *XXI. Schr.*
Arbeiten in Elfenbein, Halbedelsteinen und Bernstein.

Es folgt die SAMMLUNG DER MÜNZEN UND MEDAILLEN, bisher im
Münz- und Antiken-Kabinett der k. k. Burg. Direktor Dr. Friedr.
Kenner.

XV. **Saal.** *I. Tisch.* Münzen des Orients und der griech. Städte.
*II. Tisch.* Münzen der hellenistischen Zeit. *III. Tisch.* Altital. Schwergeld
(aes grave, gegossene Bronzemünzen aus dem v.-iv. Jahrh. vor Chr.). röm.
Münzen und Medaillons. *IV. Tisch.* Münzen und Medaillen des Mittelalters und der neueren Zeit. *V. Tisch.* Ital., französ. und span. Medaillen
vom xv. Jahrh. bis zur Gegenwart. *VI. Tisch.* Modelle für Medaillen,
Typare (Siegelstempel), Bullen u. a. *IX. Tisch.* Deutsche Medaillen vom
xvi.-xviii. Jahrh. *X. Tisch.* Münzen des römisch-deutschen Reiches. —
XVI. **Saal.** Münzen und Medaillen des österr. Kaiserhauses und der österr.-
ungar. Länder.

An den Wänden dieser beiden Säle die vom Erzherzog Ferdinand von
Tirol 1580-90 gebildete *Porträtsammlung*, kleine Bildnisse des xvi.-xvii.
Jahrh.; an der Eingangswand des XVI. Saales 1-146. Stammbaum des
habsburgischen Hauses, von Ant. Waiß um 1584 gemalt (Kopie).

Die **Sammlung der kunstindustriellen Gegenstände** umfaßt die Erzeugnisse des Kunsthandwerks des Mittelalters und der
Renaissance, früher in der Schatzkammer und im Antikenkabinett
der k. k. Burg, sowie in der Ambraser Sammlung im untern Belvedere. Direktor Dr. Albert Ilg.

XVII. **Saal.** Meist mittelalterl. Werke. Unter den *frei aufgestellten
Gegenständen:* \*1. Gruppe dreier nackter Figuren, aus Holz geschnitzt, deutsche
Arbeit in der Art des Tilman Riemenschneider (um 1500); 4. u. 10, 6. u.
9. Stammbaum des habsburg. Hauses, im Auftrage Maximilians I. gemalt;
8. großes kunstvoll geschnitztes spätgot. Gehäuse zur Aufbewahrung des
Corpus Domini (Anf. des xvi. Jahrh.); \*14.-16. burgundische Meßgewänder,
aus der van Eyck'schen Schule (xv. Jahrh.); \*22. spätgot. Hofbecher von
Bergkrystall, mit dem Monogramm Karls des Kühnen (xv. Jahrh.); 26.spätgot.
silbernes Vortragekreuz, aus Venedig (Anf. des xvi. Jahrh.). *II. Schrank.*
1, 17. silberne Becher mit venezian. Email (xv. Jahrh.); 33, 44. Jeu d'armes,
Knabenspielzeug des xv. Jahrh.; 55. Reliquienkästchen, kölnische Schule
des xiii. Jahrh.; 62. Reliquiar in Form eines Doppelkreuzes, aus Ungarn
(xiv. Jahrh.); 63. Pokal Kaiser Maximilians I. *III. Schrank, IV. Pult.*
Arbeiten in Elfenbein, Buchsbaumholz, Bronze, u. a.

XVIII. **Saal.** Arbeiten der Mechanik, Optik und Uhrmacherkunst,
astronom., militärische u. a. Instrumente.

XIX. **Saal**, mit Deckengemälde von Berger, Rudolf II. als Förderer
der Kunst, und mit den kostbarsten Stücken der Sammlung: Werke
der Goldschmiedekunst, Arbeiten von Bergkrystall und Halbedelsteinen.
*Freistehende Gegenstände.* A. Hausapotheke von vergoldeter Bronze (xviii.
Jahrh.). D. Kabinett von Eisen, mit reicher Goldtauschierung, Wiener
Arbeit (1567). \*\*E. das berühmte Salzfaß des Benvenuto Cellini, ein 1539-43
für Franz I. von Frankreich gefertigter Tafelaufsatz. F. Automatenuhr in
Form eines Prachtmöbels von Ebenholz, Augsburger Arbeit des xvii. Jahrh.
H. Kabinett aus Ebenholz, mit silbernen Reliefs und Figuren. Augsburger
Arbeit (Ende des xvi. Jahrh.). I. Silbernes Antependium aus St. Blasien
(1687). *I. Schrank.* 12. Straußenei als Deckelpokal, Augsburger Arbeit
(xvi. Jahrh.); 26. Trinkgefäß in Form einer Narrenkappe (1578); 33. Pokal,
oben ein Pelikan, seine Jungen nährend, Nürnberger Arbeit (1583); 50.
kleines goldenes Rufhorn (xvi. Jahrh.); 61. Schüssel, aus 24 Platten Lapis-
lazuli zusammengesetzt, in der Mitte ein Sardonyx, mit einem Relief,
Leda mit dem Schwan (xvi. Jahrh.); 90, 91, 93-96. Schatullen, Körbchen,
Bezoare, mit vergoldetem Silberfiligran (xviii. Jahrh.); 110. dreimastige
Galeere von vergoldetem Silber (xvi. Jahrh.); 159. Kanne von Onyx, die
Fassung von Gold mit Email und Edelsteinen, ital. Arbeit (xvi. Jahrh.);
167. Prunkschüssel, von Christoph Jamnitzer in Nürnberg; 183, 187, 191,
195. vergoldete Bronzefiguren der vier Jahreszeiten von Wenzel Jamnitzer
(† 1585); 185. Deckelpokal, oben der h. Michael, franz. Arbeit (?); 188.
silberne Standuhr in Form eines Elephanten, aus Augsburg (xvi. Jahrh.);
168, 171. Madonna zwischen Heiligen und Geißelung Christi, Reliefs von
Silber, ital. Arbeit (xvi. Jahrh.); 175. Prunkschüssel, von dem Augsburger
Chr. Lencker († 1613); 178. Becher aus Narwalhorn; 193. Kanne von ver-

goldetem Silber, deutsche Arbeit (xvɪɪ. Jahrh.); 236. Tafelaufsatz von vergoldetem Silber (xvɪɪɪ. Jahrh.); 287. seidene Tischdecke mit Goldspitzen, wie die Mehrzahl der Gegenstände in dieser Abteilung zu dem sog. Nachtzeug gehörig (Zeit der Kaiserin Maria Theresia). *II. Schrank.* Gegenstände aus Bergkrystall und Rauchtopas (xvɪ.-xvɪɪɪ. Jahrh.); außerdem 204. Tableau von Mosaik, Christus und die Samariterin am Brunnen, aus Halbedelsteinen und Edelsteinen, am Rahmen *Karyatiden, Emaillfestons u. dergl. in Gold gegossen, ital. Arbeit (xvɪ. Jahrh.). *III. Pult.* Taschenuhren vom xvɪ.-xvɪɪɪ. Jahrh., Bijoux, Miniaturbildnisse. *IV-V. Schrank.* Gefäße und kleine figurale Skulpturen aus Halbedelsteinen und anderen Mineralien, darunter im *V. Schr.* *12. Schüssel aus Sardonyxplatten, in der Mitte Kamee mit Diana (xvɪ. Jahrh.). *VI. Pult.* Bijoux, aus Monstreperlen gefertigt (No. 5. geigenspielende Sirene). *VII. Schrank.* Gegenstände aus Bergkrystall (No. 139. Kannchen mit reicher Goldschmiedearbeit, xvɪ. Jahrh.).
    XX. Saal, mit verschiedenem Inhalt. L. Großer Tafelaufsatz, Ruinen der drei griech. Tempel zu Pästum in Unteritalien, dazwischen bronzene Elefanten u. a. *I. Schrank.* Maurische und südital. Majoliken, orientalische Thongefäße. *II-IV. Schrank.* Mittelital. Majoliken. *V-VI. Schrank.* Mosaiken, Steinmalereien u. a. *VII. Pult.* Bossierungen in Wachs; hervorzuheben 4. Leda mit dem Schwane, Relief, ital. (xvɪ. Jahrh.); 8. Neptun u. a. Seegötter (xvɪɪ. Jahrh.); 18. Christus und die Samariterin am Brunnen, von R. Donner (Skizze zu dem Relief No. 22 im XXIV. Saal). *IX. Schrank.* Italien. und deutsche Majoliken und Steinzeug, orientalische Thongefäße (No. 39. ital. Majolikateller mit der Geschichte der Ino und des Athamas, von Maestro Giorgio von Gubbio). *X. Schrank.* Emaillen des xvɪ.-xɪx. Jahrh. (No. 5. runde Emaillschüssel von Limoges, mit dem Triumphzug der Diana, angeblich aus dem Besitz der Diana von Poitiers, 1556; 67. Becher von Rhinoceroshorn, mit schönen Ornamenten in Gold und Email, xvɪ. Jahrh.). *XI. Schrank.* Venezian. Gläser, böhm. Pokale im Barock- und Rokokostil, Schmelzgläser der deutschen Renaissance. — Nun l. in den
    XXI. Saal: Prunkmöbel der ital. und deutschen Hochrenaissance und Barockzeit, Arbeiten in Pietra dura, florent. und röm. Mosaik, u. a.
    XXII. Saal. *D. Brettspiel von Hans Kels in Kaufbeuren, aus Buchsbaumholz (1537). *Fensterwand:* 9. Kreuzabnahme, Holzrelief, aus Nürnberg (xvɪ. Jahrh.); 11. h. Familie mit Engeln, Relief aus Kelheimer Stein, von dem Augsburger Hans Daucher (1518). *I. Schr.* Arbeiten in Bernstein. *II-III. Schr.* Elfenbeingegenstände. *IV. Schr.* Figurale Holzplastik, Intarsia und holzgeschnitzte Geräte (27, 29, 31. Amazonenschlacht, Raub der Sabinerinnen und Reitertreffen, Reliefs aus Cedernholz, angeblich von Al. Collins). *V. Schr.* Musikinstrumente. *VII. Schr.* Elfenbeinreliefs. *VIII. Pult.* Holzschnitzereien und Kleinarbeiten in Elfenbein. Im *IX. Schr.* No. 32. Parisurteil, Relief von Hans Daucher (1522); 34, 42. Liebe und Gerechtigkeit, Reliefs von dem Nürnberger Peter Flötner. *XI. Schr.* Prachtgefäße von Elfenbein. *XII. Schr.* Figurale Skulpturen in Elfenbein (No. 52-70. kleine Arbeiten in der Art des Dresdeners J. M. Dinglinger, xvɪɪɪ. Jahrh.; 114. Kybele, mit Resten von Bemalung, xvɪɪ. Jahrh.). — Von hier l. in den
    XXIII. Saal: *Handschriften des Mittelalters und der Renaissance aus der ehem. Bibliothek des Schlosses Ambras, Druckwerke, Holzschnitte, Kupferstiche und Handzeichnungen, Kleidungsstücke u. a. *I. Schr.* 4. der h. Willehalm von Orange, Epos, um 1210 von Wolfram von Eschenbach gedichtet, Handschrift aus dem J. 1387; 8. Livre d'heures, aus der burgund. Schule (xɪv. Jahrh.); 17. Legende des h. Adrian, Handschrift, für König Ludwig XI. von Frankreich ausgeführt (xv. Jahrh.); 27. Weltchronik des Rudolf v. Ems, Handschrift des xɪv. Jahrh.; 31. Chormissale, mit vielen Miniaturen, 1481 vollendet, sog. Hussitencodex; 35. das sog. Ambraser Heldenbuch, 23 mittelhochdeutsche epische Gedichte, u. a. Nibelungenlied und Gudrun, für Kaiser Maximilian I. von Hans Ried gefertigt; 38. Spielkarten (xv. Jahrh.); 40. Freidal, Turnierbuch Kaiser Maximilians I.; 41-43. Zeughausbücher Maximilians I.; 47. Klebeband mit Kupferstichen, Holzschnitten und Handzeichnungen Albr. Dürer's; 59. Chormissale, 1494 für Maximilian I. gefertigt.
    XXIV. Saal: Skulpturen in Marmor und Bronze. 7. Bronzebüste des veroneser Humanisten Fracastoro, ital. (xvɪ. Jahrh.); 15. Venus in der

Schmiede Vulcans, Bronzehochbrelief von R. Donner; 20. Madonnenrelief, in der Art des Florentiners Bern. Rossellino (xv. Jahrh.); 22, 33. Christus und die Samariterin am Brunnen, Hagar in der Wüste, Marmorreliefs von R. Donner (1739); 44. Parisurteil, Bronzerelief von R. Donner; 42. Maria Theresia, Halbfigur von vergoldetem Bronzeguß; 56. Kaiser Rudolf II., Bronzebüste von Adriaen de Vries. *I. Schr.* Kleine Bronzen: 17. Adam, ital. (xv. Jahrh.); 86. Bellerophon bändigt den Pegasus, Gruppe von Bertoldo (florent.; xv. Jahrh.); 90. Venus, venezianisch (xvi. Jahrh.); 116. h. Georg als Drachentöter, deutsch (xvi. Jahrh.); 147 Faun und Olympos, ital. (xvi. Jahrh.). *II. Schr.* Bronzen: 10. ein sich kratzender Hund, von Peter Vischer (?); 22. Venus, ital. (xvi. Jahrh.); 61. Venus (französisch?); 79. nackter Jüngling, ital. (xvi. Jahrh.); 102. Hercules den Antäus erwürgend, deutsch (xvii. Jahrh.); 105. Nessus raubt die Dejanira, von Giov. da Bologna (xvi. Jahrh.). *III. Schr.* 13, 17. büßende Magdalena und Beweinung Christi, Figuren aus Bleiguß, von Hagenauer (1759); 38. Mercur, Bronzestatuette von Giov. da Bologna, verkleinerte Wiederholung der für die Villa Medici geschaffenen Figur; 51. Prometheus, vom Adler des Zeus zerfleischt, Bleigruppe von Hagenauer (1769). *IV. Schr.* Bronzen: 23, 41. Venus, von Giov. da Bologna; 47. Raub der Sabinerinnen, von Giov. da Bologna, verkleinerte Wiederholung der Marmorgruppe in der Loggia de' Lanzi in Florenz. *V. Schr.* Bronzen: 67, 69. Thürklopfer, venezianisch (xvi. Jahrh.); 73. dreiseitiger Ständer, die Füße von Sirenen gebildet, dazwischen Reliefs, der h. Theodor als Drachentöter, venezianisch (xvi. Jahrh.). — Nun l. in den S a a l XXIV a: Skulpturen in Bronze und Marmor. Unter den *freistehenden Gegenständen:* 10, 14. Ariadne und Bacchus, Bronzebüsten, florentinisch (xvi. Jahrh.); 32. Leichnam Christi von Engeln getragen, Relief von vergoldetem Bronzeguß, deutsch (xvii. Jahrh.); 37. Madonna, Marmorbüste von P. Condray (1748); 38. Kopf eines Greises, ital. Bronze (xv. Jahrh.); 45. schreitender Jüngling, ital. Bronze (xvi. Jahrh.); 48. h. Jacobus, deutsche Bronze (xvi. Jahrh.); 50. Brustbild Kaiser Karls V., Bronzerelief von Leone Leoni. *I. Kasten.* Ital. und deutsche Plaketten u. dergl., darunter 13, 21. antike Opferscene, von Andrea Riccio; *23. Grablegung Christi, Bronzerelief von Donatello; 35. Erasmus von Rotterdam; 38. Kopf der Medusa, ital. (xvi. Jahrh.); 39. Melanchthon; 49. Karl V.; 51. Luther; 59. Albrecht Dürer; 60. Willibald Pirkheimer.

In den übrigen Sälen des Hochparterres hat die **WAFFEN-SAMMLUNG ihre Aufstellung gefunden.

Diese unvergleichliche Sammlung leitet ihre Anfänge bis auf Kaiser Friedrich III. zurück; bedeutenden Zuwachs erhielt sie aus dem Nachlaß Maximilians I. und Erzherzog Sigmunds von Tirol. Der Waffenbesitz des habsburgischen Hauses war seit der Abtrennung der spanischen Linie zwischen Madrid und Wien geteilt und blieb so bis zur Gegenwart. Nach dem Tode Kaiser Ferdinands I. (1564) blieb bei der Teilung die Hälfte des Kaisers Maximilian II. in Wien, die andere Hälfte, die Erzherzog Ferdinand von Tirol zugefallen war, kam nach Innsbruck, wurde von dem Besitzer eifrig vermehrt und im Schloß Ambras aufgestellt, von seinem Sohn Markgraf Karl v. Burgau aber 1606 an Kaiser Rudolf verkauft, der sie vorerst in Ambras beließ. 1806 kam diese inzwischen auch mehrfach geschmälerte Sammlung mit den übrigen Schätzen der Ambraser Sammlung nach Wien und wurde 1814 im untern Belvedere aufgestellt. Der ersterwähnte in Wien verbliebene Teil Maximilians II. erfuhr im Laufe der Jahrhunderte mehrfache Bereicherungen, aber auch (1805 und besonders 1809, dann bei der Plünderung des Zeughauses 1848) herbe Verluste. 1856 in das Arsenal übertragen und aus kaiserlichen Schlössern, der Hofjagd- und Sattelkammer sehr vermehrt, blieb sie dort, bis 1889 im kunsthistor. Hofmuseum die Wiedervereinigung mit dem Ambraser Teil erfolgte.

SAAL XXV. (Waffen des Mittelalters, bis zur Zeit Kaiser Maximilians I.). 2. Feldharnisch *Friedrichs des Siegreichen*, Pfalzgrafen bei Rhein († 1476); 3. desgl. *Roberts v. Sanseverino* († 1487); 5. desgl. König *Ferdinands des Kathol.* von Aragonien († 1516); 9. Knabenharnisch König *Philipps I., des Schönen.* von Castilien († 1506); 41. Reiterharnisch Erzherzog *Sigmunds* v. Tirol († 1496); 43. desgl. *Maximilians I.* († 1519); *45. desgl. *Sigmunds*

*von Tirol* (eine der schönsten Plattnerarbeiten der Zeit); 52. Schweres Roß-
zeug Kaiser *Maximilians I.*; 62. Reiterharnisch *Maximilians I.*; 66. Knabenharnisch *Philipps I.* von Castilien; 69. Harnisch König *Ludwigs II. v. Ungarn*
(† 1526); 121. Harnisch *Maximilians I.* mit sog. Totenkopfhelm (alte Form),
großen Ellenbogenkacheln und breiten Schuhen („Kuhmäulern"); 126.
Harnisch Kaiser *Karls V.*, unvollendet und hammerfertig belassen. —
In den Mittelschränken: 12. Sog. normannischer Helm (c. 1100); 17. Schwert-
klinge aus dem XIII. Jahrh.; 24. zweihändiges Schwert mit schöner Pas-
sauer Klinge (Anf. des XV. Jahrh.); 71. Helm *Georg Castriota's*, Fürsten
von Albanien (Skanderbeg, † 1467); 86. Reiterschwert *Maximilians I.* mit
schönen Ätzungen; *104. Rundschild desselben, mit Verzierungen in prächtiger Hochätzung (eines der frühesten Beispiele dieser Technik); 113. Reiterschwert *Philipps I.* von Castilien.

SAAL XXVI. (Zeit Maximilians I.). 139. Harnisch Herzog *Christophs
v. Württemberg* († 1568); 141. Feldharnisch *Otto Heinrichs*, Pfalzgrafen bei
Rhein († 1559); 142. desgl. des Grafen *Eitel Friedrich v. Zollern* († 1512);
146, 149. desgl. der Salzburger Erzbischöfe *Matthäus Lang* († 1540) und
*Max Sittich v. Hohenembs* († 1553); 175. Prachtharnisch des Grafen *Andreas
v. Sonnenberg* († 1511); 182. Geweihtes Schwert (vergl. S. 46), von Julius II.
1510 wahrscheinlich an Maximilian I. verliehen; 185. Laternenschild (bei
nächtlichen Überfällen geführt) von c. 1525.

SAAL XXVII. (Karl V.). An den Wänden: 196. Schön verzierter
Harnisch des Kurfürsten *Johann Friedrich v. Sachsen* († 1554); 198. desgl.
*Ruprechts v. d. Pfalz* († 1504); 199. Teile eines Prunkharnisches des Feld-
herrn *Aless. Vitelli* († 1556); 231. halber blanker Feldharnisch des Herzogs
*Ulrich v. Württemberg* († 1550), von ungewöhnlich starken Dimensionen, aus
des Herzogs letzten Lebensjahren; *297. Große Harnischgarnitur Kaiser
*Ferdinands I.* († 1564; „Garnitur mit den Rosenblättern"); 337. leichter
Roßharnisch *Ferdinands I.*; 311. halber Prunkharnisch des Feldherrn
*Cornelio Bentivoglio*, ital., um 1540. — An den Mittelpfeilern: 312. Trab-
harnisch *Karls V.* mit geätzten und vergoldeten Zügen und figuralen Darstellungen; 226. halber blanker Feldharnisch des Landsknechtführers *Konrad v. Bemelberg* († 1567); 207. desgl. des Feldhauptmanns *Georg v. Frundsberg* († 1528); 213. halber blanker geschobener Harnisch des Herzogs *von
Alba*, um 1560; 331. Landsknechtharnisch des *Lazarus Schwendi* († 1584);
395. Feldharnisch König *Philipps II.* von Spanien († 1598). — Unter Glas:
*363. Feldharnisch *Karls V.* mit prächtigen Arabesken und figuralen Darstellungen. — In den Schränken: 253. Degen *Karls V.* (1530); 260. Faust-
rohr und Puffer Erzh. *Ferdinands v. Tirol;* *267. Deutscher Dolch, mit
„Giftzügen" an der Klinge (um 1560); 272. sog. Springdolch; 274. Schwert
*Georgs v. Frundsberg;* 345. Schwert *Skanderbeg's* (Castriota); *351. Deutsche
Sturmhaube *Karls V.*, aus einem einzigen Stück Eisen gefertigt und in
meisterhafter Technik mit getriebener Arbeit (Scenen aus der Äneide) geziert; *354. Prunkschild *Karls V.*, in den Cartouchen meisterhaft kom-
ponierte Scenen aus dem Leben eines Helden; 363. Prunkdegen mit geschnittenen ornamentalen Reliefs; 361. Degen, der eiserne Griff mit zarten
Reliefs aus der biblischen Geschichte geziert; *379. Prunkdegen *Karls V.*,
„eine der herrlichsten Waffen und eines der schönsten Werke der Goldschmiedekunst des XVI. Jahrh. überhaupt"; *380. Courtelas, sehr geschmack-
volles Werk aus der besten Zeit der Renaissance; 385, 386. Steigbügel und
Reitstange, mit reizvollen Reliefs in der Art des Wenzel Jamnitzer (um 1550).

SAAL XXVIII. (Erzh. Ferdinand von Tirol). 396. Prunkharnisch *Stefan
Báthory's* († 1586); *403. Landsknechtharnisch *Giov. Bona's*, Leibtrabanten
des Erzh. Ferdinand, eines Mannes von riesiger Leibesgröße (9 Werk-
schuh); 407. Vollständige Garnitur eines Harnisches des Erzh. *Ferdinand;*
Roßstirne, geschobener Mähnenpanzer und Teil eines Schweifgeliegers, mit
schönen schwarzgeätzten Verzierungen auf Tupfgrund, deutsch, um 1550;
*417. Halber Prunkharnisch des Erzh. *Ferdinand*, von meisterhafter getriebener Arbeit; 422. Der „böhmische Hut" des Erzherzogs, von dickem
grauen Stoff mit Silberfäden; *426. Prunkschild von [Eisen, mit reich
ornamentierten figuralen mythol. Darstellungen in schöner Treibarbeit
(hervorragendes Kunstwerk deutscher Arbeit); 473, 474. Vollständige Ausrüstung auf Mann und Roß des Erzh. *Ferdinand* im römischen antikisierenden

Stil des XVI. Jahrh.; *175. „Mailänder Rüstung" desselben, von antikisierender Form, reich ornamentiert; 476. Desselben halber Prunkharnisch, den er bei den Vermählungsfestlichkeiten mit Anna Katharina v. Mantua 1582 trug; ebenso 477. Sattel.

SAAL XXIX. (Maximilian II.). An den Wänden: 480. Harnischgarnitur des *Joh. Jak. Fugger* († 1575); 482. Halber Harnisch des *Andrea Doria* († 1560); 490. Harnischgarnitur (6 Harnische und 2 Turniersättel) von *Maximilian II.* († 1576). — In den Schränken: 491. Sturmhaube und Rundschild des Erzh. *Karl v. Steiermark* († 1590) mit schönen Ornamenten und figuralen Darstellungen; 521. Die „aschgraue Rüstung" des Erzh. *Ferdinand;* 483. Die „silberne hussarische Rüstung" des Erzh. *Ferdinand;* 534. ungar. Schwert des *Georg v. Thury* († 1571); 538. Prunkdegen mit äußerst zierlichem Griff, ital., um 1590; 539. spanisches (Toledo) Rapier von schöner Arbeit; 543. Sturmhaube und Prunkschild mit prächtigen figuralen Darstellungen; 529, 530. Zwei geweihte Schwerter und Hüte, wie sie vom XII-XVIII. Jahrh. die Päpste an Fürsten für Ruhmesthaten im Kampfe gegen die Ungläubigen verliehen: 529. von Pius V., 530. von Clemens XIII. an Erzh. *Ferdinand* gesandt.

SAAL XXX. (Maximilian II.). 572. Teile einer Garnitur des *Don Juan d'Austria* († 1577); 635. Prunkharnisch *Aless. Farnese's* († 1592) mit reicher Zier; *627. Commandostab Kaiser *Ferdinands II.* († 1637) in schöner Arbeit, Elfenbein, oben der Kopf des Kaisers in Email; 644. Landsknechtharnisch des Erzh. *Karl von Steiermark* († 1590); die Sturmhaube mit Sammet überzogen, das Gesicht deckt ein an die Brust befestigter sog. „fürfallender" Bart.

SAAL XXXII. (Rudolf II.). 667. Halber Harnisch *Rudolfs II.* († 1612); 698, 699. Die sog. „rote und schwarze" Rüstung auf Roß und Mann des Erzh. *Ferdinand;* 703, 704. Die „gelbe und blaue" Rüstung desselben; *706. Prunkharnisch *Rudolfs II.,* deutsche Arbeit (eines der hervorragendsten Kunstwerke); *712. Halber Prunkharnisch mit Rundschild, ital. Arbeit, ein Meisterwerk der Tauschierkunst; 743. Schützenhaube, Kragen und Brust des *Cristobal Mondragone* in seltener Technik: gebläut mit aus dem blauen Grunde herausgeschabten figuralen Darstellungen; 745. Harnisch, ganz mit äußerst zarten in Gold und Silber tauschierten Laubzügen bedeckt.

SAAL XXXIV. (Neuzeit). 761, 762. Knabenharnische des Erzh. *Sigmund Franz von Tirol* († 1665); 765. Halber Prunkharnisch mit teils gepunzten und vergoldeten, teils in Gold tauschierten Ornamenten, span. (?) Arbeit; *805. Prunkdegen, der Griff eines der bedeutendsten Kunstwerke der Eisenschneidekunst; °811, °812. Flinte und 2 Pistolen von meisterhafter Eisenschneidearbeit (Geschenk Kaiser Josef's I. an Markgraf Ludwig Wilhelm von Baden, dessen Bildnis an Läufen und Kolben); 822 (beim 1. Fenster. Reiterschwert, hölzerne Keule und Fahne des Bauernanführers *Stefan Fadinger* († 1626); 828. Säbel, auf der Klinge eingeätzt die Namen, Geburts- und Sterbejahr und Regierungsdauer sämtlicher oström., weström. und deutschen Kaiser bis Leopold I.; 835. Ein Paar Pistolen von trefflicher Ausführung (Geschenk des Bey von Tunis an Kaiser Franz Joseph I. 1857); 837. Marschallstab des Herzogs *Karl Alexander von Lothringen* († 1780); 838. Marschallstab Kaiser *Franz I.* († 1765); 846. Prunkharnisch des Kaisers *Matthias* († 1619), effektvolle Arbeit. — An der Decke: Fahne des *Franz Rákoczy II.* († 1735). — An der Rückwand: 883. Panzerhaube und Panzerhemd des Fürsten *Michael Apafi II. von Siebenbürgen* († 1713); das Scheitelstück zeigt schönes Niello; 890. ungar. Rüstung Kaiser *Josefs I.* († 1711); gegenüber: 895. ungar. Reitzeug Kaiser *Josefs II.* († 1790).

SAAL XXXVI. (Turnierwaffen und Turniergeräte). 897. Italienischer Stechzeug des mailänd. Gesandten *Gasp. Fracasso* († c. 1510); *902. Deutscher Stechzeug Kaiser *Maximilians I.* mit durchbrochenen ästigotischen Bordüren von besonderer Schönheit der Zeichnung und vortrefflicher Treibarbeit; 910. Stechsack aus roher Leinwand mit Stroh gefüllt, Unicum; solche Polster wurden an der Brust der Turnierhengste befestigt, damit sich die geblendeten Tiere beim zufälligen Anprall an einander nicht verwundeten. — Im Kasten 11. vor dem Mittelfenster sog. *Frauengünste* oder *Faveurs* (Abzeichen von Damen den Turnierenden gespendet, oder Geschenke für bewiesene Turniertüchtigkeit). — An der Ausgangswand: 996. Rennzeug zum Scharfrennen des Erzh. *Ferdinand von Tirol* (Geschenk des Kurfürsten

August von Sachsen); 998. Wechselstücke eines Harnisches *Franz I.*, Königs von Frankreich († 1547).

Man schreitet nun zurück und betritt, von Saal XXXIV aus, den kleineren Saal XXXV. (Oriental. Waffen und Ausrüstungen). 84. Ungar. Schwert mit türk. Klinge, ferner Streitkolben *Michael Apafi's II.* († 1713; bildeten nebst der Fahne über Kasten II die Würdezeichen Siebenbürgens unter türk. Schutzherrschaft, 1701 dem Kaiser überreicht). — Im Mittelschrank III: 94-106. Türkische Feldausrüstung, von Lazarus Schwendi dem Erzh. *Ferdinand* geschenkt. — Oberhalb der Wand zwischen den Fenstern: Große türk. Fahne, nebst dem Roßschweif 109, den Köchern 22 (Wandkasten I.) und den Stücken 126-130 (Kasten IV) bei der Belagerung Wiens 1683 erbeutet. — Im Mittelschrank IV: 115-122. Orient. Feldausrüstung. — Im Wandschrank V: 151. Chinesisches Dolchmesser mit feinen Elfenbeinschnitzercien.

Saal XXXIII. (Jagdwaffen und Jagdgeräte). Im Mittelschrank: 18. Jagdschwert *Maximilians I.* in prächtiger Ausführung. — Im Wandschrank I: 37, 38. zwei Büchsen, die Schäfte mit schwarzer Asphaltmasse bedeckt, in welche niederländ. Ornamente in Elfenbein eingepreßt sind; 56. Pürschbüchse, mit Elfenbeinschäften, Einlagen aus schwarzem Bein und schöner Eisenschneidearbeit; 126. Zwei Flinten *Karls VI.* († 1740) mit meisterhaft gravierten und geschnittenen Schlössern. — Im Wandschrank II: *155. Großes Jagdbesteck von kunstvoller Arbeit. In die vertieften Felder der Elfenbeingriffe sind geschnitzte Reliefs von ungemeiner Feinheit und trefflicher Komposition eingefügt, bedeckt von Bernsteinplättchen, die ihnen gelbliche Färbung verleihen. Die Besteckscheide von vorzüglicher Arbeit. 157, 158. Büchse und Pulverflasche von kunstvoller Eisenschneidearbeit, der Schaft mit Silberplatten belegt, die mit phantasievollen Ornamenten in durchleuchtendem Email von glühender Farbe geziert sind.

Saal XXXI enthält nebst Armbrüsten und Jagdgeräten eine Sammlung von Jagd- und Scheibengewehren, die für die Entwicklung der Feuerwaffen vom Ende des XVI. bis zum Beginn des XIX. Jahrh. wichtig sind.

Die **Gemälde-Galerie, im ersten Stock, durch den Kuppelsaal und das Treppenhaus in zwei Teile geschieden, 1891-95 in 15 Sälen und 18 Kabinetten neu geordnet, enthält l. (Südseite) die italienischen, spanischen und französischen Schulen, sowie die moderne Abteilung, r. (Nordseite) die niederländischen und deutschen Schulen. Alle Bilder sind mit Namen und Zeitalter der Meister bezeichnet.

Die Galerie, seit 1776 im Belvedere (S. 69) aufgestellt, 1891 in das Hofmuseum übertragen, hat im XVIII. Jahrh. durch Vereinigung aller Sammlungen ihren gegenwärtigen Umfang (c. 1700 alte Bilder) gewonnen. Die älteren Bestandteile waren: 1) die Rudolfinische „Kunst- u. Wunderkammer" in Prag, von Kaiser Rudolf II. gestiftet und auf 763 Gemälde, darunter 5 Raffael, 5 Correggio, 16 Tizian u. s. w. gebracht. Sie wurde leider nicht vollständig nach Wien übertragen; vieles war schon früher (Schwedische Plünderung 1648, Verkauf) in andere Hände geraten. 2) Die Sammlung des Erzh. Leopold Wilhelm, Sohnes Ferdinands II., niederländischen Statthalters 1646-56, welcher außer Niederländern namentlich Venezianer von seltener Güte erwarb. 3) Die Kunstkammer des Erzh. Ferdinand von Tirol, Sohnes K. Ferdinands I., die wenigstens teilweise (Raffael, Madonna im Grünen; Moretto, h. Justina) mit dieser Galerie vereinigt wurde. In neuerer Zeit wird fast nur die Abteilung moderner Meister (über 300 Bilder) vermehrt. Jetziger Direktor *Aug. Schäffer.*

Die Gemälde-Galerie darf sich rühmen, daß die verschiedensten Richtungen der vergangenen Kunst durch Meisterwerke vertreten sind, die auch dem Laienauge köstliche Genüsse bieten: die Hauptstärke liegt aber doch in den Venezianern, in Dürer und Rubens. In dieser Hinsicht wird die Wiener Sammlung von

keiner andern Galerie übertroffen. Unter den alten Italie-
nern fesseln vorzugsweise die beiden *Perugino's* (I. Saal 27, 32);
*Fra Bartolommeo's* Darstellung im Tempel (I. S. 41) vom J.
1506 wirkt durch die edle und einfache Anordnung und durch die milde
Würde überaus wohlthuend; *Andrea del Sarto's* Beweinung Christi
(I. S. 39) imponiert durch die gewaltige Kraft des Ausdrucks.
*Raffael's* Madonna im Grünen (I. S. 29) aus seiner Florentiner
Periode erreicht nicht ganz die anmutige Lebendigkeit der Komposition und des Ausdrucks, welche die ähnlich komponierten
Madonnen im Louvre und Florenz (Belle Jardinière und Madonna
mit dem Stieglitz) besitzen, ist aber durch den sichtlichen Einfluß Leonardo's für das Studium des Meisters wichtig. Die
früher Raffael zugeschriebene h. Margaretha (I. S. 31) gilt jetzt
als Werk des *Giulio Romano.* Von den oberitalienischen
Meistern nimmt uns zunächst Correggio und der ihm nahe-
stehende (nicht eigentlich Schüler) Mazzola oder Parmigianino in
Anspruch. *Correggio* offenbart sich ebensosehr als ergreifender
Schilderer religiöser Charaktere (I. S. 63) wie als lockender Er-
zähler anmutiger Mythen (I. S. 59, 64). Von *Parmigianino* ist
außer dem bogenschnitzenden Amor (I. S. 62) das Porträt des Malatesta Baglioni (oder Lorenzo Cibò?, I. S. 67) beachtenswert. Die
Masse trefflicher venezianischer Werke macht eine Auswahl
des Trefflichsten schwer. *Tizian's* weitumfassende Phantasie, die
ihn für die verschiedenartigsten Aufgaben die rechten Formen
finden ließ, lernt man hier vielleicht am besten kennen. Welch'
eine reiche Scala von Empfindungen durchläuft man vom Ecce Homo
(II. S. 178) bis zur Kallisto (II. S. 169) oder Danae (I. S. 174), von
der Grablegung (I. S. 179) bis zu den geheimnisvollen Liebesalle-
gorien (I. S. 173, 187), von den mild-anmutigen Madonnenbildern
(II. S. 166, 176, 180) zu den in unnahbaren Ernst gehüllten Bildnissen italienischer Gelehrten, eines Varchi, Strada, des Arztes
Parma (I. S. 177, 182, 167). Überhaupt ist die Wiener Galerie an
Porträten ungemein reich und die Vergleichung der venezianischen
Bildnisse mit jenen des größten spanischen Porträtmalers Velazquez oder jenen Van Dyck's in Bezug auf die formellen Eigen-
heiten der Meister von hohem Interesse. Von den *Giorgione* zu-
geschriebenen Werken sind nur die sogenannten drei Weisen aus
dem Morgenlande (I. S. 16) genügend beglaubigt; außerdem müssen
hervorgehoben werden: *Palma Vecchio,* Heimsuchung (II. S. 139)
und Madonna (I. S. 140), *Paolo Veronese,* Madonna mit Heiligen
(II. S. 399), *Lor. Lotto,* Krönung Mariä (II. S. 214) und des Brescia-
ners *Alessandro Bonvicino* gen. *Moretto* h. Justina (II. S. 218).

Wir wenden uns nun zu den nordischen Schulen. *Jan van
Eyck's* Porträt eines alten Mannes (XVIII. K. 624), wovon die
Handzeichnung in Dresden bewahrt wird, überragt weit die
andern Proben altniederländischer Malerei, von denen noch erwähnt werden müssen: *Geertgen van Haarlem,* Kreuzabnahme und

Verbrennung der Gebeine Johannes des Täufers (XVIII. K. 645,
644), *Rogier van der Weyden*, Kreuzigung und Madonna (XVIII. K.
634, 632), *Hans Memling*, Marienaltar (XVIII. K. 635-638).
*Dürer's* Meisterwerk, die vollendetste Komposition die er gemalt, ist seine Dreifaltigkeit (IX. S. 1445), aus dem J. 1511. Unter
den Bildnissen des *jüngern Holbein* ragen jene des Arztes John
Chambers und des Londoner Kaufmanns Derick Tybis (IX. S. 1480,
1485) hervor. Trotz des wenig ansprechenden Inhalts fesseln im
*Rubens*-Saale (XIV. S.) die beiden Wunderscenen des Ignatius
und Xaver (865, 860) durch die dramatische Gewalt des Ausdrucks und die Künste des Kolorits. In demselben Raume ragen
noch hervor der h. Ambrosius (850), die Allegorie der 4 Weltteile (857), die Eberjagd (858), das Venusfest (830) und der
große Ildefons-Altar (834). Nicht unangenehm wirkt neben der
Vehemenz des Meisters die vornehme, zuweilen freilich fast kühle

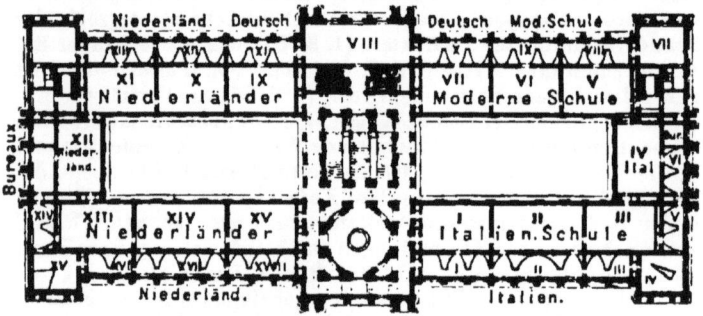

Kunsthistorisches Hofmuseum (Erster Stock).

Ruhe *van Dyck's*, der durch seine beiden Madonnenbilder (XIII.
S. 1039, 1040), seine Delila (XIII. S. 1043) und das Bildnis des
Francesco de Moncada (XIII. S. 1046) vortrefflich vertreten ist.
Den Wandel in *Rembrandt's* Kunst zeigen die Porträte, welche aus
verschiedenen Jahrzehnten stammen: das Frauenbildnis (XIII.
S. 1272) mit dem Gegenstück (1271), hellleuchtend und fleißig
gemalt, dann das Selbstporträt (1274) aus der mittleren Zeit, und
endlich das in tiefem Goldton gehaltene Selbstbildnis (1268) in
rundem Hut, das er in seinen späteren Jahren gemalt hat.

I. Hauptsaal: Oberital. und toscanische Schulen vom xv.
bis zum Anfang des xvi. Jahrhunderts. L. *1. Marco Basaiti*, Be-
rufung der Söhne des Zebedäus (1515); 4. *Giovanni Bellini*, Taufe
Christi (Werkstattbild); 5. *Antonello da Messina*, der Leichnam
Christi von Engeln gehalten; *Vittore Carpaccio:* 7. Christus von
Engeln angebetet (1496), 8, 11. Kommunion und Bestattung des
h. Hieronymus; 12. *Alvise Vivarini*, Madonna mit musizierenden
Engeln; *Bissolo:* 13. junge Frau ihr Haar ordnend (Aufschrift ge-

fälscht?), 15. Darstellung Christi im Tempel; *16. *Giorgione,* „die drei Weisen aus dem Morgenlande" (Aeneas, Euandrus und Pallas vor dem Capitol-Felsen?); 17. *Sebastiano del Piombo,* Bildnis des Kardinals Pucci; *19. *Cima da Conegliano,* die Madonna unter dem Orangenbaume; 20. *Vincenzo Catena,* männl. Bildnis; 21. *Giorgione,* David mit dem Haupte Goliats (Kopie); 22. *Jacopo de' Barbari,* männl. Bildnis. — 26. *Benozzo Gozzoli,* Madonna mit zwei Heiligen; *Perugino:* 24. Taufe Christi, 25. der h. Hieronymus, *27. Madonna mit vier Heiligen, 32. Madonna mit zwei Heiligen; **29. *Raffael,* die Madonna im Grünen (1505); 31. *Giulio Romano,* die h. Margaretha; 34. *Fra Bartolommeo,* Madonna (Werkstattbild?). — 36. *Giul. Buglardini,* die Entführung der Dina; **39. *Andrea del Sarto.* Beweinung Christi; 41. *Fra Bartolommeo,* Darstellung im Tempel (1516; übermalt); 46. *Franciabigio,* heil. Familie; 47. *Franc. Francia,* thronende Madonna mit Heiligen; 49. *Bronzino,* h. Familie; 50. *Pontormo,* Bildnis eines Jünglings; 51. *Sodoma,* h. Familie. — *Parmigianino:* 57. h. Katharina, 58. Selbstbildnis, *62. Amor als Bogenschnitzer; *Correggio:* 60. kreuztragender Christus, 63 (?). h. Sebastian, *59. Ganymed, *64. Jupiter und Io; *67. *Parmigianino,* Bildnis des Malatesta Baglione (?). — Nun r. in das

I. **Kabinett**: Italiener verschiedener Schulen (XIV-XVI. Jahrhundert). 1. Abteilung: 68. *Dosso Dossi,* der h. Hieronymus; 69. *Ambrogio de Predis,* Kaiser Maximilian I. (1502); 70. *Art des Ambrogio de Predis,* Bianca Maria Sforza, zweite Gemahlin Kaiser Maximilians; 92. *Tommaso da Modena,* Madonna zwischen zwei Heiligen; *Andrea Mantegna:* 72-80. Triumphzug Cäsar's (Originale in Hampton Court), *81. der h. Sebastian; 82. *Andrea Solario* (?), kreuztragender Christus; 85. *Lorenzo Costa* (?), weibl. Bildnis; *Bern. Luini:* 86. die Tochter der Herodias, 87. der h. Hieronymus; 88. *Lod. Mazzolino,* Darstellung im Tempel; 89. *Boccaccio Boccaccino,* thronende Madonna; 90. *Marco Zoppo,* der Leichnam Christi von Engeln gehalten; 91. *Cesare da Sesto,* die Tochter der Herodias. — 2. Abt.: 97, 94. *Bronzino,* Großherzog Cosimo I. und seine Gemahlin Eleonore; 96. *Franc. Morandini,* Tod des h. Petrus Martyr; 107. *Niccolò dell' Abbate,* thronende Madonna mit Heiligen; 112. *Cavaliere d'Arpino,* Andromeda. — 3. Abt.: *Domenico Feti:* 115. Triumph der Galatea, 119. Flucht nach Ägypten, 120. der tote Leander.

II. **Hauptsaal**: Venezianer des XVI. Jahrhunderts. L. *Palma Vecchio:* 133. weibl. Bildnis, 136. Lucretia, **137. Mädchenbildnis, sog. Violante, 138. weibl. Bildnis, 139. Heimsuchung Mariä, *140. Madonna mit Heiligen, 142. weibl. Bildnis (verdorben); 145. *Bonifazio I.,* die Tochter der Herodias. — *Bonifazio II.:* 155. der Sieg der Keuschheit über die Liebe, 157. weibl. Bildnis; *Tisian:* 169. Diana und Kallisto, 161. die Ehebrecherin vor Christus, 162. männl. Bildnis (sog. h. Jacobus), 165. ein junger Geistlicher, 163. Isabella d'Este, Markgräfin von Mantua, 166. Madonna mit drei Heiligen (Werkstattbild), *167. der Arzt Parma, 173. Allegorie,

174. Danae, 176. „die Zigeuner-Madonna" (Jugendwerk), 177.
der Dichter und Geschichtschreiber Benedetto Varchi, *178. Ecce
Homo (1543), 179. Grablegung Christi, **180. h. Familie („die
Kirschen-Madonna"; Frühwerk), 181. der Tamburinschläger, *182.
der Antiquar Jacopo de Strada, 186. Nymphe und Schäfer (unvollendet), 187. Allegorie, 191. Kurfürst Johann Friedrich von Sachsen;
193. *Bonifazio I.*, Madonna mit Heiligen; *Tizian:* 196. Selbstbildnis, *197. das Mädchen im Pelz, 198. Lavinia Sarcinelli, die Tochter Tizian's, 199. Papst Paul III. (Schulkopie); 201. *Bonifazio II.*,
der Triumph der Liebe (Gegenstück zu No. 156, s. oben). —
*Cariani:* 208. ein Krieger, *207. „der Bravo"; **218. *Moretto*, die
h. Justina; *G. B. Moroni:* 217. männl. Bildnis, 216. ein Bildhauer;
212. *Pellegrino da San Daniele*, ein junger Held; *Lor. Lotto:* *215.
der Mann mit der Tierpranke, *214. Madonna mit den H. Katharina
und Jacobus d. Ä.; 219. *Girol. Romanino*, weibl. Bildnis; 220. *Lor.
Lotto* (?), männl. Bildnis in drei Ansichten. — 224. *Jac. Tintoretto*,
der Patrizier Marcantonio Barbaro; 227. *Domenico Tintoretto*, Bildnis eines Procurators von San Marco; *Paris Bordone:* 231. Frauenbildnis, 233. Allegorie; *Jac. Tintoretto:* 230. männl. Bildnis, 234.
Lucretia, 235. ein Greis mit einem Knaben, 236. Seb. Veniero, Sieger
von Lepanto, 239. die keusche Susanna, 244, 245. männl. Bildnis;
*Paris Bordone:* 246. Allegorie, *248. junge Frau am Putztische,
253. Venus und Adonis; 250. *Jac. Tintoretto*, männl. Bildnis.

III. Hauptsaal: Venezianer des xvi.-xviii. Jahrh. L. *Paolo
Veronese:* 380. die keusche Susanna, 381. Hagar und Ismael (Werk-
stattbilder); 395, 397. *Antonio Badile* (Lehrer des P. Veronese),
weibl. Bildnis; 396. *Paolo Veronese*, Christus vor dem Hause des
Jairus; 393. *Battista Zelotti*, die Salbung Davids; *P. Veronese:* 399.
Madonna mit zwei Heiligen, 402. die Anbetung der Könige, 404.
Verkündigung Mariä, 408. Christus und die Samariterin (Werk-
stattbild). — *Palma Giovane:* 414. Beweinung Christi, 417. der h.
Hieronymus. — 432. *Aless. Varotari (Padovanino)*, Judith. — 446.
*Giov. Batt. Tiepolo*, die h. Katharina von Siena. — R. das
II. und III. Kabinett. Geringere venezianische Bilder des
xvi. Jahrhunderts, meist aus der Schule der Bassano.

IV. Kabinett: Italienische Schulen von 1550-1700. L. 340.
*Franc. Furini*, die büßende Magdalena; 342. *Giul. Ces. Procaccini*
Beweinung Christi; 347. *Lod. Cardi*, desgl. — In der Mitte: *Pietro
da Cortona:* 356. die Verlobung der h. Katharina, 357. Hagar
kehrt in Abrahams Haus zurück; 363. *Lod. Cardi*, die h. Dreifaltigkeit; 366. *Cristof. Allori*, Judith mit dem Haupte des Holo-
fernes; 369. *Franc. Furini*, die reuige Magdalena; *Carlo Dolci:*
373. Maria als Schmerzensmutter, 375. Madonna, 376. Erzherzogin
Claudia Felicitas.

IV. Hauptsaal: Schule von Bologna, Naturalisten und ital.
Meister des xvii. Jahrhunderts. An der Eingangswand: 467. *Pellegrino Tibaldi*, die h. Cäcilie; 468. *Lod. Carracci*, Venus und Amor;

4 *

*Annibale Carracci:* 470. Venus und Adonis, 473. der h. Franz von
Assisi; 474. *Ant. Carracci,* ein Lautenspieler; *Annibale Carracci:*
475. Christus und die Samariterin, 482. Beweinung Christi; 480.
*Giac. Cavedone,* der h. Sebastian; 483. *Lod. Carracci,* der h. Franz.
— *Caravaggio:* 485. David mit dem Haupte Goliaths, 486. Maria
mit dem Kinde und der h. Anna, *496. die Madonna vom Rosen-
kranze; *Ribera (lo Spagnoletto):* 501. Kreuztragung Christi, 503.
der reuige Petrus; 491. *Luca Giordano,* der Engelsturz; 507.
*Ribera,* Christus unter den Schriftgelehrten; 495. *Luca Giordano,*
Mariens Vermählung. — 516. *Salvator Rosa,* ein Krieger; 619.
*Pompeo Batoni,* die Rückkehr des verlornen Sohnes (1773); 523.
*Micco Spadaro,* eine Römerschlacht; *Salvator Rosa:* 525. der h.
Wilhelm, 528. die Gerechtigkeit flieht zu den Landleuten; 529.
*Franc. Solimena,* Kreuzabnahme. — 535. *Seb. Bombelli,* Knaben-
bildnis; 536. *Carlo Cignani,* Madonna; 539. *Sassoferrato,* Madonna
(Werkstattbild); *Carlo Maratta:* 534. Tod des h. Joseph, 540.
Madonna (Schulbild) 541. h. Familie; 542. *C. Cignani,* Kimon und
Pera; 543. *Guereino,* der verlorne Sohn; *Guido Reni:* 548. Christus
mit der Dornenkrone, 549. Magdalena, 550. h. Familie, 551. Taufe
Christi, 553. Maria mit dem Kinde, 554. Ecce Homo, 555. der
reuige Petrus, 557. der junge David. — Zurück in das
V. Kabinett: Bolognesische Schule des XVII. Jahrhunderts;
französische Meister. 1. Abt.: 561. *Marcantonio Franceschini,* Mutter
mit Kindern (Caritas); 562. *Elisabetta Sirani,* Martha tadelt die
eitle Magdalena; *Simone Cantarini:* 563. Tarquinius und Lucretia,
564. Kain's Brudermord; *Cagnacci:* 566. h. Hieronymus, 567. Tod
der Kleopatra, 568. büßende Magdalena. — 2. Abt.: 571, 572.
*François Clouet,* Karl IX. von Frankreich; 575. *Nach Jacques Callot,*
Jahrmarkt zu Impruneta bei Florenz; 577. *Ant. Watteau,* der Gui-
tarrespieler; *Adr. Manglard:* 576. ein Seehafen, 578. Seestück; 580.
581. *Bourguignon,* Reitertreffen; 583. *Nic. Poussin,* die Zerstörung
Jerusalems; *Gaspard Dughet (G. Poussin):* 585. Grabmal der Cae-
cilia Metella, 586. Landschaft; 587. *Hyac. Rigaud,* männl. Bildnis;
592. *J. Fr. Millet,* Waldlandschaft; 593. *G. Dughet,* desgl.; 594.
*Nic. Poussin* (?), Petrus und Johannes heilen den Lahmen.

VI. Kabinett: Spanische Schule (XVI.-XVII. Jahrh.). 1. Abt.:
597, 602. *Alonso S. Coello,* weibl. Bildnis; *Juan Pantoja de la
Cruz:* 598. Bildnis einer span. Prinzessin (Infantin Anna, Tochter
Philipp's III.?), 599. der Infant Philipp, 601. Bildnis eines Kindes;
*603. *Juan Bautista del Mazo,* die Familie des Künstlers (?); 606.
*Juan de Carreño,* König Karl II. von Spanien; *Velazquez:* 605 (?).
Königin Maria Anna, 607. König Philipp IV., *609. Infantin Margaretha Theresia. — 2. Abt.: 614. *Murillo,* Johannes der Täufer
als Kind; *Velazquez:* 611. Infant Philipp Prosper, *612. Philipp IV.,
613 (?). der lachende Bursche, *616. Infant Don Baltasar Carlos,
615, 619. Infantin Margaretha Theresia, *617, 621 (?). Infantin Maria
Theresia, 622. Königin Isabella von Spanien (Werkstattbild).

Zurück zum Eingang und durch den Kuppelraum in die NIEDER-
LÄNDISCHEN UND DEUTSCHEN SÄLE.

XIII. KABINETT: Schulen von Brügge, Gent und Brabant, die
frühen Holländer (xv. u. xvi. Jahrh.). *Jan van Eyck:* *624. Bildnis
des Kardinals della Croce (?), 625. Bildnis des Jan de Leeuw; 626.
*Gerard David*, h. Michael; *Hugo van der Goes:* 629. Beweinung
Christi, 630. h. Genovefa, 631. Sündenfall; *Rogier van der Weyden:*
*632. Maria mit dem Kinde, 633. h. Katharina, 634. Triptychon,
Christus am Kreuz mit h. Veronika und h. Magdalena; *Hans Memling:* 635. Maria mit dem Kinde, 636. die beiden Johannes, 637.
Eva, 638. Adam, 639. Kreuztragung und Auferstehung Christi;
*Geertgen van Haarlem:* 644. Julianus Apostata läßt die Gebeine des
h. Johannes des Täufers verbrennen, 645. Kreuzabnahme; 646. *Jacob
Cornelisz*, Altar des h. Hieronymus; *Hieronymus Bosch:* *651. Triptychon, h. Hieronymus, h. Antonius, r. h. Ägydius; *653. Trip-
tychon mit dem Martyrium der h. Julia; *Lucas van Leyden:* 658 (?).
Versuchung des h. Antonius, 659. Kaiser Maximilian I.; *666.
*Joachim Patenier*, Taufe Christi; *673. *Hendrik Bles*, h. Hieronymus; 677. *Jan Mostaert*, männl. Bildnis.

XV. SAAL: Niederländer des xvi. Jahrh. *Meister des Todes der
Maria:* 682. Maria mit dem Kinde, 683. thronende Madonna mit
Stiftern, 687. Lucretia; 691. *Quinten Massys*, h. Hieronymus; *Jan
Massys:* 692. h. Hieronymus, *693. Lot und seine Töchter, 694.
lustige Gesellschaft; *Peter Brueghel d. Ä.:* 779. Frühlingsland-
schaft, 710. Kindermord zu Bethlehem, 711. Herbstlandschaft, *712.
Auszug zur Kreuzigung, 713. Winterlandschaft, 714. der Sturz
Sauls, 716. der babylonische Turmbau, 716. Streit des Faschings
mit den Fasten, 717. Bauernhochzeit, 719. Kirmes, 720. Schafhirt.
722. *Peter Brueghel d. J.*, Winterlandschaft; 738. *Lucas van Valken-
bosch*, Gebirgslandschaft.

XVII. KABINETT: Niederländer und Holländer des xvi. und der
ersten Hälfte des xvii. Jahrh. 754. *Mabuse*, der h. Lucas malt die
Madonna; *B. van Orley:* 765. Legende der h. Mathias und Thomas,
766. Ruhe auf der Flucht nach Ägypten; 776. *Fr. Francken I.*, Krö-
sus zeigt Solon seine Schätze; 779. *Fr. Francken II.*, Hexensabbat;
*786, 787, 789. *A. Mor*, Bildnisse; 807, 811, 812. *P. Pourbus*, männ-
liche Bildnisse; 816. *Fr. Pourbus d. J.*, Bildnis der Erzherzogin
Anna; 817. *Fr. Pourbus d. Ä.*, männliches Bildnis; **829. *Peter
Paul Rubens*, die zweite Frau des Künstlers, Helene Fourment.

XIV. SAAL: Rubens und seine Schule. *Peter Paul Rubens:* *830.
Venusfest; 832. Kaiser Maximilian I.; **834. Ildefons-Altar, in der
Mitte Maria mit vier Frauen und dem h. Ildefons, l. Erzherzog Al-
brecht, Statthalter der Niederlande, r. seine Gemahlin Clara Isabella
Eugenia; 836. Bildnis eines alten Herrn; 837. Schloßpark; 838.
Bildnis eines alten Herrn; *839. Beweinung Christi; 840. nackte
Kinder spielend; 841. Karl der Kühne; 843. Scene aus Boccaccio's
Dekameron; 844. Kopie nach Tizian. Bildnis einer Venezianerin;

**860. der h. Ambrosius verweigert dem Kaiser Theodosius den Eintritt in die Kirche; 853. Mann im Pelzrock; 855. alter Mann; *857. die vier Weltteile, durch die Flußgötter des Maranhon, Nil, der Donau und des Ganges dargestellt; *858. Jagd des kalydonischen Ebers; 859. Selbstporträt; *860. der h. Franz Xaver in Indien predigend und Wunder wirkend (dazu 863. Skizze); 861. Himmelfahrt Mariä; *864. Beweinung Christi; *865. der h. Ignatius von Loyola heilt Besessene (dazu 862. Skizze); 867. der h. Pipin, Herzog von Brabant, mit seiner Tochter, der h. Begga; 869. Landschaft mit Jupiter, Mercur, Philemon und Baucis; *871. h. Familie unter dem Apfelbaum.

XVI. KABINETT: Vlämische Landschafts- und Figurenmaler. 899, 900. *Paul Bril*, Flußlandschaften; 904. *Jan Brueghel d. Ä.*, Blumenstrauß; 906. *Jan Brueghel & Hendrik de Clerk*, die Gaben der Erde und des Wassers; *Jan Brueghel:* 911. Berggegend mit der Versuchung Christi, 912. Aeneas in der Unterwelt, 920. Waldpartie, 913. h. Antonius; 919. *Jan Brueghel d. J.*, Madonna im Blumengarten; *Roland Savery:* 922. das Paradies, 924. Landschaft mit Holzschlägern, 925. Blumenstrauß, 926. Berglandschaft; 934. *Anton Mirou*, Landschaft; 940. *Hendrik van Steenwyck I.*, Kirche; 843. *Hendrik van Steenwyck II.*, Inneres einer Kirche 946. *Peeter Neefs d. Ä.*, gotische Kirche; 947. *Peeter Neefs d. J.*, Notre Dame in Antwerpen.

XV. KABINETT: Vlämische Landschafts-, Sitten- und Schlachtenmaler. *Robert van den Hoecke:* 967. Schlittschulaufen in Brüssel, 969. die Stadt Ostende; 985. *Joos de Momper*, Gebirgslandschaft; 989. *Hendrik de Clerck*, die Speisung der Zehntausend.

XIV. KABINETT: Brüsseler Meister; See- und Architekturmaler. 995. *Lucas Achtschellinck* u. *Gonzales Coques*, Landschaft mit Rudolf von Habsburg und dem Priester.

XIII. SAAL: Zeitgenossen, Schüler und Nachahmer des Rubens. *Anton van Dyck:* 1028. Gräfin Amalie Solms, Prinzessin von Oranien; 1031. Bildnis einer jungen Frau; 2032. Bildnis des Fürsten Rhodoconallis; 1033. Christus am Kreuz; 1034. Bildnis des Grafen Henri Vandenburgh; 1036. h. Franciscus Seraphicus; 1037. männl. Bildnis; *1038. Prinz Karl Ludwig von der Pfalz; *1039. der sel. Hermann Joseph vor der h. Jungfrau knieend; 1040. die h. Rosalia empfängt vom Jesuskinde den Kranz; *1042. Prinz Ruprecht von der Pfalz; *1043. Simson und Delila; 1045. Erzherzogin Clara Isabella Eugenia; *1046. Bildnis des Francesco de Moncada; 1047. h. Familie; 1048. Bildnis des Joh. von Montfort; 1049. Bildnis des Jesuiten Carolus Scribani; 1051. Pietà; 1052. weibl. Bildnis. *Cornelis Schut:* 1063. Hero und Leander, 1064. Bacchuszug; 1070. *Frans Leux*, Bildnis des Kardinal-Infanten Ferdinand. 1082, 1083. *Frans Snyders*, Fischmarkt; *1087. *Jordaens*, Bohnenkönigsfest.

XII. SAAL: Belgische Maler des XVII. Jahrh. 1124. *G. de Crayer*, Madonna und Heilige; *D. Ryckaert:* 1127. Kirmes, 1128. die Hexe, 1130. *G. Seghers*, Maria mit dem Kinde; *D. Ryckaert:* 1131. ein Gelehrter, 1133. Plünderung in einem Dorfe; 1135. *A. Brouwer*, trinkender Bauer; *Joos van Craesbeeck:* 1046. vlämische Bauernwirtschaft, 1147. Soldaten und Weiber im Gespräch. *D. Teniers d. Jüngere:* 1150. Ziegenstall; 1153. Der Alte und die Küchenmagd: 1155. Abrahams Dankopfer; 1157. Räuber plündern ein Dorf; *1158. Vogelschießen in Brüssel; 1160. Bauernhochzeit; 1161. ein Saal der Brüsseler Gemäldesammlung des Erzherzogs Leopold Wilhelm, im J. 1656 gemalt, als Teniers Aufseber dieser Galerie war; die Galerie des Erzherzogs bildet den Grundstock der kaiserlichen, in der sich noch die meisten der hier dargestellten Bilder befinden ; 1162. Kirmes; 1163. Kuhstall; 1164. der Zeitungsleser; 1165.Wirtshausscene.

XI. SAAL: die belgischen Landschaftsmaler und die Vorläufer der nationalen Kunst in Holland. 1166. *Alexander Adriaenssen,* tote Rebhühner und kleine Vögel; 1167, 1168, 1169. *J. d'Arthois,* Landschaften; 1170. *Phil. de Champaigne,* der Tod Abels; *Jan Fyt:* 1171. Tiere und Früchte, 1174. Früchte und Geflügel; *Melchior d'Hondecoeter,* 1220. Hühner, *1221. Geflügel; *Saftleven:* 1224. Landschaft, 1225. Herbstlandschaft, 1228. Landschaft bei Sonnenuntergang; 1250. *C. van Poelenburgh,* badende Frauen ; 1245, 1246. *Leonard Bramer,* Allegorie der Eitelkeit und der Vergänglichkeit.

XIII. KABINETT: Holländer. 1261. *A. van der Neer,* holländ. Dorf im Mondlicht. *Rembrandt:* *1268. Selbstbildnis; 1269. singender Jüngling; 1270. der Apostel Paulus; *1271, *1272. männl. u. weibl. Bildnis; 1273. Rembrandts Mutter; *1274. Selbstbildnis. 1279. *Govaert Flinck,* alter Mann; 1282. *S. van Hoogstraeten,* Mann am Fenster; *Paudiss,* 1284. h. Hieronymus, 1286. Kopf eines alten Soldaten; 1296. *Pieter Verelst,* zechende Bauern; 1297. *Frans Hals,* männl. Bildnis; 1301. *Corn. Dusart,* Bauern vor einem Wirtshause; 1302. *Adr. van Ostade,* der Zahnbrecher.

XII. KABINETT: Holländer. 1303. *J. A. Duck,* Plünderung; *Jan Steen,* 1304. Bauernhochzeit, 1305. liederliches Leben; 1307. *Dirk van Delen,* großes Gartenpalais, die Figuren von *Palamedes;* 1311. *Wynants,* Waldeingang; 1312. *A. van Everdingen,* die Sägemühle; 1315. *Jan van der Heyden,* altes befestigtes Schloß. *Nic. Berchem:* 1319. Hirten mit ihrer Herde, 1321, 1322. Herden; 1324. *Hobbema,* Landschaft; 1325. *Joh. Lingelbach,* Bauern im Gespräch; 1330. *Adr. van de Velde,* Landschaft mit Tieren; *Jac. van Ruisdael:* 1335. Landschaft mit Wasserfall, *1336. Waldlandschaft, *337. der große Wald; 1338. *J. van der Cappelle,* ruhige See; *1339. *S. de Vlieger,* ruhige See; *L. Bakhuisen:* 1341. Seestück, 1343. Ansicht von Amsterdam; *Philip Wouwerman:* 1348. Reitschule und Pferdeschwemme, *1349. Räuberüberfall, 1351. Halt auf der Jagd, 1352. Landschaft.

XI. KABINETT: Holländer. 1355. *Maria van Oosterwyck,* 1362. *Corn. de Heem,* Stilleben; 1366. *G. ter Borch,* die Äpfelschälerin; 1369. *Rachel Ruisch,* Blumenstrauß; 1370. *G. Metsu,* Spitzenklöpplerin; *G. Dou:* 1376. alte Frau am Fenster; 1377. der Arzt, 1378. Mädchen mit Laterne; *Frans van Mieris:* *1381. Dame mit ihrem Arzt; *1382. der Kavalier im Verkaufsladen ; 1390, 1391. *Jan van*

*Huysum,* Blumenstücke ; 1619. *Barth. Wittig,* ein nächtliches Gast-
mahl; 1628. *A. Elsheimer,* Ruhe auf der Flucht nach Ägypten.
IX. SAAL: Deu'sche Meister des XIV.-XVI. Jahrb. 1392, 1394.
*Theodorich von Prag,,* h. Ambrosius und Augustinus; 1401. *Hans
Burgkmair,* der Maler mit seiner Frau; *Christoph Amberger :* 1406.
Bildnis des Ulrich Sulzer; 1407. männl. Bildnis; 1408. weibliches
Bildnis. 1409. der Nürnberger Patrizier Christoph Baumgartner;
1411 u. 1412. Bildnis eines Mannes und einer Frau. *Hans Baldung
Grien :* 1423. die Eitelkeit, 1424. männl. Bildnis; *Albrecht Altdorfer :*
1421. Christi Geburt, 1422. h.! Familie; 1425. *B. Strigel,* Kaiser
Maximilian I. mit seiner Familie; 1436. *Hans Schäuffelein,* Altar
mit dem Leben Christi; 1439. *G. Pencz,* Bildnis eines Mannes.
*Albrecht Dürer:* *1442. Madonna; *1443. Kaiser Maximilian I.;
1444. männliches Bildnis; **1445. die Anbetung der h. Dreifaltigkeit (der Rahmen Kopie nach dem im German. Museum in Nürnberg befindlichen Original); *1446. Marter der 10000 Christen
unter König Sapor in Persien; 1447. Madonna; 1448. Porträt des
Joh. Kleeberger. 1450. *Nach Albr. Dürer,* Kopie des Rosenkranzbil-
des. *Lucas Cranach d. Ä.:* 1455. männl. Bildnis, 1462. das Paradies.
*Hans Holbein der Jüngere:* 1461. Karl V. auf der Jagd ; 1479. männl.
Bildnis; *1480. Bildnis des John Chambers, Leibarztes Heinrichs VIII. von England; *1481. Bildnis der Jane Seymour, Gemahlin
Heinrichs VIII.; 1482. männl. Bildnis; 1483, 1484. weibl. Bildnisse;
*1485. Bildnis des Derik Tybis. 1490. *M. Schongauer,* h. Familie.
X. SAAL: Deutsche Maler des XVII. u. XVIII. Jahrb. 1581. *J. G.
Auerbach,* Kaiser Karl VI.; 1582, 1583. *Balth. Denner,* alter Mann
u. alte Frau; 1592. *Joh. Zoffani,* Großherzog Leopold von Toscana
und seine Familie; 1594. *Joh. Kupetzky,* Frau mit einem Knaben;
*Ant. Raph. Mengs:* 1598. Madonna, 1600. Infantin Maria Ludovika.
*Angelika Kaufmann:* 1610. Hermanns Rückkehr aus der Schlacht im
Teutoburger Walde, 1611. Bestattung des Heldenjünglings Pallas.
    VIII. SAAL (Seitenlichtsaal an der Ostseite des Treppenhauses):
Deutsche Maler des XVII. u. XVIII. Jahrh. 1637, 1639. *Roos,* Herden.
    Die Kabinette X-VII und die Säle VII, VI und V enthalten die
GEMÄLDE MODERNER MEISTER (rote Nummern), meist von öster-
reichischen Malern. Wegen häufiger Umhängungen folgen die be-
merkenswerteren Bilder hier ohne Beifügung der Saalnummern.
*H. Füger,* 9. Johannes der Täufer, 10. h. Magdalena; 12. *Hackert,*
Wasserfälle von Tivoli; 14. *David,* Bonaparte den St. Gotthard überschreitend; 21, 24. *P. Krafft,* Abschied und Heimkehr des Land-
wehrmannes; 22. *L. F. Schnorr von Carolsfeld,* Faust und Mephisto;
25. *C. Ruß,* Hecuba; 27. *J. A. Koch,* Wasserfälle von Tivoli; *Amerling*, 28. Apostel Paulus, 32. Erzherzog Leopold als Kreuzritter; 56.
*Kupelwieser,* Moses betet um den Sieg; 58. *F. Moja,* Inneres der
Markuskirche in Venedig; 60. *Marko,* Christus beschwört den Sturm;
67. *C. Blaas,* Karl der Gr. tadelt die nachlässigen Schüler; 71[ *Rud.
Alt,* Stephansplatz in Wien; 73. *Steinfeld,* Verlassene Mühle; 74.

*Rebell*, Ideale Landschaft; 98. *Bayer*, Knabenbildnis; 104. *Fiedler*, Ansicht von Cairo; 130. *Berres*, Ungarischer Pferdemarkt; 132. *Engerth*, Gefangennahme der Gemahlin König Manfreds nach der Schlacht bei Benevent; 134. *Führich*, die Einwohner Jerusalems sehen vor Eroberung der Stadt eine Reiterschlacht in feurigen Wolken; *Jos. Danhauser*: 136. der Prasser, 137. die Testamentseröffnung, 138. die Klostersuppe; 141. *Wurzinger*, Kaiser Ferdinand II. weist die protestant. Aufrührer zurück; 142. *P. Krafft*, Graf Niclas Zrinyi's Ausfall bei der Verteidigung von Szigeth 1566; *146. *Führich*, Jakob und Rahel; *149. *Matejko*, der Reichstag zu Warschau im J. 1773; 160. *Makart*, Blumenstrauß: 162. *Trenkwald*, Herzog Leopold des Glorreichen Einzug in Wien nach dem Kreuzzuge 1219; 168. *Carl Rahl*, Empfang Manfreds in Luceria 1254; 176. *Amerling*, Selbstporträt; 181. *C. Rahl*, Chriemhild und Hagen an der Leiche Siegfrieds; 185. *Ender*, Nonsberger Thal in Südtirol; 189. *Jul. Blaas*, Wettfahrt slovak. Bauern; 190. *Führich*, Jehova schreibt Moses die zehn Gebote auf die Tafeln; 272. *Bernatzik*, Vision des h. Bernhard; 206. *Zoff*, an der Riviera; 208. *Obermüller*, Motiv vom Rauriser Goldberggletscher; 215-259. *C. Blaas*, Skizzen zu dessen Fresken im Heeresmuseum; 262. *Aug. Schäffer*, Heimweg von der Weltausstellung in Wien 1873; 263. *Hlavacek*, Aus der Rheinpfalz; 266. *Rob. Ruß*, die Fürstenburg bei Burgeis; 267. *Eugen Blaas*, Partie nach Murano; 284. *Angeli*, Jugendliebe; 290. *Fr. Aug. Kaulbach*, Lautenschlägerin; 296. *F. l'Allemand*, Gefecht bei Znaim 1809; 298. *H. Canon*, die Loge Johannis; 303. *Führich*, der Gang Mariens über das Gebirge; 307. *Alex. Golz*, Christus und die Frauen; 309. *Alb. Zimmermann*, Gewitter im Hochgebirge; *Defregger*, *312. der Zitherspieler, *313. das letzte Aufgebot; 314. *Makart*, Romeo und Julia; 315. *Marko*, Sonnenuntergang. — SAAL V. *Makart*, Triumph der Ariadne.

Im II. Stocke befindet sich die SAMMLUNG DER AQUARELLE UND HANDZEICHNUNGEN. Direktor Aug. Schäffer.

Vom Treppenhaus r. in den XXXV. Saal: 6. *Führich*, Marienkopf; *Rud. Alt:* 8. Hof des Dogenpalastes, 15. Inneres der Markuskirche zu Venedig, 42. der Brunnen von Trient; 41. *Jak. Alt*, das Rathaus zu Köln. — Im XXXVI. Saal das Kronprinzenalbum, eine Sammlung von Aquarellen und Handzeichnungen österr. Künstler, Geschenk an den Kronprinzen Rudolf anläßlich seiner Vermählung im J. 1881; hervorzuheben: 66. *Matejko*, Johann Sobieski, 128. *Defregger*, das hohe Brautpaar in der Bauernstube. Außerdem hier Marmorbüsten Radetzky's von *Giov. Emanueli* und Tegetthoff's von *Kundmann*. — XXXVII. Saal: 142. *Selleny*, Kostümstudie, 143-232. Studien von der Weltumsegelung an Bord des österr. Kriegsschiffes Novara. — XXXVIII. Saal: 233-244. *Franz Alt*, Alt- und Neuwien; 245. *Ed. von Steinle*, Skizze zu einem Glasfenster in der Votivkirche (S. 26); 246. *Schwind*, Diana jagend; *Schrank für das Kronprinzenalbum (s. oben), mit Gemälden von *Canon*. — XXXIX. Saal: 249-261. *Mardt*, Österreichs Baumcharaktere. — XL. Saal: *264. *Moritz von Schwind*, das Märchen von der schönen Melusine (Cyclus von elf Aquarellen). — Zurück und jenseit des Treppenhauses in den XLI. Saal: 267-276. *Kandler*, Naturstudien aus Rom u. seiner Umgebung; 295. *Passini*, Kürbisverkäufer in Chioggia. —

XLII. **Saal**: 306-310. *Seelos*, Leuchtthürme und Hafeneinfahrten an den Küsten von Istrien und Dalmatien; 341-358. *Göbel*, die ehem. Ambraser Sammlung im Belvedere. — XLIII. **Saal**: 395-408. *Orerbeck*, Passion Christi. — XLIV. **Saal**: Entwürfe für den inneren Schmuck der Hofmuseen und des neuen Burgtheaters, darunter 409-412. *Makart*, Skizzen zu den Lünetten und zu dem (unausgeführten) Deckengemälde, Sieg des Lichtes über die Finsternis, im kunsthistor. Hofmuseum; 427-434. *Canon*, Deckenbild- und Lünettenskizzen für die Hofmuseen. — XLV. **Saal**: 435. *Führich*, das Herz Mariens; 437-441. *Markó*, Landschaften in Gouachemalerei; 460. Profilbildnis Papst Leo's X., aus dem J. 1513. — XLVI. **Saal**: *Engerth*, Kartons zu den Fresken im Opernhause (s. unten), Hochzeit des Figaro.

Hinter dem Maria-Theresia-Platz an der Hofstallstraße der **k. k. Hofstall** (Pl. II: A 4) mit sehenswerter Gewehr- und Sattelkammer, Reitbahn u. a. (Eintr. s. S. 12). — Unweit, Ecke der Kahlgasse und Mariahilferstr., das *\*Gänsemädchen* (Pl. II: A B 5), eine Brunnenfigur von J. Wagner (1865).

Östl. stößt an den Burgring der Opernring (Pl. II: B C 4). L. in der Albrechtgasse das zum *Palast des Erzh. Albrecht* gehörige Beamtenhaus, durch einen bedeckten Gang mit dem Palast auf der Augustinerbastei (S. 22) verbunden. — Weiter das **\*k.k. Hof-Opernhaus** (Pl. II: C 4; S. 8), im Stil der franz. Frührenaissance nach Plänen von *van der Nüll* und *v. Siccardsburg* 1861-69 erbaut.

Die ebenso reiche wie geschmackvolle Dekoration des INNERN ist von *Schwind*, *Engerth*, *Rahl* und andern ausgeführt. In dem prächtigen Treppenhause Medaillonbildnisse der Erbauer von *Cesar*; auf der Brüstung Marmorstatuen der sieben freien Künste von *H. Gasser*. Das Foyer, mit Opern-Scenen von *Schwind* und Büsten berühmter Tondichter, hat nach der Straße hin eine offene Loggia, gleichfalls mit Fresken (Scenen aus der Zauberflöte) von *Schwind*, und fünf Bronzefiguren (Heroismus, Drama, Phantasie, Komik und Liebe) von *Hähnel*, von dem auch die beiden Flügelrosse auf den Postamenten r. und l. oberhalb der Loggia herrühren. Im Zuschauerraum (Platz für 2352 Personen) Deckengemälde von *Rahl*; Vorhang für die tragische Oper (Orpheussage) gleichfalls nach Cartons von Rahl, für die heitere Oper von *Laufberger*. An den Logenbrüstungen 30 Medaillonporträts hervorragender Mitglieder der Wiener Oper seit 100 Jahren. Besichtigung der inneren Einrichtung s. S. 12.

Dem Opernhaus gegenüber am Opernring der *Heinrichshof*, von Hansen 1861-63 im Renaissancestil erbaut, Eigentum des Frhrn. v. Drasche; am obersten Stock Fresken auf Goldgrund von Rahl. — An der Rück seite führt die Elisabethstraße auf den *Schillerplatz* (Pl. II: B 4,5), auf dem sich das 1876 enthüllte **\*Schiller-Denkmal** von *Schilling* erhebt, die Bronzestatue des Dichters auf schlankem Bronzesockel mit den sitzenden Eckstatuen der vier Lebensalter, an den Seiten die Gestalten vorn des Genius, r. und l. der Poesie und Wissenschaft, rückwärts der Menschenliebe; unten in Medaillons die Relieffiguren des Pegasus und des Pelikan, die tragische Maske und das Minervenhaupt. In den Anlagen l. und r. Marmorbüsten der Dichter *Nikolaus Lenau* und *Anastasius Grün*, von K. Schwerzek (1891). — An der W.-Seite des Platzes das *Justiz-Ministerium*; an der S.-Seite die **k. k. Akademie der bildenden Künste** (Pl. II: B 5), 1872-76 von *Hansen* im Renaissancestil erbaut, die oberon Geschosse mit reicher Terrakotta-Ornamen-

tik; die Fenster der Fassade alternierend mit Nischen, in welchen
Thonkopieen der berühmtesten antiken Statuen stehen. Auf der
Freitreppe vor der Fassade zwei bronzene *Kentauren* von E. v. Hoff-
mann (1892).

Die Akademie, von Leopold I. 1692 gegründet und wiederholt reor-
ganisirt, hat ihre jetzige Verfassung als Hochschule der Kunst seit 1872
und wurde 1876 in den Neubau am Schillerplatz verlegt. Über die Freitreppe gelangt man zunächst in das säulengetragene Vestibül und von diesem
direkt in die *Aula*, zugleich Hauptsaal des *Museums der Gipsabgüsse* (c.
1450 Nummern; Eintritt s. S. 11), in welchem außer einer reichen Sammlung von Abgüssen antiker, mittelalterlicher und moderner Skulpturwerke
auch mehrere beachtenswerte Originalwerke sich befinden, vor allem
der *Torso einer Hera*, griechische Arbeit der besten Zeit, das Bleimodell
von Fischer's Anatomie, Reliefs, Büsten und Statuen von Raphael Donner,
Beyer, Zauner u. a.

Im Mezzanin, an der Südseite (Eingang durch den westl. Gang) die
*Bibliothek* (Katalog 1876, 3 fl.) und die Sammlung von *Kupferstichen und
Handzeichnungen* (c. 17000 Handzeichnungen u. Aquarelle, 61000 Kupfer-
stiche u. Holzschnitte, 5000 Photographien; Eintritt s. S. 11); unter den
Handzeichnungen hervorzuheben die nachgelassenen Werke Jos. A. Koch's
(Landschaften aus Italien, Illustrationen zu Dante u. a.), Führich's Zeich-
nungen zum „Verlornen Sohn", der Nachlaß Genelli's und Prachtblätter
von Schnorr, Steinle, Schwind, Wächter, Schwanthaler, Rottmann, Unter
den Stichen besonders die berühmte Hüsgen'sche Dürersammlung, mit
Dürer's Haarlocken u. a.

Die *Gemälde-Galerie* (Eintr. s. S. 11) befindet sich im 1. Stock r.
n° 152 (Eingang durch den westl. Gang). Der größte Teil dieser wertvollen
Sammlung (c. 1160 Bilder) ist ein Geschenk des Grafen Anton Lamberg
vom J. 1821 (741 Bilder), die übrigen Gemälde stammen aus Schenkungen
des Kaisers Ferdinand (1838), der Fürsten Liechtenstein u. a., sowie aus
Ankäufen der Regierung. Die Galerie umfaßt fast alle Schulen, doch sind
namentlich die Holländer des xvii. Jahrh. überraschend gut vertreten, so
Pieter de Hooch mit einem Hauptwerk, van Goyen, Jacob van Ruisdael,
Willem van de Velde d. J., die Architektur- und Blumenmaler. Von Rubens
sind die drei Grazien und der Raub der Oreithyia, von Tizian Amor auf
einer Steinbrüstung sitzend, von Murillo die würfelspielenden Knaben er-
wähnenswert. Dazu eine Anzahl moderner Gemälde, z. T. minder bedeutende Bilder der Wiener Schule aus dem Anfang des xix. Jahrhunderts.

Die Galerie besteht aus einem gegen Süden gelegenen, durch Zwi-
schenwände in 17 Abteilungen getrennten Hauptsaal (V.), neben welchem ein Korridor (IX.) mit Nordlicht herläuft; ferner aus zwei großen
Ecksälen (ö. VI., w., IV., mit je 3 Abteilungen), einem Saal (Kopier-
saal, VII) im ö. und 3 Sälen (III, II, I.) im w. Trakt des Gebäudes. Die
Anordnung ist die chronologische, beginnend in Saal I mit den altitalienischen Schulen; es folgen die spanischen, vlämischen und deutschen Schulen
und einzelne Franzosen, bis zu den modernen Abteilungen. Der Korridor
(IX) ist zumeist den holländischen und deutschen Schulen vorbehalten:
hier findet sich — an der Rückwand, wie an den 14 Prismen — eine Reihe
der hervorragendsten Bilder der Sammlung. In den Sälen I-III sind einige
Bilder von geringem Wert in dunklen Wandnischen aufgestellt. Guter Katalog von *C. von Lützow* (1 fl.), sowie Photographien in der Galerie zu haben.

Man betritt die Sammlung beim Saal V., geht am besten r. zurück
bis Saal I. und beginnt hier die Besichtigung.

SAAL I. 22. *Venezianische Schule* des xv. Jahrh., Altar mit Darstellungen aus der Leidensgeschichte Christi; 50. *Art der Vivarini*, Mariä
Verkündigung; *Florent. Schule* um 1400: 71. Ausgießung des heil. Geistes,
(gegenüber) 74. Moses, 75. Abraham, 73. Christus mit dem Buch des Lebens, 72. h. Dreieinigkeit; 48. *Bartolommeo di Manfredi*, Scene aus der Apo-
kalypse; 531. *Lombard. Schule* des xvi. Jahrh., drei Apostelköpfe; 21. *Art
des Aloise Vivarini*, heil. Märtyrerin; 45. *Venez. Schule* des xv. Jahrh.,
h. Clara; an der Langwand: 505. *Franc. Francia*, thronende Madonna

zwischen den H. Lucas und Petronius; 15. *Venez. Schule* des XVI. Jahrh.,
Kaiserin Helena und zwei Heilige; beim mittleren Fenster: *1133. *Botticelli,*
Maria mit dem Kinde und zwei Engeln; 1097. *Gentile da Fabriano,* Krö-
nung Mariä; 1095. *Umbrische Schule* des XV. Jahrh., Madonna mit Heiligen
und Stiftern; 1131. *Florent. Schule* des XVI. Jahrh., heil. Familie; 78. *Flo-
rent. Schule* des XV. Jahrh., Christus am Ölberg; am letzten Fenster: 252.
*Dom. Puligo,* Madonna; 209. *Giov. Pedrini,* kreuztragender Christus; 55.
*Florent. Schule* um 1400, Christus und das kanaanitische Weib; neben dem
Ausgang l.: 60. *Florent. Schule* um 1400, Christus und die Samariterin am
Brunnen.
  SAAL II. 17. *Marco d'Angeli del Moro,* Darstellung im Tempel; 53. *L.
Sebastiani,* die h. Veneranda; beim Fenster: 1084. *Paduan. Schule* um 1500,
Madonna; gegenüber 27. *Venez. Schule* des XV. Jahrh., Pilatus.
  SAAL III. 85. Deckengemälde von *Paolo Veronese,* Mariä Himmelfahrt. —
19. *Girol. Muziano,* thronende Madonna mit Heiligen; *Vittore Carpaccio:*
43. Mariä Verkündigung, 49. Tod Mariä; 57. *Paolo Veronese,* Verklärung
Christi; 468. *Jac. Tintoretto,* Christus und die Ehebrecherin; 87. *Vitt.
Bellisiano,* Marter des h. Marcus; gegenüber beim 2. Fenster: 77. *Cariani,*
Madonna mit den H. Johannes dem Täufer und Katharina; 452. *Jac.
Bassano,* Moses Wasser aus dem Felsen schlagend; beim 3. Fenster: 471.
*Paolo Veronese,* Mariä Verkündigung; 1126. *Art des Giorgione,* Scenen aus
dem alten Venedig (Freske); an der Ausgangswand: 1128. *Oberital. Schule*
des XV. Jahrh., Marter des h. Sebastian.
  SAAL IV., ABTEILUNG 1: 86. Deckengemälde von *P. Veronese,* Mariä
Verkündigung. — 1. *P. Veronese,* die H. Geminianus und Severus; 499.
*Perugino,* Taufe Christi; 463. *Venez. Schule* des XVI. Jahrh., Auffindung
Mosis; 1038. *Gentile Bellini* (?), männl. Porträt; gegenüber: 14. *Busati* (?),
h. Marcus auf dem Thron zwischen den H. Andreas und Ludwig; 495.
*Lod. Mazzolino,* Madonna mit dem h. Hieronymus; 1125. *Lombard. Schule*
um 1500, Madonna mit einem Stifter. — ABT. 2: 83. Deckengemälde von
*P. Ver. nese,* der h. Franciscus empfängt die Wundmale. — 12, 23. *Dom.
Tintoretto,* Bildnisse; *Jac. Tintoretto:* 8. Procurator von 8. Marco, 83. der
Doge Trevisani, 13. der Procurator Al. Contarini, 32. Ottavio Grimani,
34. der Doge Priuli; *166. Tizian,* Amor auf einer Steinbrüstung sitzend
(Frühwerk); 503, 510. Art des *Bonifazio I.,* Unterhaltung im Freien; gegen-
über: 2, 9. *Jac. Tintoretto,* je 18 Bildnisse einer Brüderschaft in Venedig.
— ABT. 3: 84. Deckengemälde von *P. Veronese,* Anbetung der Hirten. —
11. *Bonifazio II.,* die H. Romanus, Franciscus von Assisi und Melchior; 6.
*Schule Tizian's:* Anbetung der Hirten; 5. *P. Veronese,* h. Laurentius. — An
der Langwand: 18. *Leandro Bassano* (?), Anbetung der Hirten.
  SAAL V., ABT. 1:168. *Caravaggio,* Cato d. J.; 472. *Aless. Varotari (Padovanino),* ruhende Venus; *Luca Giordano:* 116. der gefesselte Prometheus,
291. Urteil des Paris, 810. Mars und Venus, von Vulkan gefangen;
26. *Sassoferrato,* Madonna. — ABT. 2: 456. *Guido Reni,* Mariä Himmelfahrt; 527, 528. *Ant. Canale (Canaletto),* Ponte del Cannaregio und Mar-
cusplatz in Venedig; 603, 451, 504, 503, 604, 450, 455, 602. *F. Guardi,* Ansichten aus Venedig; *Giov. Batt. Tiepolo:* 484. der anbrechende Tag, 517.
der h. Bruno. — ABT. 3: 511. *Juan Careño,* Gründung des Trinitarier-
ordens; *Murillo:* 516. Verzückung des h. Franciscus, *515. zwei würfel-
spielende Knaben; 513. *Nach Velazquez,* Philipp IV. zu Pferde; 514. *Vläm.
Schule* (Anf. des XVII. Jahrh.), Bildnis einer vornehmen Dame; *Span. Schule*
des XVII. Jahrh.: 518. Vision des h. Antonius, 512. Christus unter den
Schriftgelehrten.
  ABT. 4: *Rubens:* 635. die h. Cäcilie, 631. Christi Himmelfahrt, 636. der h.
Hieronymus, 625. Kreuztragung, 652. Esther vor Ahasverus, 633. Mariä Verkündigung, 648. Christus im Hause Simons des Pharisäers, 638. Anbetung
der Hirten, *636. Boreas entführt die Oreithyia, 645. Bauerntanz, 628. Apotheose Jacobs I., 630. der anbrechende Tag; 756. *Schule des Rubens,* Bac-
chanal; 614. *Art des van Dyck,* Parisurteil; gegenüber *Rubens,* *646. die
drei Grazien, 616. säugende Tigerin; 651. *L. van Uden,* Abendlandschaft
mit Jäger und Heerde.
  ABT. 5: 569, 566. *P. Pourbus d. J.,* Bildnis einer Dame und eines
Mannes; 611. *M. J. Miereveld,* weibl. Bildnis; *Jac. Jordaens:* 640. weibl.

Bildnis, 663. Paulus und Barnabas in Lystra; 617. *Jac. G. Cuyp*, weibl.
Bildnis; gegenüber: 850. *Gonzales Coques*, junge Dame am Klavier; 700.
*W. van Vliet*, männl. Bildnis; *A. van Dyck:* 649. Seelen im Fegfeuer, 686.
Jüngling, 651. Krieger.
Abt. 6: 664, 678. *Rachel Ruysch*, Blumen- und Fruchtstücke; 612.
*J. D. de Heem*, Stilleben; 677. *Jan van Huysum*, Blumen; 757. *P. Boel*,
Stilleben; 665. *R. Ruysch*, Blumenstück; 801, 831, 839. *Jan Fyt*, Frucht-
und Tierstücke; gegenüber: *632. *Weenix*, totes Geflügel; 760. *A. van
Beyeren*, Fischhändlerin.
Abt. 7: 693, 692. *van Aelst*, Stilleben, Blumenstück; 895. *Jucoba M. van
Nikkelen*, Blumenstück; *722. *Jan van der Heyde*, Stilleben; 819, 758.
*Hondecoeter*, totes Wild, Geflügel; *Weenix:* *631. totes Geflügel und Früchte,
703. 702. Stilleben; 733. *W. van Aelst*, Stilleben; gegenüber: 781, 620, 783.
*Hondecoeter*, Geflügel.
Abt. 8: 854, 850, 919, 923, 913, 914. *Bourguignon*, Schlachtstücke;
*Claude Lorrain*, 848. Waldweg, (gegenüber) 847. Schafhürde in der Cam-
pagna; 924. *Art des N. Poussin*, Kindermord in Bethlehem; *Frans. Schule
des XVII.* Jahrh.: 941. Kaiser Leopold I., 943. Kaiserin Eleonore Magda-
lena; 932. *Bourdon*, Tobias begräbt die von Sanherib erschlagenen Juden.
Abt. 9: 151. *Duvivier*, Tränke; 911. *Manglard*, Hafenbucht; 837. *Lou-
therbourg*, Schiffbruch; 915, 849, 916, 863, 853, 937, (gegenüber) 935, 860,
859, 858, 852. *Cl. J. Vernet*, Landschaften. — An der Langwand: 97.
*J. G. Auerbach* und *J. v. Schuppen*, Karl VI.
Abt. 10: *Subleyras:* 841. Messe des h. Basilius, 844. das Atelier des
Künstlers; 917, 918, 920, 921. *Greuze*, Bildnisse; 878. *Lairesse*, Diana; *Du-
creux:* 203. F. E. Weirotter, 207. Maria Theresia; gegenüber: 849. *Tamm*,
Blumenstück mit Figuren. — An der Langwand: 299. *Tamm*, Blumen-
stück mit Amoretten.
Abt. 11: 825, 835. *Faistenberger*, 795, 796. *Roos*, Landschaften; 316.
*Ruthart*, Eseltreiber; 800, 301. *Brand*, Seehafen, Landschaft; 807, 380. *Roos*,
Landschaften; 148, 149. *Köpp v. Felsenthal*, Landschaften (Mosaiken).
Abt. 12: *J. M. Schmidt* (Kremser Schmidt): 160. Urteil des Midas, 161.
Venus und Vulkan; 100. *Quadal*, Aktsaal der alten Wiener Akademie;
392. *Wuzer*, Jagdstück; gegenüber: *Quadal:* 369. Jagdstück, 294. Graf Anton
Lamberg-Sprinzenstein, Gründer der Galerie, 854. erlegter Eber, 329. Löwen-
gruppe, 336. Selbstbildnis, 362. zwei ruhende Löwen.
Abt. 13: *Maulpertsch:* 95. Allegorie des Schicksals der Kunst, 356.
h. Narcissus; 135. *Platzer*, Architekturstück, mit der Ermordung der Se-
miramis als Staffage; 114. *A. de Pian*, dreischifige got. Krypta; gegenüber:
295. *Lampi d. Ä.*, ein Feldherr; 132. *G. M. Kraus*, die Zecher; 1068,
1069. *Karl Rahl*, Skizzen zur „Cimbernschlacht;" 361. *J. H. W. Tischbein*,
Malerei und Musik. — An der Langwand: 115. *Abel*, Cato der Ältere.
Abt. 14: *Füger:* 170. Tod des Germanicus, 1028-1047. Skizzen zu
Klopstock's Messias (z. T. an der Langwand), 1019. der Bruder, 1024. der
Sohn, 1025. der Vater des Künstlers, 1020. Selbstbildnis, 1021. Gräfin
Bellegarde, 1023. Tod der Virginia; 293. *Lampi d. J.*, Canova; 108. *Lampi
d. Ä.*, Josef II. — An der Langwand: 1027. *Füger*, Tod der h. Katharina.
Abt. 15: 1116, 1117. *L. F. Schnorr v. Carolsfeld*, Abschied und Heim-
kehr eines Ritters; 171. *Ender*, Rio de Janeiro; 344. *Schödlberger*, Wein-
lese; gegenüber: 123. *Molitor*, Gegend am Donaukanal; *Gauermann:* 1076.
Schafe, 1143. Rückkehr von der Jagd; 1130. *Führich*, Abschied Christi von

aus Mals in Tirol; gegenüber: *Makart:* 1113. Skizze zu einem Deckengemälde. 1114. Entwurf zu einem Theatervorhang; 1118. *Canon,* ideales
Familienbild; *Karl Rahl:* 1146. Selbstbildnis, 1146. die Stärke (Skizze);
953. *Eichler,* aus dem Bauernkriege. — An der Querwand: 309. *Kol-
lonitsch,* Graf Ant. Lamberg-Sprinzenstein (S. 52); 1129. *Lenbach,* Bildnis
des Aquarellisten Passini.
SAAL VI., ABT. 1: 952. *Schindler,* Waldfräuleins Geburt; 966. *Schönn,*
türkischer Bazar; 1153. *Canon,* Klio; 975. *Schauß,* Kallisto; 990. *Haus-
hofer,* der Vierwaldstätter See; 992. *Tidemand,* Rückkehr von der Bärenjagd; gegenüber: 963. *Voltz,* heimkehrende Rinderherde; 951. *J. Hoffmann,* Reste des Venusheiligtums bei Eleusis; 1111. *Defregger,* die Maler
auf der Alm; 1103. *Lefebvre,* Fiammetta; 182. *Leu,* der Obersee; 174.
*Voltz,* Abend auf der Viehweide.
ABT. 2: 991. *Gude,* nächtlicher Fischfang in Norwegen; 1110. *Bühl-
meyer,* Rinderherde am Seeufer; 175. *Schleich,* Mondscheinlandschaft; 1073.
*Lichtenfels,* Landschaft; 1071. *L. C. Müller,* Marktplatz in Kairo; 966.
*Neugebauer,* Stilleben; 176. *Steinfeld,* das alte Gastein; 1000. *Schlesinger,*
Herannahen des Gewitters; gegenüber: 993. *Leu,* der Labrofos in Nor-
wegen; 1006. *Jettel,* der Hintersee; 1131. *George Mayer,* Porträt des Schau-
spielers Findeisen; 1075. *A. Achenbach,* das überschwemmte Mühlwehr;
988. *Langlo,* Partie am Moor von Seeshaupt.
ABT. 3: 977. *Eugen Blaas,* verwehte Blüte; 967. *Jettel,* am Hinter-
see; 961. *Schleich,* Landschaft; *1123. *Ruß,* Vorfrühling in der Penzinger
Au; 978. *Löffler-Radymno,* der Herzog v. Alba zu Rudolstadt; 179. *Osw.
Achenbach,* Kirchenfest in Italien; 971. *Geyling,* Kirchenschänder im 30jähr.
Krieg; gegenüber 962. *Gude,* Chiemsee; 177. *Hansch,* Landschaft an der
Salzach; 1104. *Schampheleer,* die Schelde bei Wetteren; 183. *Alb. Zim-
mermann,* Sonnenuntergang im Gebirg; 1001. *Schaeffer,* Herbstabend im
Walde; 950. *Halawska,* Gebirgsbach. — An der Langwand dieses Saales: 1003.
*Holzer,* Buchenpartie; 131. *Fr. Adam,* Pferde auf der Pusta; 968. *L. C.
Müller,* „Carità, un centesimo, signore;" 984. *Ludw. Mayer,* Jerusalem nach
dem Tode des Erlösers; 994. *Holzer,* Waldlandschaft; 1004. *Löffler-Radymno,* Rückkehr aus der Gefangenschaft.
SAAL VII. *1102. *Ferd. Keller,* Hero und Leander; 870. *O. v. Thoren,*
die Nähe des Wolfes; 948. *Brunner,* Rotführen; 1085-1090. *Berger,* Skizzen
und Entwürfe für den Festsaal des Justizpalastes in Wien; 958. *Alb.
Zimmermann,* der Luganer See; 978. *Brandt,* Kriegsscene 1658; 898. *Hein-
lein,* nach dem Gewitter; — 982. *Jos. Hoffmann,* altgriech. Landschaft
mit dem Grab des Anakreon; 1120. *K. von Blaas,* der Landschaftsmaler
Holzer; 178. *Morgenstern,* oberbairische Landschaft; 968. *C. Swoboda,* Karl V.
auf der Flucht vor Moritz von Sachsen.
Den CORRIDOR IX. betritt man vom Saal V aus und wendet sich l.,
um an dem w. Ende mit der Besichtigung zu beginnen (die Prismen sind
drehbar). 568. *Lukas van Leyden*(?), die Sibylle von Tibur; 579-581. *Van
Aeken (Bosch),* Flügelaltar: Erschaffung, Sündenfall, Vertreibung aus dem
Paradiese, jüngstes Gericht, Hölle; *L. Cranach d. Ä.:* 557. Lucretia, 1148.
Hercules und Antäus; 35. *A. Dürer*(?), Grablegung Christi; 547. *L. Cranach d. Ä.,* Madonna (Werkstattbild); 542. *L. Cranach d. J.,* die h. Sippe;
572. *H. Fries*(?), Bildnis eines Mannes mit einem Totengerippe (1524);
554. *Rottenhammer,* das jüngste Gericht; 548. *H. met de Bles,* Landschaft mit
Scenen aus der Passion; 582. *Floris,* Sündenfall; 551. *H. met de Bles*(?),
Landschaft mit Szenen aus der Geschichte Johannes des Täufers und Christi;
558. *D. Bouts,* Krönung Mariä; *715. *P. de Hooch,* holländ. Familie im Hof
ihres Hauses; 583. *van Balen,* Odysseus und Kalypso; 759. *P. Lely,* sieben
Kinder der Familie Howard; 817. *Aert de Gelder,* Juda und Thamar; *611.
*Rembrandt,* junge Holländerin; 1090. *P. Codde,* Tanz- und Musikgesell-
schaft; 670. *Nic. Maes,* ein Knabe als Bogenschütze; *Dirk Hals:* 734. das
Solo, 684. vornehme Gesellschaft; *D. Teniers d. J.,* 820-822, 824, 825. die
fünf Sinne; 705. *A. Brouwer,* Dünenlandschaft; *D. Teniers d. J:* *865. Hexen-
sabbath, 620. Brustbild eines Priesters; 728. *Elsheimer,* Venus; 696. *Jac.
A. Duck,* das Duett; *689. *Netscher,* junge Dame; 732. *Is. v. Ostade,* der
komische Vorleser; 730. *Molyn,* Reiter vor einer Schenke; 868. *A. Brouwer* (?), Bauern in der Schenke; 803. *Lingelbach,* die Piazza del Popolo;

724. *A. v. Ostade*, Bauern; 1127. *Ant. Mor*, männl. Bildnis; 688. *Pieter Wouwerman*, Vieh auf der Weide; *Phil. Wouwerman*: 691. Lagerscene, *835. Reiterkampf; 827, 832. *Berchem*, Landschaften; 838, 879, 810, 869, 884. *Asselyn*, Landschaften; 802. *Hobbema* (?), Landschaft; 791. *Arthois*, Wald-landschaft; 874. *A. v. d. Velde* (?), Viehmarkt in Haarlem; *893. *Is. v. Ruisdael*, Landschaft; *881. *Jac. v. Ruisdael*, Waldlandschaft mit Teich; *823 *A. van Everdingen*, Wasserfall; *889. *Jac. van Ruisdael*, Landschaft mit einem Bach; 823. *Pynacker*, Landschaft; *877. *Jac. van Ruisdael*, Eichen-wald; 694. *Pynacker*, Landschaft; 814. *v. Goyen*, Ansicht von Dordrecht; 808. *W. v. de Velde d. J.*, holländ. Hafen; 876. *S. de Vlieger*, Rhede; 761. *Weenix*, Marine; 718, 717. *H. van Vliet*, holländ. Kircheninterieurs; 707. *Gheringh*, 680, 719. *P. Neefs d. Ä.*, desgl. — Beim letzten Fenster ein Schaukasten mit Miniaturbildnissen, meist von *Füger*.

In der Nähe, Eschenbachgasse 9 u. 11, das schöne Gebäude des *Ingenieur- u. Architektenvereins* und des *Gewerbevereins*, im Re-naissancestil nach Thienemann's Plänen (1870-72), mit prächtigen Sälen. Im Mezzanin (9) der *Wissenschaftliche Klub* und der *Klub österreich. Eisenbahnbeamten;* im Erdgeschoß (11) das Musterlager des Gewerbevereins mit Bibliothek.

Die Kärntnerstraße führt vom Opernhaus n. zum Stephans-platz (No 51 das *Palais Todesco*, 1861 im Renaissancestil von L. Förster erbaut, mit Fresken von Rahl). Südl. endet die Straße an dem tiefen Graben der *Wien*, über den hier die *Elisabeth-brücke* (Pl. II: C5) in den Bezirk *Wieden* (S. 69) führt.

Die Brücke, im Renaissancestil 1850-54 von Förster erbaut, ist 28m breit und hat 3 Öffnungen von je 13m. Auf der Brüstung acht Marmor-statuen: Herzog Heinrich Jasomirgott, von *Melnitzky;* Leopold der Glor-reiche, von *Preleuthner;* Herzog Rudolf IV., von *Gasser;* Rüdiger v. Sta-rhemberg, von *Feßler;* Bischof Kollonits, von *Pilz;* Niklas Salm, von *Purckershofer;* Jos. v. Sonnenfels, von *Gasser;* Fischer v. Erlach, von *Cesar.*

Wir kehren zur Ringstraße zurück. Auf dem Kärntner-ring (Pl. II: C 4, 5; nebst dem anstoßenden Kolowatring gegen Abend Corso der vornehmen Welt) eine Reihe stattlicher Zins-häuser und Hotels. Rechts in der Akademiestraße die Han-dels-Akademie (Pl. II: C 5), 1860-62 von *Fellner* erbaut; am Ein-gang die Standbilder von Columbus und Adam Smith, von Cesar. Gegenüber, Hauptfassade nach der an der Wien hinführenden Lothringerstraße, das Künstlerhaus (Pl. II: C5), 1865-68 im ital. Renaissancestil nach *A. Weber's* Plänen erbaut, 1881 erweitert (Kunstausstellungen s. S. 12). Jenseits in der Künstlergasse das Musikvereinsgebäude (Pl. II: C5), für die Gesellschaft der Musik-freunde gleichfalls im ital. Renaissancestil von *Hansen* 1867-70 erbaut; im Giebelfeld die Orpheussage nach Rahl in Terracotta; in den Nischen der Fassade zehn Statuen berühmter Musiker von Pilz. Im Innern prächtige Konzertsäle (im Hauptsaal Deckenge-mälde, Apoll und die Musen von Eisenmenger) und die Lehrsäle des Konservatoriums für Musik und darstellende Kunst. Die Gesell-schaft der Musikfreunde besitzt eine Bibliothek von 20 000 Musik-werken und eine reiche Sammlung von alten Instrumenten, Bild-nissen von Tonsetzern, Handschriften, seltenen Drucken, Me-daillen, Büsten u. a. (Eintr. s. S. 12; Konzerte s. S. 9).

Durch die Canovagasse zum Kärntnerring zurück; das Eckhaus
l. der vorm. Palast des Herzogs Philipp von Württemberg, jetzt *Hôtel
Impérial* (S. 2). R. auf dem *Schwarzenbergplatz* (Pl. II: D 5) das
1867 errichtete **Reiterstandbild des Fürsten Karl Schwarzenberg**
(† 1820), „dem siegreichen Heerführer der Verbündeten in den
Kriegen von 1813 und 1814“, nach *Hähnel's* Modell in Wien
gegossen. L. (No 1) der *Palast des Erzherzogs Ludwig Victor*,
1865 von Ferstel im ital. Renaissance-Stil erbaut, mit reicher
Fassade. — Die 28m br. *Schwarzenbergbrücke* führt vom Schwarzenbergplatz über die Wien zum *Sommerpalast des Fürsten Schwarzenberg* (Pl. I : F 5) mit schönem Garten (dem Publikum im Sommer
geöffnet); in den Anlagen vor demselben der *Hochstrahlbrunnen*
der Wiener Hochquellenleitung (S. 84, 193) mit großem Bassin,
aus dem ein starker Wasserstrahl bis 30m hoch springt.

Beim Schwarzenbergplatz beginnt der **Kolowratring** (Pl. II:
D 4, 5). R. in der Christinengasse das *akadem. Gymnasium* mit
stattlicher gotischer Fassade, 1863-66 von Schmidt erbaut. Davor auf dem Beethovenplatz das 1880 enthüllte *Beethoven-Denk-
mal von *Zumbusch:* auf einem Granitsockel die sitzende Bronzestatue
des Meisters, l. der gefesselte Prometheus, r. eine Siegesgöttin mit
dem Lorbeerkranz, an der Vorder- u. Rückseite Kindergenien. —
Weiter auf dem Ring r. das von Schwendenwein erbaute *Adelige
Casino.* — Vor dem Stadtpark die elegante eiserne *Tegetthoffbrücke;*
r. an der Ecke der Johannesgasse und Lothringerstr. das stattliche
*Palais Larisch,* franz. Renaissance von Van der Nüll.

Der 14ha große *Stadtpark (Pl. II : D 4) ist an schönen Sommer-
Abenden sehr belebt. Der hübsche *Kursalon* im ital. Renaissance-
stil wurde 1865-67 nach Garben's Entwurf erbaut (Konzerte s.
S. 9). Mehr n.ö. führt die eiserne *Karolinenbrücke* in den auf
dem r. Ufer der Wien gelegenen Teil des Gartens mit großem
Kinderpark; vor der Brücke l. in schattigem Rondel ein hübscher
Brunnen mit einer Statue (Donauweibchen) von H. Gasser. Am
Schwanenteich (im Winter Eislaufplatz) ein zierlicher Kiosk. Weiter nach der Ringstraße hin das *Denkmal Franz Schubert's († 1828),
sitzende Marmorstatue von Kundmann, und gegen die Stubenbrücke
die Bronzebüste des Bürgermeisters Zelinka († 1868), von Pönninger.

Gegenüber am **Parkring** das *Gebäude der Gartenbau-Gesell-
schaft* (Pl. II : D 4). Renaissancebau von A. Weber, mit den „Blumensälen“ (S. 9), zu Ausstellungen und Bällen benutzt. Weiter
der *Palast des Erzherzogs Eugen* (Pl. II : D 3, 4), 1865-67 für
Erzh. Wilhelm († 1894) von Hansen im ital. Renaissance-Stil erbaut; hübsche Fassade mit ionischen Säulen, oben Statuen und
Trophäen; schönes Treppenhaus. Dahinter (Stubenbastei 5) die
*Detailmarkthalle* (S. 11). — R. führt am Ende des Stadtparks die
aus dem XVI. Jahrh. stammende *Stubenbrücke* (Pl. II : E 3) in den
Bezirk Landstraße (S. 68).

Am **Stubenring** r. das *k.k. österreich. Museum für Kunst

und Industrie (Pl. II : E 3) und die *Kunstgewerbeschule*, 1868-71 u. 1875-77 im ital. Renaissancestil nach Ferstel's Plänen erbaut, Ziegelrohbau, Gliederungen und Umrahmungen an dem ersteren Gebäude aus Haustein, an dem letzteren aus Terrakotta; am Museum zwei Sgraffitofriese nach Laufberger und 33 Majolika-Medaillons mit Köpfen berühmter Künstler und Kunsthandwerker; an dem Verbindungsgange zwischen beiden Gebäuden das Kolossalbild (Mosaik) der Pallas Athena nach Laufberger über einem Brunnen. Im Innern des Museums ein quadratischer Arkadenhof, im Erdgeschoß rechts und links je vier Ausstellungssäle, im ersten Stock Bibliothek, Ausstellungs-, Vorlese- u. Sitzungssäle. Das österr. Museum, 1863 nach dem Vorbilde des South-Kensington Museums in London gegründet, wirkt für die Förderung kunstgewerblicher Thätigkeit durch Anschauung, Belehrung durch Schrift und Wort, Heranbildung von tüchtigen Praktikern. Durch die (im Detail häufigen Änderungen unterworfene) Anordnung der Sammlungen wird so viel wie möglich die stufenweise Entwicklung der Technik und des Stils zur Darstellung gebracht. Eintr. s. S. 12.

Im SÄULENHOF unten und auf der Galerie figurale Plastik, meist in Gipsabgüssen nach antiken und neueren Werken. — R. I. SAAL. *Goldschmiedekunst* und verwandte Arten der Kunsttechnik : Email, Niello u. dgl. Östliche Wand, Schrank 1-3 : Schmucksachen, Schilde, Schüsseln, Schalen, Krüge, Becher von deutscher, ital., spanischer, russischer u. a. Arbeit; 4-7. Kirchliche Gegenstände, z. T. aus dem Besitz des Herzogs von Cumberland; 8. Galvanoplast. Nachbildungen; 9. Emailtafeln von P. Courteys in Limoges (1540-60), mit Darstellungen aus dem trojanischen Kriege; Galvanoplastik; 10, 11. Emaillen; 12, 13. Rüstungsstücke und Waffen; 14. Galvanoplastik. In den großen Schaukästen 15-23 in der Mitte: japan., chines., indische u. a. orientalische Goldschmiedearbeiten und Emaillen, galvanoplast. Nachbildungen von Goldschmiedearbeiten; in den Pultkästen: Schmucksachen aller Zeiten und Länder. Beim Ausgang ein schweizerischer Kachelofen (s. 1700). — II. SAAL. *Keramik.* Die Wandkästen enthalten, an der nördl. Wand beginnend: 1. Deutsche Steinzeugarbeiten des XVI.-XVIII. Jahrh. (Siegburg, Kreußen, Bunzlau); 2, 3. Fayencen von Delft (XVII.-XVIII. Jahrh.); 4. Französ. Fayencen des XVII. und XVIII. Jahrh.; schwed. Steingut; 5. österreich. Steingut; 6. Wedgwoodware; 7. dän., schwed., engl. u. a. Biscuit (unglasiertes Porzellan); 8. Meißner Porzellan; 9. Berliner-, 10. Sèvres-Porzellan; 11, 12. chines., japan. und siames. Porzellan-, Steinzeug- und Lackarbeiten. — Ostwand: 13. altmexikan. Terrakotten; moderne ägypt., japan., portug. Volksarbeiten. — Südwand: 14. Bauernarbeiten aus Österreich-Ungarn; 15. moderne türk. und marokkan. Thonarbeiten; 16-18. (und 26-28., letztere in der Mitte, s. unten) antike Terrakotten, Vasen, Figuren, Köpfe, darunter im Kästchen am Fenster zwei schöne Tanagra-Figuren, in No. 17 griech. Vasen der ältesten Gattungen, des geometrischen Stils, mit linearer Verzierung, und des korinthischen Stils, mit Tierornamenten. — Westwand: 19. ital. Fayencen; neapolitan. Bauernmajolika u. a. — Nordwand: 20. oriental. Gefäße und Fliesen; 21. spanisch-maurische und sicilian.-maurische Majoliken. — In den Kästen in der Mitte: 22. größere Schaustücke aus verschiedenen Porzellanfabriken: Alt-Wien, Sèvres, Satsuma; 23-25. ital. Majoliken (meist aus dem XVI. Jahrh.); 26-28. *antike bemalte Thongefäße, besonders attische Vasen des schwarz- und des rotfigurigen Stils; 29. chines., japan., kaukas. und russische Arbeiten; 30. modern-indische Gefäße und Fliesen; 31. Palissy-Schale; Nachahmungen von Palissyware; 32. modernes englisches und französisches Porzellan; 33. Porzellan verschiedener Herkunft; 34. *altes Wiener Porzellan aus der 1865 aufgelösten k. k. Porzellanfabrik. — Freistehend: altitalienische und moderne Terrakottabüsten, kolossale

antike und Renaissance-Gefäße. — III. SAAL. *Glas.* 1, 11-18, 15. Arbeiten
aus der Wiener Porzellanfabrik; 2-6, 23-25. venezianische Gläser (xv.-
xix. Jahrh.); 10. russische Emailgläser; 16-21. böhmische und deutsche
geschliffene und bemalte Gläser (xvi.-xix. Jahrh.); 22. spanische Gläser
(xvi.-xix. Jahrh.), eine altarabische Moscheenampel (xv. Jahrh.) u. a.;
26. antike Gläser und Glasbruchstücke. — An der Fensterwand oriental.
Fliesen, deutsche und österreich. Glasmalereien (xii.-xvi. Jahrh.) — IV.
SAAL. *Möbel, Wandbehänge, Wandteppiche.* Zu beiden Seiten des freien
Mittelraums je drei Abteilungen, deren jede ein abgeschlossenes Bild einer
bestimmten Stilperiode bietet. L. 1 (vom Säulenhof her). Oriental. Abteilung; 2. franz. und norddeutsche Renaissance des xvi. Jahrh.; 3. Möbel
des xvi. und xvii. Jahrh. R. 1. Abt. (vom II. Saale her) Italien. Arbeiten
des xv. und xvi. Jahrh.; deutsche Gotik des xv. Jahrh.; 2. deutsche, ital.
und span. Arbeiten des xvii. Jahrh.; 3. Arbeiten des xviii. Jahrh. (Boul-
learbeiten, Holzintarsien von David Röntgen in Neuwied u. a.). An den
Oberwänden Wandteppiche, meist aus dem xvi. Jahrhundert. — SAAL V.
*Unedle Metalle:* Bronze, Messing, Kupfer, Blei und Zinn, Schmiede- und
Gußeisen. L. Brunnenaufsatz in vergoldeter Bronze (ital., xvi-xvii. Jahrh.);
schönes schmiedeeisernes Thor (deutsch, xviii. Jahrh.); galvanoplast. Abguß der Sakristeithür in der Markuskirche in Venedig; Pygmalion, Bleirelief
von R. Donner. Schrank 1-3. Kleine antike Bronzearbeiten; mittelalterliche Buch- und andere Beschläge in Bronze und Messing. 4. Griech., römische und etruskische Bronzegeräte (Spiegelkapsel mit reicher Reliefdar-
stellung; antiker Becher mit Zinndeckel u. a.). 5. Geräte aus Bronze,
Kupfer und Messing vom xv.-xvii. Jahrh.; 6. 7. Bronzen, meist ital. Renaissance (unter den Statuetten in No. 7 h. Sebastian, bologneser Arbeit des
xvii. Jahrh.; Nessus und Dejaneira). 8. Arbeiten in Blei und Zinn (meist
deutsch und österr.; xvi.-xviii. Jahrh.), darunter eine liegende weibl.
Figur von R. Donner; 9, 10. Eisenarbeiten vom xiv-xviii. Jahrh.; 11.
moderne Eisenguss; 12. Beschläge und Ornamentstücke aus Schmiedeeisen;
13, 14. galvanoplastische Ornamente; 15, 16. moderne österreich., engl.,
ital. und franz. Metallarbeiten; 17. moderne Metallplastik (hervorzuheben:
eine Gruppe, Wasser und Wein, von O. König; weibl. Figur mit Spiegel,
von H. Kühne); 18. moderne bosnische Metallarbeiten; 19, 21. Schlüssel
und Prachtschlösser (xv.-xix. Jahrh.); 20. chines. Zinnarbeiten, indische
Messinggefäße; 22. altpersische Bronzegefäße (xvi. Jahrh.), persische Kupfer-
arbeiten. — VI. SAAL. Wechselnde Ausstellung moderner Arbeiten des In-
und Auslandes. — *Verbindungsgang.* Verkäufliche Gipsabgüsse des Museums.
— VII. SAAL. Schrank 1-6 und 8-11. Bucheinbände vom xv.-xix. Jahrh.;
7, 12. Lederarbeiten; 13. dekorative Malereien aus Pompeji und Oberitalien;
14. Geflechte aus Bast und Stroh, meist orientalisch; 15. bemalte Thonfiguren (Volkstypen) aus Ostindien, Mexiko und Sizilien, u. a.; 17, 18.
moderne Leder- und Lackarbeiten; 19. Gebetbücher mit Miniaturen
(xv. Jahrh.), Miniaturbildnisse (xvii.-xix. Jahrh.), Fächersammlung; 20.
indische Lackarbeiten und Miniaturmalereien; 21-23. Gegenstände des
kleinen Mobiliars, Kästchen, Schreibzeug u. dgl. An den Wänden Teppiche. — VIII. SAAL. *Skulpturen* in Holz, Marmor, Stein, Alabaster, Elfenbein und Wachs, sowie Gipsabgüsse. Die w. Hauptwand ist in 3 Abteilungen geschieden: 1. Skulpturen aus Marmor und Stein, meist ital. Renaissance; 2. *Holzskulpturen, darunter r. Maria mit dem Kinde, bemalte Holzfigur, wahrscheinlich von Tilman Riemenschneider; 3. Gipsabgüsse. An der Ostwand 1-10. kleinere plastische Werke und Geräte in
Originalen und Gipsabgüssen nach der Zeitfolge geordnet. 11, 12. Rah-
mensammlung. In der Mitte des Saales: 13. kleinere Skulpturen in Wachs,
Elfenbein und Horn, auf der Rückseite Rahmen; 14. Holzskulpturen, Haus-
altärchen u. a.; 15. Wachsarbeiten, Füllungen aus Holz geschnitzt, japan.
Füllungen mit Muschel- und Beineinlagen; 16. Arbeiten in Marmor, Stein,
Perlmutter. — Erster Stock. Galerie: Gipsabgüsse, meist von Renais-
sancewerken. — IX. SAAL. Wechselnde Ausstellungen; anstoßend der *Vor-
lesesaal.* — Die Bibliothek enthält eine reichhaltige Sammlung von
älteren und neueren Ornamentstichen, Originalzeichnungen und Photographien, sowie über 10000 Werke der Fachlitteratur. R. neben dem
Eingang das *orientalische Zimmer;* weiter der reich dekorierte *Sitzungssaal.*

Die Säle X-XIV enthalten die permanente Ausstellung des Wiener Kunstgewerbevereins (Eintr. s. S. 12), eine zweimal jährlich (Frühling und Herbst) wechselnde Auswahl der neuesten Arbeiten der österreich. Kunstgewerbe (Saal X: Glas, Porzellan, Porzellan- und Email-Malerei, Gold, Silber, Eisen, Leder, Textilien, Kunstdrucke, kleine Plastik; Saal XI-XIV: Möbel, Tapeziererarbeiten, Glasgemälde u. dgl.). Sämtliche Gegenstände sind verkäuflich ("Wiener kunstgewerbliche Specialitäten" von 1-10 fl. das Stück). Im II. Stock (Zugang aus dem Vestibül des Museums 1.; Eintr. s. S. 12) befindet sich der Papyrus Rainer, eine große Urkundensammlung in ägyptischer, griechischer, arabischer u. a. Sprachen, großenteils 1877-78 im Fayûm, dem alten Arsinoe in Mittelägypten, entdeckt und durch weitere Funde aus el-Aschmûnein und Achmim ergänzt, für Wien durch Erzherzog Rainer angekauft. Großer wissenschaftlicher Katalog (1894).

Links **weite Exerzierplätze**, dann das *Franz Josefs-Thor* mit den beiden großen Kasernen (Pl. II: D E 3), deren Niederlegung geplant wird; gegenüber, jenseit der *Zollamtsbrücke*, das Gebäude der *Wiener Freiwilligen Rettungsgesellschaft*. — Unmittelbar vor dem Einfluß der Wien in den Donaukanal führt r. die 1854 von Mack erbaute *Radetskybrücke* (Pl. II: E 2) in den III. Bezirk Landstraße (S. 68).

Die Ringstraße endet an der *Aspernbrücke*, einer 1864 von Rebhahn erbauten Kettenbrücke; auf den Pfeilern allegor. Statuen von Melnitzky. — L. zieht sich von hier am Donaukanal entlang der **Franz-Josefs-Quai** an der *Ferdinands-* und *Stefaniebrücke* (Dampfboot-Landestelle s. S. 7) vorbei zum *Schottenring* (S. 28) und der *Maria Theresien-Brücke*, einer eisernen Hängebrücke mit figurengeschmückten Pfeilern, die der großen *Roßauer* oder *Rudolfskaserne* gegenüber in den II. Bezirk und zum *Augarten* führt (s. S. 68).

## II. Die Äusseren Bezirke.

Von den äußeren Bezirken Wiens liegt der II. Bzeirk Leopoldstadt auf der Nordseite des Donaukanals. Hauptverkehrsader ist die **Praterstraße** (früher *Jägerzeile* genannt; Pl. II: E F 2, 1), durch welche die Pferdebahn von der Aspernbrücke zum *Praterstern* (S. 78), von hier geradeaus zur *Kronprinz-Rudolfsbrücke* und dem *Kommunalbad* (S. 79), l. zu den Bahnhöfen der *Nord-* und *Nordwestbahn* (S. 2), und r. zur Rückseite der Rotunde im Prater (S. 79) führt. In der Praterstraße (N⁰ 31) das *Karltheater* (Pl. II: E 1, 2) und die **Johanneskirche**, 1842-45 von *Rösner* erbaut, mit Fresken von Führich, Schulz und Kupelwieser; in der Nähe, Tempelgasse 5, der **Israelitische Tempel** (Pl. II: E 2), Ziegelrohbau im maur. Stil nach *Förster's* Plänen (1853-58), die Vorhalle in Mosaik-Ornamentik hübsch dekoriert, und in der Circusgasse (N⁰ 22), s.w. von dem *Circus Renz*, der 1886 vollendete **Tempel der türkischen Juden** (sephardische Gemeinde), von *Wiedenfeld*, mit Vorhalle, schönem Kuppelraum und prächtiger Innenausstattung. — Am Praterstern das 1886 errichtete **Tegetthoff-Denkmal**: auf einer mit Bronze-Schiffsschnäbeln geschmückten

Marmorsäule das Bronzestandbild des Admirals († 1871), nach Kundmann's Modell; unten Kampf und Sieg auf von Seepferden gezogenen Gespannen.

Östl. wird die Leopoldstadt vom *Prater* (S. 78) begrenzt; n.w. der **Augarten** (Pl. I: E F 2; Konzerte s. S. 9), ein an 50 ha großer Park im franz. Geschmack, 1775 von Kaiser Josef II. dem Publikum geöffnet; über dem Eingangsthor die Inschrift: „Allen Menschen gewidmeter Erlustigungsort von ihrem Schätzer". Der kleine *Augarten-Palast* ist jetzt Amtswohnung des Obersthofmeisters Fürsten Hohenlohe-Schillingsfürst.

N. stößt an den Augarten die **Brigittenau** (Pl. I : E. 1, 2) mit bedeutendenFabriken und schöner Pfarrkirche *St. Brigitta* im frühgot. Stil, dreischiffig mit zwei Türmen, 1867-73 nach Schmidt's Plänen erbaut; Inneres farbig ausgemalt, mit Fresken von *C.* und *F. Jobst;* Altäre mit Skulpturen von *Erler;* Glasmalereien von *Geyling.* — Die *Kaiser Franz-Josefs-Brücke* (Pl. F 1), 1872-76 von Hornbostel erbaut, führt von der Brigittenau über die Donau nach Floridsdorf (S. 278).

Der III. Bezirk **Landstraße, am r.** Ufer der Wien und des Donaukanals, erstreckt sich w. bis zur Heugasse und ehem. Belvederelinie. Der Aspernbrücke gegenüber führt die S. 67 gen. *Radetzkybrücke* über die Wien ; r. das *Postfrachtenamt* und das *Hauptzollamt* (Pl. II : E 3), l. am Donaukanal das *Dampfschiffahrts-Gebäude* (S. 7). Geradeaus gelangt man durch die Radetzkystr. und Löwengasse zur \***Weißgärberkirche** (*St. Othmar,* Pl. II : F 3), 1866-73 von *Schmidt* im frühgot. Stil erbaut, mit 76m h. Turm.

Südl. vom Hauptzollamt an der Wien jenseit der Stubenbrücke (S. 64) das Grundstück des *Wiener Eislauf - Vereins* (Eintr. meist 1 fl.); gegenüber die *Centralmarkthalle* (Pl. II : E 4). In der Nähe östl., Invalidengasse, jenseit des Viadukts der Verbindungsbahn, das **k.k. Invalidenhaus** (Pl. II: E 3, 4) mit zwei großen Gemälden von *Krafft,* Schlacht von Aspern und von Leipzig (stets zugänglich nach Anmeldung beim Kommandanten). — Unweit südlich, Heumarkt 1, das *k.k. Münzgebäude;* in der Nähe, linke Bahngasse, das *Tierarznei-Institut* (Pl. II: E 5), mit über 1000 Hörern.

Die geolog. **Reichsanstalt** (Pl. I : F G 4 ; Eintr. s. S. 12), im Liechtenstein'schen Palast, Rasumoffskygasse 23, 1849 gegründet, besitzt ansehnliche geolog., mineralog. u. paläontolog. Sammlungen. — Am östl. Ende der Rasumoffskygasse führt die 1872 erbaute *Sofienbrücke* in den Prater; am r. Ufer des Donaukanals stromabwärts die *Gasanstalt* (Pl. I.: G 4, 5), mit dem größten Gasometer des Continents.

Weiter südl. in der Boerhavegasse das *Rudolfs-Spital* (Pl. I: F 5), 1862-65 nach Horky's Plänen erbaut; dann die große *Artillerie-Kaserne* (Pl. I: G 5) und außerhalb der ehem. St. Marxer Linie die großen *Schlachthäuser* mit dem *Central-Viehmarkt* (Pl. I : G 5,6) 7,7 ha groß, mit Raum für 37 000 Stück Vieh. — NW. führt von hier der *Rennweg* an dem Neubau der *Hof- und Staatsdruckerei* (Pl. I: F 5; vorzüglich eingerichtete Buch-, Kupfer- und Steindruckerei,

Eintr. s. S. 12), dem angrenzenden *Botan. Garten* (Pl. I: F 5), mit
dem *Botanischen Museum* der Universität, und dem 1840 von Romano erbauten *Metternich-Palast* (r., N⁰ 27), weiter am *untern
Belvedere* vorbei zur *Schwarzenbergbrücke* (S. 64). Auf den Gründen
des einstigen Metternich'schen Parks (Pl. I: F 5) ist ein eleganter
Stadtteil entstanden mit den Palästen der *Deutschen* und *Englischen Botschaft* (Metternichgasse 3 u. 6), des *Großherzogs von
Luxemburg* u. a.

Das k.k. Lustschloß **Belvedere** (Pl. I: F 5), 1693-1724 von
*Hildebrand* für den Prinzen Eugen von Savoyen († 1736) erbaut,
besteht aus zwei Gebäuden: dem *untern Belvedere*, das bis 1889
die Ambraser- und Antiken-Sammlung enthielt, und dem 1892
umgebauten *obern Belvedere* oder eigentlichen Schloß, in dem sich
bis 1890 die gleich den eben gen. Sammlungen jetzt in das kunsthistorische Museum (S. 47) übertragene Gemälde-Galerie befand.
Der im französ. Stil terrassenförmig angelegte *Garten* hat im untern Teil schattige Alleen, oben Rasenplätze, Springbrunnen und
Blumenbeete; auf der Verbindungstreppe zwischen beiden Teilen
12 Kinderfiguren, die 12 Monate, von Gasser.

Zum IV. **Bezirk Wieden** bildet die *Elisabethbrücke* (S. 63;
Pl. II: C 5) den Hauptzugang. Jenseit des tiefen Grabens der
*Wien* r. der *Obstmarkt* (S. 10), l. das *Evang. Schulgebäude* (Pl.
II: C 5), Ziegelrohbau im Renaissancestil von Hansen (1861). Daneben die 1815 gegründete k. k. **technische Hochschule** (Pl. II:
C 5; Eintr. s. S. 13), mit umfangreichen Fachsammlungen und
großem Laboratorium. In den Anlagen vor dem Gebäude das *Erzstandbild Jos. Ressel's*, des Erfinders der Schiffsschraube († 1857),
von Fernkorn (1863). — Zu der techn. Hochschule gehört auch
das reiche *technolog. Kabinett* (Eintr. s. S. 13), mit vier Abteilungen: 1. Werkzeuge und Werkzeugmaschinen, 2. Rohmate-
rialien und Halbfabrikate, 3. Fabrikerzeugnisse, 4. Modelle.

Die **Karlskirche** (Pl. II: C 5), ein hoher Kuppelbau im Barockstil mit einem von sechs korinth. Säulen getragenen Porticus,
wurde 1716-37 unter Kaiser Karl VI. nach dem Aufhören der
Pest nach *Fischer von Erlach's* Plänen aufgeführt; das Relief im
Giebelfeld deutet auf die Wirkungen der Pest. Zu den Seiten
des Porticus zwei kolossale *Säulen*, 33m hoch, 4m im Durchmesser,
mit Reliefs aus dem Leben des h. Karl Borromäus von *Mader;*
oben Glockentürme, zu denen man auf Wendeltreppen im Innern
der Säulen emporsteigen kann. In der Kirche u. a. das Denkmal
des Dichters *Heinrich v. Collin* († 1811).

Der s.ö. der Karlskirche liegende Stadtteil ist durch prächtige
Neubauten in völliger Umgestaltung begriffen. In der Theresianum-
gasse (Pl. I: E F 5) N⁰ 14 der *Palast des Frhrn. Nathaniel v. Rothschild*, nach Plänen von Girette, mit schönem Park; nahebei in
der Heugasse u. a. N⁰ 30 der *Miller v. Aichholzsche Palast*, N⁰ 26 der
*Palast des Frhrn. Albert v. Rothschild*, von Destailleurs.

W. von hier, **Favoritenstraße, das k. k. Taubstummen-Institut**
(Pl. I: E 5), 1779 von Maria Theresia gegründet (Eintr. s. S. 12),
und die 1746 gestiftete *Theresianische Ritter-Akademie*, mit großem
Garten (früher kais. Lustschloß Favorite, woher der Name des jetzigen X. Bezirks, s. unten); in letzterem Gebäude auch die 1754
gegründete *Orientalische Akademie*, Bildungsanstalt für den diplo-
matischen und Konsulardienst. — Auf dem Karolinenplatz (Pl. I:
E 5) die **Elisabethkirche**, Backsteinbau im got. Stil, 1860-66 von
*Bergmann* erbaut.

An den IV. Bezirk stößt südl. der X. Bezirk **Favoriten** mit
den Bahnhöfen der *Süd-* und *Staatsbahn* (Pl. I : F 6; in ersterem
vortreffliche Restaur.). In der Nähe des letzteren das **\*Arsenal**
(Pl. I: F G 6; Haltestelle der S. 7 gen. Verbindungsbahn;
Pferdebahn vom Schwarzenbergplatz zum Südbahnhof, nur im
Sommer; Omnibus vom Stephansplatz, s. S. 6; Eintritt s. S. 11),
1849-55 erbaut, ein ringsum abgeschlossenes Rechteck, 690m l.,
480m br. (Flächenraum 33ha), an den vier Ecken und in der
Mitte derLangseiten vortretende Kasernenblöcke. Eingang durch
das schöne, von v. Siccardsburg und van der Nüll erbaute *Kom-
mandantur-Gebäude* an der NW.-Seite ; über dem Eingangsthor die
Handwerke des Kriegs, in der Mitte Austria, Sandsteinstatuen von
Hans Gasser. Im Innern eine Reihe von Einzelbauten: das Heeres-
Museum, die Gewehr-Fabrik, Schmiedewerkstätten, Holzwerkstät-
ten, Geschütz-Guß- und Bohrwerk; an der Rückseite die Kirche
im roman. Stil, auf dem Altar ein Marienbild, das bei der Erstür-
mung des alten Zeughauses im Okt. 1848 unversehrt blieb.

Das **\*Museumsgebäude** (Eintr. s. S. 12, Heeresmuseum) in
reichem romanischen Stil von *Hansen* erbaut, enthält im 1. Stock
im Mittelbau die *Ruhmeshalle*, zu beiden Seiten die *Waffensäle;*
im Erdgeschoß r. ein Saal mit den Geschütz-Modellen und einigen
Geschützen, l. der Muster-Gewehr-Saal. Prächtiges Vestibül, von
12 Säulengruppen getragen, mit 56 Marmorstandbildern österr.
Helden. In dem von 4 Säulenbündeln getragenen Treppenhaus
allegor. Fresken von *Rahl* und eine Marmorgruppe, Austria ihre
Kinder schirmend, von *Benk*.

Die **\*österr.** Ruhmeshalle besteht aus dem mittleren 23m hohen
Kuppelsaal und 2 kleineren Nebensälen. Fresken von *Blaas:* im mittleren
Saal l. Schlacht bei Nördlingen 1634, St. Gotthard 1664, Zenta 1697, Turin
1706; in der Kuppel Darstellungen aus der früheren Geschichte Österreichs.
Saal l. Mittelbild: Stiftung des Maria-Theresien-Ordens; l. Piacenza 1746,
Kolin 1756, Hochkirch 1758, Belgrad 1781; Saal r., Mittelbild: Einzug
Kaiser Franz' II. in Wien 1815; l. Caldiero 1805, Aspern 1809, Leipzig 1813,
Novara 1849; von der Galerie des Mittelsaales (Aufgang l. in der Ecke)
guter Blick auf die Fresken der Kuppel und die 12 kleineren Bilder in
den Eckzwickeln. An den Marmorwänden dieser drei Säle sind Gedenk-
tafeln mit den Namen der von 1618 an vor dem Feinde gebliebenen österr.
Generale und Obersten angebracht.

Die Waffensäle l. und r. enthalten das österr. Heeresmuseum. Im
Waffensaal l. unten längs den Wänden die Waffen und Ausrüstungsgegen-
stände des österr. Heeres vom 30jähr. Kriege an bis zum Tode der Kaiserin
Maria Theresia, nach der Zeitfolge geordnet, oben an den Wänden in großen

Gruppen, nebst österr. Waffen, die gleichzeitigen eroberten Waffen, Fahnen
und sonstigen Siegestrophäen. In den Glasschränken vor den Fenstern
und an den Wänden sind besonders bemerkenswert: 1. n° 41. das Schwert
*Tilly's*; der eigenhändige Befehl Wallensteins an *Pappenheim*, der nach
der Schlacht bei Lützen blutgetränkt auf der Brust des gefallenen Reiter-
generals gefunden wurde; das mit Kugelmalen und Blutspuren bedeckte
Koller *Gustav Adolfs*, das der König an seinem Todestage bei Lützen
trug; der Hut des FM. *Aldringen*, welcher ihm in der Schlacht bei Rain
(1632) durch eine Falkonetkugel zerfetzt vom Kopfe gerissen wurde; n° 60.
der Degen Kaiser *Ferdinands III.* und des Generals *Spork;* türkische Ta-
schenuhr, 1664 in der Schlacht bei St. Gotthard erbeutet; n° 62. Kom-
mandostab und Panzerhemd *Montecuccoli's;* n° 118. Degen des Grafen *Rüdiger von Starhemberg*, getragen bei der Belagerung Wiens 1683; der Hut
des Generals *Heister*, der ihm während der Belagerung Wiens durch die
daneben liegende Pfeilspitze an den Kopf festgenagelt wurde; husarische
Haube des Generals *Zriny* († 1664); n° 67. interessante Sammlung aller
auf die Belagerung Wiens geprägten Medaillen und Denkmünzen; n° 196,
130. zwei Kommandostäbe, eine Tuchweste mit Panzerärmel, ein Leder-
rock, ein Küraß mit Kugelspuren und ein Haarbüschel des *Prinzen Eugen
von Savoyen;* n° 320. der Degen des FM. *Daun;* zwischen diesem und dem
nächsten Schranke das von der Kaiserin Maria Theresia dem Artillerie-
General Fürsten *Wenzel Liechtenstein* gewidmete Denkmal; n° 370. Hüte,
Degen, Feldbinde und Haarlocke des FM. *Laudon.* — Der Saal r. enthält
in der gleichen systematischen Anordnung die österr. Waffen und Siegestrophäen (unter letzteren am mittleren Pfeiler l. der bei Würzburg 1796
eroberte Montgolfier'sche Luftballon) vom Jahre 1780 bis zur Gegenwart.
In den Schaukästen an den Fenstern sämtliche Maria Theresien-Ordens-
kreuze der seit 1763 verstorbenen Ordensritter, in n° 84 (l.) die Degen
*Wurmser's, Clerfayt's*, der Dragoner-Pallasch Kaiser *Josefs II.*; am 1. Pfeiler
l. und r. die Erinnerungsstücke an die patriotische Opferwilligkeit Österreichs in den Kriegsjahren 1792-94; l. n° 114, 92. die Uniformen, Waffen
und sämtliche militärwissenschaftl. Werke des Generalissimus *Erzherzog
Karl*, neben dem Schranke l. die Fahne des Regiments Zach, die der Erzherzog im entscheidenden Augenblick der Schlacht von Aspern ergriff und
damit die Österreicher zum Sturm und Siege führte (vergl. das Monument
auf dem äußern Burgplatz, S. 21); n° 115. Hut, Degen, Stock und Feldbinde
des FM. Fürst *Karl Schwarzenberg;* außerdem in den mittleren Schränken
Waffen, Orden und Uniformstücke Kaiser *Franz' I.*, der Generale *Ferraris,
Unterberger, Bianchi, Nugent, Windischgrätz, Haynau, Hentzi*, des Oberst
*Kopal*, des FM. Graf *Radetzky* nebst einer großen Zahl von Ehrendiplomen,
und des Admirals *Tegetthoff;* am letzten Pfeiler l. n° 166. Ehrenbecher
des österr. Heeres in Italien an *Grillparzer* (1849); gegenüber n° 351. das
dem Admiral *Tegetthoff* nach der Schlacht von Lissa dargebrachte Ehren-
geschenk der Stadt Triest (Neptun ein Kriegsschiff in die Tiefe schleudernd).

Vor dem Museumsgebäude im Freien eine Sammlung von Geschützen,
l. österreich. Geschütze von 1400 bis zur Neuzeit, r. fremde, meist eroberte Geschütze.

Der V. **Bezirk Margarethen** liegt (nicht an die Ringstraße anstoßend) s.w. vom IV. Bezirk.

Im VI. **Bezirk Mariahilf**, am l. Ufer der Wien, Magdalenen-
str. 8, das *Theater an der Wien* (Pl. II: B 5; S. 8), 1798-1801 von
Emanuel Schikaneder erbaut. In der Gumpendorferstr., zwischen
Windmühl- und Amerlinggasse (Pl. I : D 5), der der Stadt gehörige
*Esterhazy-* oder *Kaunitz-Garten.* Vor der nahen *Mariahilfer Kirche*
das *Marmorstandbild Jos. Haydn's*, von Heinr. Natter (1887). — In
der Marchettigasse, No 3, die zu der S. 65 gen. Kunstgewerbeschule gehörige *Lehranstalt für Textilindustrie* (Pl. I: D 5); unweit
s.w., Ecke von Gumpendorferstr. und Brückengasse, die *\*Evangel.*

*Kirche*, 1846-49 von Förster und Hansen im roman. Stil erbaut. — Am w. Ende des Bezirks, Wallgasse 18, unweit der ehem. Gumpendorfer Linie, das 1893 eröffnete *Raimund-Theater* (Pl. I: C 5 ; S. 8). Vor der ehem. Mariahilfer Linie, Gürtelstr., die *Kirche in Fünfhaus, dem jetzigen XV. Bezirk, achtseitiger Centralbau im got. Stil mit zwei Türmen und hoher Kuppel, 1864-74 von *Fr. Schmidt* erbaut; das farbig ausgemalte Innere von prächtiger Wirkung. — In der Nähe der *Westbahnhof* (Pl. I: C 5; S. 90); im Vestibül ein Marmor-Standbild der Kaiserin Elisabeth von Gasser.

Im VII. Bezirk Neubau, Kaiserstr., die *Lazaristenkirche (Pl. I: C 5), 1860-62 von Fr. Schmidt im got. Stil erbaut. — An der N.-Seite des Bezirks, Lerchenfelder Straße, die *Altlerchenfelder Kirche (*Pfarrkirche zu den sieben Zufluchten*; Pl. I: C 4), nach Plänen von *Müller* († 1849) 1848-61 aufgeführt, Ziegelrohbau im ltalien. Rundbogenstil, mit zwei Türmen und achteckiger Kuppel über der Vierung; Fresken in der Vorhalle von *Binder*, Chornische von *Führich*, Kuppel mit Querschiff von *Kupelwieser*, Hauptschiff von *Blaas* u. *Mayer*, Seitenschiffe von *Engerth* und *Schönmann*, Dekorationen und Anordnung des sehr harmonischen Ganzen von *van der Null* († 1868). — In der Westbahnstr. 25 die k. k. *Lehr- und Versuchsanstalt für Photographie und Reproduktionsverfahren* (Besichtigung Vorm., Meldung beim Direktor). — Hinter den k. k. Hofstallungen, Breitegasse 26, das vollständig mit bemalten Porzellanplatten dekorierte Haus des Porzellanfabrikanten *Rädler* (S. 10).

Im VIII. Bezirk Josefstadt, Ecke der Lerchenfelder und Auersperg-Str., der stattliche *Palast des Fürsten Auersperg* (Pl. II : A 3), 1724 von Fischer v. Erlach erbaut; weiter nördl., Landesgerichtsstr. 7, das Militär-geograph. Institut (Pl. II : A 3), in dem u. a. die Generalstabskarten der österr. Monarchie hergestellt werden. — Daneben, Landesgerichtsstr. 9, der Czernin'sche Palast (Pl. II: A 2) mit *Gemälde-Galerie* (Eintr. s. S. 11), 343 Bilder in 4 Zimmern und den Wohnräumen des Grafen; in den ersten 3 Zimmern auch eine Anzahl antiker Skulpturen. Katalog 30 kr.

I. Z. (das hinterste) links beginnend : 1. *Maratta*, 5. *Sassoferrato*, h. Familie ; 9. *Bern. Luini*, Madonna; 19. *Tisian* (?), Alfons von Ferrara; 20. *A. del Sarto,* h. Familie ; 22. *Alte Florentiner Schule*, Altarblatt in 24 Abt. (1344); *48. *Murillo*, Christus am Kreuz; 50. *Guercino*, h. Sebastian; 54. *Jac. Tintoretto*, ein Doge von Venedig; 57. *Ribera (Spagnoletto)*, Philosoph; 58. *P. Moja*, männl. Bildnis; 59. *Greuze*, die h. Magdalena. Auf den Gestellen : 77. *Brouwer*, Dorfbader; 78. *A. van Ostade*, Tabakraucher; 73. *Teniers*, Dudelsackpfeifer; 91. *W. van de Velde d. J.*, ruhige See. — II. Z. 93. *Snyders*, streitende Geier mit Schlangen; **117. *Jan Vermeer (van Delft)*, Atelier des Künstlers; 118. *Ph. Wouwerman*, Rückkehr von der Jagd; 119. *A. Cuyp*, ruhende Rinder; 128. *van Dyck*, Amor; 132. *Renesse*, des Künstlers Familie bei einer Abendunterhaltung; 133, 134. *A. van Everdingen*, 144. *Wynants*, Landschaft; 148. *Claude Lorrain* (?), Landschaft; 147. *J. van Ruisdael*, Seesturm; 152. *Mierevelt*, männl. Bildnis; 154. *van Dyck*, Porträt eines jungen Mannes; 162. *Baroccio*, Selbstbildnis; 164. *A. Dürer*, männl. Porträt (1515); 169. *Wynants*, Landschaft; 170. *Huysum*, Blumen; 171. *Weenix*, totes Wild; 172. *Hondecoeter*, Geflügel; 173. *Snyders*, Fuchs von Hunden gehetzt; auf den Gestellen: *Dou*: *175. Spielgesellschaft, 176. Selbstbildnis; 183. *van Dyck*, männl. Bildnis; *187. *P. Potter*, Kühe aus dem Stalle kommend; 188. *A. van der Neer*, nächtl. Feuersbrunst; 190. *J. van Ruisdael*, Landschaft. — III. Z. *205, 206. *van der Helst*, weibl.

und männl. Bildnis; *Ryckaert*: 220. Bauerngesellschaft, 221. musikalische
Unterhaltung; 222. *Lampi d. Ä.*, Porträt des Gründers der Galerie; 231.
*Rubens*, 233. *van Dyck*, männl. Bildnis; *Ruthard* : 235. Bärenjagd. 236. Hirsch-
jagd; 244. *Le Brun*, Venus und Amor von einem Faun belauscht; 248. *J. van
Ruisdael*, Landschaft. In der Mitte das Standbild des Erzherzogs Karl. —
IV. (Eingangs-)Z. *Guido Reni:* 254. Frauenkopf, 255. Madonna; 257. *A.
Cuyp*, Landschaft mit Kühen; 261. *van Goyen*, holländ. Landschaft; 279.
*Schalcken*, schlafendes Mädchen. — Eine weitere Anzahl von Bildern be-
findet sich in den Wohnzimmern der gräfl. Familie und ist nur in deren
Abwesenheit zu sehen.

Weiter, Landesgerichtsstr. 19, das k. k. Landesgericht (in
Strafsachen; Pl. II: A 2), im Volksmunde „Criminal" genannt,
ein großes Gebäude mit zwei Eckpavillons, 1830-34 aufgeführt,
später durch einen Neubau in der Alserstr. vergrößert; schöner
Schwurgerichtssaal. — Mehr abseits der Ringstraße das *Theater in
der Josefstadt* (Pl. I : D 4; S. 8), Josefstädterstr. 26a, die k. k.
*Hochschule für Bodenkultur*, Laudongasse 17, und das *Blindeninstitut*, Blindengasse 31 (Eintr. s. S. 11).

Die Alserstraße begrenzt die Josefstadt gegen den IX. Bezirk
**Alsergrund.** Gleich r. am Maximiliansplatz die *Votivkirche* (S. 28);
weiter w. in der Alserstraße das k. k. **allgemeine Krankenhaus**
(Pl. I : D 3), ein Areal von 10ha einnehmend, an Ausdehnung
(2000 Betten) von keinem in Europa erreicht; an der Rückseite
der sog. *Narrenturm*, von Joseph II. für die Irren erbaut. Weiter w.,
Lazarethgasse 14, die niederösterreich. Landes-Irrenanstalt (Pl. I :
D 3), 1848-52 von Fellner erbaut, 1878 wesentlich vergrößert, mit
Raum für 700 Kranke und ausgedehnten Gärten (Gesamtfläche 22ha).

Ö. der Votivkirche gegenüber nach dem Schottenring der kup-
pelgeschmückte *Maria-Theresienhof.* — In der Währingerstr. r.
(No 10) das *Chemische Laboratorium* (Pl. II : AB1), 1871 von Ferstel
erbaut, mit hübschen Sgraffitomalereien; l. (No 11 u. 13) das *Ana-
tomische Institut*, im Frührenaissancestil 1886 erbaut, mit dem
*Anatomischen Museum* (Eintr. s. S. 11). Weiter r. (No 28) der
*Palast des Grafen Chotek* und (30) das *Dietrichstein'sche Palais* mit
großem Garten. — Das **Josephinum** (Pl. I : D 3), Währingerstr. 25,
die medicin.-chirurg. Josefs-Akademie, 1784 von Kaiser Josef II.
gestiftet, mit dem beachtenswerten *Anatomisch-pathologischen Museum* (Eintr. s. S. 11), steht mit dem Garnisonspital in Verbindung. Im Hof eine Hygiea als Brunnenfigur. — Währingerstr.
69 die ehemal. Sigl'sche Lokomotiv-Fabrik, in der jetzt das 1879
gegründete technolog. **Gewerbemuseum** (Pl. I : D 2, 3) untergebracht ist, mit sehenswerten Sammlungen für Holzindustrie,
Metallindustrie und Elektro-Technik (Eintr. s. S. 12).

Die **\*Liechtenstein'sche Gemälde-Galerie**, im fürstl. Garten-
palast (Pl. I : D E 2, 3), Fürstengasse 1, Ecke der Liechtensteinstr.,
vom Schottenring 10 Min. entfernt, ist die weitaus bedeutendste
der Wiener Privatsammlungen und überhaupt wohl die bedeutendste
Privatgalerie der Welt (nach Ausscheidung der unbedeutenderen
Bilder noch über 800 Nummern). Eintritt s. S. 12.

Die Hauptstärke der Galerie liegt in der großen Zahl bedeutender Werke von *Rubens* und *Van Dyck.* Die sieben Decius-Bilder zeugen von dem eingehenden Studium der Antike; sie sind zwar in der Ausführung nicht eigenhändige Arbeit von Rubens, gehören aber doch zu dem Besten, was wir von dem Meister besitzen. Außerdem bemerkenswert die Töchter des Kekrops und die Porträte der Söhne des Malers. Das Porträt der Maria Louisa de Tassis von Van Dyck gehört zu den schönsten Frauenbildern des XVII. Jahrhunderts. Auch die altniederländischen und altitalienischen Bilder verdienen aufmerksame Beachtung.

I. STOCK. Durch den mit Wandteppichen geschmückten I. S a a l in den

II. S a a l. R. *Guido Reni :* 1. David mit dem Haupte Goliaths, 2. h. Hieronymus, 3. Bacchus und Ariadne auf Naxos; *21. *Nic. Poussin*, h. Familie; 8. *Polidoro da Caravaggio*, h. Familie (grau in grau, Kopie nach Raffael); 10. *Guido Reni*, h. Magdalena. — 13. *Moretto*, Maria mit dem Kinde und dem h. Antonius; 14. *Pellegrino Tibaldi*, Anbetung der Hirten. — 43. *Domenichino*, Sibylle; 20. *Perugino*, Maria mit dem Kinde (Kopie des Bildes im Pal. Pitti in Florenz); 44. *Palma Vecchio*, weibl. Bildnis (Kopie). — Nun l. in den

III. S a a l. R. 23. *Sassoferrato*, Madonna; 24. *Girol. da Cotignola* (?), h. Familie; 22. *Kopie nach Raffael*, h. Johannes in der Wüste; 231. *Michelangelo da Caravaggio*, Lucretia; 27. *Schule des A. del Sarto (Dom. Puligo?)*, Haupt Johannes des Täufers. — *31. *Michelangelo da Caravaggio*, Lautenspielerin, Frühwerk; *32. *Leonardo da Vinci*, weibl. Bildnis (um 1473 gemalt); 33. *Schule des Correggio*, Venus und schlafender Amor; 29. *Carlo Maratta*, Bathseba; 34. *Giacomo Francia*, Madonna; *36. *Francesco Francia*, männl. Bildnis; 37. *Guido Reni*, Johannes in der Wüste. — 39. *Camillo Procaccini*, Berufung des h. Petrus; *40. *Guido Reni*, Anbetung der Hirten; 41. *Ribera*, Kreuzigung des Apostels Petrus; 45. *G. Reni*, h. Johannes der Evangelist. — 46. *Guercino*, Opfer Abrahams. — Zurück in den II. und geradeaus in den

IV. S a a l. **47-52. *Rubens*, Geschichte des Decius, sieben große figurenreiche Bilder, 1618 nach Rubens' Entwürfen von *A. van Dyck* als Vorlagen für die Brüsseler Teppichfabrik ausgeführt: 47. Verkündigung des Traumes; 48. die Opferschau; 49. der Weihezug; 50. Heimsendung der Lictoren; 51. Schlacht und Tod; 52. das Leichenbegängnis (vgl. No. 78 im V. Saal). — Außerdem Bildwerke in Erz, Statuetten, Büsten, meist nach Antiken.

V. S a a l. R. *A. van Dyck:* 56. h. Hieronymus, *58. Marie Luise von Tassis aus Antwerpen, *61. Ital. Edelmann (fälschlich sog. Wallenstein, von 1624). — *Rubens :* 59. Allegorie, 60. Christus am Kreuz. — *A. van Dyck:* 62. Grablegung Christi, 63, 65. weibl. und männl. Bildnis. 64. *Rubens*, Grablegung. — *A. van Dyck:* 66. männl. Bildnis, 67. Maria mit dem Kinde, 68. Dame in span. Tracht, 69.

der Maler Ryckaert; 70, 71. *Rubens*, alter Mann und alte Frau; *A. van Dyck:* 72. Erzherzog Ferdinand von Österreich, 73. ein Geistlicher, 74. alter Mann, 76. junge Dame; **75. *Frans Hals*, der Haarlemer Bürger W. van Heythuysen. — 78. *Rubens*, die triumphierende Roma. — Geradeaus der

VI. Saal. 79. *F. van Leur*, der auferstandene Christus erscheint den Frauen; *80. *Rubens*, Mariä Himmelfahrt; 81. *G. Seghers*, die h. drei Könige; 83. *G. Flinck* (irrtümlich Rembrandt benannt), Diana und Endymion; *Rembrandt:* *84. Selbstbildnis (1635), ohne No. männl. und weibl. Bildnis (1636); 86. *G. Dou* (?), männl. Bildnis; 87. *Rubens*, desgl.; ohne No. *Rembrandt*, Bildnis seiner Schwester (1632). — 90. *Fr. Quellinus*, Salomo und die Königin von Saba; 91. *Bockhorst*, die fünf thörichten Jungfrauen; *A. van Dyck:* *94. Graf Johann von Nassau, 102. Christus am Kreuz (grau in grau); 103. *W. van Vliet*, junge Frau; 96. *Th. de Keyser*, männl. Bildnis; 104, 106, 108. *A. van Dyck*, Porträte; *Rubens:* 105. Knabenkopf, 109. Apell (Skizze); 98. *A. van Dyck*, Erzherzogin Isabella Clara Eugenia; *Rubens:* *111. die Töchter des Kekrops und das Kind Erichthonius, 113. der Maler Rombouts, **114. die beiden Söhne des Malers, 115. Tiberius und Agrippina, 116. h. Anna und Maria, 117. Jupiter auf Wolken thronend (Skizzen). — 118. *Jordaens*, Mann bei Tische; 120. *Rubens*, Toilette der Venus (frei nach Tizian). — L. neben dem V. Saal der

VII. Saal. 138. *J. Livens*, Mädchenkopf; 127. *Lebrun*, ein Feldherr; *122. *Rubens*, Ajax und Kassandra. — 140. *M. van Coxie*, kreuztragender Christus. — *A. van Dyck:* 150. männl. Bildnis, 153. der Maler G. de Crayer, 152. der Maler Franz Snyders, 154. männl. Bildnis; ohne No. *Nic. Maes*, männl. und weibl. Bildnis; 156, 157. *Fr. Pourbus d. Ä.*, alter Mann und alte Frau; 159. *Quellinus*, alter Mann.

II. Stock. I. Zimmer: 162. *Guercino*, der Evangelist Johannes. — 166. *Bern. Strozzi (il Cappuccino)*, Christus in Emmaus; 170. *Pietro da Cortona*, antike Reiterschlacht; 256. *Nic. Poussin*, h. Familie. — 183. *Nic. Poussin*, Petrus und Johannes heilen Kranke; 180. *Ann. Carracci*, h. Franciscus; 184, 185, 187, 188. *Gaspard Dughet* gen. *Poussin*, Landschaften; 186. *Nic. Poussin*, die Flucht nach Ägypten; 189. *Nic. Poussin*, h. Familie. — Geradeaus das

II. Zimmer. L. 191-93, 195, 196, 198, 199, 203-206, 211, 217. *Ant. Canale (Canaletto)*, Ansichten aus Venedig; *Bern. Belotto (Canaletto):* 215. Ansicht von Pirna, 218. der Königstein in Sachsen, ohne No. zwei Ansichten des Liechtenstein-Palastes; 223. *Pietro Longhi*, der Tondichter Cimarosa. — 270. *Giov. Batt. Tiepolo*, Christus am Ölberg; 268. *Carlo Dolci*, weibl. Bildnis; 197. *Domenichino*, Toilette der Venus. — 226, 229. *Paolo Veronese*, Vermählung der h. Katharina; *254. *Bugiardini*, Maria mit Christus und Johannes; 201. *Al. Varotari (Padovanino)*, die h. Magdalena; ohne No. *Carlo*

*Crivelli* (?), Madonna; 259. *Jac. Bassano*, Schäferscene; 227. *Palma Vecchio* (?), h. Familie; 221. *Pietro Longhi*, männl. Bildnis; 172. *Garofalo*, der h. Christoph. — Das III. Z. ist zur Zeit geschlossen. IV. Z. *Arthois, Both, Hartmann, Wynants, Molenaer, Cerquozzi, Vorstermans* u. a., Landschaften; 292. *Honthorst*, h. Hieronymus. V. Z. R. 312, 314. *Roos*, Landschaften; 313. *Kupetzky*, ein Raucher. — 324. *J. B. Weenix*, ital. Strandlandschaft; 326. *Casanova*, Peter d. Gr.; 342. *J. M. Molenaer*, Bauernstube; 328. *Moucheron*, Landschaft; 335. *Corn. Dusart*, Bauernbelustigung. — 348. *van der Meulen*, Theater auf offenem Marktplatz; ohne No. *Gainsborough*, männl. Bildnis; 356. *J. B. Lampi d. J.*, der Bildhauer Canova; 349. *Abr. Bloemaert*, Argus und Mercur. — 353. *Amerling*, Thorwaldsen.

VI. Z. R. 358, 360. *Arthois*, Landschaften; 361, 366. *Huchtenburgh*, Schlachtenbilder; 363. *Bourguignon*, Reitergefecht; *Chardin:* 369. Köchin, 371. Mutter und Sohn, 376, 379. Köchin; 374, 375, 380, 381. *Jos. Vernet*, Seestücke. — 393. *J. van der Meer van Haarlem*, Landschaft; ohne No. *\*M. Hobbema*, am Weiher. — *\*Ders.*, Eichen am Wasser (aus der Gal. Dudley). — *\*J. van Ruisdael*, am Waldesrand; 410. *Vries*, Landschaft; *414. S. de Vlieger*, Landschaft. — 415. *Honthorst*, Zahnarzt.

VII. Z. R. 609. *Jan Asselyn*, Architektur; *430. Ph. Wouwerman*, räuberischer Überfall; 431. *N. Berchem*, Urteil des Paris; 447. *J. M. Molenaer*, Bohnenfest; *Ph. Wouwerman:* *432. Badende, 449. Landschaft; ohne No. *Jan Steen*, Wirtshausscene; *A. Cuyp*, Landschaft; 455. *Dirk Hals*, Herr und Dame. — 483. *A. van Ostade*, Bauernscene; 475. *Eglon van der Neer*, Dame im Seidenkleid; 474, 484, 525. *D. Teniers d. J.*, Bauernscenen; *468, 471. *A. Pynacker*, Landschaften; 465. *J. B. Lampi d. J.*, Feldmarschall Fürst Johann Liechtenstein; 491. *Fr. van Mieris*, die Harfenspielerin; 479. *A. van der Neer*, Mondscheinlandschaft; *D. Teniers d. J.:* 480. Pilger und Pilgerin, *481, 493. Bauernscenen; 494. *A. van Ostade*, Bauernscene. — 523. *Jac. Jordaens*, Satyrn; *520. *G. Berck-Heyde*, Landschaft; 511. *Palamedes Palamedesz*, Reitergefecht; 512. *Ant. Palamedes*, Wachtstube; 522. *N. Berchem*, *513. *J. van Ruisdael*, Landschaften; 524. *Limborch*, musizierende Gesellschaft; ohne No. *Jan Steen*, das Billet; 514. *S. Kick* (irrtümlich *Duck* gen.), spielende Offiziere; *526. *N. Berchem*, Landschaft.

VIII. Z. R. 550. *L. Backhuysen*, Seestück; *539. *A. Brouwer*, der Zahnarzt; *D. Teniers d. J.:* 551. Landschaft, 552. die Versuchung des h. Antonius, *553. Pferdestall, 541. Bauernscene; 540. *J. van Huysum*, Blumen; ohne No. *G. Ter Borch*, männl. Bildnis; *534. *Ph. Wouwerman*, Schlacht; *554. *Ryckaert*, musikalische Unterhaltung; 542. *D. Teniers d. J.*, Bauernscene; 655. *Ant. Palamedes*, Wachtstube; 543. *J. van Huysum*, Blumen; 557. *D. Teniers d. J.*, Landschaft; 558. *L. Backhuysen*, Seestück; 548. *Elsheimer*, Flucht nach Ägypten. — 577. *P. Neefs d. Ä.*, Kircheninneres; 584. *G. Schalcken*

männl. Bildnis; 580. *Er. Quellinus,* Achill unter den Frauen; 586.
*P. Neefs d. J.,* Kircheninneres; 588. *G. Schalcken,* weibl. Bildnis;
583. *A. van de Velde,* Ruine am Wasser. — 696. *A. van Ostade,*
Bauerntanz; 434. *Quirin van Brekelenkam,* die Austernverkäuferln;
597. *L. Backhuysen,* bewegte See; ohne No. *\*A. van Everdingen,*
Flußlandschaft; 598. *Rachel Ruysch,* Blumen; 611. *Claes Molenaer,*
Winterlandschaft; 612. *Mignon,* Früchte; 618. *Roos,* Hirtenfamilie;
602. *R. Ruysch,* Blumen; 614. *Dirk van Bergen,* bergige Landschaft; 615. *A. van der Werff,* Grablegung Christi. — 618. *Corn.
van Haarlem,* Götterscene.

IX. Z. R. 627. *Arthois,* Buchenwald; 644. *R. Brakenburgh,* Judas
im Tempel; ohne No. *Jac. van Ruisdael,* Landschaft; 645. *G. van
den Eeckhout,* Königsmahl; 628. *Th. van Rombouts,* Petri Verleug-
nung; 629. *Moucheron,* Landschaft; 646. *R. Brakenburgh,* der schlaue
Knecht; 640. *H. van Steenwyck d. Ä.,* Kircheninneres. — 662.
*G. Berck-Heyde,* Bauernhof; 666. *A. Boudewyns,* Landschaft; 675.
*J. M. Molenaer,* Bauerngesellschaft; 669. *P. Codde,* musizierende
Gesellschaft, Frühwerk; 664. *Sal. Koning,* Christus heilt den
Blinden. — 669. *A. van de Velde,* Argus und Io; ohne No. *\*J. van
der Heyde* und *A. van de Velde,* ein Schloß; *W. van de Velde,* See-
stück; 696. *S. de Vlieger,* stille See; 691. *J. van der Heyde,* Kanal-
ansicht; ohne No. *Sal. van Ruisdael,* Landschaft.

X. Z. R. \*699. *Aldegrever,* junger Mann; 704. *Jan van Scorel,*
männl. Bildnis; 705. *Jan Joest,* desgl. (1537); \*709. *Fr. Clouet,*
desgl.; 710. *Lucas van Leyden,* Einsiedler in der Wüste; 711.
*Amberger(?),* junger Mann; 713. *Jean Clouet(?),* weibl. Bildnis;
*B. Zeitbloem:* 712, 714, männl. und weibl. Bildnis, ohne No. der
h. Nikolaus; 700. *M. Schaffner,* Madonna; ohne No. *Bastiano Mai-
nardi,* Madonna; *\*Quinten Massys,* männl. Bildnis; 707. *Jan van
Scorel,* weibl. Bildnis; 718. *M. Wolgemut,* männl. Bildnis. — \*729.
*J. Foucquet,* männl. Bildnis (1476); ohne No. *\*Sandro Botticelli,*
männl. Bildnis; *J. Patinir:* \*730. Christus am Kreuz, 732. der h.
Hieronymus; \*733. *Memling,* Maria mit dem Kinde; \*735-737.
*Hugo van der Goes,* Triptychon; \*734. *Antonello da Messina,* Miniaturbildnisse eines Mannes und einer Frau; \*725. *Memling,* Maria
mit dem Kinde und anbetendem Stifter (1472); 724, 726. *B. van
Orley,* Altarflügel; 739. *Cranach,* Opfer Abrahams. — 749. *P. Aertsen,*
felsige Landschaft; 751, 753. *G. van Coninxloo,* Landschaften.

XI. Z. (r. vom X.): Zahlreiche, z. T. große und hervorragende
Tier- und Blumenstücke und Stilleben von *Tamm, Jan Fyt, N. van
Verendael, Weenix, Valckenburg, de Koninck, Angermeyer, Hondecoeter, de Heem, Savery, Streek, Schlegel, J. Roy, J. van Es, Gille-
mans, van Oversche, Snyders.*

XII. Z.: Desgl. von *Jan Fyt, Heda, Weenix, de Koninck, Tamm,
Hondecoeter, W. van Aelst, F. Snyders, de Heem, van Thielen, Ha-
milton;* Seestücke von *S. de Vlieger, Backhuysen, Silo, Willaerts,
Dubbels;* Landschaften von *Loutherbourg, van Huusum, Jan Both.*

An der Nordseite des stets geöffneten schönen Parks der stattliche neue Palast (Pl. I : D 2), im Imperialstil von Ferstel erbaut.

Im XVII. Bezirk Hernals in der Mariengasse (Pl. B 3) die 1890 erbaute *Redemptoristen-Kirche.*

Im XVIII. Bezirk Währing w. von Alsergrund vor der ehem. Währinger Linie die geschmackvolle Villengruppe des *Wiener Cottage-Vereins* (Pl. I: C D 2), mit schönem Casino, am s.ö. Fuß der *Türkenschanze* reizend gelegen (Frankgasse 14, Ecke der Karl-Ludwigsstr., schöne Rundschau über Wien und Umgebungen). Auf dem Plateau der Türkenschanze die nach Littrow's Angaben von Fellner erbaute Sternwarte, mit vorzüglichen Instrumenten. Umliegend der neu angelegte Türkenschanspark mit Restauration. Vom Aussichtsturm (10 kr.) prächtiger *Blick auf Wien und die Vorhöhen des Wiener Waldes. — An der Gürtelstr. das trefflich eingerichtete *Israelit. Spital* (Pl. I: D 2), eine Stiftung des verst. Frhrn. Anselm v. Rothschild.

Zu dem n. an Währing angrenzenden XIX. Bezirk *Döbling* gehören außer den Orten (s.) *Ober-Döbling*, mit den S. 9 gen. Konservlokalen (Omnibus und Pferdebahn s. S. 6. 7), und (n.) *Unter-Döbling* auch die Dörfer *Sievering* (S. 82; Omn. s. S. 6), *Grinzing* (S. 81), *Heiligenstadt* und *Nußdorf* (*Restaur. zur Rose*, Hauptstr. 4, beim Bahnhof; *Bockkeller*, mit hübscher Aussicht; Dampfboot s. S. 90; Pferdebahn und Dampftrambahn s. S. 7), Station der Staatsbahn (S. 273) und beliebter Vergnügungsort der Wiener. Zahnradbahn auf den *Kahlenberg*, s. S. 81.

---

Der *Prater, Park und Wald, 5. bei der Leopoldstadt, 1712ha groß, seit 1570 Eigentum des kais. Hofes und als Tierpark benutzt, wurde von Kaiser Josef II. 1776 dem Publikum geöffnet. Vom *Praterstern* (Pl. I: F 3), dem Rondel am Ende der belebten *Praterstraße* (früher *Jägerzeile*, S. 67), laufen nach O. drei große Alleen aus, die *Hauptallee*, die *Ausstellungsstraße (Feuerwerks-Allee)* und die *Kronprinz Rudolf-Straße*, die den Prater fächerförmig in drei Teile scheiden. Die Hauptallee rechts mit einer vierfachen Reihe schöner Kastanienbäume ist der Sammelplatz der eleganten Welt; hier finden im Frühjahr, besonders am zweiten Ostertage, 1. Mai und 18. August (Kaisers Geburtstag) die Korsofahrten statt, durch glänzende Toiletten, schöne Pferde und Wagen berühmt. Das lebhafteste Treiben entwickelt sich in der Nähe der drei Kaffeehäuser (s. unten), die Spazierfahrten erstrecken sich jedoch meist bis zum (½ St.) *Rondeau* (Restaur.) und ½ St. weiter zum *Lusthaus* (Restaur.). Am Anfange der Hauptallee l. No. 1 das *Vivarium* mit exotischen Tieren (Eintr. s. S. 13); weiter das *erste Kaffeehaus*, das *Spatenbräu*, das *zweite* und *dritte Kaffeehaus* (zugleich Sommer-Orpheum, vgl. S. 9) und gegenüber am Hügel *Sacher's Restaurant* (nicht billig); am Fuß kl. Teich mit Gondeln. In allen drei Kaffeehäusern gute Restaur. und im Sommer tägl. Militärkonzert. Gutes Bier im *Kreuz, Schweizerhaus*, beim *Hirschen* (Hauptallee) u. a. O. — Wenige Min. s. vom Vivarium, zwischen Laufberger- und Kurzbauergasse, der 1894 eröffnete *Tiergarten* (Pl. I: G 3, 4), mit Restaur. und Konzertgarten.

Der vordere Teil des Praters zwischen der Hauptallee und Ausstellungsstraße und jenseit der letztern heißt der Volks- oder

Wurstelprater; hier haust der Wiener Bürger und erfreut sich
der Wein- und Bierschenken, der Schaubuden, der Ringelspiele
und Marionetten („Wurstel" = Hanswurst). *Jantsch' Volkstheater*
s. S. 8. Einigemal im Sommer, namentlich am Geburtstag des
Kaisers (18. August) werden hier große *Feuerwerke* abgebrannt.
Von den Bauten der *Weltausstellung von 1873* sind die *Rotunde*
(im l. Flügel das 1894 eröffnete *Postmuseum;* Eintr. s. S. 12), die
beiden „*Pavillons des amateurs*" und die *Maschinenhalle* stehen ge-
blieben; sie werden zu Ausstellung, großen Konzerten, Ateliers
u. dgl., die ebem. Maschinenhalle als städtisches Lagerhaus benutzt. Vom Dach der Rotunde (Aufzug, hin und zurück 30 kr.; Zutritt wochentags 2-5 U., Sonnt. von 8 U. an) weite Aussicht. In
der Nähe die *Trabwettfahrbahn* und die Meierei in der *Krieau*
(*Restaur.). — Am Ende des Praters hinter dem Lusthaus die
*Freudenau*, wo die Wettrennen gehalten werden (bester Platz
Haupttribüne neben der kais. Loge, Sperrsitz 2 fl.).

Durch die 1870-77 mit einem Aufwand von 32 Mill. fl. ausgeführte Donau-Regulierung hat der Strom ein neues breites Bett an
der Nordost-Seite des Praters erhalten; ein neuer Stadtteil, die
*Donaustadt*, ist hier projektiert. Am Ende der vom Praterstern
nach der Donau führenden *Kronprinz Rudolf-Straße* (Pferdebahn)
l. das trefflich eingerichtete *Kommunalbad (S. 9; Pl. I: G 2) mit
großem Schwimmbassin (9-12 U. Vorm. für Damen reserviert), vier
kleineren Bassins für Nichtschwimmer und Einzelbäder, Café-
Restaurant u. s. w. (von der Terrasse schöne Aussicht bis zum
Kahlenberg). Die *Kronprinz Rudolf-Brücke, von Fischer 1872-
76 mit einem Aufwand von 3 Mill. fl. erbaut, führt hier über die
Donau am (r.) *Franz Joseph-Land* (Pl. I: H 2; Restaur., Gelegenheit zu Bootfahrten) vorbei nach *Kagran*; unterhalb der Brücke r.
die großen *Lagerhäuser* der Donaudampfschiffahrts-Gesellschaft
(Pl. I: H 3), mit Schienensträngen nach der Nord- und Verbindungsbahn. ½ St. weiter abwärts gleichfalls am r. Ufer die *Militär-Schwimmschule* (S. 9).

*Schönbrunn (Pl. I: A B 6, 7; Partie von 3-4 St.; Pferdebahn
über Mariahilf oder Margarethen s. S. 7), kaiserl. Lustschloß an
der *Wien*, ½ St. s.w. vor der ehem. Mariahilfer Linie, war ursprünglich ein Jagdschloß des Kaisers Matthias (1619); das jetzige
Gebäude wurde im J. 1696 unter Leopold I. nach Plänen von
Fischer von Erlach begonnen, unter Maria Theresia 1744-50 umgebaut. Napoleon I. hatte 1805 wie 1809 hier sein Hauptquartier; am 22. Juli 1832 starb sein Sohn, der Herzog von Reichstadt, in demselben Zimmer, welches der Vater bewohnt hatte.
— Der große GARTEN, im franz. Geschmack des XVIII. Jahrh.,
steht immer offen. Am Parterre, mit hübschen Blumenbeeten,
32 Marmor-Standbilder von Beyer u. a., weiter das große Wasserbecken mit den beiden Springbrunnen, in der Mitte Neptun mit

Seepferden und Tritonen. Auf der Anhöhe (237m) die *Gloriette*, eine von J. F. v. Hohenberg erbaute 95m l., 19m h. Säulenhalle, von deren Plattform schöne Aussicht auf Wien und den Wiener Wald; Aufgang in der Arkade rechts. L. von der Hauptallee die röm. Ruine, der Obelisk und der „schöne Brunnen" (Egeria von Beyer), nach dem das Schloß benannt ist. An der Westseite die *Menagerie*, ein zoolog. Garten ältern Stils; daneben der *botan. Garten*, reich an Palmen und exotischen Pflanzen (großes Palmenhaus, geöffnet Mo. Do. Sa. 2-5 Uhr, außer an Feiertagen). — An den Schönbrunner Park grenzt ö. (Ausgang ö. von der Gloriette) die Restaur. *Tivoli* (Pl. I: B 6, 7), mit großem Garten und hübscher Aussicht.

Unmittelbar westl. vom Schönbrunner Garten (Ausgang bei den Gewächshäusern, am „Kaiserstöckl" vorbei) liegt der XIII. Bezirk **Hietzing** (Pferdebahn s. S. 7), fast nur aus Landhäusern und viel besuchten Vergnügungslokalen bestehend; hervorzuheben *Hopfners Casino* (vorm. Dommayer), das *Tucher'sche Etablissement* und die *Restaur. zum Engel.* Auf dem Hauptplatz das *Standbild des Kaisers Maximilian von Mexiko* (Erzh. Ferdinand Max, † 1867), Bronze von Meixner. Auf dem Kirchhof das Denkmal einer Freiin v. Pillersdorf, von *Canova.* — Die neue eiserne *Kaiser Franz Josef-Brücke* verbindet Hietzing mit dem auf dem l. Ufer der Wien gelegenen **Penzing** (Endstation der Pferdebahn, s. S. 6). In der obern Kirche das *Grabdenkmal einer Frau v.* Rottmann, von *Finelli.*

Auf dem in großartigem Maßstabe angelegten und trefflich gehaltenen Central-Friedhof bei *Kaiser-Ebersdorf* (Pl. I: s.ö. von H 7; zweite Station der S. 192 gen. Aspang-Bahn, 6km für 31, 21, 11 kr; Pferdebahn s. S. 7) befindet sich eine Reihe schöner Denkmäler; so (l. von den Arkaden in der Mitte) das für die 1881 beim Brande des Ringtheaters Verunglückten. Teils von andern Friedhöfen hierher übertragen, teils hier beerdigt ruhen hier die Überreste von *Mozart, Beethoven, Franz Schubert, Ghega,* Feldm.-Lt. *Heß,* Feldzeugm. *John,* den beiden *Littrow, Haymerle, Dingelstedt, Makart, Amerling, Laufberger, Fernkorn, Romano, Arlt, Mavoicic, Hauslab. Weilen, Adam Burg, Toni v. Arneth* geb. *Adamberger* (die Braut Th. Körners), u. v. a. — Auf dem großen M a t z l e i n s d o r f e r F r i e d h o f (Pl. I: E 6), ¼ St. s.w. vom Südbahnhof, neben der Bahn, ruht *Gluck,* r. etwa in der Mitte an der Mauer, die den alten vom neuen Kirchhof trennt; weiter *Zedlitz, Füger* u. a.; auf dem p r o t e s t a n t. F r i e d h o f (Matzleinsdorf; Pl. I: DE 6) Graf *Beust, Hebbel, Mohs, H. Laube, Beckmann, Fichtner, Löwe, Anschütz, Meixner, Am. Haizinger, Julie Rettich, Josefine Gallmeyer, Saphir, Jac. Alt, Canon, Frits l'Allemand* u. a. — Über dem Grab *Lenau's,* auf dem Friedhof zu W e i d l i n g (S. 83), eine Granit-Pyramide mit dem Brustbild des Dichters in Erz. Hier ruht auch der Orientalist *Jos. v. Hammer-Purgstall.*

# 2. Umgebungen Wiens.

Das l i n k e Ufer der Donau bietet unterhalb Wien an landschaftlichen Schönheiten gar nichts, nur fruchtbares, ebenes Ackerland, das *Marchfeld,* durch die Schlacht gegen Ottokar von Böhmen (1278) und die von Aspern und Wagram (1809) bekannt, ö. von der March begrenzt (zum Besuch des Schlachtfeldes benutzt man am besten die *Dampftrambahn* von der Stefaniebrücke ab, s. S. 7; bis Stat. *Aspern* 46, 36, hin u. zurück 76, 56 kr.; am Ort der Schlacht ein steinerner Löwe). Um so an-

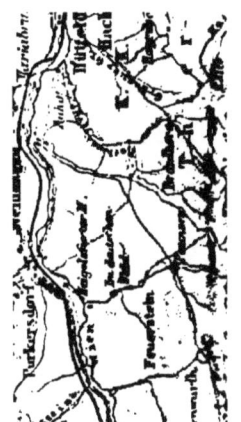

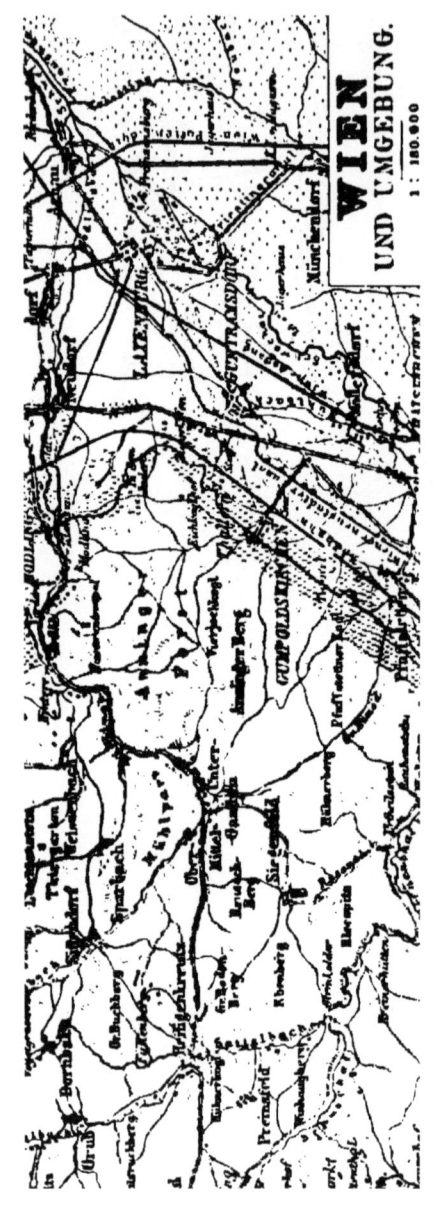

mutiger sind die Umgebungen des rechten Ufers, besonders die aussichtreichen Höhen des Wienerwaldes im NW. der Stadt, *Leopoldsberg*, *Kahlenberg*, *Hermannskogel*, *Sofienalpe*, sowie die weiter s. gelegenen Punkte *Laxenburg*, die *Brühl*, *Baden* u. a., durch die Eisenbahnen Wien ganz nahe gerückt. Die Wege sind fast überall mit farbigen Strichen etc. gut bezeichnet (gedruckte Zusammenstellungen der Wegmarkierungen sind an den Bahnhöfen zu haben). — Ausflüge mit der *Staatsbahn* s. S. 90 ff., nach *Greifenstein* s. S. 99, mit der *Südbahn* s. S. 84, 190 ff.

### Kahlenberg und Leopoldsberg.

Sehr lohnender Ausflug. EISENBAHN (k. k. Staatsbahn) in 10 Min. oder LOKAL-DAMPFBOOT (Abfahrt bei der Stefaniebrücke 1 U. 54, 2 U. 24, 3 U. 24, 4 U. 54, 5 U. 54 Min. u. s. w.) in 40 Min. nach *Nußdorf* (Eisenbahn 30, 20, 10 kr., Dampfboot 15 kr.). Von Nußdorf auf den Kahlenberg mit *Zahnradbahn* in 30 Min. für 1 fl. oder 50 kr. (hin u. zurück 1 fl. 40 oder 70 kr.; Gesellschaftskarten für 5 Pers. 3 fl.); Züge im Sommer stündlich, Nachm. von 5 U. 22 bis 9 U. 52 Min. halbstündlich. *Kombinierte Billette:* Lokalboot und Zahnradbahn hin und zurück 1 fl. 70 oder 95 kr., Staatsbahn und Zahnradbahn 90, 59, 49 kr., hin und zurück 2 fl., 1 fl. 5, 85 kr. — PFERDEBAHN: Schottenring-Nußdorf 12 kr.

*Nußdorf* s. S. 78 und 273. Von der Station der Staatsbahn folgt man aufwärts den Geleisen der Dampftrambahn zum (5Min.) Bahnhof der *Zahnradbahn*. Die Bahn, nach dem System der Rigibahn erbaut, mit Zahnstange und Zahnrad, führt in geringer Steigung (1 : 33 bis 1 : 10), anfangs meist durch Weinberge, dann durch schönen Laubwald, in 32 Min. auf den Kahlenberg. Zwischenstationen (2km) *Grinzing* (in der Nähe Berger's Restaur., mit schattigem Garten und gutem Wein), oberhalb des gleichn. reizend gelegenen Dorfs (S. 78), mit zahlreichen Villen (hervorzuheben die Ferstel'sche im got. Stil), und (3km) *Krapfenwaldl* (Restaur.), viel besuchter Vergnügungsort (in der Nähe der *Kobenzl*, mit Schloß und Park). Die Bahn umzieht in großem Bogen die *Wildgrube* und erreicht (5,2km) die obere Endstation auf dem **Kahlenberg** (438m); daneben die 1887 erbaute *Stefaniewarte* (Aufstieg 10 kr., gedruckte Panorama-Erklärung 5 kr.) mit herrlichem Rundblick über Wien und das Marchfeld bis zu den Ausläufern der Karpaten, südl. bis zu den Steirischen Alpen; wenige Min. unterhalb, beim Örtchen *Josefsdorf*, das große *Hotel Kahlenberg*, in freier Lage (Konzerte s. S. 9).

Fußgänger gehen gleichfalls am besten von Nußdorf (s. oben) auf den Kahlenberg (1 St.): oberhalb des Bahnhofs der Zahnradbahn (s. oben) über dieselbe und am *Schreiberbach* hinan auf schattigem Pfad (*Beethovengang;* in einem Bosquet eine Bronzebüste Beethoven's, der gern hier weilte); weiterhin auf schlechtem Feldweg, dann Fahrweg (nicht zu fehlen) am Whs. zur eisernen Hand vorbei (*Aussicht) zum Hotel. — Ein schöner Weg (rot markiert) führt s.w. vom Kahlenberg über die *Jägerwiese*, den *Hermannskogel* (S. 83) und das *Holländer Dörfel* (S. 83) in 3½-4 St. zur *Sofienalpe* (S. 83); rüstigen Fußgängern zu empfehlen. — Vom Kahlenberg nach *Weidling* s. S. 83.

Bequeme Waldwege (rot markiert) führen vom Hotel in ½ St. auf den **Leopoldsberg** (423m ü. M.), den letzten Vorsprung des Wienerwaldes, der 270m hoch fast unmittelbar aus der Donau aufsteigt. Auf dem Grundgemäuer einer alten markgräflichen Burg wurde später eine Kirche aufgeführt, in der die Führer des verbündeten Heeres vor der Türkenschlacht am 3. Sept. 1683 zu Gott um Schutz für ihre Waffen flehten. Neben der Kirche Gastwirtschaft, *Aussicht noch malerischer als vom Kahlenberg : n. über das ganze Hügelland von der Höhe bei Meißan bis zum Pohlaugebirge ; ö. Wetterling, Plassenstein und die kleinen Karpathen mit dem Ballenstein und Thebenerkogel ; s.ö. das Leithagebirge; s. Steirische Alpen und Wienerwald; die Donau mit ihren schönen bewaldeten Auen viele Meilen weit; im Mittelpunkt der über 50 Q.-M. umfassenden Landschaft die Kaiserstadt (trefflicher Überblick der Donauregulierung mit den fünf Brücken).

Vom Leopoldsberg kehrt man entweder auf den Kahlenberg zurück oder steigt in ½ St. auf einem Zickzackweg nach dem am n.ö. Fuß des Berges gelegenen *Kahlenbergerdorf* (Eisenbahn- und Dampfboot-Station, s. S. 273 u. 99) hinab (l. vom Thor des Whses. an der Mauer entlang, bei der Wegtafel bergab).

Eine gute Übersicht von Wien und Umgegend hat man, wenn man von *Grinsing* (S. 81) l. die Höhe hinansteigt in 20 Min. bis zu der auf einem Bergvorsprung schön gelegenen *Villa Bellevue*, und noch 10 Min. weiter l. (Wegweiser) nach dem höher gelegenen Gasthaus *Am Himmel*; schönste Aussicht von den Stufen der von Baron Sothen erbauten Elisabethkapelle). (Vom Himmel auf den Hermannskogel, s. S. 83.) Von da Fußweg durch ein stark abschüssiges schattiges Thal in ¼ St. nach *Sievering* (Gasth. zur h. Agnes), von wo jede ½ St. Omnibus (S. 6) nach Wien.

*Klosterneuburg. Dornbach. Neuwaldegg.*

**Klosterneuburg** *(Schiff; Herzogshut)*, Stadt von 8700 Einw., Station der Staatsbahn (S. 273), liegt 9km n.w. von Wien, 5km oberhalb Nußdorf (S. 78) am r. Donauufer. Das große *Augustiner-Chorherrenstift* ist das reichste und älteste in Österreich. Die 1136 geweihte Stiftskirche, ursprünglich eine roman. Pfeilerbasilika mit späteren got. Zuthaten, ist jetzt ganz modernisiert; schöner Kreuzgang. Die palastartigen Abteigebäude sind um 1750 von Felice Donato d'Allio aufgeführt; auf der östl. Kuppel die Kaiserkrone, auf der westl. der Erzherzogs-Hut, von geschmiedetem Eisen. Das Stift bewahrt auch den wirklichen Erzherzogs-Hut, der bei der Erbhuldigung gebraucht wird, sowie eine kleine Gemäldesammlung, meist österr. Meister des xv.-xvi. Jahrhunderts.

Die reiche *Schatzkammer* ist sehenswert (man wende sich an den Pater Schatzmeister, am besten Vorm. 10½ U.; dem Diener 1 fl.); ebenso die Kaiserzimmer mit schönen Wandteppichen (die Beschließerin öffnet; 50 kr.). In der *Leopoldskapelle* der berühmte *Altar von Verdun*, 1181 von Nikolaus von Verdun gefertigt, aus 59 vergoldeten Bronzeplatten zusammengesetzt, mit biblischen Darstellungen in sog. Grubenemail. — In den Fenstern des alten Kapitelsaales Glasmalereien vom Ende des xiii. Jahrb. (ursprünglich für den Kreuzgang gefertigt).

Am Kirchenplatz eine Pestsäule von 1381. Große *Kaserne des k.k. Pionier-Regiments.* Im *Stiftskeller* (in der Nähe des Stifts, Albrechtsbergergasse 3, hinter der got. Spitzsäule durch den Thorbogen nach der Stadt zu ; dann gleich r. in den Thorweg) treffliche Weine und hübsche Aussicht von der Terrasse; gegenüber die

*Schießstätte* mit besuchter Restauration. Sehenswert das große
Faß, in einem kleinen Hause gleich l. neben der Kirche. Die trefflich eingerichtete *Landes-Irrenanstalts-Filiale* und das *önolo-
gisch-pomologische Institut* sind für Fachmänner interessant.

³/₄ St. s.w. von Klosterneuburg liegt im *Weidlinger Thal* das freundliche **Weidling** (Gasth.: *zum Strauß*, mit Garten; *zum Tiroler*) und weiter
thalaufwärts die Dörfer *Unter-Weidlingbach* (\*Matuschka's Restaur.) und
(1¹/₂ St.) *Ober-Weidlingbach* (Wallner's Restaur.). Von Weidling auf den
*Kahlenberg* oder den *Hermannskogel* (s. unten) ³/₄ St.; von Unter-Weidlingbach auf den *Hermannskogel* ³/₄ St., nach dem *Holländer Dörfel* (s. unten)
³/₄ St.; von Ober-Weidlingbach über den *Toifl* zur *Sofienalpe* (s. unten)
³/₄ St.; Wege überall markiert.

Von **Kierling** (Luft- u. Molkenkuranstalt, Pens. wöch. 30 fl.), 1 St.
w. von Klosterneuburg im Kierlinger Thal, führen hübsche Waldwege
über die *Gsängerhütte*, das Whs. im *Eichenhain*, die *Kanzel-* und *Windisch-
hütte* in 2 St. nach *Weidlingbach* (s. oben).

**Dornbach u. Neuwaldegg**, zwei an einander grenzende Dörfer
w. von Wien (Restaur. zur Güldnen Waldschnepfe, nur im Sommer; Pferdebahn und Stellwagen s. S. 6, 7), werden häufig besucht, namentlich der fürstl. *Schwarzenberg'sche Park*, duch den
ein Fahrweg stets im Walde mäßig bergan führt; aus dem Park
r. Fahrweg zum *Hameau* oder *Holländer Dörfel* (462m; Restaur.),
1 St. von der Endstation der Pferdebahn, ³/₄ St. vom Standplatz
der Stellwagen (Einsp. 1¹/₂-2 fl.). Von diesem Punkt schöne
Aussicht, ö. über einen Teil von Wien, das Marchfeld und die
Ausläufer der Karpaten, die Donau abwärts bis Hainburg; südl.
das Gebirge bis zum Schneeberg. Ein angenehmer Waldweg führt
vom Holländer Dörfel in ³/₄ St. auf die *Sofienalpe* (486m; Restaur.),
wohin man auch von Neuwaldegg auf aussichtreichem direkten
Wege über die *Rohrerhütte* (Restaur.) in 1¹/₄ St. gelangt; 10 Min.
s.w. die *Franz-Karl-Aussicht* mit prächtigem \*Blick auf den Wienerwald bis zum Schneeberg. Hinab durch das *Halterthal*, oder auf
dem Promenadenweg am Whs. „zur Knödelhütte" vorbei nach (1¹/₄
St.) *Hütteldorf* (S. 90).

Man kann auch von der Sofienalpe nach *Hinter-Hainbach* (S. 90),
nach *Steinbach* (guten Fußgängern am meisten zu empfehlen) und nach
*Ober-Weidlingbach* (s. oben) hinabgelangen.

Nördl. führt vom Holländer Dörfel ein steiler Weg hinab nach (¹/₂ St.)
*Unter-Weidlingbach* (s. oben). — Weite Aussicht von der 1889 vom österreich.
Touristenklub erbauten *Habsburgwarte* (Eintritt 10 kr.) auf dem \***Hermanns-
kogel** (542m); vom Holländer Dörfel in 2 St., von Sievering, Weidling,
Weidlingbach oder Himmel (S. 82) in ³/₄-1 St. zu ersteigen; etwas unter-
halb eine Restauration. Vom Hermannskogel führt ein rot markierter
Weg in 1 St. über die *Jägerwiese* (einf. Restaur.; daneben das *Jungfern-
Bründl*) zum *Kahlenberg*; vgl. S. 82. — Vom *Galizinberg* (388m; Restaur.),
s.w. von Dornbach, gleichfalls sehr lohnende Aussicht (von Ottakring, bis
wohin Pferdebahn, auf schönem Weg in ¹/₂ St. zu erreichen; von Station
Hütteldorf, S. 90, in 1 St.).

### Brühl. Laxenburg. Baden.

Südbahn bis *Mödling* (16km) in 23-35 Min. für 70, 55 oder 35 kr.
(Rückfahrkarte 1 fl. 10, 85 oder 55 kr.); bis *Laxenburg* in ³/₄ St. für 90,
70, 45 kr. (Rückfahrkarte 1 fl. 40, 1 fl. 5 oder 70 kr.); bis *Baden* (27km
in ³/₄ St. für 1 fl. 25, 95 oder 65 kr. (Rückfahrkarte, bei Schnellzügen un)-

6 \*

gültig, 1 fl. 95, 1 fl. 45, 95 kr.). — Nach *Laxenburg* auch mit der Aspang-
bahn (S. 192) bis Stat. *Biedermannsdorf* (18km; 62, 41, 21 kr.); von da nach
Laxenburg 20 Min. — DAMPFTRAMBAHN bis *Mödling* in 1 St. 20 Min.; bis
*Wiener-Neudorf* vom Opernring gleichfalls in 1 St. 20 Min. (s. S. 7); von
da nach Laxenburg 30 Min.

Die Südbahn bietet eine fast ununterbrochene Reihenfolge
freundlicher landschaftl. Bilder (r. sitzen). Die Bahn liegt ziemlich
hoch, sodaß der Blick ö. die weite Ebene bis zum Leithagebirge
umfaßt, w. die unabsehbare Häusermenge der Stadt, zahllose
Landhäuser und saubere volkreiche Ortschaften, am Fuß und Abhang des schönen, in seinen wechselnden Formen sehr malerischen
Gebirges. Der Zug berührt l. den Matzleinsdorfer und den protest.
Friedhof (S. 80). Weiter links auf der Höhe des Wiener Berges
(236m) die sog. *Spinnerin am Kreuz*, eine 20m h. gotische Bet- oder
Denksäule, 1382 errichtet. Bis (4km) *Meidling* dehnt sich fort-
während die Stadt aus. Jenseit der Allee von Schönbrunn nach
Laxenburg r. die *Gloriette* (S. 80). — 6km *Hetzendorf* mit kaiserl.
Schloß (l.); ½ St. w. auf dem *Rosenhügel* bei *Speising* (244m) das
Hauptreservoir der Wiener Hochquellenleitung (S. 64). — 9km
*Atzgersdorf/-Mauer;* 10km *Liesing* (\*Waldbauer), mit großer Bier-
brauerei(im Restaurationsgarten ein Pavillon mit schöner Aussicht).

Von Liesing nach Kaltenleutgeben, 7km, Zweigbahn in 22
Min. für 35, 25, 15 kr. Einzige Zwischenstation von Bedeutung, zugleich
Haltestelle der Dampftrambahn nach Mödling (S. 7), ist (2km) *Perchtolds-
dorf* (\**Schwarzer Adler*, guter Wein), alter Markt mit got., 1683 von den
Türken zerstörter, jetzt neu hergestellter Kirche. — 7km Kaltenleut-
geben, im Thal der *Dürren Liesing* reizend gelegenes Dorf mit vielen Villen
und zwei Kaltwasserheilanstalten. Sehr lohnender Ausflug auf den (1¼
St.) *Höllenstein* (640m), mit prächtiger Aussicht vom *Julienturm*. Schöne
Aussicht auch von der neuerbauten *Josefswarte* (575m) auf dem *Föhrenberg*
(*Parapluieberg*), von Kaltenleutgeben und von Perchtoldsdorf in 1¼ St. zu
erreichen (vom Föhrenberg zum Julienturm hübsche Wanderung, 1½ St.).

13km *Brunn am Gebirge-Maria Enzersdorf.*

16km **Mödling** (\**Hot. Cursalon*, Z. von 1½ fl. an; \**Deisenhofer
zum Goldnen Lamm*, guter Wein; *Hot. Mödling; Hirsch* u. a.; *En-
zenbrunner Restaurationsgarten*, im Sommer Konzerte), alte Stadt
mit 11 100 Einwohnern. Am W.-Ende des Ortes der *Stadtpark* mit
*Cursalon* und Sommertheater. R. am Bergabhang die got. *St. Othmarskirche*, seit 1454 erbaut, 1690 hergestellt, mit Krypta; daneben
eine Grabkapelle („Karner"), roman. Rundbau wahrscheinlich vom
Ende des XII. Jahrhunderts. Am O.-Ende des Ortes jenseit der
Bahn die *Schöffelvorstadt* mit der *Hyrtl-Stiftung* (Waisenhaus und
Kirche). 15 Min. w. die Kaltwasserheilanstalt *Prießnitzthal;* noch
15 Min. weiter die vielbesuchte Meierei *Richardshof.*

Die \***Brühl** (elektrische Bahn vom Bahnhof Mödling nach Hinterbrühl, 3km in 20 Min., 33 Züge tägl., bis Klausen 10 kr., Vorderbrühl 16, Hinterbrühl 20 kr.) ist ein an Naturschönheiten
reiches tiefes Kalkfelsen-Thal, dem Fürsten Liechtenstein gehörig, dessen Vater es mit Anlagen und künstlichen Ruinen
zieren ließ. Der Fahrweg führt am Thaleingang unter der Wiener

Wasserleitung hindurch und bleibt bis ($\frac{1}{2}$ St.) Vorderbrühl auf
dem l. Ufer des Bachs (weit schöner ist der Fußweg am r. Ufer,
vor der Wasserleitung l. hinüber). Die Strecke bis Vorderbrühl
heißt die *Klause* (die Häuser an der Straße *Klausen*); am Ende
l. oben Ruine *Mödling*. Dann öffnet sich der freundliche Wie-
sengrund der *Vorderbrühl* (\*Hot. Hajek, Z. 1$\frac{1}{2}$–3$\frac{1}{2}$ fl.; \*Zwei Raben, viel besucht; fürstl. Meierei mit Kaffeehaus; Sanatorium des
Dr. Scheimpflug).

Ein gleichfalls höchst lohnender Fußpfad, vom Fürsten Liechtenstein
angelegt, führt über den obern Rand der nördl. die Klause begrenzenden
Höhen in $\frac{3}{4}$ St. zur Vorderbrühl. Hinter der St. Othmarskirche in 10 Min.
zum *Schwarzen Turm* auf dem *Kalenderberg*; weiter guter durch Geländer
geschützter Pfad, zuletzt auf einer Felsentreppe in die Brühl hinab. Oder
man wendet sich auf der Berghöhe r. an einigen künstlichen Ruinen vorbei zu den ansehnlichen Trümmern der alten von den Türken zerstörten
($\frac{1}{4}$ St.) Burg *Liechtenstein*; daneben ein neues Schloß mit engl. Garten;
dann den Fahrweg l. hinab zur ($\frac{1}{4}$ St.) Vorderbrühl. — Vom Bahnhof in
*Brunn* (S. 84) geht man in 1 St. über Burg Liechtenstein zur Vorderbrühl.

Weithin sichtbar erhebt sich auf dem Kamm eines der höchsten
der umliegenden Berge der HUSARENTEMPEL (494m), von Fürst
Johann Liechtenstein 1813 errichtet, ein offener Tempel mit 8
Pfeilern und 4 dor. Säulen; in der Krypta sind 7 bei Aspern und
Wagram gefallene Österreicher begraben. Der bis zum Gipfel führende Fahrweg ist anfangs schlecht, bessert sich aber weiter hinauf.
Vorzuziehen der Fußweg ($\frac{3}{4}$ St.): auf der Landstraße am Hot.
Zwei Raben und dem Gasth. zum Stern vorbei; dann nicht neben
diesem Whs., sondern erst die nächste Gasse („Husarentempel-
gasse“) l. hinan; nach wenigen Min. bei der ersten Wegteilung
rechts, bei der zweiten links. Oben weite Aussicht. — Vom Husarentempel über den *Anninger* nach *Baden* s. unten.

Der Weg von der vordern Brühl weiter ins Thal ist weniger lohnend.
Er führt über *Hinterbrühl* (\*Restaur. Höldrichsmühle) und *Gaaden* (S. 88)
in 2$\frac{1}{2}$ St. nach der alten Cistercienser-Abtei *Heiligenkreuz*, mit roman.,
1150-87 erbauter, Anf. des XIII. Jahrh. z. T. im Übergangsstil erneuter
Pfeilerbasilika (der großartige dreischiffige Chor aus dem XIV. Jahrh.),
schönem Kreuzgang und den Gräbern Friedrichs des Streitbaren und anderer Babenberger. Von hier weiter (Stellwagen s. S. 87) s.ö. durch das
*Sattelbach-* und *Helenenthal* (erst in diesem abwechslungsreicher) nach
Baden. — Von Gaaden führt ein näherer Weg über *Siegenfeld* nach dem
Helenenthal, zuletzt sehr steinig; ein anderer geradeaus, stets bergab
in 1$\frac{1}{2}$ St. über den *Kalvarienberg* (S. 87) nach Baden. Bei beschränkter
Zeit kehre man jedenfalls vom Husarentempel direkt nach Mödling zurück
und besuche das Helenenthal von Baden aus.

Auf den *Anninger* (675m), von Mödling 2-2$\frac{1}{2}$ St., sehr lohnend: über
die „Goldne Stiege“, an der „Breiten Föhre“ und „Krausten Linde“ vorbei zur *Wilhelmswarte*, auf dem höchsten Gipfel des Anninger-Plateaus,
mit prächtiger Aussicht. N.w. $\frac{1}{4}$ St. unterhalb am *Buchbrunnen* das *Annin-
gerhaus* (Sommer-Wirtsch.). Der Anninger ist auch vom Husarentempel
(s. oben; in 1$\frac{3}{4}$ St.), von Gumpoldskirchen, Baden, Hinterbrühl und Gaaden
(kürzester Weg) zu erreichen; Wege überall gut markiert.

Von Mödling Zweigbahn in 7 Min. nach

**Laxenburg** (\**Kreuz; Stern*; \**Restaur.* Hartmann, beim Bahnhof),
kaiserl. Lustschloß nebst Park, an der *Schwechat* und dem Wiener-
Neustädter Kanal, das alte Gebäude 1377 aufgeführt, das neue

1600. Die Obst- und Blumengärten sind verschlossen, der über 400ha große \*PARK stets offen. Die bemerkenswertesten Gegenstände werden rasch in folgender Ordnung besichtigt (Auskunft im Park durch die Burg-Gendarmen). Denkmal Franz' II., eine kolossale Marmorbüste des Kaisers von Marchesi; Rittergruft, eine got. Kapelle; Meierei nach Schweizer Art; Rittersäule. Nahe dabei (20 Min. vom Bahnhof) die \*FRANZENSBURG, von einem See umgeben (Überfahrt 10 kr.), 1798-1836 im mittelalterl. Burgenstil erbaut und mit zahlreichen Kunstgegenständen geschmückt. In der *Waffenhalle* die lebensgroße Bleifigur Kaiser Franz I., von Franz Messerschmidt (1769); nebenan im *Habsburger Saal* 16 Marmorstandbilder habsburgischer Kaiser von Rudolf I. bis zu Karl VI., von Paul Strudl (1680), und die Bleifigur der Kaiserin Maria Theresia, von Messerschmidt (c. 1760); im *ersten Empfangssaal* sieben Fürstenbildnisse, der Majolikaofen, die Ledertapete und die Decke vom Ende des XVI. Jahrh.; im *zweiten Empfangssaal* Decke aus dem XVI., drei Schränke und Ledertapeten aus dem XVII. Jahrh.; im *Gesellschaftszimmer* zwei große Bilder von Höchle, Vermählung Kaiser Franz' II. mit seiner dritten Gemahlin (1808) und das darauf folgende Gastmahl; im *Speisezimmer* ein schöner eingelegter Tisch, angeblich von 1628, alte Gläser, Porzellan u. a.; im *Schlafzimmer* eine Kopie des Dürerschen Allerheiligenbildes; im *Toilettezimmer* Wanddekoration aus dem XVII. Jahrh.; *Thronsaal* Decke aus dem XVII. Jahrh., zwei Gemälde von Höchle, die Krönung Franz' II. (1792) und das darauf folgende Gastmahl im Römer zu Frankfurt; in der *Kapelle* Marmorwände u. s. w. aus der 1222 geweihten, 1799 zerstörten roman. St. Johanniskapelle (Capella speciosa) in Klosterneuburg (S. 82); im *Burgverließ* die Figur eines Tempelritters, ein Automat, welcher die Ketten schüttelt; vom *Turm* prächtige Aussicht; im *ungar. Krönungssaal* die \*Krönung des Kaisers Ferdinand I. (1830), von Höchle gemalt, die Krönung der Kaiserin Caroline (1825), von Bucher; in der *Halle* die Zusammenkunft Leopolds mit Sobieski, Kaiser Max auf der Martinswand und drei andere Bilder von Höchle; im \**Lothringersaal* Decke und Getäfel vom Ende des XVI. Jahrh., 20 lebensgroße Bildnisse von Fürsten lothringischen Stammes und moderne Glasmalereien (Trinkg. 40-60 kr). — Zurück über die Brücke an der Rückseite der Franzensburg; weiter stets r. am Wasser entlang am Turnierplatz vorbei, dann hinauf über die goth. Brücke zum Goldfischteich; durch den kleinen Prater mit Carrousel u. dgl. zum Bahnhof zurück. — Die *Marianneninsel*, hinter der Franzensburg, ist nur mit Nachen zugänglich (s. unten).

Wer sich nicht aufhält, kann auf diesem Weg in 2 St. (einschl. ½ St. für Besichtigung der Burg) alles abmachen. In die Franzensburg wird meist nur eine größere Anzahl von Personen eingelassen; wer daher seiner Zeiteinteilung sicher sein will, wird dort anfangen. Für minder Eilige bieten die viel verzweigten Wasserflächen des Parks Gelegenheit zu reizenden Kahnpartien (Fährmann durch die Grotte zur Marianneninsel und zurück 1-1½ fl.).

Die S ü d b a h n berührt jenseit Mödling (20 km) *Guntramsdorf*, dann das weinberühmte (21 km) *Gumpoldskirchen* (Bair. Hof; Krone; Adam's Wirtsch.); dahinter ein kleiner Tunnel (*„Busserl-Tunnel"*).

27 km **Baden.** — GASTH.: G r ü n e r B a u m; S t a d t W i e n; S c h w a r z e r B o c k; Goldener Hirsch; Gold. Löwe; S c h ä f e r i n, u. a. — LOGIERHÄUSER: Herzoghof; Hot. Rechtberger; Julienhof; M o z a r t h o f; Marienhof, u. v. a.
RESTAURATIONEN in den Gasthöfen; im *Kursaal* (s. unten); *Sauerhof*, Weilburggasse; *Restaurant am Bahnhof*.
CAFÉS: *Kurhaus; Pavillon im Stadtpark; C. français*, Hauptplatz; *C. Fischer*, Neugasse, mit Garten; *C. Schopf*, Weilburggasse.
DROSCHKEN. Vom Bahnhof in die Stadt Einsp. 60-90 kr., Zweisp.

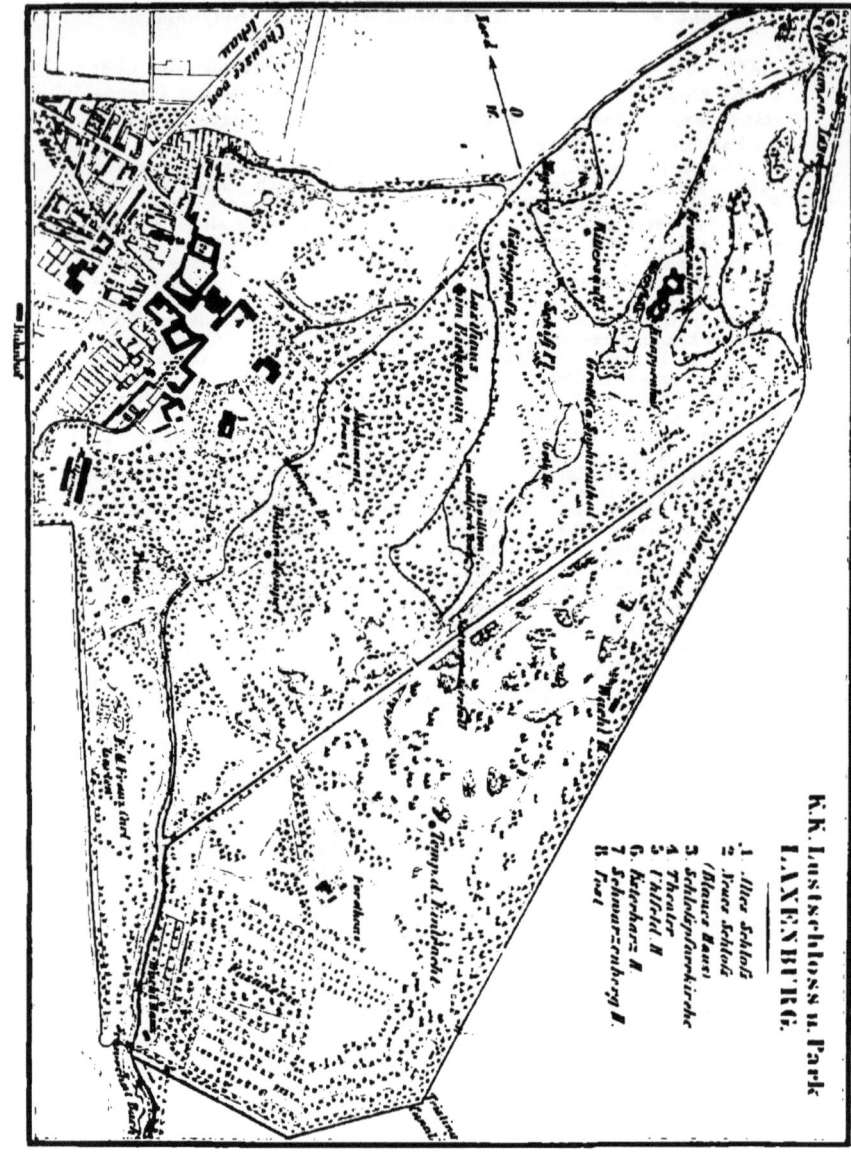

K.k. Lustschloss u. Park
LAXENBURG.

1. Altes Schloß
2. Neues Schloß
   (Blauer Haus)
3. Schloßpfarrkirche
4. Theater
5. Thülfeld
6. Meierhaus
7. Schwarzenberg
8. Post

„Flaker") 80 kr. - 1½ fl. Zeitfahrten: die erste ⅓ St. 50, bezw. 80, jede weitere ¼ St. 20, bezw. 25 kr. Nachts überall die Hälfte mehr. Für Fahrten in die Umgegend vgl. den Tarif.

ELEKTRISCHE BAHN vom Bahnhof in das Helenenthal im Sommer alle 10 Min.; Fahrpr. 12 kr.

STELLWAGEN nach der *Krainerhütte* vom Josephsplatz (40 kr.) und von der Endstation der elektr. Bahn (30 kr.); nach *Alland* (65 kr.) und nach *Heiligenkreuz* (60 kr.) 2mal tägl. (Abfahrt vom Hot. Schwarzer Bock).

KURTAXE hei mehr als 5tägigem Aufenthalt: I. Kl. 1 Person 8 fl., II. Kl. 5 fl. — MUSIKTAXE: I. Kl. 1 Pers. 3 fl., II. Kl. 2 fl. Für Familienangehörige über 14 Jahre die Hälfte dieser Taxen, Dienstboten 1 fl.

POST UND TELEGRAPH, Neugasse 45; Nebenämter Helenenstr. 56 und Pfarrplatz 5.

*Baden* (212m), Stadt von 15800 Einw., an der *Schwechat* zwischen den Vorhöhen des Wiener Waldes hübsch gelegen, wird jährlich von c. 20000 Badegästen besucht. Die 29-35° C. warmen Bäder *(Thermae Pannonicae)* waren schon den Römern bekannt; Hauptbestandteil schwefelsaurer Kalk. Die Hauptquelle *(Römerquelle* oder *Ursprung)* entspringt am Fuß des Kalvarienbergs aus dolomitischem Alpenkalk. Ein 45 Schritt langer verschlossener Gang (Trkg. 25 kr.) führt in eine geräumige Höhle, wo das heiße Wasser armdick aus einem 6m tiefen Kessel sprudelt, täglich 8700hl. Eingang in der l. Ecke des schattigen *Stadtparks*, in welchem das 1886 erbaute hübsche *Kurhaus*, die *Trinkhalle* und die *Arena* (Sommertheater), sowie eine 1874 errichtete Erzbüste des Dichters *F. Grillparzer* († 1872); Kurkonzerte tägl. ½8-½9 U. vorm., 12-1 U. mitt. und 8-½10 U. abends. Die Bäder sind meist Voll- oder Gesellschaftsbäder, in denen beide Geschlechter, mit Bademänteln bekleidet, zusammen baden. Das *Herzogsbad* faßt an 150 Personen; daneben in der Franzensstraße das *Antons-* und *Theresienbad*. Die übrigen Bäder sind in der Stadt verteilt. In der Bergstraße unweit des Kurparks das *\*Mineral-Schwimmbad* mit 23° C. warmem Thermalwasser (Bad 30 kr.). In dem hübschen *Dobelhof-Park* eine *Schwimm-* und *Badeanstalt* mit schwefelfreiem Flußwasser.

Ein Kreuzweg führt in ¼ St. auf den *Kalvarienberg* (326m); oben die *Moritzruhe*, ein offner Pavillon, von Verehrern des Dichters Moritz Saphir († 1858) erbaut, und die *Annahöhe*, beide mit schöner *\*Aussicht*. Hübsche Aussicht auch von der (½ St.) *\*Theresienwarte* (416m; unterhalb Restaur. Rudolfshof). — Unweit Schloß *Gutenbrunn*.

Das *\*Helenenthal* ist der besuchteste Spaziergang (am Eingang *\*Sacher's Hotel & Pens.*, mit Wasserheilanstalt). Über die Thalmündung führt der Aquädukt der Wiener Hochquellenleitung (S. 84). Der Fahrweg (elektr. Bahn bis zur Kaltwasserheilanstalt s. oben) führt am l. Ufer der *Schwechat* hinauf; am r. Ufer Fahrweg nur bis zur Weilburg (20 Min.), dann hinab zum l. Ufer. Vorzuziehen der Fußweg, bei der zweiten Brücke aufs r. Ufer. Am Thaleingang liegt auf dem r. Ufer am Fuß des Berges, den die Ruine *Rauheneck* krönt, die 1823-25 erbaute *Weilburg*, Schloß

des † Erzh. Albrecht, dem Stammschloß seiner Mutter, Prinzessin
Henriette von Nassau-Weilburg nachgebildet, mit schöner got.
Schloßkirche. Oberhalb der Weilburg hübsche Anlagen, die sich
an der *Villa des Erzh.* Eugen vorbei bis zur Antonsbrücke und wei-
ter thalauf ziehen (in den Anlagen nach der Stadtseite zu eine
Restauration). Am l. Ufer auf schroffen Felsen die ansehnliche
wohlerhaltene Ruine *Rauhenstein* (lohnender Ausflug, guter Weg
durch die Alexandrowicz'schen Anlagen, von der Bergstraße in
Baden ½ St.); auf dem r. Ufer etwas oberhalb Ruine *Scharfeneck.*
Ein Felsen, der *Urtelstein* (1 St. von Baden), schloß früher das
Thal; jetzt führt ein Tunnel hindurch; von beiden Seiten führen
Pfade hinauf, oben hübscher Blick in das dichtbewaldete Thal
(dabei ein kl. Café). Weiter die *Cholerakapelle*, dann (1½ St. vom
Ende der elektr. Bahn) die *Krainerhütte* (Stellwagen s. oben) und
etwas oberhalb die *Augustinerhütte*, alle drei mit guter Restauration.

Die Hauptstraße führt weiter im Schwechat-Thale aufwärts über *Sattelbach* und (1 St.) *Mayerling*, das jetzt in ein Kloster umgewandelte Jagdschloß, in dem am 30. Jan. 1889 Kronprinz Rudolf starb, nach (1½ St.)
*Alland* (Stellwagen s. S. 87), von wo Fahrstraße nach der (¾ St.) Abtei
*Heiligenkreuz* (S. 85). Eine zweite 5 Min. oberhalb des Urtelstein-Tunnels
abzweigende Straße verbindet das Helenenthal mit (¾ St.) *Siegenfeld* und
(1½ St.) *Gaaden* (von Gaaden in die *Brühl* s. S. 85); eine dritte Straße
(Stellwagen s. S. 87) führt von Sattelbach (s. oben) direkt nach *Heiligenkreuz.*

Auf das *Eiserne Thor (Hoher Lindkogel*, 831m), den höchsten Berg
der Umgebung, von Baden in 3 St., sehr lohnend; bis zum zum Jägerhaus im *Weichselthal* 1¼ St., dann auf blau und rot markiertem Wege in
1¾ St. zum Gipfel, mit Touristenhaus (Restaur.) und Aussichtsturm. —
Auch von der *Krainerhütte* (s. oben) und von *Merkenstein* (S. 100) führen
markierte Wege in 1½ St. auf den Hohen Lindkogel.

# II. Erzherzogtum Österreich, Salzkammergut und Salzburg.

# 3. Von Wien nach Linz.

189km. Staatsbahn. Schnellzug in 3¹/₂ St. für 9 fl. 18, 6 fl. 12, 3 fl. 6 kr.
Personenzug in 6-6¹/₂ St. für 6.12, 4.08, 2.04. Für die Thalfahrt (Linz-
Wien) ist das Dampfboot (Fahrzeit 8-9 St.) vorzuziehen; vgl. S. 95.

*Westbahnhof* vor der ehem. Mariahilfer Linie (S. 2). Bald nach
der Ausfahrt erscheint l. *Schönbrunn* (S. 79). — 3km *Penzing*
(S. 80), gegenüber *Hietzing*, beide mit zahlreichen Villen. L. die
erzbischöfl. Sommerresidenz *Ober-St. Veit* (auf dem Friedhof schönes Grabdenkmal, Nornen, von H. Natter), weiterjenseit(6km) *Hütteldorf-Hacking* (Hôt. Blank, am Bahnhof; Restaur. Knödelhütte,
¹/₂ St. von der Bahn, schöner Waldweg, s. S. 83), ebenfalls mit
zahlreichen Landhäusern, l. die Mauern des von Karl VI. und
Josef II. angelegten großen k.k. Tiergartens (durch das *Halterthal*
auf die *Sofien-Alpe* s. S. 83). L. bleibt *Mariabrunn* mit Wallfahrtskirche (das Kloster jetzt forstwirtschaftl. Versuchsstation). —
— 9km *Weidlingau*, mit Schloß und Park.

In der Nähe n.ö. **Hadersdorf**, einst, als Geschenk der Kaiserin Maria
Theresia, Eigentum des Feldmarschalls Laudon († 1790), der mit seiner
Gattin im Park begraben liegt (schöner Steinsarkophag mit trauerndem
Krieger). — Weiter im schönen *Mauerbachthal* nach (1 St.) Vorder-Hainbach (*Café-Rest. Lohner*), von wo man r. durch ein enges Waldthal nach (20
Min.) *Hinter-Hainbach* gelangt (Aufstieg zur *Sofien-Alpe*, ³/₄ St., s. S. 83).
¹/₄ St. jenseit Vorder-Hainbach zweigt ein andres Seitenthal ab, in dem
das reizende Dörfchen *Steinbach* liegt (s. S. 83). Im Hauptthal folgt ¹/₂ St.
weiter das alte Kartäuserkloster *Mauerbach*, wo (bis 1788) dessen Stifter
Friedrich der Schöne ruhte, der Gegner Ludwigs des Bayern, jetzt Filiale
des Wiener bürgerlichen Versorgungshauses (im Dorf 2 Whser.). Von hier
auf gutem Wege in 1¹/₄ St. auf den *Tulbinger Kogel* (485m) mit schöner
Aussicht, von Wien aus viel besucht (¹/₄ St. unterhalb des Gipfels Whs.);
von da Abstieg nach *Tulln* (S. 273) an der Franz-Josefbahn.

12km *Purkersdorf* (245m; Whser.), mit zahlreichen Villen.

Lohnender Ausflug n.w. auf den (2 St.) *Troppberg* (540m) mit weiter
Aussicht vom Aussichtsturm. — N. führt ein schattiger Weg über den
*Eichberg* (420m) nach (1 St.) Vorder-Hainbach (s. oben). — Hübsche Aussicht auch von der *Rudolfshöhe* (473m), 1 St. s., mit Aussichtsturm; zurück über die *Schöffelwarte* (431m) nach (1¹/₄ St.) Purkersdorf.

Die Bahn verläßt hier die alte Landstraße und wendet sich l.
durch den *Wolfsgraben* und die *Pfalzau* den Höhen des *Wiener
Waldes* zu, an den HS. *Kellerwiese* und *Tullnerbach* vorbei. Bei
(20km) *Preßbaum* (317m) s. w. die Quellen der Wien. Waldige
Gegend bis (25km) *Rekawinkl*, auf der Wasserscheide (353m), mit
vielen Villen (Sigmeth's Restaur., 5 Min. vom Bahnhof); 1¹/₄ St. s.
die *Wienerwaldwarte* auf dem *Jochgrabenberg* (646m), mit weiter
Rundsicht (von hier über *Hochstraß* auf den *Schöpfl* 3¹/₂ St.,
s. S. 190). Weiter durch zwei Tunnels und auf einem 44m h.
Viadukt über den *Teichgraben*. — 39km *Neulengbach*, im freundlichen *Tullnbach-Thale*, darüber ein Liechtenstein'sches Schloß.
1 St. n. ö. der *Buchberg* (464m) mit schöner Aussicht; n.w. der
lange Rücken des *Haspelwaldes*.

44km *Kirchstetten*; 50km *Böheimkirchen*, am *Perschlingbach*.
Hinter (55km) *Pottenbrunn* verläßt die Bahn das Gebirge und überschreitet die *Traisen* vor (61km) *St. Pölten* (267m; *Bahnrestaur.*;

*Kaiserin von Österreich*, *Krebs*, beide nahe dem Bahnhof; *Löwe;*
*Hirsch*), Bischofssitz mit 10 906 Einw. Die *Chorherrnstiftskirche*,
1030 gegründet, 1266 nach einem Brande erneut, Anf. des xviii.
Jahrh. im Barockstil restauriert, hat gute Glasgemälde im südl.
Seitenschiff. — Eisenbahn nach *Leobersdorf* s. S. 190.

Ausflüg: s. nach dem Schloß *Ochsenburg* am Ende des *Steinfeldes*
mit weiter Aussicht (1½ St.); nach den Schlössern *Viehofen* (¾ St.),
*Goldegg* (1½ St.) und *Friedau* (1½ St.) mit Gärten und Kunstsammlungen.
Von St. Pölten nach Tulln, 47km in 2 St. 19 Min. Die Bahn
führt im *Traisenthal* abwärts über *Radlberg* nach (20km) *Herzogenburg*,
schönes altes Chorherrenstift mit Sammlungen und reicher Bibliothek,
wo sie sich teilt: w. über *Göttweig* (S. 98) nach (41km) *Krems* (S. 98);
ö. über *Traismauer* (S. 93), *Gemeinlebarn*, *Sitzenberg*, *Michelhausen*, *Judenau*
nach (47km) *Tulln* (S. 98).
Von St. Pölten nach Mariazell, 79km, Eisenbahn über *Scheib-
mühl* (S. 190), *Lilienfeld*, *Hohenberg* und *St. Egyd* bis (53km) *Kernhof* in 3 St.,
von da Post in 4 St.; vgl. S. 108.

69km *Prinzersdorf*, an der fischreichen *Pielach;* r. am Gebirge
Schloß *Hohenegg*. — 71km *Markersdorf;* 74km *Groß-Sierning;*
79km *Loosdorf*, mit großer Cementfabrik; s. das stattliche Schloß
*Schallaburg*, n. die verfallenen Burgen *Osterburg*, *Sitzenthal* und
*Albrechtsberg*. Die Bahn steigt bis zu dem 292m l. *Wachberg*-
*Tunnel;* jenseit desselben der schönste Punkt der ganzen Bahn:
85km **Melk** (S. 97), mit Kirche und Benediktinerstift (r.). Die
Bahn überschreitet die *Melk* und tritt dicht an die *Donau;* jen-
seits Ruine *Weitenegg* (S. 97); weiter auf der Höhe Schloß *Art-*
*stetten* des Erzherzogs Karl Ludwig. — 94km **Pöchlarn** (S. 97).

Von Pöchlarn nach Kienberg-Gaming, 38km, Eisenbahn in
1¾ St. Die Bahn tritt bei Stat. *Erlauf* auf das l. Ufer der *Erlaf* und
führt über *Wieselburg* und *Purgstall*, mit Schloß des Grafen Schaffgotsch,
nach (27km) *Scheibbs* (320m; *Hôt. Reinöhl; Hirsch*), schöngelegener Markt,
als Sommerfrische besucht. — 31km *Neubruck*, an der Mündung der *Jeßnitz*
in die Erlaf; 33km *Pentenburg;* 38km *Kienberg-Gaming* (Hübner, am Bahnhof), 40 Min. (Omnibus 20 kr.) von dem freundlich gelegenen Markte Gaming
(430m; *Höllriegl; Lechner; Greifensteiner*), mit Schloß des Baron Albert
Rothschild und Ruinen eines 1781 aufgehobenen Kartäuserklosters.

Ausflüg. Lohnende Wanderung durch das wildromantische *Er-
lafthal* zum (5½ St.) *Lassingfall* und in den *Ötschergraben* (vgl. S. 198).
— Auf den Ötscher, unschwierig und sehr lohnend. Auf der Lunzer
Straße (s. unten) bis zur (1 St.) Straßenteilung vor dem *Grubberg* (763m;
Whs. Jagersberger), hier l. ab (Fahrweg) nach (2½ St.) *Lackenhof* (835m;
Schrottmüller). Von hier auf markiertem Wege (Führer entbehrlich) zum
(1 St.) *Riffelsattel*, zwischen Kl. und Gr. Ötscher, und dem (½ St.) *Ötscher-*
*haus* des österr. Touristenklub (1420m; *Wirtsch.*), dann über den *Kreuz-*
*boden* zur (1¼ St.) Pyramide auf dem *Ötscher* (1892m), mit prachtvoller
umfassender Rundsicht.
Von Gaming nach Göstling, 21km, Post tägl. in 3½ St. über
(10km) Lunz (595m; *Schadensteiner; Dieminger*), in reizender Lage an der
*Ybbs*, als Sommerfrische viel besucht; ½ St. ö. der *Lunzer See* (616m).
Weiter im Ybbsthal nach (11km) Göstling (532m; *Reichenpfader; Mitter-*
*huber*), an der Mündung des *Göstlingbachs* in die Ybbs schön gelegen
(vom *Kalvarienberg* guter Umblick). Schöner Spaziergang ins *Steinbach-*
*thal:* durch die „*Nof*" (großartige Klamm) zum *Meisterhaus* in der *Winters-*
*bachau* (Whs.), 2 St. — S. führt eine Fahrstraße von Göstling über (8km) *Las-*
*sing* (693m; Anderle) und durch das *Mändlingthal* nach *Palfau* (S. 200).

Hinter Pöchlarn über die *Erlaf;* r. *Marbach*, darüber auf der
Höhe die Wallfahrtskirche *Maria-Taferl* (S. 96). — 99km *Krumm-*

*nußbaum;* in der Ferne am l. Ufer auf der andern Seite des großen
Bogens, den die Donau hier beschreibt, *Persenbeug* mit seinem
Schloß (S. 96) und das stattliche *Ybbs* mit dem großen Versor-
gungs- und Irrenhaus (S. 96). — 103km *Säusenstein.*
Vor (108km) *Kemmelbach-Ybbs* verläßt die Bahn die Donau
und tritt in das Thal der *Ybbs.* 118km *Blindenmarkt.* — 125km
Amstetten (275m; *Hofmann's Bahnhof-Hotel u. Restaur.; Goldnes
Lamm; Adler,* 8 Min. vom Bahnhof, nicht teuer).

Nach Klein-Reifling, 47km in 1¹/₄-2¹/₄ St. Stat. *Ulmerfeld, Hilm-
Kematen, Rosenau, Sonntagsberg;* hier über die Ybbs nach (24km) Waidhofen an der Ybbs (356m; *Höt. Infür; Pflug; *Löwe etc.) in freundl. Thalkessel, als Sommerfrische besucht. Die Bahn verläßt hier das Ybbsthal
und wendet sich in das s. ansteigende *Seeberger Thal,* überschreitet bei
(32km) *Oberland* (515m) die durch alte Schanzen bezeichnete Wasserscheide
zwischen Ybbs und Enns, Grenze von Nieder- und Ober-Österreich, und
senkt sich über *Gaflens* und *Weyer,* in engem Thal lang sich hinziehen-
der Markt, nach *Kastenreith* und (47km) *Klein-Reifling* (S. 201).

132km *Mauer-Öhling;* 136km *Aschbach;* 144km *St. Peter*
(¹/₂ St. südl. das große Benediktinerstift *Seitenstetten*); weiter
(151km) *Haag* (l. Schloß *Salaberg*) und (165km) **St. Valentin**
(270m; *Bahnrestaur.*), Knotenpunkt der Bahnen nach *St. Michael*
(S. 200) und nach *Budweis* (S. 272). Nun über die *Enns,* Grenzfluß zwischen Nieder- und Ober-Österreich (s. oben).

171km Enns (280m; *Krone; Ochs*), altes malerisch gelegenes
Städtchen (4674 E.), überragt von dem fürstlich Auersperg'schen
Schloß *Ennseck* mit schönem Park. — 176km *Asten.*

1 St. s.w. liegt das Augustiner-Chorherrenstift St. Florian, eines der ältesten Österreichs, das jetzige große Gebäude aus dem XVIII. Jahrh., die
niedrige Krypta aus dem XIII.; Bibliothek von 70 000 Bänden, mit vielen
Handschriften und Inkunabeln; Gemäldesammlung meist Kopien. Ausgezeichnet durch Reichtum und Anordnung ist die Münzsammlung.

Vor (183km) *Kleinmünchen,* mit großen Fabriken, über die
*Traun.*

189 km Linz. — GASTHÖFE. An der Donau, unterhalb der Brücke,
beim Landeplatz der Dampfboote: *Erzherzog Carl (Pl. a; D 2), Z. von
1 fl. ab, L. u. B. 50, F. 50 kr.; Goldener Adler (Pl. f; D 2), Z. von
80 kr. ab. Oberhalb der Brücke: *Roter Krebs (Pl. d; D 3), Z. L.
B. 1 fl. 25-1 fl. 05, F. 40 kr. — In der Stadt: *Höt. Zaininger(Pl. e)
u. *Stadt Frankfurt (Pl. b), am Franz-Josefsplatz; *Kanone (Pl. c;
D 3), *Goldenes Schiff (Pl. Z. 70-80 kr.), Herrenhaus, alle drei Landstraße; *Drei Rosen, Hafnergasse; *Drei Mohren, an der Promenade;
Grüner Baum, Bethlehemstr.; Goldenes Kreuz, Pfarrplatz, nahe
der Donau, einfach. In *Urfahr* (Pferdebahn vom Bahnhof, s. unten): *Feri-
humer, Hauptstraße, nicht teuer; Stadlbauer, Maximilianstr.

CAFÉS. Seitz, Reith, beide an der Donau; Traxlmayr, Promenade; Steinböck, Franz-Josefsplatz; Derflinger, Landstraße; Hütt-
ner, in Urfahr, am l. Ufer. — CONDITOREI: Zach, an der Promenade. —
*Bahnrestauration.

THEATER an der *Promenade* (Pl. 16, D3; Vorstell. tägl., Parterre 50 kr.).
— *Volksgarten* mit Restaur. in der Nähe des Bahnhofs (Pl. E. 5; Abends
häufig Konzert). — Vor der Kapuzinerlinie (Pl. D 6) der *Hatschekkeller*
mit Restaur.-Anlagen und großartigen im Sande angelegten Kellereien.

BÄDER an der oberen Donaulände, unweit des Roten Krebs.

POST und TELEGRAPH. Domgasse (Pl. 4; D E 3).

PFERDEBAHN vom Bahnhof am Volksgarten vorbei, über die Landstraße, den Franz-Josefs-Platz und die Donaubrücke bis Urfahr (s. unten). Abfahrt alle 5 Min., ganze Strecke 15, Teilstrecken 10, 5 und 3 kr. DROSCHKEN vom Bahnhof in die Stadt Einsp. 60 kr., Zweisp. 1 fl., vom Dampfbootlandeplatz 50 u. 80 kr.; Zeitfahrten die erste ½ St. 50 u. 70, jede weitere ½ St. 30 u. 50 kr.

VOLKSFEST (landw. Ausstellung) jährlich im September, aus der nähern und weitern Umgebung viel besucht.

*Linz* (264m), Hauptstadt von Ober-Österreich (Österreich ob der Enns), mit 47 276 Einw., liegt malerisch am r. Ufer der *Donau*, über die eine 280m lange auf sechs Granitpfeilern ruhende eiserne Brücke nach der Stadt *Urfahr* (8312 Einw.) führt (Pferdebahn vom Bahnhof, s. oben).

Auf dem stattlichen von der Donau ansteigenden **Franz-Josefs**- oder **Haupt-Platz** (Pl. D 2, 3) eine 26m h. *Dreifaltigkeitssäule*, zum Gedächtnis glücklich überstandener Drangsale durch feindliche Einfälle und Seuchen 1723 errichtet. W. führt von hier die Klosterstraße zur Promenade (s. unten), s. die Schmiedthorstraße auf die *Landstraße*, die Hauptstraße der Stadt (Pferdebahn am *Volksgarten* vorbei zum Bahnhof, s. oben). L. in der Domgasse die *alte Domkirche* (Pl. 6; D 3), 1669-82 im Barockstil erbaut, im Innern mit Stuck und Marmor geschmückt; weiter am Pfarrplatz die *Stadtpfarrkirche* (Pl. 7) mit hohem Turm.

In der nahen Kaplanhofstr. der schöne Neubau des *Museum Francisco-Carolinum (Pl. 11; E 3), nach Plänen von *Bruno Schmitz* im Spätrenaissancestil aufgeführt; am zweiten Stock an der Hauptfront, Ost- und Westseite ein *Kolossalfries (180m lang, 2,40m hoch) in weißem Sandstein, nach Entwürfen von Prof. *zur Straßen* in Leipzig von *R. Cöllen* ausgeführt, die Kulturentwicklung Oberösterreichs von der Urzeit bis zur Besitznahme durch das Haus Habsburg darstellend (Ostseite: prähistor. Zeit; Hauptfassade: Einführung des Christentums und Nibelungenzeit; Westseite: Belehnung Herzog Albrechts in Augsburg).

Im Innern in schönen Sälen die umfangreichen Sammlungen des Museums: röm. Altertümer, Bibliothek, alte Waffen, Bildnisse, namentlich des Anführers im oberösterr. Bauernkrieg (1626) Stephan Fadinger und seines Gegners, des Stadthalters Grafen Herberstorff; Elfenbein- und Holzschnitzwerke, alte Gemälde, Bronzen, Gläser, Münzen, Siegel, keltische Altertümer aus Hallstatt (S. 111), ein Flügel, den die Firma Erard frères 1803 an Beethoven geschenkt hat, etc. Ferner eine geognostische Sammlung (darin eine alte Karte des Salzkammerguts in perspektivischer Manier) sowie andere naturhistor. Sammlungen.

An der *Promenade* (Pl. D 3), mit schöner Platanen-Allee, r. das 1802 erb. *Landhaus* (Pl. 3) mit der Ausstellung des oberösterreich. Kunstvereins (tägl. 9-1 und 2-5 U., 20 kr.); gegenüber das *Landestheater*.

Von der obern Promenade gelangt man durch die Herrenstraße (an derselben l., Ecke der Spittelwiese, das stattliche *k. k. Staatsgymnasium*, Pl. 13), dann r. durch die Baumbachstraße zum neuen *Marien-Dom (Pl. D 4) im got. Stil, nach Plänen des Kölner Baumeisters *Vinc. Statz* im Bau begriffen; der reich ausgeschmückte Hochchor ist bereits vollendet und wird zum Gottesdienst benutzt.

In der **Kapuzinerkirche** (Pl. C 4), am w. Ende der Baumbachstraße, der Grabstein des berühmten kaiserl. Feldherrn Grafen *R.*
*Montecuccoli* († 1680).

Auf der neuen, in bequemen Windungen ansteigenden Straße
über den *Bauernberg* gelangt man von hier in ½ St. auf den **Frein-**
**berg** (Pl. A 5). Erzherzog Maximilian von Este († 1864) ließ hier
versuchsweise einen festen Turm errichten, bevor er den Plan
zu den großen, längst wieder aufgegebenen Linzer Befestigungen
ausführte. Er wurde später durch einen Anbau vergrößert und
mit der kleinen got. Kirche den Jesuiten übergeben. Ein Fahrweg
führt von da nördl. in ¼ St. zum **Jägermayer** (Pl. A 4; Gast-
wirtsch.; Droschke von Linz hin und zurück 1½ fl.) und in die
*Anlagen des Verschönerungsvereins* mit zahlreichen lohnenden Aussichtspunkten. Schönste Rundsicht von der 20m h. **\*Franz-Josefs-**
**Warte,** 10 Min. vom Jägermayer am N.-Rande des Plateaus (Eintr.
5 kr.): zu Füßen die Donau, die Stadt und ihre Umgebung; südl.
in der Ferne die Kette der Salzburgischen und Steirischen Alpen
so weit das Auge reicht (eine klare Aussicht wird unten in der
Stadt durch eine weiße Fahne an der Galerie des Landhausturms
an der Promenade angezeigt). Dabei das *Whs. zur schönen Aus-*
*sicht.* Der nächste Weg führt von der Donaubrücke durch die
Schweizerhausgasse und Römerstraße in ½ St. hinan; angenehmer,
aber 20 Min. weiter, an der Donau entlang bis zum *Kalvarien-*
*berg,* dann entweder auf dem Königsweg zur Römerstraße, oder
direkt durch Wald hinauf.

Die Aussicht vom **\*Pöstlingberg** (537m), am l. Ufer, n.w. 1 St.
von Urfahr (Einsp. 5 fl., nicht zu empfehlen), ist noch umfang-
reicher und besonders bei Abendbeleuchtung schön. Der Weg
führt von der Brücke die Straße hinauf bis zur „Stadt Budweis",
hier l., dann das Auberggäßchen hinauf zum *Auberg-Whs.;* weiter
stets dem breiten Wege folgen, am *Riesenhof* (Restaur. u. Schwimmbad) vorbei. Oben eine Wallfahrtskirche und einf. Whs., von
Festungswerken umgeben. Gutes Panorama von *Edlbacher.*

**St. Magdalena,** Wallfahrtskirche mit Gasthaus und reizender Aussicht, ¾ St. n. von Urfahr, wird gleichfalls viel besucht (auch mit dem
Pöstlingberg gut zu vereinigen; Einsp. 5 fl.). — Lohnender Ausflug von
hier durch den *Haselgraben* an der zum Teil erhaltenen Veste *Wildberg*
vorbei nach (1³/₄ St.) *Kirchschlag* (894m), kl. Bade- u. Luftkurort in hübscher Waldlage, und zur (⁷/₄ St.) *Giselawarte* (926m), Aussichtsturm mit
umfassender Fernsicht (unterhalb Whs. Kuhned).

Von Urfahr nach Aigen-Schlägl 58km, **Mühlkreisbahn** in
3¼ St. Die Bahn geht am l. Donauufer aufwärts bis (9km) *Ottensheim,* mit
Schloß des Grafen Coudenhove, und wendet sich hier n.w. über *Rottenegg*
und *Gerling* nach (33km) *Neufelden* im Thal der *großen Mühl*, in dem
sie dann aufwärts führt. 36km *Pürnstein-St. Peter;* 44km *Haslach;* 49km
*Rohrbach-Berg;* 52km *Öpping.* — 58km **Aigen** (*Almersberger*), freundlicher Markt, von schön bewaldeten Bergen umgeben. ¼ St. südl. die reiche
alte Prämonstratenserabtei *Schlägl*, mit sehenswerter got. Kirche und ansehnlicher Bibliothek.

Von Linz nach Klaus-Steyrling, 66km, Kremsthalbahn in 3¼
St. (2 fl. 62, 1 fl. 35 kr.). Die Bahn überschreitet bei (12km) *Traun* die
Traun (S. 92) und tritt bei (16km) *Nettingsdorf* in das freundliche

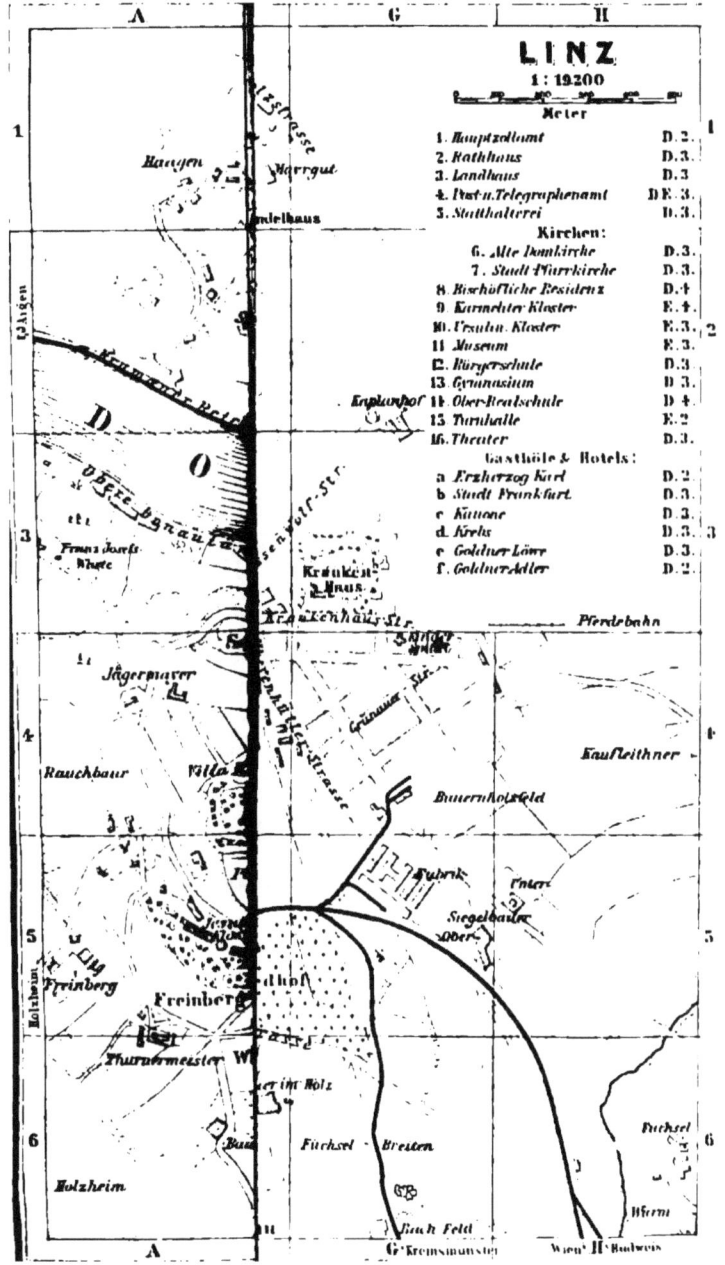

# LINZ

**1 : 19200**

Meter

1. *Hauptzollamt* — D.2.
2. *Rathhaus* — D.3.
3. *Landhaus* — D.3
4. *Post u. Telegraphenamt* — D E.3.
5. *Statthalterei* — D.3.

### Kirchen:

6. *Alte Domkirche* — D.3.
7. *Stadt-Pfarrkirche* — D.3.
8. *Bischöfliche Residenz* — D.4
9. *Carmeliter Kloster* — E.4.
10. *Ursulin. Kloster* — E.3.
11. *Museum* — E.3.
12. *Bürgerschule* — D.3
13. *Gymnasium* — D.3.
14. *Ober-Realschule* — D.4.
15. *Turnhalle* — E.2
16. *Theater* — D.3.

### Gasthöfe & Hotels:

a *Erzherzog Karl* — D.2
b *Stadt Frankfurt* — D.3.
c *Kanone* — D.3.
d *Krebs* — D.3.
e *Goldner Löwe* — D.3.
f *Goldner Adler* — D.2.

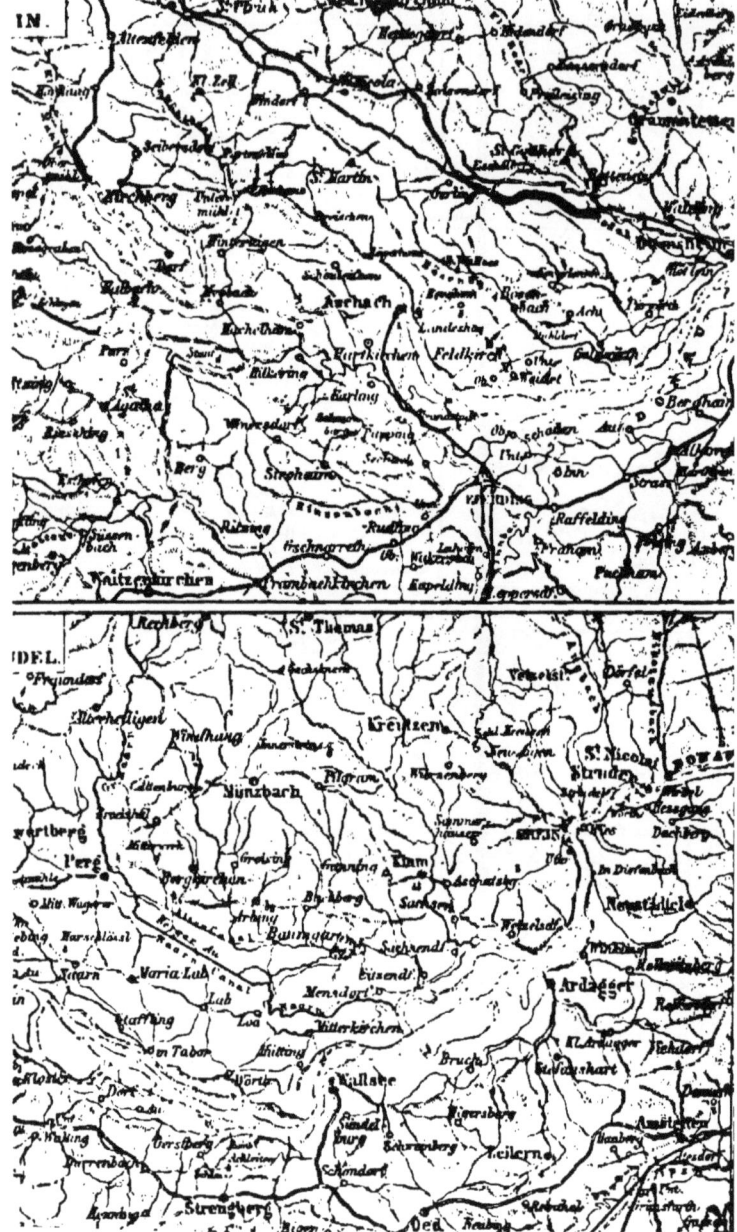

*Kremsthal;* im Hintergrund die steir. Alpen mit dem Gr. Priel. — 10km *Nöstelbach* (r. auf der Höhe Schloß *Weißenberg*); 22km *Neuhofen*; 26km *Kematen;* 32km *Rohr-Bad Hall* (s. unten), an der Mündung des *Sulzbachs*. — 36km **Kremsmünster** (331m; *\*Kaiser Max; Post; Sonne*), hübsch gelegener Markt (3131 E.) mit uralter berühmter Benediktinerabtei, 777 von Herzog Tassilo von Bayern gegründet. Das schloßartige Gebäude ist aus dem XVIII. Jahrh.; ansehnliche Bibliothek mit 70 000 Bänden, 1700 Handschriften und 837 Incunabeln; im Antikenkabinett allerlei Raritäten. Die vortrefflich ausgestattete 8 Stock hohe Sternwarte enthält in den untern Stockwerken große naturhistor. Sammlungen. Sehenswert die Fischbehälter; in der Klosterschenke guter Wein. — 44 km *Wartberg;* 50 km *Schlierbach;* 54 km *Kirchdorf;* 57km *Michldorf.* Bei (62km) *Herndl* tritt die Bahn in das *Steyrthal* und erreicht ihren vorläufigen Endpunkt (66km) *Klaus-Steyrling* (555m; Bahnhof-Hotel; Wegscheider). Weiter nach *Stoder* und *Windischgarsten* s. S. 203.

Von Stat. Rohr (s. oben) Zweigbahn in 12 Min. nach (8km)**Bad Hall** (376m; *\*Höt. Elisabeth; \*Erzh. Karl; Budapest; Molterer*), mit berühmten jodhaltigen Salzquellen. Neues Kur- u. Badehaus, Wandelbahn, schöne Parkanlagen; Theater. — Von Bad Hall nach *Steyr* (S. 200), 23km, Eisenbahn über *Sierninghofen* in 1½ St.

## 4. Die Donau von Linz bis Wien.

DAMPFBOOT täglich abwärts in 8-9 St. für 4 fl. 20 oder 2 fl. 40 kr., aufwärts in 18-19 St. für 2 fl. 40 oder 1 fl. 70 kr. — EISENBAHN s. R. 3 (E.-St. heißt Eisenbahnstation). Abwärts ist die Donaufahrt weit vorzuziehen, die Bahn nähert sich nur zwischen Kemmelbach und Melk dem Strom. Reisende, die mit dem ersten Schiff abfahren, können Abends an Bord gehen und auf dem Dampfboot übernachten (Bett 50 kr.).

Unterhalb Linz (264m) ist das r. Ufer der Donau flach; schöner Rückblick auf Stadt und Umgebung. Das Boot fährt unter der Eisengitterbrücke der Linz-Prager Bahn (S. 272) hindurch.

r. *Zizelau*, an der Mündung der *Traun* (S. 92); gegenüber

l. *Steyregg*, hinter einer baumbewachsenen Insel verborgen; nur das höher liegende gleichn. Schloß, Graf Weißenwolf gehörig, tritt hervor. Allenthalben tauchen Inseln (Auen) auf; auf einer derselben l. die Trümmer des Schlosses *Spielberg*.

l. **Mauthausen** *(\*Schachner)*, Marktflecken mit fliegender Brücke, Station für die von der Donau 4km entfernte Stadt *Enns* (S. 92). Schloß *Pragstein* ragt in den Strom hinein. Gegenüber fließt r. die grüne *Enns* in die Donau und behält auf weiter Strecke noch ihre Farbe. Gleich unterhalb überschreitet die Brücke der Westbahn (St. Valentin-Budweis, S. 272) den Strom. Auch das l. Ufer des Flusses flacht sich nun ab. R. *Erlakloster*, mit aufgehobenem Klarissinnenstift.

r. *Wallsee* (275m), Markt an einem obstreichen Hügel, mit dem stattlichen, von einem hohen Turm überragten Schloß *Wallsee*, Eigentum des Herzogs von Sachsen-Coburg-Gotha, mit schöner Aussicht.

l. Auf einer Anhöhe, 4km n. vom Ufer, Schloß *Klam*. Bei

r. *Ardagger* wendet die Donau sich plötzlich nach N.; hoch oben auf dem *Kollmitzberge* (469m) die Wallfahrtskirche *St. Ottilia*. Das Flußbett wird eng, zu den Seiten hohe Waldberge.

l. **Grein** (218m; *\*Herndl*), hübsches Städtchen mit dem ansehnlichen Schloß *Greinburg* des Herzogs von Coburg. Auf der Höhe die viel besuchte Kaltwasserheilanstalt *Kreuzen* (468m; zu Fuß oder Wagen 1 St., Stellwagen 30 kr.) mit schönen Anlagen, in aussichtreicher freier Lage.

Weit in den Strom hineinreichende Klippen bilden den *Greiner Schwall*. Eine Insel, das *Wörth*, legt sich in den Strom, dessen Hauptwassermasse an der Nordseite in starkem Fall hinabstürzt (der breitere Stromarm auf der r. Seite der Insel ist jetzt fast ganz versandet). Dies ist der früher der Schiffahrt sehr gefährliche *\*Strudel*, 500 Schritt lang, 9-13m breit. Durch die zuletzt 1866 vorgenommenen Sprengungen ist jede Gefahr beseitigt, wie eine Tafel an der Wand des l. Ufers meldet. Das Boot fährt dicht an dem klippenreichen Ufer des Wörth entlang; auf der Nordspitze der Insel ein steinernes Kreuz mit einer Marienstatue, daneben Trümmer einer Burg. Gegenüber am l. Ufer die Trümmer des Schlosses *Werfenstein*, gleich darauf der Markt *Struden* mit gleichn. Burgruine auf steilem Fels. Einige Minuten weiter unterhalb tritt der *Hausstein*, ein hoher Felsblock mit den Trümmern eines Turmes, weit in den Strom vor; durch den Rückprall des aus dem Strudel hervorstürzenden Wassers bildet sich hier der *Wirbel*, früher gleichfalls den Schiffen gefährlich, jetzt nur eine unbedeutende Stromschnelle. Am Ende des Engpasses

l. *St. Nicolai*, dessen Umgegend eine Reihe hübscher Felslandschaften darbietet, ein von Malern besuchter Punkt.

l. *Sarmingstein* mit einer alten Warte. Unterhalb

r. *Freienstein*, mit Burgruine, mündet l. der *Isperbach* in die Donau, Grenze von Ober- und Nieder-Österreich.

l. *Donaudorf*, mit kl. Schloß. Gegenüber erhebt sich auf einem in die Donau hineinragenden Felsen

r. *Persenbeug*, Schloß des Erzherzogs Otto.

r. **Ybbs** *(Lamm; Ochs)*, einst röm. Castell „*ad pontem Isidis*“. Von den beiden großen Gebäuden ist das eine die k. k. Landesirrenanstalt, das andere eine Filiale des bürgerl. Versorgungshauses in Wien. Der Strom beschreibt einen großen Bogen um die l. vortretende Halbinsel; fern im S. die österr. Alpen mit dem Ötscher. R. die Mündung der *Ybbs* (S. 92). Bei (r.) *Sarling* tritt die Eisenbahn (S. 92) dicht an die Donau.

r. *Säusenstein*, mit den Trümmern der von den Franzosen im J. 1809 niedergebrannten Cisterzienser-Abtei *Gottesthal*.

l. **Marbach** *(Sonne; Ochs)*, ansehnlicher Markt; darüber auf der Höhe (443m; 1 St. Steigens) die Wallfahrtskirche *Maria-Taferl*, wohin jedes Jahr 100000 Wallfahrer pilgern. Oben (Whs.) überblickt man das Donauthal nebst einem großen Teil von Nieder-Österreich, und die steir. und österr. Alpen vom Schneeberg bei Wien bis an die bayr. Grenze. Marbach gegenüber die E.-Stat. *Krummnußbaum* (S. 91); weiter die Mündung der *Erlaf*.

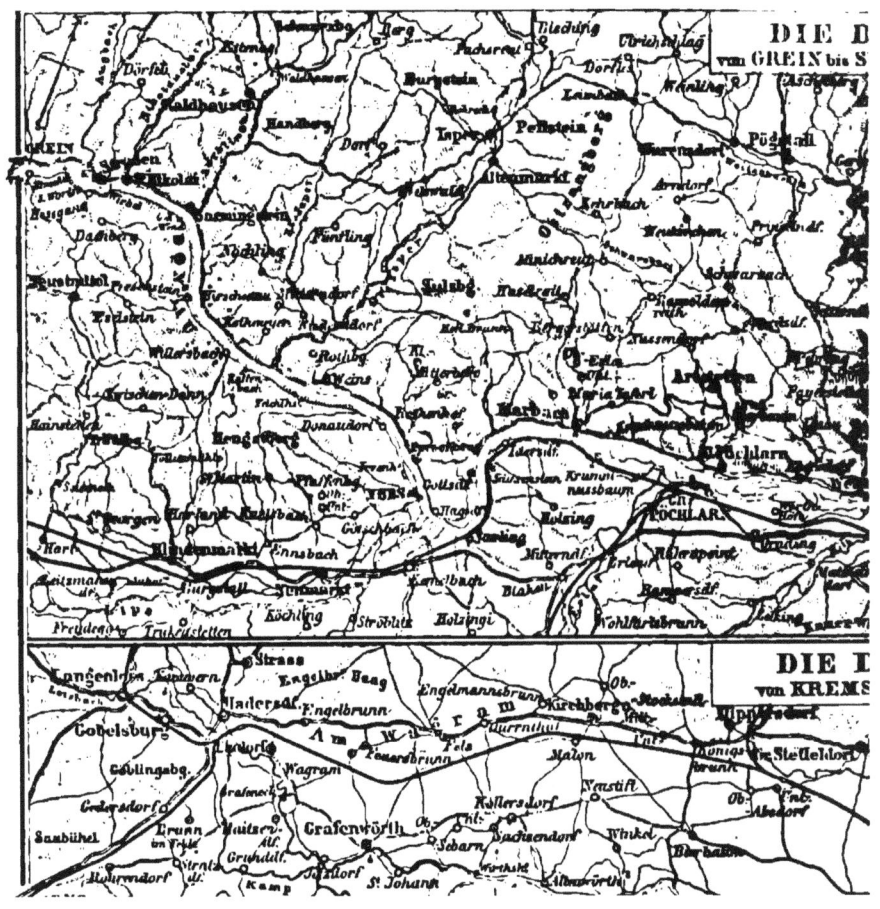

r. **Pöchlarn** (E.-St. ; *Goldner Anker*), der Sage nach einst Wohnsitz Rüdigers von Bechlaren, des im Nibelungenlied gefeierten
Helden, des „vielgetreuen Degen“. Das Gedicht rühmt (Str.
1258, 1260) bei Kriemhildens Zug in das Hunnenland die glänzende
Aufnahme. Gegenüber am l. Ufer *Klein-Pöchlarn* mit altem Kirchlein, darüber auf der Höhe Schloß *Artstetten* (S. 91). Weiter l.
auf der Uferhöhe die Kirche von *Ebersdorf*. Bei
l. *Weitenegg* ein malerisches zinnengekröntes Schloß, angeblich
von Rüdiger zu Bechlarn erbaut, von Kaiser Franz hergestellt;
unterhalb das Schlößchen *Lubereck*.

r. **Melk** (E.-St.) oder *Mölk* (*Lamm; *Ochs; Hirsch; Gruber*,
am Bahnhof), Marktflecken am Fuß des Felsens, auf welchem,
57m über dem Strom, die berühmte 1089 gegründete, von 1701
bis 1738 neu erbaute *Benediktinerabtei* sich erhebt. Die mit Gold
und Marmor prachtvoll ausgestattete und wegen ihrer Orgel berühmte Kirche, die Bibliothek (30 000 Bände, wertvolle Inkunabeln und Handschriften) in einem stattlichen Saal, und die
Sammlung von Gemälden sind sehenswert. In der Hauskapelle
des Abtes das „*Melker Kreuz*“, in Gold getrieben, 0,6m hoch, vom
J. 1363; Rückseite mit Perlen und Edelsteinen geschmückt, der
Fuß Silber, in trefflicher Arbeit. Auch Melk's (*„Medelicke“*) sowie
des weiter flußabwärts gelegenen Mautern (*„Mutaren“*) erwähnt das
Nibelungenlied. — Der Landeplatz ist 20 Min. unterhalb des Orts.

Unterhalb Melk strömt die Donau mehrere Meilen durch ein
einsames enges Thal, schon zu Karls d. Gr. Zeiten die *Wachau*
genannt, reich an Sagen wie an Naturschönheiten.

l. *Emmersdorf*, mit Kirche und Kloster, der Mündung der
*Pielach* gegenüber. — r. *Schönbichl*, Schloß des Grafen Berol-
dingen und Servitenkloster.

l. *Aggsbach*. Gegenüber r. *Aggstein*, einst Sitz der mächtigen
Kuenringe, dann ein gefürchtetes Raubschloß. Unterhalb

l. *Schwallenbach* zieht sich vom Fluß bis zum Berggipfel ein
mauerähnliches Felsriff empor, die *Teufelsmauer*.

l. **Spitz**, Marktflecken mit einer alten Kirche und einer Schloßruine. Der Ort ist um einen bis zum Gipfel mit Reben be-
pflanzten Hügel gebaut, daher der Volkswitz, zu Spitz wachse der
Wein auf dem Markt.

Der *Jauerling (959m), mit prächtiger Ansicht auf das Donauthal, die
österreich. und steirischen Alpen, ist von Spitz auf gutem Reitwege in
2½ St. zu ersteigen; oben Touristenhaus.

l. *St. Michael*. Auf dem Dach der alten Kirche 6 Hasen aus
Thon; sie sollen an einen Schneefall erinnern, der einst das Dach
so bedeckte, daß die Hasen darüber hinwegliefen. l. *Wesendorf*.

l. **Weißenkirchen** (*Salomon's Gasth.*).

Sehr lohnender Ausflug über (1½ St.) *Weinsierl* zur (¾ St.) Ruine
*Hartenstein*, über der Schlucht der *Teufelskirche* prächtig gelegen; von
hier durch das *Kremsthal* an Ruine *Hohenstein* vorbei nach (2 St.) *Ober-
meisling* ('Whs.), dann Fahrstraße durch die Schluchten der Krems nach
(2 St.) *Senftenberg*, mit Burgruine, und (1½ St.) *Krems* (S. 98).

r. *Rossatz*, Schloß und Marktflecken. Gegenüber ragen auf
zackigem Fels die Trümmer der Feste
l. *Dürnstein* empor. Hier hielt der Sage nach 1192–9 Herzog
Leopold VI. seinen Feind Richard Löwenherz, König von England,
15 Monate lang gefangen und hier soll ihn der Sänger Blondel entdeckt haben. Von der Donau stellt sich der Ort ganz hübsch dar,
das neue fürstl. Starhemberg'sche Schloß, das ehem. Chorherrenstift
und die Kirche treten stattlich hervor. In den Trümmern des
1769 aufgehobenen Klarissinnenstifts ist ein Gasthof.
     r. *Mautern*, das römische *Mutinum* (195m). Eine von sechs
Strompfeilern getragene eiserne Brücke verbindet seit 1895 an Stelle
der alten hölzernen Brücke Mautern mit
     l. *Stein (Bittermann's Gasth. ; Elephant)*, Stadt von 4201 E.,
mit drei Kirchen. Unweit der Brücke die Trümmer der von Mathias Corvinus 1486 zerstörten Burg, auf dem *Frauenberg* Über-
bleibsel einer zweiten Feste. Zwischen Stein und der alten Stadt
Krems *(*Hirsch; Höt. Bahnhof)*, mit 10584 E., liegt das ehem. Kapuzinerkloster *Und*, daher der Volkswitz : „Krems Und Stein sind
drei Orte". Stein und Krems erscheinen wie ein einziger lang
sich hinstreckender Ort. In der Promenade ein Denkmal des
Feldm.-Lieut. Schmidt, der hier 1805 in einem Gefecht gegen die
Franzosen fiel. Sehenswert das 1889 errichtete *städtische Museum*.
     Von Krems nach Absdorf, 32km, Eisenbahn in 1¼ St. 8St. *Ge-
dersdorf*, *Hadersdorf* (Abzweigung der *Kamptbalbahn* nach Stat. *Sigmundsherberg* der k.k. Staatsbahn, S. 272), *Wagram* (½ St. w. Schloß *Grafenegg*, dem Grafen Breuner gehörig, mit schönem Park, sehenswerten Ställen
und Sattelkammern), *Kirchberg* am Wagram, *Absdorf* (S. 273).
     Unterhalb Stein überschreitet die Bahn von Krems nach Her-
zogenburg-St. Pölten (S. 91) die Donau. Schon vorher war r. das
auf einem 261m h. Berg (449m ü. M.) gelegene, 1 St. von der
Donau entfernte Benediktinerstift *Göttweig* sichtbar. Diese berühmte Abtei wurde im J. 1072 gegründet; das jetzige Stiftsgebäude, ein Viereck, das die ganze Bergfläche einnimmt, ist 1719
erbaut. Das Portal der Kirche und die große Stiege sind prachtvoll. Die Abtei besitzt eine Bibliothek mit zahlreichen Inkunabeln
und Handschriften, ein physikalisches Kabinett, Sammlungen von
Münzen, Altertümern, Naturalien und Kupferstichen.
     Das l. Ufer des Flusses dehnt sich zu weiter Ebene aus; der
Strom bildet hier wieder ein Inselmeer. R. auf dem Kamm des
Gebirges die einsame Kirche *Wetterkreuz* (368m).
     r. **Hollenburg** (205m), mit Schloß und Park, darüber eine vier-
eckige Burgruine. Auch das r. Ufer verflacht sich nun; erst vor
Wien gewinnt die Landschaft wieder Reiz.
     r. *Traismauer*, vom Fluß nicht sichtbar, uralter Markt, in
dessen Nähe die *Traisen* in die Donau fällt. „Bi der Treisen k^e
der künc von Hiunen lant eine bürc vil riche, diu was wol be-
kant, geheizen Troisenmure" (Nibelungenlied Str. 1272).
     r. **Zwentendorf.** — r. **Tulln** *(Brenner; Hirsch; Löwe)*, mit

2776 Einw., eine der ältesten Städte an der Donau, der Römer *Comagenae*, Standort einer der drei Flotten, die von *Carnuntum* (Petronell) bis Lorch den Strom bewachten. Auch Tulln „*Tulne*" wird im Nibelungenlied (Str. 1301) erwähnt. Alte Kirche, daneben alter roman. \*Karner (Beinhaus). Auf dem *Tullner Feld* vereinigte sich 1683 das 60 000 Mann starke deutsche und polnische Heer und rückte nach Wien gegen die Türken. Die Staatsbahn (S. 273) überschreitet hier den Strom auf schöner Gitterbrücke.

Von Tulln über *Herzogenburg* nach *St. Pölten* s. S. 91; über *Absdorf Hippersdorf* nach *Krems* s. S. 273 und 98.

Unterhalb Tulln wird die Umgebung wieder anziehender, je mehr man sich dem Wiener Wald nähert.

• r. Greifenstein *(Schwarzer Bär)*, mit stattlicher Burgruine, dem Fürsten Liechtenstein gehörig, ein von Wien viel besuchter Punkt, Station der Staatsbahn (S. 273), die von hier ab dicht am Ufer hinführt. Auf der Höhe *Hadersfeld*, mit weiter Aussicht (Obelisk); hübsche Waldwege führen von dort nach *Klosterneuburg, Kierling* etc. (vgl. S. 83).

l., in Bäumen versteckt, die vom Grafen Wilczek seit 1887 wieder ausgebaute Burg *Kreuzenstein*, seit dem 30jähr. Kriege Ruine. Unterhalb

r. *Höflein* wendet sich der Strom plötzlich nach Süden, man sieht in der Ferne den Leopolds- und Kahlenberg (S. 81).

l. Korneuburg (167m; *Hirsch; Strauß*), mit 7241 Einw., früher Festung, liegt schon weit in der Ebene an der Nordwestbahn (S. 284). In sanfter Abdachung zieht sich der weinreiche *Bisamberg* (360m) hin. Schon aus der Ferne glänzen die Kuppeln des großen Augustiner-Chorherrnstifts

r. Klosterneuburg (S. 82). Unterhalb tritt der *Leopoldsberg* (S. 81) dicht an den Strom, kaum für die Eisenbahn und die Straße Raum lassend. Rechts oben auf vorspringender Höhe die Kirche auf dem *Leopoldsberg* (S. 82); am Fuß inmitten von Weinbergen *Kahlenbergerdorf*.

r. Nußdorf (S. 78). R. zweigt hier der *Wiener Donaukanal* ab, durch den die großen Dampfer nicht fahren können; man verläßt das Boot, um ein kleineres zu besteigen, das unterhalb der Stefaniebrücke am Franz-Josefs-Quai (S. 7) anlegt.

Wien (170m) s. S. 1.

## 5. Von Linz nach Salzburg.

125km. Österr. Staatsbahn. Schnellzug in 2³/₄-3 St., Personenzug in 4¹/₂-5 St. für 3 fl. 85, 2 fl. 55, 1 fl. 28 kr.

*Linz* s. S. 92. — 10km *Hörsching*; 18km *Marchtrenk*. — 24km Wels (317m; \*Hot. Höng. z. Greif; \*Hotel Bauer z. Adler; \*Post; *Kaiserin von Österreich*, am Bahnhof; *Bahnrest.*), alte Stadt von 10 118 Einw. an der *Traun*, mit got. Stadtpfarrkirche (restauriert) und alter, früher kais. Burg, in der Kaiser Maximilian I. 1519

starb. Städt. Archiv und Sammlung römischer Ausgrabungen.
Zahlreiche artesische Brunnen, aus denen Erdgas zutage tritt, das
zur Beleuchtung und Heizung von Wohngebäuden, sowie zum
Motorenbetrieb verwendet wird. Auf dem nahen Rainberg, mit
Parkanlagen, die *Marienwarte*, mit weiter Aussicht über das ganze
Land und die Alpenkette bis Bayern und Tirol.

Von Wels nach Simbach, 91km in 3½ St. — Stat. *Wallern,*
*Grieskirchen,* (30km) *Neumarkt* (Bahnrest.; *Reiß), Knotenpunkt der Bahn
nach Schärding (s. unten); weiter *Pram-Haag,* (51km) *Ried (Hirsch; Löwe),*
lebhafte Stadt und Hauptort des österreich. Innkreises, Kreuzungspunkt
der Salzkammergutbahn (Schärding-Steinach, s. unten). Folgen mehrere
unbedeutende Stationen; die Bahn überschreitet bei der alten Stadt *Braunau*
den Inn und erreicht die bayr. Grenzstation *Simbach* (Bahnrest.). Von Simbach bis München, 123km, Eisenbahn in 4½ St., s. *Bædeker's Süddeutschland.*

Von Wels nach Aschach, 28km in 1½ St. Stationen *Haiding, Brei-
tenaich, Efferding.* — 28km *Aschach (Sonne, Adler),* hübsches Städtchen an
der Donau, mit Schloß des Grafen Harrach. — ½ St. ö. jenseit der Donau
das Bad *Mühllacken* (*Kurhaus u. Kurhotel, Z. 3½-8 fl. wöch.), mit erdig-
alkal. Stahlquelle, in waldiger Umgebung.

Von Wels nach Unter-Rohr, 32km, Eisenbahn in 1¾ St. —
*Unter-Rohr* an der Kremsthalbahn und von dort nach *Bad Hall* s. S. 95.

32km *Gunskirchen.* — 38km **Lambach** (335m; *Rößl; Bahn-*
*restaur.*, auch Z.), altes Städtchen, an großen Gebäuden auffallend
reich, darunter die stattliche, 1032 gegründete *Benediktiner-Abtei*
mit Kupferstichsammlung, Inkunabeln, Manuskripten und neun
großen Altarblättern von *Sandrart.*

Nach Gmunden, 28km, schmalspurige Lokalbahn durch das schön-
bewaldete *Traunthal* in 1½ St. — Stat. *Roitham,* (14km) *Traunfall (aussteigen zur Besichtigung des *Traunfalls,* Fußpfad durch Wald in 20 Min.,
vgl. S. 107); weiter *Aichberg-Steyrermühle* mit großer Papierfabrik, *Laa-
kirchen, Oberweis, Engelhof, Gmunden* (S. 96).

Die Bahn verläßt die Traun und tritt in das Thal der *Ager ;*
l. der Traunstein und das Höllengebirge. — 42km *Neukirchen;*
45km *Breitenschützing* (Zweigbahn nach *Wolfsegg,* s. unten); 49km
*Schwanenstadt.* — 55km **Attnang** *(Bahnhof-Hot. & Restaur.),* Knotenpunkt der Bahn nach Ischl und Aussee (S. 106).

Nach Schärding, 66km in 2½ St. — 11km *Manning-Wolfsegg*; 40
Min. ö. das Städtchen *Wolfsegg* (*Hütt), mit Aussichts-Veranda; *Post),*
am Abhang des *Hausruck* reizend gelegen, zu längerm Aufenthalt zu
empfehlen (*Aussicht vom Schloßpark und der „Schanze"). — 17km *Holz-
leithen* (Zweigbahn nach *Thomasroith,* mit bedeutendem Kohlenbergbau).
Die Bahn durchdringt den *Hausruck* mittels eines 706m l. Tunnels und
senkt sich über Stat. *Hausruck, Eberschwang* und *Oberbrunn* nach (33km)
*Ried* (s. oben). — 41km *Aurolzmünster;* 45km *St. Martin,* mit Schloß des
Grafen Arco-Valley; 48km *Hart;* 52km *Andiesenhofen.* Die Bahn tritt an
den Inn, überschreitet den *Andiesenbach,* dann jenseit (59km) *Suben,* ehem.
Augustinerprobstei, jetzt Strafanstalt, den *Prambach* und erreicht (67km)
*Schärding* (Bauer), alte Stadt in malerischer Lage am r. Ufer des Inn.
Von hier nach *Passau* (Regensburg etc.) s. *Bædeker's Süddeutschland.*

Bei der Weiterfahrt l. das alte Schloß *Puchheim,* im Hintergrund das Höllengebirge (S. 101). — 59km **Vöcklabruck** (433m;
*Mohr; Post*), freundliches Städtchen an der Ager; an der Ostseite auf einer Anhöhe die alte got. Kirche von *Schöndorf* (nach
dem *Attersee* s. S. 101). — Weiter zweimal über die Vöckla, die

hier in die Agen fällt; r. Schloß und Ruine *Wartenburg.* 65km
*Timelkam;* 69km *Neukirchen-Gampern;* 71km *Redl-Zipf,* mit großer
Brauerei; 76km *Vöcklamarkt;* 80km *Frankenmarkt* (536m; Bahn-
rest.). Die Bahn verläßt die Vöckla und durchzieht in großen Kur-
ven waldiges Hügelland, die Wasserscheide zwischen Traun und
Inn. 87km *Pondorf.* Vor (90km) Haltestelle *Ederbauer* höchster
Punkt (600m). Bei (94km) *Rabenschwand-Oberhofen* zeigt sich
l. das überhängende Horn des Schafbergs (S. 105). — 97km *Straß-
walchen;* 99km *Steindorf* (Bahnrest.; Zweigbahn nach *Braunau,*
S. 100). — 101km *Neumarkt-Köstendorf* (550m).

Prächtige Aussicht vom **Tannberg** (784m), von **Neumarkt** in 1 St. bequem zu erreichen (mark. Weg); oben Whs. und Aussichtsturm; Abstieg
nach (2 St.) *Mattsee* (s. unten).

Jenseit (105km) *Weng* tritt die Bahn an den freundlichen
*Waller-* oder *Seekirchener See.* 108km *Wallersee;* 111km *Seekirchen*
(510m; Whs.).

Post tägl. in 1½ St. nach (13km) **Mattsee** (503m; *Iglbräu; Stift*), auf
einer Landzunge zwischen den *Mattseen* (*Ober-* und *Nieder-Trumersee*) reizend
gelegen; 2km n.w. der kleinere *Grabensee.* Vom *Schloßberg* (566m; ¼ St.)
guter Überblick; umfassender vom (1 St.) *Buchberg* (790m; Schlüssel zur
Pyramide in einem Bauernhause unweit des Gipfels).

Weiter durch waldige Gegend, mehrfach über die tief einge-
schnittene *Fischach.* 114km *Eugendorf;* 117km *Hallwang-Elixhau-
sen.* Die Bahn wendet sich in scharfem Bogen nach S. in das
*Salzachthal;* l. die Kuppe des Gaisbergs, r. Hoher Göll, Untersberg,
Watzmann, Stauffen. 121km *Berg-Maria-Plain* (S. 120); 125km
*Salzburg* (S. 113).

# 6. Attersee und Mondsee.

*Vergl. Karte S. 106.*

EISENBAHN von Vöcklabruck nach *Kammer,* 12km in 37 Min. — DAMPF-
BOOT auf dem Attersee von *Kammer* nach *Unterach* im Sommer 4mal tägl.
in 2 St. für 1 fl. 60 oder 1 fl. 3 kr.; auf dem Mondsee 7mal tägl. von
*See* nach *Mondsee* in 1 St. 10 Min. für 1 fl. 10 kr. (bis *Scharfling* in
22 Min. für 60 kr.). *Omnibus* von Unterach nach See in ½ St. (40 kr;
Dampftrambahn wird gebaut).

*Vöcklabruck* s. S. 100. Die Bahn nach dem Attersee folgt der
Staatsbahn w. bis jenseit der *Agerbrücke,* zweigt dann l. ab und
nähert sich wieder der vielgewundenen Ager. 3km *Pichlwang;*
9km *Siebenmühlen;* dann über die Ager nach (12km) **Kammer,**
Dörfchen mit gräfl. Khevenhüller'schem Schloß, am Nordende des
Attersees hübsch gelegen (*Hotel u. Seebad Kammer,* Z. L. B.
1½ fl.; *Köck* oder *Hofwirt; Traube,* einf. gut; gutes Gasth. in
*Seewalchen,* 20 Min. n. am See). Wohnungen auch im Schloß und
mehreren Villen.

Der **Atter-** oder **Kammersee** (465m), 20km lang, 2-3km br.,
171m tief, ist der größte österr. See. Nach N. flachen sich die Ufer
allmählich ab; im S. steigt r. der schöngeformte Schafberg auf; l.
zieht sich der breite Rücken des Höllengebirgs zum Traunsee hin-

über. **Das Dampfboot** (Landebrücke beim Bahnhof) fährt am ö.
Ufer entlang nach *Weyregg* (Post), Pfarrdorf an Stelle einer röm.
Ansiedelung, und wendet sich dann quer über den See nach *Attersee* (*Hôt. Attersee), am w. Seeufer am Fuß des bewaldeten *Buch-
bergs* (807m) reizend gelegen, mit zierlicher, weithin sichtbarer
Kirche. Weiter Stat. *Morganhof*, *Nußdorf*, *Dexelbach* und *Stock-
winkel* am w., *Steinbach* (Whs.). am ö. Ufer, am Fuß des Höllen-
gebirges schön gelegen. Das Boot nähert sich nun den bewaldeten
Bergwänden, die das obere Ende des Sees umschließen. Von
**Weißenbach** (*Post), in der SO.-Ecke des Sees hübsch gelegen,
führt eine Fahrstraße durch das einsame *Weißenbach-Thal* zwischen Höllengebirge und Leonsberg nach (3½ St.) *Mitterweißenbach* (S. 108; Omnibus nach Ischl täglich, s. S. 109). Dann an dem
bewaldeten *Breitenberg* entlang nach *Burgau* (Loidl's Gasth., mit
Fischzucht), in reizender Lage am See und Wald, und
**Unterach** (*Goldnes Schiff; *Hot.-Pens. Mayer*, mit Restaur.
am See), am Einfluß der aus dem Mondsee kommenden *See-Ache*
reizend gelegen, als Sommerfrische besucht.

Schöner Spaziergang auf neuer Straße am See entlang durch die *Kai-
serin-Elisabeth-Allee* zum (¼ St.) *Kaiserbrunnen* und zum (¼ St.)*Burggraben-
Rechen* (von hier r. in 20 Min. in die wildromantische *Burgauklamm* mit
Wasserfällen, nichts für Ängstliche); weiter über (25 Min.) *Burgau* nach
(40 Min.) *Weißenbach*.
Von Unterach auf den Schafberg (S. 105; 4 St., sehr lohnend;
Führer angenehm, 3 fl., von See am Mondsee 2 fl. 40 kr.). Von der Mond-
seer Straße nach 10 Min. l. ab (Wegtafel) über die Brücke, am r. Ufer
der Ache aufwärts durch schönen Wald, bei der (¼ St.) Wegteilung 1.
(r. der Fußweg nach dem Mondsee, s. unten) durch Wald bergan zur
(1½-2 St.) *Eisenauer-A.* (1022m; Erfr.) und (1 St.) *Suissen-A.*, oberhalb
des kl. *Grünsees*; noch 5 Min. bergan, dann r. 25 Min. lang am Absturz
der Schafbergwand fast eben weiter, mit freiem Ausblick auf Attersee
und Mondsee; zuletzt an der *Kaiserquelle* vorbei in Serpentinen auf in den
Felsen gehauenem Treppenweg (mit Geländer versehen und ganz gefahrlos) zu der durch die Felsen des *Schaflochs* gesprengten *Himmelspforte*,
wo sich plötzlich ein prächtiger Blick auf Dachstein und Hochkönig ent-
faltet, und gleich darauf zum (¼ St.) *Schafberg-Hôtel* (S. 105).

Von Unterach am Mondsee führt eine Fahrstraße (Omnibus in ½ St.) am l. Ufer und ein hübscher Waldweg am r. Ufer
der Ache durch die *Au* zur (¾ St.) Dampfboot-Station *See*
(Gasth.) am O.-Ende des 11km l., 1½-2km br. **Mondsees** (479m),
in den hier die Vorberge des Schafbergs steil abfallen; vorn der
Drachenstein, dahinter der Schober. Das **Dampfboot** (S. 101)
berührt die Stationen *Kreuzstein* am S.-Ufer (Restaur. am See; von
hier 8 Min. zum *Altersbach-Wasserfall*) und *Pichl* (*Hot. Auhof), in
einer Bucht des N.-Ufers hübsch gelegen, dann **Scharfling** (*We-
senauer*), am S.-Ufer, 10 Min. von der gleichn. Bahnstat. (S. 103).
Auf den Schafberg (S. 105), 3½ St., F. 4 fl., unnötig. Auf der St.
Gilgener Straße am kl. *Eglsee* vorbei durch Wald bergan; nach 20 Min.
(Handweiser) l. ab, auf gutem Reitweg meist durch Wald binan zur
(¾ St.) *Kesselalp* (Erfr.), mit Aussicht auf den Schwarzensee und St. Gilgen
1 St. weiter aufwärts tritt der Weg aus dem Walde und führt r. am Berg
abhang entlang zur (½ St.) *Obern Schafberg-Alp* (S. 105).
Weiter Stat. *Plomberg* (Hotel) am S.-Ufer (auch Eisenbahn-

Haltestelle, s. unten); dann quer über den See, mit schönem
Rundblick (ö. der mächtig aufsteigende Schafberg, im Hintergrund
das Höllengebirge; l. der Drachenstein, durch dessen Wand oben
ein Loch geht, dann der zweispitzige Schober) nach
**Mondsee** (*\*Krone; \*Post; Roß; Traube; Adler* u. a. — *Hotel
Königsbad,* 10 Min. unterhalb des Orts am See), stattlicher Marktflecken (1500 Einw.) mit fürstl. Wrede'schen Schloß (ehem. Benediktinerabtei), großer Kirche und vielen Landhäusern, in hübscher
Lage am Westende des Sees, als Sommerfrische viel besucht.
Reizende Spaziergänge am Seeufer; schöne Aussicht von der Kapelle *Mariahilf* (10 Min.).

Salzkammergut-Lokalbahn von Mondsee über *St. Lorenz* nach *Salzburg*
(32km in 1½ St.) s. unten.

# 7. Von Salzburg nach Ischl. Abersee. Schafberg.

*Vergl. Karte S. 106.*

64km. SALZKAMMERGUT-LOKALBAHN in 3¼ St. (1. Kl. 3 fl. 68, 3. Kl.
1 fl. 84 kr.). Hübsche Fahrt, mit der sich mit 4-5 St. Zeitaufwand der
sehr zu empfehlende Besuch des *Schafbergs* bequem verbinden läßt.

*Salzburg* (Salzkammergut-Bahnhof gegenüber dem Staatsbahnhof) s. S. 113. Die Bahn führt eine Strecke parallel der Linzer
Bahn (l. Maria-Plain, r. Untersberg, Hoher Göll, Gaisberg mit dem
Nockstein), dann unter ihr hindurch nach (2km) *Itzling* (Kapellen-
wirt); weiter zwischen waldbedeckten Höhen allmählich bergan
über (4km) *Söllheim* nach (9km) *Eugendorf-Kalham* (559m; l. das
große Dorf *Eugendorf,* S. 101). Nun über die wiesenreiche, von
vielen Höfen belebte Hochebene über (13km) *Kralwiesen* bis zur
Wasserscheide bei (17km) *Enzersberg* (622m), dann in Windungen
hinab nach (18km) *Irlach* und über den *Fischbach* nach (20km)
**Thalgau** (539m; *Neuwirt*), hübsch gelegener Markt an der *Fuschler
Ach;* ö. Schober, Drachenstein, Schafberg und Höllengebirge. Weiter
in schönem Thal über *Vetterbach* und *Teufelmühle* (Restaur., mit
Wellenbad) nach (28km) **St. Lorenz** (488m; *Bahnrestaur.*), Knotenpunkt der Zweigbahn nach (4km in 9 Min.) **Mondsee** (s. oben).

Vor (30km) HS. *Plomberg* (Hot. Plomberg) tritt die Bahn an
den lieblichen *Mondsee* (S. 102), in den r. der Schafberg steil ab-
stürzt, steigt allmählich (Tunnel) an offener Halde, dann durch Wald
und wendet sich r. ab durch einen 96m l. Tunnel zur (32km) HS.
*Scharfling* (540m); l. unten (8 Min.) das Dorf (S. 102) mit dem
kl. *Eglsee.* Weiter hoch am Abhang (Felssprengungen), durch einen
kurzen und den 422m l. *Eibenberg-Tunnel* (560m), am waldum-
kränzten *Grottensee* vorbei zur (35km) HS. *Hüttenstein* (Batzenhäusl), mit Schloß des Hrn. v. Franck (auf den *Schafberg* s. S. 104).
Hinab durch Wiesen und Wald (l. in der Höhe das Schafberg-Hotel)
dann an steiler Bergwand (240/00 Gefäll), mit schönem Blick auf
den Abersee, zur (37km) HS. *Billroth,* bei der Villa des berühmten
Chirurgen d. N. († 1894). und in großem Bogen nach

**39km St. Gilgen** (*Buffet; Post* bei *Ramsauer*, mit Restaur. am
See, nicht billig; *Kendler* u. a.), freundlicher Ort am NW.-Ende
des Abersees.

AUSFLÜGE. **Falkensteinwand,** 1-1¼ St., lohnend. Mit Dampfboot in
10 Min., oder zu Fuß über *Brunnwinkel* um die N.-Spitze des Sees herum
in ½ St. nach *Fürberg* (Ebner); von hier am (10 Min.) *Scheffeldenkmal*
(4m h. Steinpyramide) vorbei hinan zum (½ St.) Wallfahrtskirchlein und
der Einsiedelei des h. Wolfgang (der Weg führt weiter an der Villa
Frauenstein vorbei in 1 St. nach St. Wolfgang). — Bei der Felswand am
Beginn des Anstiegs MW. r. zum (½ St.) *Aberseepanorama* und (2 Min.)
*Scheffelblick* auf der Höhe der Falkensteinwand.
    Von St. Gilgen auf den Schafberg (s. S. 105), Reitweg, 3½ St.
Am besten mit Bahn in 10 Min. bis Stat. *Hüttenstein* (s. oben), beim Batzen-
hausl ö. durch Wiesen zum (5 Min.) *Whs. zum Reithberger,* wohin man
auch von St. Gilgen zu Fuß über *Winkel* in 35 Min., von *Fürberg* (s. oben)
in 20 Min. gelangt. Hier l. scharf bergan (rote WM.), nach ¼ St. Blick
auf ein Stückchen des Abersees, durch Wald zur (1½ St.) *Untern Schafberg-A.* (969m), vor der ein Brunnen mit schlechtem Wasser; dann geradeaus bergan, zuletzt in Windungen durch Wald zur (1 St.) *Obern Schafberg-A.* (S. 105).
    Von St. Gilgen nach Salzburg, 30km, Fahrstraße über (7km)
**Fuschl** (661m; *Mohr; Brunnenwirt*), am O.-Ende des 4km l. *Fuschl-Sees.*
[Von hier durch die *Tiefbrunau* auf den *Faistenauer Schafberg* (1558m)
3½-4 St., bequem und lohnend. Abstieg nach *Faistenau* und von dort
über *Wiesthal* (*Almbachstrub*) nach (7 St.) *Hallein, s. 8. 125*]. Die Straße
steigt unweit des südl. Seeufers bis (10km) *Hof* (237m; Post) und senkt
sich dann, am *Nockstein* vorbei, über *Guggenthal* (609m; Bräuhaus) nach
(30km) *Salzburg* (S. 113).
    Der *Aber- oder St. Wolfgang-See*(549m), 11km lang, bis 2km
breit (Flächenraum 1348ha), 113m tief, blaugrün, wird n. vom
Schafberg überragt; südl. über den bewaldeten Uferhöhen eine Reihe
schöngeformter Berggipfel: Sparber, Hoher Zinken, Königsberghorn
u. a. Die Seeenge oberhalb St. Wolfgang scheidet ihn in den *obern*
und *untern* See. Dampfboot (für nicht Eilige der Eisenbahn
vorzuziehen) von St. Gilgen über St. Wolfgang nach Strobl (und
umgekehrt) im Sommer 8-9mal tägl. in 1 St. Das Boot hält am
O.-Ufer in *Fürberg* (ö. vom Ort das *Scheffeldenkmal,* s. oben) und
fährt dann um die vortretende *Falkensteinwand* herum; an derselben, 29m über dem See, in 1m h. roten Lettern die Inschrift:
„Dem Dichter der Bergpsalmen J. V. v. Scheffel der D. u. Ö. Alpenverein 1888“. Die nächste Dampfbootstation ist beim *Bräuhaus
Lueg,* an der W.-Seite des Sees, unmittelbar bei der gleichnam.
Bahn-Haltestelle (s. unten); dann fährt das Boot den See hinab,
an der *Villa Frauenstein* (l.) vorbei durch die 24m breite „Enge“
vor St. Wolfgang und legt bei der *Station der Schafbergbahn,* gleich
darauf beim Markt *St. Wolfgang* an (s. unten). Von hier über den
*Untersee* (l. der *Pürglstein*) zur Endstation *Strobl,* 10 Min. w. vom
Bahnhof (S. 105).
    Die Eisenbahn führt von St. Gilgen am SW.-Ufer des Sees
über (40km) HS. *Bräuhaus Lueg* (Dampfbootstation, s. oben) nach
(42km) *Gschwandt* (Steinwirt), dann durch das flache Vorland des
*Zinkenbachs,* bei (44km) HS. *Zinkenbach* auf 50m l. Brücke über
den Bach, zur (46km) HS. *St. Wolfgang* (Gasth. Erzherzog Franz

Karl), Station für *St. Wolfgang* und die *Schafbergbahn* (Dampfboot-
überfahrt bis zum Markt in 5 Min., zur Zahnradbahn 10 Min.).
**St. Wolfgang** (554m; *\*Hôt.-Pens. Peter*, hoch u. schön gelegen,
Z. L. B. von 1½ fl. ab; *\*Draßl's Hôt. zum Weißen Roß*, mit Veranda
am See, Z. 1 fl., F. 45 kr.; *Schader zum Touristen*, wird gelobt;
*Alter Peterbräu*, mit Bädern; *Kortisenbräu*. am W.-Ende des Orts,
*Hirsch*, gelobt; *Bär*, einf.), alter Markt, auf schmalem Ufersaum
am Fuß des Schafbergs malerisch gelegen. In der got. Kirche ein
berühmter *\*Flügelaltar*; 1481 von *M. Pacher* in Holz geschnitzt;
im Vorhof ein Brunnen mit guten Reliefs (1515). ÖTCS.

Der *\*Schafberg* (1780m, 20m niedriger als Rigikulm), ein iso-
lierter, aus Alpenkalkstein bestehender Bergstock zwischen Aber-,
Mond- und Attersee, bietet durch seine Lage zwischen Voralpen-
gebiet und Hochgebirge eine der schönsten und malerischsten
Aussichten in den deutsch-österreichischen Alpen. ZAHNRADBAHN
von St. Wolfgang, 6km in 63 Min. (3 fl., bergab 2 fl., hin und zurück 4 fl. 50 kr.). — Der Bahnhof (*\*Hôt. Peter* zur Schafbergbahn) ist
10 Min. w. vom Markt St. Wolfgang, vor dem sog. Leuchtturm. Die
Bahn überschreitet bald auf 15m hohem Viadukt den *Dietlbach* und
führt dann in w. Richtung durch Wald mit einer Durchschnitts-
steigung von 25% bis zur (2,6km) ersten Ausweich und Wasser-
station. Der See sinkt immer tiefer; l. in der Thalmulde bleibt
die *Dorner-A.* (955m); im SW. tauchen Hochkönig, Watzmann,
Hoher Göll etc. empor. Vor der (4km) HS. *Schafberg-A.* (1367m;
Gasth. Oberalpe), mit prächtiger Aussicht, verläßt die Bahn den
Wald und steigt am kahlen Schafberggipfel hinan, zuletzt durch
einen 100m l. Tunnel (Fenster schließen!) zur (6km) Endstation
*Schafbergspitze* (1730m). Ein bequemer Weg führt von hier in 6 Min.
zum Gipfel (Hotel, mit großem Neubau, Z. 2 fl., Bett im Schlafsaal
80 kr.; Telephon nach St. Wolfgang; ratsam Z. vorauszubestellen).

Die *\*AUSSICHT* (vgl. das Panorama S. 110) umfaßt die Gebirge und Seen
des Salzkammerguts, Ober-Österreich bis zum Böhmerwald, die Steirischen
und Salzburger Alpen, die bayrische Ebene bis zum Chiemsee und Waginger
See. Die mächtige Dachsteingruppe im S. tritt am meisten hervor; ö.
Höllengebirge und Prielgruppe, s.w. die Berchtesgadener Berge.
Reit- und Fußwege auf den Schafberg von *St. Gilgen* oder *Hüttenstein*
s. S. 104, von *Scharfling* s. S. 102, von *Unterach* s. S. 102.

Die Bahn **nach Ischl** führt von der HS. St. Wolfgang (S. 104)
am *Untersee* entlang (vorn Sparber und Rettenkogl, im Hintergrund
das Tote Gebirge) nach (50km) **Strobl**; 10 Min. n. am O.-Ende des
Sees das gleichn. Dorf (*\*Hôtel am See*, mit Garten, Z. u. L. 1 fl.
20 kr.; *Saarsteiner; Aigner*), mit Dampfbootstation (S. 104; bis
St. Wolfgang in 15 Min.). Weiter über den *Weißenbach* nach
(54km) *Aigen-Voglhub* (Restaur. zur Voglhub) und an (l.) *Wein-
garten* mit Papierfabrik vorbei zur (55km) HS. *Wacht* (Whs.);
hier über die aus dem Abersee ausfließende *Ischl* zur (56km) HS.
*Aschau*, bald darauf wieder aufs l. Ufer zur (58km) HS. *Pfandl*

(Linde). Die Bahn wendet sich in großem Bogen nach S., durchdringt den Ischler Kalvarienberg mittels eines 696m l. Tunnels, überschreitet bei (61km) HS. *Kaltenbach*, am SW.-Ende von Ischl, den 120m l., von eisernen Pfeilern getragenen *Kaltenbach-Viadukt*, gleich darauf auf 70m l. Brücke die *Traun* und mündet im Staatsbahnhof zu (64km) *Ischl* (S. 108).

# 8. Von Attnang nach Ischl und Aussee.

77km STAATSBAHN von Attnang bis *Ischl*, 44km in 1¼-2 St. (1 fl. 99, 1 fl. 33, 67 kr.), bis *Aussee*, 77km in 2¼-3 St. (3 fl. 6, 2 fl. 4, 1 fl. 2 kr.). — Von *Wien* nach Ischl über *Attnang* (287km) Schnellzug in 6¼ St., über *Amstetten* und *Selsthal* (326km) in 8¾ St. — Aussichtswagen s. S. 125.

*Attnang* s. S. 100. Die Bahn überschreitet die *Ager* (r. Schloß *Puchheim*, *Aurach* und führt durch das freundliche Aurachthal über (5km) *Aurachkirchen* nach (12km) *Gmunden*; der Staatsbahnhof (481m; Restaur.) liegt w. oberhalb der Stadt ½ St. vom See (elektr. Bahn bis zum Marktplatz in 15 Min., 20 kr.).

**Gmunden.** — GASTH.: *Hôt. Austria (Pl. a), *Bellevue (Pl. b), beide 1. Kl., am See, mit schöner Aussicht; *Goldenes Schiff (Pl. c), Z. 1½-2 fl., L. 20 kr.; *Hôt. Mucha (Pl. d), unweit des Seebahnhofs, mit Gartenrestauration am See, Z. 2-2½ fl., L. 20 kr; Krone (Pl. e), Franz-Josefsplatz; *Post; *Goldener Brunnen (Pl. f); *Sonne (Pl. g); *Hôt. am Kogl (Pl. h). 5 Min. vom See, mit Garten und schöner Aussicht; Goldener Hirsch (Pl. i) in Traundorf, bürgerlich.
CAFÉS: *Kursalon (Pl. 1), am See, mit Restauration, großer Terrasse, Lesesaal etc.; *Nöstlinger*, *Pürstinger*, beide am Rathausplatz; *Deininger (Goldnes Schiff): Paradeisgarten*, am Ende der Esplanade; *Münchner Unionsbrauerei* (auch Z. u Pens.).
BÄDER in den Hôtels *Bellevue* u. *Austria; Fischill*, auf der Traunbrücke; *Theresienbad*, Elisabethstr. 76. *Schwimm- u. Bade-Anstalt* an der Esplanade (Bad mit Wäsche 35 kr.).
THEATER (Pl. 3) von Juni bis Sept. — KURTAXE bei mehr als 6tägigem Aufenthalt 8, Gattin u. Kinder 3 fl.; MUSIKTAXE jede Person 2 fl.
LOHNKUTSCHER: Fahrt in der Stadt einsp. 70 kr., zweisp. 1 fl.; zum Salzkammergutbahnhof 1 fl. oder 1 fl. 50 kr., bei Nacht 1 fl. 30 kr. oder 2 fl.; Traunfall in 2½ St., 3½ St. u. 6 fl.; Kammer am Attersee in 4 St., 6 u. 10 fl.; Rückfahrt einbegriffen; 1 St. Wartezeit, für längern Aufenthalt 50 u. 70 kr. Wartegeld pro Stunde; Trinkg. bei Tagfahrten 1 fl. und 1 fl. 20 kr.
SCHIFFERTAXE: Boot mit 1 Ruderer nach Ort oder Weyer 80 kr., Grünbergergut 40 kr., Prillinger 60, Altmünster, Kleine Ramsau 90, Ebenzweier, Hoisengut 1 fl., Lainaustiege 1 fl. 40 (Rückfahrt einbegriffen, mit zwei Schiffern die Hälfte mehr; Wartegeld die St. 30 kr.). Zeitfahrten die Stunde mit einem Schiffer 60 kr., mit zwei Schiffern 1 fl.

*Gmunden* (425m), Hauptort des Salzkammerguts (6477 Einw.), am Ausfluß der Traun aus dem Traunsee reizend gelegen, wird als Kur- und Sommerfrischort viel besucht. In der *Stadtpfarrkirche* ein Holzschnitzaltar von 1656; hübsche neue *evang. Kirche*. Die am w. Ufer sich hinziehende schattige *Esplanade* (tägl. 11½-12½ U. Vm. u. 6-8 U. Nm., Sonnt. 11½-1 U. u. 5½-7 U. Nm. Musik) bietet eine freie Aussicht auf den See: l. der bewaldete *Grünberg* (1004m), dann der fast senkrecht aus dem See aufsteigende *Traunstein* (1691m), der *Erlakogl* (1570m), weiter r. im Hintergrund der *Wilde Kogl* (2093m), den See anscheinend

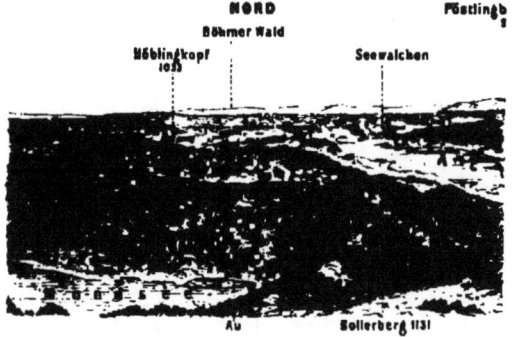

NORD       Föstlingb

Böhmer Wald

Höblinskopf         Seewalchen
1055

Au        Sollerberg 1131

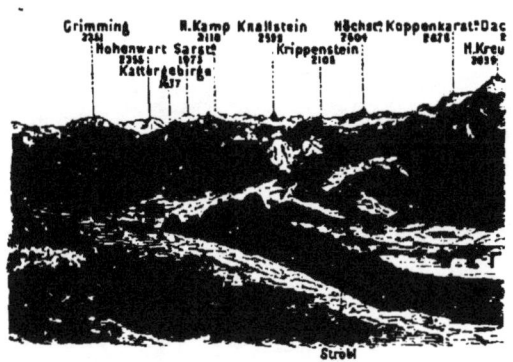

Grimming    R.Kamp Knallstein    Höchst. Koppenkarat. Dac
2351        2118    2595       2404    2476     2
   Hohenwart Sarstn    Krippenstein     H.Kreu
   2366   1975      2108        2039
    Kattergebirge
    1637

Strobl

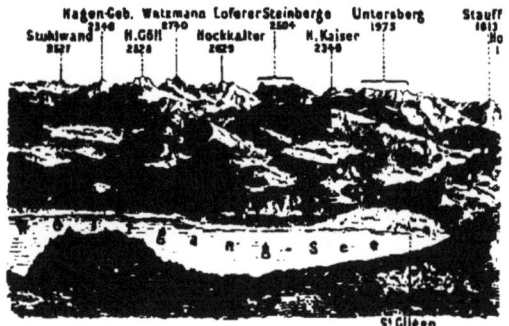

Hagen-Geb. Watzmann LofererSteinberge   Untersberg    Stauff
    2366     2790      2504        1973     1813
Stuhlwand    H.Göll    Hockkalter    H.Kaiser      No
2517     2528     2629      2349         1

W a n g - S e e

St Gilgen

PANORAM.

schließend der *Kleine Sonnstein* (923m), an dessen Fuß Traunkirchen, r. die *Sonnstein-Höhe* (1045m), die breite *Fahrnau*
(1201m), dann der lange *Kranabetsattel* und das *Höllengebirge*
(S. 101). Hübsche Anlagen, Gärten und Villen umgeben den Ort.
Spaziergänge in der Nähe (Wege überall markiert): n. w. (10 Min.)
die *Wunderburg* und (5 Min. weiter) der *Kalvarienberg* (480m); n.w. der
*Kogl* (540m) mit der *Marienwarte*, ¹/₄ St.; am s.w. Fuß der große neue
*Stadtpark* mit hübschen Aussichten; w. *Villa Satori* mit schönem Park
(25 Min.); s. w. *Ort* (¹/₂ St.), mit zwei Schlössern, von denen das Seeschloß
durch eine 65m lange Brücke mit dem Lande verbunden ist; n.w. *Rosen-
kranz* (25 Min.), n.ö. *Baumgarten* (³/₄ St.), ö. *Siberroith* (³/₄ St.), alle mit Re-
staur. Am r. Ufer der Traun die schattigen *Kronprinz-Rudolf-Anlagen* mit
Café zur Marienbrücke und Restaur. zum Augarten (¹/₂ St.). Ö. auf der
Höhe das große neue Schloß des Herzogs von Cumberland mit schönem
Park (nicht zugänglich). — Am ö. Seeufer liegen die Restaurationen : 10 Min.
*Alpensteig*, 20 Min. *Grünberger Gut*, 30 Min. *Prillinger*, 50 Min. *Kleine
Ramsau*, 70 Min. *Hoisengut;* Hin- oder Rückfahrt im Kahn, den man sich
in Gmunden bestellt. Bei den Nachmittagsfahrten legt das Dampfboot an
der Kl. Ramsau, beim Hoisengut und Steininger an.

Weitere Ausflüge: an der Villa Satori vorbei auf den Gmundener
Berg (822m) mit schöner Aussicht (1¹/₂ St.), hinab zur (1 St.) *Reindlmühle*
(Whs.) im Aurachthal, zurück über (1 St.) *Ebensweier* (im ganzen 4¹/₂ St.).
— *Traunfall* (S. 100), auch zu Fuß lohnend (3 St.); bequemer auf der Lam-
bacher Eisenbahn (S. 100) oder auf einem der Salzschiffe, die 2mal wöch. 10 U.
Vm. von Gmunden auf der Traun in 1¹/₂ St. zum Fall hinab, auf dem
Schiffahrtskanal (dem „guten Fall") an demselben vorbeifahren und ¹/₄
St. unterhalb landen (interessante und gefahrlose Fahrt, 1¹/₂ fl.; zurück
auf der Eisenbahn). — Über die *Himmelreichwiese* und das *Hochgeschirr*
(994m), mit Blick auf die Gletscher des Dachstein, zum (3 St.) Lau-
dachsee (881m); zurück über *Franzl im Holz* (2 St.) oder über die *Kleine
Ramsau* (1³/₄ St.) und mit Kahn in ³/₄ St. nach Gmunden (Wege überall
markiert, Führer entbehrlich). — Besteigung des *Traunstein* (1691m), 5 St.
m. Führer (A. Reitter in Gmunden), mühsam; vom Gipfel *(Alpenspitze)*
prächtige Aussicht, besonders auf Prielgruppe und Dachstein.

Von Gmunden nach Ischl (Dampfbootfahrt über den Traunsee
für nicht Eilige vorzuziehen, 1 St. von Gmunden bis Ebensee,
70 u. 40 kr.; es werden gemischte Billette ausgegeben, die zur
Eisenbahn- u. Dampfbootfahrt berechtigen). Die Bahn (l. sitzen!)
führt hinter dem Schloß des Herzogs von Württemberg vorbei und
nähert sich bei *Altmünster*, mit der ältesten Kirche des Landes,
dem schönen 12km langen *Traunsee* (422m). — 17km *Ebensweier*,
mit Schloß (jetzt Mädchenschule); hübscher Rückblick auf Gmunden, l. der Traunstein. Die Landschaft wird, wie man sich dem
Südende des Sees nähert, großartiger; hinter dem Traunstein erscheint der *Hochkogl* (1483m), weiter der schöngeformte *Erlakogl*
(1570m). — 21km Stat. *Traunkirchen* (5 Min. vom Bahnhof an
schöner Seebucht das *Gasth. am Stein* mit schattigem Garten,
Terrasse etc., Z. von 80 kr. ab); dann durch zwei Tunnels nach
(23km) *Traunkirchensee,* Haltestelle für das auf einer Landzunge
reizend gelegene Dorf Traunkirchen (*Post; Burgstaller,* einf. gut).
Das prächtig gelegene Kloster (jetzt Pfarrwohnung) verdient einen
Besuch; in der Kirche originelle holzgeschnitzte Kanzel in Gestalt
eines Schiffes, mit Netzen und Fischen.

Noch ein kurzer Tunnel, dann der 1428m l. *Sonnstein-Tunnel.*

Die Bahn führt noch kurze Zeit am See entlang, berührt die Haltestelle (27km) *Ebensee-Landungsplatz* (Hot. Post, Z. 1 fl. 20 kr.,
mäßig; Bäckerwirt), überschreitet die *Traun* und erreicht (28km)
*Ebensee-Bahnhof* (425m; *Hot. Lehr*, einf. gut; *Bahnrestaur.*), stattliches Dorf (mit *Langbath* 5860 Einw.) am S.-Ende des Sees, mit
k. k. Saline und großer Ammoniak-Soda-Fabrik. Die Sole wird
von Ischl und Hallstatt in Röhren hergeleitet.

Hübscher SPAZIERGANG längs der Solenleitung zum (³/₄ St.) *Steinlogl*
(*Whs.) mit schöner Aussicht, der gleichn. Haltestelle (s. unten) gegenüber. — Nach den *Langbathseen, 2¹/₂ St., lohnend (Stellwagen zum Vordern See 8 u. 11¹/₂ U. Vm., von der Kreh zurück 3 u. 6 U. Nm., hin und
zurück 1 fl. 50 kr.); Fahrweg durch das schöne bewaldete *Langbaththal* zur
(1¹/₂ St.) *Kreh* (651m; Whs.) und dem (20 Min.) *Vordern Langbathsee* (675m);
von da Fußpfad zum (³/₄ St.) kleineren aber schöneren *Hintern See* (727m).

Weiter durch das breite Traunthal. — 31km Haltstelle *Steinkogl* (*Mariengasthof, 6 Min. vom Bahnhof; *Gasth. Steinkogl, am
l. Ufer der Traun), an der Mündung des *Traunweißenbach-Thals*
(in demselben 2 St. aufwärts der besuchenswerte *Offensee*); 35km
*Langwies*; 39km *Mitterweißenbach* (nach dem Attersee s. S. 102).
Über die Traun nach

44km **Ischl.** — GASTH.: *Kaiserin Elisabeth (Pl. 1), *Hot.
vormals Bauer (Pl. 2), in herrlicher Lage auf der Höhe oberhalb Ischl,
beide 1. Ranges, mit entsprechenden Preisen; *Post (Pl. 3), Z. L. B.
1-3 fl.; *Goldnes Kreuz (Pl. 5), Z. 1¹/₂-2 fl.; *Hot.-Pens. Rudolfshöhe, mit Café-Rest., am Ende der Esplanade; Hotel Austria,
an der Esplanade; *Victoria (Pl. 4); Erzherzog Franz Karl (Pl.
6); die letzten vier mit Garten-Restaur. — 2. Kl.: *Stern (Pl. 7); *Krone
(Pl. 8); Bayrischer Hof (Pl. 9); Zur Neuen Welt u. a. —*Pens.
Flora; Hôt. garni Ramsauer, Athen, Redlich. — *Kaltwasserheilanstalt von *Dr. Hertzka*, 10 Min. vom Ende der Esplanade, Pens. m.
Z. 25-32 fl. wöchentlich.

KURSALON mit Café-Restaurant, Lesezimmer etc. (S. 109). — *Café Ramsauer*, der Post gegenüber; *Café Walter*, Esplanade; Konditorei *Zauner*,
Pfarrgasse; *Leopold's Café Rudolfshöhe*, s. oben. — *Bahnrestaur.*

KURTAXE (1. Juni-30. Sept.) bis zu einem Aufenthalt von 3 Wochen
wöchentl. 1 fl. für jedes Familienglied; bei über 22 Tagen Kurtaxe für
das Familienhaupt 8 fl., minder Bemittelte 6 fl., Frauen 3, Kinder 1,
Dienstboten ¹/₂ fl. Musiktaxe 3 fl., jedes Familienglied 1 fl. Kurmusik Vm.
7-8 U. im Rudolfsgarten (bei schlechtem Wetter in der Trinkhalle), 8-9 U.
im Kurhaus-Park oder Saal, 12-1 U. auf der Esplanade, Nm. 5-6¹/₂ im
Kurhaus-Park oder Saal. — Während der Saison *Theater* (Pl. 16).

FIAKER vom Bahnhof in die Stadt einsp. 60 kr., zweisp. 1 fl., bei
Nacht 80 u. 1 fl. 40 kr.; zum Bahnhof 1 fl. u. 1 fl. 50 kr., bei Nacht
1 fl. 40 kr. u. 2 fl. Tourfahrten innerhalb des Kurortes 40 u. 80, bei
Nacht 70 u. 1 fl. 20 kr. Nach *Hallstatt* in 2¹/₂ St., 6 fl. 50 und 10 fl. 10 kr.;
*Gosau-Schmied* in 4 St., 8 fl. 15 und 14 fl. 30 kr.; *Weißenbach* am *Attersee*
in 2¹/₂ St., 8 fl. 50 und 11 fl. 50 kr.; Trinkgeld einbegriffen.

*Ischl* (468m), besuchtes Bad mit 8473 Einw., liegt reizend auf
einer von *Traun* und *Ischl* umflossenen Halbinsel. Außer Solbädern (Salzgehalt 25%) dienen Schlamm-, Schwefel-, Fichten-
nadel-, Salzdampf- u. a. Bäder, Molken, sowie eine Salz- und eine
Schwefelquelle als Kurmittel. Promenadenwege mit schattigen
Ruheplätzen durchziehen das von schöngeformten Bergen umgebene
Thal nach allen Richtungen.

# GMUNDEN.

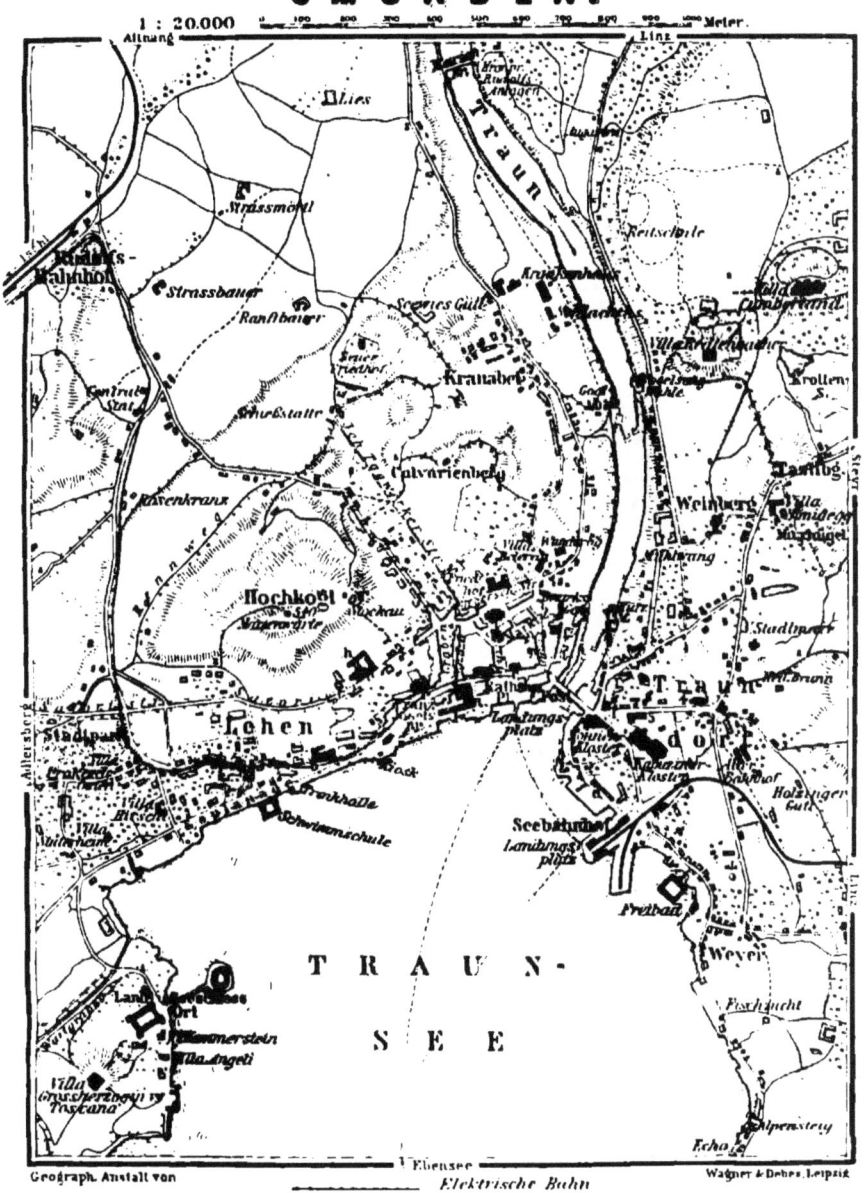

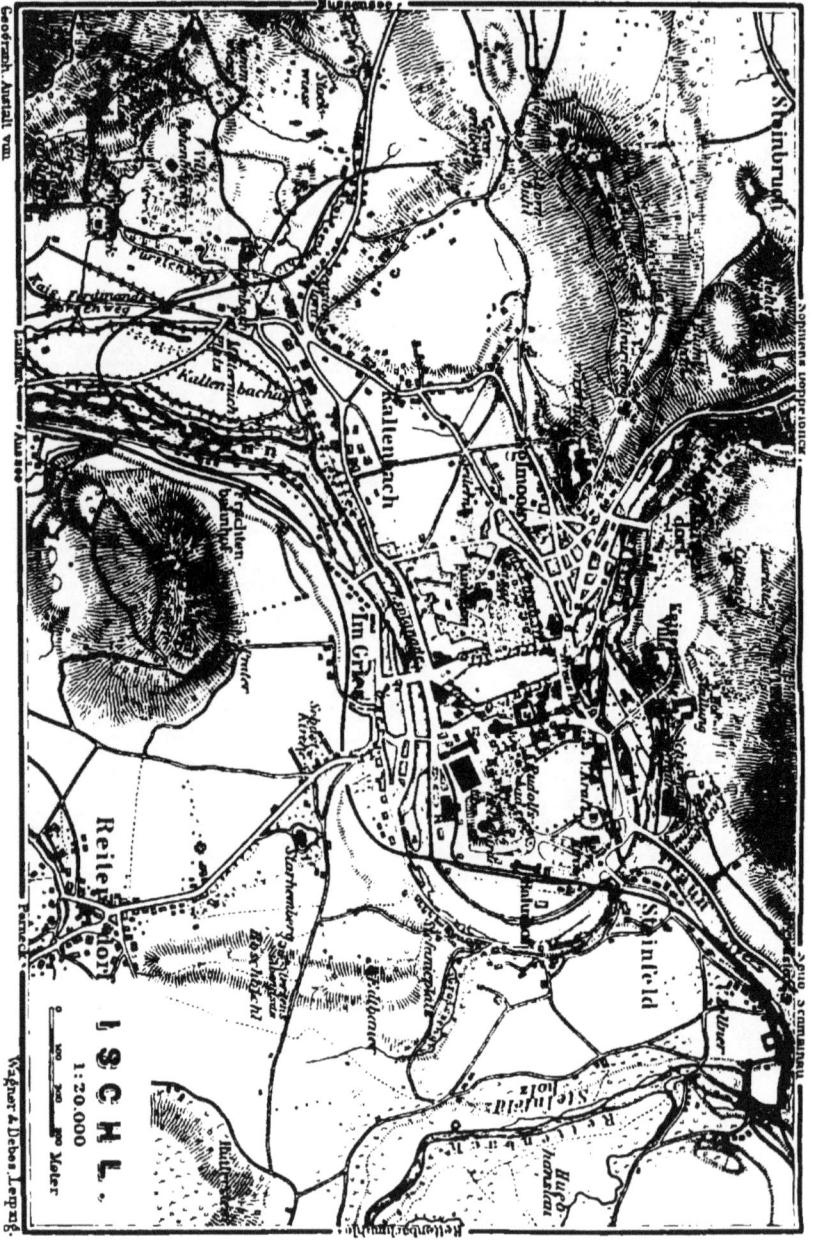

ISCHL.

1:20.000

Vom Bahnhof führt die schattige Bahnhofstraße am *Rudolfs-garten* vorbei zur *Pfarrkirche* (Pl. 11), unter Maria Theresia erbaut, 1877–80 renoviert, mit Altarblättern von Kupelwieser. Südl. am Kaiser-Ferdinandsplatz die *Trinkhalle* (Pl. 12) mit Wandelbahn, dahinter r. das *Wirer-* und *Giselabad*, l. das *k. k. Salzsudwerk* (Pl. 13) und das *Salinen-Dampfbad* (Pl. 14).

Vom Kaiser-Ferdinandsplatz führt w. die *Pfarrgasse* zum *Franz-Carl-Platz*, mit hübschem Brunnen zu Ehren der Eltern des Kaisers Franz Joseph, und zur *Traunbrücke.* Am l. Ufer der Traun beginnt hier die *Sofien-Esplanade*, schattige Baumreihen mit Café u. Konditorei (Kurmusik s. oben). — Im *Wirerpark* an der vom Franz-Carl-Platz n. auslaufenden Wirerstraße der *Kursalon* (S. 108), Ö. an der Wirerstraße die Kolossalbüste des *Dr. Wirer von Rettenbach* († 1844). In der Schulgasse ein kl. *Museum* (naturhist. u. s. Gegenstände aus dem Salzkammergut; Di. Do. Sa. 9–12; 20 kr.).

Spaziergänge. Die *kaiserl. Villa* mit schönen Garten- und Parkanlagen (bei Anwesenheit der kaiserl. Familie, gewöhnlich Juli bis Sept., unzugänglich). — Das *Karolinen-Panorama* (¹/₄ St.) und die *Neue Schmalnau* (³/₄ St.), zwei Kaffeehäuser l. von der Straße nach Ebensee, mit hübschem Blick auf Ischl. — Zum *Sophiens-Doppelblick* (¹/₂ St.) auf der obern Brücke über die Ischl und r. hinan (Café; Aussicht auf Ischl, den Dachstein und ins Wolfgangs-Thal). Von hier in ¹/₄ St. zur *Dachstein-Aussicht* und dem *Hohenzollern-Wasserfall*; zurück entweder r. über *Trenkelbach* (³/₄ St.) oder l. durchs *Jainzenthal* über das *Gstätten-Whs.* (1¹/₂ St.). — W. zum *Kalvarienberg* (¹/₄ St.); *Ahornbühl* (¹/₂ St.). — Von der Esplanade durch die *Franz-Karl-Allee* zum *Kaiser-Franz-Josefsplatz* (¹/₂ St.); nach Ruine *Wildenstein* am Abhang des Katergebirges (1 St.). Auf dem schattigen Promenadenweg längs der Solenleitung nach *Laufen* (s. unt.; 18t.). — Am r. Traunufer: auf den *Sirius-* oder *Hundskogel* (598m) ¹/₂ St.; oben die *Kaiser-Franz-Josef-Warte* mit bestem Überblick über Ischl. — Über die Steinfeldbrücke zur *Rettenbach-Mühle* (¹/₂ St.), *Rettenbach-Wildnis* (¹/₄ St.); über *Sterzen's Abendsitz* in ³/₄ St. nach Ischl zurük.

Zum Ischler Salzberg (966m:) Fahrweg über *Reiterndorf* (*Bachwirt*) nach (1 St.) *Pernegg*, wo im Berghaus die Erlaubnis zum Befahren des Salzbergs erteilt wird; dann noch 25 Min. Die Gruben bestehen aus 12 Stollen oder Galerieen, die horizontal eine über der andern in den Berg getrieben sind: Eingang durch den Ludovika-Stollen. Während der Badesaison werden die Galerien 1mal wöchentlich erleuchtet (außer dieser Zeit 5 fl.). Zur Gewinnung der Sole wird Süßwasser in die Kammern geleitet, welches 4-6 Wochen stehen bleibt, die Salzadern auslangt und dann als gesättigte Sole nach Ischl und Ebensee (S. 108) geführt und dort versotten wird.

Von Ischl nach *St. Wolfgang* und auf den *Schafberg* (bequeme Halbtagstour, nicht zu versäumen!) s. S. 105 (Rückfahrkarte 2. Kl. 6 fl. 66, 3. Kl. 6 fl. 63 kr.). — Nach *Aussee* s. unten; nach *Hallstatt* und *Gosau* s. S. 111. — Nach *Weißenbach* am *Attersee* (S. 102) Stellwagen über *Mitter-Weißenbach* tägl. in 2 St.

Von Ischl nach Aussee. Die Bahn tritt wieder auf das r. Ufer der Traun (kurzer Tunnel) und umzieht den Fuß des *Siriuskogels* (s. oben); dann wieder auf das l. Ufer. — 49km Laufen, 5 Min. n. von dem am r. Ufer malerisch gelegenen Markt (479m; *Rößl*, mit Garten; Krone). Die Traun hat hier starke Stromschnellen (der „wilde Laufen"). Wieder über die Traun nach (51km) *Anzenau*; gegenüber am l. Ufer *Ober-Weißenbach*, mit großen Holzlagern, an der Mündung des *Weißenbach-Thals* (in demselben 2 St.

aufwärts die *Chorinsky-Klause*, ein großartiges Holzstauwerk). —
54km **Goisern** (500m; *Goiserermühle; zur Wartburg; *Steinmaier's
Bräuhaus; Bären* u. a.), ansehnlicher Ort (4151 Einw.) mit der
größten evang. Gemeinde im Salzkammergut, als Sommerfrische
besucht. 10 Min. n. das Jod-Schwefelbad Goisern mit der Marie-
Valerie-Quelle. — 57km *Steg* (Goldnes Schiff), am N. Ende des
**Hallstätter Sees** (S. 111). Die Bahn umzieht das ö. Ufer des Sees,
an dem jäh abstürzenden Fuß des *Sarsteins* (1973m) streckenweise in den Fels gesprengt. — 61km Haltstelle *Gosaumühl*(S.112);
64km *Hallstatt*, gegenüber dem gleichnam. Markt (S. 111); r. am
See das Schlößchen *Grub*. — 66km **Obertraun** (**Gasth. z. Sarstein*
am Bahnhof; *Höll, Hinterer*, am See), am obern Ende des Sees.

Weiter durch das wilde *Koppenthal* am Fuß des Sarstein, durch
einen Tunnel und dreimal über die brausende Traun. Endlich
öffnet sich die Schlucht vor (77km) Stat. *Aussee* (Bahnrestaur.), in
*Unter-Kainisch* (k. k. Sudwerk), 20 Min. s. von —

**Aussee.** — *Gasth.*: *Erzherzog Franz Karl*; *Hot. Hackinger;
*Erzherzog Johann; Sonne; Wilder Mann; Schober, am Bahn-
hof, einf.; Pens. Hürsch. — *Kurhaus* mit Restaur., Lesezimmer etc. an
der Mecséry-Promenade. — *Omnibus* vom Bahnhof zur Stadt 30 kr.; *Fiaker* vom
Bahnhof zur Stadt einsp. 1 fl., zweisp. 1 fl. 50 kr.; nach Grundlsee(Schramml)
oder Alt-Aussee einsp. 1 fl. 80 kr., zweisp. 3 fl., hin und zurück incl. 1 St.
Wartezeit 4 u. fl., nach Gößl (Drei-Seen-Tour) u. zurück 5 fl. 40 kr. u. 8 fl.

*Aussee* (657m), steirischer Markt in reizender Lage am
*Traun*, wird als Solbad und Sommerfrische viel besucht. In der
Spitalkirche ein schöner Flügelaltar von 1449. — 5 Min. n. an der
Straße nach Alt-Aussee *Dr. Schreiber's Kuranstalt Alpenheim* und
10 Min. weiter das **Badehotel Elisabeth.**

AUSFLÜGE. Nach *Alt-Aussee (1 St.); Fiaker s. oben (Fahrzeit ½ St.);
Omnibus vom Bahnhof 3mal tägl. in 1 St. Die Straße (daneben die schattige
*Elisabeth-Promenade*) führt durch das waldige Thal der *Altausseer Traun*
nach *Alt-Aussee* (*Seewirt oder Hotel am See; Kitzerwirt), am dunkelgrünen *Altausseer See* (709m), ö. überragt von der Triesselwand, s. Tressen-
stein, n. Loser u. Sandling. Die *Erzherzog-Franz-Carl-Promenade*, 7km lang,
umzieht den See. Von der *Seewiese* am n.ö. Ende (zu Fuß ¾ St., Überfahrt ½ St.) schöner Blick auf den Dachstein. — Von Altaussee zum Grundlsee direkt über den *Tressen-Sattel* (957m) 2½ St.; beim An- und Abstieg
hübsche Aussichten.

Zum Grundlsee gleichfalls lohnend (1¼ St. bis zum Schramml; Fiaker
s. oben; Omnibus 4mal tägl. von der Sonne in 1 St., 50 kr.). Fahrstraße
meist durch Wald an der Grundlseer Traun hin, bei der *Seeklause* über
die Traun zum *Gasth. Schramml*, mit reizender Aussicht (Z. 1-1½ fl.; im
Sommer meist überfüllt). Der *Grundlsee* (700m), 6km l., 1km br., sehr
fischreich, ist von bewaldeten Bergen umschlossen; ö. im Hintergrunde die
kahlen Gipfel des *Toten Gebirges*. Die Straße führt weiter am (¾ St.)
*Ladner-Whs.* vorbei nach (½ St.) *Gößl* (Veit) am obern Ende des Sees.
Ein kl. Schraubendampfer fährt von der Seeklause 5mal tägl. zum Schramml,
Ladner u. Gößl. Von hier Fahrweg zum (20 Min.) dunkeln waldumschlosse-
nen *Toplitz-See;* Überfahrt (Schiffer von Gößl mitbringen) in 25 Min. bis
zum obern Ende; 5 Min. weiter der kleine *Kammersee*, in wilder Einsam-
keit am Fuß des Toten Gebirges (sehr lohnende Partie, die „Drei-Seen-
Tour"; Retourbillet vom Schramml incl. Bootfahrt über den Toplitzsee fl.).

EISENBAHN von Aussee nach *Steinach* und *Selzthal* s. S. 204.

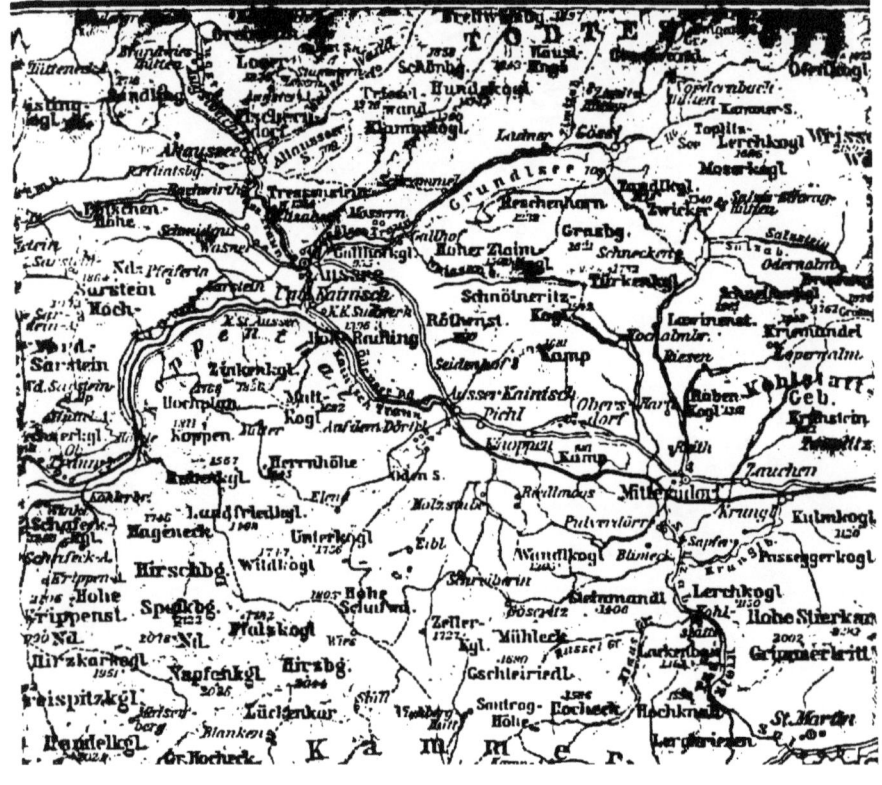

## 9.  Von Ischl nach Hallstatt und über Gosau nach Abtenau und Golling.

EISENBAHN bis (20km) *Hallstatt* (Haltstelle) in 40-50 Min. ; DAMPFBOOT zwischen Hallstatt (Haltstelle) und Markt Hallstatt zu allen Eisenbahn- zügen in 15 Min. (25 kr.). Man löse Eisenbahnbillet *einschließlich Über- fahrt* nach Markt Hallstatt (von Hallstatt aus werden Eisenbahn- und Dampfbootbillette auf dem Postbureau im Hot. Seeauer ausgegeben). — OMNIBUS von Hallstatt (Seeauer) zum Gosauschmied bei genügender Be- teiligung im Sommer tägl. 7.15 Vm. in 2½ St., zurück 4.15 Nm.; 1 fl. 50 kr., hin u. zurück 2 fl.; EINSP. von Hallstatt zum Gosauschmied und zurück 8 fl., Zweisp. 12 fl. incl. Trkg.; von Gosaumühl oder Steg (Goldnes Schiff) Einsp. 6, Zweisp. 10 fl. inkl. Trkg.  Einspänner von Ischl nach Hallstatt in 2½ St., 6 fl. 10, Zweisp. 10 fl. 50 kr.; nach Gosau (Brandwirt) in 3½ St., 7 fl. 15 und 12 fl. 30 kr.; Gosau-Schmied in 4 St., 8 fl. 15 und 14 fl. 30 kr. (Trinkg. einbegriffen). — POST von Gosau nach *Abtenau* tägl. in 2½ St. (1 fl. 70 kr.); von Abtenau nach *Golling* tägl. in 2 St. (1 fl. 30 kr.). EINSP. von Abtenau nach Golling 4, Zweisp. 7-8 fl. und 1 fl. Trinkg.

Eisenbahn von Ischl bis (20km) *Hallstatt* (Haltstelle) s. S. 110. Der *Hallstätter See (494m), 8km l., 1-2km br., von ernstem und großartigem Charakter, ist auf drei Seiten von gewaltigen Bergen umschlossen (ö. Sarstein, s. Krippenstein, Zwölferkogl, Hirlatz, w. Plassen, Gosauhals u. Ramsauer Gebirge).

Hallstatt (*Seeauer's Gasth., Z. L. B. 1 fl. 70 kr., mit Garten am See und Dependenz *zur Post; *Grüner Baum; Gasth. zur Simony- hütte, klein aber gut; Adler, einf.), langer Markt (770 Einw.) mit evang. Pfarramt (neue Kirche), liegt am SW.-Ende des Sees; der Ufersaum ist so schmal, daß die Häuser wie Schwalbennester an der Bergwand zu kleben scheinen.  Mitten im Ort ergießt sich von der Höhe der *Mühlbach* über die Felsen und bildet einen Wasser- fall. In der alten *Pfarrkirche* ein Holzschnitzaltar aus dem XV. Jahr- hundert; im Beinhause Tausende von Schädeln.  Im ehem. Gefäng- nishause das *Ortsmuseum* (10-12 u. 2-5 U.; 10 kr.) mit kelti- schen Altertümern etc.  Neue Straße s. nach der (10 Min.) *Lahn*, einem vom *Waldbach* angeschwemmten Vorland, mit dem k. k. Sudwerk.

Zum Rudolfsturm (853m), der Wohnung des Bergverwalters, führt ein guter Weg in vielen Windungen in 1 St. (Pferd 3 fl. 50, zum Salzberg 4 fl. 70 kr.). Von der Terrasse des Gärtchens vor dem Hause hübscher Blick auf den See. In der Nähe wurden seit 1846 aus einem Begräbnis- platz (an 2000 Gräber sind geöffnet), wahrscheinlich keltischer Bergar- beiter aus dem III. oder IV. Jahrh. v. Chr., zahlreiche Gegenstände ausge- graben; der größere Teil wurde nach Wien in das Naturhistor. Hof- museum (S. 35) und nach Linz in das Museum Francisco-Carolinum gebracht. — Noch ¾ St. höher ist das Bergbaus und der Eingangsstollen zum *Hallstätter Salzberg* (1120m), beschwerlicher zu befahren als der Ischler Berg (S. 109); Karten zum Einfahren im Berghause.

Der *Waldbach-Strub, 1 St. s.w. von Hallstatt im schön bewaldeten *Echernthal*, stürzt in drei Güssen 100m hoch durch einen Felsspalt hinab. In dieselbe Tiefe stürzt r. über eine Felswand der ziemlich gleich hohe *Schleierfall*, beide aber nur nach Regentagen lohnend. — Ein hübscher Weg („Malersteig") führt von Croallo's Whs. (halbwegs im Echernthal) am r. Ufer des Waldbachs in die Lahn (s. oben) und nach Hallstatt zurück.

BERGTOUREN von Hallstatt (*Plassen, Sarstein, Dachstein* etc.) siehe *Baedeker's Südbaiern*.

Die Straße n a c h G o s a u führt am See entlang bis zum (³/₄ St.)
*Gosauzwang* (s. unten), an der Mündung des *Gosaubachs* (für Fußwanderer weit lohnender der ¹/₄ St. weitere *Solenleitungsweg*
oben am Bergabhang entlang, mit wechselnden schönen Blicken
auf den See; beim Gosauzwang hinab auf die Straße), 10 Min. w.
von *Gosaumühl* (*Whs.), von wo Ruderboot zur gleichn. Station
(S. 110) bei allen Zügen. Nun w. ansteigend unter dem *Gosauzwang*
hindurch, einer 133m l., von 7 Pfeilern (der höchste 43m) getragenen Brücke für die Solenleitung, in das enge bewaldete *Gosauthal.* Erst vor dem lang sich hinziehenden Dorf (2¹/₂ St.) **Vorder-
Gosau** (729m ; *Brandwirt; Kirchenwirt*) wird das Thal breiter. S.
bilden den großartigen Hintergrund die zackigen schroffen Wände
der *Donnerkogeln* (2052m). Der Fahrweg endet beim (1 St.) *Gosau-
Schmied* (767m ; *Whs.).

Von hier zu Fuß durch Wald bergan zum (³/₄ St.) schönen waldum-
schlossenen *Vordern Gosau-See* (908m), ¹/₂ St. lang, 10 Min. breit; s.ö. im
Hintergrund der gewaltige Dachstein mit den beiden Gosaugletschern, r.
Thorstein und Donnerkogeln. Noch 1¹/₂ St. weiter thalauf liegt der kleine
weißgrüne *Hintere Gosau-See* (1156m), in einer Mulde öder Kalkfelsen
eingebettet.

Von Gosau nach Abtenau, 21km. Die Straße steigt bis
zum (1 St.) *Paß* **Gschütt** (971m; Whs.), Grenze zwischen Ober-
österreich und Salzburg; w. das Tennengebirge, ö. die Gosau mit
den Donnerkogeln. Hinab über (³/₄ St.) *Rußbach-Sag* (811m; 2
Whser.) bis zur (1³/₄ St.) *Lammerbrücke*, dann wieder bergan nach
dem großen Markt (1 St.) **Abtenau** (712m ; *Post; *Roter Ochs).

Weit vorzuziehen ist die Wanderung über die *Zwieselalp (1584m):
von Vorder-Gosau 3 St., bis Abtenau 6 St.; Führer die Stunde 30 kr., bis
Abtenau 3 fl. Tragsessel auf die Zwieselalp 11 fl. Von Vorder-Gosau Reitweg, rot markiert (Führer kaum nötig), unweit der Kirche vom Fahrwege r. ab in mäßiger Steigung durch Wald hinan, oben am Fuß der
Kuppe durch das Gatter und r. zur (2¹/₂ St.) *Edt-Alp* (Whs.), ¹/₄ St. unterhalb des Gipfels. Oben prächtige Aussicht auf den Dach- und Thorstein
(tief unten das Gosauthal mit den Seen, s. die Tauern von der Hoch-
alpenspitze bis zum Groß-Venediger, s.w. Übergossene Alp, Tennengebirge, Hoher Göll, zu äußerst der Untersberg. — Hinab durch Wald und
an einzelnen Bauernhöfen vorbei zur (1¹/₂ St.) *Lammerbrücke*, dann entweder über diese direkt nach (1¹/₇ St.) Abtenau; oder vor der Brücke
r. ab am r. Ufer der Lammer zum (¹/₂ St.) *Hot. Zwieselbad-Handlhof*, mit
Bitterwasserquelle (1895 geschlossen); von hier auf die Gosauer Straße,
zuletzt nochmals bergan nach (1¹/₄ St.) Abtenau. (Von Abtenau zur Zwiesel-
alpe Führer ratsam, 2¹/₂ fl.)

Die neue Straße von Abtenau nach Golling (18 km; Post
u. Fuhrwerk s. S. 111) führt n.w. über *Döllerhof* nach (¹/₂ St.)
*Mühlrain* und senkt sich dann in das tiefe schön bewaldete Thal des
*Schwarzbachs*, den sie vor seiner Mündung in die *Lammer* (¹/₂ St.)
überschreitet. Weiter am l. Lammerufer, am Whs. zur Voglau vorbei.
Nach 20 Min. führt r. ein Steg (1895 weggerissen) über die Lammer
zum (5 Min.) prächtigen *Aubachfall*, der in drei Absätzen an 100m
h. herabstürzt (20 kr.). 20 Min. weiter r. unterhalb der Straße die
*St. Veits-Brücke* mit prächtigem Blick in die wilden *Lammeröfen* ("Veits-Brückl-Klammen"; der Steig unten durch die Klamm

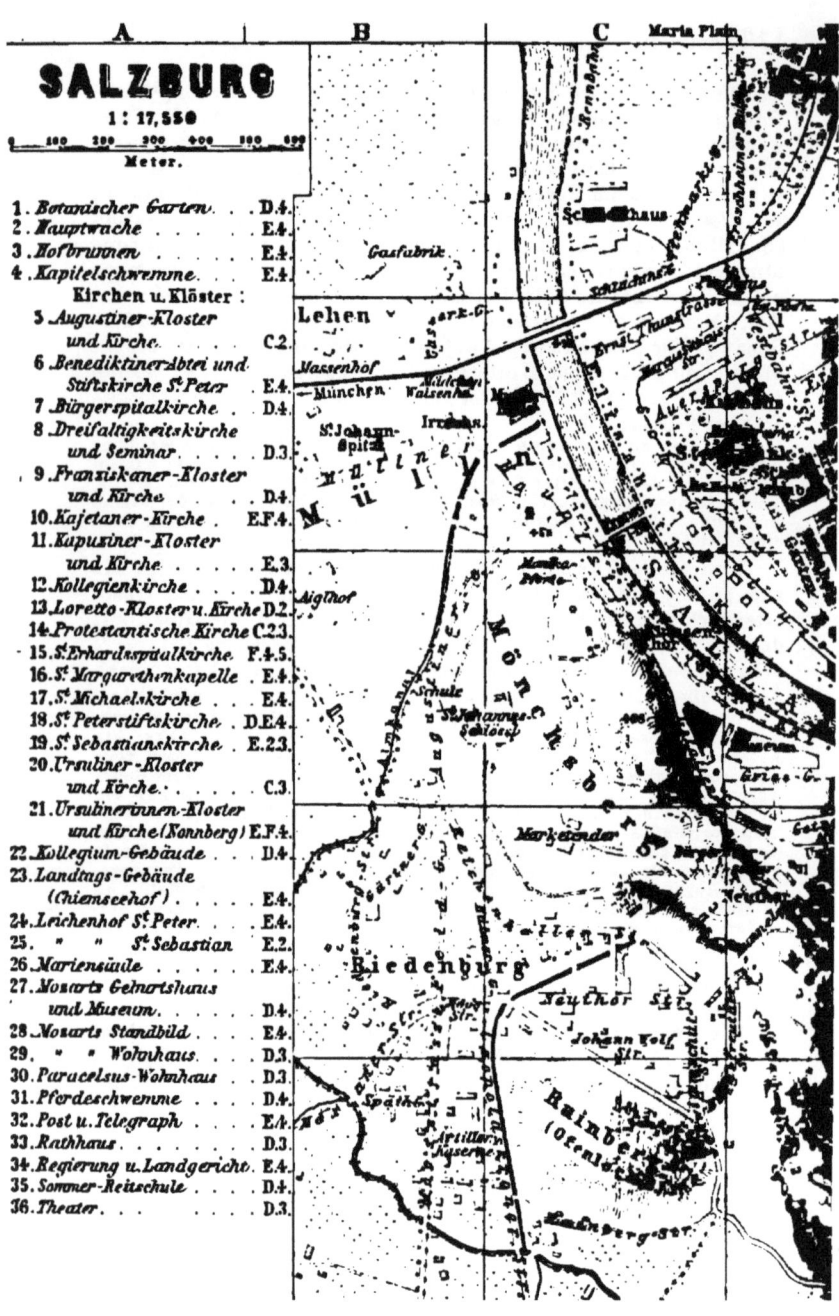

**A**    **B**    **C**    Maria Plain

# SALZBURG

**1 : 17,550**

0   100   200   300   400   500   600

Meter.

1. *Botanischer Garten* . . . D.4.
2. *Hauptwache* . . . . . . E.4.
3. *Hofbrunnen* . . . . . . E.4.
4. *Kapitelschwemme* . . . . E.4.
   Kirchen u. Klöster :
5. *Augustiner-Kloster*
   *und Kirche* . . . . . . C.2.
6. *Benediktiner-Abtei und*
   *Stiftskirche St. Peter* . E.4.
7. *Bürgerspitalkirche* . . D.4.
8. *Dreifaltigkeitskirche*
   *und Seminar* . . . . . D.3.
9. *Franziskaner-Kloster*
   *und Kirche* . . . . . . D.4.
10. *Kajetaner-Kirche* . . E.F.4.
11. *Kapuziner-Kloster*
    *und Kirche* . . . . . E.3.
12. *Kollegienkirche* . . . . D.4.
13. *Loretto-Kloster u. Kirche* D.2.
14. *Protestantische Kirche* C.2.3.
15. *St. Erhardsspitalkirche* . F.4.5.
16. *St. Margarethenkapelle* . E.4.
17. *St. Michaelskirche* . . . E.4.
18. *St. Peterstiftskirche* . D.E.4.
19. *St. Sebastianskirche* . E.2.3.
20. *Ursuliner-Kloster*
    *und Kirche* . . . . . . C.3.
21. *Ursulinerinnen-Kloster*
    *und Kirche (Nonnberg)* E.F.4.
22. *Kollegium-Gebäude* . . . D.4.
23. *Landtags-Gebäude*
    *(Chiemseehof)* . . . . E.4.
24. *Leichenhof St. Peter* . . E.4.
25. *"   "   St. Sebastian* E.2.
26. *Mariensäule* . . . . . . E.4.
27. *Mozarts Geburtshaus*
    *und Museum* . . . . . D.4.
28. *Mozarts Standbild* . . E.4.
29. *"  "  Wohnhaus* . . D.3.
30. *Paracelsus-Wohnhaus* . D.3.
31. *Pferdeschwemme* . . . D.4.
32. *Post u. Telegraph* . . E.4.
33. *Rathhaus* . . . . . . . D.3.
34. *Regierung u. Landgericht* E.4.
35. *Sommer-Reitschule* . . D.4.
36. *Theater* . . . . . . . D.3.

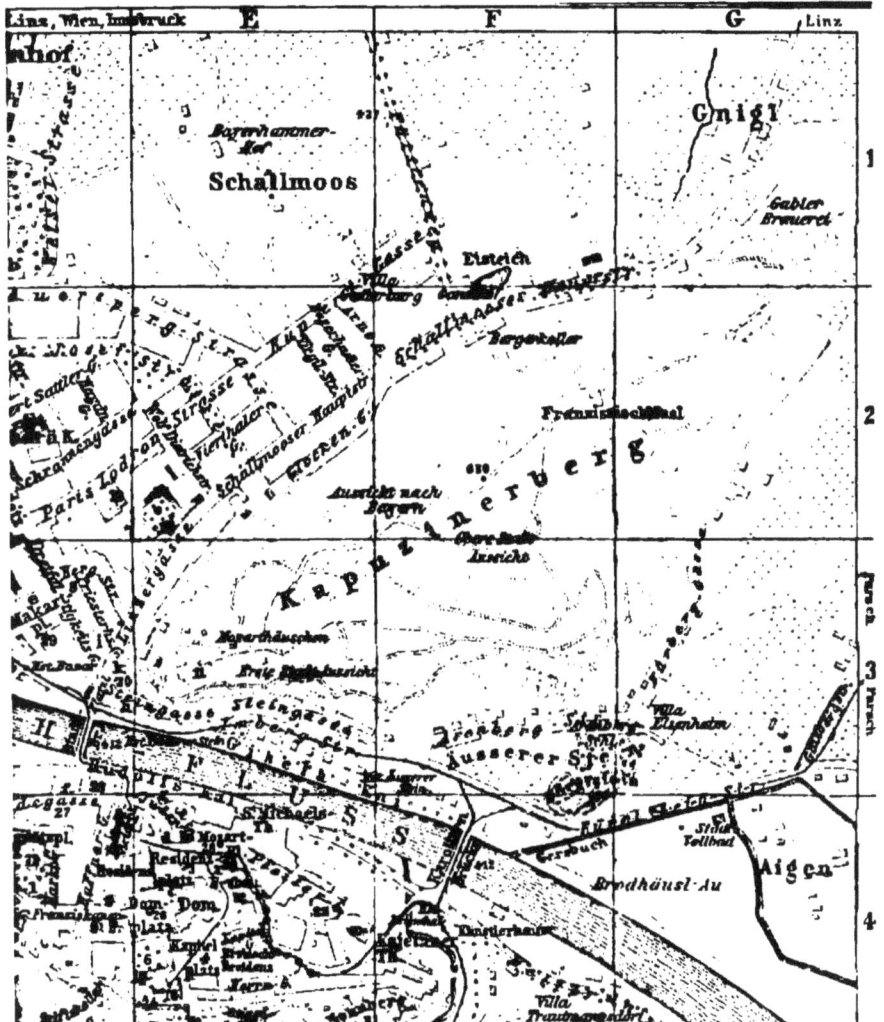

ist nicht mehr gangbar). An der (20 Min.) *Lammerbrücke* (Brücken-
wirt, am r. Ufer) mündet l. der steile alte Weg über den *Strub-
berg;* weiter stets am r. Ufer der Lammer über (1 St.) *Scheffau* nach
(1 St.) *Golling* (S. 125).

## 10. Salzburg und Umgebungen.

**Staatsbahnhof** an der N.-Seite der Stadt (Pl. D. 1), 1,3km von der
Stadtbrücke (Lokalbahn s. unten). Getrennte Wartesäle (in beiden Restaur.,
für die Züge nach Österreich (Wien, Innsbruck) und nach Bayern. Fahrkarten nach Stationen des Deutschen Reichs werden in deutschem Gelde
bezahlt. *Stadtbureau* der österr. Staatsbahnen im Hot. zum Stein (s. unten).
— **Salzkammergut-Bahnhof** dem Staatsbahnhof gegenüber (s. S. 108).

**Gasthöfe** (im Sommer oft überfüllt, Vorausbestellung ratsam). *Hôtel
de l'Europe* (Pl. D 1), am Bahnhof, mit Personenaufzug und großem
Garten, Z. L. 1½-3½ fl., B. 80 kr., Pens. von 5 fl. ab; *Österreichischer
Hof* (Pl. a: D 3), Schwarzstr., Z. 1-2 fl., L. u. B. 60, F. 60 kr.; *Hot.
Nelböck* (Pl. b: D 1), Z. 1½-2 fl., L. u. B. 50, F. 60 kr., Pension von
4 fl. an; *Elektrizitäts-Hotel*, Makartplatz; *Hot. Pitter* (Pl. l:
D 2), Z. L. B. 1 fl. 30 kr., mit gutem Restaurant. — In der Stadt, am l.
Ufer: *Erzherzog Carl* (Pl. c: E 4); Goldenes Schiff (Pl. d: E 4);
Goldene Krone (Pl. f: D 3), *Hirsch, Mödlhammerbräu*, Gold-
nes Horn, diese 4 in der Getreidegasse; Mohr (Pl. g: E 3, 4). — Am r.
Ufer der Salzach: *Gasth. zum Stein* (Pl. h: D E 3), an der Stadt-
brücke, mit hübscher Aussicht; *Gablerbräu* (Pl. i: D 3), Traube
(Pl. k: D 3), Regenbogen, Tiger, nicht teuer; Steinlechner, Birgl-
steinstr., ½ St. vom Bahnhof; Pension Jung, beim Bahnhof; Hôtel
garni Koller, Linzergasse, Z. 1 fl. 20 kr.

**Cafés.** Am l. Salzachufer: Tomaselli am Ludwig-Viktorplatz;
Lohmayr, Universitätsplatz u. Sigmund-Haffnergasse. Am r. Ufer: Café
Bazar, Café Central, beide Schwarzstr.; Koller, Linzergasse (auch
Z.); Corso, Giselakai. — Konditorei: Fürst, Ludwig-Viktorplatz.

**Restaurants.** Kurhaus (s. unten; im Sommer häufig Abends Militärkonzert); Mirabell, mit sehenswertem Saalbau, Schwarzstr. u. Mirabellgarten; *Pitter* (s. oben). — Wein im St. Peters-Stiftskeller (S. 115);
bei Malsiner u. Keller, beide Getreidegasse; im Mohren, Tiger
u. a. — Bier im Stieglbräu, im Sommer der Stieglkeller (Pl. E 4), am
Weg zur Festung, mit Aussicht, sehr besucht; Sternbräugarten, Getreidegasse; Schanzlkeller, vor dem Cajetanerthor; Mödlhammer
Keller, vor dem Klausenthor; Bräustübl in Mülln (originelles Lokal,
nur Nachm. geöffnet).

**Bäder.** *Kurhaus*, Bahnstraße, Bäder aller Art, auch Schwimmbassin.
*Städt. Vollbad* in der Brodhäuslau nächst der Karolinenbrücke. *Schwimm-
schule* bei Schloß Leopoldskron, ½ St. s.w. (S. 119; Lokalbahn s. unten).
*Wasserheilanstalt Salzburg-Parsch* (S. 119), mit Schwimmbassin, Restaur. etc.
*Moor-, Fichtennadel-* u. *Schlammbäder* im Ludwigs- und Marienbad, ½ St.
von der Stadt (Omnibus vom Gold. Horn und der Blauen Gans); im
*Bad Kreuzbrückl*, ¼ St. s.w. bei Leopoldskron (Omnibus 9 u. 2 U. vom
Collegienplatz), und im *Ganshof*, bei Maxglan, 25 Min. n.w.

**Fiaker** vom Bahnhof in die Stadt mit Gepäck einsp. 60 kr., zweisp.
1 fl.; bei Nacht 90 oder 1 fl. 60 kr. Zeitfahrten ½ Tag 3 fl. 20 oder 5 fl.;
ganzer Tag 6 oder 9 fl. — Nach *Berchtesgaden* 5 oder 8, hin und zurück 6
oder 10 fl., *Königssee* 8 oder 12 fl. (beides incl. Salzbergwerk). Hin und
zurück mit 1 St. Aufenthalt: *Aigen, Marienbad, Hellbrunn, Kleeheim* 2 oder
3 fl. — Mautgebühren und Trinkgeld überall eingerechnet.

**Salzburger Lokalbahn** (*Dampftrambahn*) vom Bahnhof durch die Stadt
nach St. Leonhard (S. 120) stündlich (60, 40 kr.). Haltestellen in der Stadt:
*Bahnhof, Fünfhaus, Kurhaus, Bazar, Innerer Stein, Äußerer Stein* (Abzweigung nach *Parsch*, S. 119); dann über die Karolinenbrücke nach (2,3km)
*Inneres Nonnthal*. Die weitern Stationen bis zur österr. Landesgrenze

(vgl. S. 120) sind *Äußeres Nonnthal* (*Leopoldskron*), *Kommunal-Friedhof*, *Kleingmain*, *Morzg*, (5km) *Hellbrunn* (S. 119), *Anif* (S. 119), *Grödig* (S. 120), (13km) *St. Leonhardt* (S. 120). Fahrkarten sind an den Haltestellen oder beim Kondukteur zu lösen. **Rückfahrkarten** nur 1 Tag gültig.

**Pferdebahn** vom Bahnhof über die *Stadtbrücke, Residenzplatz, Kapitelplatz* nach *Nonnthal* alle 1/4 St. — *Drahtseilbahn* auf die Festung (S. 117). — *Aufzug* auf den Mönchsberg S. 117.

**Dienstmänner** 5 kr. die Viertelstunde, Gepäck bis 10kg zum Bahnhof 20 kr., bis 50kg 40 kr.; *Fremdenführer* 25 kr. die Stunde, Tag 2 fl.

**Post- und Telegraphen-Bureau** (Pl. 32: E 4) im Neugebäude auf dem Residenzplatz, r. neben der Hauptwache. Zweigbureau am Makartplatz.

**Kunstausstellung** im Sommer im *Künstlerhaus* (S. 118). — Permanente gewerbliche u. kunstgewerbliche Ausstellung im *Mirabellschloß* (S. 118).

**Geldwechsler**: *C. Spängler*, Mozartplatz 4 (auch Spediteur); *F. Berger*, Ludwig-Viktorplatz. — AUSKUNFTS-BUREAU des *Vereins zur Hebung des Fremdenverkehrs* in H. Kerber's Buchh., Sigmund Haffnergasse 10. — PHOTOGRAPHIEN in großer Auswahl bei *Würthle & Spinnhirn*, Schwarzstr.

**Salzburg** (412m), das alte *Juvavum*, Hauptstadt des frühern Erzstifts Salzburg, des reichsten und wichtigsten Hochstifts Süddeutschlands, das 1802 säkularisiert wurde, 1816 an Österreich kam und seit 1850 ein selbständiges Kronland bildet, ist Sitz der Landesregierung, des Landesgerichts und eines Erzbischofs und hat 27609 Einw. Die Stadt, mit der sich an Schönheit der Lage kaum eine andere deutsche Stadt messen kann, liegt auf beiden Ufern der *Salzach*, deren grauweißes Gletscherwasser in breitem Kiesbett der bayrischen Ebene und dem Inn zueilt, am l. Ufer von dem steilen *Festungs-* und *Mönchsberg* eingeschlossen, während der Stadtteil am r. Ufer sich an den *Kapuzinerberg* anlehnt. Häufige Feuersbrünste und die Baulust der Fürsten, namentlich des Erzbischofs Wolf-Dietrich, haben von älteren Gebäuden wenig übrig gelassen; die meisten Bauten von einiger Bedeutung sind aus dem XVII. u. XVIII. Jahrh. Die Häuser mit ihren flachen Dächern, die Marmorfassaden, die zahlreichen Brunnen erinnern an Italien, woher die Fürstbischöfe auch ihre Baumeister kommen ließen. Für die Verschönerung der Stadt ist in den letzten Jahren viel geschehen, namentlich durch die Anlage der breiten baumbepflanzten Kais, die sich auf beiden Ufern der Salzach bis zur Karolinenbrücke hinziehen. Am r. U. nach dem Bahnhof hin ist seit Niederlegung der Festungswerke ein neues Stadtviertel mit stattlichen Straßen entstanden.

Auf dem linken Ufer liegt der ältere Stadttheil. Mittelpunkt desselben ist der *Residenzplatz* (Pl. E 4) mit dem prächtigen *\*Hofbrunnen* (Pl. 3), 1664-80 von *Ant. Dario* ausgeführt, 14m h., in drei Absätzen sich aufbauend; unten 4 Flußpferde, je aus einem Marmorblock gearbeitet, ebenso die Atlanten; oben spritzt ein Triton den Wasserstrahl aus einem Horn 3m hoch. An der Westseite des Platzes die ansehnliche kais. **Residenz** (Pl. D E 4), 1592-1724 erbaut, jetzt z. T. vom Großherzog Ferdinand IV. von Toscana bewohnt; gegenüber das **Neugebäude**, 1588 begonnen, jetzt Sitz der *Regierung* und des *Landesgerichts* (Pl. 34), sowie des *Post-* und *Telegraphenamts* (Pl. 32), von einem Turme überragt, in

dem (tägl. außer Freit.) um 7, 11 und 6 U. ein Glockenspiel seine
Weise je 3mal wiederholt. An der Südseite der *Dom (Pl. E 4),
1614-28 im Spät-Renaissancestil von *Santino Solari* erbaut, mit
reicher Stuckornamentik; in der Kapelle l. neben dem Eingang
ein roman. *Taufbecken aus Erzguß von 1321. Hochaltarbild von
Mascagni; in den Kapellen der Seitenschiffe Kreuzwegbilder und
Deckengemälde von Glötzle. Sehenswerter Domschatz (Erlaubnis
zur Besichtigung in der Sakristei, im Querschiff r.). — Auf dem
Domplatz eine *Mariensäule* (Pl. 26), Bleiguß von Hagenauer (1771).

Auf dem an den Residenzplatz ö. angrenzenden Mozartplatz
*Mozart's Standbild von *Schwanthaler*, in Erz, 1842 errichtet (Pl.
28). Des Meisters (geb. 1756, † 1791) *Geburtshaus* (Pl. 27) ist
in der Getreidegasse (N° 9); im 3. Stock das Mozart-Museum (geöffnet im Sommer an Wochentagen 9-12 u. 2-4, So. 10-12 U.;
50 kr.), mit des Meisters Konzertflügel und Spinett, Handschriften (Briefe und Kompositionen), Klavierheft, Stammbuch und
vielen andern Erinnerungen. Das *Mozart-Album*, mit Autographen
und Photographien von Komponisten, Sängern etc. wird nur gegen
besondere Karten vorgezeigt, die Sigmund-Haffnergasse N° 2,
I. Stock zu lösen sind (20 kr.). — *Mozart's Wohnhaus* (Pl. 29;
D 3) ist am Makartplatz, am r. Salzachufer (S. 118).

An der Südseite der Domkirche, am Kapitelplatz, eine Pferdeschwemme, die *Kapitelschwemme* (Pl. 4), aus Marmor: „Leopoldvs
prInCeps Mr rXstrVXIt" (1732). An der Ostseite des Platzes
die *Residenz des Erzbischofs* (Pl. 1).

Schräg gegenüber, in der SW.-Ecke des Platzes, ist der Eingang zum *Friedhof St. Peter (Pl. 24), dem ältesten in Salzburg,
an die Nagelfluh-Wand sich anlehnend. Interessant sind die
Zellen in der steilen Felswand und die daran geheftete *Maximus-*
und *Gertrauden-Kapelle*, erstere die älteste christl. Kultstätte in
Salzburg, von der nach der Legende der h. Maximus und seine
Genossen im J. 477 durch die Heruler herabgestürzt wurden. In
der Mitte des Friedhofs die spätgot. *Margarethenkapelle* (Pl. 16),
1491 erbaut, 1864 restauriert. In der *St. Veitskapelle* das Grab des
Abtes *Johann Staupitz* († 1524), des Freundes Luthers. Unter den
modernen Denkmälern des Friedhofs das der Gräfin *Lanckoronska*
(† 1839) von Schwanthaler und des Astronomen *Littrow* von Fernkorn. In der *Stiftskirche St. Peter* (Pl. 18), im roman. Stil 1131
erbaut, 1754 im Zopfstil restauriert, ein Denkmal des Tonsetzers
*Mich. Haydn* († 1806) und das Grab des h. Rupert († 718). —
Das *Benediktinerstift St. Peter* (Pl. 6) besitzt eine ansehnliche
Bibliothek (40 000 Bde.) mit Incunabeln und alten Handschriften,
eine sehr merkwürdige Schatzkammer und reiches Archiv (Erlaubnis zur Besichtigung, in der Regel 1 U. Nm., bei der Stiftspforte,
l. neben der Kirchenthür). — Im *Stiftskeller*, am n. Ausgang des
Friedhofs, guter Wein (S. 113).

Ganz nahe die Franziskaner-Kirche (Pl. 9) aus dem XIII. Jahrh.

mit schönem roman. Süd - Portal und zierlichem got., 1866 neu
ausgebautem Turm, im Innern Basilika im Übergangsstil mit
zopfigen Zuthaten und sechseckigem, von Säulen getragenem Chor
mit Netzgewölbe und Kapellenkranz (Ende des xv. Jahrh.). Auf
dem Hochaltar eine *Madonna in Holz von Michael Pacher (1480).
— Gegenüber im *Franziskaner-Kloster* wird tägl. Vm. 10¹/₂ U. ein
von dem Pater Peter Singer († 1882) erfundenes „Pansymphoni-
cum" gespielt (Eintritt für Herren gestattet).
    In der Nähe der ehemalige fürstbischöfl. Marstall, jetzt Kava-
lerie-Kaserne (Pl. D 4), und die Sommer-Reitschule (Pl. 35; Eintr.
10 kr.), mit drei in den Felsen des Mönchsbergs eingehauenen
Reihen Galerien; in der *Winter-Reitschule* als Deckengemälde ein
Turnier, 1690 gemalt.
    An der N.-Seite der Kaserne, Universitätsplatz, eine *Pferde-
schwemme* (Pl. 31) mit Marmor-Einfassung und einer Pferdebän-
diger-Gruppe von *Mandl* (1670). W. führt hier ein 131m l., 1767
durch die Nagelfluh (Breccie) des Mönchsbergs gehauener Durch-
bruch, das *Neuthor, ins Freie; an der Stadtseite das Medaillonbild des Erbauers, Erzb. Sigismund, mit der Überschrift: „te saxa
loquuntur"; an der Außenseite ein 5m h. Marmorstandbild des h.
Sigismund, von *Hagenauer* (2 Min. l. vom Ausgang im Mönchsberg eine kleine Tropfsteinhöhle). — Auf dem Universitätsplatz
die Collegiamkirche (Pl. 22; D 4), stattlicher Barockbau mit hoher
Kuppel, nach Plänen von *Fischer v. Erlach* 1696-1707 aufgeführt.
    Am Franz-Josefs-Kai ist das *Museum Carolino-Augusteum
(Pl. D 3; offen im Sommer tägl. 8-1 u. 2-6 U., 50 kr., So. 30 kr.,
im Winter So. u. Do. 1-4 U.), eine der reichhaltigsten Provinzial-
sammlungen (an dunklen Tagen vom Besuch abzuraten).
    Erdgeschoss. In der *Vorhalle* schöner Bronzebrunnen aus dem xvii.
Jahrh. und zahlreiche Steinwappen der Erzbischöfe. *Lapidarium:* römi-
sche Altertümer aus Stadt und Land Salzburg. — I. Stock. *Industriehalle:*
Werke der Kleinkunst; Zunftstube mit Meisterarbeiten. *Musikhalle* mit
einer reichen Samml. musikal. Instrumente der drei letzten Jahrhunderte.
*Antikenkabinett* mit prähistor. u. römischen Bronzen etc. *Waffenhalle* mit
Waffen der drei letzten Jahrhunderte. *Mittelalterliche Küche; Studierstube;
Prunksimmer* aus der Zeit des 30jähr. Krieges; *Jagdstube; Frauengemach*
mit Erker und alten Glasbildern; *Speisesaal; Burgkapelle* mit *Sakristei*
im roman. Stil mit got. Einrichtung; *gotische Halle; Rokokostübchen; Re-
naissancehalle.* — II. Stock. *Bibliothek* mit über 50000 Bänden, *Urkunden-,
Siegel-* und *Münzsammlung, Kostüm-* und *Bilderhalle*; im letzten Zimmer
Originaltäfelung aus Schloß Goldegg (1606). Die naturhistor. Sammlungen
befinden sich jetzt zum größten Teil im Mirabellschloß (S. 118).

    Die Häuser der nahen *Gstättengasse* (Pl. C 3; Aufzug zum
Mönchsberg s. S. 117) sind an die Wand des Mönchsbergs angebaut,
Kammern und Keller in die Nagelfluh eingehauen. Das *Klausenthor* schloß hier früher die Stadt zwischen Berg und Fluß, an dem
jetzt der Franz-Josefs-Kai entlangführt; weiter unterhalb die
eiserne *Franz-Karlbrücke* („Kreuzersteg"; 1 kr. Brückengeld).
    Über der Stadt auf der s.ö. Spitze des Mönchsbergs die Festung
*Hohen-Salzburg (542m). Drahtseilbahn (1892 eröffnet) von

der Festungsgasse (dicht neben dem St. Petersfriedhof, Pl. E 4)
in 3 Min., Fahrpreis 30, hin und zurück 40 kr., mit Eintritt in
die Festung und zum Aussichtsturm 60 kr.). Die Bahn, nach
Riggenbachs System erbaut, ist 173m lang und hat eine Steigung
von 58 %; halbwegs die Haltestelle *Mönchsberg*, bei der Restauration *Katz* (Zugang zum Mönchsberg, s. unten). Die obere Endstation (vorher ein 22m l. Tunnel durch die Festungsmauer) ist im
sog. *Hasengraben* (*Restaur.) am Fuß des 25m h. *Aussichtsturms*,
von dessen Plattform (170m über der Stadt) prachtvolle *Rundsicht:
von l. nach r. Gaisberg, Schwarzenberg, Tennengebirge, weiter
über Schloß Hellbrunn der Einschnitt des Passes Lueg, daneben
das Hagengebirge, der Hohe Göll, weiter zurück das Steinerne
Meer, über Schloß Leopoldskron der dunkle Untersberg, an diesen
angereiht Lattengebirge, Müllnerhorn, Ristfeichthorn, Sonntags-
horn, Hochstauffen, in der Ebene Schloß Klesheim. Im nahen
Vordergrund der Reinberg (Ofenlochberg) mit Nagelfluh-Brüchen.
Die Festung, jetzt Kaserne, ist im ix. Jahrh. gegründet und zu verschiedenen Zeiten ausgebaut; der größte Teil der jetzigen stattlichen
Gebäude und Türme zwischen 1496 und 1519. Die *St. Georgskirche*
auf dem Schloßhof, 1502 erbaut, enthält 12 Apostelreliefs in rotem
Marmor; an der Außenseite ein Reliefdenkmal des Erbauers Erzb.
Leonhard (†1519). Die *Fürstenzimmer*, 1852 hergestellt, sind sehens-
wert. In der *Goldenen Stube* ein schöner Kachelofen von 1501.

Der *Mönchsberg (502m), dessen über ½ St. langer wald-
bewachsener Bergrücken die Westseite der Stadt umschließt, bietet
eine Fülle schöner, durch hübsche Anlagen verbundener Aussichtspunkte. Elektrischer Aufzug (60m h. ; Fahrpreis aufwärts 20, abwärts 10, hin und zurück 25 kr.) alle 10 Min. von der Gstättengasse
No. 13 (Pl. C 3) in 2 Min. zur Höhe des Plateaus (große *Restauration*, häufig Konzert). Vom *Aussichtsturm* (10 kr.), 110m über
der Salzach, herrliche *Rundsicht, weniger umfangreich, aber fast
noch malerischer als von der Festung, namentlich schönerer Blick auf
die von der Festung überragte Stadt. — Waldwege führen von hier
s. zum *Bürgerwehrsöller* (Restaur.), w. zur *Restauration St. Hubertus*
unterhalb des *St. Johannschlößchens* (jetzt Villa Pasehkoff), mit
Aussichtsterrasse etc.

Bequemster Zugang zum Mönchsberg von der HS. *Mönchsberg* der
Festungsseilbahn, durch einen Thorweg unter der Katz (s. oben), an der
*Ludwigs-Fernsicht* und der burgähnlichen Villa *Freyburg* vorbei. — Der
nächste Fußweg aus der Stadt auf den Mönchsberg führt neben der Som-
merreitschule (Pl. 35; D 4) hinauf (283 Stufen); ein andrer aus der Vorstadt *Mülln* neben der *Augustinerkirche* (Pl. 5; C 2) durch die *Monikapforte*
zum Johannschlößchen (s. oben); ein dritter aus der Vorstadt *Nonnthal*
(Whs. zum Roten Hahn) durch das *Schartenthor* (Pl. D 5).

Der östl. unterhalb der Festung gelegene Ausläufer des Berges
heißt der *Nonnberg* (Pl. E F 4), nach dem dortigen Frauenkloster.
In der got. *Klosterkirche* (1009 gegründet, im xv. Jahrh. erneut),
ein schöner Flügelaltar, hinter demselben ein prächtiges Glasgemälde aus dem xv. Jahrh. Krypta mit interessanten Säulen; im

Turm alte Fresken aus der Zeit Heinrichs des Heiligen; Kreuzgang aus dem XI. Jahrh. (unzugänglich). Reizende Aussicht von der Brustwehr. — In der Nähe vor dem Kajetaner Thor an der Salzach das **Künstlerhaus** (Pl. F 4), mit Kunstausstellung (S. 114).

Über die Salzach führt in der Mitte der Stadt die 91m l., 11m br. eiserne *Stadtbrücke.* Am rechten Ufer gleich bei der Brücke r. „am Platzl", das vierstöckige Haus (Pl. 30), das der berühmte Arzt und Naturforscher *Theophrastus Paracelsus von Hohenheim* († 1541) bewohnte, durch sein Bildnis bezeichnet (sein Grabmal ist auf dem nahen *Friedhof St. Sebastian*, Pl. 25). Auf dem nahen Makartplatz das neue *Stadttheater* (Pl. 36; D 3), hübscher Rokokobau von Fellner u. Hellmer (1893); daneben die *Salzburger Elektrizitätswerke* und gegenüber *Mozart's Wohnhaus* (Pl. 29; S. 115). Hinter dem Theater gegen den Mirabellgarten die Restaur. *Mirabell* (S. 113). Weiter am Mirabellplatz das **Mirabellschloß** (Pl. D 2), 1606 von Erzb. Wolf-Dietrich begonnen, von Erzb. Marcus-Sitticus vollendet, 1818 erneut, jetzt städt. Eigentum, mit sehenswertem Treppenhaus (Skulpturen von Raph. Donner); darin die naturhistor. Abteilungen des Museums (S. 116; geolog.-mineralog. Sammlung mit über 20,000 Stücken) und eine permanente gewerbliche Ausstellung. Hinter dem Schloß der auch vom Makartplatz zugängliche *Mirabellgarten*, mit Springbrunnen, zahlreichen Marmorstatuen und Volière, durch die stattliche neue *Mirabelltreppe* mit dem Kurgarten verbunden.

N. der hübsche **Stadtpark** mit dem *Kur- & Badhaus* (Restaur.; Konzerte s. S. 113) und der Bronzebüste des Oberbaurats *Frhrn. Karl v. Schwarz.* In einem Kiosk *Sattler's Kosmoramen* und Panorama von Salzburg (Eintr. 30 kr.). — L. am Salzachquai die *protestant. Kirche* (Pl. 14), im roman. Stil von *Götz* (1867). — In dem schönen Garten der *Villa Schwarz*, in der Nähe des Bahnhofs (¹/₂ St.), ein treffl. Bronzestandbild *Schiller's* von Meixner.

In der Linzergasse, etwa 200 Schritt von der Stadtbrücke, r. durch ein großes Portal gegenüber dem Gablerbräu, ist der Aufgang zum *\*Kapuzinerberg* (650m). Ein Stationenweg von 225 Stufen führt in 8-10 Min. zum *Kloster* (Pl. 11), wohin man auch auf dem Treppenwege über die *Kapuzinerstiege* (Steingasse 9) in der gleichen Zeit gelangt. Oben durch ein Thor (schellen, 1 kr.) zum „Mozarthäuschen", in welchem Mozart 1791 die Zauberflöte vollendete, von Wien hierher versetzt (Eintr. 10 kr.); davor eine Bronzebüste Mozart's von E. Helmer. Dann auf c. 500 Stufen im Walde hinan; nach 10 Min. l. Handweiser *„zur Aussicht nach Bayern":* im Vordergrund der Bahnhof, r. Mariaplain, l. Mülln, in der Mitte die Salzach weit hinab bis in die bayr. Ebene. 2 Min. weiter zeigt ein Handweiser r. (der direkte Weg führt in 7 Min. zur Restauration) zur (5 Min.) *\*Stadt-Aussicht*, mit Pavillon und prächtigem Blick auf Stadt und Gebirge, der schönste Punkt des Kapuzinerberges. Noch 5 Min. weiter das *Francisci-* oder *Kapuziner-Schlößl*, mit

Restauration und schöner Aussicht nach S. und O. Waldwege mit hübschen Aussichtspunkten führen von hier an der Rückseite des Berges hinab, durch die Linzergasse zurück in die Stadt.

Der *Gaisberg (1286m) ist der lohnendste Aussichtspunkt in der nähern Umgebung Salzburgs (zu Fuß 2½ St.). Die 1887 eröffnete ZAHNRADBAHN beginnt bei Station *Parsch* (430m), vom Bahnhof Salzburg mit Bahn (S. 125) in 6 Min., mit Lokalbahn (S. 113) in 25 Min. (ab Äußerer Stein 7 Min.), von der *Karolinenbrücke* (Pl. F 4) über die Aigener und Gaisberg-Straße zu Fuß in 20 Min. zu erreichen. Beim Bahnhof Parsch das *Hot.-Rest. Gaisbergbahn* und die *Wasserheilanstalt* des Dr. Breyer (S. 113). Die Bahn, nach dem System der Rigibahn gebaut, ist 5,3km lang und hat eine Maximalsteigung von 25%; Fahrzeit 47 Min., Fahrpreis hin und zurück 3 fl. 6 kr., für Mitglieder alpiner Klubs mit Vereinskarte (Photographie), Beamte und Militärs 2 fl. 4 kr. Sie steigt auf der Südseite des Berges an der Stat. *Judenberg* (733m) vorbei zur (3,7km) Stat. *Zistel-Alpe* (995m; Whs.), dann in einer großen Kurve von O. her zum Gipfel (*Hot. Gaisbergspitze*, Z. L. B. 1½ fl.). Vom Gipfel (5 Min.) prächtige *Aussicht auf die Salzburger Alpen und die Ebene mit 7 Seen; vom Hotel schöner Blick auf die Stadt.

**Aigen**, Schloß und Park des Fürsten Schwarzenberg, am Fuß des Gaisbergs, 1¼ St. s.ö. von Salzburg (Eisenbahn-Station, s. S. 125), ebenfalls besuchenswert, Morgenbeleuchtung die vorteilhafteste. Am Eingang *Hôtel-Restaur. (Führer 30 kr.). Schönster Punkt die „*Kanzel*".

1¼ St. oberhalb Aigen, ½ St. ö. von Stat. Elsbethen (S. 125) liegt das dem Grafen Plaz gehörige Schloß St. Jakob am Thurn (620m; Restaur.). Von der „Aussicht", 5 Min vom Schloß, übersieht man das Gebirge und die Salzachebene in herrlichster Gruppierung; n.w. die Stadt Salzburg.

Das kais. Schloß **Hellbrunn**, 1 St. südl. von Salzburg (Dampftrambahn s. S. 113), hat Gartenanlagen und Wasserkünste (So. Nachm. springen sie gratis, sonst gegen Trinkgeld, 50 kr., mehrere Pers. jede 20 kr.) im Geschmack des XVII. u. XVIII. Jahrh. Mechanisches Theater (Trkg.). Im Schloß (*Restaur.) Fresken von Mascagni u. a. (1615), neuerdings restauriert. Nach Besichtigung des Schlosses und der Wasserkünste durch den Ziergarten (für Aufschließen des Parkthors Trkg.) in den *Park*, dann r. den bewaldeten Hügel hinan, am *Monatsschlößchen* vorbei zur (15 Min.) *Stadt-Aussicht*, mit schönem Blick auf Salzburg; von hier durch Wald zur (10 Min.) *Watzmann-Aussicht*, mit vortrefflichem Blick auf den Watzmann. Auf dem Rückwege nach 5 Min. r. hinab zum *Steinernen Theater*, in den Felsen gehauen, zurück auf dem Fahrweg, l. um den Hügel. — ⅓ St. s. von Hellbrunn (Dampftrambahn s. S. 120) das dem Grafen Arco gehörige Schloß *Anif*, mit schönem Park. — Von Hellbrunn nach *Aigen* (s. oben) ¾ St.

½ St. s.w. von Salzburg (Lokalbahn s. S. 113) Schloß **Leopoldskron**, mit großem Weiher und *Schwimmschule* (S. 113; Restaur.). S. dehnt sich von hier bis zum Fuß des Untersbergs das große *Leopoldskroner Moos* aus, durch das die „Moosstraße" bis Glaneck führt; an derselben eine Kolonie von 200 Häusern (Torfstechereien) und die „Moosbäder" (Omnibus s. S. 113): 20 Min. von Leopoldskron das *Ludwigsbad*, ½ St. das *Marienbad*.

Von (1½ St.) **Glaneck** (146m; *Whs.*), mit altem Schloß, führt ein Fahrweg an den Wasserfällen der *Glan* hinan bis zu ihrem Ursprung, dem (¾ St.) \***Fürstenbrunnen** (595m), dessen vorzügliches Wasser jetzt zum Teil nach Salzburg geleitet ist. In der Nähe (Treppenweg, ½ St.) die *Marmorbrüche*, in denen der schöne Untersberger Marmor gebrochen wird; dabei Restaur. „zur Schönen Aussicht".

1¼ St. n. am r. Ufer der Salzach weithin sichtbar die 1674 erbaute stattliche Wallfahrtskirche **Maria-Plain** (525m; am Fuß Restaur.); die \***Aussicht** von der Brustwehr ist die umfassendste in der Umgebung von Salzburg, bei Abendbeleuchtung am schönsten.

Der in der Umgebung von Salzburg am meisten hervortretende **Untersberg** ist ein ansehnlicher Gebirgsstock mit den drei Gipfeln *Geiereck* (1801m), *Salzburger Hochthron* (1851m), *Berchtesgadener Hochthron* (1975m). Glaneck (s. oben) ist der gewöhnliche Ausgangspunkt für Besteigungen (Führer nötig): über die *untere* und (3 St.) *obere Rositlenalp* zum (1½ St.) *Untersberg-Haus* (1650m; Sommer-Wirtsch.); von hier auf das *Geiereck* 40 Min.; vom Geiereck auf den *Salzburger Hochthron* (schönste Aussicht) ½ St. Sehr lohnend der Besuch der *Kolowratshöhle* (von der obern Rositlenalp ½ St.) mit grotesken Eisformationen (jetzt bequem zugänglich gemacht).

## 11. Von Salzburg nach Berchtesgaden. Königssee.

### Von Berchtesgaden nach Saalfelden.

25km. SALZBURGER LOKALBAHN (S. 113) vom Bahnhof Salzburg bis (12km) *St. Leonhard* (unweit der österr. Grenze) in 53 Min.; von da OMNIBUS nach *Königssee* 4 mal täglich in 2 St., nach *Berchtesgaden* 7 mal täglich in 1¼ St.; Fahrpreis: Salzburg-Berchtesgaden 2. Kl. 1 fl. 20 kr., 3 Kl. 1 fl.; Salzburg-Königssee 2. Kl. 1 fl. 70 kr., hin u. zurück 3 fl. Man fährt am besten 9 U. 8 Vm. von Salzburg ab, in Königssee 12.25, Fahrt zum Obersee u. zurück in c. 3 St.; Abfahrt von Königssee 3.40, am Salzbergwerk 4.20 (1 St. Zeit zur Einfahrt), in Salzburg (Bahnhof) 8.13 Abends. — OMNIBUS von Salzburg (Café Tomaselli) zum Königssee vom Juni ab tägl. 6 U. früh, in Königssee 9.30; von Königssee zurück Nm. 3.30, am Salzbergwerk 4.30 (1 St. Aufenthalt), in Salzburg 8.30. Fahrpreis 1 fl. 10, hin und zurück 2 fl. — LOHNKUTSCHER nach Berchtesgaden einsp. 5, zweisp. 8 fl., hin und zurück 6 oder 10 fl., zum Königssee und zurück oder 12 fl. (beides incl. Salzbergwerk); Fahrzeit hin u. zurück 8 St. Man versehe sich mit deutschem Kleingeld.

Die Lokalbahn (S. 113) führt durch die Vorstadt *Nonnthal*, an den Haltestellen *Communalfriedhof*, *Kleingmain* und *Morzg* vorbei zur (5km) HS. *Hellbrunn* (S. 119); weiter an (9km) HS. *Anif* (S. 119) vorbei, über den aus der Königsseer Ache nach Salzburg geleiteten *Almkanal* nach (11km) *Grödig* (\*Bräuhaus; Löwe), am Fuß des *Untersbergs* (s. oben). R. das alte Schloß *Glaneck* (s. oben), weiter zurück der spitze Kegel des *Hochstauffen* (1800 m), l. der *Schmidtenstein* (1693m) mit dem festungsartigen Gipfel. ½ St. w. der *Gosleier Fels* (571m), mit umfassender Aussicht. Dann auf der Berchtesgadener Straße am Almkanal (Cementfabriken) entlang zur Endstation (12km) St. **Leonhard** (483m; *Restaur.*); l. an der Alm das hübsch gelegene Dorf d. N.

Weiter auf der Fahrstraße (Omnibus s. oben). Bei der (5 Min., *Restaur. Drachenloch* r. hoch oben in der Felswand des Untersbergs eine durchgehende Öffnung, das *Drachenloch*. Ein enger Paß, von der Ache durchströmt, zwischen dem Untersberg und den nördl. Ausläufern des *Hohen Göll*, führt in das Gebiet von Berchtesgaden.

Die Grenze bildet der *Hangende Stein*, eine Felswand an der Ache (diesseits das österr., 20 Min. weiter bei einem alten Turm das bayr. Zollamt). Der alte Markt (14km) **Schellenberg** (474m; *\*Forelle; Untersberg*) hat einen Marmorkirchturm. Neben der Kirche ein Kriegerdenkmal für 1870-71. Weiter am r. Ufer der Ache; 1 St. *\*Gasth. Almbachklamm* (r. Brücke zu der sehenswerten *Almbach-Klamm;* neuer Weg bis zur Theresienklause, 1 St.). ¼ St. weiter kommt l. herab die Straße von Hallein (S. 125); r. die schroff abstürzende *Graue Wand*. Das Thal öffnet sich und der *Große* und *Kleine Watzmann*, dazwischen der *Watzmanngletscher*, treten plötzlich hervor. Über den *Larosbach*, dann auf der (10 Min.) *Freimannbrücke* über die Ache; nach 10 Min. erster Blick auf Berchtesgaden, zwischen Wiesen und Bäumen höchst anmutig am Bergabhang gelegen. 10 Min. weiter (Handweiser) führt die Königsseer Straße (s. unten) l. über die *Goldenbachbrücke* zum (5 Min.) *Salzbergwerk*.

BEFAHREN DES SALZBERGS interessant, bequemer, kürzer und billiger als die des Dürrenbergs bei Hallein (S. 125). Allgemeine Einfahrt 11 U. Vm. u. 5 U. Nm., die Person 1½ℳ; Separateinfahrt von 6 U. früh bis 7 U. Ab., die erste Person 3 ℳ 50, jede weitere 1 ℳ 50). Karten im Zechenhause dem Stollenmundloch gegenüber, wo man bergmännische Kleidung anlegt (Damen in besonderm Zimmer). Wanderung durch den Berg (in Begleitung eines Beamten) teils zu Fuß, teils auf Wurstwagen u. Rutschbahnen; Beleuchtung der Salzgrotten und Fahrt über den Salzsee, ein verlassenes Sinkwerk. Vor Ablauf einer Stunde fährt man wieder aus.

Vom Bergwerk durch die *Bergwerksallee* nach Berchtesgaden ¼ St. — Die Salzburger Straße führt von der Goldenbachbrücke (s. oben) gerade fort, über den *Gernbach* (l. der *Malerhügel*, Felsblock mit reizender Aussicht), dann ansteigend durch die langgestreckte Vorstadt *Nonnthal* nach (20 Min.) Berchtesgaden. Die Kutscher nach dem Königssee berühren Berchtesgaden nicht, sondern fahren am Salzbergwerk vorbei unten herum.

25km **Berchtesgaden**. — GASTH.: *\*Bellevue*, mit Bädern, Z. 2-4, F. 1, ℳ 3, Pens. 7-8 ℳ; *\*Leuthaus* oder *Post*, Z. 2-3 ℳ, F. 80 pf.; *\*Vier Jahreszeiten*, neben der kgl. Villa am obern Ende des Orts, mit schöner Aussicht; *\*Höt.-Rest*. Bahnhof, am Bahnhof; Schwabenwirt; *\*Deutsches Haus*; Watzmann, Z. 2 ℳ; Salzburger Hof; Krone; Neuhaus; Nonnthaler Whs.; Bär, Löwe; Triembacher; Gasth. zur Königsallee, an der Salzburger Straße. — *Pensionen:* Geiger; Berghof; Villa Minerva; Luitpold; Holzner; Schwabenwirt; Göhlstein; Malterlehen und Pens. Gregory in *Schönau* (S. 123, ½ St.); Pens. Moritz, Steiner und Regina auf dem Obersalzberg (1½ St.). — *Café Forsiner*, bei der Post; Restaur. im *Deutschen Haus* (Bier).

BÄDER: *Sol- u. Wasserbäder* in den bessern Hotels u. Pens.; *Huber*, Bahnh. fastr.; *Wilhelmsbad*, am Park; *Badeanstalt* im *Aschauer Weiher*, ¾ St. n. w.; *Flußbad* im Gernbach, ½ St. n. an der Salzburger Landstraße.

Berchtesgadener SCHNITZWAREN in Holz. Horn und Elfenbein, seit Jahrhunderten berühmt, reichste Auswahl bei *Stef. Zechmeister, A. Kaserer* u. a.

WAGEN. Nach dem *Königssee* hin u. zurück mit 3stünd. Aufenthalt Einsp. 8 ℳ, Zweisp. 11 ℳ 70; *Ramsau* 8 ℳ 10 u. 11 ℳ 70, hin u. zurück (½ Tag) 11 ℳ 10 u. 15 ℳ 70; *Hintersee* 11 ℳ 40 u. 17 ℳ, hin u. zurück 13 ℳ 40 u. 20 ℳ 40; *Hirschbühl* Zweisp. 26 ℳ 40.; *Reichenhall* über Schwarzbachwacht 15 ℳ 40 u. 22 ℳ 90, desgl. u. zurück über Hallthurm 17 ℳ 50 u. 26 ℳ 50; Trinkgeld überall einbegriffen. — Omnibus nach *Königssee*

vom Bahnhof pro Person inkl. Trkg. 1 *M*; zum *Gasth. Wimbachklamm*
(Ramsau) im Sommer vom Bahnhof 3mal tägl. (2¹/₂ *M*); nach dem *Hintersee* im Juli und August 1mal tägl. (3¹/₂ *M*).

*Berchtesgaden* (575m), oberbayerischer Marktflecken mit 2300
Einw., als Sommerfrische und Luftkurort viel besucht, war bis
1803 Sitz einer gefürsteten Probstei, deren Gebiet (4 Q.-M.) nur
zum sechsten Teil angebaut, das Übrige Fels, Wasser und Wald,
so bergig, daß gesagt wurde, es sei so hoch wie breit. Das stattliche ehem. Stiftsgebäude ist jetzt königl. Schloß. *Stiftskirche* mit
roman. Kreuzgang aus dem xii. Jahrh., geschnitzten Chorstühlen
etc. Neue Anlagen des Verschönerungsvereins. Vor der königl.
*Villa* an der S.-Seite des Orts der *Luitpoldpark* mit dem 1893 errichteten Bronzestandbild des Prinzregenten Luitpold, von F. v.
Miller. Schöne Aussicht: l. Schwarzort, Hoher Göll, Hochbrett, Jen-
ner, im Hintergrund Stuhlgebirge und Schönfeldspitze, r. Kleiner
und Großer Watzmann, Hochkalter. Im Grund, an der Alm, große
*Sudhäuser* und der Bahnhof der Reichenhaller Bahn (S. 124). Die
Umgebung bietet eine Fülle reizender Spaziergänge (näheres in
*Bædeker's Südbaiern*).

Schönster Überblick des Berchtesgadener Thals vom *Lockstein* (682m),
hinter der Stiftskirche beim Krankenhaus von der alten Reichenhaller
Strasse r. hinauf (¹/₂ St.; Restaur.).

Der Glanzpunkt des Berchtesgadener Gebiets ist der **Königssee** (602m), 8km l., 1¹/₂ 2km br., der schönste deutsche See, tief-
grün und klar, von hohen bis zu 2000m fast senkrecht aufsteigenden Kalkfelswänden eingeschlossen. Die 1894 eröffnete
neue Straße (1¹/₄ St.) überschreitet beim Bahnhof auf eiserner
Brücke die Ache und führt stets am r. Ufer in unmerklicher Steigung bis zum See.

Von der neuen Straße zweigt beim (20 Min.) *Wemhols* r. ab die früher
meist befahrene Distriktsstraße über *Unterstein* (Whs.), mit gräfl. Arco-
Zinneberg'schem Schloß und Park (nicht zugänglich); 10 Min. vor dem See
treffen beide Straßen wieder zusammen. — Fußgänger folgen dem angenehmen, meist schattigen Promenadenwege, beim Hot. Bahnhof über die Ramsauer Ache, weiter erst am l., dann stets am r. Ufer der Königsseer Ache.

Am See das Dörfchen *Königssee* (Größwang's Gasth. zum Königssee; Gasth. zum Schiffmeister, beide am See).

Die Aufsicht über die Ruderboote führt der Schiffmeister, der die Anzahl der Ruderer bestimmt. Regelmäßige Rundfahrten vom 15. Juni bis
30. Sept. täglich 8¹/₂, 11¹/₂, 1¹/₂ u. 2¹/₂ U. in 4³/₄ St., mit ³/₄ St. Aufenthalt an
der Salletalp und 1 St. in St. Bartholomä, die Person 1 *M* 50. Separatfahrten
für Gesellschaften von mindestens 10 Pers. bis Bartholomä à Pers. 1 *M*,
bis zur Salletalp 1 *M* 50. Einzelfahrten: kleines Schiff (2 Pers.) bis Bartholomä mit 1 Ruderer 3 *M*; Schiff für 4 Pers. mit 2 Ruderern bis Bartholomä 4¹/₂, bis zur Salletalp 6¹/₂ *M*; Schiff für 7 Pers. mit 3 Ruderern
7¹/₂ bez. 11 *M*. Man fährt am besten direkt zur Salletalp (in 1¹/₄ St.) und
legt allenfalls auf der Rückkehr in St. Bartholomä an. Beste Beleuchtung
Morgens früh und am späten Nachmittag.

Links auf vorspringender Landzunge die *Villa Beust;* im See die
kleine Insel *Christlieger* mit Standbild des h. Johann v. Nepomuk.
Erst wenn das Boot am *Falkenstein* vorbei ist, einer vortretenden
Felswand mit einem Kreuz zur Erinnerung an ein vor 100 Jahren
hier gestrandetes Wallfahrerschiff, erscheint der See in seiner

ganzen Ausdehnung, im Hintergrund die *Sagereckwand*, der *Grün-
see-* u. *Funtensee-Tauern*, r. daneben die *Schönfeldspitze* (2651m).
Am ö. Ufer stürzt der *Königsbach* an der roten c. 800m h. Felswand in den See. Etwas weiter, an der tiefsten Stelle des Sees
(188m), weckt ein Pistolenschuß, w. gegen die *Brentenwand* ab-
gefeuert, ein lang nachhallendes Echo. In der Nähe am ö. Ufer
kurz vor dem Kesselfall am Wasserspiegel eine Höhle, das *Kuchler
Loch*, aus dem ein Zufluß in den See kommt. Am Kessel, einer
baumbewachsenen Landzunge östl., legt das Boot an; ein guter
Weg führt hier bergan in den Kesselgraben zum (10 Min.) hübschen *Kesselfall* (Reitweg auf die *Gottenalp* s. unten).

Das Boot nimmt nun seine Richtung w. nach *St. Bartholomä*,
einem weit in den See vortretenden grünen Vorland mit Kapellle
und ehem. Jagdschloß (Restaur. beim Förster, Saiblinge). Im Keller
sehenswerter Fischkasten.

Die **Eiskapelle** (840m), eine Art Gletscher in wilder Schlucht am
Watzmann, ist kaum besuchenswert (2 St. hin und zurück; ziemlich
beschwerlich, bei schwülem Wetter gefährlich; Führer ratsam). Am s.w. Ufer stürzt der wasserreiche *Schrainbach* aus einer
Felsschlucht in den Königssee. Die *Sallet-Alp*, eine aus moos- und
grasdurchwachsenen Felstrümmern bestehende 10 Min. breite Land-
enge mit einer Villa des Herzogs von Meiningen, trennt den Königssee von dem 1½km l. einsamen, auf drei Seiten von hohen
steilen Felswänden umschlossenen **Obersee** (610m). L. die schroff
abstürzende *Kaunerwand;* jenseits ragen die *Teufelshörner* (2361m)
empor, von denen an der *Röthswand* in silbernen Fäden ein Bach
600m hoch hinabrinnt. Am ö. Ufer die *Fischunkl-Alp*, zu der an
der Südseite des Sees ein (nicht zu empfehlender) Fußsteig führt.
Das Befahren des Obersees ist nicht gestattet. — Auf dem Rückweg
zum Landeplatz prächtiger Blick auf den gewaltigen Watzmann.

Vom Kessel (s. oben) führt ein bequemer Reitweg in langen Windun-
gen bergan auf die (3½-4 St.) *Gottenalp* (1685m), St. Bartholomä gegen-
über. Unterwegs die Sennhütten von (1½ St.) *Gottenthal* (1105m) und (1
St.) *Seeau* (1461m), dann noch 1 St. (zuletzt r.) bis zur Gottenalp. Prächtige Aussicht auf Übergossene Alp, Steinernes Meer, Watzmann, Göll,
Untersberg etc. Oben drei Sennhütten; Einkehr und Nachtlager in der
*Springelhütte*. Die Aussicht nach N. erschließt sich vollständig erst vom
*Feuerpalfen* (1719m), ¼ St. von den Hütten am NW.-Rande der Alp.
Jenseit desselben wieder etwas tiefer vom Felsenrande übersieht man den
über 1100m tiefer liegenden See und St. Bartholomä. Rückkehr in 2 St.
zum Kessel, wohin bei der Hinfahrt der Schiffer für die Rückfahrt (6-7 St.
später) zu bestellen ist.

In die R a m s a u führt vom Königssee ein direkter Fahrweg (streckenweise nicht besonders) über *Schönau* (S. 121) nach (1½ St.) *Ilsank* (s. unten).

Nächst dem Königssee wird von Berchtesgaden die **Ramsau**
am meisten besucht. Die Straße führt am Luitpoldpark (S. 122)
vorbei durch die Theresienallee, nach 10 Min. (Handweiser) l. hinab
über die Reichenhaller Bahn und auf der (8 Min.) *Gmundbrücke*
über die *Bischofswieser Ache*. ¾ St. Brunnhaus *Ilsank* (583m;
Gasth., Pens. 4-5 ℳ), wo eine Wassersäulenmaschine die Sole 364m
bis zum *Söldenköpfl* hebt und in 7 St. langer Röhrenleitung nach

Reichenhall treibt. L. prächtiger Blick auf den Watzmann, vorn der breite Steinberg; zur Seite stets die schäumende Ache. Die Ramsau ist durch den Gegensatz des üppigen Thalgrüns und der gewaltigen, in den schönsten Formen ansteigenden grauen Gebirge besonders malerisch. — Die Straße steigt langsam und senkt sich wieder; ½ St. l. Handweiser „zum kgl. Jagdschloß Wimbach".

Fußpfad l. über die Brücke (Restaur.), bei der Trinkhalle r. hinan, zur (20 Min.) *Wimbach-Klamm. Das bläulich-weiße Wasser bildet die schönsten Fälle in der engen Felsschlucht, in die von allen Seiten die Quellen hinabrieseln. Nach Mittag scheint die Sonne hinein. Man gehe ganz hindurch; 10 Min. vom obern Ende der Klamm r. am Wege eine Bank mit schönem Blick in das wilde, von gewaltigen Bergen (Watzmann, Hundstod etc.) umschlossene Wimbachthal.

Besteigung des Watzmann (*Vorderer Gipfel* oder *Hocheck*, 2654m), 6-7 St. (Führer 10 M), beschwerlich aber lohnend; übernachten im *Watzmannhaus* der AV.-Section München am *Falzköpfl* (1930m; Whs.), 4 St. von Ilsank.

An der Straße folgt (10 Min.) das *Gasth. zur Wimbachklamm*; 8 Min. das *Gasth. zum Hochkalter*; ¼ St. Ramsau (668m; Oberwirt). ¼ St. weiter teilt sich die Straße: die Straße r. führt über die Schwarzbachwacht (887m) nach (4 St.) Reichenhall (s. Bædeker's Südbaiern oder Süddeutschland).

Die Straße l. (nach Saalfelden) überschreitet die Ache und teilt sich abermals. Die neue Straße führt l. ab z. T. durch Wald, mit schönen Blicken auf die Reiteralpe etc., um das SO.-Ende des Hintersees herum zum (1 St.) Gasth. Auzinger (s. unten), wo sie wieder in die alte Straße mündet. Letztere (r.) tritt bald wieder aufs r. Ufer der Ache und erreicht ansteigend in ½ St. den Hintersee (767m), dessen W.-Seite sie umzieht. Nicht weit vom NW.-Ende bei der St. Antonikapelle das Gasth. Wartstein (Pens. 4-5 M), mit schöner Aussicht auf den Hochkalter mit dem Blaueis, Hohen Göll etc. ¼ St. weiter, 6 Min. vom obern Ende des Sees, das Forsthaus Hintersee (794m) und das bayr. Zollamt; gegenüber *Auzinger's Gasth. Weiter in schönem Thal zwischen l. Hochkalter, r. Mühlsturzhorn hinauf zum (2 St.) Hirschbühl (1153m; Whs.), mit der österr. Maut Mooswacht, früher befestigt, 1809 Gegenstand heftiger Kämpfe zwischen Tirolern und Bayern.

*Kammerlinghorn (2483m), vom Hirschbühl in 3½-4 St. mit Führer 5 M), ziemlich mühsam; Aussicht der vom Watzmann ähnlich.

Die Straße steigt noch wenige Minuten bis zur Paßhöhe (1176m) und senkt sich dann in das Saalachthal; im Vorblick die gewaltigen Leoganger Steinberge. Nach ¾ St. zeigt ein Handweiser r. in die *Seisenberg-Klamm, eine der schönsten Klammen, vom Weißbach ausgewaschen, der über mächtige Felsstufen hinabstürzt. Bei der (25 Min.) Binder-Mühle am untern Ende der Klamm erreicht man das Saalachthal; von hier Fahrweg in 8 Min. nach Oberweißbach (656m; *Auvogl, bei der Kirche), wo l. die Straße vom Hirschbühl herabkommt; 10 Min. südl. das *Whs. Frohnwies. Weiter nach (4 St.) Saalfelden s. S. 129.

Von Berchtesgaden nach Reichenhall, 18km, Eisenbahn in 1½ St. über Hallthurm; s. Baedeker's Südbaiern oder Süddeutschland.

# 12. Von Salzburg nach Innsbruck über Zel am See.

*Vgl. Karte S. 120.*

251km. Österr. Staatsbahn in 6½-9½ St. für 9 fl., 6 fl., 3 fl. (Schnellzug 13 fl. 50, 9 fl., 4 fl. 50). — Die *Salzburg-Tiroler* oder *Gisela-Bahn*, 1873-75 erbaut, vermittelt die Verbindung zwischen Salzburg (resp. Wien) und Innsbruck auf rein österreichischem Gebiet (über Rosenheim, 53km kürzer, s. R. 16). Von den Bahnrestaurationen in Bischofshofen und Saalfelden werden Mittags auf Vorausbestellung beim Schaffner vollständige Diners à 1 fl. in die Coupés gereicht. — Der letzte Wagen in jedem Zug ist auf den österr. Gebirgsbahnen in der Regel ein offner Wagen 1. Kl., der nach allen Seiten freien Umblick gestattet; fährt man 2. oder 3. Kl., so kann man durch Lösung eines bez. zweier Ergänzungsbillets 3. Kl. diesen Wagen auch auf kürzeren Strecken benutzen.

*Salzburg* s. S. 113. Die Bahn umzieht den Kapuzinerberg; r. Hohen-Salzburg, l. Schloß *Neuhaus* (S. 95). 5km *Parsch* (Gaisbergbahn s. S. 119); 6km *Aigen*, mit Schloß und Park (S. 119). Die Bahn nähert sich der Salzach, der schroffe *Untersberg* (S. 120) tritt immer mächtiger hervor. An der Bahn mehrfach alte Herrensitze, r. jenseit der Salzach das Schlößchen *Anif* (S. 119). — 10km *Elsbethen* (¼ St. ö. St. *Jakob am Thurn*, S. 119). Hinter (15km) *Puch* am l. Ufer der Salzach die große gräfl. Arco'sche Bierbrauerei *Kaltenhausen;* dann über die *Alm* nach 18km *Hallein* (443m; *Gasth. ☞ Solbad Stern* beim Bahnhof; *Post; Sonne; \*Auböck; Stampflbräu; Ortner,* beim Bahnhof, einf.), alte Stadt (3940 E.) am l. Ufer der Salzach, durch ihre Salzwerke berühmt, die jährlich 330 000 Centner Salz sieden.

Die Sole wird im Dürrenberg, an dessen Fuß die Stadt liegt, gewonnen. Die Art des Betriebes ist S. 109 beschrieben; an 850 Bergleute (Schichter) arbeiten dort. Erlaubnis zur Einfahrt erteilt die Salinenverwaltung in Hallein (1 Pers. 3 fl., mehrere je 1 fl. 50 kr.). Bis zum Einfahrtsstollen (720m) ¾ St. Steigens; die Befahrung erfordert 1-1½ St. Von Hallein nach Berchtesgaden (2½ St.) Fahrstraße über *Zill*, zu Wagen unbequem, für Fußgänger lohnend.

25km *Kuchl* (Neuwirt), alter Markt mit got. Kirche. W. der *Hohe Göll* (2519m); s. das *Tennengebirge* (S. 126).

29km **Golling** (476m; *\*H.-P. Bahnhof,* in freier Lage am Bahnhof; *\*Alte Post, Neue Post, Metzger Holzherr,* im Ort), ansehnlicher Marktflecken auf einer Anhöhe 5 Min. vom Bahnhof.

¾ St. w. der *\*Gollinger Wasserfall* oder Schwarzbachfall (Einsp. für 1-2 Pers. 1½ fl., 3 Pers. 2 fl.). Weg nicht zu verfehlen: vom Bahnhof r. über die Bahn und die Salzachbrücke auf die weiße auf einem Felshügel liegende Kirche von (½ St.) *St. Nicolaus* los, wo ein Handweiser weiter zeigt; 5 Min. *\*Meidler's Whs.*; 5 Min. weiter in der Mühle *\*Whs. zum Wasserfall.* Von dem bewaldeten Abhang des Hohen Göll stürzt aus einer Höhle (579m ü. M.) der *Schwarzbach* durch ein Felsloch, über eine 62m hohe Wand in zwei gewaltigen Absätzen. Vorspringende Blöcke ragen über den Abgrund und bilden eine natürliche Brücke.

Die *\*Öfen,* ½ St. südl. von Golling (Einsp. für 1-2 Pers. 1½ fl., 3-4 Pers. 2 fl.), r. neben der Landstraße nach Werfen (s. unten), sind Schluchten mit wild durcheinander liegenden Felsblöcken, durch welche die Salzach ½ St. lang ihren Weg sich gebahnt hat. Diese zum Teil waldbewachsenen, vom Wasser unterspülten Klüfte, Blöcke und Felswände sind durch zahlreiche Stiegen nach allen Richtungen hin zugänglich gemacht. Am n. und s. Eingang zu den Öfen stehen an der Landstraße Handweiser, kaum 5 Min. von einander entfernt, während die Wanderung hinab in den Grund und durch die Öfen ½ St. erfordert. Ein neu angelegter Weg führt am l.

Salzachufer zu „der Öfen Ende", Aussichtspunkt mit bestem Überblick
der Öfen und Ausblick ins Salzachthal, und zur (16 Min.) *Kroatenhöhle*,
einer befestigten Felshöhle in der Wand des Hagengebirges, am Eingang
zum Paß Lueg (s. unten). Guter Blick in den letztern bei der Kap.
*Maria-Brunneck* in der Nähe des s. Eingangs.

Von Golling nach *Abtenau* (*Lammeröfen*, *Aubachfall*) und über die
*Zwieselalp* nach *Gosau* s. R. 7.

Die Bahn führt in s. Richtung durch den weiten Thalboden,
in den r. das *Blüntauthal*, l. das *Lammerthal* (S. 113) mündet,
überschreitet die *Lammer*, dann die Salzach und tritt in den
928m l. Tunnel durch den *Ofenauer Berg* (Durchfahrt 3 Min.).
Jenseits wieder über die Salzach auf schiefer Eisenbrücke (63m
Spannweite); weiter am r. Ufer durch den *Paß Lueg*, eine großartige 2 St. lange von der Salzach durchströmte Schlucht, zwischen
ö. *Tennen-*, w. *Hagengebirge*. 39km *Sulzau* (507m); 43km *Con-
cordiahütte*, an der Mündung des *Blühnbachthals*. Die Bahn bleibt
am r. Ufer und überschreitet einige Wildbäche; dann erscheint
höchst malerisch auf einem 113m h. Felsen das wohlerhaltene
Schloß *Hohenwerfen*, 1076 erbaut, im XVI. Jahrh. erneut.

45km **Werfen** (520m); gegenüber am l. Ufer der stattliche
Marktflecken (*Post*; *Tirolerwirt*), überragt von den zackigen
Wänden der *Übergossenen Alp* (s. unten). 46km Haltstelle *Pfarr-
Werfen*. Das Thal erweitert sich; die Bahn überschreitet den aus
enger Schlucht kommenden *Fritzbach* (S. 205), dann die Salzach.

52km **Bischofshofen** (547m; *Bahnhofs-Hot. & Restaur.*, Z. u.
L. 1 fl.; *Post*; *Böcklinger*), alter Ort mit drei Kirchen, Knotenpunkt der *Ennsthalbahn* (R. 36). ¼ St. vom Dorf ein hübscher
Wasserfall des *Geinfeldbachs*. W. der *Hochkönig* (2938m), die
höchste Spitze des *Ewigschneegebirges* oder der *Übergossenen Alp*.

Weiter in breitem Thal am l. Ufer der Salzach; schöner Rück-
blick auf die kahlen zerrissenen Zacken und steilen Wände des
Tennengebirges. — 61km **St. Johann im Pongau** (563m; *Pongauer
Hof*, am Bahnhof; *Post*; *zum Andrä'l*; *Kreuz*; *Lackner*; *Franz
Prem*; *Schwaiger*, bei der Kirche), großer Markt (3000 E.) ¼ St.
von der Bahn, mit schöner neuer Kirche im got. Stil.

Sehr lohnend der Besuch der *Liechtenstein-Klamm* (hin u. zurück
zu Fuß 3½–4 St.; Einsp. vom Bahnhof in 1 St., hin u. zurück einschließlich 1½ St. Wartezeit 2 fl. 20 kr., Zweisp. 8 fl. 60 kr.; auch Omnibus).
Über die Salzach und den *Wagreiner Bach*, vor dem (50 Min.) Dorf *Plan-
kenau* (*Winkler's Gasth.*) von der Großarler Straße r. ab auf neuem Fahrweg bis zur (½ St.) Brücke über die *Großarler Ache* (Restaur.), 5 Min.
vom Eingang der großartigen Klamm, durch die sich die Ache ihren Weg
zur Salzach erzwungen hat (Eintr. 30 kr.). Der 1876 angelegte Weg durch
die Klamm, 800m l., im br., ist überall mit Geländer versehen und vollkommen sicher. Am Ende der großartigen *zweiten Klamm* (¼ St.) ein
prächtiger 53m h. Wasserfall der Ache.

Von St. Johann oder Bischofshofen auf das *Hochgründeck* (1827m)
3½ St., leicht und sehr lohnend (markierter Reitweg); ¼ St. unter dem
Gipfel Sommer-Whs., oben prächtige Aussicht.

Das Salzachthal verengt sich und biegt nach W. um. — 66km
*Schwarzach-St. Veit*. Die Bahn tritt aufs r. Ufer und führt durch
einen 120m l. Tunnel; dann wieder aufs l. Ufer nach

**74km** Stat. **Lend** (631m; Gasth. *Turri*); der Ort *(\*Straubinger;*
*\*Post)* liegt gegenüber am r. Ufer. Straße nach *Gastein* s. S. 130;
10 Min. unterhalb bildet die *Gasteiner Ache* unmittelbar vor ihrer
Mündung in die Salzach einen schönen 63m h. **\*Wasserfall.**

Oberhalb Lend überschreitet die Bahn zweimal die Salzach,
um der *Eschenauer*, dann der gefährlichen *Embacher Plaike* (Rutsch-
halde) auszuweichen, und durchbohrt dann am l. Ufer den *Unterstein*, einen vortretenden Schieferfelskopf, mittels eines 320m l.
Tunnels. Weiter stets tief im Grund an der Salzach entlang zur
(83km) Haltstelle *Rauris-Kitzloch*, an der Mündung des *Rauristhals*.

°**Kitzlochklamm** (von der Haltstelle Rauris-Kitzloch hin u. zurück
1¹/₂ St.). Über die Salzach zur *\*Restaur*. *Embacher*, dann über die *Rauriser
Ache* (l. *Restaur*. *Taxwirt*) und am r. Ufer aufwärts zum (25 Min.) *Kessel*,
am Fuß des 100m h. *\*Kitzlochfalls*; hier l. hinan auf bequemem Zickzack-
u. Treppenweg, oben r. durch zwei kurze und einen 53m l. Tunnel, an
dessen Ende prächtiger Blick in die Tiefe. Wer nur die Klamm sehen
will, kehrt hier um; der Fußweg führt weiter zum (1¹/₂ St.) Dorf *Rauris*.

In die **Rauris**, ein durch seine Goldbergwerke bekanntes Thal, führt
der nächste Weg durch die Kitzlochklamm (der neue Fahrweg ist ¹/₂ St.
weiter). 2 St. Rauris oder *Gaisbach* (912m; *\*Bräu; \*Post)* ist Hauptort des
Thals, das sich 1 St. weiter bei *Wörth* in r. *Seitelwinkel-Thal* und l. *Hütt-
winkel-Thal* teilt. Im erstern liegt 3 St. aufwärts das *Tauernhaus* (1514m;
einf. Unterkunft); von hier zum *Hochthor des Heiligenblut-Rauriser Tauerns*
(2572m) 2¹/₂ St., *Heiligenblut* (S. 185) 1³/₄ St. — Im Hüttwinkel Reitweg über
(1 St.) *Bucheben* (Whs.) bis (3 St.) **Kolm-Saigurn** (1597m; *Whs.*), Goldberg-
werk in großartiger Lage; von hier in 2¹/₂ St. zum *Knappenhaus am Hohen
Goldberg* (2341m), am Rande des *Goldberggletschers*, der einen Teil der alten
Gruben bedeckt. Vom Knappenhaus auf den *\*Sonnblick* (3095m) 3-3¹/₂ St.
m. Führer, sehr lohnend; oben das *Zittelhaus* (Whs. und meteorolog. Station).
Abstieg nach *Heiligenblut* s. *Bædeker's Südbaiern.* — Von Kolm-Saigurn ins
Gasteiner Naßfeld über die *Pochhardscharte* s. S. 133.

Dann durch einen Tunnel unter dem *Taxenbacher Schloßberg*
nach (84km) **Taxenbach** (711m; *\*Post; \*Taxwirt; Restaur. Kitz-
loch*, am Bahnhof), alter Markt ¹/₄ St. ö., mit zwei Schlössern;
im neuen, unterhalb des Orts auf einem Felsen über der Salzach,
jetzt das Bezirksgericht. — Das Thal erweitert sich; bei (90km)
*Gries* r. auf einer Anhöhe die Kirche *St. Georgen* (826m); l. der
*Hohe Tenn* (3371m). Über die Salzach und die Fuscher Ache nach

**93km** **Bruck-Fusch** (752m; *\*Hot. Kronprinz*, am Bahnhof,
*\*Lukashansl; \*Bräu*), gegenüber der Mündung des *Fuscher Thals*
(s. unten). ¹/₄ St. n.w. das malerische Schloß *\*Fischhorn*, dem Fürsten Liechtenstein gehörig und neuerdings stilvoll hergestellt.

Durch das schöne *\*Fuscher Thal* führt von Norden her der lohnendste
und meist benutzte Weg nach Heiligenblut (S. 185). Fahrstraße von Bruck
zum (1¹/₂ St.) Dorf *Fusch* (807m; *zum Imbachhorn*; Riedelsperger), dann
an der O.-Seite des Thals bergan zum (1¹/₂ St.) *Fuscher-* oder *St. Wolfgangs-
Bad* (1231m; Weilguni, Flatscher, beide gut), besuchter Luftkurort im
*Weichselbachthal*, in hübscher Lage; von hier nach Ferleiten, angenehmer
Fußweg in 1¹/₂ St. — Von Fusch führt die Thalstraße weiter bis zum
(¹/₂ St.) *Bären-Whs.* (821m); von hier auf steinigem Karrenweg (besser zu
Fuß oder zu Pferd) nach (1¹/₄ St.) Ferleiten (1151m; *\*Lukashanslwirt*;
*Tauernhaus*, einf.), dem letzten Weiler, wo sich der Blick auf den groß-
artigen Thalschluß öffnet. Bester Überblick von der *Durcheckalpe* (1527m;
einf. Erfr.), 2 St. oberhalb Ferleiten an der ü. Thalwand, oder von der
*Trauneralpe* (1511m; *\*Whs.*), 1¹/₂ St. südl. am Wege zur Pfandelscharte.

Über das *Fuscher Thörl* oder die *Pfandelscharte* nach *Heiligenblut* s. S. 186. Ausführlicheres in *Bædeker's Südbaiern*, *Tirol* etc.

Die Bahn überschreitet zum letzten Mal die Salzach, durchschneidet das *Zeller Moos* und tritt an den *Zeller See*.

99km **Zell am See** (754m; *Hotel Kaiserin Elisabeth*, am See und Bahnhof; *Böhm's Hot. am See; *Krone; *Metzger Schwaiger; *Post; Bodingbaur; Lebzelter*, nicht teuer), auf einer Halbinsel am w. Seeufer reizend gelegen, als Sommerfrische viel besucht.

Der Zeller See, 4km lang, 1½km breit, 73m tief, bietet treffliche Gelegenheit zum Baden (angenehmes mildes Wasser) und zu Kahnfahrten. Ein kl. Dampfboot befährt den See; tägl. 8 Rundfahrten. Stationen *Thumersbach* (°Restaur. & P. Austria, Bellevue, beide mit schöner Aussicht), mit der *Villa Riemann* am ö., und *Seehdusl* (Restaur.) am n.w. Ufer.. Von der Ostseite des Sees herrlicher Blick nach S. auf die Tauern, Imbachhorn, Hochtenn, Kitzsteinhorn etc., bei Abendbeleuchtung am schönsten.

Auf die °**Schmittenhöhe** (1935m) höchst lohnender Ausflug; 3 St., Führer (2½ fl.) unnötig, Pferd 6 fl., einsp. Sesselwagen für 1 Pers. 6, hin u. zurück 9, mit Übernachten 12 fl. W. im *Schmittener Thal* zu den Häusern von (¹/₄ St.) *Schmitten;* hier l. ab auf gutem allmählich ansteigenden Reitwege meist durch Wald an der (1½ St.) Restaur. *zur Schweizerhütte* und (½ St.) *Brunner's Gasth. zum Großglockner* vorbei zum (1 St.) Gipfel (°*Haschke's Hot.* 90 Betten). Großartige Rundsicht, im S. über die ganze Tauernkette vom Ankogl bis zum Venediger (unmittelbar gegenüber das Kapruner Thal), im N. über die Kalkalpen vom Kaisergebirge bis zum Dachstein.

Ins °**Kapruner Thal** sehr lohnende Tagestour (Omnibus von der Post zum Kesselfallhaus im Sommer 5mal tägl. in 2⁸/₄ St., zurück in 2¼ St.; einf. Fahrt 1 fl. 50, hin u. zurück 2 fl. 75 kr.). Fahrstraße von Zell durch den breiten Thalboden des Pinzgaus über die Salzach zum (1½ St.) Dorf *Kaprun* (761m; 3 einf. Whser.), am Thalausgang, mit halbverfallnem Schloß. Von hier r. zur (25 Min.) °*Sigmund-Thun-Klamm*, in der die Ache des das Thal sperrenden *Birgkogel* durchbricht: die Passagiere steigen aus, gehen durch die Klamm (30 kr.) und gelangen am obern Ende wieder auf die Straße, die in Serpentinen den Hügelrücken hinan steigt und oben auf der *Bürsch-Brücke* die Klamm überschreitet. Weiter zum (1¼ St.) *Hinterwaldhof* in der *Wüstelau* (874m) und am (¹/₄ St.) *Gasth. zum Kapruner Thörl* vorbei im *Ebenwald* hinan zum (½ St.) °*Kesselfall-Alpenhaus* (gutes Hotel 1. Ranges), wo die breite Fahrstraße aufhört (r. in der Schlucht der imposante °*Kesselfall*, Abends elektrisch beleuchtet). Nun auf schmaler Straße (Sesselwagen zur Rainerhütte 6, Mooserboden 8 fl.) über die Ache und in großen Windungen zur (1½ St.) *Limbergalpe* (1568m), dann fast eben fort zum (25 Min.) °*Whs. Orgler* und der (6 Min.) °*Rainerhütte* (1621m, °Whs.) Von hier noch 1 St. Steigens zum obersten Thalboden, dem °**Mooserboden** (1968m), mit schönem Blick auf das *Karlingerkees*, von mächtigen Bergen umgeben: *Wiesbachhorn* (3570m), *Glockerin* (3425m), *Bärenkopf* (3406m), *Johannisberg* (3467m), *Kitzsteinhorn* (3201m), etc. — Vom Mooserboden über das *Kapruner Thörl* (2635m) ins Stubachthal (6 St. bis zur *Rudolfshütte*, S. 174), mühsam aber lohnend; über das *Riffthor* (3115m) nach Heiligenblut (7-8 St. bis zur Hofmannshütte), schwierig, nur für Geübte. Näheres über Bergtouren (*Kitzsteinhorn, Wiesbachhorn* etc.) siehe in *Bædeker's Südbaiern*.

Von Zell nach *Mittersill* und °*Krimml* (*Ober-Pinzgau*) s. S. 133.

Am N.-Ende des Sees r. Schloß *Prielau*, von Bauern bewohnt. Die Bahn überschreitet bei (104km) *Maishofen* die flache Wasserscheide zwischen dem Salzach und Saalach; l. Schloß *Saalhof*, an der Mündung des *Glemmthals*, aus dem die Saalach hervorströmt. Weiter durch das breite Wiesenthal des *Mitter-Pinzgau's*, mit schönem Blick r. auf das *Steinerne Meer*, nach (112km) Stat. **Saalfelden** (725m; *Bahnrest. & Gasth. Ringler*); 10 Min. östl. der Markt (*Neue Post; Dick's Gasth.; Alte Post*, alle gut), in weitem

Thalboden an der *Urslauer Ache* hübsch gelegen. 5 Min. südl. vom
Ort Thalmayrs Bade- u. Schwimmanstalt (Torfmoorwasser; gut eingerichtet, auch Restaur. u. Z.; Pens. 2–2¹/₂ fl.).

Von Saalfelden nach Lofer, 25km, Post tägl. in 8¹/₂ St.; Einsp. 6,
Zweisp. 10 fl. Die Straße führt am r. Ufer der Saalach durch eine 2 St.
l. Gebirgsenge, die *Diesbacher Hohlwege*, nach (3¹/₂ St.) Oberweißbach
(656m; *Whs. Frohnwies; *Auvogl, bei der Kirche), wo r. die Straße von
Berchtesgaden über den *Hirschbühl* herabkommt (s. S. 124; ¹/₂ St. n.
die besuchenswerte *Saisenbergklamm*). Dann über die Saalach am (l.)
*Lamprechts-Ofenloch*, einer großen Höhle, weiter an der (1 St.) Mündung
des *Schüttachgrabens*, in welchem ¹/₂ St. aufwärts die großartige *Vorder-
kaiserklamm*, vorbei nach (1 St.) *St. Martin* und (¹/₂ St.) *Lofer* (639m; *Post,
*Bräu, *Schweizer), besuchter Sommerfrischort in schöner Umgebung
(w. Loferer Steinberge, ö. Reitalpgebirge). Von hier über *Waidring* nach
*St. Johann* s. unten. Nach *Reichenhall*, 28km, schöne Straße (Post 2mal
tägl. in 4 St.) über *Unken* (562m; *Post, Lamm), beliebter Luftkurort mit
dem kl. Bad *Oberrain;* weiter über *Meileck*, *Schnaizlreut* und *Jettenberg,*
oder (für Fußgänger lohnender) über den *Nesselgraben*, am *Thumsee* vorbei.
Näheres, sowie Beschreibung von *Reichenhall*, s. *Baedeker's Südbaiern.*

Die Bahn wendet sich w. über die Saalach ins *Leogangthal*
und führt scharf ansteigend am Fuß des *Birnhorns* nach (120km)
*Leogang* (838m; ¹/₄ St. n. das hübsch gelegene Bad d. N.); weiter
über den *Weißbach* und *Grießenbach,* dann an dem vormals befestigten *Paß Grießen* (864m) vorbei über die tiroler Grenze nach
(129km) **Hochfilzen** (969m), auf der Wasserscheide zwischen Saalach und Inn. Hinab in starker Senkung (1 : 44) auf der r. Seite
des *Pramau-* oder *Pillersee-Achenthals* nach (139km) **Fieberbrunn**
(780m; *Bahnrestaur.*), besuchte Sommerfrische in hübscher Lage
(*Obermaier, *Hammerwirt, *Post, Auwirt* etc.); weiter an Schloß
*Rosenberg* und dem Eisenwerk *Pillersee* vorbei (r. die Loferer
Steinberge), zuletzt über die *Pillerseer Ache* nach

**147km St. Johann in Tirol** (649m; *Post; *Bär; *Zum Hohen
Kaiser*, am Bahnhof), im breiten Thal der *Großen Ache (Leukenthal)*
freundlich gelegen, w. vom *Kaisergebirge* überragt.

N. führt von St. Johann eine Fahrstraße durch das Achenthal über
*Erpfendorf* nach (3 St.) *Waidring* (781m; *Post), großes Dorf auf der
Wasserscheide zwischen Ache und Saalach (hübscher Spaziergang von hier
s. durch die *Öfen* der *Strubache* in ³/₄ St. zum kl. *Pillersee*); weiter durch
den wilden *Paß Strub* nach (2 St.) *Lofer* (s. oben).

**156km Kitzbühel** (737m; *Tiefenbrunner; *Hinterbräu; Stern;
Rößl; Schwarzer Adler* u. a.; *Englische Pension Pfleghof; Haus
am Bahnhof*), ansehnlicher Ort in reizender Lage, als Sommerfrische
viel besucht. — ¹/₄ St. s. das eisenhaltige *Kitzbühler Bad.*

nach (172km) *Westendorf* (759m; Soitner's Rest.), ¹/₂ St. w. von
dem großen Dorf *Brixen.* Folgt ein Tunnel; die Bahn wendet sich
l. in das *Windauer Thal,* beschreibt eine große Kurve und kehrt
mittels eines zweiten 330m l. Tunnels in das enge Brixenthal zurück. — 183km **Hopfgarten** (619m; *\*Post; \*Rose; Diewald; Re·
staur. & Filialpost* am Bahnhof, auch Z.), ansehnlicher Markt.

Die \*Hohe Salve (1824m), der Rigi des Unter-Inntbals, wird meist von
hier bestiegen (Reitweg, 3 St., Führer 1¹/₂ fl., unnötig, Pferd 5 fl., Tragsessel
12 fl.). Vom Bahnhof durch das (¹/₄ St.) Dorf, beim (5 Min.) Handweiser
l. hinan zum (1¹/₂ St.) *Tenn-Whs.* und an den *Vorderhätten* vorbei zum
(1¹/₂ St.) Gipfel, mit Kapelle und ordentl. *Whs.* (40 Betten à 80 kr.). Aussicht namentlich nach S. prächtig (Übergossene Alm, Tauernkette, bis zu
den Ötzthaler Fernern s.w.); n.ö. das Kaisergebirge.

Weiter durch eine waldige Bergenge, die *Brixenthaler Klause;*
r. oben auf einem Vorsprung der Hohen Salve Schloß *Itter.*

191km **Wörgl** und von hier nach (251km) *Innsbruck* s. S. 143.

## 13. Das Gasteiner Thal.

Post von Stat. *Lend* (S. 127) nach dem *Wildbad* (25km) im Sommer
3mal täglich in 4 St. (3 fl. 40 kr.). Reisende mit direkten Billetten nach
Bad Gastein oder mit Rundreisecoupons (Zell am See-Gastein, Bischofs-
hofen-Gastein) werden von der Staatsbahn-Direktion ab Bahnhof Lend
in bequemen Landauern (nicht Post) nach Bad Gastein befördert („Bahn-
Expositur" in Gastein neben der Wandelbahn). Zweisp. von Lend nach
Hof-Gastein 9, zum Wildbad 13 fl. (hin u. zurück 20, mit Übernachten
23 fl.). — Das *Gasteiner Thal* ist vom Dorf Gastein bis zum Wildbad für
Fußgänger kaum ausreichend lohnend, Fahrgelegenheit vorzuziehen.

**Lend** (631m; *Straubinger, Post*) s. S. 127. Unmittelbar am
Posthaus steigt die Gasteiner Straße ziemlich steil, an einer (10 Min.)
*Restauration* vorbei; im Grunde l. die Wasserfälle der Ache. Vor
der (¹/₂ St.) *Klammhöhe* (824m) eine Kapelle, am Beginn des
eigentlichen \*Klamm-Passes, einer tief eingeschnittenen von der
Ache durchströmten Schlucht. Am Ende des Passes führt die
Straße über die (20 Min.) *Klammstein-Brücke* (778m) auf das r.
Ufer und umzieht ansteigend einem bewaldeten Hügel, auf welchem
die spärlichen Trümmer der Burg *Klammstein* (einst Straßensperre).
Bei (¹/₄ St.) *Brandstatt* (Whs. zum Klammstein) öffnet sich der
Blick auf das grüne Gasteiner Thal („die Gastein"). R. ragt aus der
Kette, welche die Gastein von der Rauris trennt, der doppelgipfelige
*Bernkogl* (2324m) hervor. Die Straße führt in geringer Steigung
über *Mairhofen* nach (1¹/₂ St.) *Dorf Gastein* (836m; *Edler*); weiter
über *Harrbach* und *Laderding* nach

20km **Hof-Gastein** (869m; \**Hot. Moser*, Z. von 1 fl. an; \**Müller;*
\**Post* oder *Traube; Bieber* zum Boten), Hauptort des Thals, Mitte des
xvi. Jahrh. neben Salzburg der reichste Ort des Salzburger Landes,
als die Bergwerke nach ansehnliche Ausbeute an Gold und Silber
lieferten. Von dem ehem. Reichtum geben einzelne Häuser mit
ihrer Ornamentik des xvi. Jahrh. noch Kunde, namentlich das in
allen Stockwerken in Bogengängen gewölbte Moser'sche. Auf dem
Kaiserplatz die Büste des Kaisers *Franz I.*, errichtet zum Andenken

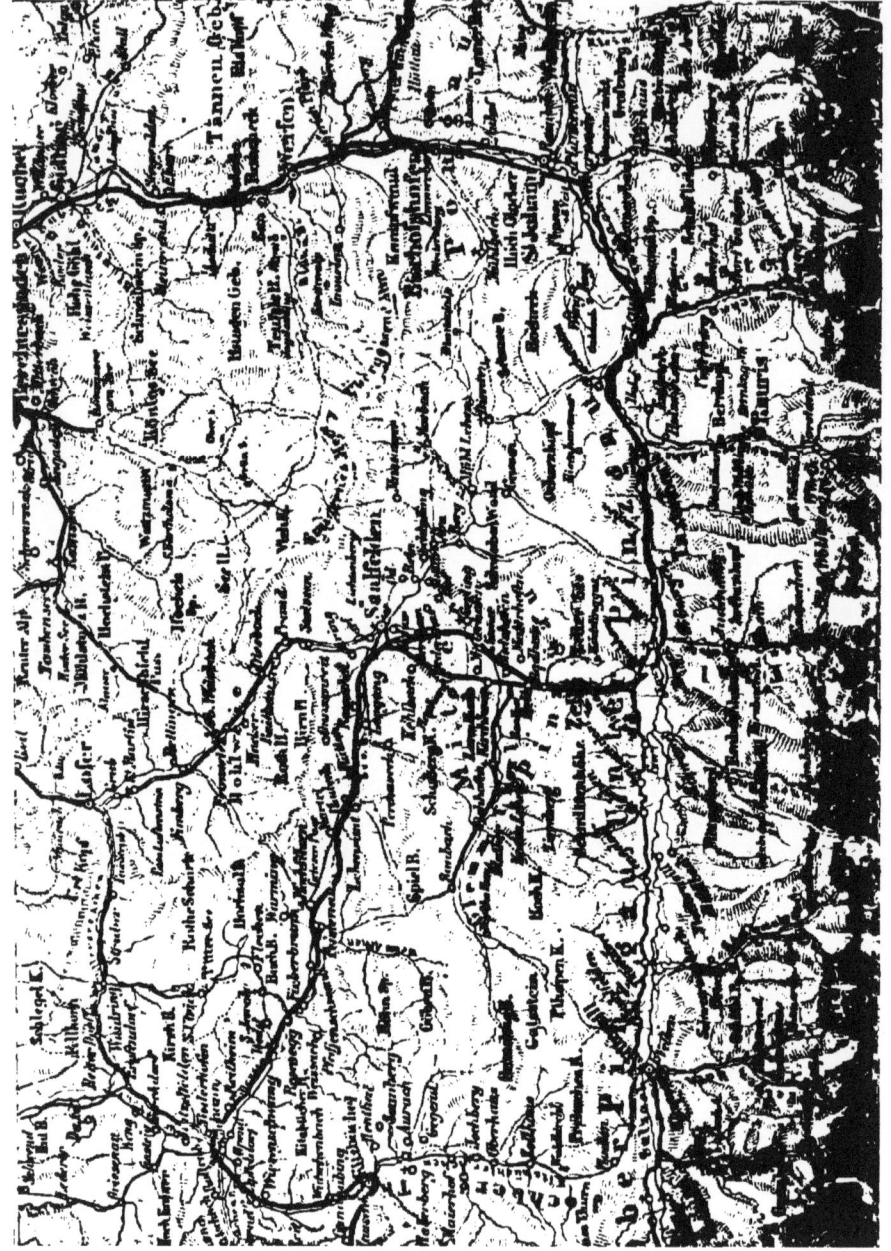

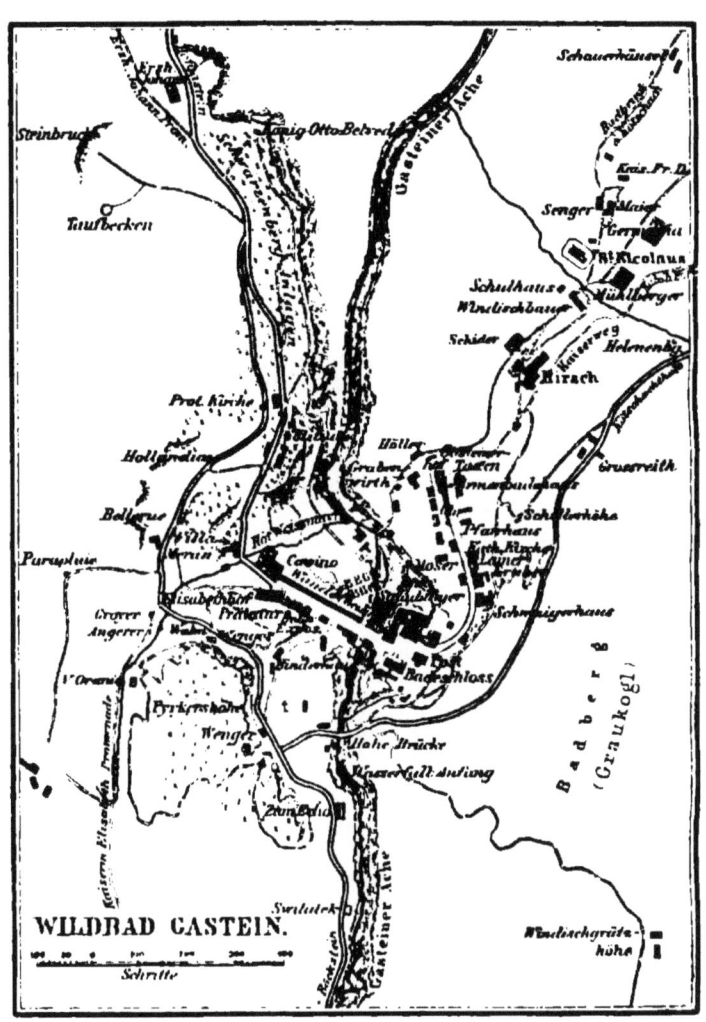

an die 1828 erfolgte Legung der 5km l. Röhrenleitung von den heißen
Quellen im Wildbad nach Hof-Gastein. Das Wasser sinkt an Wärme
von 31° auf 28° R. und kann sogleich zum Baden benutzt werden.
*Bäder* in der Märktischen Badeanstalt, in den Gasthäusern und
vielen Privathäusern.

Sehr lohnend die Besteigung des *Gamskarkogls (2465m), von Hof
Gastein oder dem Wildbad in 4½ St. (Führer 4 fl., Pferd mit Führer 10 fl.).
Auf dem Gipfel eine offne Schirmhütte. Prächtige Gebirgsrundsicht; das
Tischlerkarkees und der schneebedeckte Ankogl treten s. am meisten her-
vor, w. die doppelspitzige Pyramide des Großglockner und das Wiesbach-
horn, n. das Ewige Schneegebirge, ö. der Dachstein und Hochgolling.

Die Straße nach dem Wildbad (zu Fuß 1½, zu Wagen 1 St.)
durchschneidet in schräger Richtung den etwas sumpfigen Thalboden und steigt dann an der w. Thalseite bergan. L. öffnet sich
das *Kötschachthal* mit dem *Bocksteinkogl* und *Tischlerkargletscher.*

**25km Wildbad Gastein** (der Ort unten 991m, oben 1046m). —
Gasthöfe: *Hot. Straubinger, Z.1½-6 fl., L. u. B. 50kr. (billigere Restauration in der Gaststube oder „Schwemme" im Souterrain); *Gasteiner
Hof; *Hot. Weismair; *Hot. Badeschloß; *Scherntbaner
(Grabenwirt), dem untern Sturz der Ache gegenüber; *Hirsch,
5 Min. von Straubinger, *Germania, beide in freier Lage; diese sämtlich mit Bädern. — Logierhäuser *mit Bädern*: *Elisabethhof; *Gruber; Oberkrämer; *Moser; *Schwaigerhaus; *Dr. Schider;
Mayer; Höller; Irnberger; *Mühlberger; *Bellevue; Solli-
tude; *Villa Hollandia; Lainer; Schöpf; die Kur- u. Miet-
häuser No. 1 u. 2 unterhalb der Wandelbahn; Villa Groyer; Angerer; *Radlinger (mit Rest.); Sabathil; *Erzherzog Johann,
am Beginn der gleichn. Promenade schön gelegen; Senger; Echo; *ohne
Bäder:* Helenenburg, Schöpf, Wenger, u. a. — Post am Straubingerplatz; *Expositur der k. k. Staatsbahnen* (S. 130) neben der Wandelbahn.
— Kurtaxe bei mehr als 5täg. Aufenthalt 1. Klasse 15 fl., Angehörige über
14 Jahre 10 fl., Diener 3 fl.; 2. Klasse 12, 7 u. 3 fl.; 3. Kl. 8, 4 u. 2 fl.;
4. Kl. 4½, 2 u. 1 fl.

Die älteren Häuser des Wildbads sind an der steil aufsteigenden östl. Thalwand aufgeführt, sodaß man von der Hausthür des
einen über das Dach des andern Hauses hinweg sieht. In den letzten
Jahrzehnten sind viele stattliche Häuser und Villen entstanden,
sodaß Gastein jetzt einen modernen und freundlichen Eindruck
macht (elektrische Beleuchtung). Mittelpunkt des Badelebens ist
der kleine *Straubingerplatz* zwischen dem Hot. Straubinger und
Badeschloß und auf der Westseite der Brücke die *Wandelbahn*, eine
lange Glasgalerie, die bei trübem Wetter als Spaziergang dient.
Am w. Ende das *Cur-Casino* mit Lesezimmer, Konditorei etc.

Beide Thalwände trennt die *Ache*, die in zwei *FÄLLEN*, der obere
63m, der untere 85m h., von der einen Thalstufe sich herabstürzt,
neben den Krimmler Fällen (S. 134) wohl die großartigsten der
deutschen Alpen. Der obere Fall ist von der Brücke beim Straubingerplatz, der untere vom Café Moser am besten zu beobachten.
Elektrische Beleuchtung der Fälle im Sommer Mi. u. So. 8,30 Ab.

Die Quellen (20-39° R.) entspringen an der östl. Thalwand am
Fuß des Graukogls und liefern täglich c. 35 000 hl Wasser (Besichtigung im Juli-Aug. Di. Do, Sa. 3-4 Nm., beginnt am Franz-Josefs-

stollen hinter dem Badeschloß). Das Wasser ist geruch- und geschmacklos und hat nur äußerst geringe feste Bestandteile, besitzt aber eine Belebungskraft, die sich bei mangelnder Lebenskraft, Nervenschwäche, Gicht u. dgl. vielfach bewährt hat.

SPAZIERGÄNGE. An der l. (w.) Thalseite führt die Straße nach Hof-Gastein an der *Villa Meran* vorbei (l. oben die *Bellevue* mit Café und schöner Aussicht, weiter *Villa Hollandia*) zur *Solitude* (r.) und der kleinen *evang. Kirche.* R. unterhalb der Straße beginnen hier die *Schwarzenberg'schen Anlagen* mit verschiedenen Ansichten der Wasserfälle und dem *König Otto - Belvedere* (Aussicht ins Gasteiner Thal). Etwas weiter beim Miethause *Erzherzog Johann* zweigt l. ab die schattige *Erzherzog - Johann-Promenade;* an ihrem Ende (½ St.) *Restaur. Stöckl*, mit hübscher Aussicht. An der r. (ö.) Thalseite reizender Spaziergang auf dem *Kaiserweg*, oberhalb der alten *Nikolauskirche* vorbei am Abhang entlang, an dem von Hrn. Abesser in Berlin († 1890) gestifteten *Kaiser - Wilhelm - Denkmal*, mit Bronze - Kolossalbüste nach Kokolsky's Modell, vorbei bis zum (20 Min.) *Habsburger Hof* (Restaur.), mit Veranda und schöner Aussicht; weiter zum (25 Min.) *Café zum Grünen Baum* im Kötschachthal (s. unten). — Zur *Schwarzen Lisl*, Café mit schönster Aussicht, am Fahrweg ins Kötschachthal (s. unten), führt ein beim Habsburger Hof vom Kaiserweg r. abzweigender Fußweg in 10 Min. — L. u. r. neben dem Badeschloß führen schattige Treppenwege zur (6 Min.) *Hohen Brücke* über dem obersten Fall und der (¼ St.) *Pyrkershöhe*, mit Café. — Zur *Schillerhöhe* (5 Min.), bester Aufgang beim Gruber.

Etwas weitere Spaziergänge: *Windischgrätzhöhe*, am Abhang des Badbergs (¾ St.), entweder von der Hohen Brücke, oder bequemer vom Patschger hinan; bester Überblick über das Böcksteiner Thal, Schareck etc. — Ins *Kötschachthal*, am Café zum Grünen Baum vorbei zur (1¼ St.) *Himmelwand*, mit schönem Blick auf den Thalschluß, und zur (1½ St.) letzten Alp *Prossau* (1287m; Erfr.).

BÖCKSTEIN und das NASSFELD sind die von Gastein aus am meisten besuchten Punkte. Die Straße führt von der Hohen Brücke (s. oben) erst am l., dann am r. Ufer der Ache, am (20 Min.) *Patschger* (Whs.) vorbei (angenehmer die *Kaiserin Elisabeth-Promenade*, beim Café Bellevue l. über die Höhe, dann stets am l. Ufer der Ache, 1¼ St.). ½ St. *Böckstein* (1127m; *Kurhaus*, mit Garten; *Mühlberger*), weit zerstreutes Dorf, liegt reizend an der Mündung des s.ö. zum Ankogl hinanziehenden *Anlaufthals*, durch das ein guter neu hergestellter Weg über den Hohen oder Korn-Tauern (2463m) in 7 St. zur *Hannover'schen Hütte* oder in 8 St. nach *Malnitz* (s. unten) führt (Führer 7 fl., bei gutem Wetter entbehrlich). Der *Ankogl* (3263m) ist von der Hannover'schen Hütte (2145m) in 2½-3 St. ohne Schwierigkeit zu ersteigen.

Zu der Wanderung nach dem *Naßfeld* (von Böckstein bis zum Naßfeldhaus 2 St.) ist ein Führer ganz unnötig, Weg gar nicht zu verfehlen, ½ St. Fahrweg, dann Saumpfad (für kl. Sesselwagen fahrbar) allmählich hergan durch die *Asten*, eine enge ½ St. l. Felsschlucht, in welcher die Ache eine Reihe von Fällen bildet, darunter zwei größere, am Eingang den *Kesselfall*, am Ausgang den *Bärenfall*. Unterhalb der letztern rinnt der Ausfluß des oben auf der Höhe gelegenen *Pochhard-Sees* über die dunkle 80m h. Felswand und bildet den zierlichen *Schleierfall*. Bei der Brücke, 5 Min. weiter, beginnt das *Naßfeld*, ein einsames grünes Hochthal, 1 St. l., ½ St. br., umgeben von einem Kranz mächtiger Berge, aus

denen der *Murauer Kopf* und das *Schareck* hervorragen. Unweit der letzten
Brücke das *Erherzogin Marie-Valerie-Schutzhaus* der AV.-Section Gastein
(1563m; Sommer-Wirtsch.).
Nach Obervellach über den **Mallnitzer** oder **Niedern Tauern**
Saumpfad, von Böckstein 9 St. (Führer bei gutem Wetter entbehrlich;
Pferd 12 fl., bis zum Tauernhaus 7 fl. 80 kr.; von da bergab Reiten un-
angenehm). Vom Naßfeldhaus in ³/₄ St. zur *Reckhütte* am Ende des Naß-
feldes; dann in vielen Windungen hinan (Weg durch Stangen bezeichnet)
zur (2¹/₂ St.) Paßhöhe (2414m); jenseits das *Tauernhaus* (2272m; Whs.,
Bett 1 fl.). Hinab an der *Mannhartalp* vorbei nach (2¹/₂ St.) *Mallnitz* (2272m;
*Drei Gemsen), von wo Fahrweg nach (2 St.) *Ober-Vellach* (*Post) im freund-
lichen *Mölltthal*, 4¹/₂ St. von Stat. *Sachsenburg* (S. 182; Einsp. 3¹/₂ fl.).
Nach Rauris über die **Pochhard-Scharte** (2238m), 4¹/r-5 St., lohnend
(F. von Gastein 5¹/₂ fl.). Vom Naßfeldhaus r. ins *Siglitsthal*, auf rot mark.
Wege r. hinan am *Untern* und *Obern Pochhardsee* vorbei zur (2³/₄ St.) Paß-
höhe, mit schöner Aussicht; hinab nach (1¹/₂ St.) *Kolm-Saigurn* (S. 127).

## 14. Von Zell am See nach Krimml. Ober-Pinzgau.
*Vgl. Karte S. 130.*

60km. Post-Stellwagen von Zell am See nach Mittersill im Sommer
2mal tägl. in 3³/₄ St. für 1 fl. 50 kr.; von Mittersill nach Neukirchen 2mal
tägl. in 1¹/₄ St. für 1 fl.; von Neukirchen nach Krimml 1mal tägl. in
1¹/₂ St. für 60 kr. Einspänner von Zell nach Mittersill 10, Zweisp. 14 fl.,
Zweisp. nach Krimml und zurück 32 fl.; von Mittersill nach Krimml Einsp. 6-7, Zweisp. 12 fl. — Der Ober-Pinzgau ist im ganzen einförmig, für
Fußgänger wenig lohnend, die Krimmler Wasserfälle dagegen höchst
sehenswert.

*Zell am See* (754m) s. S. 128. Die Straße führt ¹/₄ St. am See
entlang und wendet sich dann r. ab; l. mündet die Bruck-Zeller
und weiterhin bei der (³/₄ St.) sog. *Wegscheide* die Bruck-Mitter-
siller und die neue Kapruner Straße (S. 128). 1¹/₄ St. *Fürth;* l.
am Ausgang des Kapruner Thals in der Ferne Dorf und Schloß
*Kaprun*, vom *Kitzsteinhorn* (3194m) überragt. Bei (20 Min.) *Piesen-
dorf* öffnet sich s.ö. der Blick auf den Hohen Tenn und das
Wiesbachhorn. Weiter über *Walchen* nach (1³/₄ St.) *Niedernsill*
(Tiefenbacher's Gasth. zum Hackl). Bei (1 St.) *Uttendorf* (773m;
*Bichlwirt, 15 Min. vor dem Dorf; Liesenwirt; Post oder Tischler-
wirt) öffnet sich s. das *Stubachthal* mit dem *Schneewinkelkopf* (über
den *Kalser Tauern* nach *Kals* s. S. 184). Oberhalb bildete die Salzach früher ein weites Inselmeer, von dem ein großer Teil jetzt
urbar gemacht ist. — 1¹/₂ St.

31km **Mittersill** (781m; *Post, am l. Ufer; *Rup. Schwaiger,
*Gruntner, Rothbacher,* alle drei am r. Ufer), Hauptort des Thals;
am l. Ufer auf vorspringendem Hügel (881m) ein stattliches Schloß,
jetzt Eigentum des Hrn. Major Pöller, mit altdeutscher Einrichtung
und schöner Aussicht ins *Velber Thal*
N. führt von hier eine Fahrstraße über den *Paß Thurn* nach *Kitzbühel*, s. S. 129. — Über den *Velber Tauern* nach *Windisch-Matrei* s. S. 183.

Die Straße tritt auf das r. U. der Salzach; 1 St. *Hollersbach,*
an der Mündung des gleichn. Thals (im Hintergrund die schneebedeckte *Kratzenberg*, 3025m); dann wieder aufs l. Ufer. ³/₄ St.
*Mühlbach*, 5 Min. *Picheln*, ¹/₂ St. *Bramberg*, ¹/₂ St. *Weierhof,* mit
Burgruine (Whs., guter Wein); gegenüber öffnet sich das wilde

*Habachthal*, im Hintergrund das *Habachkees* mit dem *Hohen Fürlegg* und *Habichkopf*. Hinter (1 St.) **Neukirchen** (854m; *\*Schett; Kammerlander*) münden l. in der *Sulzau* das *Unter-* und *Ober-Sulzbachthal*, durch den *Mitterkopf* getrennt; im erstern der ansehnliche *Untersulzbachfall* (³/₄ St.).

Im Ober-Sulzbachthal schlechter Saumweg an mehreren Wasserfällen vorbei zur (4 St. von Neukirchen) *Aschamalp* (1677m); dann noch 3 St. steilen Steigens zur *Kürsinger Hütte* der A.V.-Section Salzburg (2751m; Sommer-Wirtsch.), in herrlicher Lage angesichts des großen *Obersulzbachgletschers*, vom Venediger, Gr. Geiger u. Schlieferspitz überragt. Von hier auf den *Groß-Venediger* (3680m) 4-5 St., beschwerlich (Abstieg nach Gschlöß oder Prägraten s. S. 183). Dom. Kronbichler, Kajetan Nußbaumer u. a. in Neukirchen, Führer.

Die Straße steigt über einen Schutthügel an der Mündung des *Dürnbachgrabens* (bei der Kapelle erscheint l. der Venediger) und führt an (r.) Ruine *Hieburg* vorbei nach (1 St.) *Wald* (884m; Strasser), wo r. der direkte Weg über *Ronach* nach (4¹/₂ St.) *Gerlos* abzweigt (S. 145). Weiter über die *Sulza* unmittelbar vor ihrer Vereinigung mit der *Krimmler Ache* (der Fluß heißt von hier an *Salzach*), dann um den *Falkenstein* herum nach (1 St.)

**59km Krimml** (1040m; *\*Wald; Whs.* zum *Wasserfall*), freundliches Dorf, wegen der *\*Krimmler Wasserfälle* besucht, der schönsten und großartigsten in den deutschen Alpen.

Die *Krimmler Ache*, der Abfluß des großen Krimmler Gletschers, stürzt in drei Fällen an 380m hoch hinab ins Thal. Nur aus der Ferne sind sie alle drei zu gleicher Zeit zu übersehen, von Krimml aus nur der oberste. Die Fälle sind durch die neuen *\*Weganlagen* der A.V.-Section Pinzgau am *linken* Ufer der Ache bequem zugänglich gemacht (bis zum obersten Fall u. zurück 3¹/₂ St.; Führer unnötig). Vom Whs. auf gutem Wege am 1. Ufer der Ache bis zum (15 Min.) Handweiser; hier nicht l. über die Brücke zum r. Ufer (der direkte Tauernweg, s. unten), sondern geradeaus fort, an verschiedenen Aussichtspunkten (*\*Riemannskanzel*) beim *untersten* und *mittlern* Fall vorbei hinan über das *Schönangerl* (1306m; Erfr.) zur (1¹/₂ St.) *Jung-Kanzel* am Fuß des *\*obersten*, 200m h. Falls. Von hier bis zu dem Felsrande (1463m), von welchem die Ache herabstürzt, noch 35 Min. (wer nicht ganz hinaufsteigen will, gehe c. 5 Min. bergan, wo man den Fall vollständig übersieht). Zurück auf dem gut hergestellten alten Tauernweg.

Über den Krimmler Tauern nach Kasern 9 St., beschwerlich, Führer ratsam. Im Krimmler Achenthal 3¹/₂ St. von Krimml das *Tauernhaus* (1631m; einf. *\*Whs.*). Von hier zur (20 Min.) *Unlaß-A.* [Reitweg l. zur (1¹/₄ St.) *Innerkees-A.* und zur (1¹/₂ St.) Warnsdorfer Hütte (2450m; Sommer-Wirtsch.), in herrlicher Lage angesichts des großen *Krimmler Gletschers*, Ausgangspunkt für die Übergänge über das *Krimmlerthörl* (2814m) zur (4 St.) *Kürsingerhütte* oder nach (8 St.) Prägraten (S. 183); über die *Birnlücke* (2671m) nach (6 St.) *Kasern*, etc.]. Dann r. im *Windbachthal* hinan zum (3¹/₄ St.) Krimmler Tauern (2635m) mit prächtiger Aussicht nach S. auf Dreiherrnspitze, Röthspitze, Rieserferner etc. Scharf bergab nach (2 St.) *Kasern* (1624m; einf. Whs), am obern Ende des *Ahrnthals* (S. 181), durch das ein Fahrweg in 8-9 St. nach Bruneck führt.

Von Krimml nach Gerlos über die Platte (4 St.) s. S. 145; Führer unnötig; Pferd nach Gerlos 7, nach Zell 13 fl.

# III. Tirol[1].

---

[1]) Eine ausführliche Beschreibung der österreichischen Alpenländer, besonders der höheren Bergtouren, übersteigt die Grenzen dieses Buches; eine solche ist enthalten in: *Bædeker's Südbaiern, Tirol und Salzburg, Ober- u. Nieder-Österreich, Steiermark, Kärnten und Krain*. 26. Aufl. Mit 38 Karten, 10 Plänen und 7 Panoramen. Leipzig 1894.

## 15. Innsbruck und Umgebungen.

**Gasthöfe.** *Tiroler Hof (Pl. a; D 4), Z. L. B. 2 fl. u. mehr, F.
70 kr., M. 2½ fl.; *Höt. de l'Europe (Pl. b; D 4), Z. L. B. von 1½ fl.,
F. 60 kr., M. 2 fl.; *Goldne Sonne (Pl. C; D 4), Z. 1½-2 fl., alle drei
am Bahnhof; — *Hot. Victoria, am Bahnhof, mit Garten; *Höt. Kreid
(Pl. m; D 4), Margarethenplatz; *Habsburger Hof („Reformhotel",
keine Trinkgelder; Pl. k; D 3), Museumstr., Stadt München (Pl. e;
C 4), beide mit Garten-Restaur.; *Goldner Adler (Pl. d; B C 3),
unweit der Innbrücke; Post, Maria-Theresienstr.; Höt. Central,
Erlerstr.; Hot. Veldidena (Pl. l; B 6), am Bahnhof Wilten; *Hirsch
(Pl. f); *Löwe; Roter Adler (Pl. g; B 5); Grauer Bär, Universitätsstr.
(guter Wein); Krone, an der Triumphpforte, gelobt. — Am linken Ufer
des Inn: *Hot.-Pens. Kayser, 10 Min. von der Innbrücke in reizender
Lage (Pens. m. Z. 8 fl.); Pens. Schloß Weiherburg (S. 142). 2. Kl.,
Goldner Stern (Pl. h; B 2); Mondschein (Pl. i; B 3), an der Innbrücke.

**Cafés u. Restaurants.** *Stadtsäle (S. 138); Kraft und Hierhammer
in der Museumstraße; Café Central, Erlerstr. Bier im Breinößl,
Maria-Theresienstr., u. a. — *Bahnrestaur.

**Fiaker** von oder zum Bahnhof mit Handgepäck Einsp. 1 fl., Zweisp.
1 fl. 30 kr. Zum Berg Isel und zurück mit 1 St. Aufenthalt Einsp. 1 fl. 80,
Zweisp. 2 fl. 50 kr.; Mühlau 1 fl. 60 u. 2 fl. 50, Weiherburg und über
Mühlau zurück 3 fl. u. 4 fl. 80, Amras 2.40 u. 3.60, Lans 4.50 u. 8, Lans
und Igls 5.80 u. 9, Stefansbrücke 3 u. 4.80, Schönberg 5.60 u. 10 fl.

**Dampftrambahn** vom Berg Isel durch die Stadt nach Mühlau und Hall
alle Stunden, Nachm. zwischen Berg Isel und Mühlau alle ½ St.; Halt-
stellen: *Berg-Isel*, *Wilten*, *Triumphpforte*, *Landhaus*, *Theresienstr.*, *Innbrücke*, *Innsteg*, *Saggen*, *Dollinger* (Stern in Mühlau), *Mühlau*, *Arzl*, *Rum*,
*Thaur*, Hall (vergl. den Plan); Fahrzeit von Berg Isel bis zur Theresienstr.

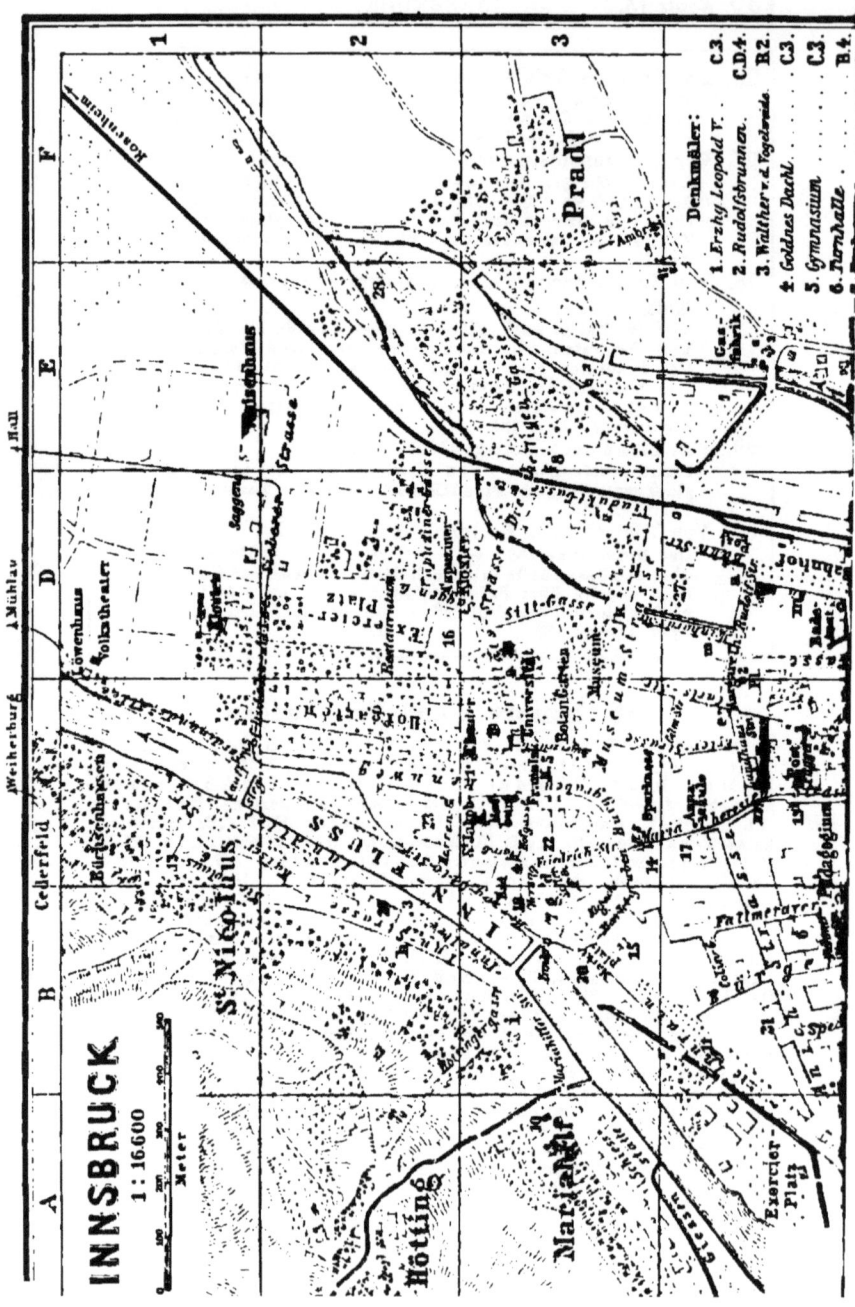

Kirchen:

8. Dreiheiligen-K. . . . . E.3.
9. Jesuiten-K (Univ.) . . . D.3.
10. Mariahilfer-K . . . . . A.3.
11. S.Johannes-K . . . . . B.4.
12. S.Nicolaus-K. . . . . . C.1.
13. Serviten-K . . . . . . . C.4.
14. Spital-K . . . . . . . . C.3.
15. Ursuliner-K . . . . . . B.3.
16. Klosterkaserne . . . . . D.2.
17. ehem. Oesterreich. Hof . C.4.
18. Ottoburg . . . . . . . . B.3.
19. Stadtsäle . . . . . . . . C.3.
20. Schlachthaus . . . . . . B.3.
21. Staats-Gewerbeschule . . B.4.
22. Stadt-od-Feuerthurm . . C.2.
23. Stadthalterei. . . . . . C.2.
24. Tiroler Glasmalerei
    Mosaikanstalt. . . . . . B.3.
25. Universitäts-Bibliothek. . D.3.
26. Vereinskaserne . . . . . B.2.
27. Waisenhaus . . . . . . . D.3.4.
28. Zeughaus . . . . . . . . E.2.

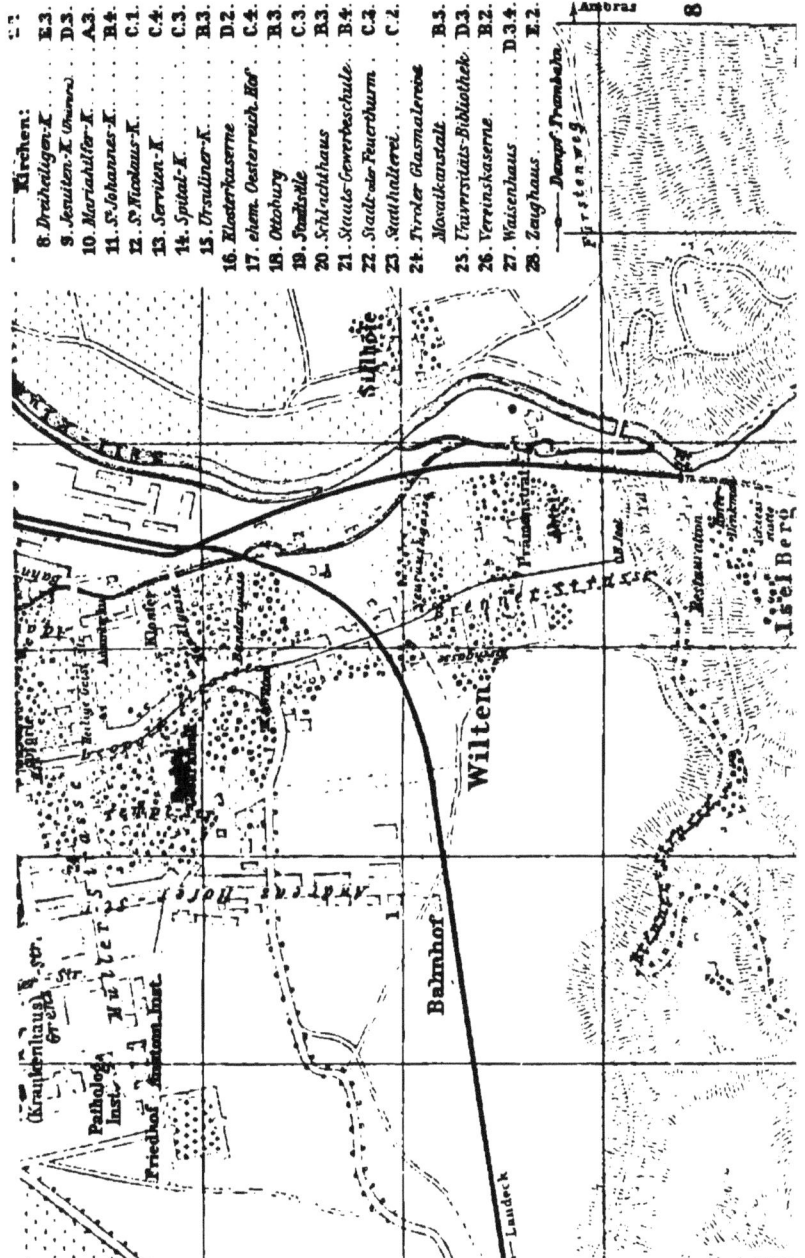

12 Min., Theresienstr.-Dollinger (Mühlau) 15 Min., Hall 42 Min.; Fahrpreise (7 Zonen) 5-18 kr., x. B. Theresienstr.-Berg Isel oder Mühlau 8 kr. Die Lokalbahn ist zum Besuch des Berges Isel und der Lanser Köpfe, von Schloß Amras, Mühlau, Hall etc. bequem zu benutzen.

**Bäder. Städt. Schwimm- u. Badeanstalt** in der Adamgasse, unweit des Bahnhofs; **Zur Kaiserkrone**, Herzog Otto-Str., am Innquai (mit Restaur.). Am linken Innufer: **Städt. Schwimm-** u. **Bade-Anstalt** am *Gießen*; **Erzherzog Maximiliansbad** in St. Nikolaus. **Schwimm-** u. **Bade-Anstalt** in *Büchsenhausen* (S. 142).

**Post u. Telegraph** (Pl. C 4), Maria-Theresienstraße und am Bahnhof. — Holzschnitzereien, Photographien etc. bei *F. Unterberger*, Museumsstr.; *Czichna*, Herzog Friedrichstr. u. Rudolfstr.

*Innsbruck* (573m), die Hauptstadt von Tirol, mit 23 325 Einw., in herrlicher Lage am *Inn* unweit der Mündung der *Sill*, ist neben Salzburg die schönstgelegene Stadt der deutschen Alpen. Überall öffnen sich Durchblicke auf den Gebirgskranz, der im Norden dicht an den Inn herantritt und in einer Reihe zackiger Kalkgipfel *(Solstein, Brandjoch, Frauhütt, Hafelekar)* das bis hoch hinauf bebaute Mittelgebirge überragt, während im S. über dem bewaldeten Rücken des Berges *Isel* die schönen Formen der *Saile-* und *Waldraster-Spitze* das Auge fesseln; mehr im Vordergrund s.ö. über den *Lanser Köpfen* die runde Kuppe des *Patscher Kofels*.

Vom Bahnhof (Pl. D 4) gelangt man r. durch die Rudolfstraße auf den MARGARETHENPLATZ (Pl. C D 4), auf welchem der 1863-77 erbaute *Rudolfsbrunnen* an die 500jährige Vereinigung Tirols mit Österreich erinnert. Den Brunnen, aus rotem tiroler Marmor, schmückt eine 3m h. Bronzestatue des Herzogs Rudolf IV., von Grissemann; unten am Bassin vier wasserspeiende Drachen und vier Greife als Schildhalter.

Weiter zur MARIA-THERESIENSTRASSE (Pl. C 3, 4), der belebtesten Straße der Stadt, mit dem *Landhaus*, der *Post* (ehem. Palais Thurn u. Taxis) und andern ansehnlichen Gebäuden aus dem XVII. u. XVIII. Jahrh. Die *Annasäule* (Pl. C 4) wurde im J. 1706 zum Gedächtnis der Räumung Tirols durch die bayr. und franz. Truppen errichtet. — N. schließt sich an die Maria-Theresienstr. die von Arkaden ("Lauben") eingefaßte Herzog-Friedrich-Straße, die in gerader Richtung auf das Goldene Dachl zuführt.

Das **Goldne Dachl** (Pl. C 3), ein reicher spätgot. Erker mit stark vergoldetem Kupferdach, an der von Herzog Friedrich "mit der leeren Tasche" 1425 erbauten Fürstenburg, jetzt städtisches Eigentum, soll ihm, den Spottnamen zu widerlegen, 30 000 Dukaten gekostet haben. In seiner jetzigen Gestalt ist der Erker das Resultat eines Umbaus durch Kaiser Maximilian I. (1504), auf den sich auch die schönen marmornen Wappenschilder und die Malereien, (Maximilian mit seinen zwei Gemahlinnen) beziehen. — Gegenüber der stattliche alte *Stadt-* oder *Feuerturm* (oben gute Rundsicht).

R. führt die Hofgasse zur **\*Franziskaner-** oder Hofkirche (Pl. C 3), im Renaissance-Stil 1553-63 erbaut, nach dem letzten Willen Kaiser Maximilians I. († 1519), dessen prächtiges *\*Grabmal* die Mitte des Hauptschiffs einnimmt (sein Körper ruht zu Wiener-

**Neustadt, S. 191).** Auf einem kolossalen Marmorsarkophag ist der Kaiser knieend dargestellt, umgeben von 28 Bronzestatuen, Zeitgenossen und Vorfahren Maximilians, die als Leidtragende gedacht sind und bei Totenfeiern Fackeln halten sollten. Die Arbeit an diesem Riesenwerk währte mehrere Menschenalter; schon bei Lebzeiten des Kaisers (um 1509) begonnen, wurde es 1593 unter Erzherzog Ferdinand vollendet. Der Entwurf rührt von dem kais. Hofmaler *Gilg Sesselschreiber* her; als Gießer werden *Stephan* und *Bernhard Godl, Gregor Löffler, Hans Lendenstreich* u. a. genannt. Auch *Peter Vischer* von Nürnberg war an dem Denkmal thätig: ihm werden die Statuen des Ostgotenkönigs Theodorich (5. rechts) und die des Königs Arthur von England (8. rechts) zugeschrieben, die letztere unbestritten das schönste deutsche Ritterbild der Zeit. Die knieende Figur des Kaisers im Krönungsornat ist von *L. del Duca.* An den Seiten des Sarkophags 24 *Marmorreliefs, die vier ersten von *Bernh.* und *Albert Abel* aus Köln, die übrigen von dem Niederländer *Alexander Colins* aus Mecheln († 1632), nach Thorwaldsen's Zeugnis das Vollendetste in ihrer Art. Sie stellen in charakteristischen Gruppen die Hauptbegebenheiten aus dem Leben des Kaisers dar, dessen Ähnlichkeit in den verschiedenen Altersstufen unverkennbar ist (der Blick von außen durch das Gitter genügt; für Öffnen desselben dem Meßner 50 kr.).

Am Anfang des r. Seitenschiffes führt eine Treppe r. in die Silberne Kapelle, so genannt wegen eines silbernen Standbildes der h. Jungfrau und der aus gleichem Metall getriebenen Darstellungen der Lauretanischen Litanei am Altar. An der Wand l. 23 Statuetten von Heiligen aus Erz, wahrscheinlich Gießversuche für das Maximiliandenkmal. Grabmal des Erzherzogs Ferdinand II. († 1595) mit Marmorbild von Colins und 4 Reliefs, Thaten des Erzherzogs. Grabmal der Philippine Welser (S. 141), mit zwei Reliefs von Colins. Alte Orgel, angeblich von Papst Julius II. geschenkt.

Im l. Seitenschiff das *Denkmal Andreas Hofer's*, aus tiroler Marmor von *Schaller.* Hofer wurde am 20. Febr. 1810 zu Mantua erschossen; seine Gebeine brachte das 1. Bataillon Kaiserjäger bei seiner Rückkehr aus Italien im J. 1823 nach Innsbruck. An den Seiten die Gräber von *Speckbacher* († 1820) und *Haspinger* († 1858). — Gegenüber ein Denkmal für alle Tiroler, welche seit 1796 für die Landesverteidigung fielen, von den Ständen errichtet, mit der Inschrift: „absorpta est mors in victoria".

Beim Austritt aus der Hofkirche l. die **k. k. Hofburg** (Pl. C·3), 1766-70 im Zopfstil erbaut. Eintr. tägl. 10-12 u. 2-4 U. (Karten für Schloß Amras s. S. 141); sehenswert der *Riesensaal* und die *Kapelle.*

Der Burg gegenüber die *Stadtsäle* (Pl. 19; Restaur., s. S. 136; im 1. Stock permanente Gemälde-Ausstellung) und das *Theater* (Pl. C 3). Auf dem Rennweg der **Leopoldsbrunnen** mit der Reiterstatue des Erzh. Leopold V., unter Verwendung der 1626 von C. Gras bossierten Bronzefiguren 1893 von der Stadt Innsbruck errichtet. — N. der viel besuchte **Hofgarten** mit hübschen Anlagen, Blumenbeeten u. Restauration. Weiter n. ö. in der Vorstadt zwischen Eisenbahn und Inn das große **Waisenhaus** (Pl. E. 1, 2), von J. von Sieberer gegründet, mit schöner Kapelle; an der Fassade Skulpturen von Baumgartner.

Unweit der Hofkirche in der Universitätsstraße r. die **Universi-**

tät (Pl. C D 3), 1672 von Kaiser Leopold gestiftet, 1826 erneut, 1869 durch Hinzufügung einer medicin. Fakultät vervollständigt (1000 Stud.). Die *Universitäts-* oder *Jesuitenkirche* (Pl. 9), 1627-40 im Barockstil erbaut, hat eine stattliche 60m h. Kuppel. Nebenan im ehem. Jesuitencolleg die *Universitäts-Bibliothek* (Pl. 25) mit c. 140 000 Bänden (tägl. 8-1 u. 3-5 U.). — Der nahe botan. Garten (Pl. C D 3) enthält über 600 Alpenpflanzen mit den Gesteinsarten, auf denen sie wachsen, in orograph. Anordnung.

Unweit, in der Museumstr., der stattliche Renaissancebau des *Ferdinandeums* oder *Tiroler Landesmuseums* (Pl. C D 3), 1842 begonnen, 1884-86 um ein Stockwerk erhöht; an der Fassade 22 Büsten von tiroler Künstlern u. Gelehrten. Eintr. tägl. außer Sonnt. Nm. im Sommer 9-5, im Winter 10-3 U. (50 kr., Katalog 10 kr.).

Im Erdgeschoss im Flur römische, mittelalterl. und neuere Stein- u. Bronzedenkmäler. In der Mitte der für temporäre Ausstellungen bestimmte *Sitzungssaal*, mit den Bildnissen der Stifter und Förderer des Museums; in den Seitenräumen l. die zoologische, r. die geologisch-paläontologische Sammlung. — Im Ersten Stock (von der Treppe r.): I. Saal. Waffensammlung. — II. Saal. Vorrömische und römische Altertümer. — III. Saal. Ethnogr. Sammlungen. — IV. Saal. Geograph. Werke u. Instrumente, Normal-Maße u. Gewichte. — V. Saal. Kulturgeschichtl. Sammlung. — VI. Rundsaal. Histor. Erinnerungen: Statue Andreas Hofers; sein Grabstein aus Mantua; Hofers Hosenträger, Degen, Amulett, unter ihm geprägte Münzen, seine Büchse; Speckbachers Gurt u. Säbel; Haspingers Hut, Kreuz, Dosen, Brevier; ein neapolitan. Sechspfünder, die Fahne eines venesian. Freicorps, am 9. Juni 1848 durch die 1. Compagnie des Innsbrucker Studenten-Corps am Koflpaß von den Italienern erbeutet, in Berggeschütz aus derselben Zeit, u. a. Das *Radetzky-Album*, eine Art Stammbuch in einem besondern Schrank mit der Büste des Feldmarschalls, enthält über 1000 Autographen (die interessantesten Blätter an den Wänden unter Glas und Rahmen). — VII. S. Skulpturen und Gipsmodelle von tiroler Bildhauern. — VIII. S. Werke der Kleinkunst. — IX. u. X. S. Metalltechnik — XI. S. Münzkabinet. — Das Zweite Stockwerk enthält die *Gemälde-Sammlung* (in 17 Sälen und Kabinetten). Von der Treppe r. I.-V. Kab. Tiroler, altdeutsche u. niederländ. Maler vom xiv.-xvi. Jahrh. I.-III. Saal. Tiroler Maler des xvii., xviii. und der 1. Hälfte des xix. Jahr. IV. Defregger-Saal. *Defregger*, Speckbacher und sein Sohn Anderl; dann 6 Kopieen der Hauptbilder Defreggers, vom Meister selbst vollendet. V. S. Moderne Tiroler u. Deutsche. VI. S. Italiener, Franzosen etc. des xvii. u. xviii. Jahrh. VII. S. Niederländer (durch das Tschager'sche Legat 1858 an das Museum gekommen): *Von der Helst, Terborch, Rembrandt, Dou* u. a. VI.-X. Kab. Handzeichnungen.

Die **Pfarrkirche** zu St. Jakob (Pl. C 3), 1717 erbaut, hat am Hochaltar ein Marienbild von *L. Cranach*, als Altarblatt von einem *Schöpf*schen Gemälde umrahmt; dann das von H. Reinhart nach Casp. Gras' Modell gegossene Grabmal Erzherz. Maximilians des Deutschmeisters († 1618).

Die stattliche **Innbrücke** (Pl. B 5), welche nach den am l. Ufer gelegenen Vorstädten *St. Nikolaus* und *Mariahilf* führt, gewährt den besten Rundblick über die Umgebung. In den Anlagen am l. Ufer eine Barometersäule und ein Zinkstandbild *Walthers von der Vogelweide*. Nach der *Weiherburg* und *Mühlau* s. S. 142.

Den südl. Abschluß der Maria-Theresienstraße bildet eine **Triumphpforte** (Pl. C 5), die zur Feier der Vermählung des Kaisers

Leopold II. mit der Infantin Maria Ludovica 1765 beim Einzug der Kaiserin Maria Theresia und ihres Gemahls Franz I. errichtet wurde (letzterer starb während der Festlichkeiten).
Vor der Triumphpforte r. die *Glasmalerei-* und *Mosaik-Anstalt* (Pl. 24; B 5; an Wochentagen 11-12 und 5-6 U. zugänglich) und die *Landes-Gebäranstalt* (Pl. C 5). In der Fallmerayerstraße das *k. k. Gerichtsgebäude* (Pl. B 4, 5), die *Turnhalle* (Pl. 6) und das *Pädagogium* (Pl. B C 4); im Garten des letztern eine Abteilung für Alpenpflanzen und eine 90 qm große *plastische Darstellung von Tirol* im Maßstab von 1 : 7500 (vertikal 1 : 2500) von Prof. J. Schuler, aus den Gesteinsarten zusammengesetzt, die den thatsächlichen geolog. Verhältnissen entsprechen (vom 1. Mai-15. Juli 4½-7½ U. Nm., 15. Juli-15. Sept 11-3, sonst 11-2; Eintr. 30 kr.). Unweit in der Anichstr. die *Gewerbeschule* (Pl. 21); weiter s. w. das große städt. *Krankenhaus* (Pl. A B 4 5) mit den Universitäts-Kliniken, das *patholog.* und das *anatom. Institut* (Pl. A 5). Anstoßend der gut gehaltene *Friedhof* (Pl. A B 5) mit manchen hübschen Denkmälern von tiroler Bildhauern und dem vom alten Friedhof hierher übertragenen Renaissance-Grabmal des Bildhauers A. Colins (S. 138).

¼ St. vor der Triumphpforte an der Brennerstraße die reiche Prämonstratenserabtei **Wilten**, die alte *Veldidena*, mit zwei Kirchen im Barockstil; neben dem Portal der östlichen die Standbilder der Riesen Haimon und Thyrsus, der angeblichen Gründer der Abtei; Inneres mit Stuck, Fresken und Vergoldung reich verziert.

Die Straße erreicht 3 Min. weiter den \*Berg Isel (630m), an dessen Fuß l. die Endstation der Dampftrambahn (S. 136); oberhalb derselben die Restaur. zum Bierstindl und eine Tafel, welche den Aufgang zur *Schießstätte des Kaiserjäger-Regiments* anzeigt. In 10 Min. erreicht man das parkartig angelegte Plateau (Restaur.), in dessen Mitte sich das \*Bronzestandbild *Andreas Hofers*, von Natter (1893) erhebt. Dahinter nach dem Sillthal zu die Schießstände. Vom *Pavillon* an der NO.-Ecke reizende Aussicht auf das Innthal und die Stadt.

Auf dem Plateau hinter dem Hoferdenkmal mehrere Denkmäler, u. a. eine Spitzsäule mit der Inschrift: „Donec erunt montes et saxa et pectora nostra Austriacae domui moenia semper erunt. 13. April, 29. Mai, 13. August 1809." Die drei letztern Daten erinnern an die dreimalige Einnahme der von den Bayern besetzten Hauptstadt durch die tapfern tiroler Bauern unter Andreas Hofer, wobei der Angriff hauptsächlich vom Berge Isel und den östl. anschließenden Höhen (bis Schloß Ambras) ausging. — Das Hauptgebäude ist als Regiments-Museum eingerichtet und enthält in mehreren Sälen eine große Zahl von Bildnissen hervorragender Offiziere des Regiments, sowie Hofers, Speckbachers und Haspingers; ferner Schlachtenbilder, Trophäen, Uniformen etc. (Eintr. 9-1 U., 20 kr.).

1 St. s.ö. von Innsbruck liegt auf einem Vorsprung am Fuß des Mittelgebirges S c h l o ß A m r a s. Zwei Fahrwege führen hin, der nächste über *Pradl* (näherer Fußweg unterhalb des Bahnhofs r. über die Sill zur Gasfabrik, hier einige hundert Schritt r., dann den Feldweg l., nach 10 Min. auf die Fahrstraße). Angenehmer der etwas weitere Weg über *Wilten;* von der Endstation

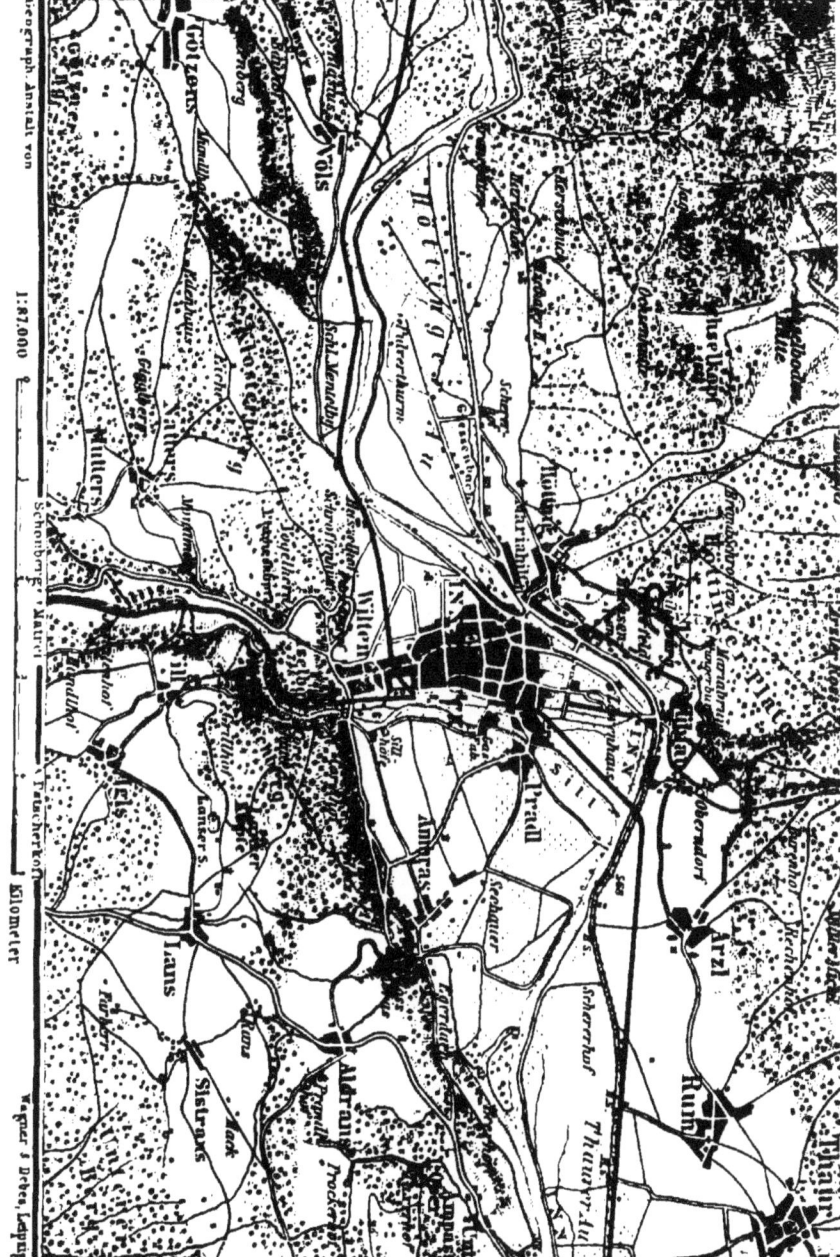

der Dampftrambahn (S. 136) l. über die *Sill*, dann stets am Fuß
des Gebirges hin in ³/₄ St. zum Schloß (am äußern Eingang Restaur.
*Schloßkeller*).

*\*Schloß Amras* oder *Ambras* (630m), zuerst im xiii. Jahrh.
erbaut, verdankt seinen weitbekannten Namen dem Erzherzog
Ferdinand, Sohn des nachmaligen Kaisers Ferdinand I. und Gemahl der Augsburger Patriziertochter Philippine Welser, die er
1547 auf dem Reichstage zu Augsburg kennen gelernt und 1557
heimlich geheiratet hatte. Der kunstbegeisterte Fürst, der seit
1563 Statthalter von Tirol war, erweiterte das Schloß bedeutend
und füllte es mit Kunstschätzen; seine hier angelegte Sammlung
historischer Rüstungen und Waffen (als „Ambraser Sammlung" seit
1806 in Wien) bildet heute noch den wertvollsten Teil des k. k.
Hofwaffenmuseums. In der Folgezeit wurde das Schloß mehr und
mehr verwahrlost, bis es von Erzherzog Karl Ludwig (1856-58 Statthalter von Tirol) zum Wohnsitz erwählt und hergestellt wurde. Die
im Schloß verbliebenen Kunstgegenstände wurden aus den kaiserlichen Sammlungen zu Wien vermehrt und das Schloß 1882 als
Museum eröffnet (vom Juni bis Okt. tägl. außer Mont. 9-12 u. 2-5,
im Winter 10-12 u. 1-3 U. zugänglich ; Eintritt nur gegen Karten,
die man täglich außer Mo. u. So, 9-12 u. 2-5 U. in der Hofburg zu
Innsbruck gratis erhält, s. S. 138; den Aufsehern Trinkg.).

Im äußern Hof 8 römische Meilensteine aus der Zeit des Kaisers
Sept. Severus (193-211 n. Chr.), an der Straße von Wilten nach Schönberg gefunden. Im UNTERSCHLOSS r. in zwei großen Sälen die reichhaltige *Waffensammlung*, in chronolog. Ordnung vom xv. Jahrh. bis zur
Neuzeit. Am Eingang zum Hochschloß der große oder SPANISCHE SAAL,
in reichster Renaissance, 1570-71 erbaut, 1856-77 gründlich restauriert, 43m
l., 10 br., 5,₅m h., mit Marmorfußboden, schöner Decke und kunstvollen
Intarsiathüren; an den Wänden Bildnisse der Grafen und Herzoge von
Tirol von 1229-1600. — Im HOCHSCHLOSS im Erdgeschoß die hergestellte
got. *Kapelle* aus dem xv. Jahrh., mit Wandgemälden von Wörndle, und
das angebl. Badezimmer der Philippine Welser. Im *I. Stock* die Möbel-
sammlung in 6 Sälen (im V. S. prächtige alte Täfelung aus Meran); dann
die kunstgewerblichen Sammlungen: VII. S. Modelle von Steinbauten;
VIII. S. Modelle für Holzarchitektur, Wachsreliefs; IX. S. Metallgegen-
stände und Textilarbeiten; X. S. oriental. und asiat. Gegenstände; XI. S.
Marmorskulpturen; XII. S. Arbeiten in Holz, Elfenbein, Horn, Bernstein
etc. Kleine Steinskulpturen, Mosaik u. Malerei auf Stein; XIII. S. Korallen; XIV. S. Goldschmiedearbeiten, Glas und Keramik. Im *II. Stock*
(N.-Seite) die historische Porträt-Galerie in 9 Sälen; darunter im III. u.
IV. Saal Porträte des Erzh. Ferdinand († 1595) in verschiedenen Lebens-
altern, das angebl. Porträt der Philippine Welser († 1580), ihrer Söhne
Andreas († 1600 als Kardinal) und Karl (Markgraf von Burgau, † 1618),
u. v. a.; im V. S. prächtige alte Täfelung. Weiter 4 Säle mit religiösen
und histor. Bildern ohn Wert.

Der schöne \*Park mit kleinen Wasserfällen ist frei zugänglich ;
Eingang neben dem Spanischen Saal. Das Thor am untern Ende
ist meist offen, sodaß man nicht zurückzukehren braucht.

Schönster Ausflug von Innsbruck nach den \*Lanser Köpfen
(931m), 1 St. von der Endstation der Trambahn (S. 137). Jenseit
der Sillbrücke (s. oben) beim Handweiser r. am Bretterkeller vorbei
den *Paschberg* hinan, bald mit schönem Blick ins Innthal ; bei dem

(12 Min.) roten Kreuz vom Fahrwege nach Igls (s. unten) l. ab um
die Lanser Köpfe herum bis zu dem Platze, wo die Wagen (über
Igls, s. unten) halten, dann von S. her auf die n.ö. Kuppe (c.100m
über dem Plateau des Mittelgebirges), mit reizender Aussicht über
das Innthal von der Martinswand bis zum Kellerjoch und Kaisergebirge, s. die Stubaier Ferner, Habicht, Waldrasterspitz, Saile
etc. (Orientierungstafel). Man kann auch bis an den Fuß der
Lanser Köpfe fahren (Zweisp. von Innsbruck hin und zurück in
4 St., 6 fl.). — Zurück an dem kleinen runden *Lanser See* (Badeanstalt) vorbei nach (20 Min.) *Igls* (870m; *Igler Hof, 1. Ranges,
P. 4–6 fl.; *Altwirt; Stern, einf.), als Sommerfrische besucht, und
über (¼ St.) *Vill* (Whs.) nach (1 St.) Innsbruck; oder vom südl.
Fuß der Lanser Köpfe nach (20 Min.) *Lans* (864m; Traube, Wilder
Mann), dann Fahrweg über *Aldrans* nach (¾ St.) *Amras* (S. 141).
Am l. Innufer hübscher Spaziergang an der stattlichen got.
Kirche von *St. Nikolaus*, Schloß *Büchsenhausen*, mit Schwimmschule
und Bräuhaus, und Pens. Kayser (S. 136) vorbei zum (½ St.)
Schloß **Weiherburg** (673m; Pens. u. Restaur.), mit schöner Aus-
sicht auf das Innthal, den Patscher Kofel etc. Noch ½ St. höher
(steiler Fußpfad) der Bauernhof *Maria-Brunn* (die *„Hungerburg“*;
858m; Restaur.), mit *Aussicht bis zu den Stubaier Fernern. —
Von der Weiherburg hinab nach (20 Min.) **Mühlau** (618m; *Stern;
Pens. Edelweiß*), am Ausgang der wilden *Mühlauer Klamm* (sehenswert das Innsbrucker Elektrizitätswerk) und mit Dampftrambahn
(Haltestelle Dollinger, beim Stern-Gasth.) in 12 Min. oder zu Fuß
über die Kettenbrücke in ½ St. nach Innsbruck zurück.

Nach (2 St.) *Schönberg* an der Mündung des Stubaithals (S. 155) sehr
lohnender Ausflug (Wagen s. S. 136); beste Beleuchtung Morgens früh.

# 16. Von Innsbruck nach Salzburg über Kufstein und Rosenheim.

*Vergl. Karte S. 144.*

198km. **Eisenbahn**, bis Kufstein in 1½–3 St., von Kufstein bis Salzburg in 3½–6 St. In Kufstein bayrische und österreich. Zollrevision.

*Innsbruck s. S. 136.* Die Bahn durchzieht auf einem langen
Viadukt die breite Thalsohle und überschreitet bei *Mühlau* (s. oben)
den *Inn*, oberhalb der Mündung der *Sill*; r. Schloß *Amras* (S. 141).

9km **Hall** (559m; *Bär; *Post; *Stern*, mit Garten; *Neuwirt;
*H.-P. Vorderwalderhof*, in schöner Lage ¼ St. ö. am r. Innufer),
alte Stadt (5763 E.) mit Saline, zu der die Sole 10km weit vom
*Salzbergwerk* hergeleitet wird (1100m über der Stadt; Besuch interessant). In der Nähe des Bahnhofs die Sudhäuser mit Modellkabinet.

15km *Fritzens*; 20km *Terfens*; 30km **Schwaz** (538m; *Stern*),
ansehnlicher Markt (5888 E.) am r. Innufer, vom Schloß *Freunds-
berg* überragt L. am Berge das Benediktinerstift *Flecht*, nach dem
Brande von 1868 erneut.

*Kellerjoch (2344m), von Schwaz 5–5½ St. (Führer für Geübte ent-

behrlich), unschwerig und sehr lohnend. Mark. Weg über *Zintberg* und
*Proxen-Alp* zur (3¹/₂ St.) *Kellerjochhütte* (1846m) und zum (1¹/₂ St.) Gipfel
mit herrlicher Aussicht. Abstieg event. in 3¹/₂ St. nach *Fügen* (S. 145)

38km **Jenbach** (530m; *Toleranz, an der Bahn; *Post; *Bräuhaus, oben im Ort, mit Aussichtsterrasse; *Prantl's Restaur.* am
Bahnhof, auch Z.), am Eingang des Achenthals (s. unten), Station
für das Zillerthal (R. 17). Am Bergabhang ³/₄ St. w. das stattliche
Schloß *Tratzberg* des Grafen Enzenberg.

*Nach dem Achensee, 6,₄km, schmalspurige Lokalbahn (Adhä-
sions- und Zahnradbahn) 6 mal tägl. in 36 Min.; Fahrpreis aufwärts 1 fl.
36, abwärts 1 fl. 2, hin u. zurück mit 10täg. Gültigkeit 2 fl. 4, mit See-
rundfahrt 3 fl. 31 kr. (für Mitglieder touristischer, sowie deutscher u.
österr. Offiziers- u. Beamten-Vereine ermäßigte Preise). Die Bahn steigt
mit 16%/₀ an der Haltestelle *Burgeck* vorbei, mit reizenden Aussichten nach
beiden Seiten in das Innthal, bis zur (3,₅km) Stat. *Eben* (960m; Kirchenwirt),
besuchter Wallfahrtsort mit dem Grabe der h. Nothburga, wo die Zahnstange aufhört. Dann wenig bergab zur Haltestelle *Maurach* und zur Endstation beim *Hotel Seespitz*, am S.-Ende des 9km l., 1km br. *Achensees
(929m), des schönsten in Nordtirol (Farbe tiefblau). Ein dem Stift Fiecht
gehöriges Dampfboot befährt den See (täglich 6 Rundfahrten in 1¹/₂ St.).
Am s.w. Ufer ein grünes, von steilen Bergen rings umschlossenes Vorland,
die *Pertisau* (*Fürstenhaus am See; *Hôt. Stefanie; Pfandler, Karl, im
Dorf), als Sommerfrische viel besucht. — Am ö. Ufer näher dem N.-Ende
das *Hôtel Seehof*, weiter (20 Min.) das *Hôt. Scholastika* und am Ende
des Sees *Maier's Gasth. (von Scholastika auf den *Unnütz, 2077m, 3 St.,
unschwierig und sehr lohnend). — Nicht weit vom N.-Ende des Sees beginnen die weit zerstreuten Häuser des Dorfes *Achenkirch* (*Post, 1 St.
vom See; *Kern; *Adler); 2 St. weiter, jenseit des Dorfs *Achenwald
(*Traube), ist die bayrische Grenze in dem ehem. befestigten Paß Achen.
Näheres und Fortsetzung der Straße nach *Kreut* und *Tegernsee s. Bædeker's
Südbaiern* oder *Süddeutschland.*

45km **Brixlegg** (513m; *Hôt. Vogl; Judenwirt; *Gasth. u. Restaur.
*Wolf* am Bahnhof), hübsch gelegener Markt, als Sommerfrische besucht. — 47km *Rattenberg* (Stern, Ledererbräu), altes Städtchen
mit malerischer Schloßruine. — 53km *Kundl.*

60km **Wörgl** (508m; *Bahnrestaur.*, auch Z.; *Moser*, unweit
des Bahnhofs), Knotenpunkt der Salzburg-Tiroler Bahn (R.12).
Südl. im Brixenthal die runde Kuppe der *Hohen Salve* (S. 130).

Die Bahn überschreitet die *Brixenthaler Ache* und tritt bei
*Kirchbichl* auf das r. Ufer des Inn; ö. das gewaltige *Kaisergebirge.*

76km **Kufstein** (487m; *Auracher Bräu; Post; *Eggerbräu;
Drei Könige; *Hôt. Gisela*, am Bahnhof; *Bahnrestaur.*), malerisch
gelegene Stadt (3767 E.), überragt von der alten Festung *Geroldseck*
(jetzt aufgelassen; Besuch interessant). Schöne Aussicht vom
*Kalvarienberg* hinter dem Friedhof (10 Min. vom Inn); 5 Min.
weiter das gut eingerichtete *Bad Kienbergklamm.*

SPAZIERGÄNGE: am l. Innufer zur (40 Min.) *Klause* (*Whs. mit schöner
Aussicht) und der *König-Otto-Kapelle* (s. unten); auf den (1 St.) *Thierberg
vom Turm weite Aussicht); ins *Kaiserthal* etc.; s. *Bædeker's Südbaiern.*

Die Bahn überschreitet die tiroler Grenze in einem Engpaß,
die *Klause* genannt; l. die zierliche got. *König-Otto-Kapelle.* —
80km *Kiefersfelden; 85km Oberaudorf; 92km Fischbach; 97km
**Brannenburg** (473m; *Whs. am Bahnhof; *Schloßwirt im Dorf),
beim Austritt aus dem Gebirge reizend gelegen. — 104km *Raubling.*

110km **Rosenheim** (449m; *Bayr. Hof; *König Otto; Alte Post; *Deutsches Haus; Zum Wendelstein, Thaller*, beide nicht teuer; *Bahnrestaur.*), Stadt von 10090 Einw., Knotenpunkt der Bahn nach München (in 1¼-2 St.), mit Salzsiedereien und Solbädern (die Sole wird von Reichenhall über 80km weit hergeleitet). — ¼ St. vom Bahnhof das *Kaiserbad*, mit großem Park, das *Marienbad* und *Dianabad*, alle drei zugleich Hot.-Pens., mit Sol- und andern Bädern. Vom *Schloßberg* (½ St.; Restaur.) reizende Aussicht.

Die Bahn überschreitet den Inn und erreicht hinter Stat. *Stephanskirchen* den 6km l. *Simm-See.* — 127km *Endorf;* dann in weitem Bogen gegen Süden durch hügelige Gegend nach (135km) **Prien** *(Hôtel Chiemsee* am Bahnhof; *Zur Kampenwand; Kronprinz; Bayr. Hof)*, besuchter Sommerfrischort im freundlichen *Prienthal*, 20 Min. (Lokalbahn in 8 Min.) von *Stock*, Landeplatz für das Dampfboot, das auf dem Chiemsee 9mal tägl. in ¼ St. zur Herreninsel, 6mal in ½ St. zur Fraueninsel fährt (Retourbillet zur Herreninsel Eisenbahn 2. Kl., Dampfboot 1. Kl. 1 *M* 80 pf.).

Der **Chiemsee** (519m), 14km l., 11km br., hat drei Inseln, das große *Herrenwörth* mit einem ehem. Benediktiner-Kloster (Gasthaus und Brauerei), das *Frauenwörth* mit einem Nonnen-Kloster, und die *Krautinsel*, früher Küchengarten für Mönche und Nonnen. Auf dem Frauenwörth ist neben dem ansehnlichen Kloster ein Fischerdörfchen und ein *Gasth.* Auf dem weit größern Herrenwörth (3 St. im Umfang) das großartige *Schloß Herrenchiemsee*, von König Ludwig II. von Bayern († 1886) im Stile Ludwigs XIV. nach dem Vorbilde des Schlosses zu Versailles erbaut und mit verschwenderischer Pracht ausgeschmückt, aber unvollendet (Eintr. tägl. 9-5 U., 3 *M*, Sonn- u. Feiert. 1 *M* 50; am 13. Juni geschlossen). Der See ist berühmt wegen seiner Fische, seine Ufer sind flach. Den südlichen Hintergrund bildet die lange Kette der bayrischen und tiroler Gebirge.

Die Bahn umzieht den Chiemsee an der Südseite. Stat. *Bernau, Uebersee, Bergen* (1 St. w. *Adelholzen*, gut eingerichtetes Bad mit drei Quellen, „Salpeter-, Alaun- und Fieberbrunnen").

163km **Traunstein** (588m; *Traunsteiner Hof; *Krone*, am Bahnhof; *Hirsch; *Post; Wochinger; Sailer; Weißes Bräuhaus; Höllbräukeller*, beim Bahnhof, *Kollerkeller*, 5 Min. vom Bahnhof, beide mit hübscher Aussicht), wohlhabender Ort (5400 E.) auf einem Abhang über der *Traun*, nach dem Brand von 1851 größtenteils neu erbaut, als Sommerfrische viel besucht. Friedensdenkmal; Denkmal für König Max II.; Luitpoldbrunnen (1894); am obern Stadtplatz der hübsche marmorne Liendlbrunnen vom J. 1526. Gut eingerichtetes *Mineral-, Sol-* und *Moorbad* mit großem Garten (Pens. m. Z. 3½-7 *M*). Die ansehnlichen Salinen-Gebäude mit ihren Holzvorräten liegen an der Traun; die Sole wird 36km weit von Reichenhall hergeleitet.

169km *Lauter;* 179km *Teisendorf* mit Ruine *Raschenberg;* 191km *Freilassing* (*Föckerer; *Maffei), bayr. Grenzort und Knotenpunkt der Bahn nach Reichenhall. Vor Salzburg l. im Walde die weißen Mauern von *Maria-Plain* (S. 120); dann über die Salzach.

198km *Salzburg* s. S. 113.

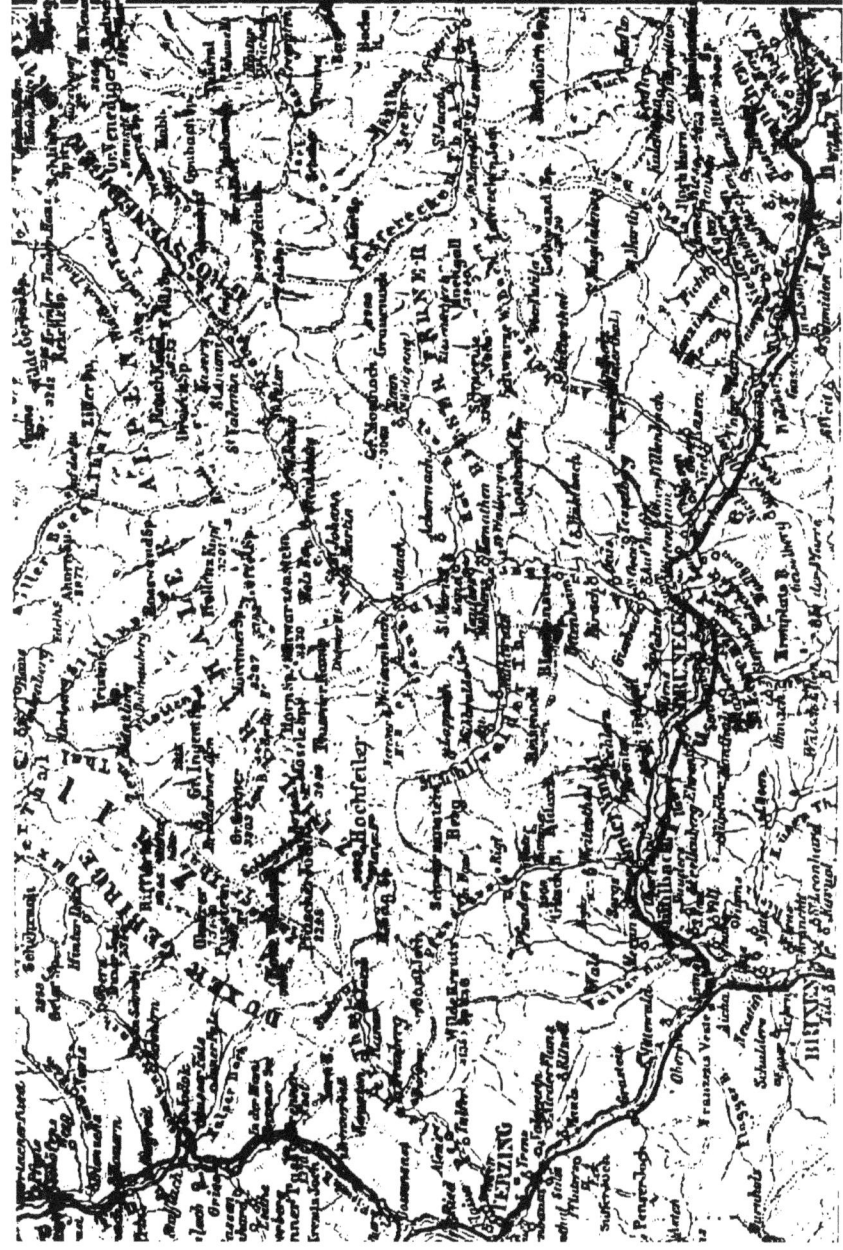

# 17. Das Zillerthal.

Von *Jenbach* (S. 143) bis Zell 5³/₄, bis **Mairhofen** 7¹/₄ St.; STELLWAGEN
bis **Mairhofen** im Sommer 2mal täglich in 5¹/₂-6 St. (1 fl. 60, Coupé 1 fl. 90 kr.);
EINSPÄNNER von Jenbach nach Fügen 3 fl., Zweisp. 4 fl. 60 kr.; nach Zell
6 fl. 50 oder 10, Mairhofen 9 oder 14 fl. und 1 fl. Trkg.

*Jenbach* s. S. 143. Die Straße ins Zillerthal überschreitet auf
der Brücke von *Rotholz* den Inn. 1 St. *Straß*, am Eingang des
Zillerthals; ³/₄ St. *Schlitters*; ³/₄ St. **Fügen** (544m; *°Post; °Stern*;
zum *Aigner* bei Unterer; *°Sonne*, nicht teuer), Hauptort des untern
Zillerthals. Die Straße überschreitet zwischen *Kapfing* und (³/₄ St.)
*Uderns* den *Finsingbach* und tritt bei (³/₄ St.) *Kaltenbach* (Post) an
den wasserreichen *Ziller*. Hinter (³/₄ St.) *Aschau* hübscher Rückblick.
1 St. **Zell** (575m; *°Post* bei *Strasser, Daviter*, am l. Ufer; *°Welsch-
wirt, °Bräu, Greiderer, Neuwirt, Tuscher* am r. Ufer), der lebhafteste Ort (1200 Einw.) des hier breiten fruchtbaren Thals, an der
Mündung des *Gerlosbachs* in den Ziller. Ö. der *Hainzenberg* mit
der *Maria-Rast-Kapelle* und mauerähnlich hoch aufragend die *Ger-
loswand* (2162m), südl. die stumpfe Pyramide des *Tristner* (2768m)
und die Schneefelder des *Ingent* (2915m). — Hübscher Spaziergang
nach (¹/₂ St.) *Klöpfelstaudach*, Bauernhaus mit treffl. Aussicht (Aussichtswarte), auf einem Vorsprung des *Zellerbergs*, w. von Zell.

Östl. von Zell öffnet sich die Gerlos, durch die ein viel begangener
Saumweg in den obern Pinzgau führt (bis Gerlos 4 St., von Gerlos über
die Platte nach Krimml 3¹/₂ St.; Pferd von Zell bis Gerlos 4, auf die Platte
7, bis Krimml 9 fl.; Führer entbehrlich, von Zell bis Krimml 4 fl. 20, von
Gerlos 2 fl. 60 kr.). Der Weg führt von Zell s.ö. am *Hainzenbergs* hinan
zur (¹/₂ St.) Kapelle *Maria-Rast* (707m) und dem (¹/₂ St.) Dorf *Hainzenberg*.
Beim (¹/₂ St.) *Oltschen-Whs.* (1081m) tritt er in den Wald und führt durch
das tief eingeschnittene malerische *Gerlosthal* erst hoch auf der l. Seite,
später den Gerlosbach zweimal überschreitend zum (2¹/₂ St.) Dorf **Gerlos**
(1241m; *°Alpenrose; °Stöckl; °Kammerlander*, am obern Ende des Dorfs).
Weiter am r. Ufer durch Wald zum (³/₄ St.) obersten Thalboden, dem *Durlos-
boden* (1403m), wo eine verfallene Holzschwelle „Erzherzog Franz Karl-
Klause". Das Gerlosthal wendet sich hier nach S. (*Wilde Gerlos*), im
Hintergrund die *Reichenspitze* (3305m) mit ihren Gletschern. Der Weg
führt durch den breiten Thalboden zum (25 Min.) Grenzpfahl, der Tirol
von Salzburg scheidet; 5 Min. weiter ein Handweiser, der l. nach Gerlos,
r. nach Krimml zeigt. Der direkte Weg in den Pinzgau wendet sich hier
l. bei dem Kruzifix vorbei, überschreitet bald darauf das niedere Joch,
den (³/₄ St.) Gerlospaß oder die *Pinzgauer Höhe* (1486m) und senkt sich
ins Salzachthal nach (¹/₂ St.) *Ronach* nach (1¹/₂ St.) Wald (S. 134).

Diesem geraden wenig bietenden Wege ist der Weg über die **Pinzgauer
Platte** (1898m) und Krimml weit vorzuziehen. Reitweg, bei dem Handweiser 5 Min. vom Grenzpfahl (s. oben) r. bergan; an den Hütten der
(³/₄ St.) *Mitterplatten-Alp* (Erfr.) und (¹/₂ St.) *Leitner-Alp* (Whs.) vorbei;
10 Min. weiter eine Hütte mit Handweiser „Weg nach Gerlos"; gleich darauf
öffnet sich der Blick ins Krimmler Thal mit den Wasserfällen. Hinab durch
Wald auf steinigem Saumweg nach (1 St.) *Krimml* (S. 134). — Noch
lohnender ist der 1 St. weitere Weg über den *Plattenkogl* (2040m), mit
herrlichem Blick über den Pinzgau, Dreiherrnspitze, Reichenspitze etc.
(Führer ratsam).

Der Fahrweg von Zell nach (1¹/₂ St.) Mairhofen (Post 2 mal
tägl., 40 kr.; Einsp. 2¹/₂ fl.) führt am r. Ufer des Ziller über *Bühel*,
*Eckartau* und *Hollenzen* (lohnender der Fußweg am l. Ufer über
*Laimach* und *Hippach*, 1³/₄ St.).

**Mairhofen** (630m; *\*Neuhaus; Alte Post; Stern* bei *Wildauer;
Krammer*, einf.; Z. bei Kaufm. *Wechselberger*), das letzte Dorf des
untern Zillerthals, liegt reizend auf grünem Plan in einem Kranz
hoher Berge. Das Zillerthal teilt sich hier in vier Äste („Gründe"):
Zillergrund, s.ö. Stillup, s.w. Zemmthal, w. Tuxerthal.

*\*Ahornspitze* (2971m), von Mairhofen 6 St. mit Führer (6 fl.), nicht
schwierig und sehr lohnend; rot mark. Weg über die *Fellenberg-Alp* zur
(4 St.) *Edelhütte* (2238m; Sommer-Wirtsch.), dann in 2 St. zur Spitze, mit
großartiger Aussicht.

Das *Zemmthal*, dessen vordere Stufe *Dornauberg* heißt, ist sehr
besuchenswert (bis Ginzling 3 St., Führer unnötig). 10 Min.
hinter Mairhofen über den *Ziller*, 15 Min. weiter über den *Stillup-
bach*, der hier einen hübschen Fall bildet, zum (10 Min.) *Hochsteg*
(713m), einer bedeckten Brücke, 15m über dem aus wilder Schlucht
sich hervordrängenden Zemmbach. Dann am l. Ufer bergan über die
Matten von *Lindthal* (Whs.) in die *\*Dornaubergklamm*, eine tiefe
dunkle Schlucht, zu beiden Seiten hohe fichtenbewachsene Felswände, dazwischen der brausende Zemmbach mit zahllosen Fällen,
bis zum (1 St.) *Karlsteg* (860m) eine Folge großartiger Felslandschaften. — 1¼ St. **Ginzling** (975m; *\*Kröll*), am r. Ufer des
Zemmbachs hübsch gelegen.

Bergpässe. Nach Sterzing über das Pfitscher Joch, 14 St.
Der neuerdings verbesserte Weg führt durch das Zemmthal zur (1¼ St.)
Alp *Roßhag* (1106m; *\**Whs.) und dem (1 St.) *\**Whs. *Neu-Breitlahner*
(1240m). L. mündet hier der besuchenswerte Zemm- oder *Schwarzen-
steingrund:* 3½ St. bis zur *\*Berliner Hütte* (2050m; Whs.) auf der *Schwarzen-
stein-Alp*, in prächtiger Lage (s. *Bædeker's Südbaiern* etc.). — Im s.w.
Thalzweig, dem *Zamser Thal*, folgt (2 St.) die *Dominicushütte* (1684m;
Wirtsch.), gegenüber der Mündung des gletschererfüllten *\*Schlegeisthals*
(lohnender Abstecher zum *Furtschagelhaus* der AV.-Sektion Berlin, 2½ St.).
Weiter in 2½ St. zum *Pfitscher Joch* (2248m; Whs.), mit treffl. Aussicht;
hinab über *Stein* nach (2 St.) *St. Jacob* im *Pfitschthal* (Rainer's Whs.);
1¼ St. *Wieden*, 2⅔ St. *Sterzing* (S. 157).

Nach Stafflach über das Tuxer Joch, von Mairhofen 11½ St.
Auf dem (½ St.) *untern Steg* über den *Zemmbach* ins Tuxerthal, nach
(3¼ St.) *Finkenberg* (839m; Neuwirt); 2¼ St. *Lanersbach* oder *Vorder-Tux*
(1296m; *\*Stock*); 1¾ St. *Hinter-Tux* (1494m; Whs.), oberster Ort des grünen
Thals, mit einem Bad (17° R.). Großartige Umgebung, ansehnlicher
Gletscher, die *Gefrorne Wand*, mit Wasserfällen. Von hier auf steilem
Pfad zum (2½ St.) Tuxer oder Schmirner Joch (2340m); hinab in das
*Schmirner Thal* nach (1½ St.) *Ober-Schmirn* oder *Kasern*, (1 St.) *Inner-
Schmirn* (Whs.), (2 St.) *St. Jodok*, Haltestelle der Brennerbahn (S. 156).

## 18. Von Bregenz nach Innsbruck. Arlbergbahn.

195km. Staatsbahn, Schnellzug in 5 St. 14 Min. für 9 fl. 18. 6.12. 3.06,
Personenzug in 8¼-9½ St. für 6 fl. 12. 4.08. 2.04. — Die *Arlbergbahn*,
1880-84 von Lott (S. 150) und Poschacher erbaut, gehört zu den interessantesten Gebirgsbahnen und bietet eine Reihe prächtiger Landschaftsbilder (Aussicht von Bludenz bis Langen meist *rechts*, von St. Anton bis
Landeck *links*). Die Bahn ist bis auf die Strecke im großen Tunnel (S. 149)
eingeleisig angelegt; Maximalsteigung auf der Westseite (Bludenz-Langen)
31⁰/₀₀, Ostseite (Landeck-St. Anton) 26⁰/₀₀. — *Aussichtswagen s. S. 125* (von
Bludenz bis Landeck II. Kl. Zuschlag 1 fl. 62 kr.).

Bregenz. — *Gasth.*: Österreichischer Hof, am See, Z. L. B.
1½-2 fl., F. 50 kr.; Hot. Europa, *\*Hot. Montfort, Habsburger

Hof, am Bahnhof; *Weißes Kreuz, *Schweizerhof, beide Römer-
str.; Krone; Post; Löwe u. a. — *Bahnhofsrestaur.* (von der Terrasse
schöne Aussicht auf den See); *Café-Rest. Drechsel; Rest. zur Rose*, mit
Garten u. Aussicht. — Wein bei *F. Kinz*, am Wege zum Gebhardsberg;
*Altdeutsche Weinstube*, dem Bahnhof gegenüber; Bier im *Hirsch, Forsterbräu* etc.

*Bregenz* (394m), Hauptstadt von Vorarlberg, mit 6739 E., das
*Brigantium* der Römer, liegt reizend am Fuß des *Pfänder*, am ö.
Ende des Bodensees. Die *Alt-* oder *Oberstadt*, ein unregelmäßiges
Viereck auf einer Anhöhe, die von der neuen Stadt nach drei
Seiten hin umschlossen wird, ist das altröm. *Castrum*, früher mit
zwei Thoren, das südliche aber abgebrochen; daneben auf einem
andern Hügel die stattl. *Pfarrkirche* mit altem Quaderturm. Vom
*Hafendamm* guter Überblick über Stadt und Gegend. Im *Vorarl-
bergischen Landesmuseum* naturgeschichtliche Gegenstände, Mün-
zen, röm. Altertümer etc. 20 Min. n. an der Lindauer Straße die
*Klause*, mit hübscher Aussicht.

Vom *Gebhardsberg (600m), ³/₄ St. Steigens, mit den Trümmern der
alten Burg Hohenbregenz, Wallfahrtskirche u. Restaur., schöne Fernsicht
über den Bodensee bis Konstanz, das Thal der Bregenzer Ach und des
Rheins, die Appenzeller und Glarner Alpen.

Weit ausgedehnter ist die Aussicht vom *Pfänder (1056m), ö. von Bregenz. Der Weg (1¹/₂-2 St.) führt über den Berg *Isel* (Schießstand) nach
*Weißenreute*, dann r. (weiße Wegmarkirung) durch Wald bergan über *Hinter-
moos* zum *Hotel Pfänder, 5 Min. unterhalb des Gipfels.

Von Bregenz zum Schröcken 12-13 St., sehr lohnende Wanderung
durch den Bregenzer Wald. Eisenbahn in ¹/₄ St. bis *Schwarzach* oder in
25 Min. bis *Dornbirn* (s. unten). Von beiden Orten führen Fahrstraßen ö.
ins Gebirge über (1¹/₂ St.) *Alberschwende* (*Taube) nach (2¹/₂ St.) *Schwarzenberg* (694m; *Hirsch; Lamm), besuchter Sommerfrischort in reizender Lage
am Fuß des *Hochälple* (1467m). Weiter über (2¹/₄ St.) *Mellau* (*Bär), mit
Stahlquelle, nach (1¹/₄ St.) *Schnepfau; 1 St. *Au* (Krone; Rößle); 1 St. *Scho-
pernau* (832m; *Krone, Adler), wo der Fahrweg aufhört. Von hier erreicht
man auf gutem Saumpfad über das kleine Schwefelbad *Hopfreben* in 2¹/₂ St.
den *Schröcken* (1260m; Wha.), kl. Dörfchen auf einem grünen Hügel im Grund
eines gewaltigen Trichters, gebildet von 2000-2600m hohen Bergen, die bis
weit hinauf mit Wald und Weiden, oben zum Teil mit Schnee bedeckt sind.
Vom Schrecken führen Gebirgspfade nach verschiedenen Richtungen:

Nach Stuben am Arlberg (5 St.) guter Saumweg (Führer unnötig)
über die *Auenfeldalp* nach (2¹/₂ St.) *Lech* (1447m; Krone), am Fuß des *Omes-
horns* hübsch gelegen; von hier über *Zürs* und den *Flexensattel* (1748m)
nach (2¹/₂ St.) *Stuben* (S. 149).

Nach Oberstdorf, 8¹/₂ St.: über (1¹/₂ St.) *Krumbach ob Holz* (1641m;
Wha.) nördl. zum (1 St.) *Gentscheljoch* (1970m) unterhalb des *Widdersteins*
(2536m; vom Joch 1¹/₂ St., lohnend); hinab durchs *Gentschelthal* nach (2 St.)
*Mittelberg* (1213m; Krone), Hauptort des *Kleinen Walserthals*, dann über
*Hirschegg* und *Riezlern* (Wha.) zum *Walser Schänzle* und nach (4 St.)
*Oberstdorf; s. Bædeker's Südbaiern.*

Die Bahn umzieht den Gebhardsberg, überschreitet die Bregen-
zer Ach und tritt bei Stat. *Lautrach* in das breite *Rheinthal.* — 9km
*Schwarzach* (Hôtel Bregenzerwald, am Bahnhof; Post), Stat. für den
Bregenzer Wald (s. oben).

12km **Dornbirn** (438m; *Hot. Weiß*, am Bahnhof; *Hirsch;
*Dornbirner Hof; Mohr*), der größte, fast 1 St. lange Marktflecken
Vorarlbergs (10678 Einw.), an der *Dornbirner Ach*, aus den Vierteln

10*

*Markt*, ö. *Oberdorf*, u. *Haselstauden* und s. *Hatlerdorf* bestehend
(die beiden letztern auch Eisenbahn-Haltstellen). Den s.w. Horizont begrenzen die Appenzeller Berge, der Kamör und Hohe Kasten,
der schneebedeckte Sentis, die vielgezackten Curfirsten.

Eine schöne neue Straße führt von Dornbirn über das aussichtreiche
Mittelgebirge nach (2 St.) *Alberschwende* (S. 147). — 1 St. s.ö. das *Gütle*,
mit Fabriken, Restaur. u. 75m h. Springbrunnen; dabei (¼ St.) die neu
erschlossene *Rappenlochschlucht* (schöne Klamm der Ach). Zurück über
den *Zanzenberg*, mit schöner Aussicht (1½ St. bis Dornbirn).

20km **Hohenems** (433m; *\*Post*), großer Markt (4972 E.) am Fuß
steiler Felsen, überragt von den Burgen *Alt-* und *Neu-Hohenems*.

Aus der Rheinebene tauchen hin und wieder Felseninseln auf,
mit Wald bedeckt, so besonders r. der *Kummenberg* (668m). Bei
(25km) **Götzis** (426m; *Adler; zum Bahnhof*), mit neuer roman.
Kirche, die Trümmer zweier Burgen der Grafen v. Montfort. Weiter
über den *Frutzbach* nach (33km) *Rankweil* (*\*Hecht*; zum Schützen;
Adler u. a.), an der Mündung des *Laternser Thals*.

Sehr lohnend die Besteigung des *\*Hohen Freschen* (2006m), 6 St. mit
Führer (½ St. unter dem Gipfel Unterkunftshaus); treffl. Aussicht auf
Vorarlberger, Appenzeller u. Glarner Alpen, Bodensee etc.

36km **Feldkirch** (461m; *\*Vorarlberger Hof* am Bahnhof; *\*Englischer Hof*; *\*Bär*, mit Biergarten; *\*Löwe; Schäfle*, gelobt; Bier
im *Rößl*; *\*Bahnrestaur.*), saubere Stadt (3812 E.), 10 Min. vom
Bahnhof, überragt von dem alten Montfort'schen Schloß *Schat-
tenburg*. Die *Pfarrkirche*, 1487 erbaut, hat eine Kreuzabnahme,
angeblich von Holbein, und eine schöne Kanzel; die *Kapuzinerkirche* eine ebenfalls gute Kreuzabnahme. Großes Jesuitenpensionat.
Am obern Ende der Stadt nahe der Illklamm hübsche Anlagen; in
der Nähe gut eingerichtete städtische Badeanstalt.

Schöne Aussicht über das ganze Rheinthal vom Falknis bis zum Bodensee und über die Illschlucht vom *\*Margarethenkapf* (557m), einem Hügel
½ St. w. am l. Ufer der Ill, mit schönen Parkanlagen und Villa der Familie
v. Tschavoll (jenseit der untern Illbrücke r. hinan; Eintrittskarten in den
Gasthöfen). Vom *Veitskapf* am Ardetzenberg, auf der r. Seite der Illklamm,
fast die gleiche Aussicht (Fahrweg vor der Brücke r. aufwärts).

Von Feldkirch nach Buchs, 18km, Eisenbahn in 40 Min. Stat.
*Nendeln*, *Schaan* (¾ St. s. *Vaduz*, Hauptort des Fürstentums Liechtenstein); vor Buchs über den Rhein (vgl. *Bædeker's Schweiz*).

Die *Ill* durchbricht unter- und oberhalb der Stadt eine Barre
von Kalkfelsen *(untere* und *obere Illklamm)*. Die Bahn tritt durch
einen Tunnel in die obere Klamm und überschreitet die Ill. Vor
(41km) *Frastanz* erweitert sich das Thal, von hier bis Bludenz
*Walgau* genannt. R. mündet das *Saminathal*, weiter bei (48km)
*Nenzing* r. das *Gamperton-*, l. das *Große Walserthal*. Über den
*Münkbach*, dann über die Ill nach (52km) *Straßenhaus*.

58km **Bludenz** (581m; *\*Bludenzer Hof, Scesaplana, Arlberger
Hof*, am Bahnhof; in der Stadt *\*Kreuz*, *\*Post, \*Krone*), ansehnlicher
Ort (4504 E.) in schöner Lage, überragt von dem Sternbach'schen
Schloß *Gayenhofen* (jetzt Bezirkshauptmannschaft). S. die male-
rische Schlucht des *Brandner Thals*, im Hintergrund die Scesaplana
mit dem breiten Schneesattel des Brandner Ferners.

Auf den *Hohen Frassen* (1976m) 4 St. (Führer angenehm, 4 fl.), nicht beschwerlich (³/₄ St. unter dem Gipfel Unterkunftshaus); vorzügliches Panorama der Vorarlberger und Rhätischen Alpen.

Zum Lünersee und auf die Scesaplana sehr lohnender Ausflug (bis zum See 6-6¹/₂ St., Führer unnötig). Fahrsträßchen über die Ill nach *Bürs* und in dem reisenden *Brandner Thal* hinan nach (3 St.) *Brand* (1024m; *Beck; *Kegele), hübsch gelegenes Dorf; dann Fußweg über Alp *Schattenlagant* zum schönen tiefgrünen Lünersee (1924m); an der W.-Seite (3-3¹/₂ St.) die *Douglashütte* (Whs.). — Von hier auf die Scesaplana (2967m), den höchsten Gipfel der Rhätikonkette (*s.* unten), 4 St. (nur mit Führer), anstrengend aber ganz gefahrlos; großartige Rundsicht.

S.ö. öffnet sich oberhalb Bludens das schöne von der Ill durchströmte **Montafoner Thal.** Hauptort ist (3 St.) **Schruns** (689m; *Löwe; *Taube; *Stern; *Pens. Gauenstein), hübsch gelegenes Dorf, als Sommerfrische besucht (Stellwagen von Bludenz 2mal tägl. in 2 St. für 80 kr.), Mittelpunkt lohnender Ausflüge: am Kloster *Gauenstein* vorbei auf den aussichtreichen *Bartholomäberg* (1¹/₄ St.); durch das *Gauerthal* zum (6 St.) *Lüner See* (s. oben); auf die *Sulzfluh* (2824m), mit prächtiger Aussicht, über die *Tilisunahütte* (Whs.) in 7 St. m. Führer, etc. Über die *Rhätikonkette*, die das Montafon vom Graubündner Prätigau scheidet, führen verschiedene Pässe (*Schlapina-, St. Antönien-Joch, Drusen-, Schweizerthor* u. a.), alle beschwerlich und wenig benutzt. — Der Fahrweg (streckenweise holperig) führt weiter über (2 St.) *St. Gallenkirch* (*Adler, *Rößl, Kreuz) und (1¹/₄ St.) *Gaschurn* (*Rößl; *Krone) nach (³/₄ St.) *Patznen* (1047m; Essigwirt), dem letzten Dorf; lohnende und nicht beschwerliche Übergänge von hier über das *Zeinisjoch* (1852m) in 4 St., oder die *Bielerhöhe* (2046m) in 6¹/₂-7 St. auch *Galtür* (1637m; *Rößl), dem letzten Dorf im *Paznaunthal*, von wo Fahrstraße thalabwärts über (2¹/₂ St.) *Ischgl* (*Wälschwirt) und (2 St.) *Kappl* (*Löwe) nach (3¹/₂ St.) *Pians* (S. 150).

Die ARLBERGBAHN verläßt bei dem Nonnenkloster *St. Peter* die Ill und wendet sich l. in das *Klosterthal*, dem *Alfenzbach* entgegen. Prächtiger Blick thalauf; l. der *Rogelskopf* (2275m). Bei (66km) *Bratz* verläßt sie die Thalsohle und beginnt an der n. Thalwand zu steigen. Viadukte und Tunnel folgen sich nun unaufhörlich, 70km *Hintergasse;* weiter durch mehrere Tunnels u. über die großartigen Viadukte am *Schmiedtobel* und *Höllentobel* nach (24km) **Dalaas** (933m); r. tief unten im Thal das Dorf (836m; Post) in hübscher Lage. Weiter stets hoch an steiler Bergwand über die wilde *Radonaschlucht* und zwei kleinere Tobel (r. im Thal bleibt *Wald*) nach (79km) *Danöfen;* dann über den *Streubach*, durch eine lange Lawinengallerie und über die einbogige *Wäldlitobelbrücke* (63m hoch, Spannweite 43m) zur (82km) Haltestelle *Klösterle;* r. unten das Dorf, an der Mündung des engen *Nenzigast-Thals*, aus dem der *Kalteberg* (2900m) hervorblickt. Weiter in einem 500m l. Tunnel unter dem großen Bergsturz vom Juli 1892 hindurch nach (84km) **Langen** (1218m; *Bahnrestaur.; Post*).

Von Langen nach St. Anton über den Arlberg 3¹/₂ St., lohnende Wanderung auf der Arlbergstraße über (³/₄ St.) *Stuben* (1409m; Sonne) in Windungen hinan zur (1¹/₄ St.) Arlberger Höhe (1802m; 5 Min. weiter das Hospiz *St. Christoph*); hinab, bald mit prächtigen Blicken ins Fervall- und Stanzerthal, nach (1¹/₂ St.) *St. Anton* (S. 150).

Die Bahn überschreitet die Alfenz und tritt in den großen *Arlbergtunnel*, 10240m lang (Gotthardtunnel 14912m), 8m br., 7m h., zweigeleisig (Baukosten 16 Mill. fl.). Die Durchfahrt dauert 16-17 Min. (Temperatur 15-18° C.; wegen des Rauchs die

Fenster schließen). Der Tunnel steigt mit 15⁰/₀₀ bis über die Mitte (1311m) und senkt sich dann mit 2⁰/₀₀ bis St. Anton. Am Ostportal l. ein Obelisk mit Reliefporträt des Oberingenieurs der Arlbergbahn *Julius Lott* († 1883).

95km **St. Anton** (1303m; *\*Post; Adler*, einf. gut), oberstes Dorf im *Rosanna-Thal*, das oberhalb St. Anton *Fervall*, unterhalb *Stanzerthal* heißt. — Weiter zweimal über die Rosanna (l. oben bleibt das Dörfchen *St. Jacob*) nach (101km) *Pettneu*; r. der *Riffler* (3160m) mit steil abstürzendem Gletscher. Die Bahn tritt auf das r. Ufer der Rosanna; l. das Dorf *Schnan*, am Ausgang der *Schnaner Klamm*, eines engen vom Schnaner Bach durchflossenen Felsspalts. Wieder über die Rosanna nach

108km **Flirsch** (1157m; *Post*), am Fuß des *Eisenkopfs* (2865m) malerisch gelegen. Das Thal verengt sich, der Fluß stürzt mit starkem Gefäll über die Felsen und bildet mehrfach **Wasserfälle.** — 112km *Strengen* (1023m); l. unten das Dorf (Post; Traube). Weiter mehrere Tunnels und Viadukte; vorwärts prächtiger Blick bis ins Innthal, im Hintergrund die Pyramide des Tschirgant (s. unten). Die Bahn überschreitet auf imposantem 255m l., 86m h. *\*Viadukt* die aus dem *Paznaunthal* hervorströmende *Trisanna*, die mit der Rosanna vereint die *Sanna* bildet; jenseits die Haltestelle *Wiesberg*, bei dem altertümlichen Schloß d. N. (Whs.), mit schöner Aussicht. Dann mittels einer Reihe von Viadukten und Felseinschnitten an der brüchigen *Maienwand* entlang zur

117km Stat. **Pians-Paznaunthal** (911m); l. unten das malerische Dorf *Pians* (\*Alte und Neue Post), von wo die Straße ins *Paznaunthal* führt (S. 149); darüber auf grünem Mittelgebirge die Dörfer *Grins* und *Stans* am Fuß der mächtigen *Parseierspitze* (3038m). — Weiter am r. Ufer der Sanna (l. unten bleibt *Bruggen*) zur (120km) Haltstelle *Landeck-Perfuchs*; dann auf 157m l. Brücke über den Inn in den Bahnhof von

123km **Landeck** (813m; *\*Bahnrestaur.*, Z. 1 fl. 20 kr.); das Städtchen *(\*Post; Goldner Adler; Schwarzer Adler)* liegt 20 Min. w. sehr malerisch auf beiden Ufern des Inn, von der alten *Veste Landeck* überragt. Straße nach *Finstermünz* s. R. 22. Hübscher Spaziergang (2 St. hin und zurück) über *Perjen* zur *Lötzer Klamm* (schöner Wasserfall in wilder Schlucht).

Die Bahn nach Innsbruck bleibt stets auf dem r. Ufer des Inn. 126km *Zams*, mit großem Kloster barmh. Schwestern; weiter unter der auf hohem Fels thronenden Ruine *Kronburg* vorbei durch eine Thalenge mittels Dämmen und Felssprengungen nach (123km) *Schönwies* und (140km) Stat. **Imst** (705m; Bahnrest.), auf künstlichem, dem Inn abgerungenem Terrain erbaut; ³/₄ St. n. der gleichn. Markt (825m; *\*Post; Lamm; Sonne*), an der Mündung des *Gurgler Thals* freundlich gelegen; ö. der *Tschirgant* (2372m).

N.ö. führt von Imst eine Fahrstraße (Post 2mal tägl. in 1³/₄ St.) durch das schattenlose *Gurgler Thal* über *Torrenz* nach (15km) *Nassereit* (838m; *\*Post*), wo r. die Straße von (26km) *Telfs* (s. S. 151) über *Obsteig* mündet. —

Von Nassereit nach Reutte über den *Fernpaß*, einer der schönsten
Übergänge von Tirol nach Bayern (40km; Post 2mal tägl. in 5½ St.).
Die Straße führt am Schloß *Fernstein* und dem malerischen *Fernstein-See* mit
der Ruine *Sigmundsburg* vorbei zum (1⅔ St.) Fernpaß (1210m; einf. Whs.);
hinab am *Blind-* und *Weißensee* vorüber, mit prächtigen Blicken auf die
imposante Zugspitzgruppe, nach (10km) Lermoos (988m; *Post; *Drei
Mohren), in weitem Thalkessel schön gelegen, Knotenpunkt der Straße
über *Griesen* nach *Partenkirchen* (vgl. *Bædeker's Südbaiern*). Weiter über
*Heiterwang* nach (10km) Reutte (845m; Post; *Hirsch; Adler*), großer Marktflecken am Lech; in der Nähe (¾ St.) die sehenswerten *Stuibenfälle*, l.
von der Straße nach dem (1¼ St.) Plansee und (6 St.) Partenkirchen.
— Von Reutte ins *obere Lechthal*, nach *Hohenschwangau*, *Füssen* etc. s.
*Bædeker's Südbaiern.*

8. von Imst mündet das Pitzthal; Besuch lohnend, namentlich für
solche, die ohne große Anstrengung einen Blick in die Ötzthaler Glet-
scherwelt thun wollen. Karrenweg vom Bahnhof hinan nach (½ St.)
*Arzl*, am Fuß des *Burgstalls* (1064m) schön gelegen; weiter über (1¾ St.)
*Wenns* (979m; Post; Joel; Kuprian) nach (4½ St.) *St. Leonhard* (1371m;
Sonne; Post) und (2½ St.) *Plangeros* (1616m; Whs.), dem letzten Dorf.
1¼ St. aufwärts der letzte Weiler Mittelberg (1784m; *Kirschner's Whs.*), in
schöner Lage angesichts des prächtigen *Mittelberg-Gletschers*, der sich 1St.
aufwärts in großartigem Absturz bis auf die Thalsohle herabsenkt. 2 St. s.w.
im Taschachthal der gleichfalls großartige *Taschach-Gletscher*. — Übergänge
von Mittelberg (Führer u. a. J. J. Ennemoser, Al., Franz und Jos. Dobler):
Nach *Sölden* über das *Pitzthaler* oder *Söldener Jöchl* (2995m) 7 St., beschwerlich. Weit lohnender ist der Übergang nach *Vent* über das **Taufkarjoch*
(3209m); 8-9 St., Führer 8 fl.; an den *Karlesköpfen*, 3 St. von Mittelberg,
die schöngelegene *Braunschweiger Hütte* (2759m; Sommer-Wirtsch.). — Über
das *Ölgrubenjoch* (3013m) nach *Gepatsch* 7½ St., nicht schwierig, lohnend
(Führer 7 fl.): über den Taschachferner zur (3 St.) *Taschachhütte* (2433m),
in herrlicher Lage; dann über den *Sechsegertenferner* zur Jochhöhe (Aussicht beschränkt); hinab über Geröll u. Rasenhänge zum *Gepatschhaus*
(S. 166). Näheres in *Bædeker's Südbaiern.*

Die Bahn überschreitet die *Pitzthaler Ache* auf 40m h. Brücke;
l. auf der Höhe *Karres* mit schlankem got. Kirchturm. Weiter
längs der jähen Abstürze des r. Innufers auf Dämmen nach (145km)
*Roppen* (Klocker), von wo ein Fahrweg über die Höhe nach (1¾ St.)
*Ötz* führt (S. 152); dann auf kühner 120m l., 20m h. Brücke über
die *Ötzthaler Ache* (schöner Blick r. ins Ötzthal mit dem Acher-
kogl, l. auf den Tschirgant und die Weiße Wand) nach (149km)
**Ötzthal** (691m; *Sterzinger Hof*, am Bahnhof), Station für das *Ötzthal* (S. 152).

Das Innthal verbreitert sich; jenseit (152km) *Haiming* r. das kais.
Schloß *Petersberg*. — 157km *Silz* (648m; Gasth. zum Bahnhof; im
Dorf: Post; Löwe), mit schöner neuer Kirche; 159km *Mötz;* 161km
*Stams;* 20 Min. s. das hübschgelegene Dorf mit ansehnlichem Cis-
terzienserstift, von Elisabeth, der Mutter des letzten Hohenstaufen
Conradin, 1271 gegründet. N. die *Mieminger Kette* und die *Hohe
Munde* (2661m), gewaltige Kalkberge.

164km *Rietz.* Von (179km) *Telfs* (625m; *Seiser*, am Bahnhof;
Post; *Löwe; Traube; *Schöpfer's Gasth.), ansehnlicher Markt
(2094 E.) ¼ St. n. der Bahn, führt eine schöne Straße über *Ober-
mieming* (*Post) und *Obsteig* nach *Nassereit* (S. 150). Große Baumwollspinnerei; an einem Eckhaus dem Löwen gegenüber die Marmorbüste des hier gebornen Malers *Jos. Schöpf* († 1822), von Gapp.

173km *Flaurling*; 176km *Hatting*; 178km *Insing.*
180km **Zirl** (*Gasth.* zur *Martinswand*, am Bahnhof); 20 Min.
n. am l. Innufer das malerisch gelegene Dorf (620m; *Löwe; Post*),
von der Ruine *Fragenstein* überragt. Vom *Calvarienberg* schöne
Aussicht; s. die zackigen Gipfel des *Selrain*, ö. der *Solstein* (2540m).
Unterhalb Zirl steigt senkrecht die **Martinswand** (1113m) auf, bekannt durch das Jagdabenteuer Kaiser Maximilians im J. 1493. Hoch oben
an der Stelle, wo der Kaiser sich angeblich in Lebensgefahr befand, ein Kreuz
in einer Felshöhle (auf sicherm Pfad zugänglich, vom Bahnhof 1¼ St.).
Von Zirl nach **Mittenwald**, 28km, Post tägl. in 4½ St. über
*Seefeld* (1174m; Post) und *Scharnitz.* Vgl. *Bædeker's Südbaiern.*

Die Bahn führt unter der brüchigen Wand des *Reißenden
Ranggen* auf einem in den Inn gebauten Damm vorbei und über
die *Melach* nach (184km) *Kematen*, an der Mündung des *Selrain-
Thals* (½ St. s.ö. die *Kaiser-Ferdinands-Wasserfälle* in malerischer
Schlucht); weiter über (188km) *Völs*, zwischen Obstbäumen freund-
lich gelegen, nach (195km) *Innsbruck* (S. 136).

# 19. Das Ötzthal.

Von Stat. Ötzthal STELLWAGEN 2mal täglich bis Längenfeld (24km) in
5½ St. für für 1 fl. 40 kr. (bis Ötz in 1¼ St. für 40 kr., Umhausen in 3¾ St.
für 90 kr.); außerdem OMNIBUS tägl. Nm. von Stat. Ötzthal bis Ötz in
¾ St. für 40 kr. POSTBOTENFAHRT (3 Plätze) von Längenfeld bis Sölden täglich
in 3 St. für 1 fl. EINSP. von Stat. Ötzthal bis Ötz 1 fl. 80 kr., bis Umhausen
4 fl. 20, Längenfeld 7 fl. (bis Ötz gute Straße, von da bis Längenfeld leid-
licher, weiter aufwärts schlechter Fahrweg). REITTIERE von Vent nach
Unser Frau über das Hochjoch (nur bei günstigen Schneeverhältnissen)
7 fl. — ENTFERNUNGEN: von Stat. Ötzthal bis Ötz 1¼ St., Umhausen 2,
Längenfeld 2¼, Sölden 3, Zwieselstein 1, Vent 4 St.; von Vent über das
Niederjoch nach Unser-Frau 7, über das Hochjoch 8 St.; von Unser-Frau
nach Naturns 4 St.

**Stat.** *Ötzthal* (691m; Sterzinger Hof, Wagen zu haben) s. S. 151.
Die Straße steigt durch Kiefernwald, nähert sich der *Ötzthaler
Ache* und führt am r. Ufer derselben über *Brunnau* und den *Stui-
benbach*, der hier einen hübschen Fall bildet, nach (1¼ St.) **Ötz**
(820m; *Kaßlwirt Tob. Haid; Stern*), am Fuß des *Acherkogls*
(3010m), als Sommerfrische besucht.

Hinter Ötz bei *Habichen* über die Ache, in Windungen am
*Gsteig* hinan. Vor *Tumpen* auf das r. Ufer zurück und unter der
jähen *Engelwand* vorüber nach (2 St.) **Umhausen** (1036m; *Krone*),
an der Mündung des *Horlach-Thals.*

Zum (¾ St.) *Stuibenfall* lohnender Spaziergang (Führer unnötig);
bei der Kirche über den *Horlachbach* und am r. Ufer desselben auf den
Ausgang der Schlucht los, aus der der Wasserstaub des Falls hoch
aufsteigt; nach ⅛ St. auf das l. Ufer und durch schönen Lärchenwald ¼
St. bergan, bis man dem prächtigen Fall gerade gegenüber steht, der
unter einer natürlichen Felsenbrücke hindurch in zwei gewaltigen Sätzen
150m hoch hinabstürzt. — Wer nach Längenfeld will, braucht nicht nach
Umhausen zurück, sondern geht bei der Brücke auf markiertem Wege
l. an dem Wassergraben hinab durch Wiesen und Flachsfelder auf den an
der Ache hinführenden Fahrweg.

Nun in die wilde Thalenge *Maurach*, eine alte Moräne mit

wüsten Geröll- und Lehmwänden, $^3/_4$ St. lang, in der man die Ache zweimal überschreitet. Nach kurzer Steigung in einem spärlich zwischen Felsblöcken wachsenden Nadelgehölz, auf dem r. Ufer der Ache, tritt der Weg in eine weite grüne Thalfläche, auf der die Weiler Au und Dorf und weiterhin die Dörfer Längenfeld und Huben liegen. Im Vordergrund der *Hauerkogl* (2493m), weiter zurück *Hallkogl, Perlerkogl,* l. *Gamskogl.*

2¹/₄ St. **Längenfeld** (1179m; *Oberwirt*, neben der Kirche; *Unterwirt Gstrein* im *Hirschen*), an der Mündung des *Sulzthals,* aus dem der reißende *Fischbach* hervorströmt. Bei ($^3/_4$ St.) *Huben* erscheint r. hinter dem Hallkogl die *Hohe Geige* (3395m). Oberhalb verengt sich das Thal. Beim (1¹/₄ St.) *Whs. Aschbach* am *Brand* auf das l. Ufer, im Wald bergan; dann wieder zur Ache hinab und zweimal über sie nach (1¹/₄ St.) **Sölden** (1377m; *Grüner zum Alpenverein* bei der Kirche; *Unterwirt Gstrein; *Oberwirt Rimml*), schön gelegenes Dorf.

Lohnend und unschwierig die Besteigung des **Brunnenkogls** (2900m), 4 St. mit Führer; guter Weg durch Wald zum (1¹/₂ St.) *Whs. Falkner* (1974m), dann meist über Rasen zum (2¹/₂ St.) Gipfel, mit Schutzhütte und prächtiger Aussicht. — Ins Stubaithal über das *Bildstöckl-Joch s.* S. 156; bis *Neustift* 12 St. — Ins Pitzthal über das *Pitzthaler Jöchl s.* S. 151.

Hinter Sölden wird der Weg beschwerlicher; er tritt bald auf das r. Ufer und steigt längs der Bergwand durch eine großartige wilde Schlucht, *Kühtreien* genannt, in der unten zwischen mächtigen Felsblöcken die Ache braust. 1 St. *Zwieselstein* (1472m; Prantl's Whs.; Traube), Knotenpunkt der beiden Thäler, in die das Ötzthal sich verzweigt ("zwieselt"): l. das *Gurgler Thal* (S. 155), r. das *Venter Thal.*

Um ins **VENTER THAL** zu gelangen, wendet man sich, bevor man die ersten Häuser von Zwieselstein erreicht, beim Handweiser r. über die Ache und folgt am Abhang entlang dem anfangs schmalen Saumpfade auf dem l. Ufer bis (2 St.) *Heilig-Kreuz* (1712m; Einkehr beim Caplan); oberhalb über die zweite Brücke auf das r., dann bald wieder auf das l. Ufer nach (2 St.) **Vent** (1893m; *Tappeiner's Gasth.,* Bett 70 kr.; Unterkunft auch bei Hrn. Curat Danner), kleines Alpendorf am Fuß der *Thalleitspitze* (3407m), die das Thal teilt. Durch den westl. Arm, das *Rofenthal,* führt der Weg zum Hochjoch, durch den südlichen, das *Spiegel-* oder *Niederthal,* der zum Niederjoch.

BERGTOUREN von Vent: *Kreuzspitze* (3455m), 5 St. (Führer 4 fl.), vom Niederjochwege bei der (2³/₄ St.) *Sanmoarhütte* (S. 154) r. hinan, nicht schwierig; prächtige Rundsicht. — *Similaun* (3607m), vom (4 St.) Niederjoch (S. 154) in 2 St., nicht schwierig und sehr lohnend (Führer 4 fl.). — *Venter Wildspitze* (3774m), höchster Gipfel der Ötzthaler Alpen, 6 St. (Führer 7 fl.), mit Übernachten in der schön gelegenen *Breslauer Hütte* (2¹/₂ St. von Vent), anstrengend, nur für Geübte. — *Weißkugel* (3746m), vom Hochjoch-Hospis 7 St. (2 Führer à 10 fl.), schwierig; Aussicht großartig. — Übergänge: über das *Taufkarjoch* (3209m) nach *Mittelberg* im Pitzthal (S. 151) 8-9 St. (Führer 7 fl.), beschwerlich, aber großartig. — Über das *Ramoljoch* (3184m) nach *Gurgl* 7-8 St. (Führer 4 fl. 40 kr.), nicht schwierig, s. S. 155. Ausführliches s. in *Bædeker's Südbaiern.*

Der Weg über das Niederjoch (7 St. bis Unser Frau,
Führer 5 fl. 40 kr.) überschreitet die *Niederthaler Ache* und stoigt
am l. Ufer mäßig steil zur (1³/₄ St.) *Klotzhütte*, dann steiler oberhalb des *Marzellferners* zur (1St.) *Sanmoarhütte* (2525m; Whs.),
dem großen *Schalfferner* gegenüber. Von hier über den *Nieder-
jochferner* in 1³/₄-2 St. zum **Niederjoch** (3017m), zwischen *Finail-
spitze* und *Similaun* (S. 153). Überraschender Blick auf das wilde
Schnalserthal; im Hintergrund die Ortlerkette. Steil hinab nach
*Ober-Vernagt* und (2¹/₂ St.) *Unser-Frau* (s. unten).

Die meisten Reisenden wählen jetzt von Vent den beque-
moren Übergang durch das *Rofen-Thal* über das Hochjoch
(8 St. bis Unser-Frau, Führer bis Kurzras 5 fl. 50 kr.; auch Reittiere, s. S. 152). Von Vent bis (¹/₂ St.) *Rofen* (2014m) über
Matten. Der Pfad überschreitet 5 Min. oberhalb die Ache und
führt am r. Ufer langsam bergan; nach ³/₄ St. erreicht man die
bis hoch auf die r. Seite des Thals emporgeschobene, 20 Min.
breite Moräne des *Vernagtferners*, der früher durch sein Vorrücken
zu verschiedenen Malen großes Unglück über das Thal brachte,
jetzt aber sehr stark zurückgegangen und vom Wege aus kaum
mehr zu sehen ist. Dann noch 1 St. Steigens zum *Hochjoch-Hospiz*
(2448m; Whs., 60 Betten à 1 fl.) am Rande des steil ins Thal abstürzenden *Hochjochferners*; r. *Hintereis-* und *Kesselwandferner* mit
großen Moränen. Vom Hospiz ¹/₄ St. über die Moräne, dann über
den gut gangbaren, bei günstigen Schneeverhältnissen auch mit
Schlitten befahrenen *Hochjoch-Gletscher* zum (1¹/₄ St.) **Hochjoch**
(2885m); Rückblick auf das Rofenthal, Wildspitze, südl. das
Schnalser Thal mit der Salurn-Spitze, darüber hin die Marteller
Berge; n.ö. Stubaier Ferner.

Hinab auf steinigem Pfade nach (1¹/₄ St.) *Kurzras* (2009m;
*Whs.), der obersten Häusergruppe im **Schnalser Thal.** Von hier
am l. Ufer des *Schnalser Bachs* durch Wiesen und Lärchenwald
nach (1¹/₂ St.) *Ober-Vernagt*, wo der Steig vom Niederjoch einmündet (s. oben), und (1¹/₂ St.) **Unser-Frau** (1497m; **Mitter-
wirt* Jos. Santer zum Adler; Kreuz, wird gelobt). Das Thal verengt sich, der Weg tritt 1 St. abwärts auf das r. Ufer des Bachs
und führt hinauf nach (¹/₄ St.) *Karthaus* (1323m; Whs.), ehem.
Kloster; n. tief unten die Mündung des *Pfossenthals*, unterhalb
auf steilem Vorsprung die Kirche von *Katharinaberg.* Nun steil
hinab nach (1 St.) **Neu-Ratteis** (941m; *Restaur.*), wo die Fahrstraße
beginnt (Stellwagen nach Naturns 11 U. Vm. u. 7 U. Nm. in
1¹/₂ St., 1 fl. 50 kr.; Einsp. für 2 Pers. 3¹/₂ fl.). Dieselbe tritt
unterhalb (20 Min.) *Alt-Ratteis* (837m; Whs.) auf das l. Ufer und
führt, vielfach in den Fels gesprengt und aufgemauert, durch die
wilde malerische Schlucht in 1¹/₄ St. hinaus auf die Vintschgauer
Poststraße (S. 168), 25 Min. vor *Naturns* (566m; *Post). Von hier
nach (15km) *Meran* Stellwagen 3mal tägl. in 1¹/₂ St.; Einsp. 4¹/₂,
Zweisp. 6¹/₂-7¹/₂ fl.

Die südl. Abzweigung des Ötzthals bei *Zwieselstein* (S. 153) ist das GURGLER THAL. In diesem aufwärts gelangt man in 3½ St., nur die erste scharf bergan, am Eingang des *Timmler Thals* (s. unten, 1 St. von Zwieselstein) vorbei nach Ober-Gurgl (1927m; *M. Scheiber's Gasth.*; Unterkunft auch bei Hrn. Curat Netzer).

Nach Vent über das Ramoljoch, höchst lohnende Tour, häufig gemacht und nicht schwierig (7-8 St., Führer 4 fl. 40 kr.). Reitweg bis zum (3½ St.) *Ramothaus* auf dem „Köpfle" (3002m; einf. Whs.), dann über den *Ramolferner* zum (⅔ St.) *Ramoljoch* (3194m), einem Felsgrat zwischen *Ramol-* und *Spiegelgletscher*, mit prächtiger Aussicht auf die Ötzthaler und Stubaier Ferner. Hinab nach Vent 3 St.

Ins Passeir (und nach Meran) führt aus dem Gurglerthal ein im ganzen wenig lohnender Pfad über das *Timmel-Joch* (S. 165); 10 St. von Zwieselstein bis St. Leonhard (S. 165).

## 20. Von Innsbruck nach Bozen über den Brenner.

*Vergl. Karten SS. 152, 144, 186.*

134km. SÜDBAHN. Schnellzug in 4¼-4⅔ St. für 7 fl. 55, 5 fl. 55, 3 fl. 75 kr.; Personenzug in 6½ St. für 6 fl. 25, 4 fl. 65, 3 fl. 10 kr. Aussicht bis zur Brennerhöhe rechts, nachher links.

Der Brennersattel (1370m) ist der niedrigste Übergang über die Hauptkette der Alpen, eine der ältesten Straßen, schon von den Römern benutzt, von allen Alpenstraßen zuerst (1772) fahrbar gemacht, zu jeder Jahreszeit zu passieren. Die *Brennerbahn*, 1864-67 erbaut, bildet die kürzeste Verbindung zwischen dem mittlern Deutschland und Italien u. gehört zu den großartigsten Bauten der Neuzeit (22 Tunnels, 60 größere und viele kleinere Eisenbahnbrücken). Größte Steigung von Innsbruck bis zur Paßhöhe 1:40, von Sterzing 1:44. — Für einen flüchtigen Blick genügt es, bis Stat. *Gossensaß* zu fahren, Abends zurück.

*Innsbruck* (573m) s. S. 136. Die Bahn führt an der Abtei *Wilten* vorbei in einem 653m l. Tunnel unter dem Berg *Isel* hindurch, gleich darauf durch einen zweiten Tunnel und auf 30m l., 24m h. Brücke zum r. Ufer der *Sill*. Weiter hoch über dem brausenden Fluß durch das enge *Wippthal*; drüben am l. Ufer die Brennerstraße, die bald auf der kühnen *Stefansbrücke* den aus dem *Stubaithal* kommenden *Rutzbach* überschreitet; r. die schöngeformte *Waldraster-* oder *Serlesspitze* (2715m). Fünf Tunnels (zwischen dem zweiten und dritten die Haltstelle *Unterstein*), dann (10km) *Patsch* (783m), Station für das Stubaithal.

Das 10 St. lange *Stubaithal* zieht sich in s.w. Richtung zur Oetzthaler Central-Gebirgsmasse hinan. Von Stat. Patsch oder Unterstein in ¾ St., oder besser von Innsbruck auf der Brennerstraße in 2½ St. nach Ober-*Schönberg* (1014m; *Domanig's Whs.*; *Restaur.* Jagerhof), mit prächtigem Blick von der *Wittingwarte* über das ganze Thal bis zu den Fernern im Hintergrunde. Von hier Fahrweg über (¾ St.) *Mieders* (*H.-P.* Lerchenhof; Post) und (1 St.) *Fulpmes* (*Pfurtscheller*; Lutz) bis (1½ St.) *Neustift* (993m; *Salzburger*; *Hofer*), wo sich das Thal in r. *Oberberg*, l. *Unterberg* scheidet. Im Oberberg lohnender Ausflug zur (4 St.) *Frans-Senn-Hütte*, am Fuß des großen *Alpeiner Ferners*. — Von Neustift südl. über das *Pinniser Joch* (2389m) nach *Gschnitz* (s. unten), 8-9 St. (Führer 4 fl.), nicht schwierig; auf der Paßhöhe die *Innsbrucker Hütte* (Wirtsch.), von wo der aussichtreiche *Habicht* (3280m) für Geübte mit Führer in 3-3½ St. zu besteigen ist. — Im Haupthal, dem Unterberg, liegt 3 St. oberhalb Neustift das Dörfchen *Ranalt* (1260m; Whs.); von hier zur *Nürnberger Hütte* (2297m) 3 St. (Bergtouren u. Pässe s. *Bædekers Südbaiern*); über die *Mutterberger*

*Alp* **zur** (3¹/₂ St.) *Dresdner Hütte* in der *Obern Fernau* (2308m; *Sommer-
Wirtsch.) und über das *Bildstöckl-Joch* (3136m) nach (7 St.) *Sölden* (8. 153),
sehr lohnend (Führer ab Neustift 9 fl.); von der Jochhöhe prächtige Aussicht auf Stubaier und Ötzthaler Alpen.

Folgen wieder drei Tunnels, darunter der 872m l. *Mühlthaler
Tunnel*, der längste der ganzen Bahn. Vor Matrei durchbricht die
Bahn den Matreier Schloßberg; r. der Felsenkanal der Sill, die
hier ein neues Bett erhalten hat. Über die Sill nach
26km **Matrei** (992m; *Stern; *Krone*), schön gelegener Markt
mit dem fürstl. Auersperg'schen Schloß *Trautson* (20 Min. n.ö. am
kl. *Tebener See* die *Pens. Kraft*). Weiter führt die Bahn mit der
Landstraße durch die Thalsohle der Sill und überschreitet diese vor
(25km) Stat. **Steinach** (1051m); der Ort (*Steinacherhof; *Post;
*Steinbock*, nicht teuer; *Wilder Mann)* liegt am l. Ufer der Sill,
an der Mündung des *Gschnitzthals*.

Die Bahn beginnt nun an der ö. Thalwand stark zu steigen
und biegt dann bei dem Dorfe *Stafflach* (1100m) l. in das hier
mündende *Schmirner Thal* ein (oben an der andern Seite des
Thals die Mündung des Tunnels, den der Zug einige Min. später
durchfährt). R. unten an der Mündung des *Valserthals* das reizend
gelegene Dorf *St. Jodok* (Haltestelle). Die Bahn überschreitet den
*Schmirner Bach* (S. 146), durchdringt den Scheiderücken zwischen
Schmirn und Vals mittels eines halbkreisförmigen Tunnels und
überschreitet dann den *Valser Bach* (l. Aussicht auf die Tuxer Ferner). Nun an der südl. Thalwand ansteigend (r. 60m tiefer die eben
zurückgelegte Bahnstrecke), dann mittels eines gekrümmten Tunnels wieder in das Sillthal, in dem die Bahn in südl. Richtung hoch
am Abhang des *Padauner Kogels* weiterführt. — 35km **Gries**
(1254m); unten an der Brennerstraße das Dorf (*Aigner; *Rose*),
als Sommerfrische besucht, an der Mündung des *Obernbergthals*.

Weiter in großer Kurve hoch über dem Sillthal, an dem kleinen
grünen *Brennersee* (1309m) vorbei, über den *Vennabach*, dann zum
letztenmal über die Sill zur (40km) Stat. **Brenner** (1370m; Buffet),
Wasserscheide zwischen dem Schwarzen und Adriatischen Meer;
gegenüber an der Landstraße das *Gasth. Brenner-Post*, als Sommerfrische besucht. An der Bahn Büstendenkmal des Erbauers der
Brennerbahn *K. von Etzel* (✝ 1867).

Gleich bei der Station kommt r. in kleinen Fällen der *Eisak*
herab. — 44km **Brennerbad** (1326m; *Sterzinger Hof*), besuchtes
Bad mit indifferenter Therme; weiter in scharfer Senkung vermittelst eines langen Dammes und zweier Tunnels bis (49km) *Schelleberg* (1241m). Zwischen Schelleberg und der nächsten Station
Gossensaß ist eine der merkwürdigsten Stellen der Bahn. Die
letztere liegt 176m tiefer; die Bahn wendet sich in scharfer
Kurve r. in das hier mündende *Pflerschthal*, senkt sich allmählich
an der n. Bergwand und dringt dann mittels eines 763m l. Kehr-
tunnels in die Bergwand hinein, aus der sie tiefer unten in ent-
gegengesetzter (ö.) Richtung wieder herauskommt (bei der Aus-

fahrt r. schöner Blick auf die Gletscher des Pflerschthals, Feuerstein, Schneespitze etc.). — 58km **Gossensaß** (1065m; *\*Gröbner; Aukenthaler*), besuchte Sommerfrische am Fuß des *\*Hühnerspiels* (2751m), das der Aussicht wegen häufig bestiegen wird (4¹/₂ St., Reitweg). Schöne Aussicht von *\*Hochwieden* (¹/₂ St. ; einf. Restaur.).

Die Bahn überschreitet den Eisak an der Einmündung des *Pflerschbachs* und führt eine Strecke durch das frühere Bett des Flusses; weiter hoch am l. Ufer in engem waldigen Thal. Dann öffnet sich das weite Thalbecken von

64km **Sterzing** (948m; *\*Stoetter's Hot.*, am Bahnhof; *\*Rose; \*Alte Post; Schwarzer Adler; \*Krone; Neue Post*). Das saubere Städtchen, durch frühern Bergbau wohlhabend, mit zierlichen alten Häusern und Bogengängen, liegt 10 Min. vom Bahnhof am r. Ufer des hier durch starke Dämme eingezwängten Eisak.

Saumpfad über das *Penser Joch* nach Bozen s. S. 160; über den *Jaufen* ins *Passeier* s. S. 165; über das *Pfitscher Joch* ins Zillerthal s. S. 146.

In dem w. mündenden **Ridnaunthal** führt eine Fahrstraße an (³/₄ St.) *Wiedner's Gasth.* vorbei (¹/₂ St. südl. die neu erschlossene *Gilfen-* oder *Marmorklamm*) nach (³/₄ St.) *Mareith* und (1¹/₂ St.) *Ridnaun* (1350m; Steinbock und *\*Sonklarhof*). Von hier zum *\*Oblenthalferner* sehr lohnender Ausflug: mit Führer (bis zur Grohmanshütte 2¹/₂ Teplitzerhütte 3, Becherhaus 6 fl.) über (³/₄ St.) *Mayrn* r. hinan zur (3¹/₂ St.) *Grohmannhütte* (2281m), in prächtiger Lage gegenüber dem großartigen Absturz des Gletschers; 1 St. weiter die gleichfalls herrlich gelegene *Teplitzerhütte* (2650m); von hier noch 3¹/₂-4 St. zum *Kaiserin Elisabethhaus* der Alpenvereins-Sektion Hannover auf dem *Becher* (3191m; Sommer-Wirtsch), Ausgangspunkt für eine Reihe lohnender Bergtouren (*Wilder Freiger, Sonklarspitze, Zuckerhütl* etc.) und Übergänge; s. *Bædeker's Südbaiern, Tirol etc.*

Die Bahn überschreitet den *Pfitscher Bach* und führt zwischen Fels und Fluß dicht unter der Burg *Sprechenstein* hin; r. die Burgen *Thumburg* und *Reifenstein*, an der Mündung des *Ridnaunthals* (s. oben), in dessen Hintergrund hohe Schneeberge (Bozer, Sonklarspitze, Freiger) sich zeigen. Weiter auf langem Damm an dem jetzt urbar gemachten *Sterzinger Moos* hin. — 69km *Freienfeld*. L. Schloß *Wolfsberg* und das ansehnliche *Mauls* (Haltstelle). — 76km *Grasstein*. Die Bahn tritt in einen Engpaß, in dem *Mittewald* liegt, bekannt durch die Niederlage der Franzosen im J. 1809. Bei *Oberau* wurden 550 Sachsen aus Lefebvre's Corps gefangen; die Thalenge heißt heute noch die *Sachsenklemme*.

Den Ausgang der Schlucht, die *Brixener Klause* bei *Unterau* (765m), schließt die in den J. 1833-38 erbaute **Franzensfeste,** starke kasemattierte Werke, die den Übergang über den Brenner und den Eingang ins Pusterthal beherrschen. Die *Station* (84km) Franzensfeste (747m; *\*Bahnrestaur.*, M. m. W. 1 fl. 20 kr.) liegt 2km n. von der Festung. Eisenbahn in das *Pusterthal* s. R. 27.

Links unten im Thal das 1142 gegründete Kloster *Neustift*. Bei dem hübsch gelegenen Dorf *Vahrn* (*\*Peus. Villa Mayr; Waldsacker*) öffnet sich r. das *Schalderer Thal*, in dem 1 St. aufwärts das einf. *Bad Schalders* liegt. Der Pflanzenwuchs nimmt eine südlichere Natur an, Kastanien und Reben erscheinen.

95km Brixen(561m; *Elephant*, am obern Ende der Stadt 10 Min.
vom Bahnhof; *Stern; Sonne; Kreus; *Adler*), mit 5529 Einw.,
9 Jahrh. lang Hauptstadt eines 1803 aufgehobenen Fürstbistums,
ist heute noch Bischofssitz. Die ansehnliche *Domkirche* aus dem
xv. Jahrh. mit zwei kupfergedeckten Türmen ist 1754 umgebaut;
im Innern, am ersten Altar r. ein gutes Bild von Schöpf, Kruzifix.
Neben dem Portal r. der Eingang in den *Kreuzgang* mit alten
Wandgemälden und Grabsteinen. Am SW.-Ende der Stadt die
*bischöfl. Residenz* mit großem Garten.

Die Bahn überschreitet den Eisak; l. an der Mündung des
*Aferer Thals*, aus dem die zackigen *Geislerspitzen* hervorblicken,
die Kirche von *Albeins*. Das Eisakthal verengt sich; 103km Haltstelle *Villnöß*, an der Mündung des *Villnößthals*, dann

105km **Klausen** (523m; *Lamm; *Traube*), aus einer einzigen engen Straße bestehend, zu allen Zeiten ein in Kriegen wichtiger Engpaß, wie der Name andeutet. R. auf hohem Fels das
Kloster *Säben* (718m), die röm. *Sabiona*, einst rhätische Feste, vom
viii. bis x. Jahrh. Bischofssitz, dann Ritterschloß, seit 1685 Bene-
diktiner-Nonnenkloster. An dem vortretenden n. Turm ein großes
gemaltes Kruzifix, zum Andenken an eine Nonne, die im J. 1809,
von Franzosen verfolgt, sich in die Tiefe stürzte.

111km **Waidbruck** (463m; *Krone; *Sonne*, mit Dependenz
*Wallersheim; Lamm*),an der Mündung des *Grödner Thals*. L. hoch
oben Schloß *Trostburg* (621m), dem Grafen Wolkenstein gehörig.

Das 6 St. lange *Grödner Thal* ist ein enges vom *Grödner Bach*
durchströmtes Thal; im Hintergrund gewaltige Dolomitberge. Thalsprache
ist ladinisch (S. 180), doch versteht man allgemein deutsch. Post von Waidbruck 3mal tägl. in 3¼ St. nach (13km) *St. Ulrich* (1236m; *Rößl; *Adler;
*Mondschein), Hauptort des Thals mit großen Holzschnitzwarenlagern, in
schöner Lage (ü. Langkofel u. Sella); dann Fahrweg über *St. Christina* nach
(2 St.) *St. Maria* oder *Wolkenstein* (1563m; *Hirsch), dem letzten Dorf.
Von hier nach *Enneberg* über das *Grödner Jöchl* (bis Corvara 4 St.) s. S.
180. Nach *Fassa* über das *Sella-Joch* (bis Campitello 4 St.), lohnend;
Saumweg beim (½ St.) letzten Hof *Plon* r. hinan zum (2 St.) *Sella-Joch*
(2218m; Valentini's Whs.) zwischen Sella und Langkofel, mit prächtigem
Blick auf Marmolada etc.; hinab nach (1½ St.) *Campitello* (S. 179).

Die Bahn überschreitet den Grödner Bach, dann den Eisak
in wilder Porphyrschlucht. Von (120km) **Atzwang** (372m; *Post*),
an der Mündung des *Finsterbachs* (S. 180), führt r. ein steiler
Weg nach (2½ St.) *Klobenstein* am Ritten (S. 180).

Auf die **Seiser Alp** (1800m), die größte Alp Tirols, lohnender Ausflug;
Saumweg von Atzwang über (2 St.) *St. Constantin* nach (1 St.) *Seis* (1002m;
*Seiserhof; *Unterer Wirt); oder Fahrstraße von Waidbruck an der *Trostburg*
vorbei nach (2 St.) *Kastelruth* (1095m; *Lamm; Rößl), besuchte Sommerfrische
in freier aussichtreicher Lage, und weiter über (¾ St.) *Seis* nach (1 St.) *Bad
Ratzes* (1205m; *Whs.), in wilder Waldschlucht am Fuß des *Schlern* gelegen,
mit schwefel- und eisenhaltiger Quelle. Von hier in 1½ St. auf die Alp,
eine grasreiche wellenförmige Hochebene, 4 St. lang, 3 St. breit, mit über
70 Sennhütten und 300 Heustadeln; Wegweiser wegen der vielen im Grase
sich verlierenden Pfade ratsam. Treffliche Aussicht auf Schlern, Roßzähne, Rosengarten, Lang- u. Plattkofel; umfassender vom *Puflatsch* (2176m),
dem n. Ausläufer, am Rande des Grödnerthals. — S. w. der gewaltige
Dolomitstock des *Schlern (2565m); Besteigung sehr lohnend, von Bad

Ratzes in 3½ St. auf dem „Touristensteig" zum *Schlernhaus* (2451m;
*Sommer-Wirtsch.) und zum (20 Min.) trümmerbedeckten Gipfel, mit groß-
artiger Rundsicht; ö. in unmittelbarer Nähe die Fassaner Dolomiten (Rosengarten etc.).

Nun wieder auf das l. Ufer des Eisak und durch vier Tunnels,
hinter der Haltestelle *Steg* über den Schlernbach (l. oben Schloß
*Prössels*, im Hintergrunde der *Schlern*) nach (126km) *Blumau*
(311m; Bräuhaus), an der Mündung des *Tierser Thals.* Noch ein
Tunnel; am r. Ufer beginnen die rebenreichen Abhänge der
*Bozener Leite* (S. 160). 131km *Kardaun* (289m), an der Mündung
des *Eggenthals* (S. 160; l. hoch oben Burg *Karneid*). Dann tritt
die Bahn auf das r. Ufer des Eisak und es öffnet sich der weite
herrliche Thalkessel von Bozen *(Bozener Boden)*, von üppigster
Fruchtbarkeit, einem unermeßlichen Rebengarten ähnlich.

**134km Bozen.** — *Gasth.:* Kaiserkrone, am Musterplatz; *Hotel
Victoria am Bahnhof; *Schwarzer Greif, *H. de l'Europe, *Hot.
Walther von der Vogelweide, alle drei am Johannsplatz; *Mond-
schein, Bindergasse; Erzherzog Heinrich, Dominikanergasse;
*Riesen, gegenüber der Post; *Stiegl, an der Zollstange, 6 Min. vom
Bahnhof, nicht teuer. — *Badl in *Gries*, 15 Min. vom Bahnhof Bozen
(s. S. 160). — Restaur.: *Greif, Kräutner*, am Johannsplatz; *Tschugguel*,
Dominikanergasse. — *Café Kusseth*, neben der Kaiserkrone; *Schgraffer*
(auch Gefrornes) am Johannsplatz (mit Garten); guter Wein im *Batzenhäusl*
und der *Löwengrube*, Zollstange; *Maier*, Dominikanergasse.

Bozen (265m), ital. *Bolzano*, mit 11744 Einw., im Mittelalter
Hauptstapelplatz des Handels zwischen Venedig und dem Norden,
ist heute noch die bedeutendste Handelsstadt Tirols. Die Lage der
Stadt am Einfluß der n. aus dem *Sarnthal* kommenden *Talfer* in
den Eisak, der sich 1 St. tiefer in die Etsch ergießt, ist reizend;
überraschend treten namentlich ö., im Hintergrund des Eisak-
thals, die phantastischen Dolomitgestalten des Schlern und Rosen-
gartens hervor, während w. über den burgenreichen Hügeln von
Überetsch der lange Rücken des Mendelgebirges den Blick begrenzt (guter Überblick von der Talferbrücke, s. unten). Im Sommer, wo die Hitze im Bozener Kessel äußerst drückend ist, bietet
Abends die *Wassermauer* an der Talfer frische Luft. Im Juli und
August wohnen viele Bozener Familien in ihren Sommerfrischen
auf dem Ritten (s. unten), von wo sie erst beim Wiederbeginn der
Schulen im September in die Stadt zurückkehren.

Vom Bahnhof führt die von Anlagen umgebene Bahnhofstraße
zum *Johannsplatz* (Pl. C 2) mit dem 1889 errichteten *Denkmal
Walthers von der Vogelweide* (wahrscheinlich um 1160 auf dem
Vogelweidhof in Lajen bei Waidbruck geboren), von Heinr.
Natter († 1892). Die got. *Pfarrkirche* ist aus dem xiv. u. xv. Jahrh.;
das w. Portal mit zwei Löwen aus rotem Marmor ein Nachbild lom-
bardischer Portale. Turm von schöner durchbrochener Arbeit, 1519
vollendet. Altarblatt von Lazzarini, einem Schüler Tizians. — Im
*Museum* in der nahen Spitalgasse (tägl. 9-12 u. 3-5, So. 9-12 geöffnet, 60 kr.) allerlei Merkwürdigkeiten naturhist. Gegenstände,
tiroler Trachten u. a ; unter den Bildern Originalporträt Andreas

Hofers, von Altmutter. — Das *Franciscanerkloster* besitzt in einer
Kapelle neben der Sakristei einen gut geschnitzten altdeutschen
Altar. — Für Pflanzenfreunde sind die Gärten des Dr. Streiter am
Oberbozener Berge, des Grafen Sarnthein in der Franciscanergasse
und der ehem. Moser'sche Garten in der Raingasse (jetzt zur Kaiser-
krone gehörig) besuchenswert.

Vom *Calvarienberg (290m; jenseit der Eisakbrücke beim Biergarten
Bozner Hof l. ab über die Eisenbahn und r. den Stationenweg hinan,
25 Min. vom Johannplatz) schöne Aussicht auf die w. Umgebungen von
Bozen, Überetsch etc.; umfassender von der *Aussichtswarte beim Dörfchen
*Virgl* (448m), noch 20 Min. weiter bergan, wohin auch von der Eisakbrücke
ein bequemer Weg in 1/2 St. führt.

**Gries** (*Hôt.-Pens. Austria*; *Sonnenhof*; *Bellevue*; *Grieser
Hof*, alle l. Ranges; *Badl*, an der Talferbrücke, mit Bädern;
*Kreuz*; *Pens. Trafoier*; *Villa Habsburg*, *Beausite* u. a.), am r.
Ufer der *Talfer*, in sehr geschützter Lage am Fuß des *Guntschna-
berges*, wird von Brustkranken als Winteraufenthalt viel besucht.
*Kurhaus* mit Café-Restaur., Lesesaal etc. (4mal wöchentl. Nm.
4-5 U. Kurmusik). In der Stiftskirche Gemälde von Knoller.

Ausflüge. Ins *Sarnthal lohnende Wanderung am l. Ufer der *Talfer*,
an der Baumwollspinnerei *St. Anton* vorbei (die Thalstraße, durch das
Hochwasser von 1891 vielfach zerstört, wird neu gebaut). Nach 1/2 St. r.
oben Ruine *Runkelstein* (411m), 1237 erbaut, 1884-88 durch den † Wiener
Dombaumeister Schmidt restauriert, 1893 vom Kaiser Franz Josef der
Stadt Bozen geschenkt, mit interessanten mittelalterlichen Fresken. Weiter
an den Burgen *Ried*, *Rafenstein* und *Langegg* vorbei zum *Mackner Kessel*,
einem Chaos wilder Felstrümmer am Fuß des senkrecht aufsteigenden *Jo-
hannskofels*, und am Mayr-Whs. vorüber zum (21/2 St. von Bozen) *Gasth.
zur Post Halbwegs* (bis hierher lohnendste Strecke); dann am Gasth. zum
Touristen vorbei nach (13/4 St.) **Sarnthein** (975m ; *Gänsbacher; *Schweizer*),
Hauptort des Thals in freundlicher Lage, als Sommerfrische besucht. —
1 St. oberhalb bei *Astfeld* gabelt sich das Thal: r. nach (3 St.) *Dürnholz*, l.
nach (31/2 St.) *Pens* (Whs.). Von hier über das *Penser Joch* (2211m) nach
*Sterzing* (S. 157) 7 St., wenig lohnend (Führer 3 fl.).

Der Ritten, das ausgedehnte Plateau n.ö. von Bozen zwischen Talfer
und Eisak, ist im Sommer Hauptquartier der Bozener Sommerfrischler
(s. oben). Reitweg von *St. Anton* (s. oben) an der Kirche *St. Peter* vorbei
nach (3 St.) *Oberbozen* (1193m); Whs. 1/4 St. weiter in *Maria-Schnee* beim
*Unterhofer*. Nun hübsche Wanderung über *Wolfsgruben* nach (2 St.)
**Klobenstein** (1149m; *Staffler - Whs.), mit prächtiger Aussicht auf den
Schlern, Rosengarten etc. 1/2 St. weiter jenseit *Lengmoos* im Thal des *Finsterbachs* die merkwürdigen *Erdpyramiden*, von Regenwasser ausge-
spülte Pfeiler oder Nadeln, jede oben durch einen Stein oder Baum vor
weiterer Zerstörung geschützt. — Sehr lohnend die Besteigung des *Ritt-
nerhorns* (2261m), über *Pemmern* in 31/2 St. (Führer 2, Pferd 31/2 fl.); oben
das neue *Rittnerhornhaus* (Sommer-Wirtsch.); prächtige Rundsicht. —
Der direkte Fahrweg von Klobenstein nach (3 St.) Bozen führt über *Unter-
inn* und *Kleinstein* an der rebenreichen *Bozener Leite* hinab und mündet bei
*Rentsch* in die Thalstraße, ist aber zum Fahren nicht zu empfehlen.

*Eggenthal (Omnibus von Bozen zum Karersee-Hotel tägl. in 5 St.,
3 fl.). Auf der Brixener Landstraße ö. nach *Rentsch* und über den Eisak und
die Eisenbahn nach (3/4 St.) *Kardaun*; hier r. durch ein Thor (2 kr. Wege-
geld) in die enge vom *Karneidbach* durchströmte Schlucht, unterhalb der
malerischen Burg *Karneid* vorbei bis zu dem (1/2 St.) kleinen Straßen-
Tunnel (vor demselben unter der Brücke hübscher Fall des Karneidbachs,
schönster Punkt des Thals). 1/4 St. weiter noch ein Tunnel. Oberhalb wird
das Thal einförmiger, sehr malerisch aber wieder bei (2 St., 31/2 St. von
Bozen) *Birchabruck* (803m ; Lamm; Post), mit herrlichem Blick auf Latemar,

Rosengarten und Rotwand. Die Straße steigt l. hinan nach (1¹|₄ St.) Welschnofen (1178m; *Rößl; Krone), weiter durch Wald am malerischen °Karersee vorbei zum (2 St.) großen neuen *Karersee-Hotel, in schöner Lage; von hier wenig steigend zum (25 Min.) Costalunga- oder Karersee-Paß (1758m) zwischen l. Rotwand, r. Latemar und hinab nach (1¹/₂ St.) Vigo im Fassathal (S. 167).

Überetsch. Kaltern. (Stellwagen von Bozen nach Kaltern 2mal tägl. in 3 St.) Jenseit der Talferbrücke in Gries von der Meraner Straße l. ab, Fahrweg durch Weingärten, Mais- und Rohrfelder zur (1 St.) Station Sigmundskron der Meraner Bahn (s. unten) am Fuß des weithin sichtbaren Schlosses d. N., 1473 erbaut, jetzt Pulvermagazin. Hier über die Etsch und r. bergan an den Ruinen Wart und Altenburg vorbei nach (1¹/₄ St.) St. Pauls (392m; *Adler), schön gelegenes Dorf am Fuß der stattlichen Ruine Hoch-Eppan; dann s. über die Eppaner Hochebene mit ihren unabsehbaren Rebenfeldern nach (¹/₂ St.) St. Michael oder Eppan (416m; *Eppaner Hof; *Sonne; Rößl), wohlhabendes Dorf, und (1 St.) Kaltern (424m; *Rößl), Hauptort von Überetsch, durch seine Weine berühmt (Seewein der beste). — Von hier ins Etschthal zur Eisenbahn führen zwei Fahrwege: entweder an der Ostseite des Kalterer Sees über Gmund zur (2¹/₂ St.) Stat. Auer (S. 172); oder an der Westseite des Sees über Tramin, gleichfalls weinberühmt, nach (2³/₄ St.) Stat. Neumarkt (S. 172).

Von Bozen nach Fondo über den Mendelpaß, 38km, Stellwagen im Sommer 3mal tägl. hin und zurück (zweimal vom Greif, einmal vom Hot. Kräutner; Retourbillette bis zur Mendel 3¹/₂, bis Fondo 4¹/₄ fl.). Die °Mendelfahrten sind als genußreicher und bequemer Tagesausflug von Bozen besonders zu empfehlen. Die schöne neue Straße steigt von St. Michael (s. oben) in einer großen Kehre bis zum (1¹/₄ St.) Matschacher Hof (833m; Erfr.); weiter in zahlreichen Serpentinen, mit prächtigen Blicken auf Etschthal und Dolomiten, zum (1³/₄ St.) Mendelpaß (1360m; 5 Min. jenseits das °Gasth. Mendelhof und das neue Hôt. Penegal); hinab am (20 Min.) *Gasth. zum Adler vorbei über Malosco nach (2 St.) Fondo (987m; *Post). Die Strecke von der Mendel bis Fondo bietet nicht viel; wer nach Bozen zurück will, fährt daher besser nur bis zur Mendel, besteigt in 1¹/₄ St. den aussichtreichen *Penegal (1788m) und wartet die Rückkehr des Stellwagens aus Fondo ab. — Von Fondo nach Malè (S. 172) 5¹/₂ St. (Einsp. 9, Zweisp. 12 fl.), Fahrstraße über Revò und Cagno zur Mostizzolbrücke (S. 172).

## 21. Von Bozen nach Meran.

*Vergl. Karte S. 152.*

32km. Eisenbahn in 1 St. 5 Min.-2 St. (nur 1. u. 3. Kl.) für 1 fl. 64 kr., 98 kr.

Die Bahn überschreitet die Talfer, gelangt bei (6km) Stat. Sigmundskron (s. oben) in das Etschgebiet und führt auf hohem Damm an Siebeneich vorbei (r. auf steilem Fels Ruine Greifenstein) nach (12km) Terlan (264m; *Oberhauser; Pens. Steinamhof), weinberümtes Dorf, mit got. Kirche aus dem XVI. Jahrh. L. das „weite Moos“, eine sumpfige Niederung; r. über Siebeneich auf niederm Felsvorsprung die alte Wegsperre, jetzt Ruine Neuhaus, auch Maultasch genannt. Hinter (16km) Vilpian beginnt der Durchstich der Etsch, durch den der Fluß reguliert und in ein neues Bett eingedämmt wurde. L. das ansehnliche Nals, dann das Mittelgebirge von Tisens, darüber die bewaldete Gall (1631m), weiter zurück die Laugenspitze (S. 165).

Bald hinter (24km) Lana (l. Oberlana mit Ruine Braunsberg) erscheinen die Meraner Berge. — 30km Untermais, am Fuß des Marlinger Bergs (l. Schloß Lebenberg, S. 164); dann über die Passer

nach (32km) *Meran* (Omnibus am Bahnhof; Droschken in die innere
Stadt einsp. 60 kr., zweisp. 1 fl., Obermais 1-2 fl.).

Meran. — Gasth.: *Meranerhof, jenseit der Passer, in freier
Lage; *Post oder Erzherzog Johann, am Sandplatz; *Tiroler
Hof, Bahnhofstr.; *Graf von Meran, Rennweg; Habsburger
Hof, Bahnhofstr.; *Hot. Haßfurther; *Hot.-Pens. Austria in
Obermais; *Hot. Forsterbräu, mit Garten-Restauration; *Hot.
Europa, *Hot. Walder, Habsburger Str.; *Stadt München; *Erz-
herzog Rainer in Obermais; *Maiserhof in Untermais; *Sonne,

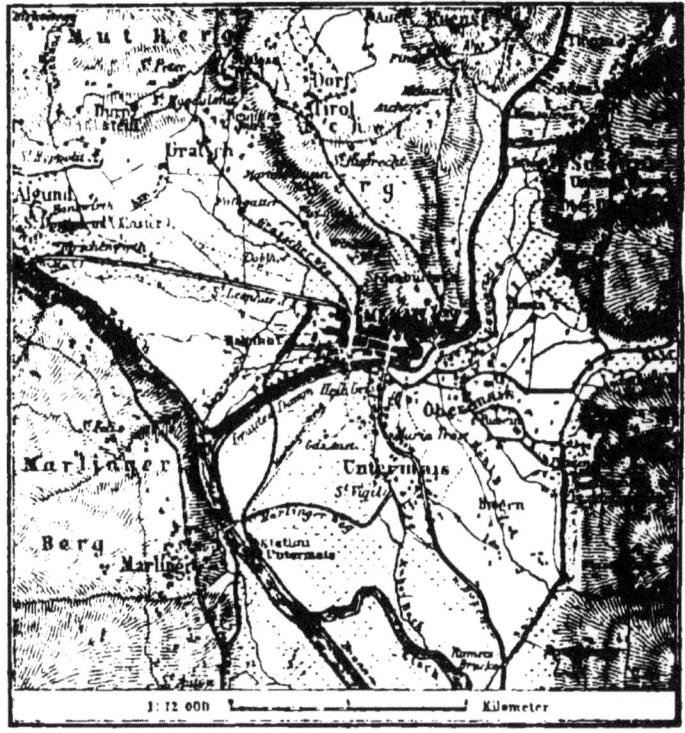

1:12 000     Kilometer

Engel, *Stern, Kreuz u. a. — Pensionen: *Passerhof,*Neuhaus,*Buch-
ta, Deutsches Haus, Edelweiß, Tschoner, Speckbacher, Holzeisen u. a. in
Meran, Villa Maja in Untermais, Dr. Mazegger, Weinhart, Regina, Warmegg,
Aders u. a. in Obermais. — Bier-Restaur. im Kurhaus, bei Raffl, im Forsterbräu etc. — Café Gilf, an der Gilfpromenade, mit Damensalon; Ortenstein,
darüber, mit Aussicht; Café Meran am Pfarrplatz; Paris, Wieser, beide
unter den Lauben, mit Garten. Wein bei Jos. Marchetti, Laubengasse,
mit Garten. — Kurhaus an der Gisela-Promenade. — Kuranstalt Hygiea
(Dr. J. Schreiber) in Obermais, Okt.-Mai geöffnet. Wasserheilanstalt Villa
Aurora, Giselapromenade. — Kurtaxe wöchentl. 1 fl.

*Meran* (303m), mit 7176 Einw., die älteste Hauptstadt von Tirol,
in geschützter Lage am S.-Fuß des weinreichen *Küchelbergs*, am

r. Ufer der *Passer*, die ¼ St. unterhalb in die Etsch fällt, wird
wegen seines milden gleichmäßigen Klimas namentlich als Winteraufenthalt von Brustkranken viel besucht; im Frühjahr Molken-,
im Herbst Traubenkur. Am l. Ufer der Passer die Dörfer *Unter-
und Obermais*, letzteres höher und kühler gelegen, mit zahlreichen
Villen, alten Schlössern und Weingärten. Das gewerbliche Leben
drängt sich „unter den Lauben" zusammen, zwei Reihen von
Bogengängen, die von W. nach O. die Stadt durchziehen: an denselben im Hof des Magistratsgebäudes die alte *landesfürstliche
Burg* aus dem xv. Jahrh., neuerdings mit Geschick restauriert, und
als *Kunst- und Gewerbe-Museum* eröffnet (Eintr. 30 kr.). — Die
got. *Pfarrkirche* (xiv. Jahrh.) hat ein gutes Altarblatt von *Knoller*,
Mariä Himmelfahrt.

Hauptspaziergang ist die *Gisela-Promenade*, welche sich auf
dem breiten Damm am r. Ufer der Passer abwärts zieht, mit einer
Reihe schöner alter Pappeln und dem *Kurhaus* (s. oben; im Winter
2-4, So. 11-1 Kurmusik); weiterhin an der *Stefanie-Promenade*
die neue *protest. Kirche.* Oberhalb der *Spitalbücke* am r. Ufer die
*untere* und *obere Winteranlage* (in der untern Anlage neue Wandelbahn mit Marmorbüste des Herzogs Karl Theodor in Bayern),
sehr geschützt und von Brustkranken bevorzugt (Morgens Kurmusik, Rauchen untersagt); gegenüber am l. Ufer, mit der Winteranlage durch den *Tappeiner Steg* verbunden, die *untere* und
*obere Sommeranlage* („Maria-Valerie-Garten", mit Café-Rest., im
Frühjahr und Herbst Abends Kurmusik). Die Anlagen erstrecken
sich bis über den *Steinernen Steg* hinaus zum *Elisabethgarten* in
Obermais mit geräumiger Wandelbahn und Kaffeepavillon (2mal
wöchentlich Kurmusik), und bis zu der neuen *Gilf-Anlage* mit
herrlichem Pflanzenwuchs am r. Ufer (Café Gilf). Von der Plattform am obern Ende hübscher Blick in die Passerklamm am Fuß
der Zenoburg. Promenadenwege führen bergan, die Passeirer
Straße kreuzend, zum *Café Ortenstein* mit schöner Aussicht. — Am
S.-Abhang des Küchelbergs der schöne neue *Tappeiner Weg*, mit
Marmorbüste des Dr. Tappeiner von J. Steiner.

Von Obermais hübscher Spaziergang ö. an Schloß *Rubein* mit
Cypressenallee vorbei, über die *Naif* (an der Brücke zwei Cafés)
zur (20 Min.) Kirche *St. Valentin; zurück über Schloß *Ramets*
oder südl. über Schloß *Trautmannsdorf* (am Fuß *Restaur.), mit
Park und schöner Aussicht von der hintern Terrasse. — Von den
zahlreichen alten Schlössern bei Obermais sind Schloß *Planta*, mit
prächtiger Epheu-Umrankung, und Schloß *Rottenstein* hervorzuheben, letzteres Eigentum des Erzh. Karl Ludwig, mit meist zu-
gänglichem Garten. Im Garten der Villa *Schillerhof* des †Frhrn.
Oscar v. Redwitz eine Schillerbüste von Zumbusch.

Der Ausflug nach Schloß Tirol erfordert hin und zurück
mit Aufenthalt c. 3½ St. Am besten geht man an der Pfarrkirche
vorbei zum nordöstl. (Passeirer) Thor hinaus (r. an der Passer die

malerische *Zenoburg*, mit bemerkenswertem roman. Portal), hier l.
hinan (Handweiser) über den *Küchelberg* auf nicht zu verfehlendem
Wege zum (55 Min.) *Dorf Tirol* (596m; Whs. zum Rimmele, mit
Aussichtsterrasse; Andreas Hofer); 15 Min. weiter durch einen
52m langen Tunnel, das „Knappenloch" (l. in der Schlucht die
malerische Ruine *Brunnenburg*), dann in wenigen Minuten zum
Schloßeingang. — Ein längerer zum Teil holperiger Weg (1³/₄ St.)
führt zum n. w. (Vintschgauer) Thor hinaus, dem Kloster gegenüber
von der Straße r. ab über *Gratsch* (*Weinwirtschaft Wessobrunn),
Schloß *Durnstein* und die Kirche *St. Peter* (als Rückweg zu empfohlen, 1¹/₄ St.; bester Blick auf Schloß Tirol).

*Schloß Tirol (639m), an der NW.-Seite des Küchelbergs,
der früheste Sitz der Grafen von Tirol, halb verfallen, hat aus
alter Zeit nur noch eine Vorhalle und zwei bemerkenswerte
Marmorportale mit Skulpturen aus dem xii. Jahrh., am Rittersaal
und der Kapelle, letzteres besonders reich, mit einer Darstellung
des Sündenfalls. Außerdem einige modern eingerichtete Zimmer.
Aus den Fenstern des „Kaisersaals" prächtige *Aussicht, namentlich bei Abendbeleuchtung, südl. über das Etschthal, l. von der
Porphyrkette begrenzt, die sich bis Bozen hinabzieht, r. von dem
steil abfallenden Gantkofel und den Gebirgen des Ultenthals,
w. über das reiche Meraner Thal und die Etschfälle (180m von
der Töll bis Meran), im Hintergrund die Laaser Ferner (Trinkg.
20-30 kr.).

Schloß *Lebenberg (511m), 1³/₄ St. südl. von Meran, Hrn. Kirch-
lechner gehörig, sehr wohl erhalten, einzelne Zimmer mit heitern
Wandbildern, zum Teil auf die Geschichte der Burg sich be-
ziehend, und mancherlei hübschen Sprüchlein von F. Lentner und
Ernst von Lasaulx, der hier seine Ferien zuzubringen pflegte, in
reizender Lage, mit reichstem Pflanzenwuchs, ist jetzt als Fami-
lienpension eingerichtet (Pens. 3 fl., Wein u. a. Erfr. zu haben).
Nächster Weg über den Marlinger Wiesensteig zur (20 Min.) *Marlinger Brücke* oberhalb Stat. *Untermais* (S. 161); am r. Etschufer
auf der Lanaer Straße l. bis zur (¹/₂ St.) Brücke über den *Lebenber-
ger Graben*; jenseits r. bergan nach *Basling* und auf gepflastertem
Wege zum (40 Min.) Schloß. Die abkürzenden Wege durch die
Weinberge sind im Herbst gesperrt, doch gegen eine Abgabe
von 5 kr. an die Wächter („Saltner", in mittelalterlicher Tracht)
meist passierbar. — Zurück möge man an den reizenden Weg am
Berge entlang über *St. Anton* und *Marling* wählen.

Aus dem Kranz alter Burgen (an 20), welche von Meran aus
sichtbar sind, möge noch *Schönna (587m) genannt werden, am
Eingang ins Passeier, der malerischste Punkt des ganzen Etsch-
winkels, im xii. Jahrh. erbaut, mit mancherlei Sehenswürdigkeiten; von den Fenstern herrliche Aussicht. Fahrweg von Obermais über (1 St.) Dorf *Schönna* (*Whs.); gleich hinter dem Whs.
eine got. *Kapelle, in welcher Erzherzog Johann († 1859) begraben

liegt, mit ähnlicher Aussicht wie vom Schloß (dem Kastellan Trkg.,
für Schloß u. Kapelle 60 kr.-1 fl.).

Westl. führt von Meran die Vintschgauer Straße (S. 168) über die Etsch
an dem neu hergestellten Schloß *Forst* vorbei zur (³/₄ St.) *Forster Brauerei*
(¹/₄ St. höher das Schlößchen *Josefsberg*, Pens. mit schöner Aussicht) und
zum (25 Min.) Sattel der *Töll* (506m; Whs.); von hier Fahrweg l. über die
*Quadrathöfe* zum (2¹/₂ St.) *°Kurhaus Eggerhof* (1284m) mit schöner Aussicht;
oder r. im *Zielthal* hinan zum (1¹/₂ St.) *°Partschinser Wasserfall.* Zurück
von der Töll auf der alten Straße oder längs der Plarser Wasserleitung
nach (1 St.) *Algund* und (³/₄ St.) *Meran.*

BERGTOUREN von Meran ( *Vigiljoch, Rothsteinkogl, Gfallwand) s. Bædeker's
Tirol.*

Von Meran zum Rabbibad (S. 172) durch das Ultenthal und über
das *Kirchberger Joch* (2501m) 15 St., im ganzen nicht sehr lohnend. 5 St.
von Meran das *Ultner Mitterbad* (973m) mit gut eingerichtetem Badhaus,
von wo die *Laugenspitze* (2433m), mit berühmter Aussicht, in 4¹/₂-5 St.
zu ersteigen ist (oben Unterkunftshütte).

Das **Passeier**, aus dem die reißende *Passer* hervorströmt, wird gewöhnlich wegen der Erinnerungen an Andreas Hofer, den „Sandwirt von
Passeir" (am 20. Febr. 1810 zu Mantua erschossen), besucht. Karrenweg (1 km
weit neueStraße) am r. Ufer an der *Zenoburg* (S.164) vorbei über (1¹/₂ St.) *Riffian*
(240m) und (¹/₂ St.) *Saltaus* (Whs.) nach (2 St.) *St. Martin* (588m; *°Unterwirt);
¹/₂ St. weiter der*Sandhof* (Whs.), Geburtshaus Hofer's, in welchem verschiedene Erinnerungen an ihn gezeigt werden; daneben die neu erbaute
*Hoferkapelle.* Über St. Martin der *Pfandlerhof,* Zufluchtsort Hofer's im J.
1809, und 2 St. höher die *Pfandl-* oder *Hoferhütte* (1441m), in der er am
20. Jan. 1810 gefangen wurde, mit Gedenktafel.

¹/₂ St. **St. Leonhard** (689m ; *°Einhorn* oder *Stroblwirt;* *°Brühwirt),* Hauptort des Thals, mit den Trümmern der *Jaufenburg* auf grünem Hügel (Aussicht). Von hier n a c h S t e r z i n g (S. 157) durch das ö. mündende *Wallenthal,*
Saumpfad über den *Jaufen* (2094m) in 7 St. mit Führer (4 fl. 20 kr.). —
Von St. Leonhard n a c h S ö l d e n im Ötzthal 10¹/₂ St., Führer 6 fl. Guter
Saumweg am l. Ufer der Passer nach (2¹/₂ St.) *Moos* (1020m; Whs.), oberhalb aufs r. Ufer zum (1¹/₂ St.) *Seehaus* (Whs.) und über *Rabenstein* nach
(1³/₄ St.) *Schönau* (1682m ; ordentl. Whs.); dann scharf bergan zum (2¹/₂ St.)
*Timmel-* oder *Timbler-Joch* (2509m) und am *Timmlbach* hinab, entweder r.
nach (4 St.) *Sölden* (S. 153), oder l. nach (3¹/₂ St.) *Gurgl* (S. 155).

## 22. Von Landeck nach Meran. Finstermünz.

### *Vergl. Karte S. 152.*

129km. POST (viersitzige zu öffnende Landauer) tägl. in 15 St. für 12 fl
90 kr.; außerdem STELLWAGEN tägl. von Landeck nach Mals und von Mals
nach Meran. ZWEISPÄNNIGE EXTRAPOST mit durchlaufenden Wagen (viersitzige Landauer) von Landeck nach Nauders 23 fl. 81, Mals 35 fl. 86, Eyrs
43fl. 09, Meran 64 fl. 78 kr. (sämtliche Gebühren einbegriffen).

*Landeck* (816m) s. S. 150. Die Straße steigt am r. Ufer des
Inn, der hier mehrere Stromschnellen bildet, bis zum *Alten Zoll*
(Whs.) und senkt sich dann zur (2 St.) *Pontlatzer Brücke* (860m),
bekannt durch die Vernichtung der in Tirol eingedrungenen Bayern
durch den tiroler Landsturm 1703 und 1809. R. auf steiler Felswand die Trümmer des Schlosses *Laudeck,* in der Nähe oben Dorf
*Ladis,* 1 St. von Prutz, Schwefelbad (mäßige Preise); ¹/₂ St. höher
*Obladis* (1386m), mit berühmtem Sauerbrunnen, in schöner Lage.
— 1 St. **Prutz** (866m; *Rose),* wo die Straße wieder auf das r. Ufer
tritt, am Eingang des *Kaunserthals.*

Das **Kaunserthal** zieht sich bis Kaltenbrunn in östl., dann in südl.
Richtung parallel dem Pitzthal zum Ötzthaler Centralstock hinan. Neue

Straße [für Fußgänger der Saumweg über *Kauns* und den Wallfahrtsort *Kaltenbrunn* (1261m; Eckhardt) vorzuziehen] am *Faggenbach* entlang bis (3¹/₂St.) *Feuchten* (1273m; \*Hirsch); dann Saumweg zum (4¹/₂St.) *Gepatschhaus* (1928m; Whs., 18 Betten) in prächtiger Lage am Thalende angesichts des mächtigen *Gepatschferners*, des zweitgrößten in Tirol. Übergänge von hier: über das *Ölgrubenjoch* (3018m) nach *Mittelberg* im Pitzthal (S. 151) 8 St., lohnend (Führer 7 fl.); über das *Gepatschjoch* (3243m) nach *Vent* (S. 153) 9-10 St., schwierig (2 Führer à 9¹/₂ fl.); über das *Weißseejoch* (2970m) nach *Langtaufers*, 6 St. bis *Hinterkirch* (Führer 6 fl.), nicht schwierig, lohnend (von Hinterkirch in 2 St. nach *Graun*, s. unten).

15km **Ried** (877m; *Post; Maaß*), stattliches Dorf mit dem Schloß *Sigmundsried*, Sitz des Bezirksgerichts. Die Straße übersteigt ein breites Schuttvorland und führt dann dicht am Inn entlang nach (1¹/₂St.) *Tösens* (931m; Wilder Mann); 10 Min. weiter bei *Bruggen* über den Inn und am (5 Min.) *Gasth. zum Tschupbach* (nicht teuer) vorbei nach (1¹/₂St.)

30km **Pfunds** (970m), zwei Häusergruppen, durch den Inn getrennt, am l. Ufer an der Poststraße *Stuben* (\*Post), am r. Ufer *Pfunds*, an der Mündung des *Radurschel-Thals*. S.w. der *Piz Mondin* (3162m), der nördl. Engadinkette angehörig.

Die Straße überschreitet ¹/₂ St. oberhalb Pfunds auf einer zierlichen Brücke den Inn und zieht sich am r. Ufer allmählich aufwärts, zum Teil in den Fels gesprengt, zum Teil auf gemauerten Dämmen, mit einer Reihe schöner Blicke in das enge Innthal, die ihren Glanzpunkt zu (³/₄ St.) **Hoch-Finstermünz** (1106m) erreichen, einigen Häusern an der Straße, dabei ein *Gasth.* Tief unten *Alt-Finstermünz* (991m) mit altem Turm; gegenüber die Abstürze des *Piz Mondin*, l. *Piz Lat* und andre Engadiner Berge.

Die Straße verläßt nun den Inn und wendet sich l. in ein Seitenthal, an dem kleinen *Fort Nauders* vorbei (vorher ein hübscher Wasserfall). Dann in einer großen Kehre hinan (Fußgänger kürzen auf dem alten „Gehweg") nach (1¹/₄St.)

43km **Nauders** (1362m; *Post; Löwe; Mondschein*), großes Dorf mit dem alten Schloss *Naudersberg*, Sitz des Bezirksgerichts. W. führt von hier die Poststraße über *Martinsbruck* nach *Tarasp* im Engadin, s. *Bædeker's Schweiz.*

Die Straße steigt langsam am r. Ufer des *Stillen Bachs* zur (1¹/₂ St.) **Reschen-Scheideck** (1494m), Wasserscheide zwischen dem Schwarzen und Adriatischen Meer. Hier öffnet sich, sobald man jenseit des Dorfes (51km) *Reschen* (1490m; Stern) den kleinen *Reschen-See* erreicht hat, eine prächtige überraschende \*Aussicht auf die Schnee- und Eisfelder der *Ortlerkette*, die den ganzen Hintergrund ausfüllen (vgl. S. 169). 5 Min. weiter am See das \*Gasth. *Villa Fischersheim* bei Fr. Putz. Die unweit Reschen entspringende *Etsch* durchfließt den See, ebenso den fischreichen *Mitter-* und *Heidersee.* ¹/₂ St. *Graun* (1487m; Traube oder Post; Lamm oder Doktorwirtshaus), an der Mündung des *Langtauferer Thals*, dann (1¹/₄ St.)

59km **St. Valentin auf der Heide** (1432m; *Post*), früher Hos-

piz, zwischen Mitter- und Heidersee. Der einförmige Thalboden
bis Burgeis heißt die *Malser Heide.* R. am Fuß des Gebirges
*Burgeis*, Dorf mit rotem Kirchturm und dem Schloß *Fürstenburg*, jetzt von Armen bewohnt; gegenüber am Berge die vielfensterige Benediktinerabtei *Marienberg.* — 2½ St.

68km **Mals** (1045m; *Post* oder *Adler; *Bär; Hirsch*), Marktflecken röm. Ursprungs, Hauptort des *Obern Vintschgau* („Vinst-
gau", nach den frühern Bewohnern, den Venosten, so genannt). Von
den neuen Anlagen oberhalb des Ortes (der Post gegenüber 5-10
Min. bergan) prächtige Aussicht auf den Vintschgau und den Ortler.

Wer 2 Tage sehr lohnend verwenden will, wandere von Mals über *Taufers* nach dem schweizerischen Dorf (3 St.) *St. Maria* im *Münsterthal* (*Kreuz;
*Piz Umbrail), über das *Wormser Joch* nach (4 St.) *S. Maria* am Stelvio,
folgenden Tags über das *Stilfser Joch* in das Etschthal zurück (s. S. 170).

Beim Austritt aus Mals der uralte Turm der *Frölichsburg.* In
der Ferne r. jenseit der Etsch Ruine *Lichtenberg;* l. an der Straße,
bei *Schluderns*, die dem Grafen Trapp gehörige *Churburg.* Bei
(2½ St.) *Neu-Spondinig* (885m; *Hirsch), 40 Min. vor *Eyrs*(Post),
zweigt r. ab die Stilfser Straße (S.168). Bei *Laas* tritt südl. das
Eishorn der *Laaser Spitze* (3303m) scharf hervor. — 3 St.

94 km **Schlanders** (706m; *Post; Kreuz*), an der Mündung des
*Schlandernaunthals.* In der Nähe, bei *Göflan*, Brüche weißen Marmors. ³/₄ St. weiter, unterhalb *Goldrain*, tritt die Straße auf das
r. Ufer der Etsch und überschreitet die reißende *Plima*, die aus
dem hier s. sich öffnenden *Martellthal* kommt.

Das **Martellthal** steigt in s.w. Richtung zur Ortlergruppe hinan. Am
Ausgang des Thals (von Goldrain 20, von Latsch 35 Min.) das Dorf *Morter*
mit den Burgen *Unter-* und *Ober-Montan.* 1 St. weiter das kl. Eisenbad
*Salt* (1148m); gegenüber am l. Ufer das Kirchdorf *Martell* oder *Thal.* Von
Salt führt der Weg (durch die Wasserausbrüche von 1889 und 1891 vielfach
zerstört, aber wiederhergestellt) über (³/₄ St.) *Gand* (Whs.), an der Ka-
pelle (1¼ St.) *Maria-Schmelz* vorbei zur (1½ St.) *Untern* und (¼ St.)
*Obern Marteller Alp* (1821m), mit schönem Blick auf den schneebedeckten
*Cevedale* (3774m), und zur (2 St.) *Zufallhütte* der A.V.-Sect. Dresden (2189m;
Sommer-Wirtsch.), in herrlicher Lage angesichts des großen *Zufall-Ferners.*
Gletscherpfade führen von hier über das *Madritschjoch* (3119m) in 6 St.
oder über den *Eisseepaß* (3133m) in 7 St. nach Sulden (S. 168); w. über den
*Cevedale-Paß* (3271) in 8 St. nach S. Caterina (S. 170).

Hinter (³/₄ St.) *Latsch* (Hirsch) tritt die Straße wieder auf das
l. Ufer der Etsch; l. auf einer Anhöhe Schloß *Kastelbell*, 1842
ausgebrannt, in malerischer Lage. Weiter über *Tschars*, an dem kl.
Schwefelbad *Kochenmoos* vorbei nach (2¼ St.) *Staben* (Adler), am
Fuß einer kahlen Bergwand; hoch oben die halb verfallene Burg
*Jufahl.* Unterhalb mündet l. das enge *Schnalser Thal* (am l. Ufer
des Bachs die Straße nach *Neuratteis*, S. 155), ½ St. vor

114km **Naturns** (566m; *Post*), größeres Dorf mit Burgruine.
Hinter (1¼ St.) *Rabland* verengt sich das Thal; ein Sattel, die
*Töll* (506m), trennt den Vintschgau vom Etschland. Die Straße
überschreitet (½ St.) das Felsenbett der Etsch, die unterhalb
mehrere Stromschnellen bildet, und senkt sich am Abhang des
*Marlinger Bergs*, mit prächtiger Aussicht auf das herrliche Meraner

Thal mit seinen Rebenfeldern, Nuß- und Kastanienbäumen, durch
Dörfer, Kirchen und Burgen belebt und von schöngeformten Por-
phyrbergen umgeben. Am Fuß des Berges (20 Min.) die *Forster
Brauerei* und 5 Min. weiter l. Schloß *Forst* (S. 165).
129km **Meran** (303m), s. S. 162.

## 23. Von *(Landeck, Meran)* Eyrs nach Colico am Comer See über das Stilfser Joch.

*Vergl. Karten S. 158, 172.*

159km. Post von Landeck bis Mals (69km) tägl. in 9¼ St., bis Eyrs
(84km) in 10³/₄ St.; von Meran nach Eyrs (46km) tägl. in 6 St. Stellwagen
von Landeck nach Trafoi im Sommer tägl. 6¼ Vm., Ankunft 7.40 Ab.
(3 fl. 50 kr.). Von Mals nach Trafoi im Sommer täglich Omnibus in 4³/₄ St.
Von Eyrs nach Bormio über den Stelvio (50km) Postomnibus im Sommer
tägl. in 11¹/₂ St. (8 fl. 40 kr., bequeme Landauer). Ital. Post von Bormio
nach Sondrio (65km) 2mal tägl. in 8 St.; Eisenbahn von Sondrio nach
Colico (41km) in 1 St. 35 Min. Im Winter werden die Fahrten über den
Stelvio eingestellt. — Einspänner von *Eyrs* nach Gomagoi 7, Zweisp. 8 fl.;
nach Trafoi 10 u. 11¹/₂, Franzenshöhe 15 u. 17, Bormio 32 u. 34 fl. (Vor-
spann extra); von *Mals* nach Gomagoi Zweisp. für 1-2 Pers. 8, Landauer
12¹/₂, Trafoi 11 u. 17, Franzenshöhe 16 u. 28, Bormio 32 u. 48 fl. Zweisp.
Extrapost von Mals nach Trafoi 12 fl. 50 kr., von Bormio-Bad nach Trafoi
65 fr., nach Sondrio 86 fr.

Die Straße über das *Stilfser Joch*, von der österreich. Regierung
1820-25 gebaut, ist die höchste fahrbare in Europa und wird bei klarem
Wetter stets die Bewunderung des Reisenden erwecken. Die Landschaft
wechselt von den gewaltigen Gletschern und Schneefeldern des Ortler
und Monte Cristallo bis zu den rebenreichen Abhängen des Veltlin und
den in südlicher Vegetation prangenden Ufern des Comer Sees. Die
Straße über das Joch selbst ist auf der Nordseite mehr durch die großartige Natur, auf der Südseite durch den merkwürdigen Straßenbau
ausgezeichnet. — Entfernungen zu Fuss: von Prad nach Trafoi 3, Franzenshöhe 2¹/₄, Stilfser Joch 2, 8. Maria ¹/₂, Bormio Bad 3 St. Zurück nach
8. Maria 4 St., von hier über das Wormser Joch nach S. Maria im Münsterthal 3 St., Münster ³/₄, Taufers ³/₄, Mals 1¹/₂ St.

Von Landeck oder Meran bis *Eyrs* s. S. 167. Bei (3km) *Neu-
Spondinig* (885m; *Hirsch), 40 Min. w., führt die Stilfser Straße
r. ab über die *Etsch* in schnurgerader Linie durch die ¹/₂ St. breite,
durch die Überfluthungen des *Trafoier Bachs* auf weiter Strecke
mit Geröll bedeckte Thalsohle. Bei

6km **Prad** (900m; *Neue Post; *Alte Post), am Ausgang des
Trafoier Thals, mündet r. der direkte Weg von Mals über *Glurns*
(Sonne). Bei der *Schmelz* (Whs.) beginnt die Straße zu steigen;
das Thal verengt sich, zur Seite der ungestüme Trafoier Bach in
einer Reihe von Fällen. R. am Berge r. das Dorf *Stilfs*, ital. *Stelvio*, von dem die Straße den Namen hat. Vor (1³/₄ St.) *Gomagoi*,
deutsch *Beidewasser* (1300m; Reinstadler, einf. gut), mit kl. Sperr-
fort, öffnet sich ö. das *Suldenthal*.

Das 3 St. lange *Suldenthal zieht sich in das Herz der Ortlergruppe hinein.
Neue Fahrstraße von Gomagoi nach (2³/₄ St.) *St. Gertrud* oder *Sulden*
(1845m; *Hôtel Eller; Zum Ortler bei Angerer); 25 Min. weiter das große
*Suldenhotel* (l. Ranges, Z. von 1¹/₂, M. 2, P. von 4 fl. ab), mit prächtigem
Blick auf den Ortler, Königsspitze, Suldenspitze etc. Von der (nicht
sichtbaren) Suldenspitze senkt sich der mächtige *Suldenferner* herab,

der 1817 rasch in das Thal vorrückte, seitdem aber sich wieder zurück-
zog, seine Schuttwälle zurücklassend. Guter Überblick von der (2 St.)
*Schaubachhütte* auf der *Ebenwand* (2694m; Wirtsch.), Ausgangspunkt für
*Königsspitze, Cevedale, Schönlaufspitze, Cevedalepaß* (nach S. Caterina) und
*Madritschjoch* (nach Martell). Lohnend auch der Besuch der (2½ St.)
*Düsseldorfer Hütte* (2707m; Wirtsch.) im *Zaithal*, mit schönem Blick auf
den Ortler, Ausgangspunkt für *Tschengelser Hochwand, Vertainspitze* etc.;
und der (2 St.) *Backmannhütte* am *Hintern Grat* (2670m) oberhalb des
Suldenferners, Ausgangspunkt für den *Monte Zebrù*, den *Ortler* über den
*Hintern Grat* oder das *Hochjoch* etc. — BERGTOUREN von Sulden: *Hintere
Schönlaufspitze* (3324m), 4½ St., Führer 4½ fl., vom Madritschjoch in ½ St.
leicht zu erreichen, gut mit dem Übergang nach Martell zu verbinden
(S. 167). — *Cevedale* (höchste Spitze 3774m), 7 St., Führer 7 fl., für Geübte
nicht schwierig; prächtige Aussicht. — *Königsspitze* (3857m), von der
Schaubachhütte 5-6 St. (Führer 12 fl.), schwierig. — Der *Ortler* (3902m),
der höchste Berg der Ostalpen, wird sowohl von Trafoi (s. unten) wie von
den Sulden aus häufig bestiegen (7-8 St., anstrengend, aber für Geübte bei
gutem Schnee nicht schwierig; Führer 10 fl.). Der Weg führt von Sulden
durch das *Marltthal* scharf ansteigend zur (3½ St.) *Payerhütte* am *Taba-
rettakamm* (3020m; Sommer-Wirtsch.); von hier über den *Tabaretta-* und
*obern Ortlerferner* zur (3-4 St.) Spitze, mit großartiger Rundsicht. — Johann,
Josef, Alois u. Hans Sepp Pinggera, Peter Dangl u. a., Führer. Näheres
s. in *Bædeker's Südbaiern, Tirol* etc.

Die Straße beginnt nun rascher zu steigen und überschreitet
viermal kurz nach einander den Trafoier Bach; rückwärts im Thalausschnitt die breite Schneepyramide der Weißkugel, vorn immer
großartiger die gewaltige Ortlergruppe. — 1¼ St.

17km **Trafoi** (1541m; *Trafoi-Hotel*, großes neues Haus; *Neue*
und *Alte Post; *Zur schönen Aussicht*), aus einem halben Dutzend
Häuser bestehendes Dörfchen in prächtiger Lage.

Lohnender Spaziergang (¾ St.) zu den *Heil. drei Brunnen* (1698m).
3 Min. oberhalb der Alten Post von der Straße l. ab, stets in gleicher Höhe
über Wiesen und durch Wald, zuletzt Moräne. Am Ende des Thals stehen
unter einer Bedachung drei Bildsäulen, Christus, Maria und Johannes, aus
deren Brust das sehr kalte „heilige Wasser" sich ergießt; daneben eine
Kapelle und Restaur. Gegenüber fast senkrecht der gewaltige Madatsch, aus
dessen schwarzer Kalkfelswand zwei Bäche in Fällen hinabstürzen; l.
oben die Eismassen des Trafoier und Untern Ortlerferners, von den Trafoier
Eiswand überragt; das Ganze in seiner Abgeschiedenheit ein eigentümlich
ergreifendes Bild.

Die Straße steigt in kühnen Windungen auf der l. Thalseite
hinan; Aussichten am besten von den Straßenkehren, daher abkürzende Fußwege vermeide. Schönster Punkt am (1¼ St.)
*Weißen Knott* (1863m; Erfr.), einem Felsvorsprung mit Marmor-
obelisk zur Erinnerung an den ersten Ortlerersteiger Joseph Pichler
(P'sseyer Josele) 1804: vorn der schwarze Madatsch, r. der Ma-
datschferner, l. der Trafoier Ferner, darüber das Pleißhorn; tief
unten in grünen Fichten das einsame Kirchlein der Heil. drei
Brunnen. 25 Min. weiter die 1848 zerstörte *Cantoniera del Bosco*,
gegenüber dem schönen *Madatschgletscher*. Der Baumwuchs hört
auf, nur dürftige Zwergkiefern kommen noch fort. Bei (¾ St.)

24km **Franzenshöhe** (2188m; *Gasth.* von *Blaas-Wallnöfer*)
zeigt sich zuerst der Gipfel des Ortler. Die Straße steigt in langen
Kehren an der Talkschieferwand aufwärts; l. hoch oben die Schnee-
spitzen des *Monte Livrio* (3192m) und der *Geisterspitze* (3476m).

Auf dem (2 St.) **Stilfser Joch** *(Giogo dello Stelvio, Ferdinands-höhe)* steht ein Arbeiterhaus; l. am Fels bezeichnet eine Säule die Grenze und Paßhöhe (2760m; auf der Säule falsch 2814m). In der *Dreisprachenhütte* gute Restaur. (4 Betten). In Windungen hinab (l. die Schneefelder des *Ebenferners*) nach (³/₄ St.)

34km S. **Maria** (2487m; *Whs.*), der IV ᵃ Cantoniera, ital. Zoll-amt, in einem öden Bergkessel.

Ein Saumpfad, früher die einzige Verbindung zwischen dem Vintschgau und Veltlin (Etsch- und Adda-Thal), führt bei der Cantoniera S. Maria r. ab, über das **Wormser Joch** (2512m) in 3 St. (bergan 4 St.) durch das *Murazza-Thal* nach *S. Maria* im Münsterthal.
\**Piz Umbrail* (3082m), 1¹/₂-2 St., unschwierig u. sehr lohnend (Führer 5-6 fr.). Bei der Dogana l. den rasenbewachsenen Abhang hinan, weiter oben im Zickzack über Geröll und Fels (der *Umbrailgletscher* bleibt r.) zum Gipfel. Prachtvolle Aussicht auf Ortler, Veltliner Alpen, Bernina, Silvretta, Ötzthaler Alpen (Panorama von Faller, im Whs. vorhanden).

Folgt die *III ᵃ Cantoniera al Piano del Braulio* (2313m; Whs.) mit Kapelle; dann das *Casino dei rottěri di Spondalonga* (2165m), Straßenarbeiter-Haus. Die Straße senkt sich in zahllosen Kehren, die der Fußgänger vielfach abschneiden kann (r. in der Schlucht die über Felsterrassen abstürzenden \**Fälle des *Braulio*), überschreitet auf dem *Ponte alto* den *Vitelli-Bach* und erreicht die *II ᵃ Cantoniera al piede di Spondalonga* (1980m), 1859 von den Garibaldinern zerstört und seitdem Ruine. Weiter in langen Li-nien an der Bergwand abwärts, vermittelst einer Reihe von Schutz-galerien durch die wilde Schlucht, das *Wormser Loch (il Diroccamento)* genannt. R. der schroffe *Mte. Braulio* (2980m). Folgt die *I ᵃ Cantoniera di Piatta Martina* (1702m); weiter stürzt r. aus dem wilden *Val Fraele* die Adda und nimmt den Braulio auf. Hin-ter der vorletzten Galerie wendet sich das Thal nach Süden und es öffnet sich eine prächtige Aussicht über den Thalboden von Bormio bis Ceppina, s.w. *Corno S.* Colombano (3022m), *Cima di Piazzi* (3439m) und *Cima Redasco* (3139m), s.ö. *Monte Sobretta* (3296m) und die Eispyramide des *Piz Tresero* (3602m). Jenseit der tiefen Addaschlucht die steilen Abhänge des *Mte. delle Scale*. Dann er-scheint gleich unterhalb der Straße wie an den Felsen angeklebt das *alte Bad (Bagni vecchi*, 1450m); ein Fahrweg führt oberhalb des letzten Felsdurchbruchs hinab. 10 Min. weiter abwärts das

50km (3 St. von der Cantoniera S. Maria) \**Neue Bad Bormio** (*Bagni nuovi*, 1335m), ein stattliches Gebäude auf einer Terrasse mit schönem Blick über den Thalboden von Bormio und das Ge-birgsrund (Z. 3-4, M. 4 fr.; Post u. Telegraph).

53km **Bormio**, deutsch *Worms* (1225m; *Posta* oder *Leone d'oro; Alb. della Torre*, Piazza Cavour), altertümlicher Ort ital. Charakters mit vielen verfallenen Türmen.

3 St. ö. von Bormio (Post 2mal tägl. in 2 St.; Einsp. hin u. zurück 12 fr.) liegt im *Val Furva* am *Frodolfobach* **Sta.** Caterina (1736m), besuch-tes Bad (starker Säuerling) mit gutem *Kurhôtel* und dem *Albergo Tresero*. Schöner Spaziergang zu den (2 St.) *Baite del Forno* (2337m; Erfr.), in herr-licher Lage gegenüber dem großen *Fornogletscher*. — Von S. Caterina über

den *Gavia-Paß* (2652m) nach *Ponte di Legno* (S. 172) 8 St. m. Führer, lohnend; über den *Cevedale-Paß* ins *Martell* s. S. 167.

Die Straße überschreitet bei (25 Min.) *S. Lucia* den *Frodolfo* (s. oben) und durchschneidet dann in s. Richtung den weiten grünen Thalboden *(Piano)* von Bormio. Unterhalb (1 St.) *Ceppina* folgen die Häusergruppen *S. Antonio* und *Morignone*, hoch oben auf dem Berg die Kirche. Ein 1¼ St. langer Engpaß trennt hier das Gebiet von Bormio vom *Veltlin*, ital. *Valtellina*, dem breiten Thal der Adda, an desen rebenreichen Bergabhängen ein würziger roter Wein wächst. Den *Ponte del Diavolo* hatten die Österreicher 1859 zerstört. Am Ausgang des Engpasses r. die Trümmer eines Thalschlusses. Das Thal wird weiter, südlicher Pflanzenwuchs beginnt, im Grunde rauscht das graue Gletscherwasser der Adda. 72km **Bolladore** (865m; *Post; Hôt. des Alpes*). Am w. Bergabhang die saubere Kirche von *Sondalo*. Vor (1¼ St.) *Grosio* tritt die Straße auf das r. Ufer der Adda, überschreitet bei (½ St.) *Grosotto* den *Roasco* und tritt ½ St. unterhalb, bei *Mazzo*, wieder auf das l. Ufer; r. der steile *Piz Masuccio* (2816m). Über *Lovero* und *Sernio* an Rebenhügeln hinab nach

91km **Tirano** (450m; *Posta; Italia*, wo das Postbureau; *Hot. Stelvio*), Städtchen mit alten Palästen der Visconti, Pallavicini, Salis, durch die Überschwemmungen der Adda häufig beschädigt. ¼ St. weiter, auf dem r. Ufer der Adda, liegt **Madonna** di Tirano *(*Alb. S. Michele)*, kleiner Ort mit großer im xvii. Jahrh. erb. Wallfahrtskirche. (Die Bergstraße r. führt ins *Puschlav* und über den *Bernina* ins *Ober-Engadin*, s. *Bædeker's Schweiz*. Der schweizer Grenzstein ist ¼ St. n. von Madonna.)

Die Straße überschreitet den *Poschiavino*, ein aus den Bernina-Seen abfließendes Wasser. Bei (101km) *Tresenda* mündet l. die Straße über den Monte Aprīca (S. 172). Oben an der nördl. Bergwand der alte Wartturm von *Teglio*, nach dem das Thal *(Val Teglino)* den Namen hat. Vor Sondrio r. auf der Höhe die Kirchen von *Pendolasco* und *Montagna*.

118km **Sondrio**(348; *Posta; *Maddalena)*, Hauptort desVeltlin (7000 Einw.), am *Malero*, einem wilden Bergwasser.

Die EISENBAHN führt am Fuß der der weinberühmten Höhen von *Sassella* entlang, am r. Ufer der Adda. 123km *Castione;* 128km *S. Pietro-Berbenno*. Bei (135km) *Ardenno-Masino* öffnet sich r. das *Val Masino* mit den besuchten *Bagni del Masino;* hier über die Adda. 140km *Talamona*. — 143km **Morbegno** (260m; *Ancora)*; viel Seidenzucht. — 146km *Cosio-Traona*; 151km *Delebio*. — Der untere Teil des Veltlin ist durch die sumpfigen Ablagerungen der Adda ungesund.

159km **Colico** (220m; *Albergo Piazza Garibaldi*, am See; *Isola Bella*), am n.ö. Ende des *Comer See's; s. Bædeker's Ober-Italien* oder *Bædeker's Schweiz*.

## 24. Von Bozen nach Verona.

152km. SÜDBAHN, Schnellzug in 3¹/₂-4¹/₄ St., Personenzug in 5¹/₄ St.
Bozen (265km) s. S. 159. Die Bahn überschreitet den Eisak,
den 1 St. weiter abwärts die Etsch (Adige) aufnimmt, die bei
(10km) Branzoll schiffbar wird. Jenseit (16km) Auer, bei Gmund,
über die Etsch, r. auf der Höhe Kaltern (S. 161). — 21km Neumarkt (213m); der Ort (Post; Krone, Engel) liegt am l. Ufer der
Etsch, ¹/₄ St. von der Bahn (nach dem Fleimsthal s. S. 178).
Am Abhang des Gebirges r. die Orte Tramin, Kurtatsch, Marg-
reid. — 31km Salurn (Adler), mit verfallnem Schloß auf einer
scheinbar unzugänglichen Felsnadel. R. der Rocchetta-Paß, der
in den Nonsberg (s. unten) führt.
38km S. Michele oder Wälsch-Michael (228m; einf. Whs. beim
Bahnhof), mit stattlichem ehem. Augustinerkloster.

In den Nons- und Sulzberg (Val di Non und Val di Sole), das 10 St.
lange vielverzweigte Thal des Noce, führt von S. Michele eine gute Straße
(Post bis Malè und Fucine täglich) über (¹/₂ St.) Mezzolombardo oder Wälsch-
Metz (264m; *Victoria), dann durch die Rocchetta (s. oben), am l. Ufer des
Noce ansteigend, über Tajo nach (21km) Cles (656m; *Aquila), Hauptort
des Nonsbergs in schöner Lage. Hinab zur Mostizzolbrücke, die den Nons-
vom Sulzberg scheidet, und über Caldes nach (37km) Malè (737m; Alb. Malè),
Hauptort des Sulzbergs; 2¹/₂ St. n.w. im Val di Rabbi das stark besuchte
Rabbi-Bad (1220m) mit eisenhaltiger Quelle. Weiter am (l.) Dimaro (Saum-
weg in 4 St. über den Paß Campo nach Madonna di Campiglio, S. 174) und
(r.) Mezzana vorbei nach (60km) Fucine (965m; Zanella, Leone), am Eingang
des Val di Pejo, in dem 2 St. aufwärts das besuchte Bad Pejo (1390m)
liegt. Von Fucine führt eine Cariolpost täglich in 4 St. über den Tonale-
Paß (1884m) nach (85km) Ponte di Legno (1290m; Battistazza), in dem vom
Oglio durchflossenen Val Camonica. Von hier über den Gavia-Paß nach
S. Caterina s. S. 171; nach (4¹/₂ St.) Edolo und durch das Val Camonica
nach Iseo und Brescia, oder über den Passo d'Aprica nach Tirano (S. 171),
s. Bædeker's Süddbaiern oder Ober-Italien.

Die Bahn tritt wieder auf das l. Ufer der Etsch. 43km Haltestelle Alle Nave (202m); r. eine uralte Überfahrt über die Etsch,
Nave S. Rocco, an der Straße aus dem Nonsberg. — 46km Lavis,
am Avisio, der hier aus dem Val Cembra (S. 178) hervorströmt.
Eine 920m lange Brücke führt in einer Kurve über das wilde Bergwasser und dessen Ausfaserungen vor seiner Mündung in die Etsch.

57km Trient. — Gasth.: am Bahnhof *Gr.-Höt. Trento (Pl. a;
B 1), deutsch, Z. L. B. 1¹/₂-2 fl.; in der Stadt: *Europa (Pl. b; C 2), Z.
u. B. 1 fl. 40 kr. — 2. Kl. Aquila Bianca; Agnello; Alb. ai Due
Conti. — Café Europa, Specchi, beide Via Lunga; Bier im Löwenbräu,
Via Larga; Biergarten All' Isola Nuova, beim Bahnhof, auch einige Z.

Trient (195m), ital. Trento, lat. Tridentum, mit 21571 Einw.,
der Sage nach von den Etruskern gegründet, früher die bedeutendste und reichste Stadt Tirols, macht mit seinen zahlreichen
Türmen, Marmorpalästen und breiten Straßen einen stattlichen Eindruck. Auf dem mit Anlagen geschmückten Bahnhofsplatz ein
großes Dantedenkmal, nach Zocchi's Entwurf.

Der *Dom (Pl. B C 3), im XI. Jahrh. begonnen, im XV. Jahrh.
vollendet, ist eine roman. Pfeilerbasilika mit Kuppel; am nördl.
Portal, wie zu Bozen (S. 159), ein Löwenpaar. Auf dem Domplatz der

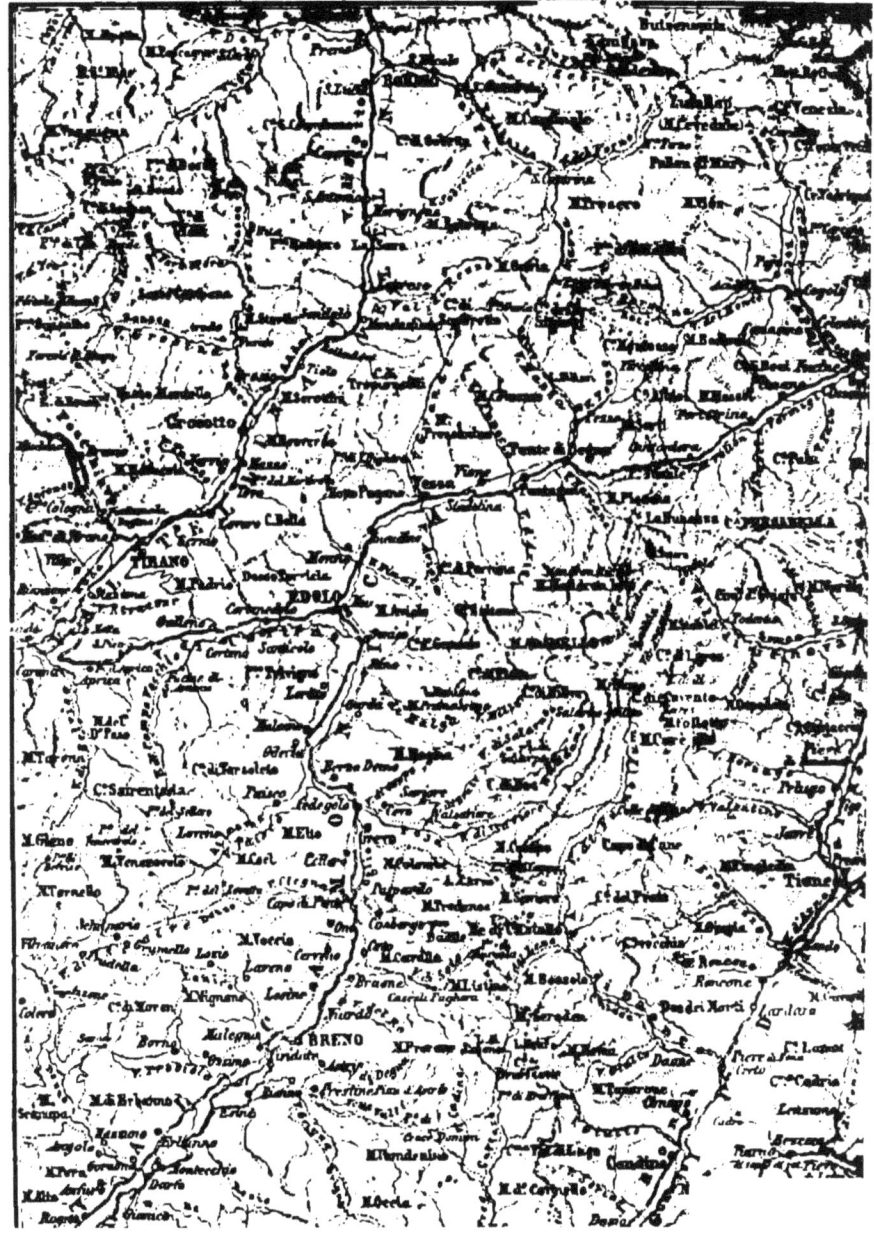

hübsche *Neptunsbrunnen* (1769) und der *Pal. Pretorio* (jetzt Militär-Platzkommando) mit dem *Uhrturm* (*Torre grande*, Pl. 11). *S. Maria Maggiore* (Pl. B 3), 1545-63 Sitz des Tridentiner Konzils, hat ein Gemälde an der nördl. Chorwand (durch einen Vorhang verdeckt) mit Bildnissen der Mitglieder. An der Südseite des Chors eine Mariensäule, 1855 errichtet, zum Gedächtnis der dritten Säkularfeier des Konzils.

Im *Museum*, Via Larga im Pal. Municipale (Pl. 2; B 2, 3), eine Sammlung naturhist. Gegenstände, römischer u. a. Altertümer etc. — Auf dem r. Etschufer der befestigte Felshügel *Verruca* oder *Doss Trento* (289m), mit schöner Aussicht (zugänglich mit Erlaubnis der Kommandantur, im Pal. Pretorio, s. oben).

Ö. über der Stadt das ansehnliche Schloß *Buon-Consiglio*, einst Sitz der Fürstbischöfe, jetzt feste Kaserne (Castello); der gewaltige runde Augustusturm, angeblich Römerwerk (schöne Aussicht; Erlaubnis zum Eintritt in der Offizierswachstube). Guter Überblick der Stadt auch von der Terrasse des *Kapuziner-Klosters*.

Von Trient nach Bassano durch das Suganathal, 115km. Eisenbahn von Trient bis *Tezze*, 78km in 4¹/₂ St., von da bis *Bassano* (37km) Poststellwagen in 4¹/₂ St. — Die Bahn zweigt oberhalb Trient von der Bahn nach Verona l. ab, durchschneidet auf gewaltigem Viadukt das breite Etschthal und steigt dann am Bergabhang mittels einer großen Schleife (Kehrtunnel) zur (9km) Stat. *Villazzano* (280m). Bei (13km) *Povo* tritt sie in das enge Thal der *Fersina*, streckenweise in die Felswand gesprengt oder auf gemauerten Dämmen hingeführt. 15km *Ponte Alto* (353m); l. ein sehenswerter Fall der Fersina in dunkler Schlucht (von der Bahn nicht sichtbar). Bei (21km) *Roncogno* (424m) öffnet sich das Thal. — 25km *Pergine* (480m; Hôtel Voltolini), Marktflecken mit Schloß. Nun allmählich bergab, an der W.-Seite des schönen (4km l. *Sees von Caldonazzo* (449m) entlang, nach (32km) *Calceranica* und (35km) *Caldonazzo;* dann n.ö. über die aus dem See ausfließende *Brenta* nach (39km) Levico (507m; *Kurhaus; Bellevue; Germania* u. a.), besuchtes Bad mit arsenikhaltigen Quellen, die bei dem 2 St. höher am Bergabhang gelegenen Bad *Vetriolo* entspringen. Hier beginnt das eigentliche *Val Sugana*, ein fruchtbares Thal mit zahllosen Maulbeerbäumen. — 48km *Roncegno* (*Badehotel), gleichfalls mit Arsenikquellen. — 53km *Borgo* (395m; *Hôt. Valsugana; Croce*), Hauptort des Thals. Weiter an den Stat. *Castelnuovo, Strigno, Ospedaletto* und *Grigno* vorbei zur (78km) Endstation *Tezze*, unweit der österr. Grenze (österr. Zollamt).

Die Straße führt über die ital. Grenze (Zollrevision) nach (5km) *Primolano* (217m; Post, dürftig) und tritt dann in den *Canale di Brenta*, eine großartige, von gewaltigen Felswänden eingeengte Schlucht. L. in einer Felsgrotte Trümmer der Feste *Covelo* oder *Kofel*, im Mittelalter Grenzfeste. Bei *Solagna* öffnet sich die Thalenge der Brenta.

37km Bassano (134m; *S. Antonio; Mondo*), hübsch gelegene Stadt (13,700 Einw.) mit epheuumrankten Mauern. Im städtischen *Museum* eine Anzahl Bilder der Künstlerfamilie da Ponte, nach ihrem Heimatort Bassano genannt. Promenaden mit schönen Aussichten auf die Alpen umgeben die Stadt. In der Vorstadt Borgo Leun *Villa Parolini*, mit schönem Park. — Eisenbahn von Bassano über (15km) *Cittadella* nach (48km) Padua und (85km) *Venedig, s. Bædeker's Ober-Italien.*

Von Trient nach Campiglio, 72,5km, Post im Sommer 2mal tägl. in 12¹/₂ St. für 4 fl. 30 kr. (Zweispänner in 10-12 St., 30 fl. u. 2-3 fl. Trkg.). Die Straße steigt am r. Etschufer am *Doss Trento* (s. oben) vorbei zur Paßhöhe (492m) bei dem Dörfchen *Cadine* und senkt sich dann über *Vezzano* an dem malerischen *Castel Toblino* im gleichn. See vorbei nach (20km) *Sarche* (263m; Whs., guter  Vino santo"). Hier über die *Sarca*, dann am

r. Ufer der großartigen Sarcaschlucht in langen Windungen hinan nach
(1³/₄ St.) *Comano* (365m), von Italienern viel besuchtes Schwefelbad; hinab
zum (20 Min.) *Ponte delle Arche* (r. oben bleibt *Stenico*) und durch das
malerische Sarcathal nach (44km) *Tione* (565m; *Cavallo bianco; Corona*),
Hauptort von Judicarien, in hüscher Lage. Das Sarcathal wird breit und
fruchtbar und wendet sich nach N. (*Valle di Rendena*). Die Straße führt
durch zahlreiche Dörfer nach (61km) *Pinzolo* (770m; *Hot. Pinzolo; Corona*), Ausgangspunkt für den sehr lohnenden Besuch des obersten Sar-
cathals oder *Val di Genova* (bis *Bedole* 4 St., *Mandronhütte* der A.V.-
Sektion Leipzig 6 St.), und steigt dann ö. bergan, mit schönen Ausblicken
auf die Brenta- und Adamello-Alpen, über *S. Antonio di Mavignola* nach
(72,₅km) *Madonna di Campiglio* (1515m), ehem. Kloster, jetzt *°Grand Hôt.
des Alpes* (Bes. Hr. Österreicher), als Sommerfrische und Luftkurort besucht (Unterkunft auch in *Pens. Rainalter, Hot. Romeo* und *Albergo Dante*),
in geschützter Lage am Fuß des aussichtsreichen *Mte. Spinale* (2021m; in
1¹/₂ St. leicht zu ersteigen). Ausflüge und Pässe von hier s. *Bædeker's
Südbaiern, Tirol* etc.; am lohnendsten die *°Bocca di Brenta* (von Campiglio
bis Molveno 9 St., Führer 7 fl.; von Molveno nach Mezzo Lombardo 4 St.).
Nach *Dimaro* im Val di Sole 4 St., Saumweg, s. S. 172.

Die Bahn bleibt in dem breiten nach der Entsumpfung sehr
fruchtbaren Etschthal. — 65km *Matarello*. Bei (72km) *Calliano* l.
auf der Höhe das ansehnliche Schloß *Beseno*, Graf Trapp gehörig.
Felstrümmer erinnern an einen Bergsturz. Das untere Etschthal,
reich an Reben, Mais und Maulbeerbäumen, heißt bis zur ital.
Grenze *Val Lagarina*. Stat. *Villa Lagarina*,, dann

80km **Rovereto** *(°Hôt. Glira; Agnello)*, Stadt von 9030 Einw.,
mit blühendem Seidenbau und hochgelegenem alten *Castell*. 20 Min.
w. *Sacco*, mit großer Tabakfabrik.

Am r. Ufer *Isera*, durch seinen trefflichen Wein bekannt, mit
Wasserfall; am l. Ufer bei *Lizzana* ein Schloß, um 1302 Aufenthalt des aus Florenz verbannten Dichters Dante. — 84km **Mori**
(170m; *Hôt. Bahnhof*), Station für den *Gardasee* (s. S. 175). Bei
(86km) *Marco* durchschneidet die Bahn die *Lavini di Marco*, Trümmer und Schuttmassen, die vermutlich durch Gletscher der Urzeit
hierhergebracht sind, nach andern (Dante, Inf. xII, 4-9) Reste eines
gewaltigen Bergsturzes vom J. 883. Bei (91km) *Serravalle*, der alten
Klausenfeste, wird das Thal enger.

99km **Ala** (147m; *Hôt. Ala; Bahnrestaur.*), ansehnlicher Ort mit
4606 Einw. (Zollrevision). — 103km *Avio*, letzte österr. Station,
mit verfallnem Schloß des Grafen Castelbarco.

112km *Peri* (126m), erste ital. Station. Der Bergrücken des
*Monte Baldo* (S. 176) trennt w. das Etschthal vom Gardasee. R. ein
neues Fort. Die Bahn tritt in den berühmten Engpaß, die *Berner
Klause (Chiusa di Verona)*, an deren Eingang die neue Paßsperre
von *Incanale*. Otto von Wittelsbach schützte hier 1155 das deutsche
Heer unter Friedrich Barbarossa gegen die Veroneser. R. auf der
Höhe *Rivoli*, 1796 und 1797 von den Franzosen unter Masséna, der
hiervon später seinen Herzogstitel erhielt, mehrmals erstürmt. —
123km *Ceraino*; 130km *Domegliara*; 136km *Pescantina*; 141km
*Parona*. Die Bahn überschreitet die Etsch.

152km **Verona**, s. *Bædeker's Ober-Italien*.

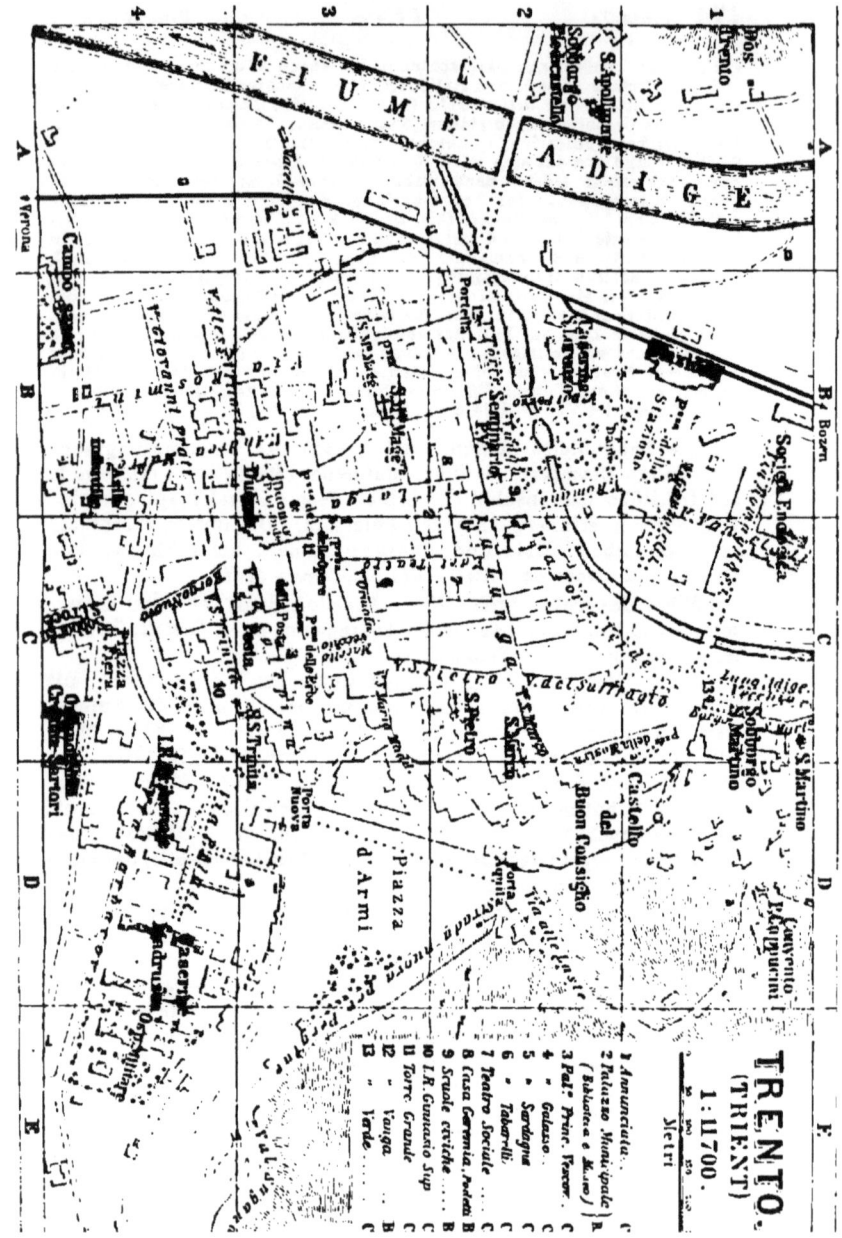

TRENTO.
(TRIENT)
1 : 11,700.

Metri

## 25. Von Mori nach Arco und Riva. Gardasee.

*Vgl. Karte S. 172.*

**25km.** Lokalbahn in 1½ St. für 1 fl. 28 oder 77 kr. — Dampfboot auf dem Gardasee s. S. 176.

*Mori* s. S. 174. — Die Bahn führt über die Etsch nach (3km) *Mori-Borgata*, Station für den großen Ort *Mori* (205m; Adler); weiter in breitem grünen Thal nach (7km) *Loppio* und an dem hübschen *See von Loppio* (202m) mit seinen Felseninseln vorbei, zwischen Felstrümmern in Windungen hinan zur Paßhöhe(279m); dann hinab nach (13km) *Nago* (217m), am Rande einer Schlucht gelegenes Dorf mit der Burgruine *Penegal* l. auf kahlem Fels. L. führt von hier die alte Straße über *Torbole* (Bertolini) nach Riva (1¼ St.). Die Bahn senkt sich r. an der Bergwand, mit herrlichem Blick auf den Gardasee und das Sarcathal, nach (18km) *Oltresarca;* dann über die *Sarca* nach

**20km Arco.** — *Gasth.:* \*Kurhaus, \*Schweizerhof (früher *Kurkasino*), \*Hot. Olivo, \*Hot. Strasser, alle am Kurplatz; \*Hot.-Pens. Arco, 10 Min. w. vom Kurplatz, \*Hot. Arciduca Alberto in *Chiarano*, 20 Min. vom Kurplatz, beide in geschützter Lage; Corona in der Stadt; *Pens. Bellaria*, gut gelegen, *Aurora, Rainalter*, *Olivenheim*, etc. (im Sommer meist geschlossen).

*Arco* (91m), Stadt mit hübscher Kuppelkirche inmitten üppiger Gärten, wird wegen seiner geschützten Lage von Brust- und Nervenkranken viel als Winteraufenthalt besucht. Neues Schloß des Erzherzogs Albrecht mit sehenswertem Wintergarten (Trkg. 50 kr.). N. auf steilem 120m h. Fels das im spanischen Erbfolgekrieg von den Franzosen zerstörte *Schloß Arco*, mit schönem Garten (Schlüssel im Kurhaus zu erfragen; Trkg.).

Weiter durch die breite fruchtbare Sarca-Niederung über (22km) *S. Tommaso* nach

**25km Riva.** — *Gasth.:* Hôt. Imperial zur Sonne, mit Gartenterrasse am See, Z. 1 fl. 20-1 fl. 40 kr., L. u. B. 40, F. 50 kr.; Hôt.-Pens. du Lac, mit großem Garten u. Badeanstalt, 20 Min. ö. an der Straße nach Torbole, Z. L. B. 1½ fl., F. 40, Pens. 2½-3 fl.; Hôt.-Pens. Riva, Z. u. B. 1 fl. 20 kr.; Bairischer Hof; Giardino S. Marco vor Porta S. Michele, Pens. 2½ fl.; Musch, Popolo, Gallo, alle drei nicht teuer. — Bier bei *Musch*, im *Giardino S. Marco* (s. oben), in der *Birreria Kräutner*, etc. — *Badeanstalt* am See, ö. an der Kaserne vorbei.

*Riva* (70m), lebhafter Hafenort mit 6556 E., liegt reizend an der NW.-Spitze des Gardasees, dicht am Fuß der steil aufragenden *Rocchetta*. Hoch über dem Städtchen die runde Turmruine eines alten, angeblich von den Scaligern erbauten Schlosses. Am See das ehem. Castell *la Rocca*, jetzt Kaserne. Riva eignet sich besonders zu längerm Aufenthalt, die Luft ist gesund, die Hitze durch den See stets gemildert (Privatwohnungen nicht teuer).

Ausflüge. Zum Ponalefall, mit Barke hin und zurück 1½-2 St. (2-3 fl.), oder mit Barke hin und zu Fuß auf der Ledrostraße zurück (3-4 St.). Der Ponale bildet unmittelbar vor seiner Mündung aus der tiefeingeschnittenen Schlucht des *Ledrothals* (s. S. 176) in den See einen an sich nicht bedeutenden, aber durch seine Umgebung interessanten Wasserfall (bester Standpunkt oberhalb der alten Brücke, über die der alte Saumpfad ins Ledrothal hinanführt). — Sehr lohnend ist auch die Wanderung dahin auf der

neuen \*Strasse, die in ansehnlicher Höhe an den Felswänden des w. Seeufers, abwechselnd durch Tunnels und Halbgalerien (überhängender Fels)
zum Ledrothal führt (da wo die Straße ins Ledrothal einbiegt, führt links
ein Steig hinab, dann hinauf und wieder hinunter zum Fall) und die präch-
tigsten Aussichten bietet (Nachm. von 3 U. ab Schatten).

N.w. lohnender Ausflug nach (⁸/₄ St.) Varone mit sehenswertem
Wasserfall in großartiger dunkler Klamm (Eintr. 20 kr.); weiter über *Cologna*
nach (²/₄ St.) *Tenno*, mit alter Burg (reizende Aussicht); dann stets hoch
an den reich bebauten Berggeländen hin mit wechselnden prächtigen Aussichten nach *Varignano* und (1¹/₂ St.) *Arco* (S. 175).

Ins Ledrothal sehr zu empfehlender Ausflug (Wagen nach Pieve u.
zurück einsp. 4, zweisp. 8 fl.; Post. tägl. 8 U. Nm.). Anfang der Straße
s. oben; an der Ecke über dem Ponalfall wendet sie sich w. in das grüne
Thal und erreicht über *Biacesa* und *Molina* den hübschen *Lago di Ledro*
(651m), an dessen Nordseite *Mezzolago* und (3 St. von Riva) *Pieve di Ledro*
(Albergo Alpino, einf.). Weiter nach *Storo* und *Condino* (Hinter-Judica-
rien) s. *Bædeker's Südbaiern* etc.

Der \*Gardasee, *Lago di Garda* (65m), der *Lacus Benacus* der
Römer, ist 55km lang und 5-18km breit. Er gehört fast ganz zu
Italien, nur die Nordspitze mit Riva zu Tirol. Der See ist selten
ganz ruhig und namentlich Nachm., wo bei gutem Wetter regelmäßig der Südwind weht, stark bewegt. Die Uferberge, am obern
Ende steil und hoch, verflachen sich nach S. allmählich und laufen
endlich in die oberitalienische Ebene aus. Das Wasser erscheint
tiefblau; die Fische sind vortrefflich, besonders *carpione*, Lachs-
forelle, *trutta*, Forelle, *anguilla*, Aal, und *luccio*, Hecht.

Dampfboot. Westl. Ufer (die schönere Fahrt) zwischen Desenzano
und Riva einmal täglich in 4 St. für 4 fr. 35 oder 2 fr. 40 c. (dazu 10 c.
Stempelgebühr). Stationen: *Manerba*, *B. Felice di Scovolo*, *Salò*, *Gardone-
Riviera*, *Maderno*, *Gargnano*, *Tignale*, *Tremosine*, *Limone*, *Riva*. — Östl. Ufer
zwischen Riva und Peschiera, tägl. außer Di. in 4 St. für 4 fr. 50 oder
2 fr. 50. Stationen: *Torbole*, *Malcesine*, *Assenza*, *Macugnano*, *Castelletto*, *Pai*,
*Torri*, *Garda*, *Bardolino*, *Lazise*, *Peschiera*. Der Dinstagsdampfer fährt von
Lazise nach Desenzano, ohne Peschiera zu berühren. — Fahrt an beiden
Ufern, einmal tägl. außer Di. (von Peschiera u. Desenzano Vorm., von
Riva Nachm.). Stationen: *Peschiera*, *Lazise*, *Bardolino*, *Garda*, *Desenzano*,
*Manerba*, *Salò*, *Gardone-R.*, *Maderno*, *Gargnano*, *Castelletto*, *Malcesine*, *Li-
mone*, *Riva*. — Wegen der Fahrpläne erkundige man sich an Ort und Stelle.
Die Dampfschiffe stehen denen der westl. Seen zum Teil nach (bei stark
bewegtem Wasser Seekrankheit nicht ausgeschlossen); Küche mittelmäßig,
Zahlung in ital. Gelde.

Dampfbootfahrt am östlichen Ufer. Erste Station ist
*Torbole* (S. 175), an der Mündung der Sarca in den See. Weiter am
Fuß des steil abfallenden *Mte. Baldo* (2200m) nach *Malcesine*, mit
gutem Hafen und altem Schloß; dahinter der Fels *Isoletto dell'
Olivo*, weiter die kleine Insel *Trimelone*. Stationen *Assenza*, *Macugnano*, *Castelletto*, *Pai*, *Torri*. Das Vorgebirge *S. Vigilio* reicht
weit in den See hinein, der schönste Punkt des ganzen ö. Ge-
stades, die Hügel ringsum mit Öl-, Obst-, besonders Feigen-
bäumen und Weinreben bepflanzt. In der Bucht, am Einfluß des
*Tessino*, das malerische alte Städtchen *Garda* (*Tre Corone*, nicht
besonders), mit Schloß des Grafen Albertini.

Am ö. Ufer folgen die Orte *Bardolino*, *Lazise*, dann Peschiera,
kleine Festung (und Eisenbahnstation; der Bahnhof mit dürft.

Restaur. 1km vom See, Omnibus 50 c.) am SO.-Ende des Gardasees, wo der *Mincio* aus ihm ausfließt.

W. von Peschiera am südl. Ufer streckt sich die 1 St. l. schmale Landzunge *Sermiōne* („Sirmio, pcninsularum insularumque ocellus") weit in den See hinein; auf derselben dichtete Catull seine Lieder, in einem Landhaus, von dem angebliche Trümmer noch vorhanden sind, namentlich zwei unterirdische Gewölbe (Grotten) und Überreste eines Bades. Ein neueres Schloß erbauten die Scaliger, die länger als ein Jahrhundert (1262-1389) in Verona herrschten. An der SW.-Ecke des Sees, w. von der Halbinsel Sermione, der ansehnliche Ort **Desenzano** (*Hotel Royal Mayer*, nicht billig; *Due Colombe*, gelobt), ebenfalls Eisenbahn-Station. In der Nähe des westlichen Ufers (von Desenzano aufwärts), dem Vorgebirge S. Vigilio gegenüber, liegt die kleine *Isola S. Biagio* und die halbmondförmige liebliche *Isola di Garda*, dem Duca De Ferrari gehörig. Tief in der Bucht gegen W. **Salò** (*Hôt. Salò*), Stadt von 4600 Einw., reizend gelegen in einem „Fruchtgelände goldner Hesperiden-Gärten, duftender Citronenwände". Schöne Aussicht vom *Mte. S. Bartolommeo* (568m; 1½ St.).

Hier beginnt die *Riviera*, die wärmste, durch üppige Fruchtbarkeit ausgezeichnete Uferstrecke, mit zahlreichen Dörfern und Landhäusern. **Gardone**-*Riviera* (*Hôt.-Pens. Gardone-Riviera*, deutsch, nur im Winter geöffnet; *Pens. Häberlin; *Pens. Aurora; *Albergo Gigola* in Fasano), in geschützter Lage an einer kleinen Bucht, ist ein beliebter Herbst- und Winterkurort für Lungen- und Nervenkranke. Auf weit in den See ragendem, durch die Ablagerungen des Flüßchens *Toscolano* gebildetem Vorland liegt *Maderno* mit alter Basilika (in der Wand röm. Inschriften), am Fuß des *Monte Pizzocolo*. Weiter *Toscolano*, *Cecina*, *Bogliaco*; dann **Gargnano** (*Cervo*, deutsche Wirtin), großes Dorf, mitten in Limonengärten und Olivenpflanzungen, einer der schönsten Punkte am See.

Die Limonen, in Deutschland Citronen genannt, wachsen zwar im Freien, müssen aber im Winter gedeckt werden; deshalb die zahlreichen, in regelmäßigen Abständen von 2½m stehenden 6m hohen weißen Backstein-Pfeiler, oben durch Querbalken verbunden, welche schon aus der Ferne zwischen dem saftgrünen Laub hervorschimmern. Die Citronen sind herber, bitterer, aber kräftiger, als die aus Sicilien, lassen sich auch besser transportieren und halten sich länger; doch ist der Ertrag in den letzten Jahren durch eine Krankheit der Bäume (sog. Gummifluß) sehr zurückgegangen; man schätzt ihn jetzt auf c. 9 Millionen Stück gegen 16-18 Millionen im J. 1862.

Die Berge steigen steiler auf. *Tremōsine* liegt hoch oben, vom See wenig sichtbar; man erkennt an der steilen hohen Felswand kaum den Pfad hinauf. Weiter in einer Bucht die weißen Häuser von *Limone*, ebenfalls von Limonen- und Olivenpflanzungen umgeben; dann der Einschnitt des *Ledrothals* (unten der *Ponalefall*, S. 175) und die hoch über dem See an der senkrechten Felswand sich hinziehende Straße (S. 176); endlich *Riva*.

## 26. Das Thal des Avisio (Fleims- und Fassathal).

*Vergl. Karte S. 176.*

Das Avisiothal, 20 St. lang, hat drei Stufen: die unterste von Lavis bis Val Floriana (7 St.) heißt *Zimmers (Cembra)*, die mittlere bis Moëna (8 St.) *Fleims (Fiemme)*, die oberste bis Penia (5 St.) *Evas (Fassa)*. Das *Fassathal* ist besonders wegen seiner Dolomiten berühmt.

Von *Lavis* (S. 172), wo sich der *Avisio* durch ein enges Felsenthor in die Ebene des Etschthals ergießt, wird das Avisio-Thal selten besucht (9 St. von Lavis bis Cavalese). Der gewöhnliche Weg führt von Stat. *Auer* oder *Neumarkt* (S. 172) gleich in den Mittelpunkt des Thals. Post von Neumarkt nach *Predazzo* (38km) 2mal tägl. in 7-7½ St. für 1 fl. 80 kr.; von Predazzo nach *Vigo* Omnibus tägl. in 2½ St. für 85 kr. Zweispänner von Neumarkt nach Cavalese 12, Predazzo 20 fl.; Einsp. von Cavalese nach Moena 5 fl., von Predazzo nach Vigo 5, Campitello 7 (Zweisp. 8 u. 12 fl.); Einsp. von Vigo nach Campitello 3, Penia 4. Cavalese 6 fl.

*Neumarkt* (213m) s. S. 172. Die Straße steigt ziemlich steil; bei (1 St.) *Montan* (Löwe), am Fuß des bewaldeten *Cislonbergs*, r. das stattliche Schloß *Enn*. 1¼ St. *Kalditsch* (Whs.), weiter (½ St.) das Bräuhaus *Fontanafredda* (950m). Auf der (1 St.) Paßhöhe bei *S. Lugano* (1100m) öffnet sich die Aussicht auf die Fleimser Gebirge. Hinab an dem Schwefelbad *Carano* vorbei nach (1½ St.) **Cavalese** (985m; *Ancora; Uva*), Hauptort des Fleimsthals (2500 Einw.). Die got. Pfarrkirche mit altem Marmorportal liegt an der Ostseite des Orts auf einem Hügel.

Das Fleimsthal *(Val Fiemme)* ist ein Alpenthal von mäßiger Breite, vom *Avisio* durchströmt, der vom Weg immer sichtbar ist. Von dem Kirchhügel von Cavalese erscheinen die Thalorte (1¼ St.) *Tesero*, (½ St.) *Panchia*, (¼ St.) *Ziano* ganz nah, die Straße macht aber wegen der Schluchten häufig Biegungen. Sie erreicht jenseit Ziano einen neuen Thalabschnitt, den weiten Wiesenboden von (1 St.) **Predazzo** (1018m; *Nave d'Oro; *Rosa), dem ergiebigsten Ort für Mineralogen. Im Fremdenbuch im Schiff viele eigenhändige Namen berühmter Naturforscher.

Von Predazzo nach Primiero (42km) Fahrstraße (Post im Sommer tägl. außer Sonnt. in 11 St.) über (3½ St.) Paneveggio (1575m; *Whs.) und den (1½ St.) Rolle-Paß (1956m). Jenseits senkt sich die Straße in vielen Windungen am Fuß des gewaltigen Cimon della Pala (3186m) nach (1½ St.) S. Martino di Castrozza (1465m), ehem. Kloster (*Panzer's Dolomiten-Hotel; *Hot. Toffol) in herrlicher Lage; weiter an der r. Seite des Cismonethals nach (2½ St.) Primiero (715m; *Aquila Nera; *Albergo Gilli), Hauptort des Thals, in schöner Lage. Eine schöne neue Straße führt von hier südl. über Montecroce nach (5 St.) Fontaso, wo sie sich teilt: l. nach (2 St.) Feltre (S. 188), an der Bahn von Belluno nach Venedig; r. nach (4 St.) Primolano (S. 173). Saumwege führen von Primiero ö. über den Cereda-Paß (1357m) nach (6 St.) Agordo (S. 188); s.w. über den Brocon (1604m) nach Castel Tesino und (10 St.) Borgo di Valsugana (S. 173).

Die letzte Strecke des Fleimsthals, der Übergang nach **Fassa** ist ein enges Wiesenthal. 1 St. *Forno;* dann (1 St.) **Moëna** (1199m; *Corona*, ordentlich; *Cavalletto*), der erste Fassaner Ort (nach Bozen über den *Karersee-Paß* s. S. 161).

Zur Linken hat man nun fortwährend in unmittelbarer Nähe die Dolomitwände (*Rothwand, Rosengarten* etc.), deren Westseite von Bozen aus einen so wunderbaren Anblick gewährt. Im N.

reckt der *Langkofel* (3178m) sein weißes Haupt über das Thal, daneben der *Plattkofel* (2960); r. die *Punta Vallacia* (2641m). Die Straße tritt auf das linka Ufer des Avisio, bei (½ St.) *Soraga* wieder auf das r. Ufer. ¾ St. *S. Giovanni*, Pfarrkirche für das l. 10 Min. bergan gelegene **Vigo** (1391m; *Corona* bei *Ant. Rizzi; Rosa*, beide gut), Hauptort des Fassathals.

Auf den \*Monte Campedie (2009m), östl. Ausläufer der *Cime dei Mugoni*, w. oberhalb des Orts, 1½-2 St., sehr lohnend; prächtiger Blick auf den in unmittelbarer Nähe in mächtigen Zacken aufragenden Rosengarten (ital. Vajolone), Langkofel, Marmolada etc.

Bergab über *Pozza* (1290m), gegenüber der Mündung des *Monzonithals*, eines der ergiebigsten Fundorte für Mineralien, nach (¾ St.) *Perra* (G. B. Rizzi); 10 Min. weiter über den aus der wilden *Vajolett-Schlucht* vom Rosengarten herabkommenden *Sojalbach*. ½ St. *Mazzin;* ¾ St. **Campitello** (1442m; \**Ratt. Bernard „al Mulino"; Valentini,* gelobt), am Einfluß des *Duronbachs* in den Avisio, für Ausflüge im obern Fassathal gut gelegen.

Auf die Seiser Alp (Führer bis Ratzes 4½ fl.) Saumweg w. im *Duronthal* hinan, an der (1½ St.) *Duroner Alp* vorbei zur (1 St.) *Soricia-Alp,* hier r. bergan, auf die zackigen *Roßzähne* los, zum (1¼ St.) **Mahlknecht-Joch** (2189m); von hier zur *Mahlknechthütte* (Erfr.) und über die **Seiser Alp** nach (3 St.) *Ratzes* oder (4 St.) *Kastelruth* s. S. 158. Nach Gröden über das *Sella-Joch* s. S. 158.

Das Fassathal wendet sich nach O. ½ St. *Gries;* ¼ St. *Canazei* (1463m; *Dantone's* Whs.); 20 Min. *Alba* (1518m; \**Rößl*, einf.); 20 Min. *Penfa* (1553m), letztes Dorf des Thals.

Über den Fedaja-Paß nach Caprile 5½-6 St., sehr lohnend (markierter Weg, Führer 5 fl., für Geübte entbehrlich). Der Weg steigt am r. Ufer des Avisio in anfangs breitem Thal, dann steiler am Rande einer waldigen Schlucht (r. *Mte. Vernel,* 3206m) zum (2 St.) **Fedaja-Paß** (2045m), einem 20 Min. langen Hochthal mit zwei Wirtshäusern, in das r. die weiten Schneefelder der *Marmolada* (3360m) herabschauen (Besteigung in 4 St. m. Führer, beschwerlich aber höchst lohnend). Hinab über Matten ins *Val Pettorina* und durch die großartige \**Schlucht (Serrai) von Sottoguda* nach *Rocca* und (3½ St.) *Caprile* (S. 167).

## 27. Von Franzensfeste nach Villach. Pusterthal.

*Vergl. Karten S. 144 u. 186.*

213km. SÜDBAHN, Schnellzug in 5 St., Personenzug in 7½ St. für 9 fl. 40, 7.15, 4.80 kr. — Bahnhofs-Restaurationen spärlich, Proviant mitnehmen (in Lienz werden auf Vorausbestellung beim Schaffner Diners à 1 fl. in die Wagen gereicht).

Das Pusterthal, eines der längsten und durch seine Seitenthäler (Ampezzothal, Iselthal etc.) touristisch wichtigsten Thäler Tirols, besteht aus den durch den Toblacher Sattel geschiedenen Thälern der Rienz und der obern Drau. Anfang und Ende bieten viel Schönes, der mittlere Teil ist einförmig. Von Niederdorf bis Lienz erscheinen südl. über den grünen Vorbergen von Zeit zu Zeit die kühnen Formen der Dolomiten.

*Franzensfeste* (747m) s. S. 157. Die Bahn führt durch die Festung und überschreitet auf 190m l., von 6 Granitpfeilern getragener Eisenbrücke den *Eisak*, 80m über dem in tiefer Klamm schäumenden Fluß (l. 32m tiefer die alte *Ladritscher Brücke*). Hinter *Aicha* der 260m l. *Mühlbach-Tunnel*. Die Bahn durchbricht bei

(5km) *Schabs* mittels tiefer Einschnitte den Höhenzug zwischen
Eisak und Rienz und wendet sich l. ins Pusterthal, auf hohem
Damm an der Bergwand hingeführt; r. das ansehnliche Schloß
*Rodeneck.* Hinter (8km) **Mühlbach** (774m; *\*Sonne; Linde*), be-
suchte Sommerfrische an der Mündung des *Valser Thals*, verengt
sich das Thal auf kurzer Strecke; Festungswerke, 1809 von den
Franzosen gesprengt, verteidigten früher den Paß *(Mühlbacher
Klause).* 16km *Vintl,* beim Dorf *Niedervintl* (Post), an der Mün-
dung des *Pfundersthals.*

Die Bahn überschreitet die *Rienz;* 19km *St. Sigmund,* r. in einem
Thaleinschnitt das kl. Schwefelbad *Illstern.* — 24km *Ehrenburg* mit
Schloß des Grafen Künigl. Weiter mehrfach tiefe Felseinschnitte;
dann vor (30km) *St. Lorenzen* (Rose; Post) über die aus dem
*Enneberger Thal* kommende *Gader;* l. das zerfallene Kloster *Son-
nenburg,* r. auf einem Felsen Ruine *Michaelsburg.*

Das 9 St. lange **Enneberger-** oder **Gader-Thal** ist namentlich wegen
der Dolomiten in seinem Hintergrunde besuchenswert. Thalsprache ist
ladinisch (S. 158), Deutschen wie Italienern unverständlich; doch wird
Deutsch fast allgemein verstanden. Die neue Straße (Post bis Corvara
tägl. in 8 St., 2 fl.) führt von St. Lorenzen durch die tiefe wilde Gader-
schlucht nach (2 St.) *Zwischenwasser* oder *Longiega* (Whs.), an der Mündung
des *Vigilthals* in das Gaderthal. In ersterm liegt 1 St. aufwärts **St. Vigil**
(1201m; *\*Stern*), als Sommerfrische besucht, am Fuß des *Kronplatz* (Besteigung in 3 St., s. S. 181). Ausflüge und Übergänge nach Ampezzo,
Prags etc. s. *Bædeker's Südbaiern, Tirol* etc.
Die neue Straße überschreitet bei Zwischenwasser den *Vigilbach*
(s. w. der *Peitlerkofel,* 2877m) und führt über *Picolein* nach (3½ St.)
*Pedratsches,* gegenüber dem höher am r. Ufer gelegenen *St. Leonhard* oder
*Abtei,* rom. *Badia* (1376m; Craffonara), Hauptort des Thals (hier *Abteithal*
genannt), am Fuß des *Heiligkreuz-Kofels* (2911m). Vor (1 St.) *Stern* ver-
zweigt sich das Thal; in dem s.ö. Arm liegt (1¼ St.) *St. Cassian* (1542;
Whs.), durch seine Versteinerungen bekannt. Die Fahrstraße führt weiter
im s.w. Thalarm, zuletzt über den *Corvara-* oder *Großbach* nach (1½ St.)
*Corvara* (1526m; Whs.), schön gelegenes Dorf; w. ½ St. aufwärts liegt
*Colfosco* oder *Kolfuschg* (1643m; Whs.), der malerischste Punkt in dieser
charakteristischen Dolomitgegend. Von hier nach Gröden über das
*Grödner Jöchl* (2137m), 3½ St. bis Wolkenstein (S. 158), lohnend. — Nach
F a s s a über das Grödner und *Sella-Joch* (2218m), 5½ St. bis Campitello
(S. 179), s. S. 158.

35km **Bruneck** (825m; *\*Post; \*Stern; \*Hot. Bruneck,* unweit
des Bahnhofs; *Sonne; Krone; Mayr,* guter Wein; *Niederbacher,*
beim Bahnhof, gelobt), Hauptort des westl. Pusterthals mit altem
Schloß, in reizender Lage an der Mündung des *Tauferer Thals*
(s. unten), als Sommerfrische viel besucht. Die *Pfarrkirche,* 1850
abgebrannt und im roman. Stil neu erbaut, hat Fresken von Mader
und Altarbilder von Hellweger. Schöne Aussicht von der *Kaiser-
warte* auf dem *Kühbergl* (1005m; ½ St.).

N a c h  T a u f e r s lohnender Tagesausflug (Omnibus 2mal tägl. in 2 St.;
Einsp. 5 fl.). Fahrstraße durch das *Tauferer* oder *Ahrn-Thal* über *St. Georgen, Gais* und *Uttenheim* nach (3 St.) *Taufers* (864m; *\*Post; \*Elephant),*
Hauptort des Thals in malerischer Lage, aus den Dörfern *Sand* am r.,
*St. Moritzen* am l. Bachufer bestehend, von der alten Burg *Taufers* überragt. Oberhalb verengt sich das Thal; 1 St. *Luttach,* mit prächtigem Blick
auf die Zillerthaler Ferner (Hornspitzen, Schwarzenstein etc.). Die Straße

führt weiter über (1³/₄ St.) *Steinhaus* (gutes Whs.) bis (4 St.) *Kasern; s. S. 134.* — Sehr lohnender Ausflug von Taufers in das *Reinthal*, ein prächtig bewaldetes malerisches Thal, durch das der Reinbach in einer Reihe schöner Wasserfälle hinabstürzt; 3¹/₂ St. bis *Rein* oder *St. Wolfgang* (1590m; zwei einf. Wbser.), in herrlicher Lage angesichts der schneebedeckten *Rieserferner* (Hochgall, Wildgall, Schneebige Nock), die das oberste Thalende umschließen.

Von Bruneck auf den *Kronplatz* (2272m) 4 St., lohnend (Führer 3¹/₂ fl., unnötig), über *Reischach* auf rot mark. Wege meist durch Wald. Oben neues Unterkunftshaus und prächtige Aussicht auf Zillerthaler Ferner, Tauern, Dolomiten etc.

Die Bahn überschreitet die Rienz, umzieht die Stadt in großem Bogen, durchdringt einen 320m l. Tunnel gegenüber der *Lamprechtsburg* und tritt bei *Percha* wieder auf das l. Ufer der Rienz, auf dem sie mittels großer Felssprengungen und Viadukte weitergeführt ist. Zwei Tunnels. — 44km **Olang** (1031m), an der Mündung des *Geiselsberger Thals*. Gegenüber bei dem Dorf *Rasen* mündet das *Antholzer Thal.* Weiter hoch am l. Ufer der tief eingeschnittenen Rienz nach (52km) **Welsberg** (1085m; *\*Lamm; \*Löwe; Rößl*), in schöner Lage an der Mündung des *Gsiesthals.* N. die Ruinen *Welsberg* und *Thurn;* südl. dem Bahnhof gegenüber Bad *Waldbrunn.* Die Bahn überschreitet den *Pragser Bach* und erreicht ansteigend

57km **Niederdorf** (1158m; *\*Post; \*Adler* „zur Emma"), großer Marktflecken in breitem grünen Thal, als Sommerfrische besucht. 10 Min. ö. das *Weiherbad* (*\*Pens. Moser).

¹/₂ St. w. von Niederdorf und ebensoweit von Welsberg (s. oben) öffnet sich das *\*Pragser Thal* mit den besuchten Bädern *Alt-* und *Neu-Prags* (Einsp. nach Alt- oder Neu-Prags und zurück 3¹/₂ fl., zum Pragser Wildsee und zurück Einsp. 5¹/₂, Zweisp. 10 fl.). Von (1³/₄ St.) *Neu-Prags* (1350m; *\*Gasth.),* im westl. Thalarm, erreicht man in ³/₄ St. den dunkelgrünen *\*Prag; ser Wildsee* (1479m; *\*Restaur.),* in dem der gewaltige *Seekofel* (2810m) sich spiegelt. — *Alt-Prags* (1383m; *\*Badhaus)* liegt gleichfalls reizend im ö. Thalzweig, südl. überragt von der *Hohen Gaisl* (S. 186). Ein leichter und lohnender Weg führt von hier über die *Plätzwiesen* (1993m; *\*Gasth.* Dürrenstein) zwischen l. Dürrenstein, r. Hoher Gaisl nach (4 St.) *Schluderbach* an der Ampezzostraße (S. 186).

Die Bahn überschreitet zum letzten Mal die Rienz und erreicht bei (61km) Stat. **Toblach** (*\*Hotel Toblach*, großes Haus in schöner Lage dem Bahnhof gegenüber; *\*Hot. Germania, \*Hot. Ampezzo,* beim Bahnhof; *Ploners Gasth., Waldhof,* beide an der Ampezzostraße 5 Min. vom Bahnhof) ihren höchsten Punkt auf dem *Toblacher Feld* (1209m), Wasserscheide zwischen Rienz und Drau. Das Dorf Toblach (*\*Mutschlechner; \*Kreuz; \*Adler),* mit stattlicher Kirche, liegt ¹/₄ St. n. am Fuß des *Pfannhorns* (2663m; Besteigung lohnend, Reitweg, 4¹/₂ St.). Südl. führt von hier die Straße ins *Ampezzothal* (R. 30); hübscher Blick in die schluchtartige, von zackigen Dolomiten umstandene Thalmündung, im Hintergrund der Cristallin.

Nun bergab (r. die unscheinbare Quelle der *Drau)* nach (66km) **Innichen** (1175m; *\*Bär; \*Adler; \*Stern; \*Pens. Saxonia,* 5 fl. tägl.; *Rößl),* besuchter Sommerfrischort an der Mündung des *Sex-*

*tenthals.* Die erste Kapelle l. beim Eingang in den Ort, aus dem
XVII. Jahrh., ist eine Nachahmung der h. Grabeskapelle in Jerusalem und das Vorbild für die Grabkapelle Kaiser Friedrichs III.
in Potsdam. Romanische Stiftskirche aus dem XIII. Jahrh. mit
interessantem Portal. Lohnend die Besteigung des *Helm* (2434m),
Reitweg in 4-4¹/₂ St.; oben Unterkunftshaus und weite Aussicht.

Im **Sextenthal** Fahrweg am l. Ufer des Sextner Bachs (r. oberhalb der
Straße im Walde 40 Min. von Innichen das besuchte *°Innicher Wildbad*)
nach (1¹/₂ St.) *Sexten* oder *St. Veit* (1310m; Post; Kreuz) und (¹/₂ St.
*Moos* oder *St. Joseph*, wo das Thal sich teilt; im w. Thalarm (¹/₄ St.) das
*Bad Moos* (1358m; gute Restaur.), von wo höchst lohnender Spaziergang
zum (²/₄ St.) *°Fischeleinboden*, mit prachtvollem Blick auf den imposanten
Thalschluß (Dreischusterspitze, Oberbacherspitze, Zwölfer, Elfer etc.).

Weiter am r. Ufer der Drau am (74km) Bad *Weitlanbrunn* vorbei. Bei (77km) **Sillian** (1097m; *°Adler*) l. an der Mündung des
*Villgrattenthols* Burg *Heimfels*. Stat. *Abfaltersbach, Mittewald* und
*Thal.* Die Bahn tritt in die 3 St. lange *Lienser Klause*, 1809 wiederholt von den Tirolern mit Erfolg verteidigt; schwieriger Bahnbau, starke Senkung der Bahn (1 : 40).

106km **Lienz** (673m; *°Post; °Lamm; Rose; Traube; °Adler;
Sonne; °Bahnrestaur.*, Z. 1 fl. 30 kr.), gegen O. die letzte Stadt
in Tirol (3603 E.), reizend gelegen, unweit der Vereinigung der
dreimal stärkeren *Isel* mit der Drau. 20 Min. n. w. *Schloß Bruck*,
jetzt Bierbrauerei. Schöne Aussicht vom *Schießstand*, 20 Min.

Von Lienz ins *Iselthal* (Windisch-Matrei, Prägraten) s. S. 183; nach
*Kals* s. S. 184; ins *Möllthal* (Heiligenblut, Übergänge nach dem Pinzgau)
s. S. 184.

111km *Dölsach* (Putzenbacher; über den *Iselsberg* ins Möllthal
s. S. 184); 117km *Nikolsdorf*; dann über die Drau und die kärntner Grenze vor (125km) *Oberdrauburg* (610m; *°Post*). — 137km
*Dellach* (r. der *Reißkofl*, 2427m); 144km *Greifenburg* (578m; Post),
wo die Drau schiffbar wird; 157km *Kleblach-Lind*. — 167km
**Sachsenburg** (552m; *Fleischhacker; Taschler*), von der Drau um-
flossener Markt mit Burgtrümmern, an der Mündung des *Möllthals*
(S. 133). Die Bahn überschreitet die *Möll* und durchschneidet die
fruchtbare Niederung des *Lurnfeldes*. — 172km *Lendorf*; r. am
Bergabhang Ruine *Ortenburg*.

175km **Spital** (554m; *°Alte Post; Ertl*, am Bahnhof), ansehnlicher Markt an der *Lieser*, mit schönem Schloß des Fürsten Porzia.

Von hier führt nördl. eine Poststraße über den *Radstädter Tauern*
nach *Radstadt* (vergl. S. 204). — Hübscher Ausflug durch das *Lieser-Thal*
nach (13km) **Millstatt** (*°Burgstaller; °Seevilla* etc.), an dem von einem
Dampfboot befahrenen *Millstätter See* (580m) hübsch gelegen, mit besuchten Seebädern.

Die Bahn überschreitet die *Lieser*; jenseit der Drau Schloß
*Schüttbach*. — 182km *Rothenthurm* mit Schloß; 192km *Paternion-
Feistritz*; 205km *Gummern*. — 213km **Villach** (S. 219).

## 28. Von Lienz nach Windisch-Matrei (Prägraten) und Kals.

*Vergl. Karte S. 130.*

Die Südthäler der Hohen Tauern, Virgen-, Kalser- und oberes Möllthal sind am bequemsten von der Pusterthalbahn aus zu erreichen. — STELL-WAGEN von Lienz nach Windisch-Matrei täglich 9½ U. Vm. in 5½ St. (1 fl. 50 kr.); EINSP. von Lienz nach Huben 4, ZWEISP. 6, nach W.-Matrei 7 u. 10 fl.

*Lienz* (673m) s. S. 182. Das untere *Iselthal* ist einförmig, für Fußwanderer wenig lohnend. Die Straße führt an Schloß *Bruck* vorbei, bei *Ober-Lienz* über die Isel und am l. Ufer über *Ainet* nach (3 St.) *St. Johann im Wald* (732m; Vereiners Whs.), wo sie auf das r. Ufer zurücktritt. Weiter an (l.) Ruine *Kienburg* vorbei nach (1 St.) *In der Huben* (832m; *Gasth.), an der Mündung des *Defcregger Thals*, und (2 St.)

30km **Windisch-Matrei** (975m; *Hamerl zum Rauter; Wohlgemuth*), Hauptort des Iselthals, an der Einmündung des reißenden *Bürgerbachs.* ¼ St. n.w. Schloß *Weißenstein* (Hôtel-Pension).

Auf das *Kals-Matreier Thörl* (2206m) sehr lohnender Ausflug (3-3½ St., Reitweg, Führer unnötig), auch solchen sehr zu empfehlen, die nicht nach Kals wollen (s. S. 184).

Nach Mittersill über den Velber Tauern, 11½-12 St. (Führer vom Matreier Tauernhaus bis Spital ratsam). Der Weg führt durch das n. mündende *Tauernthal*, zuletzt scharf bergan zum (4 St.) *Matreier Tauernhaus* (1501m; *Whs.). Sehr lohnender Ausflug von hier nach (1¼ St.) *Inner-Gschlöß* (1704m), in großartiger Umgebung, und zur (3 St.) *Prager Hütte* am *Kesselkopf* (2492m; Whs.), von wo der *Groß-Venediger* (3660m) in 4 St. mit Führer zu ersteigen ist (s. unten). — Weiter durch öde Felsgegend zum (3 St.) Velber Tauern (2545m); hinab zum (2½ St.) *Tauernhaus Spital* und am (¼ St.) Tauernhaus *Schößwend* (1093m) vorbei nach (2 St.) *Mittersill* (S. 133).

Das Iselthal wendet sich bei Windisch-Matrei westl. und heißt von hier ab *Virgenthal.* Der schlechte Fahrweg überschreitet den aus dem Tauernthal (s. oben) kommenden Bach und steigt durch Wald über *Mitteldorf* nach (1½ St.) *Virgen* (1191m; Bräu); r. auf der Höhe Ruine *Rabenstein.* Der Karrenweg von hier nach (2 St.) Prägraten führt unten auf der r. Thalseite über *Welzelach.* Lohnender ist der Fußweg stets hoch an der Nordseite des Thals über *Ober-Mauern;* zuletzt durch Wald über *Bobojach* nach (1¾ St.) **Prägraten** (1302m; *Is. Steiner's Whs.*), schön gelegenes Dorf.

Der **Groß-Venediger** (3660m) ist von Prägraten in 8-9 St. m. Führer zu ersteigen: Nachm. zur (3 St.) *Johannshütte* im *Dorfer Thal* (2121m; Sommer-Wirtsch.) und der (3 St.) *Defreggerhütte* am *Mullwitz-Aderl* (2960m; Sommer-Wirtsch.); von hier in 2½ St. zum Gipfel, mit prachtvoller Aussicht.

Über das Umbalthörl ins Ahrnthal, bis Kasern 9½-10 St. m. F., beschwerlich, aber lohnend. Saumweg durch das oberste Isel- oder *Umbalthal* an schönen Wasserfällen vorbei zur (4 St.) *Clarahütte* (2053m), ½ St. vom Ende des prächtigen *Umbalgletschers;* über diesen, dann auf der r. Seite steile Gras- und Felshänge hinan zum (3 St.) Vordern Umbalthörl (2928m) mit prächtiger Aussicht. Hinab steil über Schnee und Fels zur *Lenkjöchlhütte* der A.V.-Sektion Leipzig (2603m) und durch das *Röththal* nach (3½ St.) Kasern (S. 181). — Der Übergang über das *Hintere Umbalthörl* (2849m) ist gleichfalls gefahrlos, bei guter Beschaffenheit des Gletschers nicht schwierig.

Der Weg von Windisch-Matrei nach Kals (5 St.,
Führer unnötig) steigt oberhalb der Kirche den Kapellenberg
hinan; hinter der (20 Min.) Kapelle geradeaus, an einem Kreuz
vorbei, bei (¼ St.) zwei Häusern r. bergan; 40 Min. Handweiser,
nun weniger steil durch Wald an einem Kapellchen vorbei;
40 Min. über den *Goldriedbach;* 25 Min. weiter tritt man aus dem
Walde (Handweiser) und erblickt oben das Whs. Vom (1 St., 3-
3½ St. von W.-Matrei) **Kals-Matreier-Thörl** (2206m; *Hamerl's
Whs.*) prachtvolle Aussicht auf ö. Glockner- und Schobergruppe,
w. Venediger. Hinab l., später durch Wald, im Thal gerade aus
durchs Feld auf das untere (S.) Ende von Kals mit der Kirche zu.
1½ St. **Kals** (1322m; **Unter-* oder *Glocknerwirt Groder;* *Oberwirt Bergerweiß*), in breitem Thalbecken freundlich gelegenes
Dorf, gutes Standquartier für Wanderungen im Glocknergebiet.

Besteigung des °**Großglockner** (3798m) von Kals aus kürzer und bequemer als von Heiligenblut, doch nur geübten Bergsteigern anzuraten
(2 Führer à 7½ fl., 2 Pers. 3 Führer). Der Weg führt durchs *Ködnitzthal*
zur (1 St.) *Stüdlhütte* auf der *Vanitscharte* (2803m; Sommer-Wirtsch.);
von hier über den *Ködnitzgletscher* zur (2¼ St.) *Erzherzog Johann-Hütte* auf
der *Adlersruhe* (3465m; Sommer-Wirtsch.), dann steil zum (¾-1 St.)
Gipfel des *Kleinglockner* (3764m) und über die 10m lange, 0,2-0,6m breite
Scharte zur (20-30 Min.) höchsten Spitze. Großartige °Aussicht.

Von Kals nach Uttendorf im Pinzgau (S. 133) über den **Kalser**
oder **Stubacher Tauern** (2512m), 12 St. m. Führer, einer der schönsten
Tauern-Übergänge, durch Erbauung der *Rudolfshütte* am *Weißsee* (5½ St.
von Kals) wesentlich erleichtert.

Von Kals nach Heiligenblut oder zum Glocknerhaus über
das **Berger Thörl** (2650m), 7-8 St. m. F., nicht schwierig. Anfangs guter
Saumpfad durchs *Ködnitzthal* zum (1¼ St.) *Groder;* oberhalb vom Wege
zur Stüdlhütte r. ab und steil hinan zur (2½ St.) breiten Einsattelung
des Thörls, mit lohnender Aussicht. Beim Hinabsteigen öffnet sich bald
der Blick n. auf Leiterkees, Adlersruhe und Glockner. Der Weg führt steil
hinab ins *Leiterthal* zur (1½ St.) *Leiterhütte* (S. 185), dann entweder l. bergan
über den *obern Katzensteig* und den *Pastersenboden* zum (2½ St.) *Glocknerhaus* (S. 185); oder auf dem *untern Katzensteig* am *Leiterbach* hinab, nach
½ St. aufs r. Ufer und über die *Trogalp* nach (1¾ St.) *Heiligenblut.*

## 29. Von Lienz nach Heiligenblut.

*Vgl. Karten S. 182 u. 130.*

48km Von Dölsach bis *Döllach,* 31km, Postbotenfahrt tägl. in 8 St. (2 fl.
20 kr.); von da bis (12km) *Heiligenblut* 3 mal wöch. in 2 St.( 1 fl.). Einspänner von Dölsach bis Winklern (11km) 5, bis Heiligenblut 10 fl.; von
Winklern bis Döllach 3, bis Heiligenblut 5 fl.

Von Lienz bis (5km, Eisenbahn in 10 Min.) *Dölsach* s. S.
182; das Dorf (Putzenbacher's Gasth.) liegt 20 Min. n. vom Bahnhof; in der Kirche ein Altarbild, h. Familie von Defregger. Die
Straße steigt in großen Kehren, mit prächtigen Blicken auf das
Drauthal und die zerrissenen Zacken des Rauch- und Spitzkofels,
zum (1¼ St.) Dörfchen *Iselsberg* (1111m); weiter am (25 Min.)
*Whs. zur Wacht* vorbei über die kärntner Grenze zur (¼ St.) Höhe
des *Iselsbergs* (1204m). Hinab zum (5 Min.) *Bad- & Gasth. zum
Großylockner,* dann durch Wald nach (40 Min.) **Winklern** (958m;
**v. Aichenegg's Whs.,* *Post*, gleicher Besitzer; *Geiler, Fercher,*

beide nicht teuer), am Bergabhang hoch über dem *Möllthal* gelegen. Von hier über *Mörtschach* nach (3 St.) *Döllach* (1028m;
Ortner), an der Mündung des *Zirknitzthals*, und über *Pockhorn* (l.
der *Jungfernsprung*, ein 130m h. Wasserfall) nach (2 St.)

**Heiligenblut** (1270m; *\*Rupertihaus; Bernard's Gasth.; Post*),
dem höchsten Dorf in Kärnten, nach einem Fläschchen des Blutes
Christi benannt, das, vom sel. Briccius aus Konstantinopel gebracht,
in der im xv. Jahrh. erbauten Kirche aufbewahrt wird. Vom
($^1/_4$ St.) *Kalvarienberg* schöne Aussicht auf den Großglockner, l.
die drei Leiterköpfe, r. der Romariswandkopf, im Hintergrund
der weiße Johannisberg.

Der Glanzpunkt von Heiligenblut ist die *Franz-Josefs-Höhe*
(4 St., Führer 3 fl., unnötig, Pferd $5^1/_2$ fl.). Der Weg (Fahrstraße
wird gebaut) führt von Heiligenblut nördl. hinab ins Thal, nach
10 Min. über die Möll, nach $^1/_4$ St. wieder aufs l. Ufer zu den
Häusern von *Winkel*, dann durch Wald bergan zur (1 St.) *Briccius-
kapelle* (1612m), dem schönen *Leiterfall* gegenüber. Oberhalb
öffnet sich bald der Blick auf den Glockner und die Pasterze; der
Weg steigt steil im Zickzack zum *Brettboden* und führt durch
Matten zum ($1^1/_2$ St.) *Glocknerhaus* auf der *Elisabethruhe* (2143m;
\*Whs., Bett 1 fl. 60, Heulager 50 kr.), mit schönem Blick auf die
Pasterze. Von hier zur Franz-Josefs-Höhe noch $1-1^1/_4$ St.: über den
*Pfandlbach* zur ($^1/_4$ St.) *Wallnerhütte*, dann l. um den Abhang der
*Freiwand* herum zur (50 Min.) **\*Franz-Josefs-Höhe** (2418m), mit
vollem Überblick des mächtigen *Pasterzengletschers*, des größten
der deutschen Alpen (10 200m lang, bis 1650m breit).

Geradeaus fast senkrecht aufragend der Großglockner mit seinen
beiden Spitzen, l. davon Adlersruhe, Burgwartscharte, Hohenwartkopf,
Kellersberg und die drei Leiterköpfe; r. vom Glockner die zackige Glock-
nerwand, Romariswandkopf, Schneewinkelkopf, Johannisberg, Hohe Riffel;
die drei Felsköpfe im obern Pasterzenboden sind der Vordere, Mittlere
und Hintere oder Hohe Burgstall. In einem Felsblock auf der Franz-
Josefs-Höhe wurde 1871 eine Denktafel an den tüchtigen Alpenforscher
Karl Hofmann aus München († 1870) eingelassen.

Um den Pasterzengletscher selbst zu betreten (Führer ratsam)
geht man von der Franz-Josefs-Höhe r. über die Moräne hinab,
dann auf dem Gletscher allmählich hinan zur (1 St.) *Hofmanns-
Hütte* (2443m) in der *Gamsgrube*, am Fuß des *Fuscherkarkopfs* (vgl.
*Bædeker's Südbaiern* etc.).

Besteigung des **Großglockner** (3798m) beschwerlich, nur für Geübte
($8^1/_2$-9 St.. Führer 10 fl.). Man geht entweder vom Glocknerhaus zur Franz-
Josefs-Höhe, hier quer über den Pasterzengletscher, dann den \**Hofmanns-
weg* (großartige Gletschertour, aber nur tüchtigen Steigern bei gutem
Schnee anzuraten) über das *Äußere Glocknerkarkees* direkt hinan zur ($4^1/_2$-
5 St.) *Adlersruhe* (S. 184); oder vom Glocknerhause in $2^1/_2$ St. (bez. von
Heiligenblut in 3 St.) zur *Leiterhütte* (S. 184), hier r. empor zur ($2^1/_2$ St.)
*Salmshütte* (2805m) und über die *Hohenwartscharte* zur ($2^1/_4$ St.) *Erzherzog-
Johannhütte* auf der *Adlersruhe*, wo der Weg mit dem Kaiser Glockner-
weg (S. 184) zusammentrifft. Näheres s. in *Bædeker's Südbaiern, Tirol* etc.

Vom Glocknerhaus über die Pfandlscharte nach Fer-
leiten 6-7 St. (F. $5^1/_2$ fl.), unschwierig und lohnend (kürzester und bester
Weg von N. her nach Heiligenblut). Von Glocknerhaus entweder direkt

in 1¾ St., oder über die Franz-Josefshöhe und durch das *Naßfeld* in
3½ St. zum Schneesattel der Pfandelscharte (2665m), zwischen r. Spiel-
mann, l. Bärenkogl. Hinab über den *Pfandelschartengletscher*, dann auf
leidl. Baumweg zur (2St.) *Trouner-Alp* (1541m; *Whs.), mit prächtigem Blick
auf die Fuscher Eisberge, und nach (1½ St.) *Ferleiten* (S. 127).
    Von Heiligenblut nach *Rauris* über den *Heiligenblut-Rauriser Tauern*
*. S. 127; über den Heiligenbluter Tauern und das *Fuscher Thörl* (2405m)
nach (9-10 St.) *Ferleiten*, lohnend (vom Thörl und weiter beim Hinabsteigen prächtige Aussicht).

## 30. Von Toblach nach Belluno. Ampezzothal.

108km. Von Stat. Toblach nach Cortina POSTSTELLWAGEN tägl. 7.30
Vm. in 4 St. für 1 fl. 70 kr., Coupé 2 fl. OMNIBUS vom Hôt. Toblach im
Sommer tägl. 3 U. Nm. für 1 fl. 80 kr., hin und zurück 3 fl. 30kr.; vom
Hot. Germania tägl. 6 U. Vm. für 2 fl. EINSPÄNNER von Toblach nach
Cortina 7 (hin u. zurück 9), ZWEISP. 13 und 16 fl., mit Übernachten je
2 fl. mehr. Von Cortina nach Belluno POSTSTELLWAGEN tägl. in 11½ St.

Bei Stat. *Toblach* (S. 181) verläßt die *AMPEZZO-STRASSE* das
Pusterthal und führt gerade gegen Süden in das von der *Rienz*
durchflossene *Höhlensteiner Thal*, an dem kleinen dunklen *Toblacher
See*(1259m) vorbei. Das Thal verengt sich rasch zu wilder Schlucht;
r. die zackigen Ausläufer des *Dürrenstein*, südl. im Thalausschnitt
der *Mte. Pian* (s. unten). An der *Klausbrücke* (1314m) tritt die
*Rienz* zu Tage; vor Landro ein neues Fort. Bei
10km **Landro**, deutsch *Höhlenstein* (1403m; *Post* bei *Baur*, P.
m. Z. 3-5 fl.), als Sommerfrische besucht, öffnet sich l. das Thal
der *Schwarzen Rienz*, in dessen Hintergrund die hohen hellschim-
mernden *Drei Zinnen* (3003m) aufragen. Wenige Schritte weiter
der hellgrüne *Dürrensee*, im Hintergrund der gewaltige *Monte Cristallo* (3199m) mit seinem Gletscher, daneben l. der kolossale *Piz
Popena* (3143m) und der *Cristallin* (2786m): ein höchst großartiges Bild.
13km **Schluderbach** (1442m; *Hot. Ploner*), in schöner Lage
am Eingang des *Val Popena*. R. die gewaltige rote Kalkpyramide
der *Hohen Gaisl* (*Croda Rossa*, 3133m); l. im Hintergrund des
Val Popena die *Cadinspitzen* (2841m).
    Der *Monte Pian (2325m), dessen westl. Wände hier steil abfallen,
ist in 3 St. ohne besondere Mühe zu besteigen; Führer (2 fl.) angenehm,
Aussicht höchst lohnend. Auf der Auronzo-Straße (S. 187) im *Val Popena*
hinan, nach 1 St. l. ab, auf steilem rot markierten Weg über die *Forcella
alta* zum (1½ St.) Gipfelplateau; höchste Erhebung an der W.-Seite (offene
Schutzhütte). — Von Schluderbach zum *Misurina-See* und über *Tre Croci*
nach *Cortina* s. S. 187; über die *Plätzwiesen* nach *Prags* s. S. 181.

Am Fuße der *Croda Rossa* (s. oben) zieht sich die Straße bergan und überschreitet auf dem *Gemärk* die flache Wasserscheide
(1514m) zwischen Rienz und Boite, zugleich Grenze des Bezirks
Ampezzo. Gegenüber der Mündung des engen *Val Grande* liegt
*Ospitale* (1474m; Whs., guter Wein). Bei der 1866 abgetragenen
Ruine *Peutelstein* (1508m) hat die Straße die Höhe erreicht; sie
wendet sich in scharfer Biegung nach S. und folgt nun in dem
eigentlichen *Ampezzaner-Thal* dem rasch fließenden *Boite*.

31km **Cortina** *di Ampezzo* (1224m; *Hôt. Faloria*, s.ö. oberhalb des Ortes schön gelegen; *Aquila Nera* bei Ghedina; *Croce bianca*; *Hot. Cortina*; *Bellevue*; *Victoria*; *Stella d'Oro*; *Anker*), Hauptort des Thals in prächtiger Lage, zu längerm Aufenthalt geeignet. Neben der stattlichen *Kirche* (auch das Innere sehenswert; reicher Altarschatz, Holzschnitzwerke von Brustolone etc.) freistehend ein schöner 60m h. Campanile (Glockenturm), von dessen Galerie beste Übersicht der großartigen Umgebung.

Schöne Aussicht vom (1¼ St.) *Belvedere* auf der Crepa (1543m), einem vorspringenden Hügel an der w. Thalseite (Restauration).

Von Cortina nach Schluderbach über Tre Croci (5 St.), höchst lohnende Wanderung, besonders für denjenigen, der auf der Landstraße nach Cortina gelangt ist (Führer unnötig, 3 fl. 25 kr., mit Mte. Pian 5 fl.; Wagen über Misurina nach Schluderbach, einsp. 6 fl. 75 kr., zweisp. 12 fl.). In dem tiefen Einschnitt gegen Osten, der den Cristallo von der Sorapis scheidet, führt ein Karrenweg zum (2 St.) *Passo Tre Croci* (1808m; *Whs.*), mit prächtigem Blick w. auf das grüne Ampezzo-Thal, gerade gegenüber Tofana, n. Cristallo und Popena, ö. in das Auronzo-Thal mit der mauerähnlichen Kette der Marmarole, mehr n.ö. die Cadinspitzen. Hinab, nach ¼ St. von dem weiter ins Val Auronzo sich senkendenFahrweg l. ab, durch Wald stets in gleicher Höhe fort; nach ¾ St. erreicht man die „Erzstraße" aus dem Auronzo-Thal nach Schluderbach, steigt noch kurze Zeit und wandert dann eben fort über die *Alp Misurina*, mit schönem Blick besonders auf die mächtig aufragenden Drei Zinnen, zum (¾ St.) *Misurina-See* (1755m; *Whs.*). Dann in leichter Steigung zum (5 Min.) *Col dell' Angelo* und durch das waldige *Val Popena* hinab nach (1½ St.) Schluderbach. — Die Besteigung des *Monte Pian* (S. 186) ist mit dieser Tour mit 3 St. Mehraufwand leicht zu verbinden (Führer ratsam).

Von Cortina nach Caprile über den Falzarego-Paß (2117m) 7 St., lohnend; Fahrweg bis jenseit der (3 St.) Paßhöhe (vorher einf. Hospiz); hinab schlechter Karrenweg über *Andraz* (G. Finazzer) nach *Caprile* (Alborgo alle Alpi; Posta), in herrlicher Lage am *Cordevole*, unweit des schönen 1 St. langen *Sees von Alleghe*, in dem die gewaltigen Felswände des *Mte. Civetta* (3220m) sich spiegeln. Von Caprile nach *Passa* über den *Fedaja-Paß* s. S. 179; durch das Cordevole-Thal nach *Agordo* und *Belluno* S. 188.

An der Straße folgt *Zuel*, dann (1 St.) *Acquabuona*, das letzte tiroler Dorf. ½ St. weiter ist die Grenze; ½ St. *Chiapuzza*, erstes italien. Dörfchen. Zwischen (10 Min.) **S. Vito** *(Alb. all' Antelao)* und *Borca* (Alb. al Pelmo) führt die Straße hoch über dem Boite an den Abhängen des *Antelao* (3264m) hin. Rechts (w.) zeigt sich schon vor S. Vito der *Monte Pelmo* (3169m), ein mächtiger alleinstehender Felskoloß, den Blick stets von neuem fesselnd.

55km **Venas** (860m; *Alb. Borghetto*). Unterhalb vereinigt sich die *Vallesina* mit dem Boite. Folgt (¾ St.) *Valle*, gegenüber der Mündung des *Val Cibiana*, dann (½ St.) *Tai di Cadore* (Alb. di Cadore, Alb. Venezia) und (20 Min.)

62km **Pieve di Cadore** (879m; *Progresso*; *Angelo*; *Sole*), Hauptort des *Cadore-Thals*, auf einem Bergvorsprung hoch über der *Piave* herrlich gelegen. Auf dem Hauptplatz das 1880 errichtete Bronzestandbild des großen Malers *Tizian* (Tiziano Vecelli, 1477 in Pieve geboren, † 1576), von dal Zoto. In der Kirche eine Madonna von Orazio Vecelli u. a. Im Schulhaus ein kl. *Museum*: naturwiss. Gegenstände, Altertümer, auch Tizian's Adelsbrief etc. Schöne Aussicht von der Kapelle *S. Rocco* (¼ St.).

Die Straße senkt sich von Tai in weitem Bogen um den *Monte Zucco* (1197m) herum in das Thal der *Piave*, die hier den Boite aufnimmt, und führt zuletzt in großen in den Felsen gehauenen und gemauerten Serpentinen nach dem tief unten gelegenen 69km **Perarolo** (529m; *Corona* bei *Kofler*, Zweisp. bis Vittorio 25 fl.). Die Piave strömt mehrere Stunden lang durch eine enge Schlucht, in der die Straße kaum Raum findet. Bei (1³/₄ St.) *Ospitale* r. ein kleiner Wasserfall, ein zweiter gegenüber dem Dörfchen *Termine*, am 1. Ufer der Piave. — 1¹/₄ St. *Castel Lavazzo*, dann 87km **Longarone** (449m; *Posta; Roma*), an der Mündung des aus dem *Val Zoldo* kommenden *Maè* in die Piave reizend gelegen.

Das Thal erweitert sich, ohne indeß von seiner Wildheit zu verlieren; mehrfach über kleine Bergflüsse. 1 St. *Fortogna;* ³/₄ St. weiter Wegteilung: l. nach Vittorio, r. nach Belluno.

Die Straße nach Vittorio (33km) überschreitet bei (40 Min.) *Capo di Ponte* oder *Ponte nelle Alpi* (395m; Campana; Stella) die *Piave*, wendet sich östl. und tritt dann an das l. Ufer des *Rai*, der aus dem (2 St.) ansehnlichen, 4km langen *Lago di S. Croce* (374m) ausfließt. Am S.-Ende des Sees das Dörfchen *S. Croce;* die Straße übersteigt einen gewaltigen alten Bergbruch und senkt sich steil hinab nach *Fadalto.* Weiter an der O.-Seite des *Lago morto* (282m), dann an zwei kleineren Seen vorbei durch einen malerischen Engpaß, an dessen Ausgang der Ort (4 St.) *Serravalle* (156m), durch eine schöne ¹/₄ St. lange Allee mit dem ansehnlicheren *Ceneda* verbunden. Beide Orte zusammen bilden die Stadt Vittorio (*Hotel Vittorio* unweit des Bahnhofs, mit Garten; *Giraffa*, in der Stadt). Eisenbahn von Vittorio über *Conegliano* nach *Venedig* in 2 St. 22 Min.; s. *Bædeker's Ober-Italien.*

Die Straße nach Belluno führt bei Fortogna r. (geradeaus) über *Polpet* nach (2 St.)

104km **Belluno** (405m; *Alb. delle Alpi*, 3 Min. vom Bahnhof, deutscher Wirt; *Cappello*, gelobt; *Leon d'Oro*), mit 10000 Einw., auf einem Berge zwischen dem *Ardo* und der Piave gelegen, die sich hier vereinigen, im Äußern eine ganz venezianische Stadt. Der bei dem Erdbeben von 1873 zum Teil eingestürzte *Dom*, von Palladio erbaut, ist hergestellt. Von dem gewaltigen 70m h. Glockenturm schöne Aussicht. Der Triumphbogen vor dem w. Thor, 1815 fertig geworden und dem Kaiser Franz gewidmet, war, wie der in Mailand, dem Kaiser Napoleon zugedacht.

Von Belluno nach Caprile (10¹/₂ St.) Fahrstraße durch das malerische *Cordevole-Thal* (*Val d'Agordo*) über (1¹/₂ St.) *Mas*, (4 St.) Agordo (*Alb. alle Miniere*), Hauptort des Thals in reizender Lage, (2 St.) *Cenenighe;* weiter an dem hübschen *See von Alleghe* entlang nach (3 St.) *Caprile* (S. 187). Von hier über *Andraz* und den *Falzarego-Paß* nach *Cortina* s. S. 187. Das oberste Cordevolethal heißt von Caprile an *Livinalongo-Thal.* Näheres s. in *Bædeker's Südbaiern.*

Von Belluno über Feltre nach Venedig, 118km, Eisenbahn in 4¹/₂ St.; s. *Bædeker's Ober-Italien.*

# IV. Steiermark, Kärnten, Krain, Istrien.

## 31. Von Wien nach Graz.

*Vgl. Karte S. 220.*

224km. SÜDBAHN, Schnellzug in 5 St. für 13 fl. 25, 9.80, 6.50 kr.; Personenzug in 8¼-8 St. für 10 fl. 90, 8.15, 5.45 kr. Aussichten bis Payerbach *rechts*, dann meist *links*. — Für einen flüchtigen Überblick der *Semmeringbahn* genügt die Fahrt nach *Mürzzuschlag* und zurück (1 Tag; Rückfahrkarte 8 fl. 20, 6.15, 4.10 kr.; im Sommer Sonntags Vergnügungszüge, Retourbillet II. Kl. 3, III. Kl. 2 fl.).

Den Beginn der Fahrt bis (27km) *Baden* s. S. 84-86. Auf den Höhen r. die Ruinen *Rauhenstein* und *Rauheneck*, in der Mitte Schloß *Weilburg* und das *Helenenthal*. Die Aussicht links auf die weite mit Dörfern übersäte Ebene ist vom *Leithagebirge* begrenzt. Bei (31km) **Vöslau** (246m; *Hot. Bellevue; *Hallmayer; Communal; Witzmann* u. a.), besuchter Badeort mit 3684 Einw., wächst der beste österreichische Wein. Der große Teich im gräfl. Friesschen Park, durch eine Heilquelle gespeist, hat stets 19° R., ein großes und ein kleines Wasserbecken zum Schwimmen, in einem Wasserfall (mit Douchen) ablaufend, auch Wannenbäder.

Unmittelbar anstoßend das hübsch gelegene Dorf **Gainfarn** (*Weintraube)* mit zwei Kaltwasserheilanstalten. — Lohnender Ausflug nach (1½ St.) **Merkenstein** (455m), mit Burgruine, Schloß und Aussichtsturm im Park (außerhalb des Parks ein Pavillon mit Erfr.). Von hier auf das *Eiserne Thor* (831m) 1½ St., s. S. 83.

Bei (35km) *Leobersdorf* (Schwarzer Adler) zeigt sich r. der kahle *Schneeberg* (S. 193). 2km ö. *Schönau* mit schönem Park.

Von Leobersdorf nach St. Pölten, 75km in 3 St. (2 fl. 64, 1.84, 82 kr.). Die Bahn geht im *Triesting-Thal* aufwärts. — 2km *Wittmannsdorf* (S. 191); 5km *Enzesfeld*, mit gleichn. Schloß; 9km *St. Veit a. d. Triesting;* 10km *Triestinghof;* 12km *Berndorf*, mit der großen Krupp'schen Alfenidefabrik [von hier südl. in 1½ St. nach dem prächtigen Schloß *Hörnstein* des Erzh. Leopold (Besichtigung Do. nach Ansuchen beim Forstrat), dann durch Wald nach (¾ St.) *Piesting* an der Wittmannsdorf-Gutensteiner Bahn, s. S. 191]. — 15km *Pottenstein;* 19km *Weißenbach a. d. Triesting* (360m; Gemeinde-Gasth.), hübsch gelegener Ort. Lohnende Fußpartie von hier (markierte Wege) zum *Further Wirt* am Eingang des engen Steinwandgrabens, durch die *Steinwandklamm* und die *Türkenlucke* (Felsgrotte) zu den *Myra-Wasserfällen* und nach *Pernitz-Muckendorf* (s. S. 191; im ganzen 3¼-4 St.). — Von (27km) *Altenmarkt - Tenneberg* lohnende Ausflüge südl. auf das (2½ St.) Hocheck (1036m), mit Aussichtsturm; n. zur Wallfahrtskirche *Klein-Mariazell* und über das ehem. Kloster *Klein-Mariazell* und (2 St.) *St. Corona* (579m; 2 Whser.) auf den (1½ St.) Schöpfl (893m), den höchsten Punkt des Wiener Waldes, mit Aussichtswarte und weiter Aussicht. — 32km *Kaumberg* (492m; Bär), alter Markt; 37km *Gerichtsberg*. Die Bahn überschreitet ihren höchsten Punkt (575m), Wasserscheide zwischen Triesting und *Traisen*, und senkt sich nach (44km) **Hainfeld** (420m; *Zobel; Traube; Post; Bahnrest.*), Marktflecken mit 1600 Einw. und starker Fabrikthätigkeit (in der Umgegend viel Eisenhämmer), am Einfluß der *Ramsau* in die *Gölsen*. Hübscher Ausflug ins Ramsauthal nach (1 St.) *Ramsau* (Götz); ferner über *Rohrbach* (s. unten) u.w. ins *Hallbachthal* nach dem (2 St.) *Salzerbad*, besuchtem Kurort, und (¾ St.) *Klein-Zell* (470m; Weintraube), am n.ö. Fuß der *Reisalpe* (1398m; von hier in 3 St. mit Führer zu besteigen, lohnende Aussicht). — Weiter im Thal der Gölsen. 46km *Rohrbach;* 52km *St. Veit an der Gölsen.* Die Bahn verläßt die Gölsen und wendet sich n. in das Thal der *Traisen.* — 57km *Scheibmühl* (Zweigbahn nach *Kernhof-Mariazell*, s. S. 91); 64km *Wilhelmsburg*, ansehnlicher Markt. Weiter in nördl. Richtung durch das *Steinfeld*, am l. Ufer der Traisen; r. Schloß *Ochsenburg* (S. 91). — 67km *St. Georg am Steinfeld;* 75km *St. Pölten* (S. 90).

Von Leobersdorf nach Gutenstein, 39km in 1¹/₂-2 St. Die
Bahn zweigt jenseit (2km) *Wittmannsdorf* (S. 190) von der St. Pöltener
l. ab und wendet sich über *Matzendorf* in das freundliche *Piesting-Thal.*
Stat. *Steinabrückl*, *Wöllersdorf*, *Piesting* (nach *Hörnstein* s. S. 190), *Ober-
Piesting* (in der Nähe südl. die Ruine *Starhemberg*, einst Sitz Friedrichs
des Streitbaren), *Waldegg*, *Oed*, *Ortmann*, *Pernitz-Muckendorf* (zu den
Myrafällen, Türkenlucke u. Steinwandklamm s. S. 190) und (37km) Guten-
stein (482m; *Bär; Löwe*), hübsch gelegener Markt; schöne Aussichten von
der in Trümmern liegenden alten Burg, sowie vom gräfl. Hoyos'schen Park
und vom *Mariahilfberge* (705m; Whs.).
Von Wittmannsdorf führt eine Bahn (16 km) nach Ebenfurt,
gewerbreiche Stadt (2229 Einw.) mit altem Schloß, Kreuzungspunkt der
Lokalbahn Wien-Pottendorf-Neustadt. — Von hier nach *Oedenburg* und
*Raab* s. *Bædeker's Österreich-Ungarn.*

42km *Felixdorf*, am Beginn des *Steinfeldes*, mit großem Artillerie-
Schießplatz. Bei (43km) *Theresienfeld* (von Maria Theresia 1763
für invalide Offiziere gegründet, jedem ein Haus) große Maisfelder.

50km **Wiener-Neustadt** (270m; *\*Bahnrestaur.; \*Hirsch; Kreuz;
Rößl; König v. Ungarn*), alte Stadt mit 25 146 Einw., Geburtsort
Kaiser Maximilians I., nach dem Brand von 1834, der nur 14
Häuser verschonte, neu aufgebaut, ist als Fabrikstadt von Bedeu-
tung.

Die *Pfarrkirche*, mit spätroman. Schiff aus dem XIII., Chor u.
Querschiff (got.) aus dem XIV. Jahrh., enthält interessante Skulpturen (u. a. zwölf bemalte Apostelstatuen aus dem XV. Jahrh. in
der Art des Veit Stoß; *h. Sebastian, Ende d. XVI. Jahrh.) und
Grabsteine, darunter der des Kardinals Khlesl († 1630), Ministers
des Kaisers Matthias, im Chor r.

An der Südostecke der Stadt die alte herzogl. *Burg* der Babenberger, 1192 erbaut, 1457 von Kaiser Friedrich III. umgestaltet.
In der spätgot. *Schloßkapelle* drei prachtvolle gemalte Fenster, das
mittlere mit den Bildnissen Max' I. und seiner beiden Gemahlinnen,
oben Taufe Christi, von 1479; am Hochaltar eine treffl. Erzstatue
des h. Georg aus dem XV. Jahrh. (unter dem Hochaltar ruht Kaiser
Maximilian I., vgl. S. 137). Im Hofe rückwärts des Eingangs die
Wappentafel Kaiser Friedrichs III. mit 89 Wappen (viele davon
erdichtet) und des Kaisers Wahlspruch: A. E. I. O. U. („Austria
erit in orbe ultima" oder „Austriae est imperare orbi universo"),
der auch sonst in Neustadt an Kirchen und Häusern sich häufig
findet; unten des Kaisers Standbild von 1453. Seit 1752 ist hier
die *Theresianische Militärakademie* (450 Zöglinge), von Maria Theresia gestiftet. Im Kaisersaal Bildnisse der Gründerin, sowie österreichischer Feldherrn und berühmter Männer, die in der Anstalt
gebildet wurden. Im Garten das 4m h. Erzstandbild der Kaiserin
Maria Theresia von Gasser und Fernkorn und ein Denkmal für
die vor dem Feinde gebliebenen Zöglinge der Akademie. (Eintritt
am besten um die Mittagsstunde.)

In der spätgot. *Neuklosterkirche*, an der Ostseite der Stadt,
hinter dem Hochaltar das Denkmal der Gemahlin Friedrichs III.,
Eleonore von Portugal († 1467), von Nic. Lerch, daneben ein treffl.

geschnitzter Flügelaltar von 1447. — Die Stiftsbibliothek mit alten
Miniaturen und die Kunstsammlung mit altdeutschen Bildern, El-
fenbeinschnitzereien, Majoliken und andern Merkwürdigkeiten sind
beachtenswert (Anmeldung beim P. Custos).

Im *Rathaus* das städt. Archiv mit zahlreichen Urkunden vom
XII. Jahrh. an und eine kleine Altertümersammlung mit einzelnen
wertvollen Stücken, u. a. dem sog. *Corvinusbecher* aus vergoldetem Silber mit Email, deutsche Arbeit von 1462, 0,82m hoch,
angeblich ein|Denkmal der Aussöhnung Friedrichs III. mit König
Matthias Corvinus von Ungarn und ein Geschenk von diesem an
die Stadt; dann alte Codices (Evangelienbuch von 1325), Waffen
u. a. (der Amtsdiener im 1. Stock öffnet; Trinkg.).

Eisenbahn von Wiener-Neustadt nach *Oedenburg* s. R. 81. Bei der
vierten Station (19km) *Mattersdorf*, ungar. *Nagy Marton*, r. auf dem Ge-
birgskamm die *Rosalienkapelle*, darunter Schloß *Forchtenstein*. Lohnender
Ausflug; Fahrstraße bis (1¼ St.) *Forchtenau* (Whs.); jenseits teilt sich
der Weg, geradeaus zur (1 St.) Rosalienkapelle, r. am Bergabhang in
25 Min. nach *Forchtenstein*, ungar. *Fraknovár* (480m), fürstlich Ester-
házy'sches Schloß auf steilem Fels, im XII. Jahrh. aufgeführt, später erneut, im Äußern und Innern gut erhalten; zahlreiche Portraits, Schlach
tenbilder, Waffen etc. Sehenswert das Burgverließ und der 140m tiefe
Brunnen (Kastellan 50 kr.). Neben dem Schloß *Whs. Vom Schloß Fahrweg in 45 Min. zur *Rosalienkapelle (746m), viel besuchte Wallfahrtskirche mit weiter herrlicher Aussicht. Ein schöner blau und weiß
markierter Weg führt von hier durch den *Kaiserwald* hinab in den *Ofenbach-
Graben* und nach (2½ St.) *Klein-Wolkersdorf* (s. unten).

Von Neustadt nach Aspang, 35km in 1¼ St. (Wien-Aspang,
87km, in 3 St.). Der Bahnhof ist auf der Ostseite der Stadt. 8km *Klein-
Wolkersdorf;* 11km *Erlach;* 13km *Pitten* mit Schloßruine; 17km *Seebenstein*,
überragt von dem stattlichen Liechtenstein'schen *Schloß gl. N., mit
Waffensammlung u. schöner Aussicht; 35km Aspang (474m; *Aspanger Hof;
Hirsch; Kreuz* u. a.); von hier auf den *Wechsel* (1738m) 5 St., lohnend.
W. führt von Aspang eine Straße über *Feistritz* nach (13km) *Kirchberg* am
Wechsel, mit großer Tropfsteinhöhle; von da schöner Waldweg über
Schloß *Kranichberg*, Besitz des Erzbischofs von Wien, nach (12km) *Glogg-
nitz* (s. unten).

Jenseit Neustadt r. der Schneeberg, vom Scheitel bis fast zum
Fuß sichtbar; l. das Leithagebirge. Große Maisfelder, dann
Föhrenwald. Am Gebirge l. in der Ferne Schloß *Seebenstein* (s.
oben). — 57km *St. Egyden;* 63km *Neunkirchen* (*Löwe), mit
Metallfabriken und Baumwollspinnereien. Hübsche wechselnde
Landschaft. — 68km *Ternitz*, mit großem Stahlwerk; 73km *Pott-
schach*, mit Pumpwerk der Stadt Wien zur Ergänzung der Hoch-
quellenleitung (S. 193). — 76km Gloggnitz (442m; *Baumgart-
ner's Gasth.; *Adler; Grüner Baum; Rößl; Touristenruhe; Restaur.*
dem Bahnhof gegenüber), am Fuß des Semmering; auf einem
Hügel das vielfensterige *Schloß Gloggnitz*, bis 1803 Benediktiner-
Abtei, jetzt Hrn. Dr. Richter gehörig. L. (1¾ St. s.w.) auf der
Höhe das malerische Schloß *Wartenstein*.

Hier beginnt die *Semmering-Bahn*, die erste unter den großen
Gebirgsbahnen des Festlandes, 1848-54 unter Ghega's Leitung
erbaut, ausgezeichnet durch Kühnheit der Anlage und großartige
landschaftliche Bilder. Die Bahn, von Gloggnitz bis Mürzzuschlag

57km lang, hat 15 Tunnels und 16 Viadukte; Maximalsteigung 1:40. Die Baukosten betrugen 22¹/₂ Millionen fl.

Die Berglokomotive wird vorgespannt, die Bahn beginnt zu steigen. Schloß Gloggnitz stellt sich stattlich dar; im Thal die grüne *Schwarza*, mit der großen Papierfabrik *Schlöglmühl.* L. der dreigipfelige Sonnenwendstein, r. im Hintergrund die Raxalp. Die Bahn umzieht die n. Bergwand und erreicht (82km) **Payerbach** (492m; *Bahnrestaur.,* auch Z.; *Englischer Hof; Köck; Mader*).

Sehr lohnender **\*Ausflug nach Reichenau** und in das Höllenthal. Fahrstraße (Stellwagen nach Prein u. Naßwald tägl., s. unten; Omnibus nach Kaiserbrunn 80 kr.) unter dem Eisenbahn-Viadukt hindurch nach (¹/₂ St.) **Reichenau** (487m; \**Hôtel Waissnix* im *Thalhof* 20 Min. n., hübsch gelegen; *Fischer*, mit Garten; *Hochwartner; Anker*); beliebte Sommerfrische der Wiener, mit vielen Villen, Logierhäusern etc., in sehr geschützter Lage, in schönem grünen von der *Schwarza* durchflossenen Thal (am l. Ufer der Schwarza die gut eingerichtete Kaltwasserheilanstalt *Rudolfsbad*). Der Fahrweg (vorzuziehen der Fußweg am l. Ufer der Schwarza) führt weiter an der *Villa Wartholz* des Erzh. Carl Ludwig und dem Schloß des Baron Nath. Rothschild (Stiftung für Invalide k. k. Offiziere) an der Mündung des *Preinthals* vorbei nach (40 Min.) *Hirschwang* (481m; \**Fink*); gleich oberhalb treten die Felswände, l. von der *Raxalp*, r. vom *Schneeberg* auslaufend, dicht zusammen; das \***Höllenthal** beginnt. Die Straße überschreitet mehrfach die Schwarza; (³/₄ St.) *Kaiserbrunn* (537m; \**Schnepf's Gasth.*); in der Nähe das Wasserschloß der Wiener Wasserleitung, zu der der *Kaiserbrunnen*, eine starke Quelle, vereint mit andern Quellen treffliches Trinkwasser liefert. Die nun folgende Strecke des Thals ist besonders malerisch. Nach ³/₄ St. zeigt l. ein Wegweiser in das (¹/₄ St.) \**Große Höllenthal*, einen großartigen Gebirgskessel, von den fast senkrechten Felswänden der Raxalpe rings umschlossen (am Eingang \**Restaur.*; es genügt etwa 10 Min. weit hineinzugehen; häufig Gemsen zu sehen, die hier gehegt werden). — ³/₄ St. weiter an der Straße das einf. *Weinzettel-Whs.*; die Thalwände werden niedriger und bald ist das (¹/₂ St.) \**Whs. zur Singerin* (576m) erreicht, 3¹/₂ St. von Reichenau, an der Mündung des *Naßthals* in das Schwarzathal.

Die meisten Reisenden kehren hier oder schon vom Großen Höllenthal nach Reichenau zurück. Eine höchst lohnende Ausdehnung der Tour ist nachstehende. Durch das *Naßthal* zum *Reithof* (Whs.) und (1 St.) *Oberhof* (618m; \**Dangl*; Engleitner); weiter nach (1 St.) **Naßwald** (710m; \**Schütter-Whs.*), weit zerstreute Ortschaft, Ende des vor. Jahrh. von prot. Holzknechten aus Gosau gegründet, und zum (¹/₂ St.) *Binder-Whs.*, dann steil hinan zum (3 St.) *Naßkamm* (1208km), Sattel zwischen Raxalpe und Schneealpe (S. 196); hinab über *Altenberg* nach (2 St.) *Kapellen* (S. 196).

Der **Schneeberg** wird meist von Payerbach (resp. Reichenau) oder Buchberg bestiegen. Vom Bahnhof Payerbach (kürzester und meist begangner Weg) r. steil aufwärts zum (¹/₄ St.) *Schneedörfel*, durch Wald (Weg rot markiert) in die (¹/₂ St.) *Eng*, Felsenenge zwischen Schnalzwand und Saurüssel, auf dem *Mariensteig* hinan, dann durch die *Gahnsriesen* (Holzriese in steiler Schlucht) empor zum (1¹/₂ St.) *Lakaboden* (1231m; kl. Whs.). Nun geradeaus hinauf, dann l. zum *Alpeleck* und über den *Krummbachsattel* (1261m) zum (1¹/₄ St.) *Schneeberg-Hotel* (*Baumgartnerhaus*, 1466m) am Fuß des *Waxriegels* (1884m). Dann über den *Luchsboden* zum (1¹/₄ St.) *Damböckhaus* (1802m) am *Ochsenboden* und entweder l. zum (³/₄ St.) *Klosterwappen* (2075m), oder r. zum (³/₄ St.) *Kaiserstein* (2061m). Die sehr ausgedehnte Aussicht erstreckt sich w. bis zum Dachstein.

Die Besteigung der **Raxalpe**, eines weit ausgedehnten Plateaus mit zahlreichen Sennhütten, ist gleichfalls lohnend und namentlich für den Botaniker interessant (Führer 3 fl., mit Übernachten 4 fl.). Fahrstraße von Reichenau (Stellwagen tägl., 60 kr.) über (1 St.) *Edlach* (\**Hot. Rax*) nach (1 St.) *Prein* (689m; \**Kaiserhof;* Untere Eggl; Obere Eggl); von hier zunächst ö. auf dem Fahrweg weiter zur (1 St.) *Gscheid* (1070m), Grenze gegen

Steiermark (der Weg führt hinab durch den Raxengraben nach *Kapellen*, (S. 196), dann r. in das schöne *Siebenbrunnenthal* und auf dem fahrbaren *Schlangenweg* hinan auf das Plateau zum (2 St.) *Karl-Ludwig-Haus* (1803m; °Whs.) und zur (⅜ St.) *Heukuppe* (2009m), mit herrlicher Aussicht; oder von **Edlach** (s. oben) über das *Knappendörfl* auf dem *Thörlweg* hinan zum (3½ St.) *Erzherzog-Otto-Haus* des D. u. Ö. Alpenvereins am *Jacobskogel* (1738m; Whs.); von hier auf die Heukuppe 3-3½ St.

Die Bahn überschreitet auf einem großartigen **227m** l., 25m h. Viadukt in 13 Bogen das Reichenauer Thal und führt in starker Steigung (1 : 40) an der südl. Thalwand aufwärts durch zwei kleine Tunnels ; l. weiter Blick über die Ebene ; unten, 170m tiefer, Gloggnitz. Nun um den *Gotschakogl*, durch zwei Tunnels nach (97km) Stat. *Klamm* (698m; Moshammer), mit fürstl. Liechtenstein'schem Schloß, auf einer Felsnadel, halb zerstört, einst der Schlüssel der Steiermark. Tief unten die alte Semmeringstraße, einige Fabriken und die weißen in einer Schlucht gelegenen Häuser von *Schottwien*. Weiter hübscher Blick in den tief eingeschnittenen *Adlitzgraben* mit seinen Felswänden und Zacken; dann durch die lange mit einer Felsenbrücke versehene Galerie an der *Weinzettelwand*. 107km *Breitenstein* (791m). Wieder zwei Tunnels ; dann auf einem 184m l., 46m h. Viadukt, dem höchsten der ganzen Strecke, über die *Kalte Rinne*. Die Bahn steigt in großer Kurve (hübscher Rückblick, im Hintergrund die Raxalpe) und erreicht den letzten größern Viadukt (151m l., 24m h.) über den *Untern Adlitzgraben*.

Nochmals 3 Tunnels, dann (112km) Stat. **Semmering** (894m; *Hot. Stefanie*), von Gloggnitz 1¼-1¾ St. Fahrens. R. an der Felswand ein Denkmal zu Ehren des Erbauers der Bahn *Karl von Ghega*. 25 Min. n. (Omnibus 40 kr.) in schöner aussichtreicher Lage das große *Semmering-Hotel* mit Dependenzen (992m, im Sommer meist überfüllt); näher am Bahnhof *Hot. Panhans*. ½ St. s. vom Bahnhof, an der Landstraße auf der alten Semmering-Höhe (980m), das *Gasth. zum Erzherzog Johann*.

Der *Sonnenwendstein* (1523m), ö. 2 St. Steigens vom Semmering (Fahrweg, Führer 2 fl., entbehrlich), bietet eine weite und malerische Rundsicht, namentlich nach Steiermark, im Vordergrund tief unten die ganze Semmeringbahn. 10 Min. unterhalb das *Friedr. Schüler-Alpenhaus* (Whs., Z. von 1 fl. ab). — Fußsteig vom Gipfel n. hinab nach (1¼ St.) *Maria-Schutz* (759m; Whs.), besuchter Wallfahrtsort in reizender Lage ; von hier über *Schottwien* auf der alten Semmeringstraße nach *Gloggnitz* (S. 192) 2 St.

Zur Vermeidung der noch 87m höheron Steigung ist der Semmering, Grenze zwischen Österreich und Steiermark, mittels eines 1431m l. Tunnels (3 Min. Durchfahrt) durchbohrt, in dessen Mitte der höchste Punkt der Semmeringbahn (896,₅m) liegt. Jenseits tritt die Bahn in das Wiesenthal der *Fröschnitz* und führt an (122km) *Spital* (Hirsch, Schwan) vorbei nach (130km) **Mürzuschlag** (672m; *Adler*, Z. 80 kr.-1 fl. ; *Post*, Z. 1-2, Pens. m. Z. 4 fl.; *Hot. Lambach*, 10 Min. vom Bahnhof hübsch gelegen; *Bahnrestaur.*, Z. 1 fl. 20 kr.), an der *Mürz*, als Sommerfrische viel besucht, mit Wasserheilanstalt, Kurhaus und zahlreichen Spaziergängen. — Zweigbahn nach *Neuberg* s. R. 32.

Die Bahn folgt der Mürz in einem anmutigen fichtenbewach-
senen, durch Hammerwerke belebten Thal. — 137km *Langenwang;*
141km *Krieglach* (*Höbenreich; *Maurer), mit Villa Rosegger's
(1843 in Alpl bei Krieglach geboren), als Sommerfrische besucht;
146km *Mitterdorf.* R. an der Mündung des *Veitschthals* das viertürmige Schloß *Pichl,* weiter bei *Wartberg* Ruine *Lichtenegg.* Die
Bahn umzieht den *Wartberg-Kogel* in großem Bogen (zweimal über
die Mürz) und erreicht (153km) *Kindberg* (576m; *Wolfsbauer,
mit Badeanstalt; Gruber, Kappel u. a.; Bahnrestaur., auch Z.),
mit dem stattlichen Schloß *Oberkindberg* des Grafen Attems, als
Sommerfrische besucht. — 160km *Marein.* — 166km *Kapfenberg,*
an der Mündung des *Thörlthals* (Schmalspurbahn nach Au-Seewiesen s. S. 199); ½ St. w. Bad *Steinerhof* (Kurhaus; Villa Pes-
siak), von Brustkranken besucht.

171km *Bruck an der Mur* (465m; *Bahnrestaur.; Hot. Post,* am
Bahnhof; *Löwe; Adler; Mohren),* Stadt von 5788 Einw. am Einfluß der Mürz in die *Mur,* mit got. Pfarrkirche (xv. Jahrh.). Am
Hauptplatz das spätgot. *Kornmesserhaus* (1497-1505 erb.) mit Arkaden und offener Loggia; gegenüber ein schöner schmiedeeiser-
ner Brunnen von 1626. Vom *Gloriett* ö. des Bahnhofs und vom
*Kalvarienberg* am r. Murufer guter Überblick über Stadt und Umgebung. Auf einem Felshügel n. vom Bahnhof die Ruinen der
alten Herzogsburg *Landskron,* 1792 abgebrannt. — Nach *St. Michael*
und *Linz* s. R. 34; nach *Mariazell* s. R. 32; nach *Villach* s. R. 40.

Die Bahn tritt in das enge Thal der *Mur;* Fluß, Wiesengrund,
bewaldete Abhänge. Bei (181km) *Pernegg* (Linde) ein großes
Schloß des Hrn. Lipith; weiter (184km) *Mixnitz* (*Scherer), am
Fuß des *Rötelsteins* (1234m), in dessen Wand, 474m über dem
Dorf, eine große 1km l. Tropfsteinhöhle, *Drachenhöhle* oder *Kogel-
lucken* genannt. — 196km *Frohnleiten,* der Ort mit Hammerwerken
und Wasserheilanstalt gegenüber am r. Ufer; r. an der Bahn Schloß
*Neu-Pfannberg* oder *Grafendorf,* l. auf einem Bergkegel die male-
rische Ruine *Pfannberg.* Weiter am r. Ufer auf einem Felsen
Ruine *Rabenstein.* Das Thal verbreitert sich auf kurzer Strecke,
dann treten zu beiden Seiten die Bergwände dicht an den Fluß
und bilden einen Engpaß, den die Bahn an der *Badelwand* mittels einer 364m l. Galerie von 35 Bogen durchbricht. Bei (204km)
*Peggau* l. der *Schöckel* (S. 120); gegenüber an der Mündung des
*Übelbachs* das Städtchen *Feistritz* mit Hüttenwerken (Blei- und
Zinkgruben).

Die Bahn überschreitet die Mur und bleibt nun bis Graz am
r. Ufer. Bei (208km) *Stübing* ein hübsches Schloß des Grafen
Palffy; weiter zwischen Felswand und Fluß nach (213km) *Grat-
wein* (Fischerwirt) mit großer Papierfabrik. Das Thal öffnet sich;
bei (216km) Judendorf *(*Hôt. Schreiber; Materleitner),* beliebte
Sommerfrische mit schönen Waldungen, vielen Villen und Wasserheilanstalt, r. auf einer Anhöhe die zierliche got. Wallfahrt-

kirche *Maria-Straßengel* (1355 erb.). Die Bahn umzieht eine Anhöhe, an deren Fuß Ruine *Gösting*, Eigentum des Grafen Attems,
und tritt in einen weiten fruchtbaren Thalkessel; l. der isolierte
Grazer Schloßberg, um dessen Fuß die Hauptstadt der Steiermark sich schmiegt.
224km *Graz*, s. S. 205.

# 32. Von Mürzzuschlag nach Mariazell und Bruck an der Mur.

Von Mürzzuschlag nach *Neuberg*, 12km, Eisenbahn in 34 Min. Von
Neuberg nach *Mariazell*, 47km, Post 2mal tägl. in 7 St. (3 fl. 50 kr.); Einsp.
von Neuberg bis Mürzsteg 2 fl., Zweisp. 3 fl.; Zweisp. bis Mariazell in
5 St., 12-14 fl. — Von Mariazell nach *Seewiesen* (80ym) Post im Sommer
2mal tägl. in 3¾ St. (2 fl. 55 kr.); von Au-Seewiesen nach *Kapfenberg* (23km)
Steiermärk. Landesbahn in 1 St. 35 Min. — Von N., von *St. Pölten* aus,
fährt von Stat. *Kernhof* (S. 198; von St. Pölten in 3, von Wien in 6 St.
zu erreichen) tägl. die Post in 4 St. nach (26km) Mariazell.

*Mürzzuschlag* s. S. 194. Die Bahn zweigt von der Südbahn r.
ab, überschreitet die *Mürz* und führt dem Lauf derselben entgegen durch ein waldiges Gebirgsthal, an Eisenhämmern vorbei
nach (7km) *Kapellen* (Hirsch) und (12km) **Neuberg** (732m; *Post;
Stern; Hirsch; Kaiser von Österreich*), Hauptort des Thals, in schöner Lage am s. Fuß der *Schneealp* (1904m), die von hier in 3½-4 St.
zu ersteigen ist. Die schöne got. *Cistercienserkirche*, Hallenkirche
mit 14 schlanken achteckigen Pfeilern und großem Radfenster,
wurde 1471 geweiht. In dem wohl erhaltenen Kreuzgang die Bildnisse aller Äbte; zierliche Gruftkirche. Angrenzend die ansehnlichen Gebäude des 1785 aufgehobenen Klosters (jetzt z. T. kais.
Jagdschloß). In der Nähe große Eisenwerke der Alpinen Montan-
Gesellschaft. Oberhalb des Orts am Fuß des Kalvarienbergs das
*Erzherzog Johann-Denkmal*, ein in den Felsen gemeißeltes Dreieck
mit Bronze-Reliefporträt.

Das Thal wird enger und wilder, zur Seite stets die klare rasche
Mürz. Die Straße führt wenig steigend über *Krampen* nach (13km)
**Mürzsteg** (783m; *Eder*, mit Garten; *Grabner*), einem hübsch
gelegenen Dorf mit kais. Jagdschloß. S.w. der lange Rücken der
*Hohen Veitschalp* (1982m). Das Thal teilt sich; die Poststraße
führt in dem w. ansteigenden *Dobrein-Thal* über das *Niederalpel*
(1220m), mit schönem Blick auf Veitschalp und Hochschwab, nach
(32km) *Wegscheid* (S. 198), 15km südl. von Mariazell.

Weit schöner ist die neue Straße über Frein. Sie führt nördl.
der Mürz entgegen in anfangs enge, bald sich erweiterndem Thal zum
(1¼ St.) *Scheiterboden* (823m; Whs.); dann durch enge wilde Gebirgs-
schluchten, zwischen den Felswänden des *Roßkogls* r. und der *Proles-
wand* l., stets dicht an der brausenden Mürz. Mitten in dieser Felswild-
nis, die früher nur auf hölzernen, an eisernen Stangen über dem Wasser
hangenden Brücken zugänglich war, stürzt r. ein Bach oben aus einer Grotte
40m h. in die Tiefe hinab und bildet einen an sich nicht bedeutenden
Wasserfall, zum *Toten Weib* genannt (831m). Eine Anzahl steiler Holz-
treppen führt an einer Einsiedelei vorbei zu dem Felsenmund, der das
Wasser gleichsam ausspeit. Zuletzt öffnet sich das Thal und in einem

von hohen Fichtenbergen umgebenen Wiesenkessel zeigt sich das Dörfchen **Frein** (885m; *Whs.*). Von hier zieht sich die Straße w. durch das *Freiner Thal* über (1 St.) *Gschwand*, zuletzt in großen Windungen zum (1 St.) *Hühnerreit-* oder *Schöneben-Sattel* (1144m), zwischen Student und Fallenstein; hinab zum (20 Min.) *Whs. Schöneben* und durch das hübsche *Fallensteiner Thal* zum (2 St.) *Gußwerk* (S. 198), an der Straße von Bruck nach (1¼ St.) Mariazell.

Lohnender und 1 St. kürzer (4½ St. bis Mariazell; F. 3 fl., unnötig) ist der Fußweg über den Freinsattel (nach Regen nicht ratsam). Markierter Weg, am (1 St.) *Gschwand* (s. oben) r. bergan in den Wald zum (³/₄ St.) Freinsattel (1118m); l. der *Student* (1694m), n.w. der kahle Gipfel des *Ötscher* (1892m). Bergab, nach 20 Min. l., dem Bache folgend ins *Hallthal*, nach ¹/₂ St. [über die *Salza* auf die Kernhof-Mariazeller Straße (S. 198) und nach (2 St.) *Mariazell*.

**47km Mariazell** (862m; *\*Schwarzer Adler; \*Goldner Löwe; \*Krone; \* Weintraube; Goldner Greif; Rößl; Ochs* u. a.), in einem weiten, von schönen Waldbergen umgebenen Bergkessel sehr malerisch gelegen, ist der besuchteste Wallfahrtsort Österreichs (jährlich über 100000 Pilger). Fast der ganze Ort besteht aus Wirtshäusern, doch ist zur Zeit, wenn die großen Prozessionen eintreffen (die Wiener am 1. Juli, die Grazer am 14. Aug.), wie überhaupt in der zweiten Hälfte des August, auf angemessene Unterkunft nicht zu rechnen, die Zimmer in den bessern Gasthöfen sind dann meist wochenlang vorausbestellt.

Den Mittelpunkt bildet die sehr ansehnliche mit Kupfer gedeckte Kirche mit ihren 4 Türmen, Ende des XVII. Jahrh. aufgeführt, der schöne got. Mittelturm noch vom ersten Kirchenbau aus dem XIV. Jahrh. Das Gnadenbild, eine 47cm hohe, aus Lindenholz geschnitzte Madonna mit dem Kinde, stiftete im J. 1157 ein Priester des Benediktinerstifts St. Lambrecht (Mutterkirche von Mariazell). Markgraf Heinrich I. von Mähren ließ um das J. 1200 eine Kapelle darüber erbauen, und über diese Ludwig I., König von Ungarn, im J. 1363 nach einem Siege über die Türken eine größere Kirche.

Inneres 63m lang, 21m breit. Im Mittelschiff die durch ein silbernes Gitter abgeschlossene Gnadenkapelle mit der *Gnadenstatue* auf silbernem Altar. Die Kanzel eine große Masse roten Marmors. Am Hochaltar ein großes Kreuz von Ebenholz, mit zwei silbernen Figuren in Lebensgröße, Gott Vater und Sohn, ein Geschenk Kaiser Karls VI. Unter dem Kreuz eine silberne Weltkugel, 2m im Durchm., von einer Schlange umwunden. R. in der Ecke eine lange Tafel, an welche von Zeit zu Zeit ein Priester tritt und Weihgebete über die Gegenstände (Rosenkränze u. dgl.) spricht, welche Gläubige zu diesem Zweck hingelegt haben. Auf den obern Umgängen eine große Zahl kleinerer Dankbilder, über den Bogen größere ältere, wunderbare auf Mariazell bezügliche Begebenheiten darstellend. Eine Treppe in dem südwestl. Turm führt in einen abgesonderten Raum, wo das „Kripplein", eine plastische Darstellung der Geburt des Heilands, r. die Anbetung der Könige, l. eine figurenreiche Gruppe steirischer Landleute mit mancherlei Opfergaben. — Die Schatzkammer ist reich an kirchlichen Gefäßen von edeln Metallen, Heiligenschreinen, Edelsteinen, Perlen und Schmuck, Altärchen aus kostbaren Steinen, alten Meßbüchern etc.; auf dem Altar das von König Ludwig von Ungarn stammende *Schatzkammerbild* (Madonna von frühital. Meister).

In den zahlreichen Buden, welche die Kirche im Halbrund umgeben, werden Andachtsartikel (Devotionalien) feilgeboten.

Ausflüge. Durch die *Grünau* (Marien-Wasserfall, Einkehr beim Franz-bauer) zum (2 St.) **Erlafsee** (835m; *°Seewirt* am W.-Ende, Forellen, See-bäder, Boote zu haben; *Herrenhaus* am O.-Ende); zurück am S.-Ufer auf der direkten Fahrstraße in 1 St.

Zum °**Lassingfall**, 4-1¼ St.: Fahrstraße n. über *Mitterbach* nach (3¼ St.) *Wienerbruck* (°Burger's Whs.), dann l. hinab zum (20 Min.) 80m h. Fall, in großartiger Felslandschaft (für 2 fl. kann man das sonst dürftige Wasser schwellen lassen; **Karten** bei Burger). Ein interessanter Weg führt beim Fall l. hinab über die Erlaf, dann l. aufwärts in den wildromantischen °*Ötschergraben* zur (2 St.) *Klause* und über den *Riffelsattel* (1281m) auf den (3½ St.) *Ötscher* (S. 91); s. *Bædeker's Südbaiern, Tirol etc.*

Von **Mariazell** nach **Gaming**, 40km, Fahrstraße über den *Zel-lerrain* (1070m) nach (14km) *Neuhaus* (988m; Konrad) und (24km) *Langau* (690m; ordentl. Whs.) im obersten *Ybbsthale;* dann über den *Grubberg* (S. 91) nach (40km) *Gaming* (S. 91).

Von **Mariazell** nach **Kernhof**, 26km, Post tägl. in 4 St. durch das *Hallthal* und über den *Knollenhals*; von **Kernhof** nach St. Pölten, 53km, Eisenbahn in 3 St. über *St. Egydi*, *Freiland*, *Schrambach*, *Lilien-feld*, mit berühmter Cisterzienserabtei, und *Scheibmühl* (S. 190).

Von **Mariazell** nach *Weichselboden*, *Wildalpen* u. *Eisenerz*, s. R. 33.

Die Straße nach Bruck führt durch das hübsche Thal der *Salza*. R. auf tannenbewachsenem Fels die *Sigmundskapelle*, ursprünglich befestigt und im XVI. Jahrh. mit hohen Mauern umgeben, um den Angriffen der Türken zu widerstehen. Beim (8km) *Gußwerk*(746m; °Whs.), mit bedeutenden Hüttenwerken, zweigt r. ab der Fahrweg nach *Weichselboden* (s. S. 199). Unsre Straße verläßt hier die Salza, steigt s.ö. im *Aschbachthal* hinan, in das nach ³/₄ St. der S. 197 erwähnte Fahrweg aus der *Frein* mündet, und erreicht 1 St. weiter (15km von Mariazell) das kleine Dorf **Wegscheid** (813m; *Neue* u. *Alte Post*). — Nach *Mürzsteg* über das *Niederalpel* s. S. 196.

Nach *Weichselboden* über den *Kastenriegel* 4 St., loh-nend. Fahrweg 10 Min. s.w. von Wegscheid bei dem Handweiser r. ab in die schluchtartige Mündung des *Rammerthals;* hinan zum (1¾ St.) **Kas-tenriegel** (1081m), einer Einsenkung zwischen *Zeller* und *Aflenzer Staritzen* (1989m) am obersten Ende der *Hölle* (S. 199); dann hinab, anfangs hoch an der südl. Bergwand, weiter unten am Eingang des *Rings* (S. 199) vorbei, nach (2¼ St.) *Weichselboden*.

Die Straße steigt am *Gollradbach* zum (1¼ St.) großen Eisen-bergwerk *Gollrad*, der Alpinen Montangesellschaft gehörig, und er-reicht am Fuß des *Seebergs* den (½ St.) **Brandhof** (1116m), einst Jagdschloß des Erzherzogs Johann († 1859), mit Bildnissen österr. Fürsten, Statuen, Waffen u. dgl.; im Garten eine ausgewählte Sammlung von Alpenpflanzen; in der got. Kapelle zwei Bilder von Schnorr.

Nun steil hinan zur (½ St.) Paßhöhe des *Seebergs* (1254m), mit schönem Blick in das von den Felswänden der Schwabenkette umschlossene *Seethal*, und in großen Windungen (ein l. abzwei-gender Fußpfad kürzt bedeutend) hinab nach (½ St.)

30km **Seewiesen** (968m; °*Post*), Dorf in malerischer Lage.

Der **Hochschwab** (2278m) wird von Seewiesen häufig bestiegen (5 St., Führer bis Weichselboden 5 fl.). Im Seethal hinan zu den (1½ St.) *Un-tern* und (1¼ St.) *Obern Dullwitzhütten* (1655m); dann r. den *Edelsteig* hinan zum (1¼ St.) *Schiestl-Haus*, vom Österr. Touristenclub erbautes Unter-kunftshaus auf dem *Schwabenboden* (2250m; Sommer Wirtsch.), und zum (½ St.) Gipfel, mit weiter Aussicht n. bis zur Donau und über die gan-

sen östl. Alpen vom Schneeberg bis zum Dachstein. — Abstieg über den
*Edelboden* nach (3 St.) *Weichselboden* oder durch den *Antengraben* nach (3 St.)
*Gschöder* s. S. 200. Nach *St. Ilgen* (s. unten) über die *Hochsteinalpe* 3¹/₂ St.,
bequem; kürzer und interessanter, aber schwieriger über das *Gehackte*,
eine steile Felswand.

1¹/₄ St. südl. von Seewiesen (Stellwagen) liegt die Endstation
*Au-Seewiesen* der schmalspurigen S t e i e r m ä r k i s c h e n  L a n d e s -
b a h n nach (23km) Kapfenberg. Die Bahn führt durch den *See-
graben*, am kleinen *Dürrensee* vorbei, zur (3km) Stat. *Seebach-
Turnau* (¹/₂ St. ö. der große Markt Turnau); dann im *Stübming-
thal* an den Haltestellen *Hinterberg* und *Wappensteinhammer* vorbei
zur (10km) Stat. *Aflenz;* ¹/₂ St. n. der gleichn. Markt (Post; Kar-
lon), als Sommerfrische besucht. Bei (11km) *Thörl* (Sumrauer),
mit Drahtziehereien, vereinigen sich die südl. Abflüsse der
Schwabenkette und bilden den *Thörlbach.* Über dem Dorf die
malerische Ruine *Schachenstein.*
Fahrstraße n.w. nach (1¹/₂ St.) St. Ilgen (731m; *Pierer*), in dem gleichn.
Thal schön gelegen. Von hier auf den *Karlhochkogl* (2094m) 3¹/₂–4 St.,
lohnend; auf den *Hochschwab* über das *Gehackte* oder über den *Bodenbauer*
und die *Hochsteinalpe* s. oben.

Weiter durch das enge *Thörlthal* an mehreren Eisenwerken
vorbei zur (20km) Haltestelle *Winkel* (für Bad *Steinerhof* (S. 195)
und nach (23km) *Kapfenberg* (S. 195). Von hier nach (5km) *Bruck
an der Mur* s. S. 195.

## 33. Von Mariazell nach Grofs-Reifling über Weichsel-
boden und Wildalpen.

71km. Einspänner nach Weichselboden, 25km, in 4 St. (6 fl.), von da
nach Wildalpen, 18km, in 2¹/₄ St. (4 fl.), von da nach Reifling, 28km, in
4 St. (6 fl.). Ein mäßiger Fußgänger braucht von Mariazell nach Weichselboden 5¹/₂ St., von da nach Wildalpen 4 St., von Wildalpen nach Groß-
Reifling 6 St.

Der Fahrweg, nur für leichte Wagen, verläßt die Straße nach
Bruck beim (1¹/₄ St.) *Gußwerk* (S. 198) und wendet sich s.w. in
das malerische Thal der *Sulza*, nach (2 St.) *Greith* (694m; Höhn's
Whs., einf. gut). Die in tiefer Schlucht fließende Salza wendet
sich nach S.; die Straße verläßt den Fluß und steigt w. durch
Wald den *Hals* (837m) hinan; oben Aussicht auf den Hochschwab.
In Windungen bergab (Fußweg l. binab kürzt) nach (2¹/₂ St.)
**Weichselboden** (677m; *Post; Schützenauer's Gasth.* in der Vor-
dern Hölle, 20 Min. ö.), Dorf an der Salza, in einem von hohen
Bergen rings umschlossenen Thalkessel.
Lohnender ist der Fahrweg von Wegscheid über den *Kastenriegel*
und durch die *Hölle* (vgl. S. 193; 7 St. von Mariazell bis Weichselboden).
— Die benachbarten Berge sind reich an Wild, namentlich die *Hölle* und
der *Ring*, einst des Erzherzogs Johann Jagdrevier. Lohnender Ausflug
durch die *Vordere Hölle* (Whs. s. oben) zum (³/₄ St.) *Jägerhaus* am Eingang zum Ring und (mit Führer) zum *Untern* und (2 St.) *Obern Ring*
(1650m), einem großartigen Felsenkessel, in dem bei Treibjagden Hunderte von Gemsen zusammengetrieben werden. Auch der Schildhahn, mit
dessen Federn der steirische Jäger seinen Hut schmückt, ist hier häufig.

Der **Hochschwab** (S. 182) wird auch von Weichselboden häufig bestiegen; entweder zum (2¹/₄ St.) *Edelboden* (1337m; keine Unterkunft), von
da über die *Bamstatt* und das *Ochsenreichkar* zum (3¹/₄ St.) *Schiestl-Haus;*
oder auf der Straße nach Wildalpen bis (2 St.) *Gschöder* (s. unten), hier
l. im *Antengraben* hinan zu den (1¹/₂ St.) *Antenkar-Hütten*, (1¹/₂ St.) *Hoch-
alpenhütten* (1558m; einf. Unterkunft), dann bequem zum (3 St.) Gipfel.
Führer (3-4 fl.) und Proviant notwendig.

Weiter durch das enge Felsenthal der Salza, Landschaft fortwährend schön, für Fußgänger lohnend. Bei der (¹/₂ St.) *Bres-
ceni-Klause* (Holzschwelle) ein kurzer Tunnel; 20 Min. weiter
tritt die Straße auf das l. Ufer und erreicht den Weiler (1 St.)
*Gschöder* (625m; kl. Whs.) an der Mündung des *Antengrabens* (auf
den *Hochschwab* s. oben). Weiter zwischen den Abstürzen l. der
*Riegerin* (1941m), r. des *Hochstadls* (1920m) am (1 St.) Eingang
des *Brunnthals* vorbei, aus dem die Felswände der *Riegerin*, des
*Ebensteins* und *Griessteins* emporragen, nach (1 St.)

**Wildalpen** (609m; *\*Zisler*), sauberer Ort in reizender Lage,
am *Wildalpenbach*, der hier in die Salza fällt.

Von Wildalpen nach Eisenerz (S. 201) direkt über die *Eisenerz-
höhe* (1543m) 7 St., lohnend; Weg von (1 St.) *Hinter-Wildalpen* ab rot
markiert und nicht zu fehlen, Führer entbehrlich.

Die Straße nach Reifling führt durch das enge waldige
Thal der meist in tief eingeschnittenem Bett fließenden Salza.
Nach 1¹/₂ St. mündet r. die *Lassing*, 2 St. weiter bei *Erzhalden*
(Jagersberger's Whs. zur Gemse) die *Mändling* (S. 91). Weiter,
der Salzach folgend, nach (25 Min.) *Palfau*, Gemeinde mit mehreren Häusergruppen, *Auf der Lend*, *Allerheiligen* etc. (in Allerheiligen bei der schön gelegenen Kirche ein Whs.). Die Straße
teilt sich; der nächste Weg ins Ennsthal und zur Eisenbahn führt
am r. Ufer der Salza bis zur Einmündung derselben in die *Enns*,
dann über die letztere nach (2¹/₄ St.) Stat. *Groß-Reifling* (S. 191).

Der weitere, aber hübschere Weg nach Hieflau (Post tägl. in
3¹/₄ St.) führt hinab zur Salza, am l. Ufer wieder hinan (³/₄ St. ˇWhs.
*Eschauer*) und wendet sich dann s. in den *Gamsgraben* nach (1 St.) *Gams*
(Fallmann, Schweyer u. a., einf.); in der Nähe die malerische Klamm der
*Not* mit der *\*Krausgrotte*, einer ausgedehnten Höhle mit schönen Stalak-
titen (Schlüssel u. Führer in Gams, einfache Beleuchtung 1 fl., vollständige 12 fl.); hier r. bergan über die Anhöhe (oben schöner Blick ins Ennsthal) nach *Lainbach* und (1 St.) *Landl*, 6km n. von *Hieflau* (S. 201).

## 34. Von Linz über Steyr nach St. Michael.

228km. Staatsbahn, Schnellzug in 5¹/₄ St. für 11 fl. 25, 7.50, 3.75 kr.;
Personenzug in 9¹/₂ St. für 7 fl. 50, 5 fl., 2 fl. 50 kr. Speiseservice à 1 fl.
in Klein-Reifling, Selzthal u. St. Michael. — *Aussichtswagen* s. S. 125; lohnendste Strecke von Hieflau bis Admont.

Von Linz bis (25km) *St. Valentin* (270m; Bahnrestaur. s. S. 92.
. Die Bahn zweigt von der Westbahn in s.w. Richtung ab und tritt
bei (32km) *Ernsthofen* in das Thal der *Enns*. — 37km *Dorf* an der
Enns; 41km *Rammingdorf*.

**45km Steyr** (311m; *\*Hôt. Eisemeyer*, Z. u. B. 1 fl. 20 kr.;
*Schiff; \*Krebs*; Wein im *Löwen*), freundliche Stadt (21504 E.)

an der Vereinigung der *Steyr* mit der *Enns*; die alte Stadt, zwischen den zwei Flüssen, ist durch Brücken mit den Vorstädten *Ennsdorf* und *Steyrdorf* verbunden. Auf einem Hügel die dem Fürsten Lamberg gehörige *Burg Steyr* aus dem x. Jahrh., mit hübschem Park (auf Ansuchen zugänglich). In der got. *Stadtpfarrkirche* (1443-1630 erbaut) schöne Glasmalereien, ein Taufbecken aus Erz von 1560, und ein neuer *Votivaltar, Holzschnitzwerk (18m h., 8m br.) von Guggenberger in München. Der 86m h. Turm wurde 1885-1889 nach Plänen des † Wiener Dombaumeisters Schmidt neu erbaut. Bemerkenswert das 1756-78 im Rokokostil erbaute *Rathaus* und die großartigen Werke der von Jos. Werndl († 1889) gegründeten *I. österreichischen Waffenfabriks-Gesellschaft* (Zutritt nach Anfrage bei der Direktion gestattet). In der Bürgerschule die *permanente Ausstellung des steir. Gewerbevereins.*

UMGEBUNGEN. Auf dem Franz-Josefs-, Carl-Ludwig- und Pfarrplatz und andern Punkten der nächsten Umgebungen neue Anlagen des Verschönerungsvereins. Von der *Hohen Ennsleithe* (½ St.). *Tabor* (¼ St.) und *Dachsberg* (½ St.) hübscher Blick auf Stadt und Vorstädte. Kleine Spaziergänge: *St. Ulrich* (½ St.), *Garsten* (½ St.), *Christkindl* (½ St.). *Damberg* (811m), mit prächtiger Rundschau von der vom Alpenverein erbauten Warte (2 St.).

Von Steyr nach Agonitz, 32km, Eisenbahn in 2 St. durch das hübsche industriereiche *Steyrthal*. Abfahrt von *Steyr-Garsten* (s. unten); von hier über *Steyrdorf*, *Aschach* an der Steyr nach (7km) *Pergern* (Zweigbahn in 1 St. nach *Bad Hall*, S. 95), (20km) *Grünburg-Steinbach*, ansehnliche Orte mit zahlreichen Messerschmieden; weiter über *Leonstein* und *Molln*, an der Mündung der *Krummen Steyrling*, zum (32km) Sensenwerk *Agonitz*, 6km von der Stat. *Herndl* der Kremsthalbahn (s. S. 95).

Über die Enns nach (47km) *Steyr-Garsten*, Knotenpunkt der Steyrthalbahn (s. oben). 48km *Garsten*; weiter stets dicht am l. Ufer. — 58km *Ternberg*; 67km *Losenstein*, mit alter Kirche und Burgtrümmern. — 73km *Reichramming*, mit Messingfabriken und Eisenwerken. — 80km *Großramming*; 89km *Kastenreith*, an der Mündung des *Gaflenzbachs* in die Enns (S. 92).

92km **Klein-Reifling** (367m; *Bahnrestaur.*), Knotenpunkt der Bahn nach *Amstetten* (S. 92). — 107km *Weißenbach-St. Gallen*, 20 Min. s.w. von *Altenmarkt* (Lohner). Bei (118km) *Großreifling* (428m; Baumann) fließt die *Salza* in die Enns (nach *Weichselboden* und *Mariazell* s. R. 33).

Folgen zwei Tunnels; die Bahn tritt auf das r. Ennsufer. Hinter (121km) *Landl* wieder zwei Tunnels. — 127km **Hieflau** (517m; *Bahnrestaur.*; *Hübner zur Post*; *Steinberger*), mit bedeutenden Hüttenwerken, an der Mündung des *Erzbachs* in die Enns.

Von Hieflau nach Leoben über Eisenerz, 55km, Eisenbahn in 3½-4 St. Hinter (4km) *Radmer* auf einer Anhöhel. Burg *Leopoldstein*. — 15km *Eisenerz* (692m; *König von Sachsen*; *Schardinger & Moßhammer*, Z. 60-80 kr.; *Moser*; *Rudolfsbahn*, beim Bahnhof), alte Bergstadt mit 6719 Einw., ö. überragt von dem schroffen kahlen *Pfaffenstein* (1871m), w. vom *Kaiserschild* (2083m). Die Pfarrkirche St. Oswald, got. Stils, 1279 gegründet, 1471-1512 neu erbaut, ist als Beispiel einer stark befestigten mittelalterlichen Kirchenanlage interessant. Am Aufgang zur Kirche das sehenswerte Kulturhistor. *Museum* (Eintr. 10 kr.). Von der Terrasse vor dem *Schichtturm* treffliche Anssicht (Orientierungstafel). Südlich schließt der rote *Erzberg* (1543m) das Thal, buchstäblich ein Eisenberg, indem der größere Teil seiner Masse so reich an Metall ist, daß es im Sommer wie in einem Steinbruch zu Tage ohne weitere bergmännische Vorrichtungen losgebrochen und in die Schmelzöfen gebracht wird; im Winter Stollenbau. Der Eisenerzer Bergbau, seit uralter Zeit in Betrieb, beschäftigt im Sommer 2000-3000, im Winter 1000-1500 Arbeiter und liefert jährlich 3000000 Ctr. Eisen. Der Berg gehört jetzt größtenteils der Alpinen Montan-Gesellschaft. Man fährt am besten mit der Erzbergbahn bis zur Stat. *Prebichl* (s. unten), geht von da auf der Fahrstraße zum (1 St.) *Berghaus* (Restaur.), dann mit Führer hinab zur (1/2 St.) *Barbarakapelle* und nach (1/2 St.) *Eisenerz*. Der Anstich des Schmelzofens erfolgt alle 2-21/2 St.; die Besichtigung des ganzen Berges erfordert 2-3 St.

Die durch kühne Anlage und großartige Landschaftsbilder ausgezeichnete *Erzbergbahn* (links sitzen!), nach dem Abt'schen Zahnradsystem hauptsächlich für den Erztransport erbaut (tägl. c. 400 Tonnen), wendet sich mit einer durchschnittlichen Steigung von 68°/₀₀ südl. durch den 132m l. *Schichtturmtunnel* (unter dem oben gen. Schichtturm) zur HS. *Krumpenthal* (721m), wo die Zahnstange beginnt; dann in stärkerer Steigung durch den 246m l. *Klammwald-Tunnel* über hohe Viadukte und in großen Kurven, die *Ramsau* und den *Erzgraben* überschreitend, zur (22km) Stat. *Erzberg* (1070m; Rest.), oberhalb der Abbau-Terrassen (s. oben). Dann durch den 1392m l. *Platten-Tunnel* und den 560m l. *Prebichl-Tunnel* zur (27km) Stat. Prebichl (1204m; *Gasth. zum Reichenstein* bei *Spitaler*). Von hier auf den *Eisenerzer Reichenstein* (2166m), MW. über das Grübl (1611m) und *Rössel* (1886m) in 2-21/2 St., leicht und lohnend. Hinab an der (39km) HS. *Glasbremse* (1042m) vorbei nach (33km) **Vordernberg-Markt** (810m; *Post; Wiener; *Zelinka* mit altdeutscher Weinstube; *Keiller*), wohlhabender Ort mit lebhafter Eisenindustrie, und (35km) *Vordernberg-Staatsbahnhof* (768m; Restaur.; umsteigen nach Leoben). Von hier über Stat. *Friedauwerk* und *Hafning* nach (44km) Trofajach (659m; *Bräuhaus; *Thunhart, zum Ochsen*, Z. 50 kr.), beliebter Sommeraufenthalt (Schlackenbäder, Schwimmbad) in prächtiger Umgebung (guter Überblick von der *Rudolfswarte*, 891m, 3/4 St.); weiter über *Gmeingrub, St. Peter-Freyenstein* und *Donawitz* nach (55km) *Leoben* (S. 221).

Das Ennsthal wendet sich nach W.; es beginnt das *Gesäuse, ein tiefer, 4 St. langer Einschnitt zwischen den Gebirgsmassen des *Tamischbachturms* und *Buchsteins* nördl. und des *Hochthors* und *Reichensteins* südl., durch den die Enns in einer Reihe von Stromschnellen brausend hinabstürzt (von Admont bis Hieflau 123m Fall). Die Wanderung durch diesen Engpaß ist auch für Fußgänger sehr lohnend (Zweisp. von Hieflau bis zum Gesäuse-Eingang 12 fl.). Die Bahn führt am r. Ufer der Enns durch zwei Tunnels (dazwischen l. die Schlucht des *Hartlesgrabens*) und tritt auf das l. Ufer; 136km Stat. *Gstatterboden* (564m; *Hot. Gesäuse), in prächtiger Lage. Weiter am l. Ufer, an der Mündung des *Johnsbachthals* (l.), dann an der wilden Schlucht des *Burggrabens* (r.) vorbei. Die Bahn tritt wieder auf das r. Ufer und führt durch einen 239m l. Tunnel zur (144km) Haltestelle *Gesäuse-Eingang*.

150km **Admont** (641m; *Post; *Buchbinder, *Wölzenberger*, gleicher Besitzer; *Sulzer; *Traube; Bartu; *H.-P. Admont beim Bahnhof), in weitem Thalboden schön gelegener Markt, als Sommerfrische viel besucht. Das berühmte Benediktinerkloster, 1074 gegründet, wurde 1865 fast ganz durch Feuer zerstört, aber zum Teil neu aufgebaut, namentlich die stattliche Kirche (St. Blasien-

*Münster)* mit zwei schlanken got. Türmen. Die Bibliothek (80 000 Bände und über 1000 Handschriften) in schönem Saal ist tägl. 10-11 u. 4-5 U. geöffnet. In der Klosterschenke guter Wein.

Guter Überblick der Umgebung von der *Ennsbrücke* (20 Min. vom Bahnhof). — ½ St. südl. von Admont das dem Stift gehörige Schloß **Röthelstein** (817m) mit schöner *Aussicht* über das Ennsthal: n.w. der bewaldete *Pleschberg* (1718m), am Fuß die Kirche *Mariakulm* (s. n.); n. die „*Haller Mauern*": *Großer Pyhrgas* (2244m), *Scheiblingstein* (2200m), *Hexenturm* (2181m), *Natterriegel* (2064m), ö. *Gr. Buchstein* (2224m), s.ö. *Sparafeld* (2245m).

Weiter in breitem Thal am r. Ufer der Enns; bei (157km) *Frauenberg* r. der *Frauenberg* (766m) mit der Wallfahrtskirche *Mariakulm*. Beim Einfluß des *Paltenbachs* in die Enns wendet die Bahn sich nach S. — 165km **Selzthal** (634m; *Huber, Fantner,* beide einf. gut; *Bahnrestaur.*), Knotenpunkt der Bahn nach Aussee (s. unten). Die Bahn umzieht die Abhänge des *Dürrenschöberls* (1738m) in großem Bogen und biegt in das bewaldete *Paltenthal* ein; r. Schloß *Strechau* auf fichtenbewachsenem Hügel.

170km **Rottenmann** (674m; *Tirolerhof,* 5 Min. vom Bahnhof; *Post; Goldbrich*), altes Städtchen mit Eisenwerken. Von (181km) *Trieben* führt r. eine Straße über *Hohentauern* (1265m) nach (53km) *Judenburg* (S. 222). Bei (185km) *Gaishorn* r. der gleichn. kl. See. Die Bahn steigt langsam zur (196km) Stat. *Wald* auf der Höhe des *Schoberpasses* (849m), Wasserscheide zwischen Enns und Mur, und senkt sich dann im *Liesing-Thal* über *Kalwang*, mit Kupfergruben, *Mautern, Kammern, Seitz* und *Traboch-Timmersdorf* nach (228km) **St. Michael** (576m; *Bahnrestaur.*), Stat. der Bahn von Villach nach (258km) *Bruck* (S. 195).

## 35. Von Selzthal nach Aussee und Bischofshofen.

*Vergl. Karten S. 200 u. 110.*

STAATSBAHN, von Selzthal nach *Aussee*, 48km in 1½-2 St. (1 fl. 50, 1 fl., 50 kr.); nach *Bischofshofen*, 99km in 2¼-3¾ St. (3, 2, 1 fl.).

*Selzthal* s. oben. Die Bahn überschreitet den *Paltenbach* und führt w. durch das breite Ennsthal (Torfstiche) über die *Enns* und den *Pyhrnbach* nach (6km) **Lietzen** (659m; *Post*), großer Markt an der Mündung des *Pyhrnthals*. Vom *Kalvarienberg* guter Überblick der Umgebung; w. der gewaltige *Grimming* (2351m).

Post 2mal tägl. in 3 St. über den *Pyhrnpaß* (945m) nach (15km) *Spital am Pyhrn* und (23km) *Windischgarsten* (601m; *Fuchsjäger; Erzherzog Albrecht; Zur schönen Aussicht*), schön gelegener Markt, als Sommerfrische besucht. Sehr lohnender Ausflug von hier nach (4 St.) *Hinterstoder*, am Fuß des *Toten Gebirges*, s. Bædeker's Südbaiern etc. Nördl. führt von Windischgarsten eine Poststraße durch das malerische *Steyrthal* nach (33km) *Klaus-Steyrling* (S. 95).

Weiter am Fuß der n. Berglehne; r. Schloß *Grafenegg*, jetzt Brauerei. — 15km *Wörschach*, kl. Schwefelbad, darüber Ruine *Wolkenstein* auf rotem Fels. R. *Niederhofen* mit Ruine *Friedstein;* dann (19km) **Steinach-Irdning** (642m; *Hot. Würschinger; Bahnrest.*), wo die Bahn sich teilt, r. nach Aussee, l. nach Bischofshofen; 5 Min. ö. der Markt *Steinach* (*Post*).

Die Bahn NACH AUSSEE nähert sich dem Fuß des Gebirges und beginnt alsbald an der n. Bergwand scharf zu steigen (1. hübscher Blick ins Ennsthal). Zwei Tunnels; hinter dem zweiten (*Burgstaller Tunnel*, 332m 1.) tritt die Bahn in das enge malerische *Grimmingbach-Thal* und zieht sich hoch an der l. Thalseite in Windungen hinan. — 28km *Klachau* (832m; Whs.), höchster Punkt der Bahn, am n. Fuß des Grimming schön gelegen; n.ö. die kahlen Gipfel des *Toten Gebirges.* — 33km *Mitterndorf-Zauchen* (797m); r. auf bewaldetem Hügel die Wallfahrtskirche *Maria-Kumnitz.* 42km *Kainisch* (769m), an der *Ödensee-* oder *Kainisch-Traun*, die aus dem ½ St. s. gelegenen *Ödensee* (784m) abfließt. Weiter durch das bewaldete Traunthal nach (48km) Aussee (S. 110).

VON STBINACH NACH BISCHOFSHOFEN. Die Bahn überschreitet den *Grimmingbach* (r. das stattliche Schloß *Trautenfels*) und führt am Fuß des steil abstürzenden *Grimming* (2351m) entlang über die Enns nach (32km) *Öblarn* (Fleischer); w. der spitze *Stoderzinken* (2047m). — 36km *Stein* , an der Mündung des *Sölkthals;* 39km *Gröbming* (¾ St. n. auf der Höhe des l. Ennsufers der ansehnliche Markt); 47km *Haus.* — 58km Schladming (732m, *Alte Post; Bräuhaus* oder *Neue Post; Fleischer; Steinerwirt*), freundlich gelegener Markt an der Mündung des *Schladmingthals.*

In die Ramsau, das bewaldete Mittelgebirge auf der N.-Seite des Ennsthals, lohnender Ausflug; bis zur Kirche *St. Rupert am Kulm* (1073m ; Whs.) 1½ St. ; von hier in 2½ St. zur *Austriahütte* (1630m ; Sommer-Wirtsch.), 20 Min. unter dem Gipfel des *Brandriedels* (1724m), mit prächtiger Aussicht. Auf den *Dachstein* (2996m) von der Austriahütte in 6 St., nur für geübte Steiger (Führer 10 fl.).

Das Ennsthal verengt sich; die Bahn führt dicht am l. Ufer hin, mehrfach durch tiefe Einschnitte. 63km *Pichl.* Bei (67km) *Mandling* über den *Mandlingbach*, Grenze zwischen Steiermark und Salzburg. — 75km Radstadt (856m; *Post; Thorwirt*), alte von Mauern umgebene Stadt auf einem Felshügel.

Von Radstadt nach Spital über den Radstädter Tauern, 109km, Post im Sommer tägl. in 23 St. mit Übernachten in St. Michael. Die Straße führt im Tauernthal bis (15km) *Unterlauern* und steigt dann, an hübschen Wasserfällen der Tauernache vorbei, zum (2½ St.) Tauernhaus *Wiesenegg* (1649m) und der (20 Min.) Höhe des Radstädter Tauern (1738m). Hinab über (45km) *Tweng* (Post) und (55km) *Mauterndorf* (Endpunkt der Murthalbahn von Unzmarkt, S. 222) nach (64km) *St. Michael* (1068m ; Post), Städtchen an der Mur, im salzburg. *Lungau.* Dann über den *Katschberg* (1641m), die Grenze von Kärnten, nach *Rennweg* und (94km) *Gmünd* (732m; *Feldner; Lax; Post*), Städtchen an der Mündung des schönen wasserfallreichen *Maltathals* (Besuch sehr lohnend ; Fahrweg über *Maltein* bis zum *Pflügelhof*, 3 St. , von da noch 2½ St. bis zum *Blauen Tumpf*, dem schönsten Punkt). Weiter im *Lieserthal* nach (109km) *Spital* (S. 183), Station der Bahn Franzensfeste-Villach (R. 27).

Die Bahn verläßt bei (78km) *Altenmarkt* die Enns, die 4 St. s.w. in der *Flachau* entspringt, und wendet sich n.w. nach (82km) *Eben* (856m) auf der Wasserscheide zwischen Enns und Salzach. Folgt ein tiefer Einschnitt; die Bahn übersetzt den *Fritzbach* auf kühner Brücke (schöner Blick r. auf den Dachstein, l. auf die

Übergossene Alp) u. führt durch das enge *Fritzthal* nach (89km)
Hüttau (708m; *Post*). Folgen mehrere Tunnels; die Bahn überschreitet in engem Thal sechsmal den Fritzbach, durchbricht den
*Kreuzberg* mittels eines 700m l. Tunnels und führt l. an der Bergwand hinab ins Salzachthal, zuletzt über die *Salzach* nach
99km **Bischofshofen** (547m; *Bahnrestaur.*), s. S. 126.

# 36. Graz.

**Bahnhöfe**: 1. *Südbahnhof* (Pl. A 4, 5), für alle Züge; 2. *Köflacher Bahnhof* (jenseit Pl. A 5), Nebenbahnhof für die Züge nach Köflach und Wies;
3. *Staatsbahnhof* (Pl. D E 8), Nebenbahnhof für die Züge nach Gleisdorf-
Fehring (Raab, Budapest).

**Gasthöfe** (Omnibus am Südbahnhof). Am *rechten* Murufer, unweit des
Südbahnhofs: *Elefant (Pl. a; C 5). Murplatz, mit Garten, Z. L. B. von
1¹/₂ fl. ab; *Höt. Daniel, beim Südbahnhof, Z. 1 fl. 20-1.50, L. u. B.
50 kr.; Florian (Pl. d; C 5), Griesgasse; Goldnes Roß (mit Garten).
Goldene Sonne, Goldener Löwe, Königstiger (mit Garten, ein-
fach), alle Mariahilferstr. (Pl. A 4); Goldner Engel, Griesgasse 5, nicht
teuer; Drei Raben (Pl. c; B 5), Annenstr. 43, mit Garten. — Am *linken*
Ufer (innere Stadt; 15-20 Min. vom Südbahnhof): *Erzherzog Johann
(Pl. b; C 5), Sackstr., Z. 1¹/₂-2 fl., L. 50, B. 40 kr., zugleich gute Restauration; Stadt Triest (Hot. *Wild*; Pl. f; D 5), Jakominiplatz; *Goldne
Birn, Leonhardstr. 8, beim Stadtpark; Kaiserkrone (Pl. e; D 5),
Färbergasse 6; H. Stadt Fürstenfeld, unweit des Staatsbahnhofs.

**Cafés.** *Thonethof, *Europa, beide Herrengasse; *Café Wirth,
im Stadtpark (im Sommer häufig Militärkonzert); Nordstern, Hauptplatz, Ecke der Sporgasse; Gieler, Karl-Ludwig-Ring 20 beim Stadtpark; C. Promenade, Burgring; C. Wien, Rechbauerstr. 12; Seidl,
Glacisstr. 43; C. Austria, Naglergasse. — Am r. Murufer: Österreichischer Hof, Helm, beide Annenstr.; C. Daniel, beim Südbahnhof.

**Konditoreien** (*Gefrornes*): *Hasserück, im Theater am Fransensplatz; Stuchlik, Hofgasse; Grünzweig, Sporgasse; Schmidt's
Söhne, Herrengasse.

**Bierhäuser** (mit Restauration). *Daniel's Bahnrestaurant, Südbahnhof; *Neugraz, Hamerlinggasse (Pilsner Bier); *Müller's The-
ater-Restauration, Karl Ludwig-Ring; Schwechater Bierhaus,
Herrengasse 15; Thonethof, Pfarrgasse; Ressource, Albrechtgasse 3;
Technische Hochschule, Rechbauerstraße; Sandwirth, Griesgasse 27. u. a. — Große *Bierhallen* (Sonnt. und eingemal wöchentl. Militär-Konzert): am r. Murufer Annensäle, gegenüber dem Südbahnhof; Puntigamer Bierhalle, Jakobigasse; am l. Murufer Stein-
felder Bierhalle, Münzgrabenstraße.

**Weinhäuser.** Admonterhof beim „Paradeis"; *Kleinoscheg's
Altdeutsche Weinstube, Herrengasse 13; Römischer König, Sporgasse
13; Landhauskeller, Schmiedgasse, u. a. Die besten steir. Weine sind
*Luttenberger* (stärkster), *Pickerer* und *Kerschbacher*. Die Steiermark ist
berühmt wegen ihrer Kapaune und Truthähne. — „Grazer Zwieback"
u. a. bei *Spreng*, Bürgergasse; *Funder*, Färbergasse; *Sorger*, Murplatz.

**Schwimm- und Bade-Anstalten.** Militär-Schwimmschule oberhalb der Ferdinandsbrücke (Pl. C 3), am n.w. Fuß des Schloßbergs, das Bad
mit Wäsche 15 kr. — Kodella's Schwimm- und Badeanstalt, Tegetthoffstr. 11; Förster, Brandhofgasse 19 und Lichtenfelsgasse 9.

**Theater.** Theater am Fransensplatz (Pl. 11; D 4), Oper, Operette,
Schauspiel, täglich Vorstellung (Juni bis August geschlossen); Theater
am Stadtpark (Pl. D 5), Operetten und Possen, fast täglich Vorstellung.

**Konzert** im *Stadtpark* (s. unten) 3-4mal wöchentlich; Militär-Konzerte
im Sommer wöchentlich 2mal abwechselnd im *Stadtpark* und am *Hilmteich* (S. 209), wöchentlich 1mal am *Schloßberg* und im *Volksgarten*, außerdem in der *Industriehalle*, Jakominigasse (Pl. D 7), mit großem Park und
Rennbahn, und in den oben gen. *Bierhallen*.

**Post, Telegraph** und **Telephon** (Pl. 9; C5), Neuthorgasse; Postamt in der Murvorstadt, Annenstraße 19 und zahlreiche andere Nebenpostämter.
**Fiaker.** *Einspänner* die erste ¼ St. 30, erste ½ St. 50 kr., Stunde 80 kr., jede weitere ¼ St. 20 kr. *Zweispänner* die erste ½ St. 60 kr., Stunde 1 fl., jede weitere ½ St. 50 kr. *Vom und zum Südbahnhof:* Innere Stadt Einsp. 70 kr., Zweisp. 1 fl.; Murvorstadt (r. Ufer) 50 oder 80 kr. (Handgepäck *im Wagen* frei, größeres Gepäck ein oder mehrere Stück 20 kr.). Nachts (9 U. abends bis 6 U. früh) überall die Hälfte mehr. ½ Tag im Stadtgebiet bis zum Umkreis einer Meile Vorm. 2 fl. 50 oder 3 fl., Nachm. 3 fl. oder 4 fl.; ganzer Tag 5 oder 7 fl.; für weitere Fahrten im Umkreise von 2 Meilen ½ Tag Vorm. 3 oder 4, Nachm. 3½ oder 5, ganzer Tag 5½ oder 8 fl.
**Pferdebahn** („Tramway"; Fahrt 10 kr.) vom Südbahnhof durch die Annenstraße und über die Franz-Karl-Brücke zum Hauptplatz, durch die Herrengasse zum Jakominiplatz, von dort r. durch die Jakominigasse zum Staatsbahnhof, l. über die Glacisstr. und von dort einerseits durch die Leonhardstr. zum Hilmteich, andrerseits zum Geidorfplatz und durch Wickenburggasse, Ferdinandsbrücke, Lendplatz und Volksgartenstr. zurück zur Annastraße.
**Omnibus** in die Umgegend nach allen Richtungen: nach *Eggenberg* (S. 209) 10mal tägl., Sonn- und Festtags stündlich (Abfahrt vom Fischmarkt; 15 kr.); nach *Mariatrost* (S. 209) über *Hilmteich* 4mal tägl. (Abf. vom Burgthor; 20 kr.); nach *Brünnl* (S. 209) 2mal tägl. (Abf. vom Fischplatz; 20 kr.); nach der *Andritz* (S. 209) 4mal tägl. (Abf. vom Ursulinerplatz; 15 kr.).

*Graz* (346m), die Hauptstadt der Steiermark, malerisch an beiden Ufern der *Mur* gelegen, über welche sieben Brücken führen, mit 113000 Einw. und 4500 Mann Besatzung, ist eine der angenehmsten österreich. Provinzial-Hauptstädte und wird namentlich auch wegen seiner gesunden Lage von pensionierten Beamten und Offizieren mit Vorliebe zum Wohnsitz gewählt (es wohnen hier allein gegen 200 Generale). In den letzten Jahrzehnten sind viele schöne Straßen und neue Stadtteile entstanden, w. die *Annen-* und *Keplerstraße*, die vom Südbahnhof in die Stadt führen, ö. die stattliche *Ringstraße (Burg-, Karl-Ludwigs-* und *Joanneums-Ring)*, die *Elisabeth-, Schiller-, Lessing-, Nibelungen-, Bergmann-* und *Rechbauerstraße*. Zwischen der innern Stadt und den äußern Stadtteilen der 12ha große \*Stadtpark mit reizenden Anlagen im engl. Geschmack (Konzerte s. oben); in demselben eine *Schillerbüste* von Hans Gasser, die „*Waldlilie*", Bronzefigur nach Rosegger's Waldschulmeister von Hans Brandstetter, der *\*Franz-Josefs-Brunnen*, Erzguß von Durenne in Paris und ein Standbild des *Grafen Anton Alex. Auersperg (Anastasius Grün,* † 1876), von Kundmann.

Den Hauptverkehr zwischen der innern Stadt u. dem r. Murufer vermittelt die 1891 erbaute **Franz-Carl-Brücke** (Pl. C 5), mit von Adlern gekrönten Eckkandelabern und reichem schmiedeeisernen Geländer; am Mittelpfeiler Bronzefiguren der Austria und Styria von Brandstetter.

Der *\*Schloßberg* (Pl. C D 3, 4; 471m) überragt die Stadt. Seine schon im XV. Jahrh. zum Schutz gegen die Türken angelegten Befestigungen sprengten am 23. Juli 1809 die Franzosen in Folge des Waffenstillstandes, nachdem 4 Wochen früher der kaiserl. Major Hacker mit 500 Mann Besatzung und 26 Geschützen die Werke erfolgreich gegen 3000 Franzosen unter Macdonald verteidigt hatte. An der Ostseite, auf halber Höhe, vor dem Schweizerhaus (Restaur.), das *Standbild des Feldzeugmeisters v. Welden* († 1853), des Schöpfers der Anlagen, in Erz nach Gasser's Modell. Am. Südabhang ein altertümlicher, 16m hoher *Uhrturm*, mit riesigem Zifferblatt, und der 94m tiefe *Türkenbrunnen*. Auf dem obern Plateau der 18m h. *Glockenturm* mit einer 9143kg schweren Glocke („Schloßbergliesel") und vier Aussichtsrampen (z. T. mit Orientierungstafeln). Berühmte *Aussicht auf den Lauf der Mur und den bevölkerten Thalkessel, von schöngeformten Bergen umgeben, an malerischem Reichtum von wenig Aussichten in Deutschland übertroffen: n. der Schöckel (S. 209), n.w. die obersteirischen Alpen, s.w. die Koralpe (S. 210), südl. das Bachergebirge.

Drahtseilbahn von der Sackstraße Nr. 56 (Pl. C 4) alle ¼ St. in 3 Min.; Fahrpreis 20, abwärts 10 kr.. Monatskarten 2 fl. Die von Ingenieur L. Ph. Schmidt erbaute Bahn ist 211m lang, doppelgeleisig, mit Zahnstange als Sicherheitsvorrichtung; Steigung 60%. Am oberen Ende (109m über der Sackstraße) das Maschinenhaus; daneben *Café-Restaur.* mit Aussichtsterrasse. — Für Fußgänger ist der Aufgang (bis zum obern Plateau 20 Min.) an der Ostseite, vom Karmeliterplatz (Pl. D 4), durch den Bogen des Hauses Paulusthorgasse No. 1 (Wegweiser), am Uhrturm und dem Türkenbrunnen (s. oben) vorbei; an der Nordseite von der Wickenburggasse (Pl. C 3).

Der **Dom** (Pl. 5; D 4, 5), eine 1446-62 erbaute, stark modernisierte spätgot. Hallenkirche, mit kupfernem Turmdach vom J. 1663, hat an der Fassade ein bemerkenswertes Portal.

Inneres. Im Chor ein Hochaltarblatt, die Wunder des h. Ägidius, von *Joseph Flurer*, einem Schüler Salvator Rosa's. An den Chorwänden zwei Votivbilder von *Peter de Pomis*, Hofmaler des Erzherz. Karl II.; r. der Erzherzog mit seiner gesamten Familie vor dem Kruzifix, l. seine Gemahlin Maria (von Bayern) mit 9 Töchtern vor der Himmelskönigin. Am Aufgang zum Chor, r. und l. auf marmornen Fußgestellen zwei hölzerne, mit Intarsia und Reliefs verkleidete Truhen mit den Reliquien der h. Maxentius und Vincentius einerseits, der h. Maxentia und dem Arm der h. Agatha anderseits, welche Papst Paul V. dem Erzherzog Ferdinand schenkte, 1617 hierher gebracht. Die 6 kleinen *Elfenbein-Reliefs*, ausgezeichnete italien. Arbeiten des xvi. Jahrh., stellen die Triumphe der Liebe, Unschuld, des Todes etc. dar (nach Petrarca's „i trionfi").

Neben dem Dom das **Mausoleum** (Pl. 8), von Kaiser Ferdinand II. († 1637) erbaut, der zu Anfang des 30jährigen Krieges vor seinen böhm. und österreich. Unterthanen hier Schutz suchte. In dem Grabgewölbe der Sarkophag des Erzh. Karl II. († 1590) und seiner Gemahlin, der Eltern Ferdinands.

Gegenüber die ausgedehnten, bis 1773 den Jesuiten gehörigen Gebäude der *alten Universität* (Pl. 12), mit der *Universitäts-Bibliothek* (120000 Bände), dem *archäologischen* und *numismatischen Kabinet*. Die großen neuen Universitätsbauten *(anatom.-physiolog., chem. u. physikal. Institut)* sind in der Harrachgasse (Pl. E 3), wo auch die neue, von Rezori erbaute *Universität* 1894 eröffnet worden ist. — In der Rechbauerstr. der stattliche Renaissancebau der *technischen Hochschule* (Pl. E 5), von Hauberrisser und Wüst (1888).

Auf dem Franzensplatz (Pl. D4) vor dem gleichn. *Theater* (Pl. 11) das von Marchesi entworfene **Standbild des Kaisers Franz II.** (Pl. 2) in Erz, im Gewand des Goldnen Vließes, 1841 errichtet.

*Stadtpfarrkirche* (Pl. D 5) in der Herrengasse, spätgot. Hallenkirche aus dem xv. Jahrh., 1875 hergestellt, Hochaltarblatt von Tintoretto, Himmelfahrt Mariä. — *Marienkirche* (Pl. A 4), Marien-gasse, hübsches Gebäude im got. Stil, nach Plänen von Dombau-meister Schmidt in Wien, 1865 vollendet. — *Leechkirche* (Pl. E 4), kleiner aber hübscher got. Bau, als Deutschordenskirche angeblich 1283 errichtet. — *Herz-Jesu-Kirche* (Pl. F 5), Naglergasse, präch-tiger Neubau im frühgot. Stil nach Hauberrisser's Plänen, mit Un-terkirche (Krypta) und 109m h. Turm.

In der Herrengasse das *Landhaus* (Pl. D 5), im xvi. Jahrh. im Renaissancestil erbaut. Schönes Portal mit zwei Balkonen.

Neben dem Hauptthor r. warnt eine bemalte Tafel von 1588, daß „nie-mand sich unterstehe, in diesem hochbefreiten Landhaus zu rumohren, die Wöhr, Tolch oder Brodmesser zu zucken, zu balgen und zu schlagen, gleichfalls mit andern Wöhren Ungebühr zu üben, oder Maulstreich aus-zugeben.“ Besonders schön der erste Hof mit Arkaden (neuer Arkaden-gang von 1890) und treffl. gearbeitetem Brunnen in Bronzeguß (1590). Ge-denktafel für Joh. Kepler. Im Innern der *Rittersaal* und *Landtagssaal.* Das südl. an das Landhaus stoßende, 1644 erbaute landschaftl. *Zeughaus* ist in seiner alten Einrichtung vortrefflich erhalten; in demselben neben einer großen Anzahl von Rüstungen und Waffen, meist aus dem xvii. Jahrh. Eintritt vom Landhause tägl. 10-1 U. Vm., 80kr.; Sonnt. frei).

Auf dem Hauptplatz (Pl. C D 5) das 1878 errichtete *Standbild des Erzherzogs Johann* († 1859), Erzguß nach *Pönninger's* Modell. An der Südseite das prächtige neue *Rathaus* (Pl. 10), an Stelle des alten Rathauses von *Wielemanns* und *Reuter* 1892 im deutschen Renaissancestil erbaut. An der Fassade Reliefköpfe und Stand-bilder der für Graz geschichtlich bedeutenden Männer. Im Treppen-haus eine Freske (Graz im J. 1635) von Paul Scholz; im Ratssaal eine Gerichtssitzung im J. 1478, Gemälde von N. Strobel.

Das Joanneum (Pl. D 5), 1811 von Erzherzog Johann gegrün-det zur Förderung der Landeskultur und Verbreitung gemeinnützi-ger wissenschaftl. Bildung in Steiermark, enthält verschiedene Sammlungen, die in zwei durch einen Garten verbundenen Ge-bäuden untergebracht sind. Im ALTEN JOANNEUM (Raubergasse 10) befinden sich das *naturhistorische Museum* (mineralog., geolog., zoolog. u. botan. Abteilung), die *prähistor. Sammlung* (bemerkens-wert der sog. „Judenburger Wagen“) und das *Antiken- u. Münzen-Kabinett* (Eintr. tägl. 10-11 U., 20 kr.; So. frei). In einem modernen Anbau die *Landes-Bibliothek* (Vorstand Prof. v. Zwiedinek) mit c. 140 000 Bänden (im Hochparterre Lesesäle, im ersten Stock Kanzleien und Ausstellung bemerkenswerter Drucke; Eintr. 10-1, vom 1. Mai bis 15. Juli auch 4-7, im Winter 10-1 u. 4-9 U.).

In dem neuen 1895 eröffneten MUSEUMGEBÄUDE, einem Monu-talbau im Barockstil nach Gunolt's Plänen, befindet sich das *Kul-turhistor. u. Kunstgewerbe-Museum* und die *Gemälde- und Kupfer-stich-Sammlung* (Eintr. So. 10-1 U. frei, Di. Mi. Fr. Sa. 9-1 U. 25 kr.; Do. 10-2 U. 50 kr.).

Die reichhaltigen, in drei Stockwerken verteilten Sammlungen des Kulturhistor. und Kunstgewerbe-Museums (Direktor Prof. *K. Lacher*) zerfallen in folgende Unterabteilungen: Wohnräume aus Steier-

mark: gewerbliche und kunstgewerbliche Arbeiten; kirchliche Kunst und
Kunstindustrie; histor. Porträte und geschichtlich wertvolle Gegenstände;
eine kunstgewerbliche Mustersammlung und eine Vorbildersammlung mit
Zeichensaal. Bemerkenswert: der *Landschadenbundbecher*, ein Meister-
werk der Augsburger Goldschmiedekunst des XVI. Jahrb.; der sog. *Weizer
Prunksaal* vom J. 1563 und die altsteirischen Stuben von 1564, 1568, 1577,
1596 u. 1607; der Reisewagen Kaiser Friedrichs III., die Doppelsänfte
Stephan Bathory's und seiner Frau u. s. w. (gedruckter Führer von
Direktor Lacher 20 kr.). Anschließend eine Verkaufshalle für das moderne
steirische Kunstgewerbe.

Die Gemälde- und Kupferstichsammlung, im I. Stock in
vier Sälen aufgestellt, enthält u. a. aus der altdeutschen Schule: *Cranach*,
der Ritter am Scheidewege; Porträte des Kaisers Maximilian von *B. Strigel*
und der Maria v. Burgund von *H. Memling*; Niederländer: Porträte von
*G. de Crayer*, *M. de Vos*; *P. Brueghel*, der Triumph des Todes; *H. Gol-
tzius*, Ecce Homo; Italiener: *G. Vasari*, Porträt Michel Angelo's; *L. Giordano*, Anbetung der h. drei Könige; *P. de Pomis*, Aufnahme der Erzherzogin Maria, Gemahlin Karls II., in den Himmel. Dann Bilder aus der
ältern u. neuern Wiener Schule.

Am Stadtkai der neue *Justizpalast*, nach Plänen von Wielemanns und Reuter. — In der Hamerlinggasse No. 6 (Pl. D 5, beim
Carl-Ludwig-Ring) das *Wohnhaus Robert Hamerling's* († 1889),
mit dem Marmor-Reliefbilde des Dichters von Brandstetter.

In der Vorstadt *Karlau*, 20 Min. von der Franz-Carl-Brücke
am r. Murufer das *Zellengefängnis* (Pl. B 8). Weiter an der Triester
Straße der große neue *Gemeinde-Friedhof*, mit sehenswerten Bauten
im ital.-got. Stil nach Laužil's Plänen.

UMGEBUNGEN. 20 Min. vom Stadtpark, durch die Zinzendorf- und
Schubertstr. (auch Trambahn, S. 206), der *Hilmteich* (Pl. D 1), besuchter
Vergnügungsort mit Restaur., Anlagen und großem Teich (Kahnfahrten).
Von der (10 Min.) *Hilmwarte*, einem 30m h. Aussichtsturm (183 Stufen;
Eintr. 10 kr.), reizende Aussicht.

Hübscher Nachmittagsausflug auf den *Rosenberg* zum (1 St.) *Stoffbauer*
(479m; Whs.); von da ¾ St. auf die *Platte* (651m), mit prächtiger Aussicht
von der *Stefanie-Warte*; hinab nach (½ St.) *Maria-Grün* (445m), von da an
dem schön gelegenen *Sanatorium Mariagrün* und am Gasth. *Kaltenbrunn*
vorbei zum (½ St.) *Hilmteich* (s. oben) und mit Trambahn nach Graz zurück. — Vielbesuchte Punkte sind außerdem: am l. Murufer *Steinberg*
(2 St.), mit herrlichem Ausblick auf das Gebirge gegen Kärnten; *Ruckerl-
berg* bis Schloß *Lustbühel* (1¼ St.) und weiter bis *Hönigthal* (1½ St.), zurück
über den *Riesberg*; *Andritz-Ursprung* (1½ St.); *Mariatrost*, Wallfahrtsort
(1½ St.; auch auf angenehmen Waldwegen vom Hilmteich über Häuschen
im Wald); am r. Murufer *Eggenberg* (1 St.), Schloß und Kaltwasserheilanstalt; über (1 St.) *Gösting* (S. 196, in der Nähe der Ruine der nach der
Mur steil abfallende *Jungfernsprung*) nach (1 St.) *Thal*; *Judendorf-Straßengel*,
erste Station der Wiener Bahn (S. 195; zu Fuß 2 St.); etc.

Auf den *Buchkogl* (659m), 2½ St. s.w.; bis zum (1½ St.) *Martins-
brunnen* oder *Bründl* (*Whs.) in ¾ St. fahren, von da über *St. Martin*
in 1 St. auf die Höhe, kaum zu verfehlen. Oben die 11m h. *Rudolfs-
Warte*; reizende Aussicht über den weiten Thalkessel, n. über Graz die
Wallfahrtskirche Mariatrost, der Schöckel, n.w. die obersteir. Gebirge
(Hochschwab), w. die Schwanberger Alpen, s. das Bachergebirge.

*Schöckel* (1446m), lohnende Bergpartie; am bequemsten von Bad
*Radegund* (714m; Kaltwasserheilanstalt) am s.ö. Fuß des Berges (Fahr-
weg durch den *Annagraben* in 3½ St.; Omnibus tägl. 8 U. Vm. in 2¾ St.).
Von hier zum (1¼ St.) obern *Schöckel-Kreuz* (1126m); dann l. zur *Sem-
riacher Alp* (Whs.) und zum (1 St.) Gipfel, mit dem *Stubenberghaus* des
Steir. Gebirgsvereins (Wirtsch.). Weite herrliche Aussicht. — Vom (1½ St.)
*Andritz-Ursprung* (s. oben) führt ein direkter Weg über *Puch* und die

**Nach Tobelbad** (12km s.w.), entweder Fahrstraße über *Straßgang*
(Zweisp. In 1 St.), oder auf der Köflacher Bahn (s. unten) in 25 Min. bis
Stat. *Premstätten*, dann noch ½ St. Gehens zu dem inmitten schöner Fichten-
wälder freundlich gelegenen Bad (350m; *Kurhaus*; Gasth. zum Königsbrunn).

Von Graz nach Köflach, 41km, Eisenbahn in 1¾ St. Die Bahn,
zum Kohlen-Transport erbaut, führt im breiten Murthal abwärts in fast
südl. Richtung bis *Premstätten* und wendet sich dann n.w. im Thal der
*Kainach* aufwärts über *Liboch* (Zweigbahn nach *Schwanberg-Wies*, s. unten).
Von *Köflach* (*Bräuhaus) führt eine Straße n.w. über den *Stubalppaß*
(1551m) ins obere Murthal nach *Weißkirchen* und *Judenburg* (S. 222).

Von Graz über Schwanberg nach Klagenfurt. Eisenbahn
in 3 St. bis *Wies*, dann Fahrstraße In 5 St. bis *Wuchern* (S. 217). Bis
(16km) *Liboch* s. oben; die Bahn zweigt von der Köflacher l. ab und
führt über Stat. *Lannach, Preding-Wisselsdorf, Groß-Florian* nach (46km)
*Deutsch-Landsberg* (372m; Fritzberg; *Stelzer), hübsch gelegenem Markt
mit altem Schloß; weiter an dem stattlichem Schloß *Hollenegg* vorbei nach
(55km) Schwanberg, ³/₄ St. ö. vom Ort (*Krauser; Neuwirt; Mollak). Letzte
Station ist (67km) *Wies* (Heinisser; Steizer), an der *Weißen Sulm* freundl. gelegen mit altem Schloß, Eisenhämmern, Hohöfen. Von hier s.w. nach
(1 St.) *Eibiswald* mit Eisenwerken und auf steil ansteigender aber gut gehal-
tener Straße über den *Radlberg* (670m), mit weiter Aussicht, s. über Drauthal und Karawanken, n. Schwanberger Alpen bis Graz, hinab ins Drauthal
nach (3 St.) *Mahrenberg*, großer betriebsamer Flecken mit Klosterruine;
dann über die Drau (Fähre) nach (⁴/₄ St.) Stat. *Wuchern* (S. 217).

Die Schwanberger Alpen werden von Graz aus viel besucht (vgl.
**Karte S. 220**). Eisenbahn bis *Deutsch-Landsberg*, s. oben; über die *Laß-
nitz*, dann r. hinan über (2½ St.) *Trahütten* und das *Parfus-Whs.* (987m)
mit schöner Aussicht nach (1½ St.) *St. Maria* oder *Glashütten* (1275m;
*Whs.); von hier (Fahrweg) r. zur (1½ St.) Landesgrenze zwischen Steier-
mark und Kärnten, dann l. am Gatter entlang über die *Weineben* zur Einsattelung zwischen *Hünerstützen* und *Moschkogel*, in welcher etwas abwärts
(1 St.) die *Schaf-* oder *Grillitschhütte* (1745m; Erfr. wenn Hirten da sind).
Von hier durch das Kar auf die (½ St.) *Koralpe* (2141m), den Gipfel
der Schwanberger Alpen, auch *Speikkogel* genannt; ½ St. w. unterhalb
das *Koralpenhaus* der AVS. Wolfsberg (1962m; Whs.). Vom Gipfel umfassende Aussicht w. über das Lavantthal, Klagenfurt mit seinen Seen und
Villach, über einen großen Teil von Kärnten bis zum Großglockner und
Groß-Venediger, n. Hochschwab, Schöckel und Graz, s. die Krainer Gebirge, ö. über Gleichenberg und Riegersburg hinaus nach Ungarn und
Kroatien. — Abstieg östl. über die *Brendlalp* nach (4½ St.) *Schwanberg*
(s. oben); w. über die *Hipfhütten* nach (4 St.) *Wolfsberg* (S. 217), oder über
die *Kollnitzer Alpe* und *Gemersdorf* nach (4 St.) *St. Andrä* (S. 217).

Von Graz nach Steinamanger, 140km, Eisenbahn in 4 St., s.
*Bædeker's Österreich-Ungarn*. Von (53km) Stat. *Feldbach* Post in 1½ St.
(80 kr., Wagen 4 fl.) nach dem 11km südl. gelegenen Bad Gleichenberg
(300m), in einem parkartig angelegten, mit zahlreichen Gasthöfen (*Vereinshaus; Villa Höflinger; Hotel Mailand; Stadt Venedig; Stadt Würzburg*),
Wohnhäusern und Villen geschmückten weiten Thal (3–4000 Kurgäste jährlich). Die Mineralquellen sind namentlich bei Krankheiten der Atmungs-
und Verdauungsorgane wirksam. Die *Konstantinsquelle*, ein eisenfreier
kochsalzhaltiger alkalischer Säuerling, die *Emmaquelle*, die *Stahlquelle* und
der *Johannisbrunnen* werden zu Trinkkuren, die *Römer-* und *Werléquelle*
zu Bädern benutzt. Auf einem von drei Seiten unzugänglichen Felsen
liegt das durch seine Hexenprozesse verrufene alte Schloß *Gleichenberg*.

## 37. Von Graz nach Triest.

*Vergl. Karten S. 220, 216.*

**368km.** ÖSTERR. SÜDBAHN. Schnellzug in 8 St. für 15 fl. 30, 11.65,
7.90 kr., Personenzug in 12½-13 St. für 13 fl. 10, 9 85, 6 65 kr.

*Graz* s. S. 205. Die Bahn führt durch das fruchtbare *Grazer*

*Feld* am r. Ufer der Mur, vom Fluß entfernt. — 6km *Puntigam;*
am Gebirge r. Schloß *Premstätten*, Graf Saurau gehörig. Jenseit
(13km) *Kalsdorf* l. oben Schloß *Weißenegg*. Vor (24km) *Wildon*
über die *Kainach;* auf der Höhe Ruine *Ober-Wildon*, einst von Tycho
Brahe (S. 239) bewohnt (oben Restauration und schöne Aussicht).
R. das rebenreiche *Sausal-Gebirge*. Bei (27km) *Lebring* öffnet
sich r. das *Laßnitz-Thal*, weiter bei (36km) *Leibnitz* das Thal der
*Sulm* (s. oben). Auf der Halbinsel zwischen Sulm und Mur, dem
*Leibnitzer Feld*, wurden zahlreiche röm. Altertümer gefunden,
hier stand einst das röm. *Flavium Solvense* (in dem bischöfl. Schloß
*Seckau*, ½ St. w. von Leibnitz, eine Sammlung röm. Inschriften).

Die Bahn überschreitet die Sulm und tritt dicht an die Mur.
43km *Ehrenhausen* (Gaar), mit Schloß des Grafen Attems auf
waldiger Höhe; der Kuppelbau daneben ist die Gruftkirche der
Fürsten von Eggenberg. ½ St. w. Dorf *Gamlitz*, mit von Prof. Ferk
angelegtem Museum (Römersteine u. a.). — 46km *Spielfeld*, mit
Schloß des Grafen Attems.

Nach Luttenberg 57km, Zweigbahn in 3¾ St. durch das fruchtbare *Murthal*. Stat. *Schwarza, Weitersfeld, Murek, Gosdorf, Purkla, Halben-
rein*. 31km Radkersburg (208m; *Kaiser von Österreich; Kleinoscheg*),
freundliches Städtchen (2593 E.) am l. Murufer, hat eine schöne spätgot.
Pfarrkirche aus dem XV. Jahrh. Weiter über (34km) *Ober-Radkersburg* mit
hochgelegenem Schloß des Grafen Wurmbrand (285m; schöne Aussicht)
nach (39km) Radein (200m; *Kurhaus*, mit mehreren Dependenzen, Z.
50 kr.-1 fl. 30 kr.), besuchtes Bad mit lithionhaltigem Sauerbrunnen [lohnen-
der Spaziergang auf bequemen Waldwegen nach (½ St.) *Kapellen* (309m;
Whs.), mit weiter Aussicht besonders gegen Ungarn]; dann über *Eich-
Mauthdorf, Wudischofzen, Kreuzdorf* nach (57km) *Luttenberg*, weinberühmter
Ort am *Stainzbach*, am Fuß rebenbedeckter Hügel.

Die Bahn verläßt die Mur und wendet sich s. in das Gebirge,
die *Windisch-Büheln*, zwischen Mur und Drau; auf der Wasserscheide (297m) der 190m l. *Egidi-Tunnel*. Weiter bei (58km)
*Pößnitz* auf 649m l. Viadukt über das *Pößnitzthal*, mittels des
664m l. *Leitersberger Tunnels* durch den *Posruck* und hinab nach
65km **Marburg** (274m; *Bahnrestaur.; Stadt Wien; \*Erzh. Johann; \*Mohr; \*Hotel Meran; Traube;* im *Casino* gute Restauration),
zweite Stadt der Steiermark (20 000 Einw.), am l. Ufer der *Drau* am
Fuß des Posruck malerisch gelegen. Auf dem Tappeiner-Platz vor
der Realschule das von Anlagen umgebene *Tegetthoff-Denkmal*,
dem in Marburg 1827 geb. Admiral († 1871) im J. 1883 errichtet.
In der Nähe der *Stadtpark* mit dem *Kaiser Josef-* und *Erzh. Johann-
Denkmal* und hübscher Aussicht auf Posruck und Bachergebirge.
Marburg ist Mittelpunkt des steirischen Obst- und Weinbaus
(landschaftl. Obst- u. Weinbauschule). Am l. Ufer der Drau die
Vorstadt *St. Magdalena* mit großen Werkstätten der Südbahn.

Vom (20 Min.) *Kalvarienberg* (378m) und dem (½ St.) *Pyramidenberg*
(363m) guter Überblick über Stadt und Umgebung. — Lohnender Ausflug
nach (2 St.) *St. Urban* (595m), Wallfahrtskirche u. Whs. auf dem östlich.
Ausläufer des Posruck, mit weiter Aussicht (bis zum Fuß des Berges kann
man fahren, dann noch ¾ St. bequemen Steigens).
Von Marburg nach *Villach* und *Franzensfeste* s. R. 38 u. 27.

14*

Die Bahn überschreitet die Drau auf langer Brücke (r. hübscher Blick auf die Stadt und das Drauthal). Weiter durch eine weite Ebene; r. die Abhänge des Bacher-Gebirges. — 78km *Kranichsfeld*; 84km **Pragerhof** (251m; *Bahnrestaur.*; nach *Kanizsa* und *Budapest s. Baedeker's Österreich-Ungarn*). Die Bahn tritt in niederes Hügelland; zwei Tunnels. 90km *Windisch-Feistritz;* 98km *Pöltschach* (271m; Hôt. Baumann, am Bahnhof; *Post, im Dorf*), am Fuß des *Wotsch* (980m).

Post mehrmals tägl. über (15km) **Bad Rohitsch** oder *Sauerbrunn-Rohitsch*, berühmter Kurort, nach (22km) *Markt-Rohitsch* und (42km) *Krapina-Teplitz* (s. *Baedeker's Österreich-Ungarn;* Fahrzeit bis Markt-Rohitsch 3 St., bis Krapina 6 St.). Der kegelförmige Donatiberg (883m) wird der Aussicht wegen viel bestiegen (vom Markt-Rohitsch 2½ St.); am Gipfel die *Frölichhütte* (835m; Unterkunftshaus).

Von Pöltschach Eisenbahn w. über *Heiligengeist* und *Gattersdorf* nach (15km in 1 St.) **Gonobitz** (332m; *Walland*), freundliches Städtchen mit berühmtem Weinbau und zwei fürstl. Windischgrätz'schen Schlössern.

Die deutsche Zunge weicht hier der slovenischen oder windischen. Die Bahn windet sich durch eine dünn bevölkerte gebirgige Gegend, die Thäler meist eng, die Berge mit stattlichem Laubwald bewachsen, an den Abhängen hin und wieder Mais und Reben. — 111km *Ponigl;* 122km *St. Georgen;* 128km *Store,* einige Hüttenwerke. Plötzlich weite Aussicht über eine hügelige bevölkerte Ebene, das *Sannthal,* von den *Sannthaler Alpen* eingefaßt.

133km **Cilli** (241m; *Elephant; Hot. Koscher zum weißen Ochsen; *Erzh. Johann; Krone; Löwe*), freundliche alte Stadt (6228 E.) an der *Sann,* durch Kaiser Claudius *(Claudia Celeja)* gegründet, wegen der hübschen Umgebung und der warmen Sannbäder (im Sommer 20-24° R.) viel besucht. Interessantes *Lokal-Museum* römischer Altertümer; am r. Sannufer der hübsche *Stadtpark*.

Vom (20 Min.) *Josefsberg* (300m) reizende Aussicht; schöner noch vom *Laisberg* (471m; ¾ St.). Auf dem bewaldeten Schloßberg (411m, 1 St.) die ansehnliche Ruine *Ober-Cilli*.

17km n.w. von Cilli (Post 2mal tägl. in 2 St.) liegt das besuchte Frauenbad **Neuhaus** (363m; *Kurhaus*) mit indifferenter Therme (36° R.), an den Ausläufern der Sannthaler Alpen. Die Umgebung ist reizend, hübsche Spaziergänge nach allen Richtungen, namentlich zur (¾ St.) Ruine *Schlangenburg* (518m) mit weiter malerischer Aussicht.

Hübsche Ausflüge von Cilli über *Hohenegg* und Schloß *Sternstein* nach (4 St.) *Gonobitz* (s. oben); über Sternstein nach (4 St.) *Weitenstein;* im Sannthal nach (2 St.) *Deutschenthal* mit großer Steingut- und Majolika-Fabrik (Besichtigung gestattet); auf den (2 St.) *Dostberg* (838m), mit lohnender Aussicht, etc.

Ausflüge in die *Sannthaler* oder *Steiner Alpen, s. Baedeker's Südbaiern*.

Die Bahn überschreitet zweimal die Sann und tritt in das enge waldbewachsene Felsenthal derselben, von Cilli bis Sava (S. 196) der Glanzpunkt der ganzen Fahrt. Auf den Bergspitzen mehrfach Kirchen und Kapellen. — 143km *Markt-Tüffer*, mit Schloßtrümmern und dem *Franz-Josefs-Bad*.

Das Kaiser Franz-Josefs-Bad, am Fuß des *Humberges* auf dem l. Ufer der Sann hübsch und sehr geschützt gelegen, hat drei starke indifferente Quellen (28-31° R.), ähnlich denen zu Gastein und Pfäfers. Unterkommen im *Bad* (100 Z.), sowie in den nahen Gasthäusern *zum Flösser*, *zur Brücke*, *Bräuhaus*, *Villa Stein*, *Rödelhof*, etc.; jährlich c. 1200 Kurgäste.

**152km Römerbad**; am r. Ufer der Sann das besuchte Bad gl. N.,
slav. *Teplitza* („warmes Bad"; 30° R.), Denksteinen zufolge schon
den Römern bekannt, mit gut eingerichtetem Kurhaus (1. Mai-
30. Sept. geöffnet), Anlagen, Schweizerhaus, in reizender Lage.

Das Bad selbst ist auch im Winter offen; daneben die guten kleineren
Gasthöfe *Post*, am Bahnhof, und *Alte Post*, 7-8 Min. vom Bahnhof, oben
beim Bad. Beliebter Ausflug nach dem durch seltene Coniferen ausgezeichneten Park des über der Save gelegenen Schlößchens *Weichselstein*, ³/₄ St.
thalab von Steinbrück, jenseit des Marktes *Ratschach* (Wagen von Römerbad in 1¹/₄ St., 5 fl.). — Ferner durchs *Gramnitzthal* (Seitenthal der Sann
mit großartigen Dolomitfelsen) nach *Gairach*, mit Klosterruine (4 St. von
Römerbad, Wagen in 2 St., 7 fl.), etc.

**157km Steinbrück** (*Bahnrestaur.*, auch Z.), aufblühender Ort
an der *Save* oder *Sau*, die hier die Sann aufnimmt.

Nach Agram, 76km in 3 St. Stat. *Lichtenwald, Reichenburg, Videm-
Gurkfeld, Rann, Zapresič.* — 76km *Agram* und von hier nach *Sissek* und
*Karlstadt* (Fiume) s. *Baedeker's Österreich-Ungarn.*

Weiter in dem engen, von hohen steilen Kalkfelswänden einge-
schlossenen Savethal. — 165km *Hrastnigg;* 170km *Trifail*, mit einer
der bedeutendsten Kohlengruben Österreichs (Jahresproduktion
c. 6 Mill. Ctr.); großartige und sehenswerte Tagebaue auf Kohle,
welche hier förmliche Felsen bildet (Mächtigkeit des Flötzes
20-25m, in Folge örtlicher Überschiebung aber oft das Doppelte
und Dreifache).

175km *Sagor*, erster Ort in Krain; 183km *Sava.* Hier erweitert
sich das Thal. Hinter (190km) *Littai* Gitterbrücke über die Save,
dann ein kleiner Tunnel, Gegend fortwährend schön. — 197km
*Kreßnitz;* 206km *Laase.* Die Bahn verläßt die Save beim Einfluß
der *Laibach* und hält sich am l. Ufer der letztern. — 213km
*Salloch.* N.w. der hohe Gebirgszug der *Julischen Alpen* mit dem
*Triglav* (S. 214).

221km **Laibach** (287m; *Stadt Wien; *Elefant*, mit Badeanstalt; Hôt. Lloyd; Stern*, wird gelobt; *Café-Rest. Casino; Café
Kirbisch, Europa; *Bahnrestaur.*), slav. *Ljubljana*, die röm. *Aemona.*
Hauptstadt (30605 meist slav. Einw.) von Krain, an der *Laibach*,
in einer weiten Fläche, von Bergen in den verschiedensten Ab-
stufungen umgeben. Die Stadt wurde durch das Erdbeben vom
April 1895 schwer beschädigt. Ein als Gefängnis dienendes weit-
läufiges *Schloß* überragt sie; prächtige Aussicht, besonders gegen
den Triglav und die Saunthaler Alpen. Im *Dom*, mit Rundgewölbe
und Kuppel im italien. Stil, Stuckverzierungen und Fresken aus
dem XVIII. Jahrh. Am Anfang der Lattermann'schen Allee das
*Landes-Museum*, mit naturhistor. und archäolog. Sammlungen
(Pfahlbaufunde aus Krain) und Bildergalerie. Neues *Theater.* Konzerte in der *Tonhalle* der philharmon. Gesellschaft. In der Stern-
Allee das *Radetzky-Denkmal*, 2m h. Bronzebüste von Fernkorn,
1860 errichtet.

Schöner Spaziergang durch die *Lattermann'sche Allee* mit prächtigen
alten Kastanien nach dem (¹/₄ St.) Tivoli, Park und Schloß, einst im Besitz Radetzky's, mit herrlicher Aussicht (Restaur.), und nach (¹/₄ St.)

*Unterrosenbach*, mit besuchtem Café; von hier durch Wald nach (20 Min.)
*Oberrosenbach*, mit weithin sichtbarer Kirche und schöner Aussicht.
8.ö. führt von Laibach eine Fahrstraße (Post täglich in 9 St.) über
*Groß-Laschitsch* und *Reifnitz* nach (88km) Gottschee *(Post)*, deutsche Sprach-
insel (2880 E.) im Karstgebiet, mit Auersperg'schem Schloß. In der Nähe
die großartige, vom D. u. Ö. Alpenverein 1893 zugänglich gemachte *Frie-
drichsteiner Eishöhle* sowie andre interessante Höhlen. Von Gottschee Post über
*Brod* an der *Kulpa* nach *Delnice*, Stat. der KarlstadtFiumaner Bahn (S. 413).
Von Laibach nach *Villach* s. R. 89.

Die Bahn durchzieht das sumpfige *Laibacher Moos* auf einem
2300m l., 4m h. Damm, und überschreitet die Laibach, die bei *Oberlaibach*, c. 5km s., aus dem Gebirge hervorströmt und fast von ihrem
Ursprung an schiffbar ist. Wahrscheinlich ist es derselbe Fluß,
der bei Stat. St. Peter (S. 215) entspringt, als *Poik* in der Adelsberger Grotte (s. unten) sich verliert, bei Planina als *Unz* zu Tage
tritt, und nach kurzem Lauf südl. von Loitsch verschwindet. Solche
Erscheinungen wiederholen sich mehrfach in den *Julischen Alpen*,
dem Kalkgebirge, welches Krain von NW. nach SO. durchzieht.

Vor (244km) *Franzdorf* fährt der Zug über einen in der Mitte
38m h., 569m l. Viadukt, mit doppelter Bogenstellung (25 Bogen),
ins Gebirge, an *Oberlaibach* vorbei und hält bei (259km) **Loitsch**
(474m; *Post* oder *Stadt Triest*).

Quecksilber-Gruben von Idria, 34km n.w. von Loitsch. Post
2mal tägl. in 4 St., 1 fl.; Wagen 6-8 fl., Fahrzeit hin u. zurück 6-8 St.,
Besichtigung der Gruben und Vorrichtungen 3-4 St. Die Straße führt über
*Hotedersic*, *Godovič* und durch die malerische *Salaschlucht* nach Idria (470m;
*Schwarzer Adler*), zweitgrößte Stadt in Krain (5000 E.), an der *Idrica*
schön gelegen. Die Quecksilbergruben, 1497 entdeckt, sind seit 1580 in
staatlichem Betrieb (Einfahrt gegen Erlaubnisschein der k. k. Bergdirektion,
1 fl. 20 kr.). Das Erz, mit durchschnittlich 1% Quecksilbergehalt, kommt
meist als Zinnober vor (reiches Zinnobererz hält bis 75% Quecksilber);
gediegenes Quecksilber kommt selten vor. Die Hüttenwerke, in denen
das Quecksilber gewonnen wird, liegen 10 Min. n.ö. von Idria am r.
Idriza-Ufer. Das Quecksilber wird aus Erz durch Rösten in Queck-
silberöfen gewonnen; die dadurch entstandenen Quecksilberdämpfe werden
in Kühlapparaten niedergeschlagen und das Quecksilber in eiserne Flaschen gefüllt oder in Schafleder verpackt; aus der von den Öfen fallenden
sog. Stupp wird der letzte Rest von Quecksilber durch Pressen in Stupp-
apparaten gewonnen. Jährliche Erzeugung über 5000 Centner Quecksilber,
wovon an Ort und Stelle c. 500 Ctr. zu Quecksilberfarbe umgearbeitet
werden. Zahl der Bergarbeiter über 1200, in geregelten Verhältnissen (Ne-
benverdienst Spitzenindustrie); bemerkenswert das alte Schloß *Gewerkenegg*
(1527 erb, jetzt Bergdirektion), das Werkstheater (unter Maria Theresia
erbaut), die Werksvolksschule etc. Spaziergänge zum *Zemlja Park* (10
Min.), *Wilden See* (½ St.).

23km Stat. *Rakek*; in der Nähe (1¼ St. ö.) der fischreiche
*Zirknitzer See.* — 285km **Adelsberg** (548m; **Adelsberger Hof;
Krone; Restaur.** am Bahnhof), slav. *Postójna*, als Sommerfrischort
von Triest viel besucht. Vom *Schloßberg* (676m), mit der malerischen Ruine der Burg *Adelsberg* (25 Min.), hübsche Aussicht.

Die berühmten **Tropfsteinhöhlen**, im Mittelalter bekannt, 1818 zu-
fällig wieder entdeckt, sind im Sommer (15. April bis 15. Okt.) tägl. 10½ U.
Vm. bei elektrischer Beleuchtung für 2 fl. 50 kr. pro Person zu besich-
tigen; zu andern Stunden Kerzenbeleuchtung 10 fl., elektr. und Kerzenbeleuchtung je nach der Zahl der Kerzen 20-40 fl. (Billetkasse unweit
der Kirche; Omnibus vom Hotel 15 kr.). Trinkgelder anzunehmen ist dem

Grottenpersonal verboten. — Die Gesamtlänge der Höhle, soweit sie begangen wird, ist 4172m; die Begehung erfordert c. 2 St. Tragsessel mit 4 Trägern 6 fl. Die Temperatur beträgt 7° R.

Eine Linden-Allee führt bergan zu dem durch ein Gitterthor verschlossenen EINGANG (531m), 20 Min. w. von Adelsberg (Omnibus vom Bahnhof 40 kr.). Die Höhle besteht aus mehreren Abteilungen: 1) die *Poikhöhle*, in welche die *Poik* (*Piuka*) (s. unten) 19m unter dem Eingang eintritt, ihren Lauf unter der Erde fortsetzend. Zwei natürliche über einander gewölbte Felsbrücken, verbunden durch eine gemauerte, führen 2) in den großen *Dom* (22m h., 48m br.). Die hohen Steingewölbe erscheinen bei der dämmernden Beleuchtung dem Auge noch größer, umsonst erforscht dasselbe die letzte Grenze der weiten Räume und der dunkeln Tiefe, aus welcher das sanfte Rauschen und Plätschern der Poik herauftönt. 3) Die *Kaiser-Ferdinandsgrotte*, 1818 entdeckt, Halle an Halle mit dem *Tanzsaal*, über 13m h., 148m l., wo Pfingstmontag unter reichster Beleuchtung Ball gehalten wird. 4) Die *Franz-Josef-Elisabeth-Grotte*, eine der größten unterird. Höhlen, 34m h., 208m br., 195m l., in welcher eine aus Tropfsteintrümmern bestehende Erhöhung, das *Belvedere*. 5) Die *Marie-Anna-Grotte* mit den *Kalvarienberg*, dem am weitesten vom Eingang n. vorgeschobenen Punkt.

Von Adelsberg nach Präwald, 13km, Post täglich in 1³/₄ St. Nach c. 7km zweigt von der Straße ein Fahrweg r. ab über *Landol* nach (1¹/₂ St.) Lueg (507m; *Whs.*), Dorf mit Schloß am Fuß einer 123m h. Felswand, in welcher die Ruinen mehrerer Höhlenburgen über einander; am Fuß eine Grotte in welche die *Lokva* verschwindet. Präwald (580m; *Bräuhaus*) wird im Sommer aus Triest viel besucht. Von hier wird der *Nanos* (1300m) häufig bestiegen, in 3¹/₂ St. mit Führer; weite Aussicht bis zu den Kärntner Alpen, über das Meer und die Küste von Istrien.

Die Bahn führt weiter durch das *Poik-Thal* über Stat. *Prestranek* nach (296km) St. Peter (579m; *Südbahnhôtel & Bahnrestaur.*).

Von St. Peter nach Fiume, 57km in 2-3 St. Die Bahn durchzieht welliges Karstgebiet. Drei Tunnel, dann (8km) Stat. *Kallenberg*, slov. *Kiloca*, mit hübscher Aussicht. Bei (16km) Dornegg-*Feistritz*, mit Schloßtrümmern, bricht die *Feistritz* (*Bystrica*) in starkem Strom aus dem Berge hervor, um alsbald mehrere Mühlen zu treiben. Vor der nächsten Station (31km) *Sapiane* (427m) durchdringt die Bahn in einem Tunnel die Wasserscheide zwischen Adriat. Meer und Quarnero und senkt sich dann, bald mit Aussicht auf die Insel Cherso und das Meer, über (42km) *Jurdani*, mit großer Höhle, nach (46km) *Mattuglie-Abbazia* (210m; *H. Ambrosini nahe beim Bahnhof, Z. von 1, P. 2¹/₂ fl.; Z. auch im Bahnhof), Haltestelle für Abbazia, mit prächtigem Blick auf Meer und Inseln, in der Tiefe Volosca und Abbazia, am Fuß des bewaldeten Mte. Maggiore.

Nach Abbazia, 5km, Omnibus in ¹/₂ St., 1 fl. 20 kr. (nur bei dem Schnellzuge Vm. 10¹/₂ U.); Wagen für 1-3 Pers. 4 fl., bis 5 Pers. 5 fl. Die Fahrstraße biegt weit nach O. aus; Fußgänger gehen kürzer auf der alten Straße, beim Whs. (s. oben) s.w. hinab nach (25 Min.) *Volosca*, hübsch gelegener Ort mit gutem Hafen und mehreren Villen, als Winteraufenthalt besucht (am S.-Ende Verboscheck's Whs , guter Wein), und (¹/₄ St.) Abbazia (*Hôtel Stephanie und *Hôt. Quarnero, beide der Südbahn gehörig, Z. von 1¹/₂ fl. an, B. 30 kr., Restaurant nur im H. Stephanie, Café im H. Quarnero; *Villa Angiolina*, *Amalia*, *Schweizerhaus*, sämtlich der Südbahn gehörig, °*Hôt.-Pens. Quisisana*; *Hôtel u. Restaur. Slatina*; *Pens. Meyne*, *Hausner*, *Wienerheim u. a.*; Wohnungsagent Baumgartner), rasch emporgeblühter Sommer- und Winterkurort (mittlere Temperatur im Winter + 8°, im Sommer 20° R.), von der Direktion der Südbahn gegründet, in geschützter Lage, mit herrlichen Parkanlagen und großem Lorbeerwalde. Hauptspaziergang der 1,₅-2 m breiten *Strandweg*, der sich vom Hafen von Volosca bis Icici c. 12km lang am klippenreichen Meeresstrand entlangzieht. Ausflüge: über *Volosca* (s. oben) und *Preluka*, mit großen Steinbrüchen und ;ergiebigem Thunfischfang im Frühjahr und Herbst, nach *Fiume* (S. 413 Wagen. in 1¹/₂ St., 5¹/₂ fl, auch Dampfboot 3mal tägl. in ³/₄ St.); zur Höhle von *Jurdani* (s. oben); s. auf der schönen Küstenstraße an der liburnischen *Riviera* entlang über *Icici* und (4km) *Ika* (Osteria

Restaur. Zehentner) nach (5km) *Lovrana* (Hot. Banhans; Rest. Pernet), in reizender Lage. Auf den **Monte Maggiore** (*Vela Učka*, 1394m), sehr lohnende Tour (5 St.): zu Fuß oder zu Wagen) 1-3 Pers. 16 fl., 4 Pers. 18 fl.) auf der Istrianer Reichsstraße über *Volosca, Mattuglie, Veprinaz* in 3¹/₂ St. zum *Stefanie-Schutzhaus* (960m; *Wirthsch.); von hier zu Fuß auf der Straße ¹/₄-¹/₂ St. weiter (Aussicht über das flache Istrien), oder l. mühsam zum (1¹/₄ St.) Gipfel, mit Windhütte und weiter herrlicher Aussicht.

Von **Mattuglie** (l. oben das Städtchen *Castua*, einst Hauptstadt von Liburnien) senkt die Bahn sich zum Meer, mit schönem Blick auf die Quarnero-Bucht mit den Inseln Veglia und Cherso. 57km *Fiume* s. S. 231.

Nun beginnt eine unwirtbare dürre Hochebene nackter, meist eckiger Kalkfelsblöcke, der **Karst** (ital. *Carso*, slov. *Kras*), von Fiume bis Görz (S. 229) sich erstreckend, von vielen Schluchten durchkreuzt, die Oberfläche hier und dort mit Gestrüpp und zerklüftetem Felsgeröll bedeckt, in den Felsen selbst zahlreiche trichterförmige Vertiefungen (Dolinen). Der NO.-Sturm *(Bora)*, der hier oft herrscht, ist im Stande schwere Frachtwagen umzuwerfen. Die Bahn schlängelt sich durch diese Steinwüste; mehrere Tunnels. — 308km *Lesece;* 320km **Divača,** spr. Divatscha (437m; *\*Bahnrestaur.*, auch Z.; *\*Mahorčić*).

20 Minuten vom Bahnhof die *\*Kronprinz-Rudolf-Grotte*, 600m lang, mit prächtigen blendendweißen Tropfsteinen (Eintrittskarten beim Bahnrestaurateur, 50 kr., Führer 60 kr, Beleuchtung extra).

Die **\*Katarakte und Höhlen von St. Canzian, 8km s.ö.** von Divača, gehören zu den großartigsten Naturgebilden ihrer Art und sind höchst besuchenswerth. Die *Reka* dringt durch eine 100m h. Felswand, auf welcher Dorf und Kirche von St. Canzian stehen, windet sich in der sog. *Kleinen Doline* (Trichter) durch ein Labyrinth von Klippen bis zu einer zweiten Felswand, die er ebenfalls in einer hohen und engen Klamm durchbricht, und stürzt aus dieser in der *Großen Doline* in schönem Wasserfall in einen kleinen See, aus welchem er wieder in eine Felsenenge gerät, in der er vor der Erdoberfläche verschwindet um nach c. 30km langem unterirdischen Lauf als *Timavo* (S. 229) wieder zu erscheinen. Durch die neuen Weganlagen der AVS. Küstenland sind die Grotten und Wasserfälle von allen Seiten zugänglich gemacht. Die sehenswertesten Punkte sind das *Lugeck* mit der *Riesenthorklamm*, die *Guttenberg-Halle*; *Tomasini-Brücke* und *Schröder-Gang*, die *Oblasser-Warte*, zu der man durch einen Naturstollen gelangt, inmitten tosender **Wasserfälle**; die *Tominz-Grotte*, der *Plenkerstcig*, die imposante *Schmidt-Grotte*, der unterirdische Weg von dort in den *Rudolf-Dom*, in welchen die Reka in Wasserfällen und Stromschnellen aus der oben erwähnten Felsenenge einströmt; von hier über die kühne *Teufelsbrücke*, die *Brunnengrotte*, den *Svetinadom* und die *Valvasor-Wand* in den 80m h. *Müllerdom* und den großartigen *Alpenvereinsdom*. Von der *Stephanie-Warte* (435m über M., 160m über dem Reka-See) prachtvoller Blick auf beide Dolinen mit den Katarakten, auf St. Canzian, den Krainer Schneeberg, Nanos etc. Die Besichtigung erfordert 2-3 St.; Eintrittskarten und Führer im Gasthof des *Jos. Gombač* in *Matarun* (10 Min. s. von St. Canzian); Eintritt 30 kr.; Führer 20 kr., mehr Pers. jede 10 kr. pro Stunde (für 3-4 Pers. jedesmal ein Führer ratsam; Fackeln, Kerzen, Magnesiumdraht zu festen Preisen). — Von Stat. Divača zu Fuß in ³/₄ St. über *Unter-Lesece* nach Matavun (Fuhrwerk in Divača theuer). Von Triest führt man in 2¹/₂ St. über *Corgnale*, wo eine altberühmte, jetzt ziemlich verwahrloste Grotte, nach Matavun (vgl. S. 228).

Von Divača nach Pola, 123km, Istrianer Staatsbahn in 3-4¹/₂ St. 13km *Herpelje-Kosina* (519m; Bahnrestaur.), Knotenpunkt der Bahn nach Triest (S. 228). Die Landschaft behält den Karstcharakter; l. der *Slavnik* (1029m). Dann über den *Cičenboden*, eine Steinwüste, deren arme Bewohner, die Cičen, sich meist vom Kohlenbrennen ernähren. 21km *Podgorje;* 31km *Rakitovic;* 36km *Pinguente* mit prächtiger Aussicht über ganz Istrien (r. tief

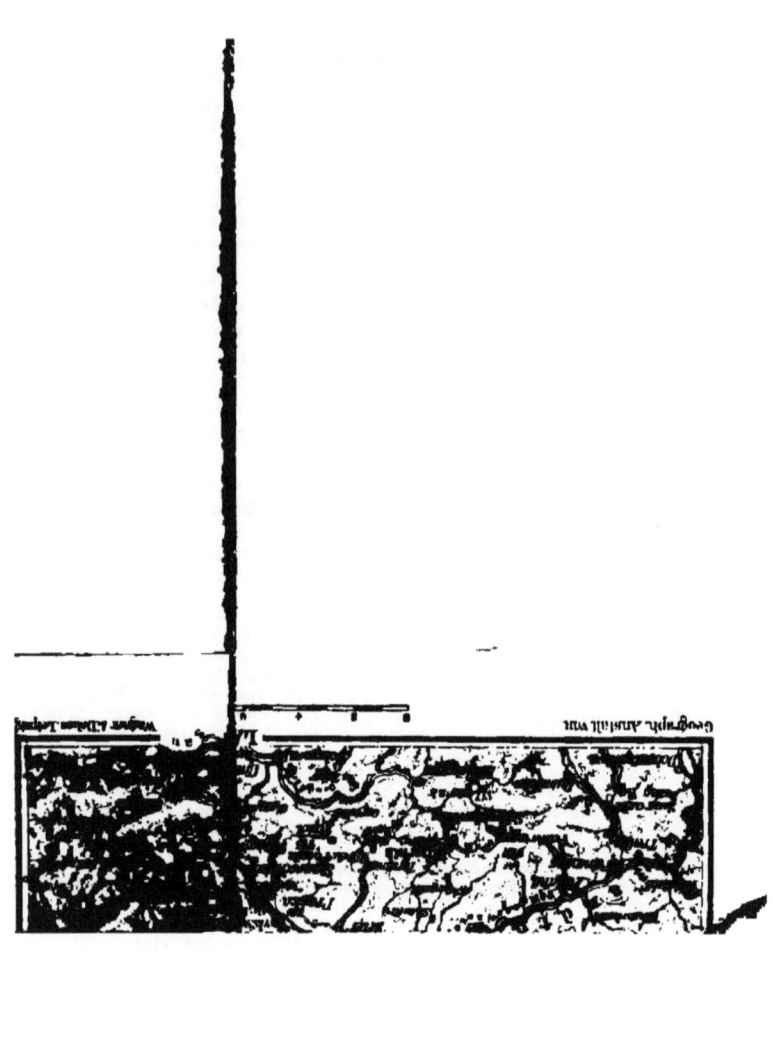

unten im Thal des *Quieto* der gleichn. Ort auf mauerumgebenen Felshügel, mit roman. Kirche aus dem xiv. Jahrh.); weiter an steiler Berglehne abwärts nach (42km) *Rozzo* und (50km) *Lupoglava*. Schöner Blick auf den Monte Maggiore (S. 205), den See von Čepić und die Insel Cherso (S. 222). Die Bahn senkt sich in großen Kurven und durch einen 340m l. Tunnel ins *Foibathal* und erreicht über Stat. *Borutto* und *Cerovglie* jenseit eines Tunnels (71km) *Pisino* oder *Mitterburg* (262m; *Whs.*), die Hauptstadt Istriens, in großartiger Lage an der Foiba, die hier in der Tiefe verschwindet. Weiter auf der Höhe (w. das *Draga-Thal)* bis (92km) *Canfanaro* (Zweigbahn in 1 St. nach *Rovigno*, S. 231); dann an (l.) *St. Vincenti* vorbei über (101km) *Zabronich*, mit Uskoken-Bevölkerung, und (110km) *Dignano* nach (123km) *Pola* (S. 231).

Jenseit (329km) *Sessana* (496m) senkt sich die Bahn, an (340km) *Prosecco* (258m), durch seinen Wein bekannt (S. 225), und (347km) **Nabresina** (169m; *\*Bahnrestaur. & Höt. Böswirth*), wo die Bahn nach Venedig abzweigt (s. S. 229), vorbei, in langen Linien hinab ans Meer, auf dieser letzten Strecke mit prächtiger Aussicht über die blaue Flut. LetzteStat. vor Triest ist (356km) *Grignano* (S. 228), in gerader Richtung kaum ½ St. unterhalb Stat. Prosecco. Auf der ins Meer ragenden *Punta Grignana* das stattliche Schloß *Miramar* (S. 228).

365km *Triest* (S. 225).

## 38. Von Marburg nach Villach.

*Vgl. Karte S. 182.*

166km. Österr. Südbahn, Schnellzug in 4 St., Personenzug in 5½-6 St. für 8 fl. 10, 6.05, 4 fl.

*Marburg* s. S. 211. Die Bahn zweigt auf dem r. Ufer der *Drau* von der Triester Bahn (R. 37) r. ab zum (2km) *Kärntner Bahnhof* bei der Vorstadt St. Magdalena. L. am Fuß des *Bachergebirges* Schloß *Rothwein;* r. jenseit der Drau das an Rebenhügeln hübsch gelegene Dorf *Gams.* — 10km *Feistritz*, gegenüber Schloß *Wildhaus;* 14km *Mariarast.* Dann über die *Lobnitz* und durch einen Tunnel. — 20km *Faal*, mit Schloß und Park des Grafen Zabeo; 26km *St. Lorenzen* (¾ St. s.w. der Ort); 36km *Reifnig-Fresen.* — 46km *Wuchern - Mahrenberg* (S. 210); 53km *Saldenhofen*, gegenüber *Hohenmauthen* an der *Feistritz;* dann (65km) **Unterdrauburg** *(364m; Bahnrestaur.),* an der Mündung des *Mißbachs* in die Drau.

Post 2-3mal tägl. in 1½ St. s. im *Eißlingthal* nach (10km) Windischgraz (409m; *Günther, Goll*), Städtchen mit Eisenwerken und dem Schloß *Rottenthurm*, von wo der *Ursulaberg* (1696m), mit Wallfahrtskirche und weiter Aussicht, in 4½-5 St. bestiegen werden kann.

Von Unterdrauburg nach Wolfsberg, 39km, Eisenbahn in 3¼ St. durch das fruchtbare Lavantthal. Die Bahn überschreitet die *Miß* und die Drau und führt über (10km) *Lavamünd* nach (22km) St. Paul (400m; *Fischer; Klingbacher*), schön gelegener Markt, überragt von der ansehnlichen, 1091 gegründeten Benediktinerabtei, mit roman. Kirche und reichen Sammlungen. — 29km St. Andrä (433m; *Pongratz; Fischer)*, hübsch gelegenes Städtchen, einst Sitz der Fürstbischöfe von Lavant (seit 1859 in Marburg). — 39km Wolfsberg (461m; *\*Pfundner; Schellander*), Hauptort des Lavantthals (2100 E.), in schöner Lage am Fuß der *Koralpe.* Über der Stadt das *\*Schloß* des Grafen Henckel v. Donnersmark, ein Prachtbau im Tudorstil, mit schönem Park und herrlicher Aussicht; dabei das prachtvolle *\*Mausoleum* der 1857 verst. Gräfin, von Stüler erbaut, die Statue von Kiß. — ¼ St. n.w.

Schloß *Kirchbüchl*, dem Baron Herbert gehörig. Lohnende Ausflüge auf die *Koralpe* (2141m), 5-6 St. m. Führer; auf die *Gr. Saualpe* (2081m), 5¹/₂ St. ; etc.
Die Bahn verläßt die Drau und wendet sich s. in das hübsche bewaldete *Mießthal*, an (43km) Haltestelle *Gutenstein* vorbei (südl. der *Ursulaberg*, s. S. 217) nach (76km) *Prevali* (427m ; Uranschegg ; Zimmerl) mit großem Eisenwerk der Alpinen Montangesellschaft. Das Thal verengt sich ; die Bahn führt ansteigend hoch an der Nordseite hin, biegt dann r. ab ins *Langsteg-Thal*, passiert zwei Tunnels und senkt sich nach (88km) **Bleiburg** (474m ; *Bahnrestaur.*); das Städtchen (*\*Elephant; Nemetz*) mit Schloß des Grafen Thurn, liegt ¹/₂ St. n. an der *Libuska*; südl. die einzeln aufragende *Petzen* (2114m). Weiter durch das *Jaunthal*, die meist bewaldete Hochebene zwischen Drau und Gebirge, nach (101km) *Kühnsdorf* (432m ; Leitgeb; Reiter). Vom Bahnhof schöner Rundblick : südl. die lange Kette der Karawanken vom Ursulaberg und Petzen bis zum Mittagskogel bei Villach ; n. die Sau- und Kor-Alpe.
Post 2mal tägl. in 2⁸/₄ St. über *Eberndorf* und *Miklaushof* (*\*Whs.*) nach (20km) **Eisenkappel** (558m; *\*Niederdorfer*). großer Markt an der Mündung des *Ebriachbachs* in den *Vellachbach*, gutes Standquartier für Wanderungen in den Karawanken u. Sannthaler Alpen (vergl. *Bædeker's Südbaiern* etc.). Sehr lohnend, namentlich auch für Mineralogen und Botaniker, die Besteigung des *Hochobir* (2141m), 4¹/₂ St., Führer entbehrlich (oben das *Rainer-Schutzhaus*). — Die Straße führt weiter zum (2 St.) *Vellacher Bad* und über den *Seeberg* (1218m) nach (2¹/₂ St.) *Ober-Seeland* und (7 St.) *Krainburg* (S. 220).

Die Bahn überschreitet die Drau (am l. Ufer Schloß *Neidenstein* und Propstei *Teinach*) unterhalb der Einmündung der *Gurk*; südl. schöner Blick auf den Obir und die Koschuta. 116km *Grafenstein* mit fürstl. Rosenberg'schem Schloß, dann über die Gurk und die *Glan* (l. Schloß *Ebenthal*, dem Grafen Goëß gehörig, r. das Rosenberg'sche Schloß *Welzenegg*), nach
127km **Klagenfurt** (449m ; *\*Kärntner Hof*, Heuplatz; *\*Kaiser von Österreich*, Kardinalsplatz; *\*Moser; \*Sandwirt*, mit Gartenwirtschaft; *Lamm; Bär. — Café Madner, Dorrer, Schiberth*), mit 20 085 Einw., Hauptstadt von Kärnten, an der *Glan*, durch den 1 St. langen *Lendkanal* mit dem Wörther See (s. unten) verbunden. Die ehem. Festungswerke sind teilweise in eine *Ringstraße* verwandelt; an derselben in der Nähe des Bahnhofs das *Museum Rudolphinum*, ein stattliches Gebäude mit verschiedenen Sammlungen: im 1. Stock das naturhistor. Landesmuseum (So. 10-12 u. Mi. 2-5 U. frei, an andern Tagen 9-12 U. gegen 20 kr.); im 2. Stock die Sammlungen des kärntner Geschichtsvereins (So.10-12 U. frei, an Wochentagen 9-1 U. gegen 30 kr., 3-4 U. 50 kr.): römische u. prähistor. Altertümer, mittelalterliche u. neuere Kunstwerke, Bibliothek, Landesarchiv. Neben dem Museum r. die *Ackerbau- und Bergschule*, davor eine Bronzebüste Josephs II. Im *Landhaus* (Ständehaus), im xvi. Jahrh. von den damals protestant. Ständen erbaut, im Hauptsaal die Wappen des kärntner Adels und der alte Herzogs- oder Fürstenstein, auf dem die Herzoge von Kärnten die Huldigung ihrer Unterthanen entgegennahmen.

Auf dem Neuen Platz ein steinerner Brunnen mit kolossalem, aus
Chloritschiefer ausgehauenem Lindwurm, 1590 aufgestellt; daneben ein *Standbild Maria Theresia's*, Erzguß nach Pönninger's Modell. Bleiweißfabrik von *Herbert*, die größte in Österreich. Treffliche *Aussicht von der 50m h. Galerie des *Stadtpfarrthurms* (20 kr.).
1/2 St. n.w. die *Franz-Josefs-Anlagen* am *Kreuzberg* mit reizender
Aussicht vom 25m h. Aussichtsturm (*Restaur.). Angenehme See-
bäder im Wörther See (Dampfboot s. unten; bis zur Militär-
Schwimmschule auch Pferdebahn).

Eisenbahn nach *Glandorf s.* S. 223. — S. führt von Klagenfurt eine
Fahrstraße über den *Loibl* (1370m) nach (58km) *Krainburg* (S. 220). An
der S.-Seite der Karawanken im Feistritzthal der ansehnliche Markt *Neu-
marktl* (*Post), 3 St. von Krainburg.

Die Bahn überschreitet bei der Haltestelle *Klagenfurt-Lend*
den *Lendkanal* (l. das ehem. Stift *Viktring*, jetzt Tuchfabrik),
und tritt bei der (132km) *Militär-Schwimmschule* (*Hotel; auch
Trambahn vom Südbahnhof durch die Stadt stündlich in 40 Min.;
10 kr.) an den anmutigen 16km l. *Klagenfurter* oder *Wörther
See* (439m), dessen Nordseite sie umzieht (Dampfboot im Sommer
mehrmals tägl. nach Velden und zurück, hübsche Fahrt, empfehlenswerte Unterbrechung der Eisenbahnfahrt). L. auf einer
Landzunge das Schloß *Maria-Loretto*, weiter am S.-Ufer *Maier-
nigg*, beide mit Restaur. u. Badeanstalt. — 135km *Krumpendorf*
(Bahnrestaur.; Kollmann u. a.), Sommerfrische mit vielen Villen
und Badeanstalt; 139km *Pritschitz;* gegenüber am S.-Ufer auf fel-
sigem Vorsprung das Pfarrdorf *Maria-Wörth* mit uralter got. Kirche.
— 145km **Pörtschach** (*Etablissement Wahliß, Hotel und 9 Villen,
mit Restaur. und großem Park; *Werzer; H.-P. Bellevue; Richter;
Bahnrest.), beliebte Sommerfrische mit angenehmen Seebädern
(Temperatur im Sommer 18° R.). — Weiter an den Haltestellen
*Leonstein* und *Töschling* vorbei nach

149km **Velden** (Gasth.: *Ulbing, *Wrann, beide mit Bade- u.
Schwimmanstalt; *Wahliß*, im alten Schloß; *Müller; Kointsch;
Wohnungen auch in zahlreichen Villen, Z. 1 1/2-2 fl.; *Café Moro*),
besuchter Badeort am W.-Ende des Sees, in anmutiger Umgebung.

1/2 St. von Velden in *Auen* am See das Etablissement *Auenhof-Stoßier*,
Hot.-Pens. mit Kneipp'scher Kuranstalt etc. — Lohnende Ausflüge nach
(1 St.) *Rosegg* mit fürstl. Liechtenstein'schem Schloß u. Park; auf den
(1 1/2 St.) *Sternberg* (733m) mit prächtiger Aussicht, etc.

Die Bahn verläßt den See, durchzieht waldiges Hügelland
und tritt bei (156km) *Föderlach* an die Drau, die sie bald darauf
zweimal überschreitet. R. Schloß *Wernberg;* weiter n. am Eingang
des Ossiacher Thals die malerische Ruine *Landskron*, dem Dr.
v. Velt gehörig.

166km **Villach** (508m; *Hot. Mosser, Hot. Tarmann*, beide
Südbahnstr. unweit des Bahnhofs; *Post; Stadt Meran; *Fischer, mit
Garten; *Bahnrest.), alte Stadt an der Drau (7678 Einw.), Knoten-
punkt der Bahnen nach Lienz-Franzensfeste (R. 27), St. Michael
(R. 34), Laibach (R. 39) und Udine (R. 40), liegt malerisch in

weitem fruchtbaren Thalkessel am Fuß des Dobratsch (s. unten). Vom Turm der got. *Pfarrkirche* (xv. Jahrh.) schöne Aussicht. Auf dem Hans-Gasser-Platz das Standbild des Bildhauers *Hans Gasser* († 1868) von Meßner. — ³/₄ St. s.w. das *Warmbad Villach* (S. 212), Schwefeltherme mit gut eingerichtetem Badhaus.

Der *Dobratsch* oder die *Villacher Alp* (2167m) wird am besten von *Bleiberg* (892m; *Mohren; Stern), 3 St. w. von Villach bestiegen, von wo ein steiniger Fahrweg in 4 St. hinaufführt (Wagen 14 fl.). Oben Whs.; prächtige Aussicht über die Thäler der Drau und der Gail, den Ossiacher und Wörther See, südl. die Julischen Alpen.

# 39. Von Laibach nach Villach.

*Vgl. Karten S. 216, 182.*

131km. ÖSTERREICH. STAATSBAHN in 4¹/₂-5 St.; 4 fl. 50, 3 fl., 1 fl. 50 kr. Proviant mitnehmen; Aussichten meist links.

*Laibach* s. S. 213. Die Bahn führt in nördl. Richtung durch das weite Thal der *Save* oder *Sau* und tritt hinter (6km) *Vizmarje* näher an den Fluß. Bei (12km) *Zwischenwässern* über den *Zeier;* dann öffnet sich der weite Thalkessel von Krainburg, r. die Sannthaler Alpen mit dem Grintouz, l. der dreigipfelige Triglav. — 20km *Bischoflack.* —29km **Krainburg** (325m; *Neue* und *Alte Post*), kleine Stadt auf einer Anhöhe an der Mündung der *Kanker* in die Save. Das Thal verengt sich; die Bahn tritt hinter (39km) *Podnart-Kropp* auf das l. Ufer der Save; Tunnel. 48km *Radmannsdorf,* am Zusammenfluß der *Wurzener* und *Wocheiner Save;* 51km *Lees-Veldes* (505m; Bahnrest.; *Wucherer;* Zum Triglav).

Fahrstraße (Postomnibus zu jedem Zuge in ¹/₂ St., 25 kr., Einsp. 1 fl.) w. über die Sau nach (1 St.) Veldes (501m; *Hôtel Mallner*, *Louisenbad*, beide am See; *Erzherzog Sigismund [Petran]*, ¹/₄ St. weiter; *Dane, Poschnik*, *Jekler*, im Dorf), besuchter Bade- und Sommerfrischort, in herrlicher Lage an dem gleichn. See (478m), in dem auf einer Insel die Wallfahrtskirche *Maria im See;* n. auf steilem Fels das malerische Schloß *Veldes.* Als Kurort wird Veldes besonders bei Nervenleiden gebraucht. Schwimmanstalt im See beim Louisenbad. Besuchte Naturheilanstalt des Schweizers Rikli.

Das Thal der WOCHEINER SAVE (*Savitza*, kleine Sau) wird von Veldes aus viel besucht (Einsp. zum Wocheiner See und zurück 5 fl.; Post nach Feistritz 2mal tägl. für 1 fl.). Die Straße überschreitet den schmalen Felsriegel, der den See von Veldes vom Savitzathal trennt und führt über *Vellach*, *Neuming* und *Witnach* nach (4¹/₂ St.) Feistritz (507m; *Post; Schoglitz*), Hauptort der Wochein in einem Thalkessel am r. Ufer der Sau, mit bedeutenden Eisenwerken. 1¹/₄ St. w. der einsame Wocheiner See (526m), am untern Ende (Touristenhotel, Z. 1 fl.) von bewaldeten Hügeln, am obern von mächtigen Felswänden umschlossen (Überfahrt 1 St., 1-2 Pers. hin und zurück 2 fl.). Von den Hütten am obern Ende führt ein Sträßchen zum (1¹/₄ St.) *Savitza-Fall*, dem Ursprung der Sau, die in engem Thalkessel 60m hoch aus einem Loch im Felsen in ein tiefgrünes Wasserbecken stürzt, — ein prächtiges Bild.

Die Besteigung des Triglav oder *Terglou* (2864m; beschwerlich, nur für schwindelfreie Bergsteiger mit tüchtigem Führer) wird jetzt meist von *Moistrana*, an der N.-Seite (s. unten) unternommen. Von hier zur *Deschmannhütte* (2360m) 6 St., über den *Kleinen Triglav* und die schmale 80m lange Schneide auf den *Großen Triglav* 2-2¹/₂ St. Unermeßliche Aussicht.

Die Bahn nähert sich dem südl. Fuß der *Karawanken*, aus denen der *Stou* (2239m) mächtig hervortritt. — 62km *Jauerburg*

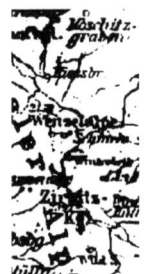

(566m; Kolbl); 65km *Aßling;* 74km *Lengenfeld* (637m; Jansa).
Gegenüber am r. Ufer *Moistrana* (Schmerz), an der Mündung
des *Urata-Thals*, in dem 1¼ St. aufwärts der *Perischnik- Fall*,
freier Sturz in malerischer Umgebung (auf den *Triglav* s. S. 220).
— 87km *Kronau* (812m; Urbani), an der Mündung des wilden
*Pischenzathals.* — 95km **Ratschach - Weißenfels** (855m), auf der
Wasserscheide zwischen Sau und Drau, zwischen den Dörfern
*Ratschach* (Kirchmair), ½ St. ö., und *Weißenfels* (789m; *Post;
Touristenhaus beim Schloßpark), ¾ St. w.

Nach den *Weißenfelser Seen (933m) sehr lohnender Spaziergang (1
St.). Vom *Rudolfsfelsen* (982m) zwischen den beiden Seen bester Überblick
über die großartigen Thalschluß mit dem gewaltigen *Mangart* (2678m).

Die Bahn überschreitet auf 38m h. Viadukt den *Weißenbach*,
dann das Felsenthal der *Schlitza* auf 50m h. Brücke und erreicht
103km Stat. **Tarvis.** Von hier nach (131km) *Villach* s. S. 223.

## 40. Von Bruck nach Villach und Udine *(Venedig)*.
### *Vgl. Karte S. 182.*

337km. **Eisenbahn** bis Villach, 206km, in 5¼-7½ St., bis Udine in
9-13 St. Die *Pontebba-Bahn* kürzt die Verbindung zwischen Wien und
Venedig gegen die Route über Nabresina-Cormons um 140km; Schnellzug
von Wien bis Venedig in 15½ St. für 74 fr. 10, 51 fr. 70 c.

*Bruck* s. S. 195. Die Bahn zweigt von der Südbahn r. ab, überschreitet die *Mur* auf langer Brücke und wendet sich w. in das
Murthal. — 12km *Niklasdorf*, dann über die Mur nach

16km Leoben (574m; *Hôt. Gärner*, Franz-Josefsplatz, 5 Min.
vom Bahnhof; *Hot. Südbahnhof* am Bahnhof; *Kindler; *Mohr* u. a.;
*Bahnrestaur.*), ansehnliche Stadt (7000 Einw.) mit alten Mauern
und Türmen auf einer von der Mur umflossenen Halbinsel, Sitz
einer berühmten Bergakademie. Auf dem Markt als Brunnen-
standbild ein auf Stufen stehender Bergmann. Hübsche Aussicht
von der Anhöhe 5 Min. oberhalb der 1856 vollendeten *Redemto-
ristenkirche* an der Mur. — Nach *Vordernberg* und *Eisenerz* s.
S. 202.

Die Bahn umzieht die Stadt in großem Bogen und hält s. von
der Vorstadt *Waasen* im (18km) *Staatsbahnhof.* Weiter am l. Ufer
der Mur (l. Schloß *Göß*) nach (30km) St. **Michael** (*Bahnrestaur.*;
*Hot. Kronprinz Rudolf* am Bahnhof), Knotenpunkt der Bahn nach
*Selzthal* (R. 34).

33km *Kaisersberg;* 46km *St. Lorenzen* (1½ St. n. im *Kobenz-
Thal* der Markt *Seckau* mit schöner Stiftskirche); dann (53km)
**Knittelfeld** (645m; *Finze; Pissel; Eck; Haltager*), industriereiche
Stadt (5785 Einw.) in hübscher Lage, mit den Maschinenwerk-
stätten der k. k. Staatsbahn. Am Platz alte Denksäule zur Er-
innerung an Pest, Türken und Heuschrecken. Große Viehmärkte,
besonders am 24. August. ¾ St. w. das v. Arbesser'sche Schloß
*Spielberg* (702m) mit schöner Aussicht.

Das Murthal erreicht nun seine größte Breite. — 60km *Zeltweg*

(Gumpel), mit großen Eisenwerken der Alpinen Montangesellschaft (Kohlenbahn nach *Fohnsdorf*).

68km **Judenburg** (734m; *Post* oder *Krone; *Brand; Nowoteg; Frank*, mit Garten und Aussicht), alte Stadt mit 4634 Einw., 1/2 St. von der Bahn auf einer Anhöhe am r. Murufer am Fuße der *Seethaler Alpen* gelegen. Hauptkirche aus dem XVI. Jahrh.; auf dem Hauptplatz eine Pestsäule von 1719 und der 1449-1509 erbaute sog. *Römerturm*, 72m hoch (oben schöne Aussicht, 10 kr.). Hübsche Aussichten auch von den städtischen *Anlagen* an der Mur, sowie vom *Kalvarienberg*. 1/4 St. ö. Schloß und Ruine *Liechtenstein.*

74km *Thalheim;* 82km *St. Georgen;* 87km *Unzmarkt;* r. auf einem Felsen Ruine *Frauenburg* mit Kirche, in welcher der Grabstein des Minnesängers Ulrich von Liechtenstein.

Von Unzmarkt-Frauenberg nach Mauterndorf (S. 204), 76km, Murthalbahn in 5 St., über (27km) Murau (796m; *Post; *Sonne; Bräu*), Städtchen mit drei alten Kirchen, von dem stattlichen fürstl. Schwarzburg'schen Schlosse *Ober-Murau* überragt. Näheres s. *Bædeker's Südbaiern, Tirol* etc.

Bei (94km) *Scheifling* verläßt die Bahn das Murthal (r. Schloß *Schrattenberg*) und steigt zur Station (102km) *St. Lambrecht* (893m), auf der Wasserscheide zwischen Mur und Drau. — 107km *Neumarkt* (20 Min. ö. der gleichn. Markt, als Sommerfrische besucht); weiter in engem Thal, durch das die *Olsa* in einer Reihe kleiner Fälle hinabstürzt. Vor (115km) *Einöd* r. das gleichnam. Bad, von Gichtleidenden besucht. Schloß *Dürnstein* l. verteidigt auf der Grenze zwischen Steiermark und Kärnten den Eingang ins Olsa-Thal.

123km **Friesach** (637m; *Primig zur Post; Czechner; *Bauer*), alte noch mit Mauern und Graben umgebene Stadt (2575 E.), als Sommerfrische viel besucht, von den verfallenen Burgen *Geiersberg, Lavant, Petersberg* und den Trümmern der Propstei *Virgilienberg* überragt, in malerischer Lage unfern des Einflusses der Olsa in die *Metnitz*. Got. Pfarrkirche aus dem XV. Jahrh.; auf dem Markt ein achteckiger Springbrunnen von 1563.

128km *Hirt;* 1/2 St. s. am Einfluß der Metnitz in die *Gurk* liegt Zwischenwässern mit dem Schloß *Böckstein*, Sommersitz des Bischofs von Gurk. Ö. der lange Rücken der *Saualpe;* südl. erscheinen die *Karawanken*. Bei (133km) *Treibach* Eisenwerke. —

148km **Launsdorf** (*Bahnrestaur.). In dieser Gegend viele alte Burgen, Stammsitze des kärntner Adels; die merkwürdigste das Schloß *Hoch-Osterwitz*, 3/4 St. s.w. von Launsdorf auf einem 150m h. Felsen, den Khevenhüller gehörig; ein in den Felsen gehauener Weg führt in Windungen durch 14 getürmte Thore über drei Zugbrücken hinauf. Die Kapelle mit vielen Denkmälern und die Rüstkammer sind wohl erhalten; vom Balkon und den Basteien prächtige Aussicht.

Nach Hüttenberg, 30km, Eisenbahn in 1 1/2 St. durch das *Gört-*

*schützthal,* den Hauptsitz der kärntner Eisenindustrie. Stat. *Brückl*, *Eberstein*, *Mösel*, Hüttenberg (771m ; *Sacherer*; *Krone* u. a.), Hauptort des Thals (2598 E.), am Fuß des eisenreichen *Erzbergs*, der von drei Seiten bearbeitet wird und einen großen Teil des kärntner Roheisens liefert.

Die Bahn wendet sich nach W. und tritt in das Thal der *Glan* vor (152km) Glandorf (466m; *Bahnrestaur.*).

Nach Klagenfurt, 18km, Eisenbahn in 40 Min. durch das Zollfeld, eine weite zum Teil sumpfige Ebene, in der man viele römische Alterthümer, Münzen etc. gefunden hat.   Vor (5km) *Willersdorf* l. auf der Höhe das stattliche Schloß *Stadelhof* des Baron Craigher.   Bei (7km) Stat. *Zollfeld*, l. das Schlößchen *Töltschach*, wahrscheinlich auf der Stelle des röm. *Virunum* erbaut; r. auf der Höhe jenseit der Glan Burg *Tanzenberg*. — 9km *Maria-Saal*, mit Wallfahrtskirche. In der Nähe zwischen Eisenbahn und Landstraße der von einem Gitter umgebene uralte *Herzogsstuhl*, wo die alten Herzöge von Kärnten dem Volke den Eid der Treue leisteten. — 18km *Klagenfurt s.* S. 218.

156km St. Veit *(*Rößl; *Stern), alte Stadt mit 3967 Einw., an der *Glan*, bis 1519 Hauptstadt von Kärnten.  Auf dem Markt eine angeblich römische 9m weite Brunnenschale von weißem Marmor, im Zollfeld ausgegraben. Das Rathaus hat bemerkenswerte Reliefs; got. Pfarrkirche aus dem xv. Jahrh.

Weiter durch das zum Teil versumpfte Thal der Glan. — 163km *Feistritz-Pulst; r.* hoch oben Ruine *Liebenfels*, l. Ruine *Karlsberg*. — 170km *Glanegg*, gleichfalls mit alter Burg. Das Thal verengt sich bis (180km) *Feldkirchen* (3¹/₂ St. n.w. das besuchte Bad *St. Leonhard*, 1109m) und wird dann breit und sumpfig. Die Bahn tritt an den 2 St. langen *Ossiacher See* (488m). — 190km *Ossiach*, gegenüber das gleichn. Dorf mit ehem. Benediktinerabtei; 198km *Sattendorf*(*Gerlitzenhaus ; *Pens. Julienhöhe), als Sommerfrische besucht; 199km *Annenheim*, Haltestelle (Überfahrt mit Dampfpropeller) für das am s. Ufer gelegene *Kurhôtel Annenheim*. Am SW.-Ende des Sees auf einem Bergvorsprung Ruine *Landskron* (S. 219).

206km Villach, Kreuzungspunkt der Südbahn (Franzensfeste-Marburg); s. S. 219 und R. 27.

Die Bahn nach Tarvis umzieht die Stadt in s. Richtung und überschreitet die *Drau ;* r. der *Dobratsch* (S. 220). — 210km *Bad Villach* (S. 220), dann über die *Gail* nach (215km) *Fürnitz ;* gegenüber *Federaun* mit hohem Schrottturm. — 223km *Arnoldstein*.

Nach Hermagor, 31km, Eisenbahn in 1¹/₂ St. durch das hübsche, von zahlreichen Dörfern belebte *Gailthal*, über *Nötsch*, *St. Stefan* und *Görtschach-Förolach*. Von Hermagor (612m ; *Post, Fleiß* u. a.), freundlich gelegenes Städtchen an der Mündung des *Gitschthals*, Postverbindung täglich nach (32km in 4 St.) *Kötschach* (708m ; *Rizzi ; *Post), Hauptort des obern Gailthals in reizender Lage, als Sommerfrische besucht.  N. führt von hier eine Poststraße über den *Gailberg-Sattel* (970m) nach (15km) *Oberdrauburg* (S. 183); südl. ein lohnender Weg über die *Plöken-Alpe* (1215m ; *Whs.) und den gleichn. Paß (1360m) nach (9 St.) *Tolmezzo* und (2 St.) *Stazione per la Carnia* (S. 224).

227km *Thörl-Maglern ;* weiter hoch an der l. Seite des tief eingeschnittenen *Gailitzthals* durch zwei Tunnels nach (231km) Stat. *Tarvis* (nach Laibach s. R. 39).  Tarvis (733m ; *Bahnhof-Hôtel*

u. *Restaur.*), großer schön gelegener Markt (3230 E.), Hauptort des *Kanalthals*, als Sommerfrische besucht, besteht aus *Unter-Tarvis* (Toppan), 10 Min. vom Bahnhof in der Thalsohle, und *Ober-Tarvis* (\*Höt. Schnablogger; \*Gelbfuß), 15 Min. weiter am Bergabhang.

Von Tarvis nach \*Raibl (2½ St.) und dem \*Predil (1 St., Einsp. 4 fl.) s. S. 230; nach den \*Weißenfelser Seen (Einsp. 2 fl.) s. S. 221.

Die Bahn wendet sich w. zur (237km) Haltestelle *Ober-Tarvis* und steigt dann allmählich (l. der *Luschariberg*, rückwärts der *Mangart*) nach (243km) *Saifnits* (797m; Post), auf der Wasserscheide zwischen dem Schwarzen und Adriatischen Meer.

Der Luschari- oder Heilige Berg (1792m), besuchtester Wallfahrtsort Kärntens, wird meist von hier bestiegen (2½ St., Pferd 4 fl.) Oben neben der Kirche ein Whs. Weite prächtige \*Rundsicht.

Weiter an der hier entspringenden *Fella*, an der geröllbedeckten Mündung des *Seisera-Thals* vorbei (prächtiges Bild, im Hintergrund der zackige *Wischberg*), nach (248km) *Uggowitz* (787m); dann bei dem malerischen *Fort Malborget* (am Fuß ein Denkmal zur Erinnerung an die heldenmütige Verteidigung durch Hauptmann Hensel im J. 1809) über die Fella nach (252km) *Malborget* (3km? der ansehnliche Ort (\*Schnablogger) gegenüber am r. Ufer.

Weiter in engem Felsenthal; schwieriger Bahnbau. — 258km Tarvis, 2¼ St. w²? Süd. L. bleibt *Leopoldskirchen*; die Bahn überschreitet den reißenden Vogelbach und erreicht

2½ Am Pontafel ·²½m· Bahnrestaur.. Post, im Dorf, einf.), nächste Grenzstation zu die Züge aus Italien Zollvisitation), durch einen kleinen Fleuß Pontafel von dem ital. Pontebba getrennt.

260km Pontebba (Bahnrestaur. ital. Zollrevision), kleiner … in der alten Pfarrkirche ein interessanter Schnitzaltar.

Die von hier ausgehende Strecke bis Chiusaforte durch das enge wilde Tagliamento bei Fella \*Tagliamento del Ferro. bot dem Bahnbau die größten Schwierigkeiten und erforderte eine fast ununterbrochene Reihe von Felssprengungen, Tunnels, Brücken und Viadukten. Die Bahn zieht sich zunächst am r. Ufer der *Fella* in schärfer Senkung abwärts und tritt dann bei *Ponte di Muro* auf 40m h., von 4 gewaltigen Pfeilern getragenen Eisenbahn auf das l. Ufer. — 275km Dogna, an der Mündung des *Dognathals*, in Hintergrund der prächtige Rombach (Montasio, 2332m). I… …r der Fella nach

Von Chiusaforte (370m; \*A… …mit Trept zum Pahlhof und Raccol… Tunnel… …wilde Raum… …ital. To. Prones…lom …

Chiu… …di? Th…
und von …

u. *Restaur.*), großer schön gelegener Markt (3230 E.), Hauptort des *Kanalthals*, als Sommerfrische besucht, besteht aus *Unter-Tarvis* (Teppan), 10 Min. vom Bahnhof in der Thalsohle, und *Ober-Tarvis* (\*Höt. Schnablegger; \*Gelbfuß), 15 Min. weiter am Bergabhang. Von Tarvis nach \**Raibl* (2½ St.) und dem \**Predil* (4 St., Einsp. 4 fl.) s. S. 230; nach den \**Weißenfelser Seen* (Einsp. 2 fl.) s. S. 221.

Die Bahn wendet sich w. zur (237km) Haltestelle *Ober-Tarvis* und steigt dann allmählich (l. der *Luschariberg*, rückwärts der *Mangart*) nach (243km) *Saifnitz* (797m; Post), auf der Wasserscheide zwischen dem Schwarzen und Adriatischen Meer.

Der Luschari- oder Heilige Berg (1792m), besuchtester Wallfahrtsort Kärntens, wird meist von hier bestiegen (2½ St., Pferd 4 fl.) Oben neben der Kirche ein *Whs.* Weite prächtige \*Rundsicht.

Weiter an der hier entspringenden *Fella*, an der geröllbedeckten Mündung des *Seisera-Thals* vorbei (prächtiges Bild, im Hintergrund der zackige *Wischberg*), nach (248km) *Uggowitz* (787m); dann bei dem malerischen *Fort Malborget* (am Fuß ein Denkmal zur Erinnerung an die heldenmütige Verteidigung durch Hauptmann Hensel im J. 1809) über die Fella nach (252km) **Malborget** (730m); der ansehnliche Ort *(\*Schnablegger)* gegenüber am r. Ufer.

Weiter in engem Felsenthal; schwieriger Bahnbau. — 258km *Lusnitz*, kl. Schwefelbad. L. bleibt *Leopoldskirchen;* die Bahn überschreitet den reißenden *Vogelbach* und erreicht

267km **Pontafel** (571m; Bahnrestaur.; Post, im Dorf, einf.), österr. Grenzstation (für die Züge aus Italien Zollvisitation), durch die reißende *Pontebbana* von dem ital. Pontebba getrennt.

268km **Pontebba** (*Bahnrestaur.;* ital. Zollrevision), kleiner ital. Ort. In der alten Pfarrkirche ein interessanter Schnitzaltar.

Die nun folgende Strecke bis Chiusaforte durch das enge wilde Felsenthal der Fella *(\*Valle del Ferro)* bot dem Bahnbau die größten Schwierigkeiten und erforderte eine fast ununterbrochene Reihe von Felssprengungen, Tunnels, Brücken und Viadukten. Die Bahn zieht sich zunächst am r. Ufer der Fella in scharfer Senkung abwärts und tritt dann bei *Ponte di Muro* auf 40m h., von 4 gewaltigen Pfeilern getragener Eisenbrücke auf das l. Ufer. — 275km *Dogna*, an der Mündung des *Dognathals*, ö. im Hintergrund der prächtige *Bramkofel (Montasio*, 2752m). Dann wieder aufs r. Ufer der Fella nach

280km **Chiusaforte** (390m; \**Alb. alla Stazione*, mit Treppe zum Bahnhof und Garten). Unterhalb mündet l. das wilde *Raccolanathal.* Bei *Peraria* zum letztenmal die Fella; mehrere über Tunnel.

288km **Resiutta** (316m), an der Mündung des *Resiathals.* — 291km *Moggio;* das Fellathal erweitert sich; der Thalboden ist auf weiter Strecke mit Geröll überschüttet und von zahlreichen Wasserrinnen durchzogen. — 296km *Stazione per la Carnia* (Postomnibus nach Tolmezzo 1 fr., s. S. 223). Unterhalb mündet in weiter Ebene die Fella in den *Tagliamento.*

301km **Venzone** (230m), altes ummauertes Städtchen am

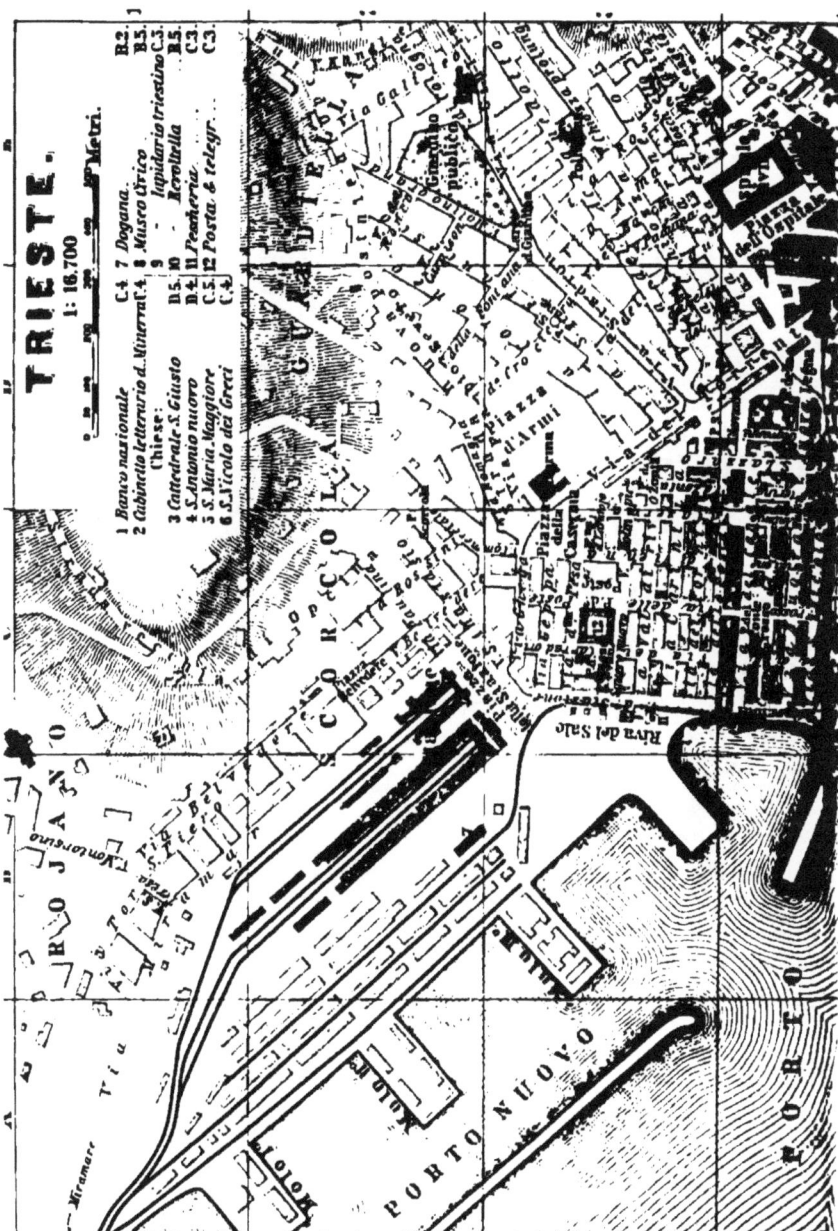

# TRIESTE.

1 : 16.700

0 50 100 200 300 400 500 Metri.

1 Banco nazionale.                    C.4    7 Dogana.                          B.2.
2 Gabinetto letterario d. Minerva    C.4    8 Musco Civico                     B.3.
   Chiese:                                   9   –   lapidario triestino        C.3.
3 Cattedrale S. Giusto                D.5.  10   –   Acvoltella                 B.5.
4 S. Antonio nuovo                    D.4.  11 Pescheria.                       C.3.
5 S. Maria Maggiore.                  C.5.  12 Posta & telegr.                  C.3.
6 S. Nicolò dei Greci                 C.4.                                      C.4.

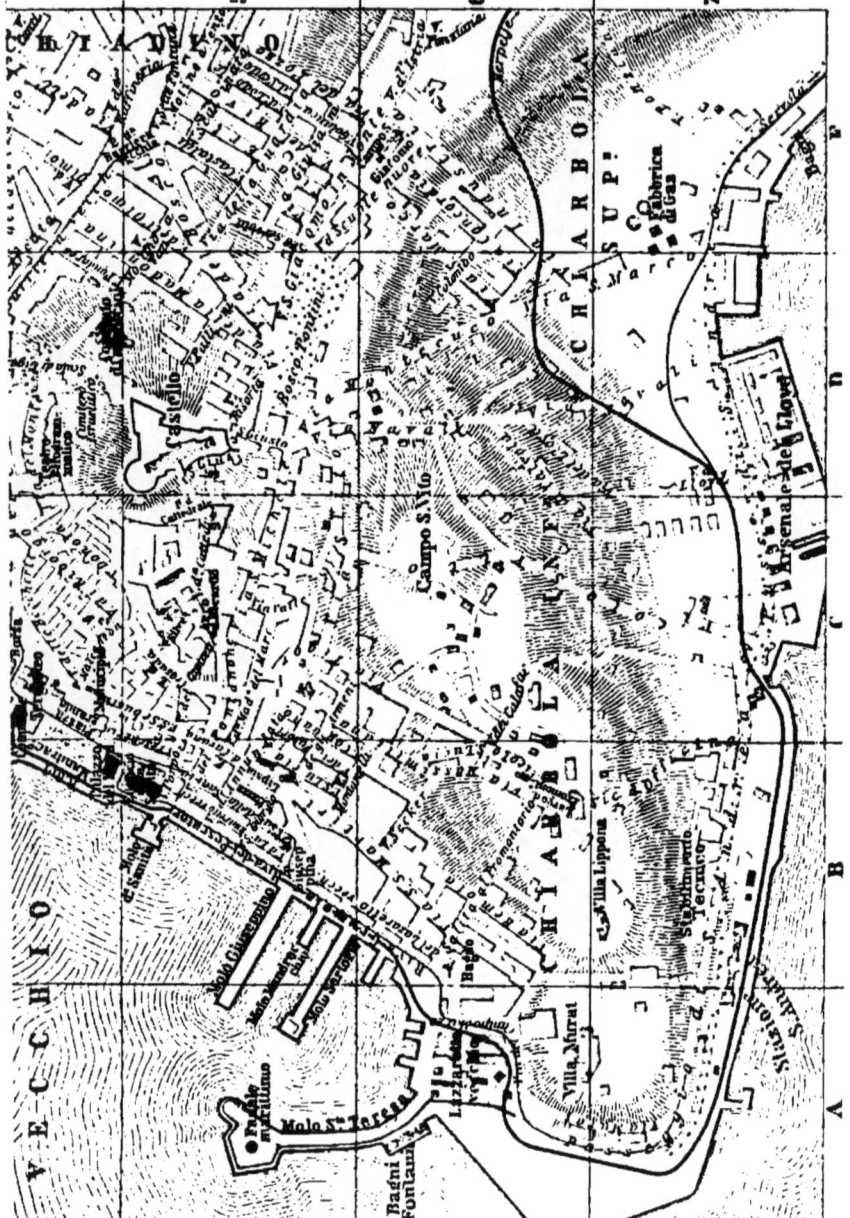

Tagliamento.  Die Bahn überschreitet die sumpfigen *Rughi Bianchi* auf imposantem, 783m l. Viadukt von 55 Bogen und verläßt
den Tagliamento, der in s.w. Richtung dem adriat. Meer zufließt.
— 307km *Gemona-Ospedaletto;* 313km *Magnano-Artegna;* 317km
*Tarcento;* 321km *Tricesimo;* 327km *Reana del Rojale;* 337km
*Udine* (*Italia; Croce di Malta etc.); s. *Bædeker's Ober-Italien.*

# 41. Triest.

**Bahnhof** der *Südbahn* (Pl. B C 2) im N. der Stadt, 10 Min. von deren
Mittelpunkt. *Omnibus* der Gasthöfe 40 kr.; *Droschken* Einsp. 60, Zweisp.
1 fl. 50 kr. (von 9 U. Abends bis 6 U. Morg. 50 kr. mehr; aus der Stadt
zum Bahnhof 40 kr., 1 fl.); Handgepäck frei, Koffer 10-15 kr. — Die 2,7km
lange *Rivabahn* verbindet den Südbahnhof mit der STAZIONE S. ANDREA der
Staatsbahn *Triest-Herpelje-Pola* (S. 228; Pl. B 7).

**Gasthöfe.** Hôtel de la Ville (Pl. a: C 4), Riva Carciotti 3, am
Hafen, Z. 1½-5 fl.; *Hôtel Delorme (Pl. b: C 4), Via al Teatro 2, der
Börse gegenüber, Z. 1-2 fl., L. u. B. 60 kr.; Europa (Pl. c: C 3), Piazza
della Caserma, 5 Min. vom Bahnhof, Z. 1 fl. 70 kr., L. u. B. 40 kr., mit
Café; Aquila Nera (Pl. d: C 4), Via S. Spiridione 2, mit Café; — *Stadt
Wien (Città di Vienna), Via S. Nicolo 11; *Zum Guten Hirten
(al Buon Pastore), Via S. Nicolo 20. — *Hôt. garni, Piazza Grande 5,
mit Bädern, Z. 1-3 fl. — *Sardone, Bransino, Tonina, Barbone, gute See-
fische; *Prosecco (s. S. 217), ein halb schäumender Landwein; *Refosco, süß,
ganz schwarz. Die gewöhnlichen Weine, *Terrano* und *Istriano*, werden
meist gewässert getrunken.

**Cafés.** Café degli Specchi und Oriental, Piazza Grande; *Tergesteo und alla Borsa am Theaterplatz; Café Tedesco (von Deutschen bevorzugt); Café Adriatico, bei der Post; u. a.

**Bierhäuser** mit Restauration. Puntigamer Bierhalle, Via S.
Niccolò 5; Dreher, der Böese gegenüber; Restaur. Steinfeld, Börsenplatz 12; *Volpich's Pilsner Bierhalle, Via Caserma, der Post
gegenüber; Restaur. Pilsen, Via Commerciale 5; Rest. Alt-Pilse-
netz, Via S. Spiridione 2 und Via S. Nicolo; Belvedere, in der Altstadt
unter dem Castell (Aufgang Vicolo S. Chiara), vom Garten schöne Aussicht.

**Weinstuben** (Osterien) nach ital. Art: Buon Pastore (s. oben);
All' Adriatico, Via Valdirivo 17; Bissaldi, am Canal Grande; u. a.

**Droschken.** Vom und zum Bahnhof s. oben. In der Stadt ¼ St.
einsp. 30 kr., zweisp. 45 kr., ¼ St. 50 oder 75 kr., ¾ St. 75 kr. oder
1 fl. 10 kr., 1 St. 1 fl. oder 1 fl. 50 kr., jede fernere ¼ St. 20 oder 30 kr., Gepäck 15 kr. Nachts (9-6 U.) 10 kr. mehr die ¼ St.

**Pferdebahn** vom Bahnhof am Hafen entlang bis zum Campo Marzo;
von der Piazza Grande durch den Corso und die Corsia Stadion zum
Giardino Pubblico und Boschetto; vom Bahnhof durch Via del Torrente
zum Boschetto; und über Barcola nach Miramar (S. 228).

**Dienstmänner** im Innern der Stadt bis 50kg 20kr.

**Dampfboote.** Nach Muggia, Capodistria und Pirano mehrmals tägl.;
nach Parenzo, Rovigno, Pola täglich mit kleinen Privatdampfern. Fahrten
des österreich. Lloyd: nach Venedig 3mal, nach Pola 8mal, nach Grie-
chenland, Constantinopel und der Levante 1mal wöchentlich. Ungar.-croat.
Dampfschiffahrtsgesellschaft nach Fiume und Dalmatien 1mal wöchentlich; etc.

**Post** (Pl. 12: C D 3): Via Caserma. — **Telegraphen-Bureau** (Pl. 13:
C 3): Via della Dogana.

**Bäder.** Warme bei Österreicher, Via Lazzaretto Vecchio 7, beim
Artillerie-Arsenal; im Hôt. de la Ville, im Hôtel garni u. s. w.
*Dampfbäder* bei Rikli, an der Straße nach dem Boschetto. *Seebäder:*
Bagno Fontana, Molo S. Teresa, mit gutem Restaur. (3-4mal wöchentl.
Konzert); Bagno Maria, dem Hôtel de la Ville gegenüber; Militär-
Schwimmanstalt, l. unter dem Leuchtturm; Bagno Excelsior

In *Barcola* (S. 228), gut. Barke nach und von den Bädern 6 kr. (mehrere Personen je 3 kr.), nach Barcola kl. Dampfer vom Lloydpalast stündlich (incl. Bad 40 kr.); Pferdebahn vom Bahnhof alle 5 Min. — Barken für Fahrten im Hafen 1-1¹/₂ fl. die Stunde *(per ora)*.

**Theater.** Teatro Comunale (Pl. C 4), dem Tergesteo gegenüber; Teatro Filodrammatico (Pl. D 4), auch deutsche und französische Vorstellungen; Armonia (Pl. D 4), Schauspiel, Oper; Politeama Rossetti (Pl. E 3).

*Triest,* die *Tergeste* der Römer, der Hauptseehafen Österreichs, am NO.-Ende des Adriat. Meeres, mit 121 976 (mit Vororten und Gebiet 158 648) Einw., 1719 unter Kaiser Karl VI. zum Freihafen erklärt (seit 1891 nur der Hafen Freigebiet), ist für das südliche Deutschland, was Hamburg für das nördliche. 14 000 Schiffe, darunter 5000 Dampfer, mit 2¹/₄ Million Tonnengehalt laufen jährlich ein und aus. Der Wert der Einfuhr beläuft sich auf nahezu 145 Millionen fl., der der Ausfuhr auf 117 Mill.

Der **Hafen**, durch großartige Neubauten mit einem Aufwand von 15 Millionen fl. in den letzten Jahrzehnten umgestaltet und erweitert, ist Hauptsitz des Verkehrs. Von dem durch einen mächtigen Wellenbrecher geschützten *neuen Hafen* in der Nähe des Bahnhofs erstreckt sich die *alte Rhede* mit einer Reihe von Molen s.w. bis zum *Molo S. Teresa* (Pl. A 5, 6), auf welchem der 33m h. *Leuchtturm (Fanale Marittimo).* An der *Riva dei Pescatori* n. das *Quarantäne-Gebäude (Sanità);* daneben an der Piazza Grande (s. unten) der nach Ferstel's Plänen erbaute *Palast des österr. Lloyd,* der bekannten 1833 gegründeten Dampfschiffahrts- und Handels-Gesellschaft. Weiter n., zwischen dem *Molo del Sale* und dem belebten *Molo S. Carlo* (1751 an Stelle eines altrömischen Hafendamms begonnen), mündet der 1756 vollendete *Canal Grande* (Pl. C 4), der, 333m lang und 10m tief, in die Neu- oder Theresienstadt einschneidet. Der Kanal liegt stets voll von Schiffen, die ihre Waren ausladen. Am O.-Ende die Kirche *S. Antonio Nuovo* (Pl. 4), 1830 von Nobile im griech. Stil erbaut.

An der Riva Carciotti, s. vom Canal Grande, der *Pal. Carciotti,* mit grüner Kuppel, und die *Griech. Kirche (S. Niccolò dei Greci;* Pl. 6: C 4), im Innern glänzend ausgestattet. Wenige Schritte vom Hafen gegenüber dem *Teatro Comunale* das Tergesteum (Pl. C 4), ein ganzes Straßenviertel einnehmend, Inneres eine in vier Kreuzwege geteilte Glasgalerie, die nebst den anstoßenden Sälen als *Börse* dient.

In der Nähe liegen die beiden verkehrreichsten Plätze der Stadt, die Piazza della Borsa (Pl. C 4) mit der stattlichen *alten Börse* (jetzt Sitz der Handels- und Gewerbekammer), einer *Neptungruppe* aus Marmor und einem *Standbild Leopolds I.,* 1660 errichtet; und die Piazza Grande (Pl. C 4) mit dem *Rathaus (Municipio,* Pl. C 4), dem 1751 errichteten *Maria-Theresia-Brunnen* und einem *Standbild Kaiser Karls VI.*

Der Corso (Pl. C D 4), die vom Börsenplatz ö. auslaufende Hauptstraße von Triest, trennt die Neustadt, mit breiten Straßen

und stattlichen Häusern, von der Altstadt. Letztere, an dem von
dem Kastell gekrönten Berg, hat enge steile Straßen, zum Teil
für Fuhrwerk nicht zugänglich.

Am Weg von der Piazza Grande nach der Kathedrale liegt l. die
**Jesuitenkirche** (*S. Maria Maggiore*, Pl. 5 : C 5), mit großem neuen
Fresko von *Sante.* Einige Schritte w. höher gelegen ein kleiner
Platz, die *Piazzetta di Riccardo*, angeblich nach Richard Löwen-
herz benannt, mit einem zwischen Straßenmauern eingeklemmten
Thor, *Arco di Riccardo* (Pl. C 5), nach einigen ein römisches Sie-
gesthor, wohl zu einer Wasserleitung gehörig.

Weiter bergansteigend folgt man der Via della Cattedrale.
Etwas unterhalb der Kathedrale ist r. der Eingang (Custode gegenüber, l. No. 16; Trkg. 30 kr.) zum **Museo lapidario** (Pl. 9 : C 5),
auf einem ehemal. Begräbnisplatz im Freien aufgestellt.

Die auf der obern Terrasse aufgestellten Stücke sind in Triest, die auf
der untern in Aquileja gefunden, wenig erheblich. *Winckelmann*, der
aus Stendal gebürtige berühmte Altertumsforscher, in der ehemal. Lo-
canda grande 1768 von einem Italiener ermordet, liegt hier begraben.
In einer kleinen Halle sein *Denkmal*, 1832 errichtet, mit allegor. Relief,
darüber ein Genius mit Medaillonbild; r. und l. an demselben Bruchstücke eines Amazonen-Sarkophags. In der sog. *Glyptothek* am untern
Ende die Inschrift von der Basis des Triestiner Decurionen Fabius Severus,
sowie Köpfe und andre Fragmente von Statuen.

Die hochgelegene **Cattedrale S. Giusto** (Pl. 3 : D 5) erhebt
sich an der Stelle eines altrömischen Tempels, von dem am Turme
Teile des Unterbaues und Säulen bloßgelegt sind. Der jetzige
Bau wurde im XIV. Jahrh. durch die Vereinigung dreier an ein-
ander stoßenden Gebäude aus dem VI. Jahrh. hergestellt, einer
altchristl. Basilika, eines Baptisteriums und einer kleinen byzant.
Kuppelkirche. An der Fassade drei Bronzebüsten von Bischöfen;
r. und l. vom Portal sechs römische Reliefbüsten von Gräbern.
Das Innere ist großenteils übertüncht, in der r. Altarnische
Christus zwischen St. Justus u. St. Servatius, in der l. Maria zwischen Gabriel u. Michael, unten die 12 Apostel (VII. Jahrh.). Die
Kapitäle sind teils antik, teils romanisch. In der Kap. S. Carlo
(der ersten l.) sind sämtliche Mitglieder der ältern Linie der spanischen Bourbons beigesetzt. Von der vorspringenden Terrasse vor
der Kirche Aussicht über Stadt und Meer.

An der mit Anlagen bedeckten P i a z z a L i p s i a das Gebäude
der **Nautischen Akademie.** Im 2. Stock das städt. *Ferdinand-
Maximilian-Museum* (Pl. 8 : B 5 ; Mi. Sa. 10-1, So. 11-1 U.),
das u. a. die vollständige Fauna des adriat. Meeres enthält. Im
Hof geradeaus, 2. Stock, das *städt. Altertümer-Museum*, tägl. 9-1 U.
zugänglich (Trkg. 30 kr.): kleinere Altertümer, Terrakotten,
Vasen, Bronzen, meist aus Aquileja und Rudiae, auch ägyptische
und cyprische Altertümer; ferner Münzen, Medaillen, Waffen u.
auf die Stadt Triest bezügl. Gegenstände.

Die Ecke der Via della Sanità (No. 2) und der Piazza Giusep-
pina nimmt der Pal. **Revoltella** (Pl. 10 : B 5) ein, das glänzend

eingerichtete, mit Bildern u. Skulpturen ausgeschmückte Haus des Baron Revoltella, von diesem der Stadt Triest nebst dem zum Unterhalt nötigen Kapital vermacht (jetzt *Museo Civico Revoltella*, an Wochentagen 11-2 U. zugänglich). Auf dem Josefsplatz das *Denkmal des Kaisers Maximilian von Mexiko* († 1867), Erzguß nach Schilling's Modell (1875): auf hohem mit Reliefs und Figuren geschmückten Sockel die Statue des Fürsten, der als Contre-Admiral der österr. Marine in Triest lebte und wirkte.

Eine 1 St. lange Allee (*Passeggio di S. Andrea;* Pl. A E 7) mit wechselnden Aussichten, zu Spazierfahrten viel benutzt, führt an der Ostseite der Stadt, immer am Ufer entlang, an der *Villa Murat*, dem *Lloyd-Arsenal* und der *Gasfabrik* vorbei bis *Servöla*. Servola . gegenüber die großartigen *Werfte des Lloyd* (Pl. C D 7), Mont. bis Freit. 9-11 u. 2-4 U. zugänglich (Erlaubnisschein im Lloydpalast an der Piazza Grande; Führer 50 kr.). — An der Straße nach *Zaule*, bekannt durch seine Austernzucht, die schönen *Friedhöfe*.

Ein beliebter Vergnügungsort ist das im O. der Stadt gelegene *Boschetto*, wohin man die über die Via del Corso, Piazza della Legna und Corsia Stadion, an dem schattigen *Giardino pubblico* (Pl. E 2) vorüberführende Pferdebahn benutzen kann (10 kr.). Am Boschetto eine große Bierbrauerei. In 30-40 Min. steigt man von hier auf schattigen Wegen zu der auf 230m h. Bergplateau gelegenen *Villa Ferdinandea* (Restaur. zum Jäger oder Cacciatore) hinan. Ebenda die jetzt städtische *Villa Revoltella* mit Park und Kapelle (schönste Aussicht auf Stadt, Meer und Küsten).

AUSFLÜGE. Nach Schloß *Miramar*, 1854-56 erbaut, ehemals Eigentum des Kaisers Maximilian von Mexiko (s. oben), 1¾ St. n.w. von Triest bei *Grignano* (*Hotel Garignano, Z. 1 fl. 20-2 fl. 50), in herrlicher Lage, sehr lohnend (von der H8. Miramar, wo die Züge auf Verlangen halten, 10 Min.; Pferdebahn s. S. 225; Dampfboot tägl. 10¼ u. 3¼, zurück 12½ u. 6¼; Benzin-Motorboot 4mal tägl. in 38 Min., hin u. zurück 50 kr.; Barke von Triest 3, Einsp. 2, Zweisp. 3 fl.). Der schöne Park ist stets zugänglich. Die Besichtigung des glänzend ausgeschmückten Innern gestattet von 11 U. Vm. ab der Schloßverwalter, an den man seine Karte sendet. Vor dem Eingang in den Garten r. ein „Museum" mit Altertümern verschiedener Art. Halbwegs *Barcola* (Restaur.), mit guten Seebädern (S. 225).

Nach (1¼ St.) *Obćina* (346m; *Hôt.-Pens. all' Obelisco) mit herrl. Überblick über Stadt u. Meer; nach *Servola*, s. oben; nach *St. Canzian* (über *Corgnale* zu Wagen in 2½ St., s. S. 216), etc. — Sehr lohnender weiterer Ausflug (1 Tag, früh aufbrechen): mit Dampfboot (S. 225) nach *Muggia;* über den Berg zu Fuß (oben prächtige Aussicht) nach (1 St.) *S. Nicolo;* mit Boot (40 kr.) nach *Capodistria* (*Albergo & Trattoria al Vaporetto; Café auf dem Hauptplatz), alte Stadt (10091 Einw.) auf einer ehem. Insel im Meer, die *Justinopolis* der Römer. Der *Dom* und der *Palazzo pubblico* auf der Stelle eines alten Tempels der Cybele, ferner die großartigen *Salinen* beachtenswert. Weiter stets am Meer nach (1 St.) *Isola* (guter Refosco, S. 225) und (1½ St.) *Pirano* (S. 230); Abends mit Dampfboot nach Triest zurück. — 40 Min. von Pirano das Seebad *S. Lorenzo* mit schönem Park.

Von Triest über Herpelje nach Pola, 137km, Eisenbahn in 4¼ St. Abfahrt vom Bahnhof *S. Andrea* (Pl. B 7; S. 225). Hinter dem *Lloyd-Arsenal* (s. oben) verläßt die Bahn bald das Meer und steigt in zahlreichen Kurven, mit herrlichen Rückblicken auf das Meer, über 8tat. *Rismanje* und (13km) *Borst* zur Höhe des Karstplateaus, das sie bei (20km) *Draga* erreicht. Von (27km) *Herpelje-Kozina* nach (137km) *Pola* s. S. 216.

## 42. Von Triest nach Villach. Isonzo-Thal.

*Vergl. Karte S. 182.*

193km. Bis Görz (57km) Eisenbahn in 2-2¹/₂ St. Von Görz nach Tarvis
(108km) Post tägl. in 16 St. für 5 fl. 74 kr. Von Tarvis bis Villach (28km)
Eisenbahn in 1¹/₄ St.
Von Triest bis (19km) *Nabresina* s. S. 217. Weiter, l. von
der Bahn, *Duino* mit Schloß der Fürstin Hohenlohe. Bei *S. Giovanni* dringt der *Timavo*, der vorher bei St. Canzian (S. 216) sich
in der Erde verlor, aus einem Felsen hervor und ergießt sich
¹/₂ St. tiefer ins Adriatische Meer. 35km *Monfalcone* (*Post), mit
besuchten Heilbädern; 42km *Ronchi.*

26km w. (Post über *Cervignano* in 3¹/₂ St.) liegt Aquileja *(Osteria al
Museo)*, eine der wichtigsten altrömischen Provinzialstädte, einst stark
befestigt und Hauptbollwerk Italiens an der n.ö. Grenze, 452 von Attila
zerstört. Jetzt steht nur noch der 1019-42 erbaute *Dom*, einst Metropolitan-
kirche des Patriarchen von Aquileja. Der Ort ist nur noch ein armer
Flecken mit kaum 1000 Einw., aber ein wichtiger Fundort für Altertümer. Im *Museo Nazionale* Inschriften, Münzen, Gläser, etc.; unter den
Skulpturen ein schöner Venustorso.

Dampfboot von Aquileja 4mal tägl. (40, 20 kr.) durch die *Lagune von
Grado* nach **Grado**, Fischerstädtchen am adriat. Meer mit gut eingerichtetem
Seebad und Seehospiz für arme Kinder. Von der Bedeutung des Orts im
frühen Mittelalter, wo Grado wie Aquileja Patriarchensitz war, zeugt
noch der aus dem vi. Jahrh. stammende Dom *S. Eufemia*, eine dreischiffige
Basilika, mit Marmorsäulen und Mosaikfußboden, merkwürdiger alter
Kanzel etc.

Die Bahn umzieht die n.w. Ausläufer des *Karst* (S. 216) und
wendet sich über *Sagrado, Gradisca* und *Rubbia* nach

57km **Görz** (86m; *Südbahn-Hôtel; *Post; *Kur-Pens. Wienerheim*, Pens. 3-4¹/₂ fl.; *Deutsches Haus; Ungar. Krone; Löwe;
Goldner Engel* u.a.), ital. *Gorizia*, am *Isonzo*, Sitz eines Erzbischofs, in reizender Lage, mit 21888 Einw., schönen Promenaden, Theater etc. Der *Dom*, aus dem xiv. Jahrh., ist sehenswert;
im Domschatz kostbare roman. Arbeiten aus Aquileja. Daneben am
Domplatz das *Landesmuseum* (naturhist. Sammlung, Altertümer
etc.; geöffnet So. 11-1, sonst nach Anmeldung beim Custos). An
der Piazza Grande, mit hübscher Brunnengruppe, die reich ausgeschmückte Jesuitenkirche *St. Ignaz* (xvii. Jahrh.); das ehem.
Jesuitenkloster jetzt Kaserne. In der nahen Via Giardino der hübsch
angelegte *Giardino pubblico* mit reichem südl. Pflanzenwuchs. In
der Altstadt das *Schloß (Castello)* der alten Grafen von Görz, jetzt
Kaserne, mit schöner Aussicht. Gut eingerichtete städtische Badeanstalt. — 2¹/₂ St. n. der *Monte Santo* (684m) mit Wallfahrtskirche
und schöner Aussicht.

Die Poststraße führt von Görz im Thal des *Isonzo* nach
79km *Canale*, wo sie den Fluß auf einer dreibogigen Brücke
überschreitet; weiter über *Ronzina* nach (95km) *Volzano*, deutsch
*Woltschach* (Koffou) und über den Isonzo nach (97km) **Tolmein**,
ital. *Tolmino* (Post), in dessen Schloß nach einer unverbürgten
Sage Dante einige Gesänge seiner Göttlichen Komödie schrieb.
113km *Karfreit*, it. *Caporetto*; 124km *Serpenizza.* Weiter vor

134km **Flitsch** (485m; *Post; Huber*), Marktflecken in einsamem Thalkessel, l. die mächtige *Caningruppe*. Die Straße verläßt hier das Isonzo-Thal und wendet sich am *Koritenza-Bach* in einen Engpaß, die *Flitscher Klause* (532m), mit neuem Fort, 1809 tapfer gegen die Franzosen verteidigt. Beim Austritt aus dem Paß, vor (2 St.) *Unterbreth*, öffnet sich n.ö. die Aussicht auf den gewaltigen *Mangart* (2678m).

Die Straße steigt in großen Windungen nach *Oberbreth*, in großartiger Lage, weiter an der Mündung des *Mangart-Thals*, dann an einem kleinen Fort vorbei, bei dem an der Straße ein schönes Denkmal zur Erinnerung an den 1809 nach tapferer Gegenwehr hier gefallenen Hauptm. Hermann, zur (2 St.) Paßhöhe des **Predil** (1162m; zwei einf. *Whser.*). Hinab, mit hübschen Blicken auf den hellgrünen *Raibler See*, nach (1 St.) 154km **Raibl** (892m; *Schnablegger; Post*), schöngelegener Markt mit Bleischmelzwerken an der *Schlitza* (Ausfluß des Raibler Sees); n.w. der dolomit *Königsberg* (1918m), n.ö. der *Fünfspitz* (1902m) mit 5 gewaltigen Felszacken. Dann durch das freundliche Schlitzathal über *Außerraibl* (Hot. Slatorog), *Kaltwasser* und *Flitschl* nach 165km **Tarvis** (S. 223).

## 43. Von Triest nach Pola und Fiume.

**Dampfschiffe** des *österr. Lloyd* nach *Pola* 5mal wöchentl. in 6-8 St. (Fahrpreise 3 fl. 15, 2 fl. 10, 1 fl. 05 kr., Bett 35 kr.). — **Dampfschiffe** der *ungarisch-croatischen Seedampfschiffahrts-Gesellschaft* von Triest über *Pola* nach *Fiume* 1mal wöch. (mit Übernachten in Pola) in 31 St. (Abfahrt von Triest 8 U. Vm., in Pola 3.20 Nm.; ab Pola 6 Vm., in Fiume 3 Nm.); außerdem von Pola nach Fiume 2mal wöch. (Dl. Sa. 6.30 Vm.) in 8¼ St. Fahrpreis Triest-Fiume 6 fl. 35, 4 fl. 40, 1 fl. 95, Bett 50 kr. Verpflegung auf den Schiffen gut, M. 1 fl. 50, Ab. 1 fl. — **Eisenbahn** über Herpelje nach Pola (in 4¼ St.) s. S. 228, über Divača (in 5½ St.) s. S. 218; über St. Peter nach Fiume (in 4½-5 St.) s. S. 215. In Triest vor der Abfahrt Zollrevision.

Das Boot bleibt stets im Angesicht der hügeligen olivenreichen Küste von Istrien. Fern in einer Bucht s.ö. *Capodistria* (S. 228) mit großem Zuchthaus. Auf einem vorspringenden Hügel die durch Bogen gestützte Kirche von *Pirano*, der Ort (12300 Einw.; Stabilimento di cura, mit Seebädern), mit Salzgärten malerisch in einer Bucht, die Zinnenmauern und Türme der ehem. Festung blicken aus Olivenwäldern hervor. Der Leuchtturm von *Salvore*, *Umago*, das hochgelegene *Buje*, „der Spion Istriens" (la spia dell' Istria) genannt, Schloß *Daila*, dem Grafen Grisoni gehörig, *Cittanuova* (an Stelle des alten *Noventium*), *Parenzo*, vor 600 Jahren der gewöhnliche erste Haltplatzder Kreuzfahrer, mit merkwürdigem Dom, Basilika von 961, und interessanten neuen Ausgrabungen (Mosaikböden aus dem II. u. IV. Jahrh.); auf einer Insel der Wartturm neben dem alten Kloster *S. Niccolò*, jetzt schönes neues Schloß, *Orsera*, dann der *Canal di Leme*, ein 12km langer Fjord, zeigen sich nach und nach; weit in der Ferne ö. der *Monte*

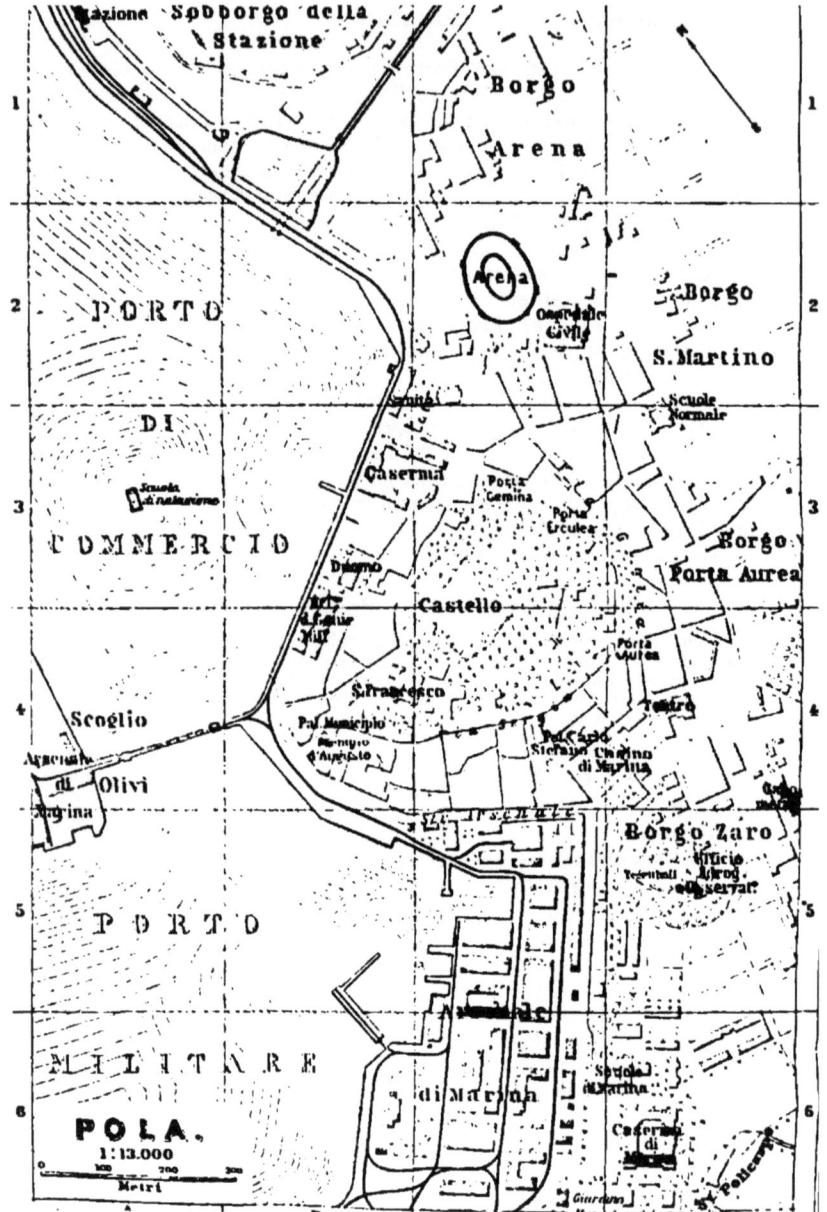

*Maggiore* (S. 216). Um Mittag erreicht das Boot **Rovigno** *(Alb.)*, das alte *Arupenum* oder *Rubinum*, einen stattlichen Ort mit 12000 Einw. Die Bauern der Umgegend wohnen hier, weil die Campagna um Rovigno, wie in ganz Istrien, Malariagegend. Die Einwohner treiben Schiffbau, Sardellenfischerei, Holzhandel und bedeutenden Wein-, Oliven- und Haselnußbau; der Wein von Rovigno ist der beste Istriens, die Haselnüsse die größten und schmackhaftesten der Welt. Die sehenswerte *Domkirche* ist der heil. Eufemia geweiht und enthält den Steinsarg derselben; der dem Campanile von Venedig nachgebildete Turm trägt auf der Spitze das Erzbild der Schutzheiligen als Windfahne. Von dem Platz vor der Domkirche herrliche Aussicht auf die Küste und die vorgelagerten Scoglien (Inseln). In der Nähe des Leuchtturms soll Cissa, die Purpurstadt, im VII. Jahrh. ins Meer gesunken sein. Nördl. in der Bucht von S. Pelagio ein großes 1888 eröffnetes *Seehospiz* für Kinder; auf der gegenüberliegenden südl. Seite des Valdibora hat das Berliner Aquarium 1891 eine Station errichtet, wo man die reichhaltige Fauna des adriat. Meeres sehen und studieren kann (Fremden ist der Zutritt gestattet; im 1. Stock Arbeitsplätze für Gelehrte). W. auf der Insel *S. Andrea* ein ehem. Benediktinerkloster, von Hrn. Consul Hütterott in Triest zu einem schloßartigen Wohnhause umgebaut. — Eisenbahn nach *Canfanaro* s. S. 217.

Vor *Fasana* r. die Hügelreihe der *Brionischen Inseln;* eine schmale Meerenge, der *Canale di Fasana*, trennt sie vom Festland. Die Genuesen besiegten hier 1379 die Flotte Venedigs. Hier brachen die Venezianer die Steinblöcke für ihre Paläste und Brücken; *S. Girolamo*, die südlichste der Inseln, zeigt noch die sie ganz durchsetzende ungeheure Lücke, den alten Steinbruch.

Kaum hat das Boot diese Meerenge verlassen, so tritt Pola in Sicht. Zwei feste Türme, r. auf *Capo Compare*, l. auf *Punta del Cristo* verteidigen den *Canal von Pola* und den Hafen, der seit Verlegung des Sitzes der österr. Kriegsmarine-Verwaltung von Venedig hierher sich bedeutend gehoben hat.

**Pola.** — Gasth.: *Austria*, am Hafen, Z. L. B. 1 fl. 20-2 fl. 50 kr.; *Stadt Pola*, mit Restaur. u. Garten. — 2. Kl.: Hot. Ladavaz, am Fischplatz (nahe dem Hafen). Man spricht allgemein deutsch.

Restaur.: Graser Bierhalle, am Theater; *Budweiser Garten* hinter der Infanteriekaserne (gute Küche); *Pilsner Bierhalle* an der Riva, neben dem Fischplatz; *Hirsch & Cie.*, Via dell' Arsenale; *Al Restaurant* (Rismondo), Via Nettuno; *Lloyd*, am Hafen; Angelo, Via Nettuno; Silbereggers Bierhalle, Piazza Dante Alighieri; in allen deutsche Küche und Bedienung; — italienische Küche in der Trattoria ai Due Mori am Fischplatz; Trattoria al vecchio Tempio d'Augusto, beim Landeplatz der Lloyddampfer. Die gewöhnlichen Gerichte sind *minestra* Reis mit oder ohne Gemüse bezw. Maccaroni; *riso con ostriche*, Reis mit Austern: *frittura* in der Pfanne Gebackenes; *allesso* gekochtes Fleisch; *arrosto* Braten; *umidi* Fleischgerichte mit Sauce; *braciola di vitello*, Kalbskotelette; *testina di vitello* Kalbskopf; *pollo* Huhn; *dindietta* Truthuhn; *selvatico* Wildpret; *cavolifiori* Blumenkohl; *dolce* Mehlspeise.

Erzherzogs und spätern Kaisers von Mexiko (S. 228). In der Nähe verschiedene Marinegebäude *(Schule, Kaserne, Spital, Strafhaus)*; w. am Hafen das k.k. *Seearsenal* (Pl. C 5, 6; zugänglich nur mit Erlaubnis der Admiralität, für Ausländer nur mit Erlaubnis des Kriegsministeriums); im Artillerie-Direktionsgebäude das Marine-Museum, eine Sammlung von Schiffsmodellen, Trophäen, Waffen u. s. w. — Auf der *Oliveninsel*, zwischen dem Kriegs- und Handelshafen, befinden sich die Schiffswerfte und Docks.

Sehr besucht ist der *Kaiserwald (Bosco Sianna)*, ein Eichenwald 40 Min. von der Stadt an der Straße nach Altura; an der Kaiserwiese ein Pavillon und Restaurant.

Bei der Weiterfahrt nach Fiume umfährt der Dampfer die Südspitze der Istrischen Halbinsel und steuert, die Inseln *Cherso* und *Veglia* r. lassend, nördl. durch den *Canale di Farasina* in die weite *Quarnero-Bucht*. L. der *Monte Maggiore*, am Fuß die Hotels von *Abbazia* (S. 215); ö. am Horizont die kroat. Gebirge.

**Fiume** (*Europa, Hot. Lloyd*, beide am Hafen; *Hot. Deák, H. de la Ville*, beim Bahnhof), s. *Baedeker's Österreich-Ungarn.*

# V. Böhmen und Mähren.

236

## 44. Prag.

**Sprache.** In Prag wie im übrigen mittlern und südlichen Böhmen wird meist tschechisch („böhmisch") gesprochen. Die dieser Sprache eigentümlichen Schriftzeichen sind: c = z, č = tsch, ď = dj, ě = je oder ie, ň = nj oder ni, p̌ = pj oder pi, ř = rs oder rsch, š = sch (scharf), ť = tj oder ti, z = s, ž = sch (weich). — Die Straßennamen sind in Prag leider vielfach nur in tschechischer Sprache angebracht, wodurch für den Fremden die Orientierung erschwert wird. Im Plan und Text dieses Handbuchs sind die altbekannten deutschen Namen überall beibehalten.

**Bahnhöfe: 1.** *Staatsbahnhof* (Pl. G H 4), für die Bahn nach Dresden (R. 45), nach Wien über Brünn (R. 51 A), die Personen und Kurierzüge der Buschtiehrader Bahn (Karlsbad, Eger etc.; R. 47) und die Bahn über Chotzen nach Braunau (S. 287). — 2. *Westbahnhof (Smichow,* Pl. D 9), für die Böhm. Westbahn (Pilsen, Furth, R. 49), für die Prag-Duxer Bahn (s. S. 257) und für einzelne Züge der Buschtiehrader Bahn (S. 257). — 3. *Frans-Josefs-Bahnhof* (Pl. H 5), für die Bahn nach Wien über Gmünd (R. 51 B), die Neratowitz-Turnauer Bahn (S. 289) und für den Personenverkehr der österr. Nordwestbahn nach Dresden über Větat-Přívor etc. Dieser Bahnhof ist mit dem Westbahnhof durch Verbindungsbahn verbunden. — 4. *Nordwestbahnhof* (Pl. H 3), für die Bahn nach Lissa (S. 284) und von da über Znaim nach Wien (R. 52), über Mittelwalde nach Breslau (R. 53 A). — 5. *Buschtiehrader Bahnhof* (Pl. C 8), für die Bahn nach Hostiwitz, Komotau, Karlsbad und Eger (R. 47), vor dem nahen Westbahnhof gelegen. — Gepäckträger vom Bahnhof zur Droschke (S. 237) 10 kr.; in die Stadt bis zu 25kg 20 kr., für je 10kg darüber 4 kr. mehr.

Der *Verein zur Hebung des Fremdenverkehrs* (Obmann Hr. Ed. Hruby, Graben 30) erteilt unentgeltlich Auskünfte jeder Art.

**Gasthöfe** (vgl. S. 3, 4; wer nicht mindestens einmal tägl. im Hotel speist, zahlt 20% des Zimmerpreises mehr). *Hôt. de Saxe (Pl. a; G 4), Hybernergasse, Z. L. B. von 1½ fl. an; *Blauer Stern (C. Sellmann; Pl. e, G 4), Ecke vom Graben und Hybernergasse, Z. von 1 fl. ab, L. 40, B. 35kr.; *Schwarzes Roß (Pl. b; G 4), am Graben, Z. L. B. 1½-3½ fl.; Grand Hotel (Pl. c; H 4), verlängerte Mariengasse; *Erzherzog Stephan (Pl. g; G 5), Wenzelsplatz, Z. L. B. von 1½ fl. ab; *Englischer Hof (Pl. d; H 4), Porschitscher Straße, Z. L. B. 1½-2 fl.; *Hot. Victoria (Pl. f; F 6), Ecke der Jungmann- u. Palackystr., Z. 1 fl. 20 kr. bis 2 fl.; *Goldner Engel (Pl. h; F 4), Zeltnergasse; Hôt. Monopol, Z. 2 fl., Hôt. Royal (Pl. i; G 4), beide dem Staatsbahnhof gegenüber; *Kaiser von Österreich (Pl. i; G 4), Porschitscher Straße; Stadt Wien (Pl. k; G 4), Hybernergasse, mittelmäßig; Hotel garni, Wenzelsplatz. — PENSION: Hermine Finger, Thorgasse 4, empfohlen.

**Restaurationen.** Die gen. Gasthöfe sowie in allen Bahnhöfen. Ferner Restaur. Els, *Deutsches Haus, Geißler, Dreher's Bierhalle, alle am Graben; *Mayer, Zeltnergasse; Zwei Amseln, Herrengasse 4; Urban, im Stadtpark; Chodera, Platteis, beide Ferdinandstr.; Carmasini, mit Garten, am oberen Wenzelsplatz; Sluk, Kleinseite, Radetzkyplatz 87. — Delikatessenhandlungen: Müller, Ferdinandstr. 9, unweit der Kettenbrücke; Zur Stadt Venedig, Obstmarkt 9.

**Weinstuben.** *Binder, Großer Ring; Gürtler, Wenzelsplatz 26; Austriakeller, Postgasse 189; Victorin, Wenzelsplatz (in beiden guter Melniker); Bodega (span.Weinstube), Obstgasse.

**Cafés.** Grand Café Central, Graben 15; Continental, Graben 17 (im Kolowratschen Palais); Café Français, Graben 39; Slavia, Café-Salon, alle drei Ferdinandstr.; Erzh. Stephan (s. oben), Wenzelsplatz; Roter Adler, Zeltnergasse 21; Urban (s. oben). „Tschai", Thee mit Rum; „Thee", Thee mit Sahne (Schmetten).

**Konditoreien.** Stutzig, Wenzelsplatz; Köpf & Jäger, Zeltnergasse; Schourek, Heck, beide Ferdinandstr.

**Bier,** meist gut, in allen Gasthöfen, Restaurants und Cafés; gutes Pilsner u.a. bei Donat, Brenntegasse 53; Zwei Amseln, Chodera, s. s. oben; Sochurek, Tempelgäßchen 649, bei der Jacobskirche; Wohlrath, Karolinenthal, Königstr. 145; Možny, Tillyplatz, Weinberge.

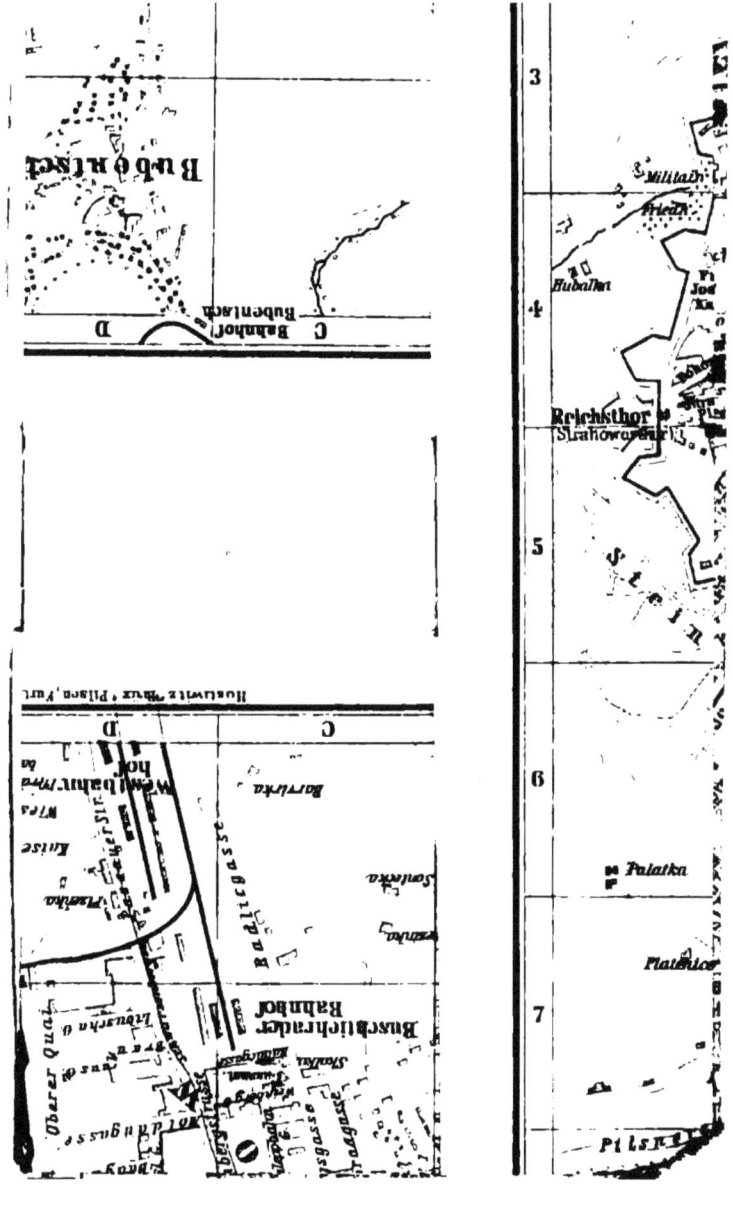

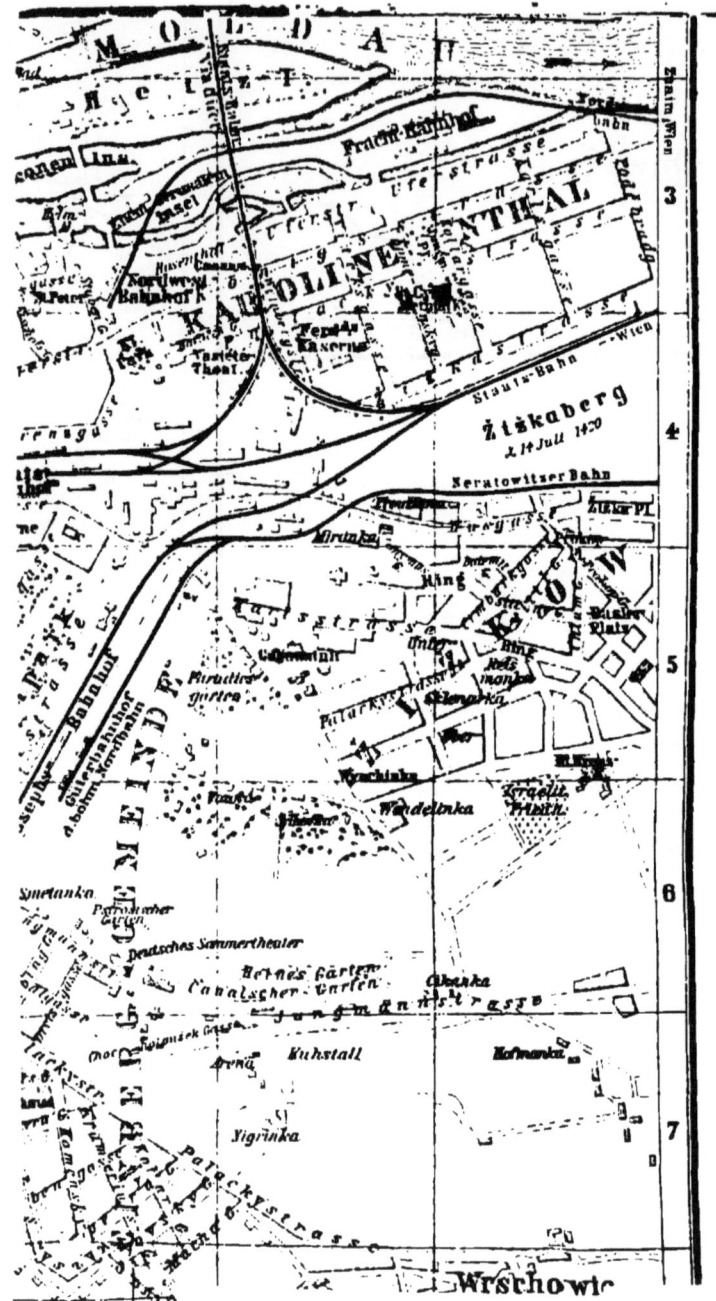

**Deutsches Haus**, Graben 26 (S. 243), mit großem Garten (im Sommer häufig Konzert), Mittelpunkt der deutschen Gesellschaft in Prag, Einführung durch ein Mitglied (Eintritt in die Restauration im Erdgeschoß frei). — Deutscher Verein Austria auf der Kleinseite. — Slavische Bürger-Ressource (Měštanská beseda), Wladislawgasse.

**Böhmisch Glas** bei Graf Harrach, Graben 34., im Blauen Stern; Fischmann & Löhne, Graben 30. — Prager *Handschuhe* bei Pilat, Graben 13; Březnowsky, Ferdinandstr. 6. — Böhm. *Granatwaren* bei Bubeníček, Altstädter Ring 23; Pichler, Obstgasse 4, u. a.

**Bäder.** *Elisabethbad*, Elisabethstr. 30 (Pl. G 3); Königsbad, Altstadt, Postgasse 35; auf der Sophieninsel auch Bäder u. Schwimmschule in fließendem Wasser; Civil- u. Militär-Schwimmschulen unterhalb des Kettenstegs (S. 241) am l. U. der Moldau und in Smichow oberhalb der Palackybrücke.

**Post** (Pl. G 5), Direktion im Postgebäude in der Heinrichsgasse, mit vielen Filialen. — **Telegraphenamt** im Postgebäude.

**Deutsch-protest. Kirche** in der Gärbergasse (Pl. E 6).

**Droschkentarif**, von 6 Uhr früh bis 10 Ab. (Nachts die Hälfte mehr) für Einspänner bis 3 Pers., für Zweispänner („Fiaker") bis 4 Personen:

| | Einsp.<br>fl. kr. | Zweisp.<br>fl. kr. |
|---|---|---|
| Innerhalb der Alt-, Neu- und Altstadt, der unteren | | |
| Kleinseite (bis zur Spornergasse und zur Chotek- | | |
| straße), der Vororte Karolinenthal, Smichow, kgl. | | |
| Weinberge: ¼ *Stunde* | — 40 | — 60 |
| ½ *Stunde* | — 60 | 1. — |
| jede *folgende* ¼. bezw. bei Zweispännern ½ *Stunde* | — 20 | — 50 |
| Nach der oberen Kleinseite, auf den Hradschin, nach | *außer dem Tarif*<br>*wie oben noch ein*<br>*Zuschlag von* | |
| den Vororten Bubna-Großholeschowitz und Žiš- | | |
| kow und nach der Citadelle Wyšehrad | — 20 | — 30 |
| *Von und nach den Bahnhöfen* | — 70 | 1. 10 |
| Handgepäck frei, Koffer das Stück | — 20 | — 20 |
| *Von der Alt-, Neu- und Josefstadt* nach: Baumgarten, | | |
| Belvedere, Bubenč, Kaisermühle, Košíř bis Clam- | | |
| scher Garten, Nusle, Wolšan, Wrowič | 1. — | 1. 50 |
| Lieben bis zum Schloß, Pankraz (ausgeschl. Fuchsen) | 1. 20 | 1. 80 |
| Podol Einsp. 1 fl. 40, Zweisp. 2 fl.; Sterntiergarten | 2. — | 3. — |
| *Von der Kleinseite* nach: Košíř-Clamscher Garten | — 80 | 1. 30 |
| Baumgarten, Belvedere, Bubenč, Kaisermühle | 1. — | 1. 50 |
| Nusle, Wolšan, Wrowič | 1. 20 | 1. 80 |
| Lieben bis zum Schloß, Pankraz (excl. Fuchsen) | 1. 40 | 2. — |
| Podol, Sterntiergarten | 1. 60 | 2. 30 |
| Rückfahrt und Wartezeit bei Einsp. jede ¼ *Stunde* | — 20 | |
| Rückfahrt und Wartezeit bei Zweisp. jede ½ *Stunde* | | — 50 |

**Omnibus** vom Bahnhof in die Stadt (zu allen Hotels) 15 kr., größeres Gepäck 15 kr. das Stück.

**Pferdebahn**, sechs Linien: 1. *Karolinenthal*-Josefsplatz-Graben-Ferdinandsgasse-Karlsbrücke-*Kleinseite*. — 2. *Josefsplatz*-Graben-Wenzelsplatz-(Museum)-*Weinberge*. — 3. *Josefsplatz*-Franz-Josefsbrücke-Bubna-*Baumgarten*. — 4. *Porschitsch*-Reitergasse-Heinrichs- und Wassergasse-Palackybrücke-Smichow-*Westbahnhof*. — 5. *Žižkow*-Hibernergasse-Zeltnergasse-*Kreuzherrenplatz* (Karlsbrücke). — 6. *Franzenskettenbrücke*-Kinskygasse-*Smichow*. Fahrpreis für 4 Stationen 5 kr., für längere Strecken 10 kr., bei 2maligem Überschreiten der Grenzen zwischen Stadt und Vorstädten 15 kr.

**Drahtseilbahn** von Aujezd (Kleinseite) auf den *Laurenziberg* (S. 249); von der Franz-Josefsbrücke auf das *Belvedere* (S. 249). — **Elektrische Bahn** vom Belvedere nach *Baumgarten* (S. 238).

**Theater.** Deutsches Landestheater am Obstmarkt (Pl. F 5); Neues deutsches Theater im Stadtpark (Pl. G 6). — Böhmisches Nationaltheater (Pl. E 6) am Quai (S. 243). — Sommertheater im *Heinesehen Garten* (Pl. I 6; deutsche Vorstellungen). — Böhmisches Varieté-Theater im Karolinenthal, Palackystr.

**Permanente Kunstausstellungen** im *Rudolphinum* (S. 241); *Nic. Lehmann*, Ferdinandstr. 5 (20 kr.); *Galerie Ruch*, Heuwagsplatz.

**Vergnügungsorte.** *Baumgarten* (Pferdebahn und elektr. Bahn s. S. 237), ³/₄ St. vom Graben, bei *Bubné* (S. 250), ein den böhmischen Ständen gehöriger Park mit einem Schlößchen und Restauration, Sammelpunkt der eleganten Welt; dreimal wöchentlich Militärkonzert. — Belvedere-Anlagen (Pl. E F 3), s. S. 249; im Sommer häufig Konzerte. — Dreher's Biergarten in den Belvedere-Anlagen, 3 mal wöch. Konzert. — *Sophieninsel* (Pl. D E 6) unweit der Kettenbrücke, schattiges Gartenrestaur., im Sommer sehr besucht, 8 mal wöch. von 4 U. Nm. ab Militärkonzert. — Schützeninsel (Pl. D 5, 6), mit Restauration, Schießstätte des Prager Scharfschützencorps, Ruderklub. — Die *Hasenburg* (Pl. C 5), am l. Moldauufer, mit 60m h. Aussichtsturm und Garten-Restaur. (Drahtseilbahn s. S. 249).

Bei beschränkter Zeit: vom Bahnhof durch die Altstadt (*Großer Ring*, s. unten) und Josefstadt (*Judenfriedhof*, S. 242) zur *Karlsbrücke* (S. 240); über dieselbe zum *Hradschin* (*Dom* und *Aussicht* vom Balkon des Adlig-Fräuleinstifts, S. 247); zurück über die *K. Franzbrücke*, die Ferdinandstraße und den Graben zum Bahnhof.

*Prag* (194m), böhm. *Praha*, die Hauptstadt des österr. Kronlandes und Königreichs Böhmen, Sitz des k. k. Statthalters, des Kommandos des VIII. Armeecorps, der obersten Justizbehörden des Kronlandes, eines Fürsterzbischofs u. s. w., liegt auf beiden Seiten der *Moldau* in einem weiten Thalkessel, dessen Grund und Abhänge das imposante Häusermeer ausfüllt. Die Gründung Prags wird auf Libussa, die erste Herzogin von Böhmen (angeblich VIII. Jahrh.), zurückgeführt; von Ottokar II. als Stadt organisiert, erreichte sie unter Kaiser Karl IV. (1346-78) durch die Gründung der Universität, der Neustadt und zahlreiche Bauten ihren höchsten Glanz. Im Husitenkriege (1424), im dreißigjähr. Kriege (1631 und 1648), im österr. Erbfolgekriege (1741) und in den schlesischen Kriegen (1744 und 1757) wurde Prag eingenommen, 1866 ohne Schwertstreich von den Preußen besetzt. Die Einwohnerzahl beträgt jetzt 183086 (über 20000 Juden), davon ⁴/₅ tschechischer, ¹/₅ deutscher Zunge, und 7000 Mann Garnison. Die prächtige Lage, gehoben durch die zahlreichen Paläste und Türme, und die geschichtlichen Erinnerungen verleihen Prag einen eigentümlichen Zauber.

Die Stadt hat einen Umfang von c. 16km und zerfällt in 7 Teile: die *Altstadt*, das Centrum der Stadt und des Verkehrs; n.w. *Josefstadt* (bis 1850 *Judenstadt*); die *Neustadt* rings um die Altstadt am r. Ufer der Moldau; *Kleinseite*, am l. Moldau-Ufer, im Thal und an den Abhängen des Hradschin und Laurenzberges; *Hradschin*, auf der Höhe des l. Ufers, mit der k. Burg; *Wyschehrad* und *Holeschowitz-Bubna*. In weiterem Kranz die Vorstädte *Karolinenthal*, *Žižkow*, *Weinberge* und *Smichow*.

Vom *Josefsplatz* in der Nähe des *Staatsbahnhofs* (Pl. G 4) laufen die Haupt-Straßenzüge der Stadt aus: w. Zeltnergasse, Großer und Kleiner Ring, Karlsgasse zur Karlsbrücke; s.w. Graben und Ferdinandstraße zur Franzensbrücke; n. Elisabethstraße zur Franz-Josefs-Brücke. Im Anfang der Zeltnergasse, den Eingang der Altstadt bezeichnend, der **Pulverturm** (Pl. G, 4), im spätgot. Stil 1475-84 erbaut, 1883 restauriert, einst ein Thorturm. Nördl. angrenzend der *Königshof*, einst Residenz der böhm. Könige, jetzt Kaserne; gegenüber das *Zollamt*. In der Zeltnergasse 1., Ecke des Obstmarkts, das *Landesgericht in Civilsachen* (Pl. F 4).

Die Zeltnergasse mündet auf den Großen Ring (Pl. F 4), in dessen Mitte eine 1650 von Kaiser Ferdinand III. errichtete *Mariensäule* an die Befreiung Prags von den Schweden im J. 1650 erinnert.

An der Ostseite des Platzes erhebt sich die **Teynkirche** (Kirchendiener am Großen Ring unter den Lauben N° 16), 1360 von deutschen Kaufleuten begonnen, die von Häusern halb verdeckte Westfassade mit den beiden spitzen Türmen und dem hohen Giebeldach 1460 unter Georg v. Podiebrad ausgeführt Sie war lange Zeit utraquistische Hauptkirche. Den goldenen Kelch, den Georg v. Podiebrad nach seiner hier erfolgten Krönung zum König von Böhmen (1458) nebst seinem Standbild im Giebel aufstellen ließ, ersetzte nach der Schlacht am Weißen Berge (S. 249) das noch vorhandene Marienbild. Im Innern am letzten s. ö. Pfeiler der Grabstein des dänischen Astrologen *Tycho Brahe*, der 1599 von Kaiser Rudolf II. nach Prag berufen wurde († 1601). In der Marienkapelle, gleich daneben, die Marmorstandbilder der böhm. Apostel Cyrill und Method, von Em. Max, Geschenk des Kaisers Ferdinand (1845). Gegenüber ein alter Taufkessel von Zinn aus dem J. 1414. Von der Kanzel sollen Johann v. Nepomuk und Hus gepredigt haben; das Bildnis des ersteren ist an der Kanzel angebracht. In der Lukaskapelle ein schöner Flügelaltar mit Bildern von Skreta (XVIII. Jahrh.). Vor der Mariä-Lichtmeß-Kapelle die Waldsteinsche Familiengruft (Grabstein mit Wappen). — N. zunächst der Teynkirche der fürstl. *Kinsky'sche Palast*, der größte der Altstadt, mit wertvoller Bibliothek.

An der Westseite des Platzes das **Altstädter Rathaus**, 1838-48 im got. Stil an der Stelle des teilweise niedergerissenen alten Rathauses erbaut, von dem nur die Kapelle, der große Turm von 1474 (mit merkwürdigem altböhmischen Uhrwerk), die Südseite mit schönem Portal, die alte Rats- und die Gemeindestube noch übrig sind. Die Standbilder am Balkon des zweiten Stocks, von *Jos. Max*, stellen sechs um Prag besonders verdiente Landesherren dar: Spitignew II. und Ottokar II., die deutschen Kaiser Karl IV. und Ferdinand III., die österreich. Kaiser Franz I. und Ferdinand I. Im südl. Teil des Rathauses der schöne neue mit Fresken geschmückte *Sitzungssaal* (in demselben ein Kolossalgemälde von *Brožik*, Hus vor dem Konzil zu Konstanz); im nördl. das reiche städtische *Archiv*. — Vor dem Rathaus wurden am 21. Juni 1621 nach der Schlacht am Weißen Berge 27 Männer, größtenteils aus dem Adel Böhmens, die Leiter der protestant. Partei, hingerichtet. Gleiches Schicksal traf auf Wallenstein's Befehl im Febr. 1633 11 Offiziere höhern Ranges wegen Feigheit in der Schlacht bei Lützen. — Von der Südseite des Rathauses schöner Blick auf den Großen Ring mit der Teynkirche etc.

Nicht weit vom Rathaus, in der Husgasse, der schöne gräfl.

*Clam-Gallas'sche Palast* (Pl. E 4, 5), 1701-12 von Fischer v. Erlach im Barockstil erbaut. — Weiter in der Karlsgasse r. eine
große zusammenhängende Gebäudemasse, aus der 2. Hälfte des
xvii. Jahrh., eine ganze Häuserinsel, mit 2 Kirchen und 2 Kapellen, 3 Thoren und 4 Türmen, das Clementinum (Pl. E 4, 5), ein
Work der Jesuiten, in dem das erzbischöfl. Seminar, die Universitäts-Bibliothek mit über 200 000 Bänden, besonders reich an
böhm. Litteratur, naturhistor. Sammlungen, Sternwarte, Hörsäle
der theolog. und philosoph. Fakultät u. a. untergebracht sind. Im
1. Hof das *Standbild* eines Prager Studenten in der Tracht des
xvii. Jahrh., zum Andenken an die Teilnahme der Studenten an
der Verteidigung der Stadt 1648 gegen die Schweden, von *Em. Max.*
  Vor der Karlsbrücke auf dem Kreuzherrenplatz (r. die *Kreuz-
herrenkirche* im ital. Renaissancestil) das \*Standbild Karls IV. (Pl. E
4, 5), 1848 bei der 500jähr. Jubelfeier der Universität errichtet, unten die vier Fakultäten, das Bild des Kaisers 3,8m, das ganze Denkmal 9,5m h., nach *Hähnel's* Modell in Nürnberg gegossen. Nach
Gründung der Universität (1348) fanden sich bald Studenten aus
allen Gegenden Europas hier ein. Karls Nachfolger Wenzel wollte
die ausgedehnten Privilegien der Ausländer beschränken, wes-
halb im J. 1409 viele Hunderte auswanderten und u. a. die Universität Leipzig stifteten. Jetzt ist die Universität in eine deutsche und eine böhmische geteilt, die beide den Namen „Carolo-
Ferdinandea" führen. Die Zahl der Studenten beträgt an der
deutschen Universität 1601, an der böhmischen 2021. Das Universitätsgebäude für Juristen, Carolinum (Pl. F 4, 5), ist beim Großen
Ring, Eisengasse n° 11; im Promotionssaal Bildnisse österreichischer Kaiser und Prager Erzbischöfe. Die Universitätsbauten für
die medicinische Fakultät s. S. 244.

  Die 1357-1507 erbaute, 497m lange, 10m breite sechzehn-
bogige \*Karlsbrücke ist an beiden Seiten durch alte, ehemals zur
Verteidigung dienende Brückentürme abgeschlossen. Die Brücke
stürzte bei dem Hochwasser der Moldau 1890 zum Teil ein, wurde
aber seitdem wiederhergestellt.

Am r. Ufer der \*Altstädter Turm, 1451 erbaut, jüngst renoviert,
mit den Wappen der Länder, die einst mit Böhmen verbunden waren,
und den Steinbildern Kaiser Karls IV. und seines Sohnes Wenzel IV. Auf
der Galerie waren die Köpfe der im Jahre 1621 Enthaupteten (s. S. 239) 10
Jahre lang aufgesteckt. 1648 schützte der Turm die Alt- und Neustadt vor
den Schweden, die sich durch den Verrat des k. Rittmeisters Odowalsky
fast ohne Schwertstreich der Kleinseite bemächtigt hatten. Als im J.
1744 die Preußen wieder aus Prag vertrieben wurden, war die Brücke
ebenfalls ein blutiger Kampfplatz.
  Auf der Brücke 30 Standbilder und Gruppen von Heiligen, zum
Teil aus dem xviii. Jahrh., zum Teil aus neuerer Zeit von *Jos. Max*,
sowie ein 1606 aus Strafgeld eines Juden aufgerichtetes Kruzifix. Das in
der Mitte der Brücke stehende Erzbild des h. Johann v. Nepomuk, des
böhm. Landespatrons, und die beiden Reliefs sind 1683 zu Nürnberg verfertigt. Eine kleine Marmortafel mit einem Kreuz r. auf der Deckplatte
der Brückenmauer, zwischen dem 6. und 7. Pfeiler, bezeichnet die Stelle,
wo der Heilige hinabgestürzt wurde, auf Befehl des Kaisers Wenzel, wie

es heißt, weil der fromme Priester nicht verraten wollte, was die Königin ihm gebeichtet hatte. Nach der Legende schwamm der Leichnam eine Zeitlang auf der Moldau, fünf hell leuchtende Sterne umgaben das Haupt. Viele Tausende wallfahrten aus Böhmen, Mähren und Ungarn jährlich zur Prager Brücke, besonders am 16. Mai.

Die Kettenbrücke, die oberhalb der Karlsbrücke den Fluß und die Schützeninsel (S. 238) überschreitet, ist die 1841 eröffnete **Kaiser Franz-Brücke** (Pl. D 6), 460m lang (1 kr. Brückengeld). Zwischen beiden Brücken der 622m lange *Franzensquai*, nach 1840 von den böhm. Ständen erbaut. Fast in der Mitte das 1845 errichtete **Franzens-Monument** (Pl. E 5), ein 23m h. gotischer Brunnen, in der Mitte unter einem Baldachin das Bronze-Reiterbild des Kaisers Franz I., an den Ecken unten die ehem. 16 Kreise Böhmens und die Stadt, oben Kunst und Wissenschaft, Handel und Gewerbe, Sandstein-Figuren. Entwurf des Ganzen von *Kranner*, Standbilder von *Jos. Max.* — Ö. führt die Betlehemsgasse zum *Betlehemsplatz* (Pl. E, 5) auf welchem einst Hus' Kapelle und Wohnhaus stand (jetzt No 5 und 6). In No 1 *Náprstek's böhmisches Gewerbemuseum* (nach Anmeldung jederzeit zugänglich). — An der Franzensbrücke das *böhm. Nationaltheater* (S. 244). — Noch weiter flußaufwärts führt vom *Palacky-Quai* am r. Ufer die 1878 vollendete **Palacky-Brücke**, 229m lang, 9m br., auf 2 Land- und 6 Strompfeilern ruhend und von der Pferdebahn befahren (1 kr. Brückenzoll), nach *Smichow* (S. 249).

Unterhalb der Karlsbrücke am r. Ufer der *Rudolfsquai*, an welchem nahe dem nur für Fußgänger bestimmten *Kettensteg* (1 kr. Zoll) das von *Zitek* und *Schulz* im Renaissancestil erbaute Künstlerhaus **Rudolphinum** (Pl. E 4) sich erhebt. Dasselbe enthält im südl. Teil das Konservatorium der Musik und zwei Konzertsäle, im nördl. das kunstgewerbl. Museum, die Ausstellungen des Kunstvereins (vom 15. April bis 15. Juni jeden Jahres) und die Bildergalerie der Gesellschaft patriot. Kunstfreunde. Eintritt Mi., Fr., So. 11-3 U. frei, Di. Do. Sa. 30 kr. Kataloge der Gemälde-Galerie (2 fl., mit 30 Lichtdrucken 4 fl.) und des Kupferstichkabinetts (10 kr.), sowie einzelne Photographieen (in Folioformat 1 fl. 20 kr.) sind im I. Saal zu haben.

***Gemäldegalerie.** — Im Vorraum (I. Saal): *18A. *Andrea della Robbia*, Madonna (Relief); *9. Unterteil einer griech. Herme, mit kleinen weibl. Relieffiguren. — II. Saal (ältere deutsche und niederl. Schulen). 687. *Theodorich von Prag*, Votivbild des Prager Erzbischofs Ocko von Wlaschim; mehrere andere böhmische Bilder des XIV. u. XV. Jahrh. *222 bis 224. *Geertgen van Sint-Jans*, dreiteiliger Flügelaltar; *230. *Jan Gossaert* gen. *Mabuse*, h. Lukas (bekannt als „Prager Dombild"); 462. *Meister vom Tode der Maria*, Flügelaltar; 501. *Niederländ. Meister* in der Art des Hugo van der Goes, Tod der Maria (auch in London und Rom); 379. *Hans Baldung d. J.*, Lady Vaux; *27. *Hans Baldung Grien*, Martertod der h. Dorothea; 502. *Niederl. Meister* (um 1483), Madonna. — Eckzimmer III. Böhmische Bilder des XV. u. XVI. Jahrh. — IV. Saal (Italiener, spätere Niederländer und Deutsche). *486. *P. Moranda* (gen. *Cavazola*), männl. Bildnis; *382. *Holländ. Meister* (um 1626), junge Dame in reicher Tracht; 590. *Jac. van Ruisdael*, 202. *Everdingen*, Wasserfälle; 388. *Holländ. Meister B. D.* (um 1660), spinnende alte Frau; 497, 498. *Neuf-*

*chatel* gen. *Lucidel,* zwei Bildnisse; 468. *Fr. Millet,* große ital. Landschaft; 452. *Frans Luyex,* Octavio Piccolomini; 142. *Annibale Carracci,* Pietas; 702. *Fr. Vecellio,* männl. Bildnis; *138. *Dom.* Campagnola,* thronende Madonna mit Heiligen (1525); 127. *Schule Michelangelos,* heil. Familie; **347 A. *Frans Hals,* Bildnis des Jasper Schade van Westrum; *686 A. u. B. *Gerard Ter Borch,* Bildnisse. — In den 8 KABINETTEN (a-h) DES SAALES V: 120-123. *P. Brueghel d. Ae.,* vier kleine Rundbilder; 537. *Patinir,* h. Hieronymus; *Rubens,* *585. kleine Verkündigung, 586. Skizze der Austreibung aus dem Paradiese für die Jesuitenkirche in Antwerpen; 697. *Saftleven,* Genrebild; 710. *P. Verelst,* *594, 595. *D. Ryckaert,* desgl.; *721. *Watteau,* heimkehrende Gesellschaft bei Fackellicht (Skizze); 487. *Fr. Millet,* 142. *G. Dughet (Poussin),* Landschaften; *600. *Frans Snyders,* großes Stilleben; 358, 359. *C. de Heem,* Stilleben; *203. *Everdingen,* norwegische Landschaft; *225. *A. de Gelder* (früher *Rembrandt* zugeschr.), Vertumnus und Pomona; *483. *G. Metsu,* Fischhändlerin; 706. *W. van de Velde,* leicht bewegte See; *589 A. *Sal. van Ruysdael,* Landschaft; *A. van der Neer,* 493. Kegelbahn, 494, 495. Mondscheinlandschaften; *666. *Jan Steen,* die Katzenmusik; 169. *A. Cuyp,* Landschaft mit Vieh; 492. *Nalujncx,* Landschaft mit einem Flusse; *200. *A. Elsheimer,* Tempel am See. — ECKZIMMER VI. Österr. Meister des XVIII. Jahrh.: 239-341. *Norbert Grund;* 71-94. *Christ. Brand;* 95-104. *Joh. Brand* (*95. Ansicht von der Donau); 546. *Jos. Platxer,* u. a. — VII. SAAL. Böhmische Maler des XVII. u. XVIII. Jahrh.: 106-111 A. *Petrus Brandl;* 627-644. *Carl Screta.* — VIII. SAAL. 236. *J. B. Greuze,* junges Mädchen; 216. *Führich,* Madonna mit zwei Heiligen. — IX. u. X. SAAL. Moderne Meister. Gemälde von *Andr. Achenbach* (8 A), *Oswald Achenbach* (9, 9 A), *T. Ajdukiewicz* (16), *Herm. Baisch* (26, 26 A), *Defregger* (190, 191), *Douxette* (190, 191), *Fagerlin* (204 A), *Gude* (342), *Keßler* (413 A), *Kurxbauer* (420), *Paul Meyerheim* (463 A), *Norman* (517, 517 A), *R. Ruß* (591, 591 A), *Schirm* (618), *Schleich* (620), *Ant. Seitz* (650), *Spitxweg* (663-665), *W. Veltin* (706), *H. Zügel* (747). — XI. Saal. Aquarelle und Cartons (blaue Nummern): 2 A. *Hans v. Bartels;* 32-34. *Jaroslaw Cermak;* 56. *Jos. v. Führich;* 57. *Genelli;* 86-132. *Jos. Manes;* 135. *W. Joh. Martens;* 140. *F. Overbeck;* 146. *L. Passini;* 175. *Jos. Trenkwald.*

Aus dem ersten Kabinett (a) gelangt man über eine Treppe zu dem *KUPFERSTICHKABINETT mit 658 ausgestellten Blättern von Meistern aller Schulen und zu dem sich anschließenden *HOLLAREUM mit 457 ausgestellten Blättern ausschließlich von *Wensel Hollar* (geb. 1607 zu Prag, † 1677).

Die KUNSTGEWERBLICHE SAMMLUNG im Erdgeschoß ist eine gewählte, mit Geschmack zusammengestellte Sammlung aus allen Gebieten und Zeiten des Handwerks. Hier auch ausgestellt *Labenwolf's* Bronze-Kolossalgruppe von Amor und Venus, aus dem Palais Lobkowitz von den Schweden geraubt, kürzlich geschenkt.

Gegenüber die Malerakademie, die Kunstgewerbeschule und Lehrerinnenbildungsanstalt. Weiter abwärts am l. Moldauufer die S. 249 gen. Kronprinz-Rudolfs-Anlagen (Drahtseilbahn); an ihrem untern Ende die von der Pferdebahn befahrene **Franz-Josefs-Brücke** (Pl. G 3; 1 kr. Brückengeld).

Den n.w. Winkel der Altstadt nimmt die Josefstadt ein, die ehem. Judenstadt (Pl. E F 4), jetzt zur größeren Hälfte von Christen bewohnt, aber noch immer höchst eigentümlich. In der Rabbinergasse gegenüber dem alten jüdischen Rathaus die älteste Synagoge Prags, die Altneuschule (Pl. E 4; Synagogendiener: Rabbinergasse 7), eine seltsame düstere Steinmasse aus dem XII. Jahrh., der Sage nach ursprünglich von den ersten Flüchtlingen aus dem zerstörten Jerusalem herrührend. Am Gewölbe hängt eine große Fahne, die sich durch die ganze Synagoge hinzieht, ein Geschenk Kaiser Ferdinands III. für die Tapferkeit der Juden bei der

**schwed. Belagerung 1648 (S. 240).** — Ganz nahe der Altneuschule mitten in engen Gassen liegt der alte, seit 1780 nicht mehr benutzte *Judenfriedhof* (Pl. E 4; Beth chajim, Haus des Lebens); Zugang außer Sa. durch eine verschlossene Thür: Trkg. 10-20 kr.

Dicht gedrängt stehen hier, überwuchert von Buschwerk und Schlingpflanzen Tausende von schwarzgrau bemoosten, mit hebräischen Buchstaben bedeckten Leichensteinen, zum Teil aus den ältesten Zeiten Prags. Manche haben das Zeichen des Stammes, dem der Verstorbene angehörte; so bedeutet eine Urne den Stamm Levi, zwei Hände das Geschlecht Aaron, u. s. w. Ein Sarkophag mit eingemeißeltem Löwen bezeichnet das Grab des Rabbi Löw († 1609). Die Steine, die man auf den Grabmälern aufgehäuft sieht, sind von Verwandten oder Freunden der Verstorbenen als Zeichen der Achtung dort niedergelegt worden.

Rings um die Altstadt erstreckt sich nach O. und S. die **Neustadt**, ehemals von jener durch Mauer u. Graben getrennt, der später ausgefüllt wurde. Der **Graben** (Pl. F G 5, 4) ist jetzt die schönste und belebteste Straße der Stadt, mit den reichsten Läden und besuchtesten Cafés. An demselben l. (N° 26) das *Deutsche Haus* (S. 237); daneben das alte *Museumsgebäude*. In den „Drei Linden" am Graben starb *Scharnhorst* 28. Juni 1813.

An das SW.-Ende des Grabens grenzt l. der **Wenzelsplatz** (Pl. F G 5, 6) an, unten 50m, oben 60m breit, 682m lang, etwas gegen SO. ansteigend, mit Doppelalleen bepflanzt.

Am obern Ende des Wenzelsplatzes erhebt sich das **\*Böhmische Museum** (Pl. G 6), 1889-93 nach *Jos. Schulz'* Plänen im Rundbogenstil erbaut, im Innern reich und würdig ausgestattet (Eintr. im Sommer Mi. Sa. 2-6 U. Nm. frei, Mo. Di. Do. Fr. 10-4 U. 20 kr., So. 9-12 U. 10 kr.; im Winter nur an einigen Wochentagen).

Die Aufstellung der Sammlungen ist noch nicht beendet; bis jetzt sind neben dem *Pantheon*, einem mächtigen durch zwei Stockwerke hinaufreichenden Festraum, 17 Säle dem Publikum geöffnet (die Aufschriften auf den Kästen etc. sind meist in beiden Sprachen angebracht). Im I. Saal die Anfänge einer böhmisch-ethnographischen Sammlung. — II. Saal. Böhmische Altertümer: Bronzen, alte Waffen, Dreschflegel aus den Hussitenkriegen, Gustav Adolfs Schwert, das Schwert, mit welchem 1621 die protest. Edelleute hingerichtet wurden, Trinkgefäße, Musikinstrumente; ägypt. und röm. Altertümer; dann kunstgewerbliche Gegenstände: Elfenbein- und Holzschnitzereien, Gläser, Majoliken, Metallarbeiten etc. — III.-V. Saal: Prähistorische Funde, darunter namentlich eine bemerkenswerte Sammlung bei Scharka in Böhmen gefundener Gegenstände aus der Stein- und Bronzezeit. — VI. Saal. Numismatische Sammlung (nur böhmische Münzen und Medaillen, dann Siegelabdrücke, Siegelstöcke etc.). — VII. Saal. Handschriften (von Hus, Ziska u. a.), Urkunden, Inkunabeln. — VIII.-XI. Saal nebst 1 Kabinett: Mineralogische und petrographische Sammlung, mit vielen seltenen und schönen Stücken. — XII.-XV. Saal: Zoologische Sammlungen. — XVI.-XVII. Saal: Paläontologische Sammlungen (Barrandeum u. Sternbergeum). Der Lesesaal der Bibliothek ist außer an Sonn- und Feiertagen tägl. 8-1 U. zugänglich.

Vor dem Museum ein schöner, in Kaskaden abfließender Brunnen. — N.ö. unterhalb des Franz-Josefs-Bahnhofs der hübsch angelegte **\*Stadtpark**, 7ha groß; an der W.-Seite in der Mariengasse das *neue deutsche Theater* (S. 237; Pl. G 6).

Am ö. Ende der **Ferdinandstraße**, vor der 1347 erbauten *Maria-Schneekirche* (Pl. F 5), das Denkmal des tschechischen

16*

Sprachforschers *Jos. Jungmann* († 1847), sitzende Bronzestatue
nach Simek's Modell. Weiter in der Ferdinandstr. l. (N° 24), Ecke
der Brenntegasse, das *Schliksche Palais* (Pl. F 5); r. (N° 15), Ecke
der Postgasse, die *Polizeidirektion* (Pl. E 5); gegenüber l. *Kloster*
u. *Kirche der Ursulinerinnen* (Pl. E 6); r. (N° 7) das stattliche Gebäude der *böhm. Sparkasse*, 1861 von Ullmann erbaut, und das
*Palais Lažansky*; gegenüber l. an der Franzensbrücke das prächtige
\*Böhmische Nationaltheater, nach *Zitek's* Plänen im Renaissancestil erbaut, nach dem Brande von 1881 von *Jos. Schulz* umgebaut
und erweitert. — *Franzensbrücke* s. S. 241.

Der größte Platz Prags ist der **Karlsplatz** (Pl. F 6, 7),
531m lang, 150m breit, mit hübschen Anlagen und einem Denkmal
des böhm. Dichters *Viteslaw Halek* († 1874). In der n.ö. Ecke das
**Neustädter Rathaus** (Pl. F 6), 1806 so umgebaut, daß von dem
alten Bau von 1370 nur ein Turm noch übrig ist, jetzt *Strafgerichts-
gebäude.* Hier begannen 1419 die Husitenkriege, indem die wilde
Menge unter Ziska das Rathaus stürmte, die gefangenen Husiten
befreite und die Ratsherren zum Fenster hinauswarf. An der
Westseite der stattliche Neubau des böhm. *Polytechnikums*, im
Renaissancestil. Die Hälfte der O.-Seite nimmt das *Militär-
krankenhaus* (Pl. F 7) ein, früher Jesuiten-Kolleg; an der Südseite
das *Kinderspital* (Pl. E 7) und das *Taubstummen-Institut* (Pl. E 7).
Nahe dabei in der Krankenhausgasse das *Allgemeine Krankenhaus*
(Pl. F 7) und die *medicinische Fakultät* mit dem *Chem. Laboratorium*, der *Anatomie* und dem *anatom.-patholog. Institut;* unfern
davon die *Landes-Irrenanstalt*, das *Findelhaus, Handelsspital* und
*Gebärhaus* (Pl. F G 7, 8). In der Nähe das *Karlshofer Siechenhaus* mit
der *Karlshofer Kirche* (Pl. G 8), ursprünglich im got. Stil 1350 von
Karl IV. erbaut, mit prachtvollem Sterngewölbe (23,7 m im Durchmesser). In der vom Karlsplatz nach S. auslaufenden Wyscheh-
rader Str. das *Emauskloster* mit der restaurierten *Marienkirche*,
einem gotischen Bau (1348-72) mit interessanten Fresken (XIV.
Jahrh.) im Kreuzgang, die sog. Biblia pauperum (alt- und neu-
testamentl. Scenen in Parallele) darstellend. Weiter südlich in
der Slupergasse der Garten der *böhm. Gartenbaugesellschaft* (Pl.
F 8), das *Elisabethinerinnenhospital* (Pl. F 8) und ein *Irrenhaus* für
Männer mit der von Karl IV. erbauten *Mariä-Verkündigungskirche*.

Die Südspitze von Prag bildet Libussa's, der sagenreichen
Böhmenfürstin, alte Burg (von der aber kaum noch einige Steine
vorhanden sind), der **Wyschehrad**, dessen nach 1848 erneuerte
Festungswerke die Höhe des Berges einnehmen. Der nächste Weg
führt durch das ehem. Rathaus auf einer Treppe den Berg hinan
zu einer Bastei mit hübscher Aussicht.

Die n.ö. Vorstadt von Prag, das **Karolinenthal**, welches der
große Viadukt der Dresdner Eisenbahn (S. 250) durchschneidet,
mit 19554 Einw., ist Sitz zahlreicher Fabriken. Sehenswert
die große *Cyrill- und Methuds-Kirche* (Pl. I K 3), im altchristl.

Basilikenstil 1854-63 nach Rösner's Plänen erbaut. Zwischen dem Karolinenthal und der Neustadt, gegenüber dem *Nordwestbahnhof* (S. 236), der kleine *Stadtpark* (Pl. H 4; Restaur.) mit einem Pavillon, in dem das *städt. Museum* (Erinnerungen aus dem 30jähr. Krieg, Zunftinsignien, Ethnographisches etc.) untergebracht ist, und einem Kriegerdenkmal für 1848 u. 1849 von J. Max.

Auf dem Kleinseitner Ring (Pl. C 4) erhebt sich das 1858 errichtete **Radetzky-Denkmal**, 10m hoch, der Feldmarschall mit dem Marschallstab, die Fahne in der Hand, auf einem Schild stehend, von 8 Soldaten getragen, Erzguß nach Modellen von *Em.* und *Jos. Max.* — Weiter die 1673-1752 erbaute **St. Nikolauskirche** (Pl. C 4), eine im Innern mit Gold und Marmor reich geschmückte Jesuitenkirche, mit stattlicher Kuppel; daneben das ehem. Profeßhaus der Jesuiten, jetzt *Oberlandesgericht;* gegenüber an der N.-Seite des Platzes, Ecke der Fünfkirchengasse, das *Statthaltereigebäude;* an der W.-Seite das *Generalkommando.*

Von der NO.-Ecke des Kleinseitner Rings führt die Thomasgasse an der *Thomaskirche* vorbei auf den Waldsteinplatz, an welchem r. der große gräfl. **Waldsteinsche Palast** (Pl. D 4), 1623-30 von Albrecht v. Wallenstein, Herzog v. Friedland, dem berühmten Feldherrn des 30jähr. Kriegs erbaut, heute noch Eigentum der Familie und ziemlich unverändert erhalten (Kastellan im 1. Hofe r.). Der alte Prunksaal ist 1854 erneuert worden. An der Rückseite nach dem Garten zu eine prachtvolle offene Renaissance-Halle, eine Badegrotte und ein Spielsaal. Gezeigt wird auch der ausgestopfte Balg des Pferdes, das Wallenstein bei Lützen ritt. In der Waldsteingasse l. (N° 10/11) das ehem. fürstl. *Fürstenberg'sche Palais* (Pl. D 3, 4) mit schönem Garten, jetzt Besitz der fürstl. Hanau'schen Familie.

Am Malteserplatz der gräfl. **Nostitz'sche Palast** (Pl. D 5) mit Bibliothek und *Gemäldegalerie* (an 300 Bilder, ungünstig aufgehängt; einige der besten in den Privatzimmern, die häufig nicht zugänglich sind; Katalog 20 kr.; Trkg.).

Hervorzuheben: *Rembrandt*, der Rabbiner (1635, schadhaft); *Rubens*, General Spinola in voller Rüstung; 163 *Ravestein*, Mann u. Frau (*Pourbus* genannt); 48. *G. Mostaert*, der Markt; 53. *N. Knupfer*, Bad der Diana; 278. *Lucidel*, junges Mädchen; 291. *A. van der Neer*, Mondschein; *106. J. v. Ruisdael*, frühe Waldlandschaft; *Mignon*, Stilleben; 275. *G. Dou*, der Gelehrte; 171. *A. van Dyck*, h. Bruno (Jugendwerk); 215. *A. Mor*(?), Bildnis; *Lucidel*, Frau u. Kind; 212. *D. Teniers*, Bauernkneipe.

Unter der nahen ehem. Karmeliterkirche *Maria de Victoria* (Pl. C 5) ausgedehnte Katakomben; Besichtigung (Nervenschwachen zu widerraten) unter Führung des Kirchendieners nach Meldung beim Pfarrer.

Zwei Wege führen vom Kleinseitner Ring (s. oben) zum Hradschin: der kürzere r. durch das Schloßgäßchen, dann auf der „neuen Schloßstiege" (203 Stufen) bis zum Eingang in den Burg-

hof; der längere bequemere geradeaus durch die Spornergasse, mit
Barockpalästen des Grafen Thun r. und Czernin l., dann rechts.
Der **Hradschin** (Pl. B C 4, 3) ist gleichsam das Kapitol Prags.
Den Mittelpunkt bildet der *Hradschiner Platz*, ein längliches
Viereck mit einer Mariensäule in der Mitte, n. begrenzt vom *erz-*
*bischöfl. Palast*, s. vom *fürstl. Schwarzenberg'schen Palast* in alt-
florentin. Stil, dem *Karmeliterinnenkloster*, w. vom ehem. *Tos-*
*cana'schen Palast* (jetzt dem Kaiser Franz Josef gehörig).
Auf der Ostseite des Hradschiner Platzes erheben sich die
ausgedehnten Gebäude der **Burg** (Pl. C 4), von Kaiser Karl IV.
gegründet, 1484-1502 von Wladislaw II., im xvi. u. xvii. Jahrh.
von Ferdinand I., Rudolf II. und Matthias erneut, 1757-75 unter
Maria Theresia vollendet. Ein eisernes Gitter trennt den Vorhof
von dem Platze. Man wendet sich beim Eintritt halbrechts und
gelangt durch einen Thorweg, wo r. eine Stiege zu den zuletzt von
der Kaiserin-Witwe Maria Anna († 1884) bewohnten Räumen
führt, in den ersten Burghof; weiter, r. von der Schloßkapelle
wieder durch einen überdeckten Durchgang in den zweiten Burghof, wo l. der Dom, r. das Hauptportal zu dem südl. Flügel der
Burg (Besichtigung nach Meldung beim Portier, Trkg. 30 kr.).

Sehenswert besonders der *Wladislawsche* oder *Huldigungssaal*, 68m
lang, 19m breit, 13m hoch, 1484-1502 erbaut, im xvi. Jahrh. zeitweise zu
Turnieren benutzt; ferner die alte *Statthalterei*, die *Schloßkapelle*, der
*deutsche* und der *spanische Saal*, letztere beiden über die Stiege zwischen
dem Vorhof und dem ersten Burghof zugänglich. Aus dem Fenster der
alten *Landtagsstube* ließ am 23. Mai 1618 Graf Thurn die kaiserl. Statthalter Martinitz und Slawata hinabwerfen, die erste Veranlassung zum
30jähr. Krieg. Denksteine mit den Namen dieser Herren, unter den
Fenstern der Burg, erinnern an diese Begebenheit.

Das kleine *Reiterbild des h. Georg* auf dem Brunnen dem
Schloßportal gegenüber ist 1373 von M. und G. Clusenbach in
Bronze gegossen, das Pferd, nach einer Beschädigung des alten,
im J. 1562 ausgebessert. — In der Nord-Ecke dieses Burghofs
verbindet eine Galerie die Burg mit dem Dom. In dem Durchgang unter dieser Galerie ist l. der Eingang zum Dom.

Der **Dom** (Pl. C 4; geöffnet 5-12 und 2-5 U.), die *Metropolitan-*
*kirche zu St. Veit*, unter Karl IV. 1344 von dem französ. Baumeister
*Matthias von Arras* begonnen, besteht nur aus dem 1385 von *Peter*
*Arler* von Gmünd vollendeten got. 74m langen, 39m hohen Chor.
Eine glatte, mit verblichenen Fresko-Gemälden bedeckte Brand-
mauer bildet den Abschluß der unvollendeten Westseite. Der
Turm, vor dem Brand von 1541 160m hoch, hat jetzt nur noch 99m
Höhe. Gebäude und Denkmäler haben bei der preuß. Belagerung
im J. 1757 gelitten. Die Restauration, 1867 begonnen, ist vollen-
det; gegenwärtig wird am Bau des Schiffs gearbeitet.

Im 36m h. Mittelschiff das große *Königsdenkmal*, unter Rudolf II. 1589 von *Al. Colins* (S. 138) aus Marmor und Alabaster gefertigt,
über dem Erbbegräbnisse der böhm. Könige, in welchem Karl IV (†1378),
Wenzel IV. (†1419), Ladislaus Posthumus (†1458), Georg Podiebrad (†1471),
Ferdinand I. († 1564), Maximilian II. († 1577), Rudolf II. († 1612), und
mehrere Frauen, zuletzt die Erzherzogin Maria Amalia, verw. Herzogin von

Parma (†1804) beigesetzt wurden, deren Bildnisse an dem Denkmal zu sehen
sind, Ferdinand I., seine Gemahlin Anna, und Maximilian II. oben als
liegende Statuen, die andern an den Seiten in Medaillons. In der *Wenzelskapelle* (falls geschlossen, Trkg. 20 kr.), r. der ersten, von W. beginnend,
das Grabmal des Heiligen, hinter demselben sein Helm und Panzerhemd,
und ein großer Leuchter mit seinem Standbild, von Peter Vischer gegossen. Die Kapelle, 1358-66 erbaut, ist mit böhmischen Edelsteinen ausgelegt
und mit sehr alten halb verblichenen Wandgemälden der frühern Prager Schule
(Thomas v. Mutina, Theodorich von Prag) verziert. Ein kleines Bild aus
*Cranach's* Schule von 1543 stellt die Ermordung des h. Wenzel dar. An
dem Ring an der Thür soll er sich gehalten haben, als ihn im J. 936 sein
Bruder Boleslaw in Altbunzlau erschlug. — In der folgenden Martinitz-
kapelle ein schöner Altar in carrarischem Marmor von *Achtermann*
(†1884); in der nächsten Kapelle St. Simon und Juda an der l. Wand
das Antlitz des Heilands auf dem Schweißtuch, die „Vera Ikon", 1368 nach
einem alten byzantinischen Gemälde von Thomas von Mutina kopiert, die
Landespatrone um den Rand aber Original, ein kleines vortreffliches Bild.
Oben ein Bild des heil. Johann von Nepomuk. Das königl. Oratorium,
ein hängendes Gewölbe in Stein, got., ist vortreffl. gearbeitet (1493). Gegenüber an der Chorwand eine große Darstellung in Holzschnitzwerk, Ver-
wüstung der Kirche durch die „Pfälzer" (S. 249). Im Chorumgang r. das
Grabmal des h. Nepomuk, 1736 verfertigt, ohne Kunstwert, aber
reich an Silber (1500kg). In der Sternbergschen Kapelle sehr alte
Grabmäler, Ottokar I. und II. und andere Przemysliden. Am Pfeiler eine
Kugel in einer Kette hangend, aus dem 7jähr. Krieg; am Geländer ist
noch die Beschädigung zu sehen, die sie verursachte. Dreifaltigkeits-
kapelle: Altar der h. Ludmilla, ersten christl. Herzogin von Böhmen, mit
Marmorgruppe von *Em. Max;* ebenda ein metallener Leuchter, angeblich
aus dem salomon. Tempel stammend, der Fuß aus dem XII. Jahrh., der
obere Teil von 1641. Gegenüber an der Rückseite des Hochaltars Grab
des h. Veit, des Kirchenpatrons, mit Standbild von Jos. Max. In der Kapelle Johannes des Täufers eine kunstvoll in Holz geschnitzte
Kreuzigung. Die St. Anna-Kapelle (auch Nostitzsche Kapelle) schmücken
Wandgemälde von *Swerts*, das Leben der heil. Anna und die Haupt-
momente aus dem Leben der Jungfrau Maria darstellend; die Marmor-
figuren der heil. Anna, Lukas und Method am Altar sind von *Schimek*.
Gegenüber dieser Kapelle am Presbyterium eine Darstellung der Stadt
Prag vor dem J. 1620 und der Flucht des Winterkönigs nach der Schlacht
am Weißen Berge, Reliefs aus Holz geschnitzt. Über dem n. Portal eine
Anbetung des Kreuzes, Freskobild, unter Ferdinand I. 1562 entstanden,
unter Ferdinand II. 1631 übermalt, nur wegen der Bildnisse Ferdinands II.
u. III. und der Gemahlinnen des letzteren bemerkenswert. — An der
südl. Außenwand ein großes Mosaikgemälde, die Auferstehung der
Toten, die böhm. Landespatrone, mit den Bildnissen Karls IV., der die
Arbeit 1371 durch ital. Künstler verfertigen ließ, und seiner Gemahlin
Elisabeth. — Wegen Besichtigung der reichen und sehenswerten Schatzkammer wende man sich an den Kanonikus Dr. Diettrich.

Hinter dem Dom, auf dem Georgsplatz, l. das neue Haus des
Dompropstes, geradeaus die roman. *St. Georgskirche* (1142-50), ein
schwerfälliger Bau, im X. Jahrh. gegründet, nach einem Brande
1150-70 erneut, mit Grabmal der h. Ludmilla aus dem XIV. Jahrh.
R. das *Theresianische Adlig-Fräuleinstift* (Eingang in dem tempel-
artigen Vorbau); vom Balkon prächtige *Aussicht über die gewaltige Stadt und die umgebenden Höhen (20 kr. Trkg.). Am Ende
des Georgsgäßchens gelangt man durch das Thor neben dem
„Schwarzen Turm" r. auf die *Alte Bastei* neben dem *Lobkowitz-
schen Palais*, gleichfalls mit schöner Aussicht. Die *alte Schloßstiege* (98 Stufen) führt von hier hinab in die Bruskagasse und zum
Kettensteg über die Moldau (S. 241).

Vom Hradschiner Platz führt s. w. die Lorettogasse an der *Landes-Korrektionsanstalt* vorüber auf den Lorettoplatz, mit der großen *Franz-Josefs-Kaserne* (früher *Czernin'sches Palais*, Pl. A 4). Nördl. gegenüber ein *Kapuzinerkloster* (Pl. A B 4), an dem preuß. Kugeln (S. 249) von 1757 eingemauert sind. Daneben die Kirche *St. Loretto*, der berühmten Casa Santa in Loreto genau nachgebildet. Die Schatzkammer, in welche täglich $9^1/_2$-$11^1/_2$ U. je 6 Personen (20 kr. Trinkg. jede) unter Leitung eines Kapuziners Einlaß finden, hat einige Monstranzen aus dem xvi. Jahrh., namentlich eine strahlenförmige, angeblich mit 6580 Edelsteinen besetzt.

Von dem w. anstoßenden Pohozeletzplatz gelangt man l. über die Treppe in N⁰ 8, oder weiter oben beim *Reichsthor* (Pl. A 4) l. durch den mit Heiligenbildern geschmückten Thorweg auf den Strahower Platz. R., auf dem höchsten Punkt der Stadt, das reiche Prämonstratenserstift *Strahow (Pl. A 4, 5; Besichtigung Vorm. auf Meldung beim Pförtner gestattet), eines der großartigsten Klostergebäude, mit weiten Hallengängen und der *Maria-Himmelfahrt-Kirche*, in welcher das Grab des h. Norbert, des Stifters des Ordens, und des kais. Generals Grafen Pappenheim, der 1632 bei Lützen fiel. In der *Gemäldesammlung* (für Damen nicht zugänglich; l. an der Kirche vorbei, dann r. in den nächsten Thorweg, beim Pförtner anfragen) das sog. *„Rosenkranzfest“ von *Dürer* (1506), in Venedig für die Kapelle des Fondaco dei Tedeschi gemalt: die h. Jungfrau mit Kind von Engeln gekrönt, mit Bildnissen des Malers selbst, seines Freundes Pirkheimer, des Kaisers Maximilian, des Papstes Julius II. und andrer Fürsten (stark übermalt). In der schön geordneten *Bibliothek* (Thür r. vor der Kirchenfront, eine Treppe hinauf, klingeln), mit 70000 Bänden und 1000 Handschriften, Autographen Tycho Brahe's (s. unten) und ein Bild Ziska's; nebenan eine kleine naturgesch. Sammlung. Aus den Fenstern des obern Stocks prächtige *Aussicht auf Prag und die weite Landschaft bis zum Riesengebirge im NO. (Dem Führer im Kloster 20 kr., dem Pater Bibliothekar eine Kleinigkeit „für die Armen".)

Wir kehren zur Burg zurück und begeben uns aus dem ersten Burghof n. durch das Burgthor ins Freie, dann r. am *Schloßgarten* entlang zum *Belvedere (Pl. C 3), einer großartigen Villa, die Kaiser Ferdinand I. 1534 für seine Gemahlin Anna im ital. Renaissancestil erbauen ließ, irrtümlich Tycho Brahe's Observatorium genannt, wenn auch Kaiser Rudolf II. zuweilen mit seinem Astronomen von hier die Gestirne beobachtete. Der große Saal ist mit modernen Fresken aus der böhm. Geschichte nach Kartons von Ruben geschmückt. Vom Balkon *Aussicht (20 kr. Trinkg.). Vor der W.-Fassade des Gebäudes im Schloßgarten ein schöner Renaissance-Brunnen.

Vom Belvedere durch die Anlagen des *Volksgartens* (Pl. D 3)

auf der Chotekstraße bergab zur Bruskagasse (S. 247), dann
entweder zum Kettensteg (S. 241), oder r. durch die Wendische
Gasse zur Karlsbrücke (S. 240). — Ö. an dem steil abfallenden
Ufer der Moldau, nach der Franz-Josefs-Brücke (S. 242) hin, die
*Kronprinz-Rudolfs- oder Belvedere-Anlagen, mit schönen Aus-
sichtspunkten und der Restauration Belvedere (elektr. Bahn nach
Baumgarten, S. 238; Drahtseilbahn in 1¼ Min. zur Franz-Josephs-
Brücke, S. 242).

Schönste Aussicht von der *Hasenburg, n.w. oberhalb des Aujezderthors (Pl. B C, 5). Eine 400m l. Drahtseilbahn führt in
5 Min. (hin u. zurück 15 kr.) zur obern Station (300m, 102m über
der untern), neben der Restaur. Hasenburg; von hier zu Fuß in
3 Min. zum 60m h. Aussichtsturm des böhm. Touristenklubs auf
dem Laurentiusberg, mit Aufzug und Restaur. Von der obern
Galerie (380m ü. M.) prächtige *Aussicht auf Prag und das Moldau-
thal sowie über den größten Teil Böhmens bis zum Riesengebirge,
dem böhm.-mähr. Grenzgebirge, Böhmerwald, Erzgebirge und böhm.-
sächs. Sandsteingebirge. Die Kuppen des böhm. Mittelgebirges und
Brdywaldes treten besonders hervor. — Reizende *Aussicht auf Prag
auch vom gräfl. Kinsky'schen Garten oberhalb des Aujezderthors
(zugänglich Mo. Mi. Fr. gegen Eintrittskarten des Gartendirektors).

Die s.w. Vorstadt Smichow (Pl. C D 6-8), mit 32693 Einw.,
ist durch zahlreiche Fabriken und regen Verkehr belebt.

In der Kinskystraße die St. Wenzelskirche (Pl. C 6), von Bar-
vitius 1880-85 im Frührenaissancestil als Basilika erbaut; das
von 8 ionischen Granitsäulen getragene, polychrom dekorierte
Innere enthält Glasgemälde der 12 Apostel. Hinter der Kirche
nach der Moldau zu der botanische Garten der Universität. Die
steinerne Palackybrücke (Pferdebahn, s. S. 241) führt von hier zur
Neustadt zurück.

Auf dem Weißen Berge, w. von Prag, 1¼ St. vom Reichsthor (S. 248).
wurde am 8. Nov. 1620 das Schicksal des Protestantismus in Böhmen entschieden. Die Böhmen hatten sich unter ihrem selbst gewählten König
Friedrich V. von der Pfalz auf dem Weißen Berg verschanzt, aber Maximilian von Bayern, das Haupt der kathol. Liga, griff mit seinen Bayern
und Wallonen so heftig an, daß in weniger als einer Stunde der entschei-
dende Sieg erfochten war. Eine Wallfahrtskirche ward zum Andenken
erbaut. — Ganz in der Nähe auf dem n.w. Abhang des Bergs blickt aus
Waldung ein großes sternförmiges ehem. k. Lustschloß hervor, ursprünglich ein stattlicher Renaissancebau, nach Plänen des Erzh. Ferdinand
(S. 141) aufgeführt, später Pulvermagazin, seit 1875 restauriert. Dasselbe
liegt am Ende des nach diesem Gebäude der Stern genannten ehem. Tiergartens, eines Belustigungsorts der Prager, am Sonntag nach dem 13. Juli
von vielen Tausend Menschen besucht (10 Min. von Stat. Libotz, S. 257).
Hier erinnert an die preuß. Einnahme von Prag im J. 1744 folgende Inschrift auf einem Stein: „Hier an dem Stein, von Stahl und Kugel frei,
saß Friedrich, Preußens kühnster Held, und maß von hier der Hauptstadt Fall." — Am 6. Mai 1757 fiel in der Schlacht bei Prag Friedrichs II.
Liebling, der Feldmarschall Graf Schwerin. An der Stelle beim Dorf
Sterbohol, 1½ St. ö. von Prag (35 Min. von Stat. Hostiwar, S. 279), sind
ihm zwei Denkmäler errichtet: das eine bald nach seinem Tode, das
andere 1839 von König Friedrich Wilhelm III.

### 45. Von Prag nach Dresden.

**192km.** STAATSBAHN. Schnellzug in 4 St. für 19 ℳ 40, 13.40, 7.50; Personenzug in 6½ St. für 14 ℳ 30, 9.90, 5.60. (Aussicht r.)

Abfahrt vom *Staatsbahnhof* (S. 236); bei der Ausfahrt r. der *Ziskaberg*. Der Zug bewegt sich langsam auf dem 1327m l. Viadukt (Baukosten 3½ Millionen fl.), der in 87 Bogen das *Karolinenthal* (S. 244), die *Jerusalems-* und *Hetzinsel*, einige Arme der Moldau und den Hauptstrom überbrückt, und durchschneidet den untern Teil des *Baumgartens*(S. 238); r. und l. reizende Gegend.

5km *Bubeneč* (S. 238). Die Bahn tritt in das enge Felsenthal der *Moldau*. — 7km *Podbaba*, an der Mündung des malerischen *Scharkathals*; 9km *Selc*; 12km *Roztok*, Dorf in einem Obstwald, mit einer chem. Fabrik; 21km *Libšitz*. Die Bahn folgt den Windungen des Flusses. Über die Moldauberge ragt der einzeln stehende *Georgen-* oder *Řip-Berg* (459m) mit weißer Kapelle hervor, auf weiter Strecke mehrfach Augenpunkt, 1 St. s.ö. von *Raudnitz* (s. unten) gelegen.

Am r. Ufer Ruine *Chwaterub*. — 27km **Kralup** *(Bahnrestaur.)*, Knotenpunkt der Kladnoer (S. 257) und der Neratowitz-Turnauer Bahn (S. 289), mit 3231 Einw., großen Fabriken- und Bahnwerkstätten. Hier über den *Zakolaner Bach*, dann dicht an der Moldau durch einen Tunnel und Galerien nach (30km) *Mühlhausen*, mit fürstl. Lobkowitz'schem Schloß. Unterhalb eine weite Ebene, wo die Bahn die Moldau verläßt. — 33km *Weltrus*, mit gräfl. Chotekschem Schloß und Park. Der Georgenberg zeigt sich nun l., geradeaus der *Geltsch*; r. in der Ferne *Melnik* (S. 281).

40km *Jensowitz*; 48km *Berkowitz-Melnik*. Die Bahn nähert sich der *Elbe*, welche 5km oberhalb die Moldau aufgenommen hat. — 57km *Wegstädtl*. — 67km **Raudnitz** (175m; *Krone; Löwe*), Städtchen (6614 E.) in malerischer Lage an der Elbe, mit großem fürstl. Lobkowitz'schem Schloß, in welchem eine Bibliothek von 45 000 Bänden, Rüstkammer und merkwürdige Bilder aus der Zeit Kaiser Karls V. bis zum 30jähr. Krieg. Im J. 1350 saß hier ein Jahr lang, als Gefangener Kaiser Karls IV., der röm. „Volkstribun" Cola di Rienzi.

72 km *Hrobetz*. Vor (78km) Stat. **Theresienstadt** *(Bahnrestaur.)* über die *Eger*, die bei der ¼ St. n. gelegenen Festung *Theresienstadt* (Hotel Kronprinz Rudolf) in die Elbe mündet. Jenseits *Aussicht auf die malerischen Basaltkegel des *Mittelgebirges: n.ö. Geltsch (s. oben), Kelchberg; n. Kreuzberg, Radtschken, Radobil; n.w. Lobosch, Kletschen, Mileschauer (S. 244); w. Kostial mit Burgruine; s.w. der einsame Kegel der Hasenburg. R. an der Elbe das ansehnliche Städtchen *Leitmeritz* (S. 281).

85km **Lobositz** (*Post; Roß; Dampfschiff-Restaur.* an der Elbe, schöne Aussicht), betriebsames Städtchen mit 4252 Einw. und Schwarzenberg'schem Schloß, bekannt durch den Sieg Friedrichs

des Gr. am 1. Oct. 1756 (Zweigbahn nach *Libochowitz*, 14km).
Hier beginnt das von hohen Felsbergen eingeschlossene, an malerischen Stellen reiche Thal der *Elbe;* am 1. Ufer das weinberühmte Dorf *Černosek* (S. 281) und der *Hradek* (268m) mit
Kapelle. Der *Mileschauer* (S. 256) ist von Lobositz über *Wellemin*
in 3 St. bequem zu erreichen.

93km *Praskowitz;* 97km *Salesl*, am Fuß einer hohen Berglehne hübsch gelegen (gegenüber *Sebusein*, S. 281). Vor Aussig r.
malerisch der *Schreckenstein* (s. unten).

107km **Aussig** (138m; *Goldnes Schiff*, Z. 1-2 fl.; *Engl.Hof;
Dampfschiff-Hotel*, an der Elbe; *Bahnrestaur.*), lebhafte Stadt
(23 723 E.) an der Mündung der *Biela* in die Elbe, mit großen
Fabriken (chemische Fabrik mit c. 1300 Arbeitern) und bedeutendem Kohlenexport (in der Nähe w. die gewaltigen nordböhmischen
Braunkohlenlager); an der Elbe ein eigner Kohlenhafen, in dem die
großen Elbkähne beladen werden. Die Stadt, Geburtsort des Malers
Raphael Mengs (1728-79), ist durch eine Eisenbahnbrücke mit der
Station Schreckenstein am r. Elbufer(S. 281)verbunden. Ein Aufenthalt in Aussig wird am besten mit Besteigung der *Ferdinandshöhe*
(268m, ¼ St. südl. gleich über der Stadt) oder der Ruine *Schreckenstein* (¾ St.) ausgefüllt; umfassendere Aussicht von der *Hohen
Wostrey* (585m), über *Ober-Sedlitz* und *Neudörfel* in 1½ St. zu
ersteigen. — Die Ebene *Bihana* w. von Aussig war Schauplatz der
großen Hussitenschlacht vom 16. Juni 1426, die mit der vollstän-
digen Niederlage der Meißner unter Friedrich dem Streitbaren
und der Zerstörung der damals blühenden Stadt Aussig endete.

Von Aussig nach *Teplitz* und *Komotau* s. R. 46.
DAMPFBOOT von Aussig nach Dresden im Sommer 3mal tägl. in 4½-
6 St., zur Betrachtung der Gegend der Eisenbahn weit vorzuziehen. Das
Boot fährt von *Leitmeritz* (S. 281) ab; Fahrzeit von Leitmeritz bis Lobositz ½ St., von Lobositz bis Aussig 2 St.

116km *Nestersitz-Pömmerle;* 123km *Topkowitz-Kartitz.*

130km **Bodenbach** (131m; *Post*, Z. 1-1½ fl.; *Hot. Grams; Hot.
Umlauft; Hot. Frieser; *Bahnrestaur.*), Stadt von 7574 E., ist Sitz
der österr. und sächs. Zollbehörden. Die Abfertigung dauert gewöhnlich längere Zeit. Die Wagen werden hier gewechselt. Gegenüber das freundliche Städtchen *Tetschen* (S. 280), durch eine Eisen-
bahn- und eine Kettenbrücke mit dem l. Ufer verbunden. Unterhalb der Kettenbrücke am l. Ufer das Dorf *Obergrund* (*Badhotel; Starck's Hotel; Bellevue) mit zahlreichen Villen, als
Sommerfrische besucht.

Von Bodenbach nach Dux und Komotau, 82km, in 3 St. Die
Bahn führt durch das enge malerische Thal des *Bulauer Bachs; r. der
Schneeberg (s. S. 252) mit Aussichtsturm. 5km *Bünaburg;* 10km *Eulau;*
14km *Tyssa-Königswald (1 St. n. das Dorf *Tyssa* mit den *Tyssaer Wänden*,
gewaltigen seltsam zerklüfteten Sandsteinfelsen); weiter bei (17km) *Klein-
kahn* r. auf der Höhe *Nollendorf*, wo am 30. Aug. 1813 durch die Preußen unter
Kleist die Schlacht bei Kulm mit der Gefangennahme von 10.000 Franzosen
unter Vandamme entschieden wurde. — 22km *Tellnitz;* 26 km *Kulm* (s. oben);
29km *Hohenstein* (r. die Geiersburg); 31km *Mariaschein* (S. 253); 32km

*Rosenthal-Graupen* (S. 256; r. die Wilhelmshöhe und Rosenburg); 87km
*Teplitz-Waldthor* (S. 253; der Bahnhof ist 20 Min. von der Stadt entfernt;
Omnibus 15 kr.). — 41km *Kosten* (2¹/₂km w. das Städtchen Klostergrab,
S. 257), 48km *Ossegg* (S. 256; Zweigbahn in 10 Min. nach *Dux-Lipitz*, Stat.
für Dux, S. 256); weiter stets dicht am s. Fuß des Erzgebirges über Stat.
*Bruch*, *Wiesa* (Kreuzungspunkt der Bahn *Prag-Moldau*, S. 256), *Ober-
leutensdorf*, *Obergeorgenthal*, *Eisenberg* und *Görkau* (S. 257) nach (82km)
*Komotau* (S. 258).

Von Bodenbach auf den Schneeberg (2¹/₂ St.). Man verläßt
die Teplitzer Landstraße entweder nach 15 Min. beim Whs. *zum roten
Kreuz* (Weg leicht zu finden, weiße Striche an den Bäumen, aber meist
schattenlos), oder nach 30 Min. beim Whs. *zur grünen Wiese* r., und folgt
nach 7 Min. über das Thal hinüber dem Fahrweg nach dem *Dorf Schneeberg* (569m). Nach ca. 1³/₄ St. r. guter, weiß markierter Fußweg, auf
dem man in ca. 50 Min. direkt zum Gipfel gelangt. Wer den größten Teil
des Weges fahren will, benutzt die neue, schattige Privatfahrstraße (nicht
immer zugänglich), die bei *Märzdorf* von der Bodenbach-Teplitzer Straße
abzweigt, oder den bei *Peipers* unterhalb der Kettenbrücke l. ab nach dem
Dorf Schneeberg führende Straße oder die Bodenbach-Duxer Bahn bis
Eulau (S. 251); von hier r. auf steil ansteigender Straße in 1 St. zum
Dorf Schneeberg (Hebestreits Hot.). Von hier ersteigt man in ³/₄ St. das
Plateau des Hohen Schneebergs (721m), der höchsten Erhebung des nordböhmischen Sandsteingebirges; auf dem Gipfel ein 35m h. Aussichtsturm
mit großartiger *Rundsicht (Gasth.).

Die Bahn führt durch zwei kleine Tunnels unter der vorspringenden *Schäferwand* hindurch. Schon unterhalb Tetschen
beginnen die eigentümlichen Bildungen des Elbgebirges, oben
nackter Sandstein, weiter unten Hochwald. Die Bahn folgt dem l.
Ufer des Flusses, zum Teil auf Viadukten und gemauerten Dämmen.
— 140km *Niedergrund* (S. 280), letzter österreich. Ort am l. Ufer.
Stromabwärts *Herrnskretschen*, das letzte österreichische Dorf am r.
Ufer. — 153km *Schandau*, besuchter Sommerfrischort am r. Ufer.
— 157km *Königstein*, Städtchen mit der Bergfeste gl. Namens
(353m ü. M., 243m über der Elbe). Gegenüber erhebt sich noch
51m höher der *Lilienstein*. — Bei *Rathen* ist die *Bastei*, eine am
r. U. von der Elbe 195m (296m ü. M.) steil aufsteigende Fels-
masse, der Glanzpunkt der Sächs. Schweiz, mit schönster Aussicht.
— *Pötzscha*, Stat. für das gegenüber gelegene Städtchen *Wehlen*.

174km *Pirna*, mit dem vielfensterigen Schloß *Sonnenstein*,
jetzt Irrenanstalt (r. ab führt die Bahn nach *Arnsdorf* auf schön
gewölbter Brücke über die Elbe; l. Zweigbahn nach *Berggießhübel*).
Die Bahn hat das enge Elbthal verlassen. *Mügeln* und *Sedlitz*
letzte Stationen; r. der *Große Garten*, dann
192km **Dresden**, s. *Bædeker's Nordostdeutschland*.

## 46. Von Aussig über Teplitz nach Komotau.

66km. EISENBAHN in 2¹/₄-3 St. für 2 fl. 45, 1.64, 82 kr. Fast alle Züge
werden vom *Staatsbahnhof* abgelassen, die meisten machen den ersten
Halt auf dem *Aussig-Teplitzer Bahnhof*, der aber von einzelnen Zügen
durchfahren wird.

*Aussig* s. S. 251. Abfahrt vom Staatsbahnhof. — 1km *Aussig-
Teplitzer Bahnhof* (s. oben). 5km *Türmitz*, mit gräfl. Nostitz-
schem Schloß und Kohlenwerken.

Von Türmitz nach Bilin, 27km in 2 St. Stationen *Tschochau-Hlinai*, *Hertine*, *Auperschin*, *Ließnitz*, *Wohontsch*, *Schwaz-Kuttowitz*; 27km Bilin (199 m; *Hohes Haus; Löwe*), gewerbreiche Stadt (6493 Einw.) mit fürstl. Lobkowitz'schem Schloß an der *Biela*. ¼ St. s.w. der berühmte *Biliner Sauerbrunnen* (*Kurhaus mit guter Restauration; Bahnstat. s. S. 267), von dessen Wasser jährlich über 1 Mill. Flaschen versendet werden. 1 St. südl. vom Sauerbrunnen der *Biliner Stein* oder *Borschen* (688m), der größte Klingsteinfels (Phonolith) Deutschlands, mit seltener Flora. Von Bilin nach *Dux* und nach *Pilsen* s. S. 267.

7km *Schönfeld*; 9km *Karbitz* (Bahnrest.), lebhaftes Fabrikstädtchen 20 Min. n. von der Bahn. R. am Fuß des Erzgebirges wird die weiße Kirche von *Kulm* (S. 251) sichtbar. Weiterhin l. das kuppenreiche *Mittelgebirge.* — 13km Stat. *Mariaschein*; der Ort selbst (Gasth. z. Anker), mit Jesuitenkloster und berühmter Wallfahrtskirche, liegt 20 Min. n. (auch Stat. der Dux-Bodenbacher Bahn, S. 251). Dann erblickt man, ebenfalls r., *Graupen* (S. 256) mit der Wilhelmshöhe und Rosenburg, zuletzt, jenseit des Probstauer Parks, an dem die Bahn vorüberläuft, *Eichwald* (S. 255). — 19km *Teplitz*.

### Teplitz und Umgebungen.
#### *Vgl. den Plan S. 248.*

**Gasthöfe**: *Hot. Post, Langegasse; *Zum alten Rathaus, Marktplatz; *Stadt London, Langegasse, Z. 1 fl. 20-1 fl. 50 kr., M. 1 fl. — Kronprinz Rudolf, Blauer Stern, beide Bahnhofstr.; Bahnhofs-Hotel. — In *Schönau* (nur während der Saison): Fischer's Hotel Hermannsburg, Höt. Habsburg, beide Neubadallee; Haus Österreich etc.

**Restaurants** in sämtlichen Hotels, meist nach der Karte; ferner im fürstl. Clary'schen Schloßgarten-Saal (s. unten); Kursalon, am Stefansplatz; *Seumepark; Schwarzes Roß, Kirchengasse, beim Stadtbad und untern Eingang des Schloßgartens; Goldnes Schiff, Preußischer Hof, Seumestr., am Kurgarten; Weilburg, Lindenstr., nach Schönau zu; Germania, Steinbadgasse, in Schönau; Drei Rosen, Stefansplatz, u. v. a. Bierstuben u. a. Leitmeritzer Bierhalle, mit Garten, am Schulplatz. — WEINSTUBEN: Schäck, Badeplatz; Fiala, Lindenstr.; Fleck, Langegasse, u. a.

**Cafés**: Kursalon, am Stefansplatz, mit den *Lesesalons*; Theater-Café, im Theater, nach dem Kurgarten zu.

**Wohnungen**: am besten und teuersten in den städtischen Badehäusern Kaiserbad, Stadtbad und Steinbad; in den vereinigten Herrenhaus-Fürstenbädern (Eigentum des Fürsten Clary), sowie im Schlangenbad und Neubad in Schönau; außerdem zahlreiche große und kleine Logierhäuser, in Schönau meist mit Gärten. Z. je nach Lage und Ausstattung 5-25 fl. per Woche. — Auskunft erteilen das Städtische Bade-Inspektorat, die Verwaltung der fürstl. Clary'schen Bäder in Teplitz und das Bürgermeisteramt in Schönau.

**Städtische Mineralwasser-Niederlage**: am Badeplatz im Hause „zum englischen Gruß", Filiale im Kurgarten.

**Kur- und Musiktaxe** bei mehr als 8tägigem Aufenthalt I. Kl. 9 fl., jedes Familienglied 6 fl.; II. Kl. 6 u. 4, III. Kl. 4 u. 1½, IV. Kl. je 1½ fl. Kurmusik tägl. 6½-8 U. Vm. im Kurgarten, 11-1 U. Mitt. im Schloßgarten, Mo. u. Fr. 5-7 Nm. im Kurgarten; Militär-Konzert So. Do. 10-11½ Vm., Mi. 8a. 5-7 Nm. im Schönauer Musikpavillon). Tanz-Réunionen jeden Samst. 8-12 U. Ab. im Gartensalon und Höt. Neptun. — Stadttheater im Kurgarten. — Schwimmschule im Turner-Park (S. 255).

**Wagen** innerhalb Teplitz-Schönau einsp. 40, zweisp. 60 kr., ½ St. 60 u. 90 kr., jede folgende ½ St. 40 u. 60 kr.; vom u. zum Außig-Teplitzer Bahnhof mit Handgepäck einsp. 40, mit Koffer 60 kr., zweisp. 80 kr. oder 1 fl.; Dux-Bodenbacher Bahnhof mit oder ohne Gepäck 80 u. 1 fl. 30 kr.

*Teplitz* (210m), berühmter Badeort mit 17396 Einw., mit
dem kleinen *Schönau* durch mehrere Straßen zu einer Ortschaft
verbunden, liegt in der weiten hügeligen Thalsenkung zwischen
dem Erzgebirge und dem böhmischen Mittelgebirge, deren Haupt-
gewässer die 1 St. südl. von Teplitz vorüberfließende *Biela* ist.
Die 29-39° R. warmen, alkalisch-salinischen Quellen, deren
Entdeckung bis auf das Jahr 762 zurückgeführt wird, sind hauptsächlich wirksam gegen Gicht, Rheumatismus, Lähmungen, Ge-
lenksteifigkeit, Verkrümmungen u. s. w.; sie werden fast nur zu
Bädern gebraucht (jährlich über 6000 Kurgäste).

Die Hauptquelle (37° R.) ist die *Urquelle*, im *Stadtbad*
(Pl. 3), die früher frei zu Tage trat, aber infolge eines Wasserein-
bruchs in die Ossegger Bergwerke am 13. Febr. 1879 verschwand
und erst in einer Tiefe von 13m wiedergefunden wurde, von wo das
Wasser jetzt durch ein Pumpwerk gehoben wird. Sie versorgt außer
dem Stadtbad noch die vereinigten *Herrenhaus-Fürstenbäder* (Pl. 6),
das kleine israelit. *Sofienbad* (Pl. 10) und das *Kaiserbad* (Pl. 1).
Die Badehäuser des nach Schönau zu gelegenen Teiles von Teplitz,
*Steinbad* (Pl. 5) und *Stefansbad* (Pl. 4), sowie diejenigen von
Schönau, *Schlangenbad* (Pl. 9) und *Neubad* (Pl. 8), haben eigene
Quellenschächte, mit einer Wassertemperatur von 23-35° R.

Den hübschen *Kurgarten* (Pl. D 3) umgeben die stattlichen
Gebäude des *Herrenhauses*, der *Kursalon*, das *Kaiserbad* und das
*Stadttheater*. Früh morgens versammelt sich hier bei Musik ein
Teil der Kurgäste zur Trinkkur (Trinkhallen für Wasser aus der
Urquelle und fremde Mineralwasser).

Etwas höher, an der nach Schönau führenden Lindenstraße,
der kleine *Seume-Park*, mit dem Grab des 1810 in Teplitz ge-
storb. Dichters *Joh. Gottfr. Seume*. Weiter die *Payer-Anlagen*,
überragt vom *Mont de Ligne* (234m), einer terrassierten Fels-
kuppe mit Pavillon (Restaur.) und schöner Aussicht nach allen
Seiten (Zugang am besten von der Lindenstr.); oben das stattliche
neue *Real-Obergymnasium*. — An der Nordseite der Lindenstraße
eine Reihe freundlicher, z. T. stattlicher Logierhäuser, darunter
auch einige öffentliche wie das sächsische und das preußische Militär-Badehaus, das Bürger-Spital, das John'sche Armenspital u. a.;
dahinter der stattliche *israelit. Tempel* mit hoher Kuppel und die
*evang. Kirche*, im Basilikenstil, auf aussichtreicher Terrasse über
der Elisabethstr.

Die Grenze von Teplitz und Schönau bildet der **Kaiserpark**
(Pl. E F 2), an welchem sich außer großen Logierhäusern die
oben gen. Badehäuser *Steinbad* und *Stefansbad*, das 1807 er-
richtete *k. k. Militär-Badehaus* (Pl. 18), weiter zurück das
*Schlangenbad*, und nördl. auf einer Anhöhe die Schönauer *kath.
Elisabethkirche* (Pl. E F 2) erheben. Südl. schließen sich an den
Kaiserpark die *Humboldt-Anlagen* und n.ö., hinter dem k. k. Mili-
tär-Badehaus, die *Neubad-Allee*, mit dem oben gen. Neubad.

Weit bedeutender als alle diese Anlagen ist der *fürstl. Clary-
sche Schloßgarten* (Pl. B C 4), welcher sich hinter dem die
höchste Stelle der Stadt einnehmenden *fürstl. Schloß* ausdehnt,
am Ende des xviii. Jahrh. angelegt, mit prächtigen alten Bäumen
und zwei großen, von Schwänen belebten Teichen. Eingänge:
vom Badeplatz s. durch die Kirchgasse oder vom Schloßplatz, wo
eine barocke Brunnensäule von 1717, durch das Hauptportal des
Schlosses, sowie neben dem S. 253 gen. Garten-Salon, bei welchem
Mittags 11-1 U. die Kurmusik spielt. Auf der O.-Seite im Schloßgarten die *Meierei* (Pl. C D 4), mit Milch- u. Kaffeewirtschaft.
Den besten Gesamtüberblick über Teplitz gewährt die *Kö-
nigshöhe* (264m; Pl. D E 4), zu welcher man am raschesten vom
Stefansplatz auf einem Treppenwege oder vom Badeplatz durch
die Kirchgasse, am untern Eingang des Schloßgartens vorüber,
hinansteigt. Den schönsten Punkt bezeichnet ein Holzhäuschen,
unweit des hübschen 1841 errichteten *Denkmals für König Friedrich Wilhelm III.*, der Teplitz häufig besuchte. Etwas zurück
liegen die Restaurationen *Belvedere* und *Schlackenburg*, letztere ein
burgartiger Bau aus Schlacken und Ziegeln mit Turm, sowie nach
der oben gen. Meierei zu das *Schießhaus* der Teplitzer Schützen.
— Kaum ³/₄ St. südl. erhebt sich der **Wachholderberg** (382m),
mit trefflicher Aussicht; Aufgang auf der Billiner Straße hinter
dem Schloßgarten vorüber, dann r. („Katharinenweg"); in halber Höhe Restaur. im *Bergschlößchen*.

Den Anblick von O. über die Bäderstadt bietet die **Stefanshöhe** (255m, Pl. F 3), oberhalb Schönau: Aufgang von der Prager
Straße (Pl. F 4) oder vom Wege nach dem Schloßberg r. (Pl. F
2, 3). — 10 Min. jenseit der Wegemaut am Ende der Prager
Straße führt, bei einer Lohgerberei, r. ein Weg zur *Fasanerie*,
einem Wäldchen mit Fasanengehege und Försterhaus (Erfrisch.).
Etwas entfernter ö. von Schönau der **Schloßberg** (392m; vergl.
Pl. F 2, 3), in ³/₄ St. zu ersteigen (Einsp. 2, Zweisp. 3 fl., hin u.
zurück inkl. Wartezeit 3 fl. 50 u. 5 fl. 60 kr.); oben Burgruine,
neues Schloß, Aussichtsturm (*Aussicht) und gute Restauration.
Ein Promenadenweg („Mecséry-Weg": Pl. F 2, 1) führt von
Schönau in ¹/₄ St. zum *Turner Park* (Restaur.) und weiter, die
Hauptstraße des Dorfes *Turn* überschreitend, in ¹/₂ St. zum
*Probstauer Park*, wo in der vielbesuchten Försterei Erfrischungen.

1¹/₄ St. n.w. von Teplitz — staubige Landstraße an zahlreichen Braunkohlengruben vorüber (elektrische Bahn; Einsp. 2,
Zweisp. 3 fl.; hübscher der etwas weitere Weg über *Weißkirchlitz*)
— liegt **Eichwald** (358m), am Abhang und in einer Thalschlucht
des Erzgebirges, inmitten herrlicher Laub- und Tannenwaldung,
als Sommerfrische viel besucht. Zahlreiche Logierhäuser. Ganz
oben (420m) das *Kurhaus Theresienbad*, geräumig und gut eingerichtet, mit Bädern aller Art (Z. 7-10 fl. wöch., im Frühjahr und
Herbst billiger; Pens. 1. Kl. 4, 2. Kl. 3, 3. Kl. 2 fl. pro Tag),

unmittelbar am Tannenhochwald. Mehr unten die *\*Kaltwasser-heilanstalt des Dr. Brecher*, die Gartenwirtschaft *Waldschlößchen* u. a. — Ein Fahrweg und Fußwege führen in 25 Min. zum Forsthaus *Schweißjäger* (Restaur.), mit malerischem Blick über die Ebene zum Schloßberg und Mileschauer. — Ebenso weit w., aber auf ebenem Fahrweg durch das fürstl. Clary'sche Hirschgehege zu erreichen, ist das vielbesuchte Forsthaus *Doppelburg* (Erfr.).

1 St. n.ö. von Teplitz am Fuß des Erzgebirges die alte Bergstadt **Graupen** (340m; Eisenbahn-Station, s. S. 251), in deren Nähe die *Wilhelmshöhe* (352m) und *\*Rosenburg* (421m; Erfr.) schöne Aussichten bieten. ½ St. ö., oberhalb Hohenstein (S. 251), Ruine *Geiersburg* (481m). — Die Graupener Straße führt weiter bergan über *Obergraupen* (kürzer aber steiler der alte Weg im Grunde) zum (1½ St.) *Mückentürmchen* (806m; Whs.), einem weithin sichtbaren Aussichtspunkt auf dem Kamme des Erzgebirges (Einsp. von Teplitz 5 fl. 70 kr., Zweisp. 8 fl.).

Auf den *\*Mileschauer* oder *Donnersberg* (835m), 3½ St. s.ö. von Teplitz, sehr lohnender Ausflug. Mit Wagen (Einsp. in 2 St., 5 fl.; Zweisp. in 1½ St., 8 fl.) bis *Pilkau* (588 m), von wo man zu Fuß in 1 St. bequem den Gipfel erreicht: nach 12 Min. am Fuß des Berges in den Wald, 7 Min. weiter r., immer dem durch weiße Kreuze bezeichneten Wege nach (rote Kreuze zeigen den Weg von Kostenblat, blaue den von Mileschau an); ziemlich steil. Keine Höhe in Böhmen bietet eine so malerische und ausgedehnte Aussicht. Oben gute Wirtschaft mit Matratzen- und Moosbetten, Eigentum des Grafen Ledebur. Abstieg nach Lobositz, s. S. 251.

---

Bei der Weiterfahrt viele Grubenhäuser. — 21km *Settenz;* 24km *Ullersdorf.*

29km **Dux** (217m; *Krone; Roß; Bahnrest.*), Stadt von 10105 Einw., mit Braunkohlenbergwerken, Zuckerfabrik, Glashütte u. s. w. Neben der Kirche mit den drei roten Türmen das *gräfl. Waldstein'sche Schloß* (vor demselben eine Mariensäule, Sandsteingruppen), im Besitz eines Nebenzweiges der Familie des Friedländers, mit Bildern u. a. Erinnerungen an denselben. Der Wasserbehälter im Vorhof ist aus Geschütz gefertigt, das Wallenstein erobert hatte. Sonst ist nur ein kleiner Teil des Schlosses aus jener Zeit. Zwischen Dux und dem 2km s.w. gelegenen Dorf *Liptitz* liegt die Stat. *Dux-Liptitz* der Bodenbach-Komotauer Bahn (S. 252). — Von *Dux* nach *Saaz* und *Pilsen* s. S. 267.

33km *Preschen;* 38km *Maria-Ratschitz.* Vor Brüx l. einige Basaltkuppen, in der Ferne die *Biliner Borschen* (S. 253); r. am Fuß des Erzgebirges Kloster *Ossegg*, dahinter die *Riesenburg* (S. 257).

44km **Brüx** (238m; *Roß; Löwe; Adler; Bahnrest.*), wohlhabende Stadt von 14938 Einw., mit spätgot. Kirche und altertümlichem Rathaus, überragt von den Trümmern eines alten Schlosses. — 2 St. südl. von Brüx, an der Straße nach Saaz, entspringen die Bitterwasserquellen von *Püllna.*

Von Brüx nach Moldau, 32km in 1½-2 St. Die Bahn kreuzt bei (7km) *Wiesa* die Bodenbach-Komotauer Bahn (S. 252). 12km **Ossegg**

(309m; *Kaiser v. Österreich*), Marktflecken mit berühmtem, im XII. Jahrh. gegr. Cisterzienserstift (aus den Fenstern des Speisesaals schöne Aussicht über den im französischen Stil angelegten Garten hinweg in die fruchtbare industriereiche Landschaft); dahinter in der Schlucht ³/₄ St. aufwärts die Trümmer der *Riesenburg* (561m). — 17km *Klostergrab* (358m; Rathaus), altes Bergstädtchen am Fuß des Erzgebirges; in der Nähe der aussichtreiche *Königshügel* (442m). Weiter über (23km) *Eichwald* (S. 248) bergan nach (28km) *Niklasberg* und über *Neustadt* nach (32km) *Moldau*, österr. Grenzstation (Zollrevision). Von hier nach *Freiberg* in Sachsen 39km. Von Brüx nach Prag, 126km, Eisenbahn in 4 St. Stat. *Obernitz* (Knotenpunkt der Dux-Pilsener Bahn, S. 256); 14km *Hochpetsch* (in der Nähe n. *Saidschitz* mit berühmter Bitterwasserquelle); 30km *Laun* (Bahnrest.), gewerbreiches Städtchen (6348 Einw.) an der *Eger*; 61km *Zlonic* (Zweigbahn nach *Hospozin*, 8km); 71km *Schlan* (Bahnrest.), ansehnliche alte Stadt (9086 E.) am *Roten Bach*, mit bedeutenden Steinkohlengruben; 81km *Swoleňowes* (Kreuzungspunkt der Bahn von *Kralup* nach *Střebichovic-Vinařic*). Weiterhin kreuzt die Bahn die *Kralup-Kladnoer* (s. unten) und die *Prag-Komotauer* (R. 47) Bahn und erreicht in großem Bogen den Westbahnhof von (126km) *Prag-Smichow* (S. 236).

49km *Triebschitz*; 52km *Holtschitz-Seestadtl*; 56km *Wurzmes*. (Zweigbahn nach *Potscherad*, S. 267). R. am Gebirge das vielfensterige Schloß *Rotenhaus*, der Gräfin Buquoy gehörig. — 60km *Udwitz-Görkau*, letzteres (Hot. Schorsch), mit bedeutenden Baumwollspinnereien und blühender Obstkultur, auch Station der Bodenbach-Komotauer Bahn (S. 252). — 66km **Komotau**, s. S. 258.

# 47. Von Prag nach Eger über Karlsbad.

239km. EISENBAHN (*Buschtiehrader Bahn*), Schnellzug in 5¹/₄ St., Personenzug in 8¹/₇–9 St. für 7 fl. 96, 5.31, 2.86 kr.

Abfahrt vom *Staatsbahnhof* (S. 236). Die Bahn führt über die Moldau zum (3km) *Bubnaer Bahnhof* und umzieht die Stadt (Kleinseite) in großem Bogen; 6km *Sandthor-Bahnhof*; 10km *Weleslawin*; 13km *Libotz*; l. der *Weiße Berg* (S. 249), am n.w. Abhang der *Stern* (S. 249). — 15km *Rusin*; 19km *Hostiwitz*; 22km *Jenč*; 28km *Unhoscht*; 32km *Kladno* (Bahnrestaur.), bedeutende Bergstadt (17215 E.).

Nach Kralup, 28km in 1¹/₄ St. Diese Bahn führt durch den reichen Kladnoer Kohlenbezirk. Stat. *Neu-Kladno*, *Duby*, *Buschtiehrad*; ³/₄ St. s.ö. das ansehnliche Schloß d. N., dem Kaiser Franz Josef gehörig, mit bedeutenden Kohlengruben. Bei Stat. *Brandeisl* über die frühere Prag-Teplitzer Poststraße; weiter mehrfach ansehnliche Hüttenwerke; Stat. *Zakolan, Wotwowitz*, dann *Kralup* (S. 250).

38km *Smečna-Sternberg*; 45km *Lana*; 52km *Neustraschitz*; weiter viel durch Wald. Bei (57km) *Renč* r. der Höhenzug des *Sbanwaldes*. — 65km *Lužna-Lischan* (Bahnrestaur.).

Nach Rakonitz und Beraun, 53km in 3¹/₂ St. — 10km *Rakonitz* (Krone), Stadt (5300 Einw.) mit zwei alten Thortürmen und der got. Barbarakirche. — 24km *Burg Pürglitz*, um 1100 gegründet, von Kaiser Karl IV. glänzend umgebaut, jetzt dem Fürsten von Fürstenberg gehörig; 26km *Pürglitz*, Hauptort einer c. 10 Q.-Meilen umfassenden Fürstenbergschen Herrschaft. Weiter im *Beraunthal*. Stat. *Zbečno, Neuhütten, Althütten*; 53km *Beraun* (S. 266).

70km *Krupa* (Zweigbahn nach *Kolleschowitz*); 74km *Miloztin-Kounowa*. Die Bahn überschreitet einen waldigen Bergrücken

Bædeker's Österreich. 24. Aufl.　　17

und tritt in das Thal der *Trnowa*. — 84km *Satkau-Teschnitz;* 92km
*Michelob;* 100km *Trnowan* (r. Schloß *Dobritschan* mit kleinem
Mineralbad); dann über die *Eger* nach (104km) **Saaz** (233m; *Bahnrest.; Engel; Hanslick*), alte Stadt (13 234 E.) am r. Ufer der Eger.
Alte *Dekanatskirche*, 1383 gegründet; *Rathaus* von 1559. Bedeutender Hopfenbau. — Von Saaz nach *Pilsen* und nach *Dux* s. S. 267.
Die Bahn tritt in das Thal des *Saubachs*. — 111km *Horatitz;*
118km *Priesen*, Stadt mit 1000 E., Eisenwerken und Sauerbrunnen; 127km **Komotau** (330m; *\*Scherber,* Z. 1 fl. - 1 fl 80 kr.; *Reiter,* Z. 80 kr. - 2 fl.; *\*Bahnrestaur.*), alte Stadt (13 030 E.) mit spätgot. Kirche, am Fuß des Erzgebirges. 10 Min. von der Stadt der
vielbesuchte *Stadtpark* mit dem städt. Schießhause.

Von Komotau nach Außig s. R. 46; nach Bodenbach s. S. 251.

Von Komotau nach Chemnitz zwei Bahnen: entweder über
*Reitzenhain* (107km, in 5¼-6 St.), oder über *Weipert* und *Annaberg* (133km,
in 7¾ St.). Stationen der letztern Bahn: *Tschernowitz, Domina-Schönlind*,
33km *Krima-Neudorf* (Abzweigung der Bahn nach *Reitzenhain-Chemnitz*); 38km
*Sonnenberg,* ¾ s.ö. gelegenes Städtchen mit weithin sichtbarer Kirche; 44km
*Preßnitz-Reischdorf,* ersteres (3500 E.) Heimat vieler der umherziehenden
böhm. Musikanten. Jenseit (49km) *Kupferberg* erreicht die Bahn ihren
höchsten Punkt (869m) und senkt sich dann über (59km) *Schmiedeberg* längs
der sächs. Grenze nach (72km) *Weipert* (728m), Stadt mit 8351 E.; Zollab-
fertigung. Weiter über *Annaberg* bis Chemnitz s. *Bædeker's Nordostdeutschland*. — Von Schmiedeberg führt eine Straße über (7km) *Ober-Wiesenthal*
(912m; Rathaus; Deutscher Kaiser; Stadt Carlsbad), von wo der *Fichtel-
berg* (1213m), der höchste Berg Sachsens, in ¾ St. zu ersteigen ist (oben
steinerner Turm, Hauptstation der mitteleuropäischen Gradmessung, mit
weiter Rundsicht) nach (4km) *Gottesgab* (1028m; Gasth.: *Grünes Haus,
Tiroler*), höchste Stadt Österreichs, einst mit reichem Bergbau. Von hier
über Joachimsthal nach (14km) *Schlackenwerth* s. unten. Auf den *Keilberg*
(*Sonnenwirbel,* 1244m), den höchsten Punkt des Erzgebirges, von Gottesgab Fahrweg in 1 St.; umfassende Rundsicht (oben Aussichtsturm).

135km *Deutsch-Kralup*. — 140km *Kaaden-Brunnersdorf;*
¾ St. s. an der *Eger* die alte Stadt **Kaaden** (297m; *Austria; Sonne;
Grüner Baum*) mit bemerkenswertem alten Stadtthor und schönem
Rathausturm. Vor der Stadt (6889 E.) die stattl. spätgot. Franziskanerkirche mit Kloster und Kreuzweg-Stationen in Steinskulptur.

146km *Klösterle* (330m; Rathaus), gräfl. Thun'sches Städtchen
mit großer Porzellanfabrik. Die Bahn überschreitet die *Eger* und
bleibt in dem engen malerischen Thal derselben. 154km *Pürstein;*
160km *Hauenstein-Warta;* 165km *Welchau-Wickwitz* (Zweigbahn
nach *Gießhübl-Sauerbrunn*, S. 266); dann verläßt die Bahn die
Eger und wendet sich r. am *Wistritzbach* nach (172km) *Schlackenwerth* (400m; Renthaus; Adler; *\*Restaur.* im Gartenhause), Städtchen mit Schloß und Park des Großherzogs von Toskana.

N. führt von hier eine Poststraße nach (9km) **Joachimsthal** (721m;
*\*Stadt Dresden; Wilder Mann*), Stadt mit 7046 E., neuer Dekanatskirche
und Stadthaus mit Bibliothek. Von dem einst blühenden Bergbau (Graf
Schlik schlug hier im XVI. Jahrh. die ersten „Joachimsthaler" Thaler) ist
wenig mehr übrig. — Über Gottesgab nach Schmiedeberg s. oben. Der
*Keilberg* (1244m) ist von Joachimsthal in 1 St. zu erreichen (s. oben; Fahrweg bis hinauf).

179km *Neudau;* 187km **Karlsbad**; Bahnhof (Rest.) am l. Ufer
der Eger, 20 Min. von der Stadt (Droschken und Omnibus s. S. 261).

Die Bahn verläßt die Eger, die von hier bis Elbogen in vielgewundenem tief eingeschnittenen Felsenthal fließt, und wendet sich weit nach N. ausbiegend nach (198km) *Chodau.*

Nach Neudek, 14km in 1 St. Die Bahn durchzieht das Kohlengebiet von Chodau, *Münchhof* und *Poscheitzau* und betritt dann bei (7km) *Neurohlau* das anmutige Thal des *Rohlaubachs.* — 14km Neudek (570m; *Rathhaus, Herrenhaus, Post*), hübsch gelegenes Städtchen mit 3574 Einw., großer Spinnerei und Eisenwalzwerk. — Von Neudek geht die Post über die Höhe des Erzgebirges (931m) in 4¹/₂ St. nach (40km) *Eibenstock* an der Chemnitz-Adorfer Bahn, s. *Bædeker's Nordostdeutschland.*

202km Neusattl (451m).

Nach Elbogen, 6km in 20 Min. Stat. *Helenenschacht;* dabei die großartige *Siemens'sche Glashütte* (Flaschenfabrikation). Weiter am *Vincenzi-* und *Katharinenschacht* vorüber nach dem Dorf *Grünlaß* mit Dampfziegelei und dem Städtchen **Elbogen**, böhm. *Loket* (443m; *°Weißes Roß; Hirsch; Scherbaum*, bei der Kettenbrücke), auf von der Eger umflossenem Felsvorsprung reizend gelegen. Das alte *Schloß* der Markgrafen von Vohburg und später der Hohenstaufen, schon 870 gegründet, ist jetzt Gefängnis (Besuch nach Anfrage im Bezirksgericht gestattet; oben schöne Aussicht). Im *Rathaus* ein 17kg schweres Stück und ein Abbild einer hier gefundenen Meteorsteinmasse, „der verwunschene Burggraf" genannt, an die sich allerlei Sagen knüpfen. Große Porzellanfabrik der Hrn. v. Springer und Oppenheimer. — Vom Bahnhof hübscher Spaziergang in das schön bewaldete *Geiersbachthal* (auf der sog. Ziegelbrücke über die Eger, dann den Berg hinan bis zur Egerer Landstraße, jenseit derselben thalaufwärts bis zum Schießhause, wo einf. Erfr.). Zurück auf der Landstraße zur *Kettenbrücke*, die 25m über der Eger den Fluß überspannt, und auf der neuen Straße in die Stadt; oder bei der Brücke hinab zur Eger und am Fluß entlang durch den *Kolowrat-Tunnel* und auf dem Röhrsteg zur Stadt. — Auf dem Friedhof eine seltsame Felsgruppe, der *spitzige Stein.* Von hier führt ein romantischer schattiger Weg an der Eger entlang zum (1 St.) *Hans Heilings Felsen* (S. 265) und weiter über *Aich* nach *Karlsbad* (S. 281).

Die Bahn tritt wieder an die Eger vor (210km) *Falkenau* (401m; Anker), Städtchen mit Schloß des Grafen Nostitz.

Nach Klingenthal, 30km in 2 St. Die Bahn führt im *Zwodauthal* über *Davidsthal, Hartenberg* mit gräfl. Auerspergschem Schloß nach (13km) *Bleistadt*, einem alten Bergstädtchen mit 1100 E.; weiter durch einen 177m l. Tunnel nach (18km) *Annathal-Rothau* (5km ö. das Städtchen *Heinrichsgrün*). — 22km *Graslitz* (500m; *Kaiser v. Österreich; Herrenhaus*), gewerbreiche Stadt mit 7900 E. Dann über die sächs. Grenze nach (30km) *Klingenthal*, von wo Sekundärbahn nach *Zwota*, an der Chemnitz-Aue-Adorfer Bahn; s. *Bædeker's Nordostdeutschland.*

213km *Ziedits*; 219km *Daßnitz.* — 224km *Königsberg - Mariakulm;* ¹/₂ St. n. die alte Propstei *Maria-Kulm* mit vielbesuchter Wallfahrtskirche, der Sage nach einst Zufluchtsort von Räubern; die Gebeine der von ihnen Ermordeten (?) werden in einer Gruft gezeigt.

228km *Mostau - Nebanitz;* 234km *Tirschnitz* (Zweigbahn nach *Franzensbad*, S. 260); hier über die Eger nach

239km **Eger**, böhm. *Cheb* oder *Ohrè* (448m; *Bahnrest.* — Gasth.: *°Hot. Welzel zum Kaiser Wilhelm*, am Bahnhof, Z. L. B. von 1 fl. 20 kr. ab, F. 45 kr.; *°Hot. Neuberger, Kronprinz Rudolf,* *°Victoria*, alle drei Bahnhofstr.; *°Zwei Erzherzoge*, am Markt, gute Küche), alte Stadt (18483 Einw.) auf einer Anhöhe am r. Ufer der Eger, ehemals freie Reichsstadt und Festung (die Festungswerke wurden 1809 geschleift). Im *Bürgermeisterhause* oder *Stadthaus* am Ring wurde am 25. Febr. 1634 Wallenstein durch den Irländer Deveroux ermordet (Eintrittskarten à 30 kr. in der Polizeiwachtstube, unten r.).

In den Zimmern im obern Stock, welche er vor seinem Tode bewohnte, befindet sich jetzt ein *Museum für die Stadt Eger und den Egergau* mit allerlei Antiquitäten und Kuriositäten (schöne Innungsgefäße u. Zunftladen), sowie verschiedenen Erinnerungen an den „Friedländer", offenbar meist von zweifelhafter Echtheit; so die Partisane, mit der er erstochen wurde, sein Schwert, Schreibtisch etc. Zwei wertlose Ölbilder stellen die „Execution" des Herzogs und seiner Anhänger (Feldmarschall Illow, Graf Terzka, Kinsky und Rittmeister Neumann) dar; die Namen der Ermordeten und der „Executoren" sind auf den Bildern angegeben. Ein angebliches Porträt Wallenstein's stimmt mit andern beglaubigten Bildnissen desselben nicht überein. Im Sitzungssaal die Bildnisse der Kaiser von Leopold I. an.

Die kaiserl. *Burg*, in einem Basteiwinkel der frühern Befestigung auf einem Felsen an der NW.-Seite der Stadt, um 1180 von Kaiser Friedrich I. erbaut, liegt jetzt in Trümmern; dem gänzlichen Zerfall wehrt eine 1884 begonnene Restaurierung. Der viereckige hohe Turm aus Lavablöcken entstammt der ersten Bauanlage noch vor Kaiser Friedrich. Die zierliche unten romanische (von 1183), oben spitzbogige (1295) Doppelkapelle ist beachtenswert.

Von dem daranstoßenden Bauketteaal, in welchem, wenige Stunden bevor Deveroux seinen Feldherrn erstach, die oben genannten Offiziere unter den Streichen ihrer Gegner fielen, sind nur noch Fensterbogen erhalten. Das Schloß ist seit 1634 unbewohnt, der Schloßhof ist Gartenanlage. Von der Terrasse, 25m über der Eger, hübscher Überblick, ö. in der Richtung der Eger auf dem äußersten Bergkamm die drei Türme von Mariakulm (S. 259). Die Kasematten, über deren Eingang der kaiserl. Adler und Namenszug F. III. samt Jahreszahl 1643, sind noch wohl erhalten, wie überhaupt von außen das Schloß einem neuen Fort mit Zugbrücke ähnlich ist.

Schöne Dekanalkirche *St. Nikolaus*, 1111 gegründet, luftige Hallenkirche mit drei Schiffen, spitzbogig auf 8 Pfeilern, darin Malereien von Lucas (vor 1476), 1856 aufgefunden; schöne neue Kanzel. — Beim Schützenhaus *Militärschwimmanstalt.*

Ausflüge: *Kammerbühl* (500m), ein Lavakegel ³/₄ St. n.w., von Goethe beschrieben; Schloß *Kinsberg*, 1½ St. s., mit hübscher Aussicht; der 800m hohe *Grünberg* mit der Anna-Kapelle und ausgedehnten Fernsichten; Kloster *Waldsassen*, 1128 gegründet, ehem. freies Reichsstift, 1803 säkularisiert (Eisenbahn-Station); *Alexandersbad*, *Marienbad* (S. 268) etc.

7km n. von Eger (Eisenbahn in 12 Min.) liegt **Franzensbad** (441m; Gasth.: *Königsvilla*, *Grand Hotel*, beide Salzquellstr.; *Post*, *Hübner*, beide Kaiserstr.; *British Hotel*, *Park-Hotel*, beide Parkstr.; *Hot. Gisela*, dem Bahnhof gegenüber; *Kaiser v. Österreich*, Louisenstr.; *Holzer*, *Kreuz*, Kulmerstr.; *Stadt Leipzig*, Kirchengasse; *Forster's Hotel garni*), besuchter Badeort (2370 E., 10 000 Kurgäste jährlich), mit dem *Egerbrunnen*, 10 Mineralquellen (alkalische Glaubersäuerlinge, alkalische glaubersalzige Eisensäuerlinge und Stahlquellen), die zum Trinken und Baden gebraucht werden (auch Moor- und Gasbäder; Saison 1. Mai-1. Oct.). Badehäuser des Dr. Loimann u. Dr. Cartellieri, Stadt Egerer Badhaus und Kaiserbad. Über der *Franzensquelle* (Haupt-Trinkquelle) eine Rotunde, von der ein langer Säulengang zum *Kursaal* führt.

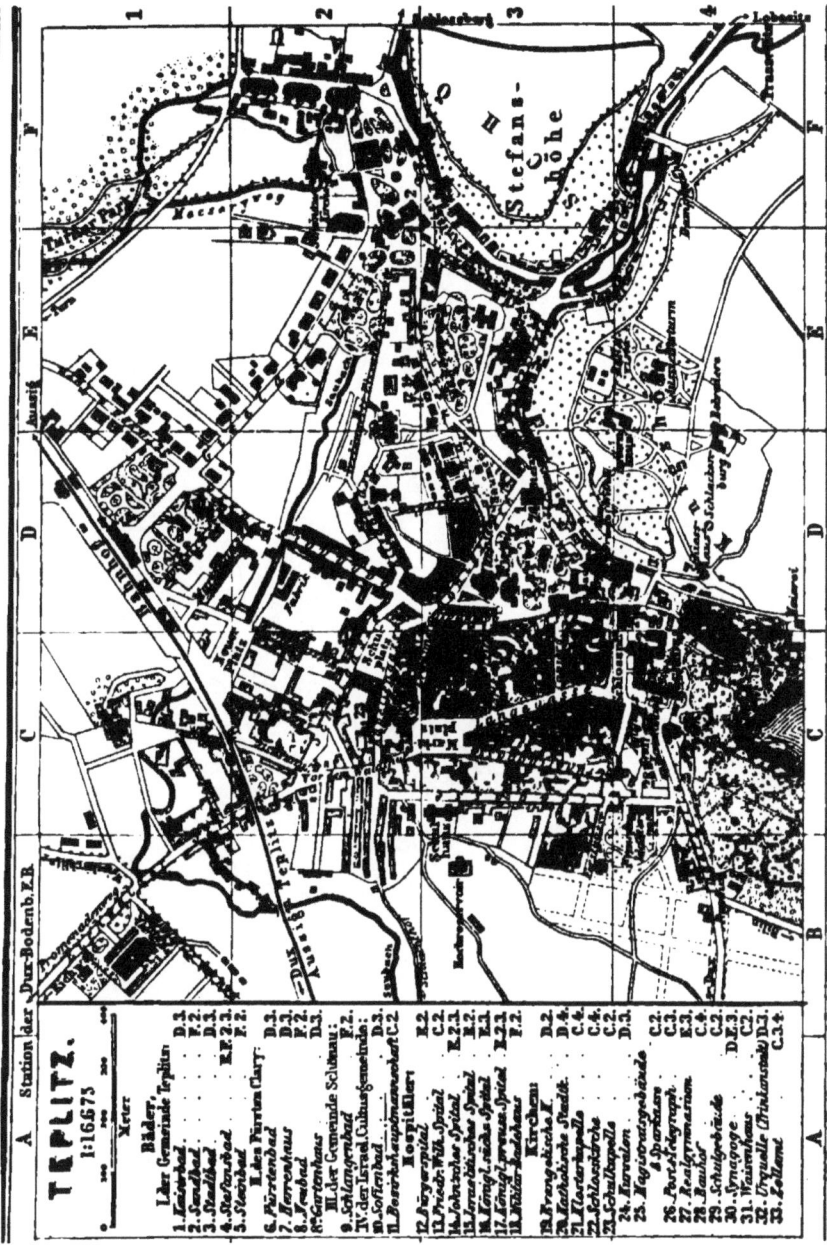

# KARLSBAD.

1 : 14.300.

Höhen in Meter.

1. Bernhardsbrunnen
2. Priss. Kronquelle
3. Elisabethquelle
4. Felsenquelle
5. Sprudel
6. Kaiserbrunnen
7. Karlsquelle
8. Kurhausquelle
9. Marktbrunnen
10. Mühlbrunnen

11. Armbrunnen
12. Schlossbrunnen
13. Theresienbrunnen
14. Spitalquelle

15. Anglikan. Kirche
16. Evangel.
17. Marien - Kapelle
18. Russische Kirche
19. St Magdalenen - Kirche

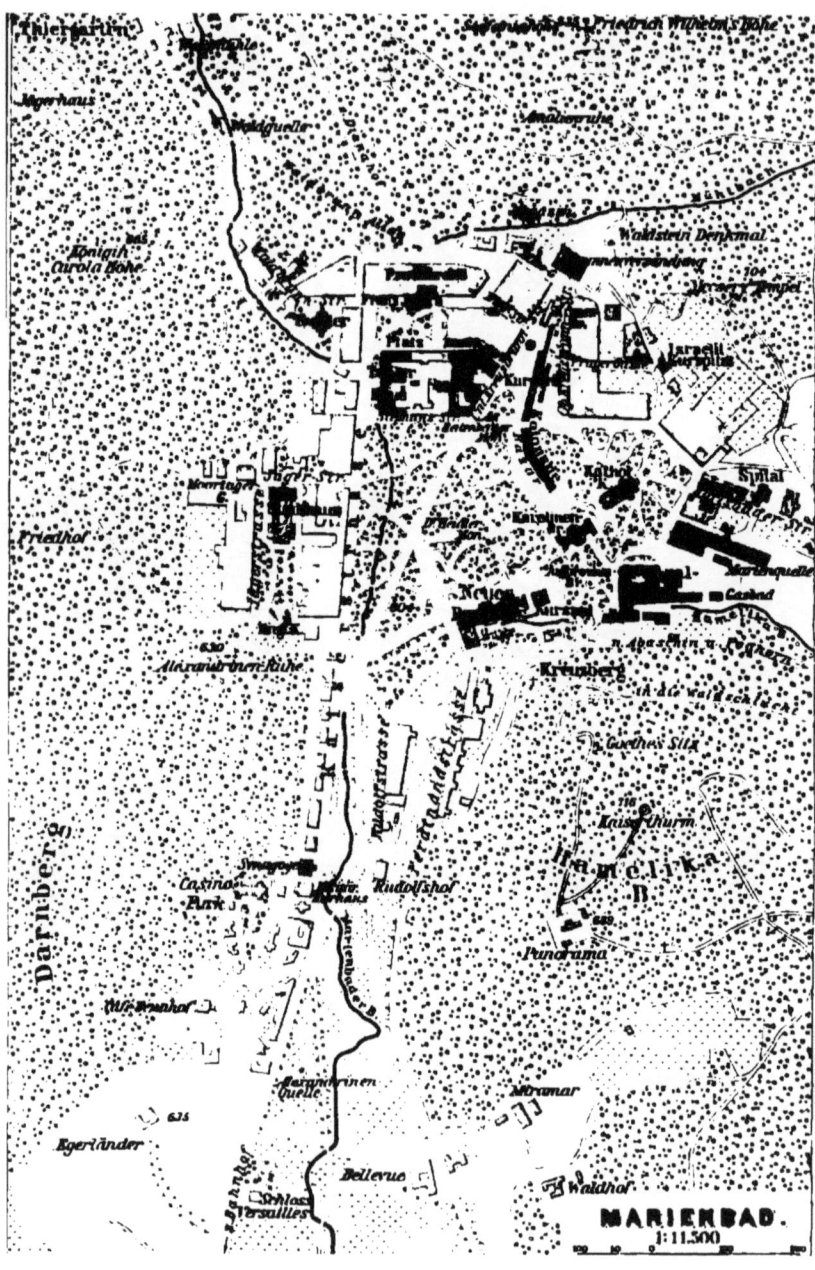

MARIENBAD.
1:11.500

Im Kurpark das *Standbild des Kaisers Franz I.*, des Gründers des Bades, Erzguß nach Schwanthaler's Modell.

Ausflüge: n.w. zur (³/₄ St.) *Antonienhöhe* (495m; Restaur.), nach den Schlössern *Seeberg* (1¹/₄ St.) und *Liebenstein* (2 St.), alle mit schöner Aussicht; n. nach *Schönberg* und *Wildstein* (je 2 St.); s. zum (¹/₄ St.) Café *Miramonti*, weiter auf den (¹/₂ St.) *Kammerbühl* (S. 260) und zum (¹/₂ St.) *Siechenhaus* (Restaur.), ¹/₂ St. w. von Eger im Walde schön gelegen, mit reizender Aussicht.

# 48. Karlsbad und Umgebungen.

**Gasthöfe** (Omnibus am Bahnhof). *Grand Hotel Pupp (Pl. a), beim Pupp'schen Etablissement; *Goldener Schild (Pl. b), zwischen dem Becherplatz und der Neuen Wiese; *Hotel Bristol (Pl. d), Schloßberg; *Anger's Hotel (Pl. c), Neue Wiese am r. Ufer der Tepl; *Hot. Kroh, Parkstr., gegenüber dem Stadtpark; *H. Continental (Pl. k), Markt, Ecke der alten Wiese; *Stadt Hannover, am Markt; Hôt. de Russie (Pl. e), Hot. Paradies (Pl. f), beide Kaiserstraße, dem Kurhaus gegenüber; British Hotel, obere Parkstr. — *Hot. National (Pl. g), Gartenzeile; Hot. Glattaner, Hot. Donau (Pl. h), beide Parkstr.; Stadt Lyon (Pl. i), Kaiser Franz Josef-Str. (auch für Passanten zu empfehlen); Drei Fasanen, Kirchengasse; Hopfenstock, Theatergasse (diese fünf das ganze Jahr geöffnet, das letzte vorzugsweise Speisehaus, s. unten). *Erzherzog Carl, Kirchengasse; *Morgenstern, Kaiserstraße; Hot. Loib, Theatergasse; *Hot. Faßmann (Pl. l), Kaiser Franz Josef-Str.; *Post (Pl. m), Egerstr., gegenüber dem Stadtpark. Die Preise wechseln nach der Saison. Sächsischer Hof, Bahnhofstr., für Passanten. — Kurgäste finden, ohne vorher im Gasthof abzusteigen, leicht möbl. Zimmer (Wohnungs-Nachweise-Bureau im Nordischen Hof, Kreuzgasse), die bestgelegenen und teuersten auf der Alten und Neuen Wiese, am Markt, in der Parkstraße und am Schloßberg: Pupps Logirhäuser; *Königs-Villa (Pension), Victoria, König von Dänemark, Englisches Haus u. a.; nahebei am Schloßplatz: König von England, Europa u. a. — Einsichtnahme der Mietordnung, event. schriftlicher Mietvertrag ratsam. Jedes Haus hat außer der No. einen besondern Namen.

**Restaurants.** *Pupp's Restaurant, Alte Wiese; *Kurhaus; *Stadtpark-Restaur.; *Hopfenstock, *Morgenstern (s. oben); Österr. Hof, Neue Wiese; Loib (s. oben); Stadt Hannover (s. oben); Sanssouci, am Kiesweg; Schützenhaus, Schützenstr.; König von Sachsen, Neue Wiese, u. a.

**Bier**, meist Pilsner, in sämtl. Restaurants. — **Weinstuben:** Richter, Stark, beide Kirchenplatz; Friedel, Becherplatz, Haus Ananas; Weishaupt, Alte Wiese.

**Cafés.** *Pupp's Café-Salon (mehrmals wöchentl. Garten-Musik), viel Zeitungen; *Stadtpark; Theater-Café, neben dem Stadttheater; *Elefant, Alte Wiese, Café Impérial, nahe der Eisenquelle, beide demselben Besitzer gehörig; Stadt Hamburg, Kreuzgasse, u. s.

**Konzerte.** Die Kurkapelle spielt täglich früh 6-8 U. in 2 Abteilungen am Sprudel und am Mühlbrunnen, sowie Nachmittags 4-6 U. So. im Stadtpark, Di. u. Do. bei Pupp, Mo. u. Fr. im Posthof u. Café Schönbrunn (letztere gegen Entree); drei Abend-Konzerte in Sanssouci, bei Pupp und Kurhaus. Außerdem zuweilen Militärmusik bei Pupp u. a.

**Lesezimmer** im Kurhaus (Extrazimmer für Damen), 15 kr. pro Tag, 70 kr. pro Woche, 2 fl. pro Monat, große Auswahl von Zeitungen.

**Stadttheater**, Neue Wiese (Vorstellungen von Ende April bis Mitte Okt); *Sommertheater* oberhalb des Café Sanssouci (nicht regelmäßig).

**Kurtaxe** bei mehr als 8täg. Aufenthalt 1. Kl. die Person 10 fl., 2. Kl. 6 fl., 3. Kl. 4 fl.; Kinder und Domestiken je 1 fl. *Musiktaxe* für Familien je nach der Anzahl der Personen 1. Kl. 5-17 fl., 2. Kl. 3-8, 3. Kl. 2-6 fl.

**Droschke** vom oder zum Bahnhof einsp. 1 fl. 10 kr., Fiaker (zweisp.) 1 fl. 80 kr. (Nachts 1 fl. 40 u. 2 fl. 30), Gepäck einsp. 30 kr. (bis 60kg), zweisp. 50 kr. (bis 100kg). Bei der Ankunft werden Droschkenmarken ausgegeben.

In der Stadt: Einspänner ¼ St. 50 kr., ½ St. 80 kr., jede folgende ¼ St.
20 kr.; Zweispänner ½ St. 1 fl. 20 kr., jede folgende ½ St. 60 kr.; Nachts
(6 U Nm. bis 6 U. Vm.) die Hälfte mehr; bis Aich, Dallwitz, Pirkenhammer einsp. 2, zweisp. 3 fl. u. s. w.
Omnibus: Vom Bahnhof in die Stadt 40 kr., jedes Gepäckstück 10 kr.
— Nach *Pirkenhammer* (S. 264) 4mal tägl. vom Theaterplatz, 40 kr. — Nach
*Aich* (S. 265) 2mal tägl. von Anger's Hotel, hin und zurück 50 kr. —
Nach *Gießhübel - Puchstein* (S. 266) tägl. 11 und 1 Uhr, hin u. zurück 1 fl.
50 kr., Abfahrt beim Schild. — Nach *Dallwitz* 2 u. 4 U. Nm. vom Becherplatz.
Esel (einschl. Trinkgeld) den ganzen Tag 4 fl. 50 kr., halben Tag 3 fl.;
zum Hirschensprung oder Dreikreuzberg 1 fl. 50 kr., zur Quelle 80 kr.
Bäder im neuen *Kaiserbad* (S. 264) und den städtischen Badehäusern
(S. 263; in letztern Bad I. Kl. 1½ fl., II. Kl. 70 kr. - 1 fl.).
Sprudelstein und Sprudelsteinfabrikate sowie Holzmosaikarbeiten auf
der Alten Wiese und auf der Promenade an der Tepl hinter den Pupp-
schen Anlagen. *Karlsbader Inkrustate* (Versinterungen) bei Tschamerhöll-
Hinterseite der Sprudel-Kolonnade.
Karlsbader Oblaten, ein in Eisen gebackener dünner, blätteriger Teig,
u. a. bei *Barbara Beyer*, Königshof. Der hier gebräuchliche, die Kur er-
leichternde „Brunnenkuchen" ist Honigkuchen (Lebkuchen) ohne Gewürz.

*Karlsbad* (374m), mit 12 000 Einw., berühmter Kurort (jährlich
über 30 000 Kurgäste), liegt in einem engen, von der *Tepl* kurz vor
ihrer Mündung in die *Eger* durchflossenen Thal, dessen tannen-
bewachsene Bergwände durch schöne wohlgepflegte Wege in allen
Richtungen zugänglich gemacht sind. Der Sage nach sollen die
Quellen 1347 von Kaiser Karl IV. bei einer Hirschjagd entdeckt
worden sein (Denksäule im Stadtgarten); doch bestand nachweis-
lich Karlsbad als Kurort bereits im XIII. Jahrh.

Die Quellen kommen nahe der Tepl aus einem sehr festen Gestein,
als Sprudelschale oder Sprudeldecke bekannt, welches, wo es durch-
brochen wird, heißes Wasser ausströmt. Wahrscheinlich ist unter der
Stadt, deren größter Teil auf dieser Sprudeldecke erbaut ist, ein großer
gemeinschaftlicher Behälter heißen Mineralwassers, der „Sprudelkessel",
dessen Dämpfe durch Öffnungen im Gestein ausgelassen werden, die
vierteljährlich wegen der inkrustierenden Eigenschaft des Wassers gerei-
nigt und erweitert werden müssen. Wird an einer Stelle die gewöhnliche Ausströmung des Wassers und des Gases aus der Sprudeldecke
gehemmt, so treten desto stärkere Ergüsse aus den gebliebenen Öffnungen, oder auch wohl gewaltsame Durchbrüche ein.

Die Karlsbader Quellen, alkalische Glaubersalzquellen, die
Glaubersalz, Soda und Kochsalz in aufgelöstem Zustande enthalten,
unterscheiden sich nur durch den Wärmegrad und den davon abhän-
genden größeren oder geringeren Gehalt an freier Kohlensäure. Die
älteste und weitaus reichste Quelle (2000 Liter in der Minute) ist
der *Sprudel* (Pl. 5; 58° R.), der mit der dazu gehörigen *Hygiea-
Quelle* am r. Ufer der Tepl entspringt. Am l. Ufer entspringen:
der *Mühlbrunnen* (Pl. 10; 36° R.), der *Neubrunnen* (Pl. 11; 48°),
der *Theresienbrunnen* (Pl. 13; 47°), der *Marktbrunnen* (Pl. 9; 35°)
die *Kaiser - Karls - Quelle* (Pl. 7; 34°) und der *Schloßbrunnen* (Pl.
12; 42°); ihnen schließen sich an: die *Russische Kronquelle* (Pl.
2; 27°), der *Bernhardsbrunnen* (Pl. 1; 50°), die *Elisabethquelle* (Pl.
3; 37°), die *Felsenquelle* (Pl. 4; 46°), die *Spitalquelle* (Pl. 14; 28°),
die *Kurhausquelle* (Pl. 8; 52°), der *Kaiserbrunnen* (Pl. 6; 39°),
die *Hochberger-Quelle* (31°) und die *Parkquelle* (31°). Außer diesen

warmen besitzt Karlsbad auch 2 kalte Quellen : die *Stefaniequelle* (alkal.-salin. Säuerling, 17°) unterhalb des Schweizerhofs (S. 264) und die *Eisenquelle* (8°) am Abhang des Dreikreuzberges. — Die warmen Quellen werden sowohl getrunken wie zum Baden verwendet (überwiegend Sprudelwasser, aber nur weil diese Quelle die reichste ist). Außer dem neuen *Kaiserbad* (S. 264) befinden sich sechs *Badehäuser*, in denen Mineral-, Moor-, Dampf- u. a. Bäder verabreicht werden, in verschiedenen Teilen der Stadt (Sprudelgebäude, Stadthaus, Kurhaus, Fremdenhospital, Neubad, Eisenbad). Versandt werden jährlich von den verschiedenen Quellen c. 3 Mill. Flaschen und c. 50000kg Karlsbader Salz.

Früh morgens, in der Hauptsaison (Juni und Juli) schon vor 5 Uhr, beginnt die Trinkzeit für die Kurgäste; bei den Hauptquellen (Mühlbrunnen und Sprudel) herrscht meist solcher Andrang, daß man im Gänsemarsch erst nach länger als ¼ St. wieder an die Reihe kommt.

Die Stadt dehnt sich im N. bis gegen den am l. Ufer der Eger gelegenen *Bahnhof* hin, doch bewegt sich der Verkehr meist in demjenigen Stadtteil, der n. durch den Stadtpark, s. durch das Pupp'sche Etablissement begrenzt ist. Der hübsch angelegte **Stadtpark**, am l. Ufer der Tepl, umschließt auch die S. 261 gen. *Restauration* mit anschließender Kolonnade, bei welcher die *Parkquelle* (S. 262) getrunken wird. Gegenüber am andern Ufer das *Neubad* mit Moorbädern (s. oben). — Nach SW. geht vom Stadtpark die elegante *Parkstraße* ab, in der l. die *Synagoge,* 1876-77 nach Plänen von Wolff in Stuttgart erbaut.

An dem Stadtpark stößt s.ö. das **k. k. Militärbadehaus** (Pl. 6), in dem der *Kaiserbrunnen* und die *Hochbergerquelle* (s. oben) entspringen. Es folgt das **Kurhaus** (am südl. Ende desselben der *Kurhausbrunnen*, Pl. 8), dann hoch oben das *Fremdenspital* mit dem *Spitalbrunnen* (Pl. 14). Unten weitergehend kommen wir an der *Felsenquelle* (Pl. 4) vorbei zur **Mühlbrunnenkolonnade** (Pl. 10), einer schönen Säulenhalle im korinth. Stil, 1871-78 von Zitek erbaut, mit der *Elisabethquelle,* dem *Theresienbrunnen, Bernhardsbrunnen, Neubrunnen* und *Mühlbrunnen.* Oberhalb der Kolonnade die Anlagen des Schloßbergs (s. unten).

Von der Mühlbrunnen-Kolonnade durch die Mühlbadgasse auf den **Markt**, wo unter der hölzernen, vom *Stadtturm* überragten *Marktbrunnkolonnade* die *Kaiser-Karls-Quelle* (Pl. 7) und der *Marktbrunnen* (Pl. 9) entspringen; l. die *Post.* N.w. steigt eine breite Treppe hinauf zum **Schloßberg**; hier gleich r. der *Schloßbrunnen* (Pl. 12), gegenüber l. die *Russische Kronquelle* (Pl. 2).

Vom untern Ende des Markts führt die Sprudelbrücke über die Tepl zur *****Sprudelkolonnade** (Pl. 5), einem imposanten Eisenbau von Fellner und Hellmer (1879). In derselben entspringt die *Hygiea-Quelle* neben einer Statue der Hygiea von Fernkorn, und der *Sprudel* (S. 262), der sein Wasser in mannsdickem Strahl

in 40-60 ungleichen, schwächern und stärkern Stößen in der Minute
2-4m hoch emporschleudert. — Jenseit der Kolonnade auf dem
Kirchplatz die kath. *Magdalenenkirche* (Pl. 19) mit terrassiertem
Vorbau, 1732-36 erbaut; oberhalb (Aufgang durch die Schul-
gasse) die *Stefanshöhe*, der *Stadtgarten* mit einem Standbild Kaiser
Karls IV. von Jos. Max, „zum 500jähr. Jubiläum" 1868 errichtet,
und die Anlagen des *Panoramas* (Café-Restaur.), mit reizender
Aussicht auf die Stadt.

An den Markt schließt sich südl., an der Tepl sich hinzie-
hend, der belebteste Promenadenplatz Karlsbads, die baumbe-
pflanzte **Alte Wiese**, mit den reichsten Läden, welche sich teils
im Erdgeschoß der Häuser, teils in dem gegenüber gelegenen
Bazar befinden. Die alte Wiese endet am *Goethe-Platz* bei der *Salle
de Saxe* (S. 261) und den großartigen *Pupp'schen Anlagen.*

Gegenüber, am r. Ufer der Tepl, zieht sich die **Neue Wiese**,
vorüber an dem von Fellner & Hellmer neu erbauten *Stadttheater*,
reich dekoriert und elektrisch beleuchtet, bis zur Pupp'schen
Brücke. Weiter an der Marienbader Straße auf den Gründen des
chem. Bräuhauses das 1895 eröffnete *Kaiserbad*, ein Prachtbau im
franz. Renaissancestil von Fellner & Hellmer, im Innern vorzüglich eingerichtet, mit Bädern jeder Art, Saal für schwed. Heil-
gymnastik und weiten Loggien im Erdgeschoß. Die Straße führt
weiter an der unscheinbaren *russischen Kirche* (Pl. 18) und der
1856 erb. *evang. Kirche* (Pl. 16) vorbei zur Karlsbrücke (s. unten).

Von den vielen anmutigen Spaziergängen ist der be-
liebteste (weil in der Ebene) der durch die *Pupp'sche Allee* mit
der *Goethe-Wiese* (auf derselben eine Marmorbüste Goethe's von
Donndorf), weiter den *Kiesweg* entlang am *Rasumowska-, Rohan-
und Kaiserin-Sitz* vorbei zum (15 Min.) *Café Sanssouci* (oberhalb das *Sommertheater*, S. 262). An den Felswänden am Wege
sind in den verschiedensten Sprachen allerlei Dankes-Ergüsse an
die Quellen zu lesen, Gereimtes und Ungereimtes. Weiter, die
*Karlsbrücke* l. lassend (r. die „Vieruhrpromenade", weil von 4 U.
Nachm. an schattig), durch die Pappelallee der Marienbader Straße
(am r. Ufer der Tepl das *Café Schönbrunn*, der *Dorotheensäuer-
ling* und das *Café Schweizerhof*) zum (15 Min.) *Café Posthof* mit
schönen Gartenanlagen (8 Min. w. am Ende der Vieruhrpromenade das *Schwarzenberg-Denkmal* mit dem *Theresienplatz*). Vom
Posthof aufwärts an der *Antonsruhe* und *Stahlbuche* vorbei zum
(15 Min.) Café *Freundschaftssaal* (häufig Militärkonzert, Eintr.
60 kr.): weiter in 10 Min. zum romantisch gelegenen *Kaiserpark*
(Café); von da noch 25 Min. (halbwegs über die Tepl) zum *Café
Leibold* in *Pirkenhammer* (408m; Hot. Habsburg; Omnibus S. 262)
mit großer Porzellanfabrik. 3/4 St. l. von letzterer die *Mecséry-
Höhe* (621m) mit schöner Aussicht. Zurück auch am r. Ufer der
Tepl den schattigen „Plobenweg" am Bergabhang entlang, dann
entweder beim Posthof über die Brücke zur Marienbader Straße

oder am Bergabhang weiter auf dem „Schwindelweg" durch Café Schönbrunn hindurch ins Thal hinab nach dem Kiesweg.

Andere Spaziergänge. Vom Schloßberg durch die Hirschensprunggasse auf bequemen Wegen zum Kreuz auf dem *Hirschensprung* (498m) mit prachtvoller Aussicht auf Stadt und Erzgebirge (Café). Schöne Aussicht auch von der nahen *Theresienhöhe*, der *Petershöhe* mit Gedenktafel und Büste Peters d. Gr. und von *Mayers Gloriett*. Über den *Jubiläumsweg* am „Himmel auf Erden" vorbei zum Schloßberg zurück.

Vom Goetheplatz durch das Mariengäßchen zur *Marienkapelle* (Pl. 17), von hier (überall Wegtafeln) r. zum *Friedrich - Wilhelms-Platz*, l. an der *Eccehomo-Kapelle* vorbei zur (½ St.) *Franz-Josefs-Höhe* (510m), beide mit schöner Aussicht auf die Stadt.

Über den Schloßberg oder durch die Parkstraße am Café *Jägerhaus Karls IV.* und *Findlater's Obelisk* vorbei zum (½ St.) *Katharinenplatz*, von da zum (½ St.) *Bild* (549m) und auf den (½ St.) *Aberg* (609m), mit Café-Restaur. u. Aussichtsturm.

Am rechten Tepl-Ufer von der Magdalenenkirche (S. 264) entweder durch die Sprudelgasse und die r. ansteigende Andreasgasse, oder hinter der Kirche l. durch die Schulgasse und am Garten des Café Panorama vorbei auf die Prager Landstraße, hier l., dann auf einem der r. ansteigenden Wege in Windungen hinan zur (40 Min.) *Restauration Dreikreuzberg* mit Camera obscura und herrlicher Aussicht auf Karlsbad und Umgebung; von hier in 5 Min. zum Gipfel des *Dreikreuzbergs* (554m), mit ähnlicher aber beschränkterer Aussicht, und weiter durch Wald zur (15 Min.) *König Otto's Höhe* (599m; Aussicht verwachsen). Noch ½ St. weiter der Aussichtspunkt *Ewiges Leben* (636m), mit prächtiger Rundsicht von der 30m h. *Stephaniewarte* (Café-Restaur.); am *Pöhlenhof* vorbei in ½ St. zur Stadt zurück. — Schöne Aussichtspunkte sind ferner: am r. Tepl-Ufer *Bellevue*, *Wiener Sitz*; am l. Ufer *Freundschaftssitz*, *Belvedere*, *Rohankreuz* etc.

Weitere Ausflüge: n. nach (1 St.) *Dallwitz* (Restaur. zu Drei Eichen), Dorf mit schönen, von Körner besungenen Eichen, stattlichem Schloß, Porzellanfabrik und dem 1881 err. *Josephs-Denkmal*, am l. Ufer der Eger (Fähre von Drahowitz zu den Schiffhäusern); s.w. (Omnibus s. S. 262) nach (1½ St.) *Aich* mit renoviertem Schloß u. Porzellanfabrik (*Schloßrestaur. über der Eger, mit Aussicht); ¾ St. weiter an der Eger (20 Min. vom Ende des Fahrwegs) die *Restaur. Hans Heiling*, gegenüber dem *Hans Heiling's Felsen* in wildromantischer Lage (Boot nach Aich 40 kr. die Person): weiter nach *Elbogen* s. S. 259. Auf der Prager Straße mit herrl. Aussichten nach (1½ St.) Ruine *Engelhaus*, auf 713m h. Klingsteinfelsen (ein hübscherer Fußweg nach Engelhaus geht hinter den „Berghäusern" von der Straße l. ab). — 2½ St. unterhalb Karlsbad an der Eger (Omnibus in 1½ St. vom Hôt. de Russie, s. S. 262; schöner Waldweg) liegt anmutig der besuchte Kurort *Gießhübel-Puchstein* (Kur- und Wasserheilanstalt, mit Restaur. und mehreren Villen), Ursprungsort von Mattoni's Gießhübler Sauerbrunnen, dessen Wasser jährlich in 8 Mill. Flaschen nach allen Weltgegenden versandt wird (Eisenbahn nach *Wickwitz,* 9km in 34 Min., s. S. 258). — Auf den *Keilberg* oder *Sonnenwirbel* (S. 258) von Karlsbad lohnende Tagestour (im Sommer 2mal wöchentl. Omnibus vom Hôt. de Russie).

## 49. Von Prag nach Furth *(München, Nürnberg).*

191km. BÖHMISCHE WESTBAHN, Schnellzug in 4 St. für 11 fl. 9, 8 fl. 33, 5 fl. 63 kr.; Personenzug in 6 St. für 9 fl. 26, 6.04, 4.63 kr. (Bis Nürnberg Fahrzeit 7³/₄-11 St., bis München 9¹/₄-14 St.)

Gleich nach der Ausfahrt aus dem Smichower Bahnhof (s. S. 236) wendet die Bahn sich südl. ins Thal der *Moldau.* — 5km *Kuchelbad,* beliebter Vergnügungsort der Prager. — 10km *Radotin.* Die Bahn verläßt die Moldau und tritt an die *Beraun,* die sie bei *Mokropetz* überschreitet. — 20km *Dobřichowitz;* 24km *Řewnitz;* 30km *Karlstein* (kl. Restaur. beim Bahnhof).

25 Min n. am l. Beraun-Ufer oberhalb des Dorfes *Budnian* erhebt sich auf steilem Fels \*Schloß Karlstein (Karlun Tyn, 319m), die merkwürdigste aller böhm. Burgen, 1348-57 von Kaiser Karl IV. als Schatzhaus für die böhmische Königskrone und zur Aufbewahrung wichtiger Dokumente erbaut und mit Kunstschätzen geschmückt, von denen jedoch die meisten nicht mehr hier sind. Mittelpunkt der Burg ist die *Kreuzkapelle* im Turm, aufs reichste mit Edelsteinen, Vergoldung, Gemälden etc. geschmückt; in ihr wurden die Krone, viele Reliquien, die Karl IV. mit besondrer Vorliebe gesammelt, und das Archiv aufbewahrt. Die Gemälde darin gehören der altböhmischen Schule an. Neben dem sehr stark befestigten Turm ein Palast für den Kaiser, mit der einst ebenfalls reich mit Edelsteinen geschmückten Katharinenkapelle. Von besonderm Interesse sind die Porträts Karls IV., seiner Gemahlin und seines Sohnes, gleichzeitige Wandgemälde. Sonst enthielt die Burg noch Wohnungen für zwei Burggrafen, viele Ritter, Reisige etc.

Hinter Karlstein wird das Beraunthal durch mächtige Kalksteinfelsen eingeengt und erweitert sich erst wieder dicht vor (39km) **Beraun** (222m; *Bahnrest.; Böhm. Hof; Adler*), altes Städtchen mit 7265 Einw. (nach *Rakonitz* und *Lužna-Lischan* s. S. 257). Die Bahn tritt in das *Litawa-Thal.* — 48km *Zditz* (267m).

Nach Protivin, 108km in 4-5 St. Die Bahn führt durch das anmuthige *Litawa-Thal.* Stat. *Lochowitz, Jinetz-Čenkau,* (28km) **Příbram** (509m; *Kaiser von Österreich*), berühmte Bergstadt (13417 Einw.) mit sehr bedeutenden Silber- und Bleibergwerken (Jahresproduktion 19000kg Feinsilber), die 5600 Arbeiter beschäftigen. Im ganzen sind 17 Schächte in Betrieb; Hauptschacht der 1020m tiefe *Adalbert-Schacht.* In unmittelbarer Nähe der Stadt der *Heilige Berg* (580m), ein vielbesuchter Wallfahrtsort mit Propsteikirche und wunderthätiger Marienstatue. — Weiter Stat. *Milin, Tochowitz, Březnitz, Mirowitz, Čimelitz, Wraš, Cižova.* — 89km **Pisek,** ansehnliche Stadt (10950 Einw.) mit altem Schloß, von der *Wottawa* umflossen; in der Nähe der große Jagdpark des Fürsten Lobkowitz. — 93km *Putim* (S. 271); 103km *Protivin,* Station der Franz-Josefs-Bahn (S. 271).

59km *Hoŕowitz* mit Schloß und Eisenwerken des Prinzen Moritz v. Hanau. Bei (69km) Haltestelle *Zbirow* große von Strousberg gegründete Eisenwerke, jetzt außer Betrieb; 3km n. das Städtchen

*Zbirow* mit Schloß des Fürsten Colloredo-Mansfeld. — 72km
Zbirow; am Bahnhof großes Sägewerk; ½ St. w. das Städtchen
*Mauth*. — 78km *Holoubkau*, mit der großen ehem. Strousbergschen
Waggonfabrik. — Die Gegend wird offner bei (87km) *Rokitzan*
(362m; Adler), Städtchen mit 6000 Einw. (Zweigbahn nach *Nez-
wiestitz*, S. 271); weiter an der *Klabawa*, an den Eisenwerken von
*Klabawa* und *Horomistitz* vorbei nach (99km) *Chrast* (Bahnrest.;
Zweigbahn nach *Radnitz* mit bedeutenden Kohlengruben). Die
Bahn tritt nun wieder ins Thal der *Beraun* und erreicht, nach Über-
schreitung der großartigen *Uslawabrücke*,

110km **Pilsen** (299m; *\*Pilsner Hof; \*Kaiser von Österreich;
\*Goldner Adler; Bahnrestaur.*, auch Z.; Bier in *Salzmann's Bierhalle* und *Beyer's Garten*), alte ansehnliche Stadt (50150 Einw.)
am Zusammenfluß der *Mies* und *Radbusa*. Früher befestigt, hielt
sie in den Husitenkriegen gegen mehrfache Belagerungen Stand,
wurde aber 1618 von Mansfeld erstürmt. Auch Wallenstein's
Verschwörung spielte zum Teil in Pilsen, 24 seiner Anhänger
wurden dort auf dem Marktplatz hingerichtet (1634). Auf dem
Kopeckyplatz ein 1861 errichtetes Standbild des Bürgermeisters
*Martin Kopecky* († 1854). Sehenswert die got. Bartholomäus-
Kirche; die großen Felsenkeller der alten Brauerei; die große
Strafanstalt (900 Sträflinge); das städt. Museum (tägl. 10-3 U.,
frei, doch wird ein Beitrag zur Erhaltung des Museums erwartet).

Von Pilsen nach Saaz und Dux, 151km in 5-5¼ St. Zwischen-
stationen meist unbedeutend. 33km *Plass*, mit Schloß des Fürsten Met-
ternich; 66km *Petersburg-Jechnitz*, ersteres (¹/₂ St. von der Bahn) mit
Schloß und Park des Grafen Czernin; 70km *Kriegern*; 76km *Rudig*; 84km
*Podersam*; 90km *Kaschitz* (Zweigbahn nach *Schönhof* u. *Radonitz*); 100km
*Neusattel-Schaboglück*; 107k *Saaz*, Kreuzungspunkt der Prag-Komotauer
Bahn (S. 258); 118km *Postelberg* (Bahnrest.), wo die Bahn die Eger verläßt; 124km *Potscherad* (Zweigbahn nach *Wurxmes*, S. 257); 136km *Obernitz*,
Knotenpunkt der Prag-Brüxer Bahn (S. 257); 141km *Sauerbrunn*, Halte-
stelle für den Biliner Sauerbrunnen (S. 253); 147km *Bilin*, Knotenpunkt
der Bilin-Aussiger Bahn (S. 253); 151km *Dux* (S. 256).

Von Pilsen nach Eisenstein, 112km in 3¹/₂-4 St. wichtigere Sta-
tionen: 25 km *Prestitz*; 38km *Schwihau*; 48km *Klattau* (409m; Bahnrestaur.),
ansehnliche Stadt mit 10811 E., Knotenpunkt der Bahn nach Horaždiowitz
(S. 271); 56km *Janowitz* (Zweigbahn nach *Taus, s. unt.*); 64km *Neuern* (471m;
'Roß) am Fuß des Böhmerwald-Gebirges hübsch gelegen (¹/₂ St. s.w. Ruine
*Baiereck*). Die Bahn steigt in langen Serpentinen zur Stat. *Grün* (670m),
weiter durch Felseinschnitte und über hohe Dämme. 89km *Hammern-
Eisenstraß* (738m; r. der *Osser*, 1300m); dann durch den 1748m langen
*Spitzberg-Tunnel* zur (101km) Stat. *Spitzberg* (831m), dem höchsten Punkt
der Bahn, Wasserscheide zwischen Elbe und Donau (in der Nähe auf
dem *Spitzbergsattel*, 1000m, \*H.-P. Rixy mit schöner Aussicht). Hinab am
*Markt Eisenstein* (Haltestelle) vorbei zum (112km) böhm.-bayr. Grenzbahn-
hof *Eisenstein, s. Bædeker's Süddeutschland*.
Von Pilsen nach Eger, Budweis u. Wien s. R. 50.

124km Nürschan, mit Kohlengruben und Eisenwerken; weiter
l. von der Bahn *Chotieschau*, mit Schloß des Fürsten Taxis. — 135km
*Staab*, Städtchen an der *Radbusa*; 149km *Stankau*; 158km *Blisowa*
(l. in der Ferne die Ruinen der *Riesenburg*); 169km *Taus*, gewerbreiche Stadt mit 7700 E. (nach *Janowitz* s. oben).

Hinter Taus beginnt das *Böhmer Wald-Gebirge*, welches die
Bahn an der niedrigsten Stelle mittels mehrfacher Einschnitte
und Tunnels durchdringt. Die Wasser-, zugleich Sprachscheide
(512m) ist zwischen *Böhmisch-* und *Deutsch-Kubitzen*, unweit der
Grenze zwischen Böhmen und Bayern. Mit dem Eintritt in letzteres ändert sich der Charakter von Gegend und Ortschaften. Die
Bahn senkt sich in großer Kurve, führt durch einen 96m l. Tunnel und überschreitet die *Pastritz* auf 648m l. Viadukt.
**191km Furth** *(Bahnrestaur.)*, Anschlußpunkt der *Bayrischen
Ostbahn*; s. *Bædeker's Süddeutschland*.

# 50. Von Eger nach Wien.

**456km. K. K. Staatsbahnen,** Schnellzug in 9½ St. für 22 fl. 75, 15 fl.
25, 7 fl. 65 kr., Personenzug in 16-17 St. für 15.25, 10.20, 5.10.

*Eger* s. S. 259. Die Bahn zweigt von der Regensburger Linie
l. ab und überschreitet den *Wondreb-Fluß.*—17km *Sandau;* 23km
**Königswart** (720m; *Neues Badhotel;* \*Hot. Ott; Buberl,* wird gelobt; *Schloßgasthaus; Kaiser von Österreich,* u. a.), besuchtes
Stahlbad, seit 1630 im Besitz der Familie Metternich. Das von
hübschen Anlagen umgebene fürstl. *Schloß* (Mo. Mi. Fr. 2-6 U.
geöffnet, Trkg.) enthält eine Münz- u. Mineraliensammlung, Altertümer, Kuriositäten, Familienbildnisse und zahlreiche Porträte
der österreich. Kaiserfamilie, Napoleons I. etc., meist Geschenke
der betr. Personen selbst, zum Teil von berühmten Malern; ferner eine Bibliothek und eine Kirche mit interessantem Altar (Geschenk des Papstes Gregor XVI. an den Staatskanzler). 10 Min.
höher (25 Min. von der Bahn) liegt das *Badhaus* mit einer Reihe
neuer Villen u. hübscher Aussicht. Das Bad wird bei Blutarmut,
allgemeiner Körperschwäche, katarrhal. Affektionen etc. namentlich
von Frauen und Kindern gebraucht (Stahl-, Moor-, Fichtennadel-,
Douche- und Dampfbäder).

**31km Marienbad.** — Der Bahnhof (Restaur.) ist ½ St. von der
Bahn entfernt (Einsp. mit Gepäck 1 fl. 20 kr.; Omnibus der Gasthöfe 30,
Gepäck bis zu 50kg 10 kr.). — Für den zum erstenmal nach Marienbad Kommenden empfiehlt es sich in einem Hotel abzusteigen und dann *selbst*
sich nach einem passenden Logis umzusehen (thunlichst ohne Vermittlung
von Wohnungs-Agenten). Vor dem Abschluß des Kontrakts Einsichtnahme der *Mietordnung* dringend anzuraten.

Gasth.: *Hot. Klinger* (Bes. *Halbmayr*), großes Haus mit drei
Dependenzen; Hot. Impérial; Hot. Weimar; *Neptun, *Stadt
Hamburg, *New-York (israelit.), Kaiserhof, *Hot. Eger-
länder, alle Kaiserstr.; *Hotel Casino; Gütter; *Delphin, Stadt
Leipzig, Engl. Hof, Stern, Prager Haus, diese sämtlich nicht
teuer.

Logierhäuser. Centralbad, Tepler (Stift) Haus, Habsburg,
Rudolfshof, Miramare, Guttenberg, *Schloß Heilbronn,
Europa, Borussia, Goldner Adler, Wiener Haus, Heidler's
Haus, Flora u. v. a. Z. per Woche 8-16 fl.

Restaurationen in den meisten Hotels und Cafés (beste Table d'hôte
bei Klinger, um 1 U. 1 fl. 30, um 2 U. 2 fl.); ferner: Kursaal, Stadthaus,
Tepler Haus, Waldmühle (S. 270), Egerländer (S. 269), Lössenthal (israelit.) u. a.

Cafés. *Bellevue; Miramonte; *Victoria; *Panorama (oberhalb der

Aussichtsturm auf der Kaiserhöhe, S. 270); *Ferdinandsmühle; Dianahof;*
*Jägerhaus; Marthal; Kieselhof u. Kieselmühle; Egerländer,* als „Bauernhaus"
hübsch eingerichtet).
DROSCHKEN: vom oder zum Bahnhof Einsp. 1 fl., Zweisp. 1 fl. 80 kr.,
mit Gepäck 1 fl. 80 kr. und 2 fl.; im Stadtbezirk ½ St. Vorm. Einsp. 40,
Zweisp. 60, Nachm. 60 kr. oder 1 fl.; Spazierfahrten ½ St. Vorm. 50 kr.
oder 1 fl., Nachm. nach speciellem Tarif.
KURTAXE bei mehr als 8 täg. Aufenthalt: I. Klasse 10 fl., II. Klasse 6 fl.,
III. Klasse 4 fl.; Kinder unter 15 Jahren und Dienstboten 1 fl. — MUSIK-
TAXE: I. Kl. 1 Pers. 5 fl., Familie von 2 Pers. 8 fl., 3 Pers. 11 fl. u. s. w.;
II. Kl. 4, 5, 6 fl.; III. Kl. 2, 3, 4 fl. u. s. w. Kurkonzert Vm. 8-7 u. Nm.
6-7 U. beim Kreuzbrunnen, 7-8 U. Vm. beim Ferdinandsbrunnen, Mittags
11½-12½ U. an der Waldquelle (bei Regenwetter am Kreuzbrunnen).
POST- & TELEGRAPHENAMT im Stadthaus. — THEATER in der Waldbrunnstr.
(tägl. 7 U. Ab.). — LESESAAL im Stadthaus; Eintritt für Kurgäste 8-7 U. frei.

*Marienbad* (628m), berühmter Badeort mit 2111 Einw. und
c. 190 meist neuen Häusern, liegt in einem anmutigen, nur
nach S. geöffneten Thalkessel, nach O., N. und W. von fichtenbe-
wachsenen Bergen umschlossen. Zu Anfang des Jahrhunderts
war die Gegend eine fast unzugängliche Wildnis, jetzt wird
Marienbad jährlich von über 16 000 Kurgästen besucht (Kur-
saison 1. Mai bis 30. Sept.). Die Quellen, Eigentum des Stiftes
Tepl (S. 270), sind den Karlsbader Quellen ähnlich (Glauber-
salzwasser), jedoch kalt. *Kreuzbrunnen*, *Ferdinandsbrunnen* (½
St. südl., aber bis zum Promenadenplatz geleitet) und die c. 10
Min. n.w. vom Kreuzbrunnen gelegene *Waldquelle* (milder alka-
lisch-salin. Säuerling) sind die drei wichtigsten Trinkquellen (jähr-
licher Versand über 1 Million Flaschen). Die *Marienquelle* dient
hauptsächlich zum Baden (Bäder mit allen möglichen Douchen
und Zusätzen, auch Gas- und Moorbäder); außerdem Stahlbäder
aus dem *Ambrosius*- und *Karolinenbrunnen*, sowie Ferdinands-
brunnenbäder (kräftigste Stahl- und Salzbäder). Die *Rudolfs-*
*quelle*, südl. vom Ferdinandsbrunnen, ist eine eisenhaltige, erdige
Quelle, dem Wildunger Wasser ähnlich.

Die Hauptstraße von Marienbad, die der mit der Bahn An-
kommende zuerst betritt, ist die langgestreckte Kaiserstraße,
l. von meist stattlichen Häusern begrenzt, r. von Anlagen, die sich
bald zu einem hübschen Park erweitern. Von der Kaiserstraße, an
der das *Militär-Kurhaus* und die stilvolle neue *Synagoge* liegen,
zweigt l. die Jägerstraße ab; an letzterer das *Stadthaus*, in dem
sich Post, Telegraph und Zollamt, sowie Restauration, Lese- und
Spielsäle nebst großem Konzert- und Tanzsaal befinden. Unfern
südl. vom Stadthaus, durch die Scott-Allee mit ihm verbunden, die
*englische Kirche*. Die Kaiserstraße mündet auf den baumbepflanzten
Franz-Josefs-Platz; an der Nordseite die 1856-57 erbaute
*evangelische Kirche*, mit der auch ein Stiftungshaus („Friedrich-
Wilhelm-Stift") verbunden ist. Die Waldbrunnstr. führt von hier
n.w., am *Theater* vorbei, zur *Waldquelle* (Rest., gegen Mittag
Promenade-Konzert; s. oben).

Der oben erwähnte Park wird nördl. begrenzt von der Stefanstr.
und der Untern Kreuzbrunnstr. Am Ende der letztern der *Kreuz-*

*brunnen*, mit säulengetragener Rotunde und einer Bronzebüste des „ärztlichen Gründers Marienbads", *Dr. Jos. Nehr* († 1820). N. darüber das hübsche *Brunnenversendungshaus*. Von der Kreuzbrunn-Kolonnade führt ein bedeckter Gang zu einem langen Gebäude, das die *Brunnenhalle*, die bei ungünstigem Wetter als Wandelbahn benutzt wird, und die sog. *Kolonnade*, mit zahlreichen Verkaufsläden, in sich vereinigt. W. vor der Kolonnade die Bronzestatue des Tepler Abtes *Reitenberger* († 1860), der sich um Marienbads Gedeihen besondere Verdienste erworben hat, von Kundmann. Am gegenüberliegenden Ende der Wandelbahn unter einem gekuppelten Säulengange der *Ferdinandsbrunnen* (S. 269) und die *Karolinenquelle;* oberhalb l. die 1844-50 erbaute *kathol. Kirche*. Nach S. und O. begrenzen den Platz das *Moorbad* mit Inhalatorium und Kaltwasserheilanstalt, der *Ambrosiusbrunnen*, der *Kursaal* mit Café-Restaur., das stattliche *Centralbad* mit Bädern aller Art und das *neue Badhaus* mit den Stahlbädern (großer Neubau nach Schaffer's Plänen im Werk). Inmitten des Wiesenparks ein Obelisk aus Sandstein, 1858 von polnischen Badegästen zu Ehren des Brunnenarztes *Dr. Heidler* errichtet.

Die unmittelbar in den Ort hineinreichenden Fichtenwälder, überall von Fußwegen durchzogen und mit Wegweisern versehen, gewähren den erquickendsten Aufenthalt. Beliebte Zielpunkte für Spaziergänge sind: im N., jenseit der Waldquelle, die *Waldmühle* (Rest.), der *Dianahof* (Erfr.) und das *Maxthal* (20 Min.; Rest.); weiter östl. die *Amalienruhe*, die *Stefanie-Höhe* und *Friedrich-Wilhelms-Höhe* (735m), mit schönem Blick auf Marienbad. Vom Kreuzbrunnen östl. gelangt man in 20 Min. zum *Mecséry-Tempel* und weiter über den *Franzensberg* zur *Hirtenruhe*, mit Aussichtstempel. Schöne Fernblicke bieten auch der auf dem *Hamelikaberg* oder der *Kaiserhöhe*, südl. vom Park über dem Café Panorama, errichtete *Aussichtsturm* (716m; Aussicht auf Marienbad) und die ¼ St. weiter gelegene *Hohendorfer Höhe* (776m; Café; Omnibus 2 u. 4 U. Nm. vom Gasth. zum Stern, 40 kr.).

Ausgedehnteste Rundsicht über *Erzgebirge*, *Fichtelgebirge* und Böhmerwald von dem 1½ St. ö., unfern der Karlsbader Straße gelegenen Basaltberg *Podhorn* (843m; Asitz. Wagen 6½ fl. incl. Trinkgeld; man kann für die 1. Hälfte des Weges den oben gen. Omnibus nach der Hohendorfer Höhe benutzen; oben kl. Café). Lohnende Ausflüge ferner durch schönen Wald zum (1½ St.) *Rojauer Forsthaus* (Erfr.); durch das *Maxthal* (s. oben), weiter durch Wald (oder auch durch den fürstl. Metternich'schen Tiergarten; nur Mo. Mi. Fr. geöffnet), nach *Königswart* (S. 269), 1¾ n.ö.; zum Jagdschloß *Glatzen* (Whs.), 2 St. n.; nach *Kuttenplan* und *Plan*, 2 St. s. (s. unten), etc.

Das reiche Stift *Tepl* (657m), 11km ö. (Wagen 4 oder 7 fl., über Podhornberg 5 oder 9 fl.), mit großer 1197 gegründeter roman. Säulenbasilika (das Innere stark modernisiert), ansehnlicher Bibliothek, zoolog. u. mineralog. Sammlungen ist besuchenswert (Eintr. Mo. Mi. Fr. 2-5 Nm., nur für Männer); in der Hauskapelle zwei große Wandgemälde von Fuchs. Noch manche andre Sehenswürdigkeiten sind in den weitläufigen Räumen zerstreut.

38km *Kuttenplan* (Löwe), mit Schloß und hübschen Anlagen auf dem *Kellerberg*. — 43km *Plan* (Herrenhaus), Stadt mit schöngelegenem Schloß des Grafen Nostitz (Zweigbahn nach *Tachau*, 12km s.w.). Vor (52km) *Josefihütte* tritt die Bahn in das hübsche Thal der *Mies*. — 64km *Schweißing-Tschernoschin*. — 73km **Mies**, böhm. *Stribro* (395m; *Post*), alte Bergstadt (3978 E.) mit Rathaus im Renaissancestil (modernisiert). Sehenswert das Prager Thor aus dem XVI. Jahrh., mit Helmdach. In der Nähe die ehem. Benediktinerabtei *Kladrau*, mit schöner Kirche.

83km *Neuhof;* 89km *Ullitz-Pleschnitz;* 95km *Tuschkau-Kosolup.* — 106km **Pilsen** (*Bahnrestaur.*, S. 267). Weiter durch das waldige *Uslawa-Thal;* r. auf der Höhe Ruine *Radina* (505m). — 116km *Pilsenetz;* 120km *Stiahlau;* 123km *Nezvestitz* (nach *Rokitzan* s. S. 267); 130km *Blowitz;* 135km *Ždiar-Ždiretz.* Weiter r. auf bewaldetem Berge Schloß *Grünberg* (533m), dem Grafen Colloredo gehörig. — 142km **Nepomuk**, Geburtsort des heil. Johann v. Nepomuk (1320; s. S. 240). In der an der Stelle seines Elternhauses erbauten ehem. Cisterzienserkirche St. Jakob (spätgot. mit älterm Chor) eine silberne Statue des Heiligen.

Die Bahn verläßt das Uslawa-Thal. — 154km *Wolschan*, mit großen Teichen; 166km *Horaždiowitz-Babin* (Bahnrestaur.).

N a c h  K l a t t a u, 53km in 2 St. Die wichtigeren Stationen sind : 3km Stadt *Horaždiowitz ;* 20km *Schattenhofen* (Weißes Rößl, Krone), betriebsame Stadt von 6000 Einw. mit Fischzuchtanstalt, am Fuße des *Swatobor* (798m ; 1 St.); 31km *Kolinec;* 53km *Klattau* (S. 267).

Weiter im hübschen Thal der *Wottawa.* 175km *Katowitz;* 183km *Strakonitz* an der Mündung der *Wolinka* (Bahnrest.).

Z w e i g b a h n w. in 2½ St. nach (37km) **Winterberg** (696m; *Habsburg*, *Stadt Passau*), Stadt von 4300 E. an der *Wolinka*, mit Schloß des Fürsten Schwarzenberg und bedeutendem Holzhandel.

190km *Stěkna;* 197km *Ražice* (Bahnrestaur.).

N a c h  I g l a u, 167km in 6½ St. Stationen *Putim;* 7km *Pisek*, Kreuzungspunkt der Bahn *Zdic-Protivin* (S. 268); 17km *Zahori;* 22km *Wlastec;* dann bei (27km) *Jetětic* über die *Moldau* nach (41km) *Mühlhausen*, ansehnliches Städtchen mit lebhafter Industrie, und (67km) *Tabor* (S. 279). Von hier über *Pilgram* und *Ober-Cerekve* nach (164km) *Iglau* s. S. 280.

Die Bahn verläßt die nach N. der Moldau zufließende Wottawa und tritt in das Thal der *Blanitz.* — 206km *Protivin* (Bahnrestaur.), Knotenpunkt der Bahn nach *Přibram* (S. 287). — 212km *Wodnian.*

V o n  W o d n i a n  n a c h  P r a c h a t i t z, 31km, Lokalbahn in 1¾ St. **Prachatitz** (*Kronprinz Rudolf; Meßner; Habsburg*), Stadt von 5000 E. mit alten Stadtmauern, Thoren und Bürgerhäusern, als Sommerfrische besucht, liegt am Fuß des dicht bewaldeten *Libin* (1091m). 20 Min. südl. der klimat. Kur- und Badeort *Margarethenbad* (Bes. Kerschbaum) mit guter Unterkunft und schönen Waldspaziergängen.

221km *Nakři-Netolitz;* dann an dem großen *Bestrewer Teich* entlang nach (233km) *Frauenberg;* 3km n. auf einem mit Parkanlagen bedeckten Hügel das prächtige gleichnamige Schloß des Fürsten Schwarzenberg.

242km **Budweis** (384m ; *Glocke*, Z. L. B. 1-2½ fl. ; *Kaiser von Österreich*, am Bahnhof, Z. 1½ fl.; *Bahnrestaur.*), blühende Stadt an der Moldau mit 28501 Einw. Die *Domkirche* mit freistehendem Glockenturm ist 1500 erbaut; bei der got. *Marienkirche* ein schöner

Kreuzgang. Auf dem mit Laubengängen umgebenen *Ring* das stattliche *Rathaus;* daneben das sehenswerte *städtische Museum.* Im Stadtpark das Bronzestandbild des um Südböhmen hochverdienten Industriellen *Adalbert Lanna* († 1866) von Pönninger (1879). — Zweigbahn nach *Wesely* (S. 279).

Von Budweis nach Linz, 126km in c. 4 St. Stationen *Steinkirchen, Welleschin-Krumau* (Gasth. zur Rose), *Unlowitz, Zartlesdorf. Böhm.-Hörschlag, Summerau, Freistadt, Kefermarkt. Pregarten, Gaisbach-Wartberg* (Zweigbahn in ³/₄ St. nach *St. Valentin,* S. 92), *Lungitz, St. Georgen* a. d. *Gusen, Steyeregg;* dann auf eiserner Brücke über die Donau nach *Linz* (S. 92).

Von Budweis nach Salnau, 74km, Staatsbahn in 4¹/₄-5 St. Sehr lohnende Tour mitten in den Böhmerwald. Bei *Payreschau* über die Moldau und in starker Steigung über (14km) *Prabsch* und (17km) *Krems* nach (19km) *Adolfsthal,* am Fuß des *Schöninger* (1084m) mit prachtvollem Panorama. Weiter nach (25km) *Goldenkron* mit altem ehem. Kloster und (30km) *Krummau (Goldner Engel, Sonne),* Stadt von 8400 E., mit großem fürstl. Schwarzenbergschen Schloß, auf einem Felsen über der Moldau höchst malerisch gelegen (darin das große fürstl. Archiv). Von hier an dem Wallfahrtsort *Gojau* vorüber nach (45km) *Hörits,* dem „Oberammergau des Böhmerwaldes" (sehenswerte Passionsspiele, seit 1816 bestehend, durch den deutschen Böhmerwaldbund neu inscentert; 1894 über 20,000 Besucher). — 51km *Stein-Irresdorf;* 53km *Neustift-Quittosching* mit dem großen *Langenbrucker Teich;* 61km *Schwarzbach-Stuben* mit Granitwerken. Weiter über *Stögenwald* und (67km) *Oberplan,* Geburtsort Adalbert Stifters (1805-1868), am Westabhang des hier breiten Moldauthals malerisch gelegen, zur Endstation (74km) *Salnau* (Hot. Muhr), guter Ausgangspunkt für Touren in den Böhmerwald: über *Hirschbergen* (gutes Whs.) auf den *Dreisesselstein;* über *Wallern* nach *Eleonorenhain* und dem böhm. Urwald am *Kuband* etc. (s. *Baedekers Süddeutschland).*

262km *Forbes* (3km w. *Trocnow,* Geburtsort Ziska's; s. S. 279); 278km *Gratzen;* 5km südl. das gleichn. Städtchen, mit Schloß des Grafen Buquoy; in der Nähe bedeutende Glashütten. Die Bahn überschreitet die niederösterr. Grenze. — 292km *Gmünd* (491m; *Bahnrestaur.),* betriebsame Stadt an der *Luschnitz,* mit großen Eisenbahnwerkstätten, Knotenpunkt der Bahn nach Wien und Prag (R. 51 B). — 302km *Pürbach-Schrems;* 308km *Vitis;* 317km *Schwarzenau-Zwettl* (Post tägl. in 2¹/₄ St. nach *Zwettl,* Cisterzienserkloster mit roman. Kirche aus dem xii. Jahrh.; Zweigbahn n. nach *Waidhofen an der Thaya,* 10km). — 334km *Göpfritz-Groß-Siegharts;* 347km *Wappoltenreith-Raabs;* 357km *Hötzelsdorf-Geras.* — 367km *Sigmundsherberg* (Bahnrestaur.).

Nach Hadersdorf, 44km in 2¹/₄ St. über (10km) *Horn (Post, Lamm),* Städtchen mit Schloß des Grafen Hoyos und alter got. Stefanskirche auf dem Friedhof (5km w. die 1144 gegründete Benediktinerabtei *Altenburg);* 17km *Rosenburg,* Prachtschloß aus dem xvi. Jahrh. mit 5 Höfen und schöner spätgot. Kapelle; am Turnierplatz doppelte Galerien; 22km *Gars,* in herrlicher Lage am Kamp; weiter über *Plank, Schönberg am Kamp, Langenlois* nach (44km) *Hadersdorf* (S. 90).

Von Sigmundsherberg-Horn nach *Zellerndorf* (S. 284), 20km, Verbindungsbahn in 1 St. über *Pulkau.*

Die Bahn durchzieht den *Mannhartsberg,* einen Gebirgszug, der die nördliche Hälfte von Niederösterreich in zwei Kreise scheidet. — 377km *Eggenburg* (325m), altes teilweise noch von Mauern umgebenes Städtchen mit der spätgot. St. Stephanskirche; 386km *Limberg-Maißau;* 395km *Ziersdorf;* 403km *Groß-Weikersdorf.*

Bei *Wetzdorf*, ¹/₂ St. n.w., der **Heldenberg**, von Hrn. v. Pargfrieder
der Armee errichtet, mit Erinnerungen an die Feldzüge von 1848 und 49,
schlechten aus Blei gegossenen Standbildern etc. und den Grabmälern des
Feldmarschalls Radetzky († 1858) und Baron Wimpffen († 1854), Eigentum
des Kaisers.

Bei (412km) *Absdorf-Hippersdorf* (Zweigbahn nach *Krems*,
S. 88) tritt die Bahn in das breite *Donauthal* und überschreitet
den Strom hinter Stat. *Neu-Aigen.* — 422km Tulln (S. 98; *Bahnrestaur.*). Weiter am r. Ufer der Donau, r. die Höhen des Wiener
Waldgebirges. — 427km *Langenlebarn;* 432km *St. Andrä;* weiter
das ehem. Beustsche Schloß *Altenberg.* Bei (437km) *Greifenstein*
(S. 99) tritt die Bahn dicht an den Strom. — 439km *Höflein;*
442km *Kritzendorf;* gegenüber, vom Fluß entfernt, *Korneuburg*
und der *Bisamberg* (S. 99). — 447km **Klosterneuburg** (S. 82).
Weiter unter den steilen Abhängen des *Kahlenbergs* hin. —
450km *Kahlenbergerdorf* (S. 82); 451km *Nußdorf* (S. 78), Vorort
von Wien (Zahnradbahn auf den Kahlenberg s. S. 81); dann
(456km)**Wien**, *Frans-Josephsbahnhof,* im IX. Bez. Alsergrund (S.2).

## 51. Von *(Dresden)* Prag nach Wien.

### A. Über Brünn.

398 bez. 410km. Bis *Brünn* Staatsbahngesellschaft, von Brünn bis
*Wien* Staatsbahn oder Nordbahn. Fahrzeit bis Brünn 4¹/₄-8. bis Wien
8-12¹/₂ St. (Fahrpreis 10 fl. 71, 7.14, 3.57, Schnellzug 16 fl., 10.70, 5.35 kr).
Von *Dresden* nach Wien über Brünn Schnellzug in 10⁶/₆ St. (Fahrpreis 42 ℳ
10, 28. 50, 15. 10); vgl. R. 52. Bei Lösung der Fahrkarte hat man zu erklären,
ob man im Nordbahnhof oder Staatsbahnhof aussteigen will (Fahrpreise
gleich). Bei den Schnellzügen befinden sich Schlaf- und Restaurationswagen.
Vgl. S. 280.

Bei der Ausfahrt aus Prag l. die Vorstadt *Karolinenthal,* r. der
*Ziskaberg* (S. 250). Stationen: 5km *Lieben;* 13km *Běchowitz;*
22km *Ouval;* 33km *Böhmisch-Brod;* 38km *Pořičan* (Zweigbahn
nach *Nimburg,* S. 282); 47km *Peček* (Zweigbahn über *Bošic*
nach *Groß-Bečvár* und *Kauřim*); 54km *Velim.* Zwischen Böhmisch-
Brod und Podiebrad (S. 282) fand 1434 die große Schlacht statt,
welche die Husitenkriege beendigte. Die beiden böhm. Heerführer, Prokop der Große und der Kleine, fielen. Vor Kolin
r. auf dem *Friedrichsberg* (278m), Standpunkt des Königs von
Preußen während der Schlacht, eine 1842 errichtete Spitzsäule
zum Andenken an Daun's Sieg über Friedrich II., 18. Juni 1757,
in Folge dessen die Preußen Böhmen räumten. — 62km **Kolin**
(225m; *Grand Hôtel; Post* an der Bahn; *Bahnrestaur.*), ansehnliche Stadt an der *Elbe,* mit 13 567 Einw. und vielen Fabriken,
Knotenpunkt der Nordwestbahn (S. 282). Die *St. Bartholomäus-
kirche,* frühgot. Hallenkirche (xɪɪɪ. Jahrh.) mit roman. Querschiff und zwei westl. Türmen, hat einen im reichsten got. Stil
von Peter von Gmünd (S. 246) 1360-78 erbauten *Chor. Neben der
Kirche ein freistehender Glockenturm aus der Mitte des xvɪ. Jahrh.

73km *Elbe-Teinitz,* hübsch an einem Hügel gelegen; l. die

Bædeker's Österreich. 24. Aufl.  18

Elbe, r. mehrfach Felsenbrüche. — 84km *Kladrub;* 91km *Přelouč*
(Zweigbahn nach *Kalk-Podol).* Bei (105km) **Pardubitz** (218m;
*Bahnrestaur.,* auch Z.), Stadt von 12367 Einw.; auf einem ein-
zelnen Hügel l. die ansehnliche Ruine *Kunětitz* (305m). Nach
*Reichenberg* und *Zittau* s. S. 287, nach *Deutschbrod* s. S. 282.
115km *Daschitz;* 118km *Moravan;* 124km *Uhersko;* 130km
*Zamrsk.* Bei (139km) **Chotzen** (278m; *Bahnrestaur.),* mit Park und
Schloß des Fürsten Kinsky, Knotenpunkt für die Bahn nach
Tinischt (S. 285) und eine Vicinalbahn nach *Leitomischl,* tritt die
Bahn durch einen 190m l. Tunnel in das hübsche enge Thal der
*Stillen Adler.* — 144km *Brandeis,* von Schloßtrümmern überragtes
Städtchen in malerischer Lage, einst Hauptsitz der „Böhmischen
Brüder". — 155km *Wildenschwert,* ansehnliches Städtchen mit
Fabriken (Verbindungsbahn nach *Geiersberg,* S. 285). — 164km
**Böhmisch-Trübau** (387m; *\*Bahnrestaur.).*

Nach Olmütz, 87km in 2¼-3¾ St. Stat. *Triebitz* (Zweigbahn nach
*Prošnitz,* S. 277), *Rudelsdorf* (Zweigbahn nach *Landskron*); weiter durch
das enge waldige Thal der *Snzawa.* Stat. *Budigsdorf, Hochstein,* (42km)
*Hohenstadt* (298m; Bahnrestaur.), Städtchen in hübscher Lage am s.ö. Fuß
der *Sudeten* (Zweigbahn nach *Mährisch-Schönberg,* S. 285). Die Bahn tritt
an die *March,* der sie in größerer oder geringerer Entfernung bis
wenige Stunden vor Wien folgt (vgl. S. 278). Jenseit *Lukawetz* r. auf der
Höhe Schloß *Mürau,* jetzt Strafanstalt für Männer. 54km *Müglitz,* saubere Stadt mit einem 1881 errichteten Denkmal Kaiser Josefs II.; dann
*Schwartzbach* (Zweigbahn nach *Littau*) und *Stefanau,* im Hintergrund n.ö.
die ansehnliche Stadt *Sternberg* (S. 285). Bei Olmütz in der Ferne r. das ehem.
Kloster *Hradisch,* jetzt Militärspital. — *Olmütz* s. S. 290.

174km *Abtsdorf;* 181km *Zwittau,* alte Fabrikstadt; 187km
*Greifendorf.* Die Bahn führt durch einen kleinen Tunnel und tritt
bei dem Fabrikort (197km) *Brüsau* (376m; Bahnrest., auch Z.)
an die *Zwitta* oder *Zwittawa,* der sie durch liebliche abwech-
selnde Landschaften bis Brünn folgt. — 206km *Lettowitz* (Häus-
ler), malerisch gelegenes Städtchen mit Kirche, Barmherzigen-
Kloster und Spital. Hinter (215km) *Skalitz* l. fern die ansehnliche hoch gelegene Ruine *Boskowitz.* — 225km *Raitz* (Bräuhaus)
mit fürstl. Salmschem Schloß. — 231km *Blansko* (Bahnrest.) hat
große Eisenhütten des Fürsten Salm; an der Anhöhe l. eine lange
Reihe kleiner weißer Häuschen, Arbeiter-Kolonien.

Lohnender Ausflug (zu Wagen c. 4 St., Einsp. 4-5 fl.) über *Raitz* und
*Petrowitz* nach *Sloup* (Wessely's Gasth.), mit sehenswerten Tropfsteinhöhlen; dann südl. durch das *Öde Thal* aufwärts zur *Macocha,* einem großartigen 140m tiefen Erdfall (guter Überblick von der *Ripka-Warte*), und
durch das *Punkwa-Thal,* an zahlreichen Salmschen Eisenwerken vorbei,
nach Blansko zurück.

Das Thal der Zwittawa wird nun enger, hohe felsige Waldberge
schließen es ein; die Bahn folgt den zahlreichen Windungen des
Flüßchens, durch mehrere Tunnels; oberhalb des dritten Ruine
*Nowyhrad.* — 239km *Adamsthal* (Gasth. Meixner), mit großen Eisenwerken, fürstl. Liechtensteinschem Schloß und neuer got. Kirche.
Das ö. sich öffnende *\*Kiriteiner-* oder *Josefsthal* mit mehreren bedeutenden Höhlen wird von Brünn viel besucht.

**BRÜNN.**

1:17.000

1. Bank ( Mährische Escomptes  C.5.
2. Bezirkshauptmannsch.  B.4.
3. Bischöfl. Residens  B.G.
4. Pisans-Direction  C.5.
5. Pransens-Museum  C.6.
6. General-Commando  C.5.
7. Gymnasium  B.4.J B.5.

Kirchen:
8. Evangelische K.  B.4.
9. Garnison-K.  C.4.
10. St. Jacob-K.  C.4.
11. Magdalena-K.  C.5.
12. St. Michael-K.  B.5.
13. St. Peter z. Paul-K.  C.6.
14. St. Thomas K.  C.4.

15. Post z Telegraph.  C.5.
16. Rathaus.  C.5.
17. Statthalterei.  C.4.
18. Theater.  D.4.
19. Vereinshaus.  B.4.
20. Gewerbe-Museum B.3.
21. „ Schule  B.5.
22. K. Rudolfsg-Sch. B.4.

**254km Brünn.** — Gasth.: *Grand Hôtel* (Pl. a: D 5), am Bahnring, mit Bädern und Garten, Z. L. B. 1½-4 fl.; *Hot. Padowetz* zum
Kaiser von Österreich (Pl. b: C 6), Z. L. B. 1 fl. 30-2 fl.; Hot. Neu-
hauser (Pl. c: C 5); Drei Hahnen, unweit des Bahnhofs. Sämtlich mit
Restauration und Café.

Restaurants in allen Hotels; ferner: *Deutsches Haus* (schönes Lokal),
am Kiosk (S. 276); *Schwechater Bierhalle*, Lazanskyplatz; *Pilsner Bierhalle*,
Salzamtgasse 1; *Hannak*, Ferdinandsgasse 16; *Gärtner*, Johannesgasse;
*Bahnrestaur.; Zur hohen Warte* auf dem Spielberg, mit schöner Aussicht;
*Schels*, im Augarten; *Semitasso*, in Karthaus (Endstation der Lokalbahn,
s. unten) mit schönem Garten; *Restauration* im Schreibwalde, 1., *Steinmühle*
und *Neue Welt* r. von der Schwarzawabrücke (Lokalbahn oder lohnender
Spaziergang über den *Gelben Berg*, ¾ St.).

Cafés in allen Hotels; *Kreiker*, im Thonethof, Renngasse 9; *Toma-
schek;* Pilgramgasse; *Biber*, Neugasse, am Kiosk; *Bellevue*, Lazanskyplatz;
*Spranz*, Jacobsplatz; *Damencafé* im Hot. Padowetz.

Droschken: vom Bahnhof in die Stadt zweisp. 1 fl., einsp. 70 kr.,
nachts 1 fl. 50 kr. oder 1 fl.; Tourfahrten: zweisp. erste ½ St. 60 kr., jede
folgende 50 kr., einsp. erste ¼ St. 30 kr., jede folgende 20 kr., nachts je
10 resp. 5 kr. mehr.

Lokalbahn (Dampftrambahn) nach Karthaus, Schreibwald und zum
Centralfriedhof alle ½ St. (Haltestelle beim Bahnhof).

Theater: *Stadttheater* (Pl. 18: D 4), Juli und August geschlossen.

Bäder: *Charlottenbad* (Dampfbäder, Schwimmanstalt etc.), Josefstadt 10;
*Dianabad*, Jakobsgasse 15; *Weiß'sches Bad*, Obrowitz; Flußbäder in der
Schwarzawa: *Städtisches Bad*, Fischergasse.

*Brünn* (227m), die Hauptstadt von Mähren, mit 94 753 Einw.,
liegt am Fuß des Spielbergs zwischen den Flüssen, *Schwarzawa*
und *Zwittawa* in schöner fruchtbarer Umgebung. Die Stadt,
angeblich um das J. 800 vom mähr. Herzog Bruno gegründet, hat
sich in den letzten 50 Jahren sehr gehoben und ist eine der
bedeutendsten österreich. Fabrikstädte (namentlich Tuch und
Leder). Die winkelig gebaute innere Stadt ist an Stelle der
1860 niedergelegten Festungswerke mit Anlagen und stattlichen
Ringstraßen (Bahnring, Kaiser- und Schramm-Ring) umgeben,
um die sich ansehnliche Vorstädte angebaut haben.

Vom Bahnhof gleich l. gelangt man in die hübschen Anlagen
des *Franzensbergs* (Pl. B C 6), mit 20m h. Obelisk aus grauem Marmor, 1835 zum Andenken an die Befreiungskriege 1813-15 errichtet. Aussicht auf die südl. Vorstädte, den langen Viadukt der
Nordbahn, die gartenreiche Umgebung, im Hintergrund südl.
die Polauer Berge. R. unmittelbar anstoßend die *bischöfl. Residenz*
(Pl. 3); daneben auf einem Hügel die hochgewölbte *Domkirche
St. Peter u. Paul* (Pl. 13), im xv. Jahrh. im got. Stil erbaut, 1645
von den Schweden teilweise zerstört, später im Barockstil hergestellt. — In der Nähe n.w. der *Stadthof* (Pl. B 5), von wo w.
die Bäckergasse zu Augustinerkirche (S. 277), n. die Elisabethstr.
am östl. Fuß des Spielbergs zum Elisabethplatz führt (S. 276).

Der *Spielberg* (Pl. A 5) ist ein 61m (288m ü. M.) hoher Bergkegel mit der gleichnam. *Citadelle*, 1706-1852 Staatsgefängnis, in
dem u. a. 1749 als Gefangener der bekannte Pandurenführer
Franz Frhr. von der Trenck starb (sein Grab bei den Kapuzinern
s. unten) und 1822-30 der ital. Dichter Graf Silvio Pellico ge-

fangen saß, der diese Jahre in seinem Werke „Le mie prigioni"
beschrieben hat, jetzt Kaserne. In den Kasematten mehrere lebensgroße Porträte interessanter Gefangener, die Kaiser Josephs-Zelle
mit darin befindlichem Sträfling, Marterzelle mit Folterleiter, ein
113m tiefer Brunnen etc. (Eintrittskarten oben beim Profoß, der
auch als Führer dient; die Besichtigung erfordert 1 St.; Trkg.).
Schöne Anlagen und Rundsicht.

Die oben gen. Elisabethstraße wird l. größtenteils von Parkanlagen begrenzt, die sich bis zum Spielberg hinaufziehen; auf
der r. Seite die *Landesoberrealschule,* das *Mährische Gewerbemuseum*
mit wertvollen Sammlungen und Bibliothek (Eintr. Mi. Fr. Sa.
So. 9-1 U. frei, Di. Do. 20 kr.; Ferien Aug. u. Sept.) und das stattliche *Palais des Dr. Praschak.* Die Straße mündet auf den mit
Anlagen geschmückten ELISABETHPLATZ (Pl. B 4) mit einer Reihe
stattlicher Neubauten : w. die *technische Hochschule;* ö. das *I. deutsche
Gymnasium* (Pl. 7); südl. das von Hansen erbaute *slavische Vereinshaus* (Besednidum, Pl. 19), die *Kronprinz Rudolf-Bürgerschule*
(Eingang von der Elisabethstr.) und die *deutsche Turnhalle,* von
Prokop erbaut; n. die hübsche *protestant. Christuskirche* (Pl. 8),
im got. Stil nach Ferstel's Plänen; dahinter das mährisch-schles.
*Blindeninstitut.* R. in der Jodokstraße das stattliche *Landhaus,*
1876-81 erbaut, mit dem Sitzungssaal des mährischen Landtags.
Weiter auf dem Lažanskyplatz l. die *St. Thomaskirche* (Pl. 14;
xiv. Jahrh.), daneben das *Statthaltereigebäude* (ehem. Augustiner-
kloster; Pl. 17: C 4), mit schönem Garten. N. davon in den Anlagen am Kiosk (Pl. B C 3, 4) das nach Plänen von Ende und Böck-
mann im deutschen Spätrenaissancestil erbaute *deutsche Haus,*
mit Café-Restaurant, Ballsälen etc.; davor ein Bronzestandbild
Kaiser *Josephs II.,* von Brenek (1892).

Vom Lažanskyplatz s. durch die Rennergasse zu der got. \**St.
Jakobskirche* (Pl. 10), 1314-1480 erbaut, Hallenkirche mit 3 Schiffen,
durch schlanke Verhältnisse ausgezeichnet, neuerdings unter
Ferstel's Leitung renoviert und mit prächtigen Glasgemälden geschmückt. Im Chorumgang r. das Denkmal des Feldmarschalls Radwit Grafen v. Souches († 1683), der 1645 Brünn gegen die Schweden verteidigte. Der eiserne 92m h. Turm ist 1845 aufgesetzt.

Weiter über den *Großen Platz,* mit einer Mariensäule (1679)
und dem von Prokop restaurierten Hause des Grafen Radwit v.
Souches (jetzt Hrn. Komarek gehörig) mit reichen Sgraffitomalereien, durch die Herren- u. Rathausgasse zum *Rathaus* (Pl. 16 :
C 5), 1511 erbaut, aber fast ganz modernisiert; nur das reiche spätgot. Portal (angeblich von Meister Pilgram) ist noch erhalten. Im
hintern Durchgang hängt ein sog. Lindwurm, eine Krokodilhaut.

Auf dem nahen *Krautmarkt* (Pl. C 5) ein *Brunnen* vom J. 1696
(der sog. „Parnaß") und eine *Dreifaltigkeitssäule;* an der SW.-
Seite das *Oberlandesgericht,* dahinter das *Franzensmuseum* (Pl. 5 ;
Mo. Mi. Sa. 10-12 u. 2-4, So. 10-1, sonst nach Meldung beim

Custos), Altertümer, naturwiss. Gegenstände, ostasiatische Kunst-
erzeugnisse, Gemälde u. dgl. enthaltend. — In der Gruft der benachbarten *Kapuzinerkirche* ist Oberst Trenck (S. 275) beigesetzt
(zugänglich nach Meldung beim Pförtner). — Jenseit des Bahnhofs
die von Schwendewein und Romano im maur. Stil erbaute *Synagoge*
(Pl. D 6). — Weiter n. in der Basteigasse an den Glacisanlagen
das nach Entwürfen von Fellner & Hellmer 1882 erbaute *Stadttheater* (Pl. 18 D 4), das erste elektrisch beleuchtete Theater.

Der *Augarten* (Pl. B C 1, 2), an der Nordseite der Stadt, ein
schöner Park, von Kaiser Josef II. dem Publikum geöffnet, wird
viel besucht; in demselben das von Förster erb. *Augartengebäude*
(Café-Restaur.); im Sommer Di. u. Do. Nachm. Militärmusik. —
Am s.w. Fuß des Spielbergs das *Königinkloster* in Altbrünn mit
der got. *Augustinerkirche* (xiv. Jahrh.). ½ St. weiter w. jenseit
der Schwarzawa der *Schreibwald* mit der bürgerl. Schießstätte, beliebter Ausflugsort (Restaur.; Lokalbahn alle ½ St.), und die
Restaur. *Steinmühle.*

Von Brünn nach Tischnowitz lohnender Ausflug (29km, Lokalbahn in 1½ St.). 3km *Obrowitz* (unmittelbar bei dem Brünner Fabriks-
viertel); 7km *Königsfeld* oder *Karthaus* (Bräuhaus) mit Kadettenschule und
schönem Park, von Brünn viel besucht; 10km *Retkowitz*; 12km *Jechnitz*;
15km *Zimsendorf* (von hier sehr lohnende Wanderung über den *Babylom*
(528m) mit weiter Fernsicht nach (1½ St.) *Wranau*, mit fürstl. Liechten-
steinscher Gruftkirche, und weiter nach (1 St.) Stat. *Adamsthal* (S. 274)].
— Weiter über Stat. *Gurein* u. *Drasow* nach (29km) Tischnowitz, hübsch
gelegener Markt am l. Ufer der *Schwarzawa* (gegenüber am r. Ufer *Tisch-
nowitz-Vorkloster*), mit schöner Kirche der ehem. Cisterzienser-Nonnenabtei
*Himmelspforte* im got. Übergangsstil; das prachtvolle *W.-Portal mit
reichstem Skulpturenschmuck und der Kreuzgang beachtenswert.

Von Brünn nach Wien über *Grußbach*, 156km, Östr. Staatsbahn in 3-4¾ St. Die Bahn überschreitet die *Schwarzawa* und die Nordbahn (s. unten), dann bei Stat. *Streliz* die *Obrawa* (nach *Segengottes* und
*Okřiško* s. S. 283). Folgen 2 Tunnel; Stat. *Biluwka*, *Kanitz-Eibenschütz*,
dann auf 200m l., 23m h. Viadukt über das *Iglawa-Thal.* — 34km *Kromau*
(248m) mit großem fürstl. Liechtensteinschen Schloß u. Park auf einer
von der *Rokitna* umflossenen Anhöhe; weiter Stat. *Wolframitz*, *Mislitz*,
*Frischau*, (63km) *Grußbach* (192m; *Bahnrestaur.*; Verbindungsbahn w. nach
*Znaim*, s. S. 283, ö. nach *Lundenburg* und *Zellerndorf*, s. S. 278). Vor (73km)
*Laa*, einem alten ummauerten Städtchen mit 2700 Einw., über die *Thaya*
(Zweigbahn nach *Neusiedl-Dürnholz* u. *Lundenburg*, s. S. 278). Stat. *Staatz*,
*Enzersdorf* (Zweigbahn nach *Poysdorf*), *Frättingsdorf*, *Mistelbach*, *Ladendorf*,
*Neubau-Kreuzstätten*, *Schleinbach*, *Wolkersdorf*; weiter durch das *Marchfeld*
(S. 278) nach Stat. *Gerasdorf* und *Stadlau* (Knotenpunkt für *Marchegg-Pest*,
s. *Baedeker's Österreich-Ungarn*). Die Bahn überschreitet die *Donau* auf 780m
langer Eisengitterbrücke und durchschneidet den *Prater* (Brücke über die
Hauptallee); weiter auf 42m l. Eisenbrücke über den *Donaukanal* nach
*Simmering* und über den *Neustädter Kanal* in großer Kurve in den *Staats-
bahnhof* an der Südseite von *Wien* (S. 2).

Von Brünn nach Olmütz und nach Prerau. Eisenbahn. nach
*Olmütz*, 102km, in 4¼ St.; nach *Prerau*, 90km, in 2½ St. 9km *Chirlitz-
Turas*; 16km *Sokolnitz*; 25km *Krenowitz*; 33km *Rausnitz*; 47km *Wischau*,
am Begin der fruchtbaren Hanna-Ebene (S. 290); 58km *Eywanowitz*. Bei
(63km) *Nesamislitz* (Bahnrest.) zweigt l. ab die Bahn über *Prossnitz* nach
(102km) *Olmütz* (S. 274). An der Prerauer Bahn folgen noch *Kojetein* (Zweigbahn nach *Kremsier* und *Hullein*, S. 290), *Chropin*, (90km) *Prerau* (S. 290).

Von Brünn nach Tepla-Trencsin, 178km in 7¼-9¾ St. —
11km *Schlapanitz*; 24km *Austerlitz*, Städtchen mit Schloß des Fürsten

Kaunitz, bekannt durch die „Drei-Kaiser-Schlacht" am 2. Dec. 1805. — 34km *Butschowitz; 63km Gaya* (Bahnrestaur.).; 78km *Bisenz* mit Schloß des Grafen Reichenbach (Zweigbahn nach *Pisek*, s. S. 290). Die Bahn kreuzt die Kaiser Ferdinands-Nordbahn (S. 290) und überschreitet vor (88km) *Wessely* die *March.* R. ab führt hier eine Zweigbahn über *Straßnitz* (S. 290) nach (15km) *Sudoměritz-Petrau* und (21km) *Rohatetz* (S. 290). Weiter am l. Ufer der March. 92km *Ungar.-Ostra;* 96km *Neudorf;* 102km *Kunowitz,* an der Olsawa (Zweigbahn nach *Ungar.-Hradisch* s. S. 290). 117km *Ungar.-Brod;* 121km *Aujezd-Luhatschowitz,* gräfl. Serényisches Bad mit jod- u. bromhaltigen Kochsalz-Natronquellen. 130km *Boikowitz;* 145km *Hradek.* Dann durch den (151km) *Ylarapaß* (ungar. Grenze) ins Waagthal, nach (178km) *Tepla-Trenesin; s. Bædeker's Österreich-Ungarn.*

Die NORDBAHN (Staatsbahn über Grußbach s. oben) führt über Stat. *Ober-Gerspitz, Mödritz,* (265km) *Raigern,* mit altem 1048 gegründeten Benediktinerstift. Napoleon hatte hier 1805 seine Reserve unter Davoust aufgestellt, die den Österreichern auf ihrem Rückzuge so verderblich wurde. — 271km *Rohrbach-Seelowitz;* 2km ö. an der Schwarzawa das Städtchen *Groß-Seelowitz,* mit großen Zuckerfabriken. —279km *Branowitz,* hier über die Schwarzawa; r. das *Polauer Gebirge,* mit Burgruinen. — 288km *Auspitz* (Lokalbahn ö. in 20 Min. nach der gleichn. Stadt, 7km); 295km *Saitz;* r. der 62m h. oriental. Turm in dem fürstl. Liechtensteinschen Park (s. unten). — 303km *Kostel,* mit der ältesten Kirche Mährens. — 314km **Lundenburg** (159m; *Bahnrestaur.,* sehr einf.), Knotenpunkt der Bahn nach Olmütz und Oderberg (S. 290).

Vom Bahnhof Wagen in 1 St. (2 fl.) nach der fürstl. Liechtensteinschen Herrschaft *Eisgrub,* mit großem Schloß. Die Parkanlagen umfassen 5 Quadrat-Meilen, 2 Marktflecken, mehrere Dörfer, schöne Seen, Lustbauten, so die Grenzhalle, wo Österreich und Mähren sich scheiden, den prachtvoll dekorierten orientalischen Turm (oben weite Rundschau), das chines. Lusthaus, die Hasenburg im Wildgehege u. a.

Nach Zellerndorf, 81km in 5 St. Stat. *Feldsberg* mit Schloß und Park des Fürsten Liechtenstein; *Nikolsburg* mit Schloß des Fürsten Dietrichstein-Mensdorff, bekannt durch den Friedensschluß vom 26. Juli 1866. — 35km *Neusiedl-Dürnholz* (Zweigbahn nach *Grußbach* 9km, s. S. 277); weiter *Laa* (Kreuzungspunkt der Brünn-Wiener Bahn, s. S. 277), *Pernhofen-Wulzeshofen, Kadolz-Mailberg, Haugsdorf, Zellerndorf* (S. 284).

Die Bahn durchschneidet einen Teil des Parks und führt über die *Thaya,* Grenzfluß zwischen Mähren und Österreich. Flache fruchtbare Gegend, viel Maisbau. R. einzeln der *Raistenberg* (291m), am Fuß die Stadt *Felsberg.* Jenseit (333km) **Hohenau** (155m) erreicht die Bahn das *Marchfeld,* wo Ottokar von Böhmen im J. 1260 die Ungarn zurückschlug, den 26. Aug. 1278 aber an Rudolf von Habsburg Krone und Leben verlor. 339km *Drösing* (Bahnrest., Zweigbahn w. nach *Zistersdorf,* 12km); 347km *Dürnkrut.* Der Gebirgszug ö. sind die *Kleinen Karpaten.* Zwischen Dürnkrut und (358km) *Angern* berührt die Bahn mehrmals die *March,* Grenzfluß zwischen Österreich und Ungarn.

Bei (367km) **Gänserndorf** *(Bahnrestaur.)* zweigt ö. die Bahn nach Preßburg ab. Bei (380km) *Wagram* hatte am 5. und 6. Juli 1809 die blutige Schlacht zwischen Franzosen und Österreichern statt, die mit dem Rückzug der letztern nach Znaim endete. Weit vor (393km) **Floridsdorf** tritt r. der Leopoldsberg

mit dem Schloß hervor, dann der Kahlenberg (S. 81). Über die
waldbewachsenen Donau-Auen ragt der Stephansturm hinaus.
Der Zug fährt auf 780m l. eiserner Bogenbrücke über die Donau
(r. die Franz-Josefsbrücke, l. die Rudolfsbrücke) und hält im
Nordbahnhof zu (398km) **Wien** (Zollrevision). Wer in der nahen
Leopoldstadt wohnen will, nimmt am besten einen Träger, wer
in der innern Stadt wohnt und Gepäck hat, einen Zwei- oder
Einspänner (s. S. 2).

## B. Über Gmünd.

350km. Österr. Staatsbahn. Schnellzug in 7¹/₂ St. für 15 fl. 75,
10.50, 5.25 kr., Personenzug in 11¹/₂ St. für 10 fl. 50, 7 fl., 3 fl. 60 kr.
Wer von Wien über Prag direkt nach Dresden will, fährt besser über
Brünn, da die Züge über Gmünd in Prag enden, keine durchgehenden
Wagen führen und auf Anschluß nicht sicher zu rechnen ist.

*Franz-Josef-Bahnhof* s. S. 236. Die Bahn tritt mittels eines
1141m langen Tunnels in das *Botitsch-Thal.* — 3km *Nusle-Wršowitz* (Zweigbahn nach *Modřan* und Verbindungsbahn nach *Smichow*,
S. 249). — 10km *Hostiwař*, in der alten Kirche eine Madonna,
angebl. von 1374. — 15km *Oufinowes;* 21km *Řican;* 28km *Mnichowitz-Stranschitz*, mit Granitwerken; 42km *Čerčan-Pišely;* hier über
die *Sazawa.* — 52km *Beneschau*, Städtchen mit got. Dekanatskirche aus dem XIII. u. XVI. Jahrh.

57km *Bistřitz;* 67km *Wottitz*, mit Schloß und Franziskanerkloster; 75km *Klein-Heřmanitz;* 84km *Stupčic;* 91km *Sudoměřitz.*
— 105km **Tabor** (450m; *Traube; Bahnrestaur.*), die alte Husitenveste (7400 E.), auf steiler Anhöhe zwischen der *Luschnitz* und dem
*Jordanteich.* Die von Ziska erbauten Mauern sind zum Teil noch
erhalten. Spätgot. *Rathaus*, 1521 vollendet; kunstvolles städtisches
Wappen aus Tuffstein, dessen Rahmen die Statuetten von Ziska,
Prokop, Hus und Hieronymus sowie eine Adamitengruppe einschließt (1515). In der Dekanalkirche, von 1516, am Ringplatz
ein beachtenswerter zinnerner Taufkessel (1472). Vor einem Haus
mit reichen Renaissanceornamenten am Ring steht einer jener
Steintische, an denen die Taboriten unter freiem Himmel das
Abendmahl unter beider Gestalt nahmen. Das *städtische Museum*
enthält zahlreiche Altertümer aus der Husitenzeit. An der Ostseite
der Stadt, vor dem Bechiner Thor, die malerischen Trümmer der
Burg *Kotnow.* — Nach *Ražice* und *Iglau* s. S. 271.

Weiter am r. Ufer der Luschnitz. — 112km *Plan*, böhm. *Planá.*
— 124km *Soběslau*, Stadt mit 4000 Einw., mit spätgot. Dechaneikirche (XV. Jahrh.), zweischiff. Hallenkirche mit zwei Pfeilern u.
Sterngewölben. Die ehem. Burg mit schlankem achteckigen Türmchen ist zu einem Wohnhaus verbaut.

131km **Wesely** (*Bahnrestaur.; Zweigbahn nach Budweis*, S. 272).
Von Wesely nach Iglau, 93km 3-4 St. Wichtigste Stationen: 27km
*Neuhaus* (Adler, Dvořak), betriebsame Stadt von 9000 Einw. mit gräfl. Czerninschem Schloß (reiches Archiv, Gemälde, kostbare alte Möbel), got.
Pfarrkirche aus dem XIII. Jahrh. und der 1860 erbauten hochgelegenen
Gruftkirche der Grafen Czernin. — 56km *Ihlawka*, Station für St. Katha-

*rinabad* mit alkal -mineral. Heilquelle. — 84km *Ober-Ceretes,* von wo Zweigbahn über *Pilgram* (Martinec), Stadt von 4000 Einw. (2 St. ö. der 787m
h. *Kremelnik* mit besuchter Wallfahrtskirche) nach (51km) *Tabor,* s. S. 271
u. 279. — Weiter: 79km *Wolframs;* 93km *Iglau,* s. S. 282.
143km *Lomnitz.* — 152km *Wittingau,* Stadt (5398 Einw.) mit
Schloß aus dem xv. und got. Dechaneikirche aus dem xiv. Jahrh.
(schöner Kreuzgang). In der Umgebung große Teiche mit bedeutender Karpfenzucht. Weiter Stat. *Chlumetz, Suchenthal,*
(186km) *Gmünd;* von hier bis Wien s. S. 272, 273.

## 52. Von Dresden nach Wien über Tetschen und Iglau.

520km. Bis Tetschen Sächs. Staatsbahn; von Tetschen bis Wien
Österreich. Nordwestbahn. Schnellzug in 10¾ St. für 42 *M* 10, 28.50,
15.10 pf. Bei den Tages-Schnellzügen gehen Speisewagen von Dresden
bis Wien und umgekehrt, bei den Nachtzügen Schlafwagen. — Von
Dresden nach Wien über *Prag* und *Brünn* s. R. 45, 51 A (durchgehende
Wagen, gleiche Fahrzeit und Fahrpreise).

Bis (52km) *Niedergrund* s. S. 252. Weiter am l. Elbufer bis
*Mittelgrund,* hier über die Elbe und durch einen Tunnel unter dem
*Quaderberg* nach

62km **Tetschen** (132m; \*Hot. *Ullrich,* am Elbequai, Z. L. B. 1 fl.
20-1 fl. 50kr.; \*Engel, Z. 1 fl.; \*Stern; \*Krone; Stadt Prag; \*Dampfschiff-Hotel, am Dampfb.-Landeplatz; Bahnrestaur.), an der Mündung der *Pulsnitz* oder *Polzen* anmutig gelegenes Städtchen
(7357 E.), durch eine Ketten- und eine Eisenbahnbrücke mit dem
am l. Ufer gelegenen *Bodenbach* (S. 251) verbunden, mit stattlichem, von schönen Gärten umgebenem Schloß des Grafen Thun
auf 47m h. Fels.

Von Tetschen nach Böhm.-Leipa und Nimburg, 113km
in 4½ St. Stat. *Bensen* (Zweigbahn nach *Warnsdorf* u. *Zittau), Franzenthal,
Politz-Sandau, Straußnitz-Neustadtl.* — 29km Böhmisch-Leipa (263m; \*Alte
Post; *Lamm*), alte Stadt (10406 E.) in anmutiger Umgebung an der *Polzen,*
mit ansehnlichen Fabriken. Vom *Kahlenberge* (294m), einem mit Anlagen
bedeckten Basalthügel ¼ St. w., hübsche Aussicht (oben \*Restaur..);
umfassender vom *Spitzberg* (445m), ¾ St. n., mit Aussichtsturm. Zweigbahn
n. nach *Kreibitz-Neudörfl (Zittau), Rumburg (Nixdorf)* und *Georgswalde
(Löbau);* ö. nach (9km) *Reichstadt,* mit kais. Schloß, und (18km) *Niemes.*
— Weiter durch hübsche Gegend, mehrfach an kleinen Seen vorbei, über
*Rehdörfel* und *Habichtstein* nach (44km) *Hirschberg,* Stadt mit 2100 E.,
*Woken, Bösig,* mit Burgruine auf hohem Fels, *Weißwasser,* (73km) *Bakov,*
Markt an der *Iser,* Knotenpunkt der Neratowitz-Turnauer Bahn (S. 289) und
einer Zweigbahn nach Kopidlno (S. 285); dann (82km) Jungbunzlau (230m;
\*Lamm), gewerbthätige Stadt mit 12143 E., im x. Jahrh. gegründet, im Husiten-
und 30jähr. Krieg fast ganz zerstört; die got. Dechaneikirche (xvi. Jahrh.)
durch spätere Anbauten verunstaltet. Das alte Schloß jetzt Kaserne;
Rathaus von 1550 mit zwei Türmen, jetzt Kreisgericht. — Die Bahn
überschreitet die Iser; Stat. *Dobrawitz, Wlkawa,* (113km) *Nimburg* (S. 282).

Die Nordwestbahn führt von Tetschen ab meist dicht am r.
Elbufer entlang und tritt in das böhmische Mittelgebirge ein;
hübsche Landschaft. — 70km *Neschwitz,* 74km *Tichlowitz,* 80km
*Groß-Priesen,* 84km *Schwaden.* — 88km **Schreckenstein** *(Bahnrestaur.),* durch eine Eisenbahnbrücke mit der Stadt *Aussig*
am l. Ufer verbunden (S. 251). 20 Min. weiter aufwärts auf

einem 85m hoch am Fluß aufsteigenden Klingsteinfels, der Lurlei der Elbe, die ansehnlichen Trümmer der erst im xviii. Jahrh. verfallenen Burg *Schreckenstein* (246m), Eigentum des Fürsten Lobkowitz, der die Ruine instandhalten läßt, mit trefflicher Aussicht (im Burghof Restauration). Das Thal verengt sich aufs neue; von hier bis Ćalositz (s. unten) schönste Strecke. — 97km *Sebusein* (Whs. zum Vergißmeinnicht), in reizender Umgebung.

³/₄ St. ö. die reizend gelegene Sommerfrische *Kundratits* (Villa Henriettensruhe). — Hübscher Ausflug auf der Leitmeritzer Straße im Mühlenthal hinan nach (¹/₂ St.) *Tluszen*, dann r. (besser mit Führer) auf Waldwegen über den *Jordan-* oder *Elsberg* (551m) zur (¹/₂ St.) *Johanniskapelle*, mit herrlicher Aussicht über das Elbthal und Mittelgebirge, im Vordergrund (¹/₄ St.) die Burgruine *Kamaik* (382m). Hinab nach Leitmeritz 1¹/₄ St.

107km Ćulositz-Ćernosek, letzteres weinberühmt (gegenüber *Lobositz*, S. 250). — 113km Leitmeritz (171m; *Krebs; Adler; Hirsch; Bahnrestaur.*), freundliche Stadt (11 563 Einw.) und Bischofssitz mit sieben Kirchen und spätgot. *Rathaus* aus dem xvi. Jahrh. (an der Ecke nach dem Markt ein steinerner Roland); im *Gemeindehaus* ein Kantionale (lat. Choralbuch) von 1517 mit treffl. Miniaturen. Das *Proviant-* oder *Kelchhaus*, von einem utraquist. Bürger 1584 erbaut, mit kelchförmigem Turm, ist ein Wahrzeichen der Stadt; im Erdgeschoß das *Gewerbemuseum*. Die Umgebung von Leitmeritz ist sehr fruchtbar (das „böhmische Paradies"); Leitmeritzer Bier bekannt. Eine 550m l. Eisengitterbrücke führt s. über die Elbe nach (¹/₂ St.) *Theresienstadt* (S. 250).

Auf den Geltschberg lohnender Ausflug (¹/₂ Tag). Mit dem 2mal tägl. nach Auscha fahrenden Stellwagen in 1¹/₂ St. (50 kr.) bis *Libeschitz* (245m; *Gasth. zur Goldnen Sechs; *Zur Stadt Salzburg, Dorf mit Schloß; von hier nördl. zum (¹/₄ St.) Dörfchen *Trnobrand* (Führer mitnehmen, z. B. den Waldheger) und in 1 St. auf stellenweise steilem u. schmalem Wege (nicht für Damen) zum Gipfel des *Geltschbergs (725m), einer bis oben bewaldeten Basaltkuppe, mit herrlicher Aussicht über das ganze nördl. Böhmen (hinab ³/₄ St.). — Von Libeschitz ist die Eisenbahn am nächsten in *Polep* wieder zu erreichen (1¹/₂ St., Einsp. 2 fl.); der Weg über *Auscha* nach *Gastorf* (2¹/₂ St., 3 fl.) ist nur bis Auscha hübsch, das Thal weiter abwärts ohne Interesse. 1¹/₄ St. n.w. von Auscha bei dem Städtchen *Lewin* die Kaltwasserheilanstalt *Geltschbad* mit schönen Waldspaziergängen.

Die Bahn verläßt die Elbe, die hier eine große Krümmung nach S. macht. — 120km *Polep*; 126km *Gastorf*; 132km *Wegstädtl*, wo die Elbe wieder erreicht wird. Jenseit der Station prächtiger Rückblick auf das böhmische Mittelgebirge.

138km Liboch (211m), am Eingang der nach N. mehrere Stunden weit in vielen Verschlingungen sich fortziehenden romantischen *Libocher Gründe*; in der Nähe der *Slawjn*, ein von Hrn. Veith angelegtes Pantheon berühmter Personen aus der böhmischen Geschichte, mit Erzgußstatuen aus Schwanthaler's Werkstatt. — Bei (147km) **Melnik** (*Goldnes Lamm*), Stadt und Herrschaft des Fürsten Lobkowitz, gegenüber der Mündung der *Moldau* in die Elbe, wächst auf den Höhen des r. Elbufers ein guter Wein. — 158km **Vsetat-Přivor** (*Bahnrestaur.*) ist Knotenpunkt der Prag-Turnauer Bahn (S. 289). — 165km *Dřis*; 171km *Alt-Bunzlau*

(10 Min. entfernt Bad *Houschka* mit eisenhaltigen Quellen; gegenüber am l. Elbufer *Brandeis*, S. 284). — 182km **Lissa** *(Bahnrestaur.)*, mit Schloß u. Park des Fürsten Rohan (Knotenpunkt der
Bahn von Prag nach Mittelwalde, S. 284). — 190km *Kostomlat.*
— 196km **Nimburg** *(Bahnrestaur.)*, alte Stadt (6659 E.) an der
Elbe mit interessanter got. Dechaneikirche von 1282-1305 und
großen Eisenbahnwerkstätten. — Eisenbahn über *Jung-Bunzlau*
nach *Böhm.-Leipa* und *Tetschen* s. S. 280; nach *Poříčan* (S. 273)
und über *Jičín* nach *Wostromĕř* s. S. 285.

204km **Podiebrad**, Stadt und Schloß (4819 Einw.) mit einer
Kettenbrücke über die Elbe, Geburtsort Georgs von Podiebrad,
Königs von Böhmen († 1421). — 212km *Groß-Wossek* (nach *Chlu-
metz* s. S. 285). Vor (221km) **Kolin** *(Bahnrestaur.)* über die Elbe.
— Staatsbahn über *Brünn* nach *Wien* s. S. 273.

231km Stat. *Sedletz-Kuttenberg.* In *Sedletz* die zu einem ehem.
Cistercienserkloster gehörige Marienkirche (1280-1320), wenigstens in den Grundlinien noch erhalten und alle Kirchen des
Landes an Größe übertreffend (5schifüger got. Bau mit Umgang
und Kapellenkranz); die alten Klostergebäude enthalten jetzt eine
große k. k. Tabaksfabrik. Zweigbahn in 13 Min. nach **Kutten-
berg** (273m; *Post; Schwarzes Roß*), einer alten berühmten
Bergstadt mit 13649 E. Die einst sehr ergiebigen Silbergruben
(1300 wurden hier die ersten Silbergroschen geprägt) sind seit
Ende des XVI. Jahrh. erschöpft und liefern jetzt nur noch Blei.
Die *Barbarakirche*, um 1380 von Peter Arler von Gmünd begonnen und eines der glänzendsten Werke der Gotik, ist nur zum
Teil vollendet (der Chor mit seinen 8 Kapellen und die Osthälfte
des Schiffs); schöne Chorstühle. Im Wälschen Hofe die *Wenzelskapelle* mit schönem got. Erker. Auch die *Erzdechantei-* u. *Maria-
himmelfahrtskirche* (beides gotische Hallenkirchen des XIV. Jahrh.),
sowie die spätgotische *Dreifaltigkeitskirche* (1488-1504) außerhalb
der Stadt sind beachtenswert.

241km **Časlau** (263m; *Post*), ansehnliche Stadt (7388 Einw.);
in der Nähe bei *Chotusitz* schlug Friedrich II. 1742 die Österreicher unter Karl von Lothringen. In der St. Peter-Pauls-Kirche
in *Časlau* lag Ziska († 1424) begraben, bis seine Gebeine 1623
auf Befehl Kaiser Ferdinands II. entfernt und das Grab zerstört
wurde. (Zweigbahn über *Skowitz* nach *Zawratetz-Třemoschnitz* und
*Wrdy-Bučitz.*) — Weiter Stat. *Goltsch-Jenikau, Leština, Swětla,
Okrouliltz.* — 295km **Deutsch-Brod** (422m; *Adler, Löwe; Bahnrestaur.*), betriebsame Stadt (5741 E.) an der *Sazawa*, bekannt
durch den Sieg Ziska's über Kaiser Sigismund 1422.

Nach Pardubitz, 95km in 3-4 St. Stat. *Chotĕbor̆, Zdiretz-Kreuzberg,
Hlinsko, Skuč,* Stadt mit 3344 E. und alter got. Pfarrkirche; weiter Stat.
*Chrast, Slatinan, Chrudim, Pardubitz* (S. 274).

Die Bahn überschreitet bei (304km) *Přibislau-Schlappenz* die
Sazawa, dann hinter (312km) *Polná* die mähr. Grenze.

321km **Iglau** (516m; *Stern; Löwe; Bahnrestaur.*), alte Stadt (23 716 E.) an der *Iglawa*, mit bedeutenden Märkten, Webereien und Plüschfabriken. In der got. Pfarrkirche *St. Jakob* ein gutes Altarblatt. Das Iglauer Stadt- und Bergrecht ist das älteste in Mähren; im Rathaus ein städt. Rechtsbuch von 1389 mit Miniaturen. — Eisenbahn nach *Wesely* und *Tabor*, s. S. 279.

Weiter im Thal der Iglawa. 334km *Wiese*, mit Schloß des Grafen Sedlnitzky; 341km *Branzaus;* 349km *Okříško* (Bahnrestaur.).

Nach Brünn, 76km in 3¾ St. — 6km *Kralohof;* 12km *Trebitsch* (406m), Stadt mit 9372 E. an der *Iglawa*, mit interessanter Kirche einer alten Benediktinerabtei, gewölbte Pfeilerbasilika im Übergangsstil (xɪɪɪ. Jahrh.); am w. Seitenschiff ein schönes roman. Portal; unter dem Chor eine von Säulen getragene Krypta. — Weiter Stat. *Wladislau, Studenetz* (Zweigbahn n. nach *Groß-Meseritsch*, 23km), *Namiest*, Städtchen an der *Oslawa; Kralitz, Rapotitz,* (52km) Segengottes (350m; *Bahnrestaur.*), mit bedeutenden Kohlenbergwerken. Dann über (54km) *Rossitz,* Städtchen an der *Obrawa* mit Schloß des Baron Hirsch, und *Tetschitz* nach (62km) *Strelitz.* Station der Staatsbahn Brünn-Grußbach (S. 277).

368km *Startsch-Trebitsch.* Bei (365km) *Kojetitz* r. Schloß *Sadek* des Grafen Chorinsky. Weiter *Jarmeritz*, mit Schloß des Grafen Karolyi; *Mährisch-Budwitz*, *Gröschelmauth*, *Schönwald-Frain* (5km s.w. an der Thaya das Städtchen *Frain* mit berühmter Steingutfabrik und prächtigem Schloß auf steilem Fels), *Wolframitzkirchen*.

419km **Znaim** (289m; *Hotel Schetz; *Drei Kronen; Kreuz; Schwan; Nordwestbahn-Hotel*, beim Bahnhof; *Bahnrestaur.*), alte Stadt (14 515 E.), von Ottokar I. 1226 gegründet, auf der Höhe des l. Thaya-Ufers schön gelegen, bekannt durch den Waffenstillstand zwischen Erzherzog Karl und Napoleon nach der Schlacht von Wagram 1809. An Stelle der früheren Festungswerke umgeben hübsche Anlagen die Stadt. Auf der Westseite die Reste der alten *Burg* der Markgrafen von Mähren (ein noch erhaltener Saal jetzt Kaserne); in der *Burgkapelle* (*Heidentempel* genannt), einem roman. Rundbau des xɪɪ. Jahrh., Reste sehr alter Wandmalereien. Das got. *Rathaus* mit stattlichem 80m h. Turm (xv. Jahrh.) enthält das städt. Archiv. Die Pfarrkirche *St. Nikolaus*, schlanke got. Hallenkirche des xɪv. Jahrh., erhielt 1646 einen wenig passenden Turm. In den Anlagen vor dem östl. Thor das *Kopaldenkmal*, Granitobelisk mit Victoria zur Erinnerung an den Oberst Kopal († 1848 zu Vicenza) und die 1881 errichtete Bronzebüste des Romandichters *Charles Sealsfield* (Karl Postel, geb. 1793 in Poppitz, 1 St. s. von Znaim, † 1864 in Solothurn).

Die Umgegend ist sehr fruchtbar (bedeutender Gemüsebau, bes. Gurkenhandel; größter Wochenmarkt in Österreich) und reich an hübschen Spaziergängen. 2km südl. die ansehnlichen Gebäude von *Kloster Bruck*, jetzt Kaserne.

Znaim ist der beste Ausgangspunkt zum Besuch des malerischen **Thayathals**; lohnendste Punkte: *Neunmühlen* mit dem *Schobeser* (Wein-) Gebirge, *Schweizerhäusl*, Schloß *Karlslust*, die Ruinen *Neuhäusel, Alt-Kaja. Hardegg; Schloß *Frain (s. oben); die interessanten *Eishöhlen* und Schloß *Vöttau*, im Besitz des Grafen Daun, mit einer wertvollen Waffensammlung (über 1000 Stück), in der u. a. die Rüstung Zrinyi's, des tapfern Verteidigers von Szigeth, und der Helm Ziska's.

Nach Grußbach Eisenbahn (östr. Staatsbahn) in 1¼ St., bei Znaim auf 90m l. Viadukt über den *Leska-Graben;* Stat. *Mühlfraun*, *Hödnitz, Possitz-Joslowitz. Grußbach* (S. 277).

Die Nordwestbahn überschreitet das tiefeingeschnittene *Thaya-Thal* auf großartigem, von drei Pfeilern getragenem Viadukt, 220m lang, 45m hoch; l. *Kloster Bruck* (S. 283). Stat. *Schattau, Unter-Retzbach, Retz*, mit bedeutendem Weinbau. — 447km **Zellerndorf** *(Bahnrestaur.;* Zweigbahn nach *Sigmundsherberg* s. S. 272; nach *Grußbach* und *Lundenburg*, S. 277). — 458km *Guntersdorf;* 469km *Oberhollabrunn;* 4km n. die interessante alte Kirche von *Schöngrabern*, spätrom. Quaderbau (Anf. XIII. Jahrh.); in den Blenden an der Außenseite der Apsis merkwürdige alte Reliefs, den Sündenfall etc. darstellend.

479 km *Göllersdorf* mit wohlerhaltenem Schloß aus dem XV. Jahrh., an der *Göller*, in deren Thal die Bahn weiterführt, vorüber an dem Stammschloß der Grafen *Schönborn*, mit großem Park und herrlichem Rosenflor. — 487km *Sierndorf*, mit Schloß u. Park des Fürsten Colloredo-Mansfeld. — 494km **Stockerau** *(Strauß)*, gewerbreicher Markt (6800 E.) mit bedeutendem Getreidehandel und großer Kavalerie-Kaserne. Die Bahn tritt in das breite wald- und auenreiche *Donauthal;* jenseits die Höhen des Wiener Waldes. — 498km *Spillern;* 504km *Korneuburg* (S. 99); 509km *Langenzersdorf*, am w. Fuße des weinreichen *Bisambergs* (S. 99); gegenüber am r. Donauufer die stattliche Abtei *Klosterneuburg* (S. 82).

Von (514km) *Jedlesee* führt eine Zweigbahn nach Station *Floridsdorf* der K. Ferd.-Nordbahn (S. 278). Dann überschreitet die Bahn die Donau auf langer Brücke (rechts schöner Blick stromauf bis zum Kahlenberg) und mündet im *Nordwestbahnhof* zu 520km **Wien** (S. 1).

## 53. Von Prag nach Breslau.

### A. Über Mittelwalde.

333km. Bis *Mittelwalde* ÖSTERR. NORDWESTBAHN, von Mittelwalde bis *Breslau* OBERSCHLESISCHE EISENBAHN. Fahrzeit 12 St.; Fahrpr. 27 fl. 20, 19 fl., 10 fl. 80 kr.

Abfahrt vom *Nordwestbahnhof* (S. 236). Der Zug überschreitet alsbald einen Moldau-Arm, geht unter dem Viadukt der Staatsbahn (S. 250) hinweg und durchschneidet die *Jerusalems-Insel.* L. die *Moldau* und die Baumgruppen der *Hetzinsel*, r. die Vorstadt *Karolinenthal* und der *Ziskaberg* (S. 250). —3km *Lieben*, mit 12525 Einw. u. vielen Fabriken. Dann unter der Prag-Turnauer Bahn (S. 289) hindurch. — 6km *Vysočan*, von Pragern viel besucht. — 14km *Chwala-Počernitz;* 21km *Mětětitz.* Viele Steinbrüche. — 26km *Čelakowitz;* Zweigbahn nach *Brandeis*, Städtchen mit altertümlichem Schloß des Großherzogs von Toscana, am l. Elbufer gelegen.

35km **Lissa** *(Bahnrest.)*, Knotenpunkt der von Tetschen kommenden Bahn nach Iglau und Wien (R. 52), auf deren Geleise unsere Bahn über (50km) *Nimburg* bis (66km) **Groß-Wossek** *(Bahnrest.* ; S. 282) läuft, um dann in östl. Richtung weiter zu gehn. — 73km *Libňowes;* weiter an dem periodischen *Zehuňer Teich* (6km lang) vorbei nach (84km) *Žiželitz* und (89km) **Chlumetz** (216m ; *Bahnrest.*), Stadt mit 4000 Einw. an der *Cidlina*, mit gräfl. Kinsky'schem Schloß.

Nach Alt-Paka, 56km in 1½ St. Die Bahn geht anfänglich im Cidlinathal aufwärts. 11km *Neu-Bidschow;* 17km *Smidar* (Zweigbahn nach *Hochweßely*); 27km *Wostroměř*, Knotenpunkt mehrerer Bahnen. [Westl. führt eine Bahn über das aus der Kriegsgeschichte des Jahres 1866 bekannte *Jičin* (Hot. Hamburg), weiter über *Kopidlno* (Zweigbahn über *Liban* nach *Bakov*, S. 280) und *Křinetz* (Zweigbahn nach *Königstadtl*) nach *Nimburg* (S. 282) und *Poříčan* (S. 273). Eine andere Bahn östl., das Schlachtfeld vom 3. Juli 1866 durchschneidend, über *Hořitz* und *Sadowa* nach *Königgrätz*, S. 287.] 37km *Bielohrad;* 52km *Neu-Paka;* 56km *Alt-Paka*, Station der Bahn Pardubitz-Zittau (S. 288).

Weiter durch eine fruchtbare, von niedrigen Höhen umsäumte Ebene. — 104km *Dobřenitz-Sirovatka.* — 118km **Königgrätz** *(Bahnrest.)*, Knotenpunkt der Bahn Pardubitz-Zittau (S. 287); Zweigbahn über *Sadowa* nach *Wostroměř* (s. oben).

Die Bahn umzieht die Stadt in großem Bogen, geht bei *Wiekosch* über die *Elbe* und erreicht die *Adler*, in deren Thal sie bis Senftenberg (s. unten) bleibt. — 131km *Hohenbruck*, am Fuß des *Weinbergs (Vinice)*, den eine zweitürmige Friedhofskirche krönt. 139km **Tinischt** (250m ; *Bahnrestaur.*), altertümliches Städtchen am r. Ufer der Adler, Knotenpunkt für Halbstadt-Breslau (s. unten); Zweigbahn nach (24km) *Chotzen* (S. 274).

Weiter am r. Ufer der Wilden Adler, bei (147km) *Castolowitz* über den *Albabach.* — 151km *Adler-Kosteletz*, Städtchen an der Adler, mit schönem Schloß und Park des Grafen Kinsky; 154km *Doudleb;* 159km *Pottenstein*, anmutig an der Adler gelegen, mit den Ruinen einer mittelalterlichen Burg. Hinter Pottenstein verengt sich das Waldthal der Wilden Adler; die Bahn folgt demselben lange, durchbricht dann die vorliegende Bergwand in einem kurzen Tunnel (oberhalb desselben l. im Walde Ruine *Lititz*), verläßt den Fluß und tritt in eine freie wellige Landschaft. — 173km *Senftenberg* (421m ; Herrenhaus), 2km n. der Bahn, Stadt von 3700 Einw,, mit großem Schloß des Baron Parish. — 179km *Geiersberg* (368m ; Bahnrest.), durch eine Bahn (14km) mit Stat. *Wildenschwert* der Prag-Brünner Bahn (S. 274) verbunden; 1 St. w. Ruine *Schambach*, mit schöner Aussicht. Weiter durch das felsige Thal der *Stillen Adler.* 189km *Gabel;* 200km **Wichstadtl-Lichtenau** (520m), letzter österr. Ort; Zollrevision.

Nach Olmütz, 117km in 5¼ St. — 5km *Grulich* (570m); auf dem östl. davon gelegenen aussichtsreichen *Marienberg* (760m) ein Servitenkloster mit besuchter Wallfahrtskirche. Weiter Stat. *Grumberg*, *Hannsdorf* (Knotenpunkt für *Freiwaldau- Ziegenhals-Neiße*, S. 292), *Böhm.-Märzdorf*. *Eisenberg* an der *March*, *Blauda* (Zweigbahn nach *Hohenstadt*, S. 271). 57km **Mährisch-Schönberg** (331m; *Restaur.* beim Bahnhof), Stadt von 10100 Einw., mit bedeutender Leinen- u. Seiden-Industrie; Zweigbahn

nach (10km) *Zöptau.* Weiter *Frankstadt, Deutsch-Libau, Treublitz, Mäh-
risch-Neustadt.* — 103km *Sternberg* (Bahnrest.), schöngelegene Stadt mit
15332 Einw., Hauptsitz der mähr. Baumwollenzeug- und Leinenweberei.
— 117km *Olmütz s. S. 290.*

Die Bahn durchschneidet die Wasserscheide zwischen Elbe und
Oder und senkt sich nach (209km) **Mittelwalde** *(Bahnrest.; Stern),*
Anschlußstation der oberschles. Bahn. — 220km *Langenau,* Station
für das freundlich gelegene *Bad Langenau* (Kurhaus, Annahof) mit
Eisen- und Moorbädern. — 226km *Habelschwerdt* (*Drei Karpfen),
Stadt mit 5600 Einw., in anmutiger Umgebung an der Neiße. —
237km *Rengersdorf.* — 246km **Glatz** *(Stadt Rom; Weißes Lamm),*
Stadt und Festung an der Neiße, mit 13300 Einw. Hübsche Aussicht
von dem Donjon der alten Festung.

257km *Wartha* (Löwe), mit besuchter Wallfahrtskirche auf dem
*Warthaberg.* — 267km *Camenz* (Adler); auf dem nahen *Hartaberg*
das prächtige *Schloß Camenz* des Prinzen Albrecht von Preußen.

339km **Breslau,** s. *Bædeker's Nordostdeutschland.*

### B. Über Halbstadt.

306km. Bis *Tynischt* ÖSTERR. NORDWESTBAHN, von Tynischt bis *Halbstadt* ÖSTERR.-UNG. STAATSEISENBAHN, von Halbstadt bis *Breslau* PREUSS.
STAATSBAHN. Fahrzeit 9 St.; 23, 21, 14 fl.

Von Prag bis (139km) *Tinischt s. S. 285.* Unsere Bahn läuft
anfänglich parallel der Nordwestbahn und kreuzt dieselbe bei
*Petrowitz.* — 147km *Bolehošt;* l. auf einem Berge das Dorf *Hoch-
Aujezd* mit Kirche aus dem XII. Jahrh. — 155km *Opočno* (Stadt
Prag), Städtchen von 2200 Einw., mit prächtigem Schloß und
Park des Grafen Colloredo (von der Terrasse schöne Aussicht; r. in
der Ferne der Bergrücken der *Hohen Mense,* 1083m). — 161km
*Bohuslawitz;* 165km *Neustadt* (Gasth. : Rydel; Wondracek), alter-
tümliche Stadt, 20 Min. ö. der Bahn auf einem von der *Mettau*
umflossenen Bergvorsprung malerisch gelegen (2km ö. das kl. Mineralbad *Recek* mit schönen Waldspaziergängen). — Bei der Weiterfahrt l. die Ebene von *Skalitz,* aus dem Kriege von 1866 bekannt.
— 170km *Wenzelsberg* (Zweigbahn nach *Starkotsch,* S. 288); neben
dem Bahnhof die *Wenzelskapelle* (396m) mit Denkmal des VI. österr.
Armeecorps. — 176km *Nachod (Bahnrest.; Lamm),* Stadt von
3371 Einw., einst dem Grafen Terzka, dann dem Fürsten Piccolomini gehörig, jetzt dem Fürsten von Lippe-Schaumburg. Im
Rathaus ein kleines Museum, im hochgelegenen Schloß eine
Sammlung historischer Gemälde. Bei Nachod schlug am 27. Juni
1866 das V. preuß. Corps unter Steinmetz das VI. österr. Corps
unter Ramming, am 28. Juni das VII. österr. Corps unter Erzherzog Leopold; Denkmäler bezeichnen das Schlachtfeld. — Weiter
im freundlichen *Mettauthal;* r. das kleine Bad *Bielowes.* — 183km
*Hronow,* altertüml. Städtchen an der Mettau, deren Thal immer
schöner wird. — 188km *Politz,* 3/4 St. von dem gleichn., am Fuß
des *Falkengebirges* malerisch gelegenen Städtchen (Grüner Baum);

dann (194km) *Matha - Mohren.* — 198km **Weckelsdorf** (464m;
*\*Bahnrest.)*, 2km von dem Städtchen *(Gasth. zum Freischütz).*
2km n.w. von Weckelsdorf (Omnibus) liegt die '**Weckelsdorfer Felsenstadt** (Gasth.: *Zum Eisenhammer; Zur Felsenstadt),* ein großartiges Chaos
merkwürdig gebildeter zerklüfteter Quadersandsteinfelsen, den Besuch in
hohem Grade lohnend. Ganz ähnliche Felsbildungen bieten die w. angrenzenden **'Adersbacher Felsen** *(Kraft's Gasth. zur Felsenstadt).* Genaueres
s. in *Bædeker's Nordostdeutschland.*

201km *Bodisch.* —206km **Halbstadt***(\*Bahnrest.),* letzte österr.
Station (Zollrevision).

N a c h B r a u n a u, 9km in c. 40 Min. — 6km *Hermsdorf-Ahlberg.* —
9km **Braunau** *(\*Traube, \*Zu Österreichs Adler, \*Jarosch),* Stadt von
5800 Einw., mit stattlicher Benediktinerabtei. Ausflüge zum *Stern*, zur
*Heuscheuer* u. a. s. in *Bædeker's Nordostdeutschland.*

Jenseit Halbstadt über die preuß. Grenze. 212km *Schles.*
*Friedland* (6km n.ö. der bekannte Luftkurort *Görbersdorf)*; 222km
*Fellhammer.*—235km **Salzbrunn** *(Preuß.Krone; Elisenhof; Sonne;*
*Kurhaus),* im Thal des *Salzbachs* lang hingestreckt, wegen seiner
salinisch-alkalischen Mineralquellen von c. 3000 Kurgästen jährlich
besucht. — 240km *Sorgau.* — 248km **Freiburg** *(Schwarzer Adler;*
*\*Burg),* Stadt mit bedeutenden Webereien (8400 Einw.); ³/₄ St.
davon *\*Schloß Fürstenstein,* dem Fürsten Pleß gehörig. — 257km
*Königszelt.*

306km **Breslau,** s. in *Bædeker's Nordostdeutschland.*

## 54. Von Pardubitz nach Zittau.

188km. Eisenbahn *(Österr. Nordwestbahn* und *Süd-Norddeutsche Verbindungsbahn)* in 6¹/₂ St.

*Pardubitz* s. S. 274. Bald nach der Ausfahrt aus dem Staats-
bahnhof fährt der Zug über die hier nur von Flößen befahrene
*Elbe.* Die Gegend ist einförmig, die Bevölkerung spärlich. Stat.
*Rossitz* (r. Ruine *Kunětitz*, S. 274), *Steblowa, Opatowitz.*

23km **Königgrätz** (244m; *\*Goldnes Lamm; Roß; Bahnrest.),*
gewerbreiche Stadt (7816 Einw.), ¹/₂ St. ö. vom Bahnhof (Omnibus 20 kr.), am Zusammenfluß von Elbe und *Adler.* In der got.
Kathedrale (h. Geistkirche), 1302 gegr., ein schönes Tabernakel
von 1492. Sehenswert die k. k. Hof-Musikinstrumenten-Fabrik
von *Červeny & Söhne,* eine der größten in Europa. Zweigbahn
nach *Wostroměř,* s. S. 285.

In dem hügeligen Terrain n.w. von Königgrätz zwischen *Bistritz* und
Elbe wurde am 3. Juli 1866 die **Schlacht von Königgrätz** geschlagen.
Die österreich. Armee unter Benedek hatte auf dem von der Bistritz all-
mählich ansteigenden Hügellande eine sehr starke Defensivaufstellung
genommen, die sich im Halbkreise von nördl. *Račitz, Hořenowes* und
*Benatek* über *Sadowa* südl. bis *Problus* und *Přim* erstreckte. Die Land-
straße von Königgrätz nach *Hořitz (Jičin)* durchschneidet ungefähr das
Centrum derselben; sie führt über *Westar* und *Rosberitz* nach (2 St.)
*Lipa* (¹/₄ St. r. *Chlum,* der höchste Punkt der Gegend und Benedek's
Standpunkt während der Schlacht) und überschreitet ¹/₂ St. weiter bei
*Sadowa* die Bistritz. Bis gegen Mittag war die Schlacht unentschieden;
die Preußen hielten mit großer Zähigkeit die bedeutenden Verlusten

das Wäldchen von Sadowa und den ¹/₂ St. n.ö. bei Benatek auf der Höhe gelegenen *Swiebwald*, ohne der starken und günstig aufgestellten östr. Artillerie gegenüber zu weiterm Vorgehen im Stande zu sein. Erst die Wegnahme von Chlum durch das preußische Gardecorps entschied das Geschick des Tages; die Österreicher vermochten einem gleichzeitigen Angriff der gesamten preuß. Streitmacht nicht zu widerstehen und traten den Rückzug an, der stellenweise in volle Auflösung überging. Zahlreiche Denkmäler der preuß., österr. u. sächs. Gefallenen sind an verschiedenen Orten des Schlachtfeldes errichtet.

Die Gegend wird fruchtbarer. Stat. *Předměřitz*, *Smiřitz*, dann (40km) **Josefstadt** (256m; *Wessely's Hot.*), Festung am l. Ufer der Elbe, ¹/₄ St. vom Bahnhof.

Nach Liebau, 68km in 2³/₄ St. Diese Bahn führt durch die in der Kriegsgeschichte des J. 1866 berühmt gewordenen Gebirgsthäler. Stat. *Böhmisch-Skalitz*, *Starkotsch* (Zweigbahn nach *Wenzelsberg*, S. 286), *Roth-Kosteletz*, *Schwadowitz*, *Parschnitz* (Zweigbahn nach *Alt-Paka*, s. unten), *Bernsdorf*, *Königshain* (hier über die preuß. Grenze; Zweigbahn nach *Schatzlar*), *Liebau;* weiter über *Ruhbank* nach *Breslau* etc., s. *Bædeker's Nordostdeutschland.*

Bei der Weiterfahrt zeigt sich r. jenseit der Elbe das Städtchen *Jaroměř.* Die Bahn führt durch einige Einschnitte und tritt an die Elbe, in deren grünem Wiesenthal sie bis Königinhof fortläuft; den Hintergrund der Landschaft bilden dunkle Wälder, hier und da blinkende Schlösser, ost- und nordwärts in weiter Ferne der Kamm des Glatzer- und Riesen-Gebirges.—48km *Kukus.*

55km **Königinhof** (341m; *Tinus*), ¹/₂ St. von der am l. Elbufer gelegenen Stadt entfernt. Der Name ist bekannt durch die *Königinhofer Handschrift*, Bruchstücke alter czechischer Volkslieder, 1817 durch W. Hanka aufgefunden, deren Echtheit indeß angefochten wird. Zur Erinnerung an die Auffindung wurde 1857 auf dem Marktplatz das *Zabojdenkmal* aufgestellt. Der *Ziskaberg*, ö. von der Stadt, erinnert an die Belagerung durch die Husiten 1421.

Weiter durch waldige Gegend. — 62km *Třemešna*; 68km *Mastig* mit kl. Bad; 1 St. südl. der *Swičin* (674m) mit weiter Aussicht auf Riesengebirge etc. Zwischen Mastig und (78km) *Falgendorf* überschreitet die Bahn ihren höchsten Punkt, das Plateau von *Borowitz* (520m). Vom Bahnhof von Falgendorf (503m; Restaur., auch Z.) guter Überblick über das Riesengebirge, von der Schneekoppe überragt. 1¹/₂ St. südl. das Städtchen *Pecka* mit Burgruine; auf dem Wege dahin, bei dem Dorfe *Stupna*, ein versteinerter Wald, für Geologen interessant.

Die Bahn tritt in das enge *Woleschkathal.* — 86m **Alt-Paka** (416m; Bahnrestaur.).

Von Alt-Paka nach Parschnitz, 59km in 1³/₄ St. Stat. *Kruh; Starkenbach*, gewerbthätiges Städtchen mit altem, ehem. Wallensteinschem Schloß; *Pelsdorf* (Zweigbahn nach *Hohenelbe*, anmutig auf beiden Seiten der Elbe an den Ausläufern des Riesengebirges gelegen); *Arnau; Kottwitz; Pilnikau.* — 54km Trautenau (427m; *Union; Hot. Stark; Weißes Roß*), Stadt mit 13287 Einw. an der *Aupa*, Mittelpunkt der böhm. Leinenweberei, bekannt durch die Gefechte vom 27. und 28. Juni 1866, an die ein Obelisk auf der *Gablenzhöhe* (505m) und Denkmäler auf dem aussichtsreichen *Kapellenberge* erinnern (Zweigbahn nach *Freiheit* s. unten). —59km *Parschnitz* (s. oben).

[Von Trautenau nach Johannisbad, Eisenbahn bis *Freiheit*,

11km in c. 40 Min., im Thal der *Aupa* aufwärts. Von Freiheit Post in
¹/₂ St. nach Johannisbad (*Kurhaus; Deutsches Haus; Breslau; Stern; Höt.
Johannisbad* u. a.), mit 23° warmer Quelle. Besuchte Punkte in der
anmuthigen Umgebung sind der *Ladig* (1 St.), die *Klause* (1 St.), die
*Schubertsmühle* (³/₄ St.) u. a.]
Von Alt-Paka nach *Chlumetz* s. S. 275.

Mehrere hohe Viadukte. — 95km *Liebstadtl;* 103km *Semil*
(vom Bahnhof Post in 7 Min. nach dem Fabrikdorf *Iserthal*, mit
gutem Gasth.; vom *Rabenstein* hübsche Aussicht).

Die Bahn tritt in das romantische Thal der *Iser;* vier Tunnels.
— 110km *Eisenbrod* (Zweigbahn n. nach *Tannwald*); jenseits r. die
große Fabrikkolonie *Neu-Hamburg*, dann durch den 432m l.
*Lischneier Tunnel*. Die Strecke von hier bis Turnau ist der Glanzpunkt der ganzen Fahrt, eine Reihenfolge prächtiger Wald- und
Felslandschaften. — 116km *Kleinskal;* jenseits r. Schloß *Dalimeritz*.

Ein lohnender Weg führt von Kleinskal zum „*Felsen-Pantheon*", auf
einem am r. Iserufer steil aufragenden Sandsteinfelsen, mit Erinnerungen
an meist österreich. Berühmtheiten; weiter über Ruine *Friedstein* und
den *Kopainberg* (655m, *Aussicht) direkt nach (2 St.) *Reichenau* (s. unten).

125km **Turnau** *(Kronprinz; Bahnrestaur.),* freundliche Stadt
(5959 Einw.) auf einer Anhöhe an der Iser, überragt von der got.
*Marienkirche.* 1 St. südl. die Kaltwasserheilanstalt *Wartenberg*, als
klimat. Kurort besucht; in der Nähe Ruine *Waldstein* (389m) und
Schloß *Groß-Skal* (364m), mit schönem Park.

Der *Spaziergang über Wartenberg, Groß-Skal und Waldstein
erfordert hin u. zurück 3¹/₂ St. (Führer angenehm, 1 fl.); nimmt man die
Doppelruine *Troska* und die *St. Annakapelle* (bei hellem Wetter Fernsicht
bis Prag) hinzu, 6 St. Die Umgebungen von Groß-Skal sind Sandstein-
gebilde von den kühnsten und überraschendsten Formen. Der Weg führt
von Wartenberg am obeliskartigen Wratislawfelsen, dem Greifennest, der
Drachenböhle vorbei durch das Mausloch, einen engen Felsspalt, zur stattlichen Burg *Groß-Skal* (Erfr.); von da durch schöne Anlagen mit Riesen-
buchen und seltsam aufgeschossenen Wachholderbäumen, neben der Fel-
senkammer mit Adam u. Eva und der Felsenstadt hin nach *Waldstein*,
der ebenfalls auf und in die Felsen gebauten Stammburg des Friedländers.

Von Turnau nach Prag, 104km in 3¹/₄ St. Stat. *Swijan-Podol.*
— 15km **München grätz** (244m; *Traube*), Stadt mit 3600 E. an der *Iser*,
bekannt durch das Treffen am 28. Juni 1866 zwischen Preußen unter
Prinz Friedrich Karl und Österreichern und Sachsen unter Clam-Gallas,
in welchem die letzteren geschlagen und zum Rückzug auf Jičin-König-
grätz gezwungen wurden. In der Schloßkapelle liegt Wallenstein (S. 260)
begraben. Weiter Stat. *Bakov* (S. 280), *Jungbunzlau* (S. 280), *Kuttenthal
Vielat-Přívor* (S. 281), *Neratowitz* (Zweigbahn nach *Kralup*, S.250), *Koje-
litz, Czakovitz, Vysočan, Prag* (S. 236).

Weiter durch belebte wohlangebaute Gegend; vor (133km)
*Sichrow*, mit Schloß und Park des Fürsten Rohan, durch einen
637m l. Tunnel. Weiter auf 117m l. Viadukt über das *Mohelka-
Thal.* 138km *Liebenau;* 145km *Reichenau*, beide mit lebhafter
Glasindustrie (über den *Kopainberg* nach *Kleinskal* s. oben). Die
Bahn steigt in einer gewaltigen Kehre nach (151km) *Langenbruck*
(502m), Wasserscheide zwischen Iser und *Neiße*, und senkt sich nach
161km **Reichenberg** (375m; *Goldner Löwe; *Centralhotel;
Unionhotel; Bahnrestaur.*), alte sehr gewerbreiche Stadt (große
Wollwarenfabrik von Liebig & Co.) von 32000 Einw., mit Schloß

und Park des Grafen Clam-Gallas und schönem neuen *Rathaus*. Das
*Nordböhm. Gewerbe-Museum* (Mi. So. 9-4 U. frei, Mo. Do. Fr. Sa.
10 kr.) enthält reichhaltige kunstgewerbliche Sammlungen : Möbel,
Holzschnitzereien, Textilerzeugnisse, Glas, Keramik, Arbeiten in
Eisen und andern Metallen ; ferner eine Bibliothek und eine Vor-
bildersammlung.

Schöner Blick auf die Stadt vom *Keilsberg* (10 Min.). Lohnender Spaziergang zum (20 Min.) *Kaiserpark* mit Bronzebüste des Kaisers Josefs II.
und der Restaur. *Belvedere;* noch 10 Min. weiter die Restaur. *Stadtwäld-
chen* (Promenaden im anstoßenden *Siebenhäuserwalde*). Nach *Katharinen-
berg* und *Rudolfsthal*, hübscher Nachmittagsausflug über *Ruppersdorf*, mit
reizenden Aussichten (in Rudolfsthal, 1½ St., Restaur. Stieglitz). Loh-
nendster Ausflug (zu Fuß 2½ St., oder zu Wagen bis *Hanichen*, dann zu
Fuß 50 Min.) auf den *Jeschken* (1010m; gutes Gasth.) mit prächtiger
Rundschau.

Nach Seidenberg, 42km in 1¾ St. 4km *Habendorf;* 11km *Ein-
siedel*, mit Tiergarten des Grafen Clam-Gallas; 17km *Raspenau*, Station
für das 7km ö. am Fuß der *Tafelfichte* (1122m) hübsch gelegene Bad *Lieb-
werda* (Helm, Adler). — 26km *Friedland*, alte Stadt (5289 E.) mit stattlichem hochgelegenen Schloß des Grafen Clam-Gallas, einst Besitz Wallensteins, Herzogs von Friedland, mit allerlei Merkwürdigkeiten aus der Zeit
des 30jähr. Krieges. — 35km *Weigsdorf;* 39km *Tschernhausen;* 42km *Seidenberg*, preuß. Grenzstation (Zollrevision); Anschluß nach *Görlitz-Cottbus-
Berlin* (s. *Bædeker's Nordostdeutschland*).

Weiter durch hübsche Gegend. Stat. *Machendorf*, *Kratzau*,
*Weißkirchen*, *Grottau*. Viele Viadukte, zuletzt der große *Neiße-
Viadukt*, 860m l., 22m h., mit 34 Bogen von 20-25m Spannung.

188km Zittau, s. *Bædeker's Nordostdeutschland*.

## 55. Von Wien nach Breslau.

457km. EISENBAHN (*Kaiser Ferdinands-Nordbahn* und *Preuß. Staatsbahn*), Schnellzug in 10 St. für 39 ℳ 50, 27.60, 18.30 pf., Personenzug in
14 St. für 31 ℳ 80, 22.50, 13.70 (bis Oderberg Schnellzug in 5¾ St., von
Oderberg bis Breslau in 4 St.).

Bis (84km) *Lundenburg* (Bahnrest.) s. S. 278. Die Bahn zweigt
hier von der Brünner Bahn r. ab. 95km *Mähr.-Neudorf;* 99km
*Luschitz;* 105km *Göding* (Bahnrest.), betriebsame Stadt mit altem
kais. Schloß an der *March*, die hier schiffbar wird (Zweigbahn
s.ö. nach *Holics*, 6km). — 112km *Rohatetz* (Zweigbahn nach
*Straßnitz*, S. 278); 125km *Bisenz-Pisek* (Zweigbahn nach *Bisenz*,
s. S. 278); 132km *Poleschowitz*. — 132km *Ungarisch-Hradisch*
(Bahnrestaur.), alte Stadt an der March (Zweigbahn nach *Kunowitz*,
s. S. 278). Hinter (150km) *Napagedl* über die March; 155km *Otroko-
witz;* 162km *Kwassitz-Tlumatschau;* 169km *Hullein* (Bahnrestaur.).

Zweigbahn w. über (17km) *Kremsier*, Stadt von 12516 Einw., nach
(34km) *Zborowitz* und nach (27km) *Kojetein* (S. 277); ö. nach (14km) *Walla-
chisch-Meseritsch* und von hier s. nach (19km) *Wsetin*, n. über (46km) *Krasna*
(Zweigbahn nach *Weißkirchen*, S. 291) und (53km) *Hottendorf* (Zweigbahn
über *Neutitschein* nach *Zauchtl*, S. 291) nach (85km) *Mährisch-Friedland*,
(95km) *Friedek-Mistek* (Zweigbahn nach *Mähr.-Ostrau*, S. 292) und (122km)
*Teschen; s. Baedeker's Österreich-Ungarn*.

183km Prerau (212m; *Bahnrestaur.*, auch Z.), sehr alte Stadt
an der *Beczwa*, mit got. Rathaus und alter Burg, einst Sitz des
Königs Matthias Corvinus (über *Nezamislitz* nach Brünn s. S. 277).

Nach Olmütz, 23km, Eisenbahn in 34 Min. durch die fruchtbare *Hanna*, die Heimat der Hannaken. Stat. *Brodek*, dann Olmütz (214m; *Lauer's Hotel; Goliath; Goldne Birne; Hot. Pietsch; *Café Hirsch*, neben Lauer; *Café Wohak, Fichtner.* — Omnibus vom Bahnhof in die Stadt 25 kr.; Einsp. bei Tage 80, Nachts 1 fl. 10 kr., Zweisp. 1 fl. 20 bez. 1 fl. 70 kr.), ¹/₄ St. von der Bahn, am r. Ufer der *March*, gegenüber der Einmündung der *Feistritz*, zweite Hauptstadt von Mähren (S. 275), starke Festung mit 19840 Einw. (einschließlich der 4000 Mann starken Garnison), im 30jährigen Krieg durch die Schweden genommen, 1758 sieben Wochen lang vergeblich von Friedrich II. belagert. Am Oberring, den eine 36m h. Dreifaltigkeitssäule (1742) ziert, das im xv. Jahrh. als Kaufhaus erbaute *Rathaus* mit bemerkenswertem Ostportal, einer astronom. Uhr und einer got. Kapelle (darin gegenwärtig die städt. Münzsammlung), sowie das *Theater.* Am Mauritiusplatz die got. *Mauritiuskirche* (xi.-xii. Jahrh.) und ein 1875 errichtetes Gebäude, in welchem die *Oberrealschule*, die *Gewerbeschule* und das *Gewerbemuseum.* Neben der stattlichen neuen *Kaserne* die k. k. *Studienbibliothek* (von der 1858 aufgehobenen Franzens-Universität herrührend). Der *Dom*, Kathedrale des Fürstbischofs, ist ein schönes got., unter König Wenzel III. (1306 hier ermordet und in der Kirche begraben) errichtetes Gebäude. An der Stelle der 1866 beseitigten Alleen der hübsche neue *Stadtpark* mit Kursalon etc.

Von Olmütz nach *Hohenstadt* und *Böhm.-Trübau* s. S. 274; nach *Wichstadtl* s. S. 285.

Von Olmütz nach Jägerndorf, 92km in 3³/₄-5 St. Bei der Ausfahrt aus dem Bahnhof über die *Feistritz*, die noch mehrmals überschritten wird. 7km *Groß-Wisternitz*, Markt am südl. Ausläufer der Sudeten; 1. am Gebirge *Heiligenberg* mit großer Wallfahrtskirche. Jenseit (15km) *Hombok* treten die Berge näher zusammen; 20km *Großwasser.* Dann durch 4 Tunnel nach dem malerisch gelegenen (34km) *Domstadtl;* hier fand 30. Aug. 1758 die Wegnahme des preuß. Wagenparks durch die Österreicher statt, wodurch Friedrich II. gezwungen wurde, die Belagerung von Olmütz aufzuheben. — 41km *Bärn-Andersdorf* (Bahnrest.), mit bedeutender Leinen- u. Baumwollwarenindustrie; in Andersdorf treffliche Mineralquelle. Jenseit (50km) *Dittersdorf* über die Wasserscheide zwischen March und Oder. — 61km *Kriegsdorf* (Bahnrest.; Zweigbahn nach *Römerstadt*). Weiterhin werden 1. der *Altvater* (1490m) und der *Vaterberg* (1367m) sichtbar. — 69km *Freudenthal* (547m; *Stern; Birne; Hirschen; Schindler*), schöngelegene Stadt (7600 E.) mit altem Schloß, einst Hauptsitz des Deutschen Ordens. (Von Freudenthal tägl. Post in 2 St. nach dem 20km entfernten, romantisch gelegenen Badeort *Karlsbrunn*, von wo man den Altvater auf markiertem Wege in 2¹/₂ St. besteigen kann.) Weiter mit bedeutendem Gefäll der Bahn durch zwei Tunnels nach (78km) *Erbersdorf* (Zweigbahn in 1¹/₄ St. nach *Würbenthal*, von wo Post in 1 St. nach Karlsbrunn, s. oben, in 4 St. nach *Freiwaldau*, S. 292); dann dem Laufe der *Oppa* folgend über *Bransdorf* nach (92km) *Jägerndorf* (s. unten).

Die Bahn überschreitet die Beczwa; weiter durch Wiesen und fruchtbares mit Obstbäumen durchpflanztes Ackerland, l. ein Schloß des Grafen Potocki. —199km Leipnik (246m), Fabrikstadt(5389 E.) mit alten Warttürmen. 5km ö. das große halb verfallene Schloß *Helfenstein* des Fürsten Dietrichstein auf einem Kegelberg (406m). Bei (212km) *Weißkirchen* (nach *Krasna* s. S. 290) tiefer Einschnitt durch das Hochland, Grenze zwischen Mähren und Österreichisch-Schlesien, Wasserscheide zwischen Schwarzem Meer und Ostsee. — 222km *Pohl* (Bahnrest.).

Post 2mal tägl. in 5 St. über *Walachisch-Meseritz* nach (32km) Roschnau (379m; *Hot. Radhost, Krone* u. a.), einem in der „mährischen Walachei" hübsch gelegenen Städtchen, als Luftkurort von Brustkranken besucht (Kurhaus, Dampf- u. andere Bäder, Molken etc.).

Die Bahn tritt vor (233km) *Zauchtl* (280m; Bahnrest.) in das Gebiet der *Oder*, im Hintergrund ö. die kl. Karpathen.

Nach Holzendorf, 21km, Eisenbahn in 2¼ St. über (10km) Neutitschein (286m; *Hot. Schuster*), reizend gelegene Stadt mit 11500 E. Vom
*Steinberg* ½ St. s. prächtiger Rundblick; umfassender von der Anhöhe
¼ St. weiter, wo man die ganze Kette der nördl. Karpaten vor sich
hat. 1 St. w. die hochgelegenen Trümmer der Burg *Alttitschein* (486m);
1½ St. ö. das malerisch gelegene Städtchen *Stramberg* (418m) mit der
petrefaktenreichen Höhle von *Kotouc*.

245km *Stauding* (Bahnrest.; Zweigbahn in 1¼ St. nach *Stramberg, s.* oben). Bei (262km) **Schönbrunn** *(Bahnrestaur.)* wird das
Oderthal enger, Gegend hübsch.

Nach Jägerndorf, 58km in 3 St. 8tal. *Dielhau, Freiheitau, Op-
pahof-Stettin, Komorau.* — 29km Troppau (260m; *Krone; *Römischer Kaiser;
Birne),* Hauptstadt von Österr.-Schlesien an der *Oppa* mit 21676 Einw.,
bekannt durch den Kongreß von 1820, der in Laibach (S. 196) fort-
gesetzt wurde. — Weiter stets an der Oppa (Grenze von Österr. u. Preuß.
Schlesien) über *Kreuzendorf, Skrochowitz, Lobenstein* (l. Ruine *Schellen-
burg)* und *Burgberg,* mit Wallfahrtskirche, nach **Jägerndorf** (313m; *Kaiser
von Österreich; *Hot. Tiroler; Reichsadler; Krone),* ansehnliche Stadt
(14278 Einw.) mit bedeutenden Tuchfabriken, Knotenpunkt der Bahnen
südl. über *Freudenthal* nach *Olmütz* (S. 290), n.ö. über *Leobschütz* nach
*Ratibor* (s. unten), n.w. über *Ziegenhals* und *Neiße* nach *Brieg* (s. unten).

Über die Oder vor (268km) *Mährisch-Ostrau,* industriereiche
Stadt mit 19230 E. (in der Nähe große Kohlengruben und das Roth-
schildsche Eisenwerk *Witkowitz).* Zweigbahn nach *Mährisch-Friedland* (S. 290).

276km **Oderberg,** österr. Grenzstation *(Bahnrestaur., Z.1fl.35kr.;*
Zollrevision in beiden Richtungen), Knotenpunkt der Bahnen
nach Krakau (R. 56) und Kaschau. — Wieder über die Oder,
hier Grenze zwischen Preußen und Österreich. Stat. *Annaberg,
Kreuzenort, Tworkau.* — 301km **Ratibor** *(*H. de l'Europe).* Zweigbahn w. über *Leobschütz* nach *Jägerndorf* (s. oben).

Die Bahn tritt wieder auf das r. Oderufer. Stat. *Nendza* (Zweigbahn nach *Kattowitz),* Ratiborer Hammer, *Cosel-Kandrzin* (Zweig-
bahnen ö. nach *Gleiwitz* und *Beuthen-Königshütte* und w. über
*Deutsch-Wette* nach *Neiße* und *Ziegenhals,* s. unten). R. einzeln
aufsteigend der *Annaberg* mit Wallfahrtskapelle. — Stat. **Gogolin.**

375km **Oppeln** *(Form's Hotel; Adler),* Hauptort Oberschlesiens
(19100 E.). Weiter am l. Oderufer; Stationen *Löwen, Loosen.*
— 415km **Brieg** *(Lamm; Kreuz),* Stadt mit 20154 Einw.

Zweigbahn von Brieg südl. in 1½ St. **Neiße** nach (*Stern; Krone;
Adler),* Festung an der *Neiße* in freundlicher Lage, und weiter über *Deutsch-
Wette* und *Ziegenhals* nach *Jägerndorf* (s. oben). Von Ziegenhals Eisen-
bahn in 1 St. 4 Min. nach dem 23km s.w. auf österr. Gebiet gelegenen *Frei-
waldau* (441m; *Krone; Kaiser von Österreich; Kretschmar; Schroth; Höt.
Bahnhof),* ½ St. von Gräfenberg, wo der Erfinder der Wasserkuren, Vinc.
Prießnitz (+ 1851) 1826 seine berühmte Wasserheilanstalt gründete. —
Von Freiwaldau nach *Hannsdorf* 36km, Eisenbahn in 1 St. 40 Min. über
*Lindewiese* (hier die von J. Schroth gegründete diätet. Heilanstalt) und
*Goldenstein;* interessante Gebirgsbahn, malerische Aussichten. *Hannsdorf
s. S. 235.*

Jenseit Brieg l. der weiße Kirchturm von *Mollwitz,* wo Friedrich II. am 10. April 1741 siegte. — 431km *Ohlau.*

457km **Breslau,** s. *Bædeker's Nordostdeutschland.*

# VI. Galizien und die Bukowina.

**Allgemeines.** GALIZIEN, die nordöstlichste Provinz Österreichs, ist ein Terrassenland am Nordabfalle der Karpaten mit vielen sumpfigen Niederungen. Gegen Nord und Nordost ganz offen, hat es späte Frühlinge, kurze Sommer, lange und strenge Winter. Es ist reich an Getreide, Holz, Salz und Petroleum; die Industrie ist gering und größtenteils in den Händen der *Juden*, die in keinem Lande der Welt so zahlreich sind (600000 Juden bei einer Gesamtbevölkerung von rund 6 Millionen). Geschäfte kommen in Galizien fast nur durch ihre Vermittelung zustande; die meisten Gast- und Wirtshäuser, Wein- und Bierschänken, Kaufläden u. dgl. sind in ihren Händen. Alle Fuhrleute und Pferdehändler sind Juden. Sie unterscheiden sich in ihrem ganzen Lebenstypus, in Kleidung und Haartracht von den andern Einwohnern; diese verachten die Juden, sind aber vielfach finanziell von ihnen abhängig. Von den übrigen, fast durchweg slavischen Einwohnern bewohnen etwa 8 Mill. *Polen* überwiegend den westl. und 3 Mill. *Ruthenen* den östl. Teil Galiziens, doch ist im ganzen Lande die polnische Sprache in Schule und Amt vorherrschend. Die Ruthenen (Russinen, Rußniaken), in Sprache und kirchlichem Ritus (griechisch-unierte Kirche), sowie in ihren politischen Anschauungen von den Polen verschieden, stehen in der Kultur tiefer als diese; ihre Kirchen und Wohnungen sind besonders auf dem Lande jämmerlich.

Die BUKOWINA ist erst 1786 von der Moldau, bzw. Türkei abgetrennt und mit Österreich vereinigt worden. Es ist ein waldreiches Bergland, auch in ethnographischer Beziehung von Galizien ganz verschieden. Die Bewohner (c. 600000) sind größtenteils Ruthenen, Rumänen, Deutsche, Polen und Armenier. Die politische Verwaltung ist ganz getrennt von der Galiziens, die Amtssprache ist deutsch.

Zwei Eisenbahnen durchziehen Galizien von W. nach O.; die nördliche von Oswięcim bis Tarnopol berührt die wichtigsten Städte des Landes, die südliche, die sog. galizische Transversalbahn, führt von Bielitz nach Czernowitz am Nordabhange der Karpaten entlang und bietet in landschaftlicher Beziehung das größere Interesse. Um das Land kennen zu lernen, möge man daher die nördliche Bahnlinie (R. 57) auf der Hinfahrt, die Transversalbahn (R. 58) auf der Rückfahrt benutzen.

**Gasthäuser.** In Krakau, Lemberg, Przemyśl und Czernowitz giebt es gute Hotels; in den kleineren Städten und auf dem Lande sind die Wirtshäuser meist sehr primitiv und schmutzig. In den meisten Dörfern giebt es nur Branntweinschenken.

**Sprache.** Die Kenntnis der slavischen Landessprachen ist für Vergnügungsreisende, die sich auf einen flüchtigen Besuch von Krakau und Lemberg, sowie etwa auf einen kurzen Ausflug in den polnischen Teil der Hohen Tatra beschränken, nicht erforderlich, da man sich im Ver-

kehr mit dem gebildeten Teile der Bevölkerung, sowie mit Gastwirten,
Kellnern, Eisenbahnbediensteten u. dgl. fast überall deutsch verständigen
kann. Für den Aufenthalt in den abseit der Eisenbahn gelegenen Gebieten
Galiziens, wie für ein genaueres Studium des kulturgeschichtlich so interessanten Landes überhaupt ist jedoch eine wenigstens oberflächliche Er-
lernung des Polnischen von größtem Werte. Wir geben daher hier eine
kurze Erklärung der Aussprache, sowie ein Verzeichnis der gebräuchlichsten
Worte. Von den Konsonanten entspricht *c* dem deutschen z, *c* vor i und
*ć* = tj, *cz* = tsch (ähnlich dem c im Italienischen; vgl. città), *dz* und *dź*
= ds, *dż* = dsch, *h, ch* ist Kehlkopflaut (= dem spanischen j), *ń* = nj,
*rz* = dem franzÖs. j (vgl. jour), *s* = dem deutschen ß, *sz* = sch, *ś* = dem
welchen s, *ż* = dem franzÖs. j, *z* vor i und *ź* = taj. Von den Vokalen
lautet *ą* ähnlich dem franzÖs. on, *ę* gleicht dem franzÖs. ain, *ó* = u. —
Die für den Reisenden wichtigsten Worte sind etwa: *gospoda* Gasthaus,
*restauracya* Restauration, *pokój* Zimmer, *łóżko* Bett, *świeca* Kerze, *ogień*
Feuer, *jadalnia* Speisesaal, *widelec* Gabel, *nóż* Messer, *szklanka* Glas, *flaszka*
Flasche, *woda* Wasser, *wino* Wein, *piwo* Bier, *kawa* Kaffee, *mleko* Milch,
*chleb* Brot, *mięso* Fleisch, *jaja* Eier, *ser* Käse; *kolej żelazna* Eisenbahn,
*dworzec kolei* Bahnhof, *pakunek* Gepäck, *wchód* Eingang, *wychód* Ausgang;
*miasto* Stadt, *wieś* Dorf, *gościniec* Straße, *ulica* Gasse, *plac* Platz, *dom* Haus,
*pałac* Palast, *kościół* Kirche, *klasztor* Kloster, *poczta* Postamt, *telegraf* Telegraphenamt, *teatr* Theater, *kawiarnia* Kaffeehaus, *cukiernia* Konditorei;
*powóz* Wagen, *koń* Pferd, *przewodnik* Führer, *posługacz* Träger, *droga* Weg,
*most* Brücke, *ogród* Garten, *drzewo* Baum, *las* Wald, *łąka* Wiese, *góra* Berg,
*dolina* Thal, *deszcz* Regen, *potok* Bach, *rzeka* Fluß, *jezioro* See; *rano* Morgen,
*dzień* Tag, *południe* Mittag, *wieczór* Abend, *noc* Nacht; *pan* Herr, *pani* Frau,
*mężczyzna* Mann, *dziecko* Kind; *niemiecki* deutsch, *polski* polnisch, *austryacki*
österreichisch, *węgierski* ungarisch; *wielki* groß, *mały* klein, *wysoko* hoch,
*nizko* niedrig, *blizko* nahe, *daleko* weit, *wcześnie* früh, *późno* spät, *powolny*
(adv. *powoli*) langsam, *prędki* (adv. *prędko*) schnell, *dobrze* gut, *źle* schlecht,
*zu drogo* zu teuer, *u dołu* unten, *u góry* oben, *na lewo* links, *na prawo* rechts,
*pół* halb, *cały* ganz; *czerwony* rot, *niebieski* blau, *biały* weiß, *czarny* schwarz,
*zielony* grün; *święty* heilig, *zabroniony* verboten; *jest* ist, *ma* hat; *dziękuję*
danke, *proszę* bitte; *jeden* eins, *dwa* zwei, *trzy* drei, *cztery* vier, *pięć* fünf,
*sześć* sechs, *siedem* sieben, *ośm* acht, *dziewięć* neun, *dziesięć* zehn, *jedenaście*
elf, *dwanaście* zwölf, *piętnaście* fünfzehn, *dwadzieścia* zwanzig, *piędziesiąt*
fünfzig, *sto* hundert, *tysiąc* tausend.

## 56. Von Wien nach Krakau.

413km. Kaiser-Ferdinands-Nordbahn in 8³/₄-13¹/₂ St. (bis Oderberg
Schnellzug 5¹/₂. von da nach Krakau 3 St.; die direkten Wagen Wien-
Krakau tragen die Aufschrift „Podgórze"). Fahrpreise Schnellzug 20 fl. 25,
13 fl. 50, 16 fl. 55 kr.; Personenzug 13 fl. 50, 9 fl., 4 fl. 50 kr.
Von Wien bis (276km) *Oderberg* s. S. 292. Die Bahn nach
Krakau führt in ö. Richtung weiter, stets unfern der preuß.
Grenze, meist durch einförmiges Flachland, über Stat. *Petrowitz,*
*Seibersdorf, Pruchna, Chybi* nach *Dzieditz,* Knotenpunkt der ga-
lizischen Transversalbahn (R. 58). Weiter über die *Biala* nach
*Jawiszowice* und *Oświęcim,* Knotenpunkt der Bahnen nach *Beuthen-*
*Königshütte, Cosel - Kandrzin - Breslau* (S. 292) und *Podgórze-*
*Krakau* (s. S. 295); dann über die *Weichsel.* 369km *Chrzanów;*
374km *Trzebinia,* wo 1. die Bahn nach Warschau abzweigt; 387km
*Krzeszowice,* mit Schloß des Grafen Potocki; 400km *Zabierzów;*
413km *Krakau.*

**Krakau.** — Bahnhöfe. 1. Centralbahnhof der Kaiser Ferdinands-
Nordbahn und der k. k. österreichischen Staatsbahnen in der Lubicz-Straße
(Pl. C 2, 3). — 2. Nebenbahnhof der Kaiser Ferdinands-Nordbahn in

der Zwierzyniec-Straße (Pl. A 4). — 3. Nebenbahnhof der k. k. österr. Staatsbahnen in der Vorstadt Podgórze (S. 299). Für die meisten Reisenden ist nur der Centralbahnhof von Bedeutung.

GASTHÖFE. *Grand Hôtel (Pl. a: B 3), Slawkowskagasse, im ehem. Czartoryskischen Palais, Z. von 1 fl. an, L. 50, B. 30, Omn. 50 kr.; *H. de Saxe (Pl. c; B 3), Slawkowskagasse, mit gutem Restaurant: diese beiden ersten Ranges; *H. Dresden (Pl. b: B 3), Ringplatz, mit besuchtem Restaurant; H. Cracovie (Pl. d: B 2), an der Promenade; H. Central, Matejko-Platz (Pl. C 2); H. Imperial (*s.* unten), Zwierzyniecgasse (Pl. A 4); H. de l'Europe, gegenüber dem Centralbahnhof; H. Klein, Gertrudgasse (Pl. B 4); H. Poller (Pl. f: B 3). Spitalgasse; H. zur Rose und Weißer Adler, Florianergasse (Pl. B 3), beide einfach.

RESTAURANTS in allen Hotels; bei *Bogusiewicz,* Johannisgasse ; *B. Streit,* Grodzkastr., nahe beim Schloß; ferner in den Delikatessenhandlungen von *Hawelka* (häufig überfüllt), *Wenzel, Fuchs* und *Mika,* sämtlich Ringplatz (Pilsner Bier). — KAFFEEHÄUSER. *Rehman,* Ringplatz, Ecke der Stefansgasse (viele Zeitungen); *Kijak, Purzycki,* beide ebenfalls am Ringplatz. *Sommerkaffeehäuser* an der Promenade: *Schmidt* (Pl. A 3), *Rehman* (Pl. C 3). — *Konditorei* im *Tuchhaus* (auch guter Kaffee).

DROSCHKEN ¼ St. einspännig 20, zweisp. 30 kr.; ½ St. 40 oder 50, Stunde 80 kr. oder 1 fl., jede folgende ½ St. 30 oder 35 kr., von 10 U. Abends bis 6 U. früh die Hälfte mehr. Vom Bahnhof in die Stadt einsp. 40, zweisp. 70 kr. mit oder ohne Gepäck.

PFERDEBAHN vom Centralbahnhof (Pl. C 2, 3) über den Ringplatz zur Weichselbrücke (Pl. C 6). Fahrpreise 4-8 kr.

BÄDER in der Gertrudgasse (Pl. B 4), sowie in den Hotels *Cracovie* und *Imperial* (s. oben).

PHOTOGRAPHIEN bei *Szubert,* Krupniczagasse; *Krieger,* Johannesgasse, Ecke des Ringplatzes; *Mien,* Wallstraße.

POST u. TELEGRAPH, Ecke der Kolejowa- und Wielopolegasse (Pl. B C 4).

ÖFFENTLICHE GÄRTEN: *Schützengarten,* Lubiczgasse, hinter dem Bahnhof (Pl. D 2), *Krakauer Park,* am Ende der Karmelitergasse (Pl. A 2), *John's Brauerei,* Lubiczgasse, alle drei mit Café-Restaurant.

THEATER. *Neues Stadttheater,* Spitalgasse (Pl. C 3; S. 299); *Altes Stadttheater,* Stefansplatz (Pl. B 3); *Sommertheater* im Krakauer Garten (s. oben). In allen Vorstellungen in polnischer Sprache. — MILITÄRKONZERTE: im Sommer Mo. Fr. nachm. bei Rehman's Sommercafé (s. oben); So. 12-1 Uhr bei der Hauptwache (S. 298); außerdem mehrmals wöchentlich in den oben gen. öffentlichen Garten.

LOHNDIENER (für den ganzen Tag 1½ fl., den halben 80 kr.), hier Factor genannt, immer Juden, drängen sich in den kleineren Gasthöfen wie auf den Straßen an jeden Reisenden, sind aber nicht zu empfehlen. Auskunft erbitte man auf der Straße von den Schutzleuten, in den Kirchen von den Geistlichen.

Bei beschränkter Zeit (1 Tag): Früh *Dom, *Marienkirche, Hof der alten Universität, zu Fuß durch die Anlagen zum Rondell und Florianithor, Czartoryski-Museum; Nachm. Wagenfahrt zum Kościuszkohügel. — Ausflug nach Wieliczka *s.* S. 300.

*Krakau,* poln. *Kraków* (191m), in weiter Ebene am Zusammenfluß der *Rudawa* mit der *Weichsel* (*Wisła*), einst Hauptstadt Polens, jetzt starke österreichische Festung, mit 77 300 Einw. (darunter c. ein Drittel Juden und 6000 Mann Besatzung), macht durch seine Kirchen und Türme, das hoch gelegene Schloß und die hübschen Anlagen (*planty*), die an der Stelle der seit 1822 abgetragenen alten Festungsmauern die innere Stadt umgeben, äußerlich einen prachtvollen Eindruck.

Schon im XI. Jahrhundert ein wichtiger Bischofssitz, nach der Zerstörung durch die Mongolen (1241) von deutschen Ansiedlern im J. 1257 wieder aufgebaut, ward Krakau 1320 durch Ladislaus Łokietek Krönungsstadt und Residenz der polnischen Könige. Die günstige Lage und der

Anschluß an den Hansabund, dann die Gründung der Universität durch
Kasimir d. Gr. (1364) erhöhen die Bedeutung der Stadt, deren höchste Blüte
in das xvi. Jahrhundert fällt. Durch die Verlegung der Residenz nach
Warschau (1610) und die kriegerischen Wirren der Zeit beginnt im xvii.
Jahrhundert eine Periode des Niederganges, doch bleibt Krakau noch bis
zum J. 1734 Krönungs- und Begräbnisplatz der Polenkönige. Bei der
letzten Teilung Polens (1794) wurde es dem österreichischen Kaiserstaate
einverleibt, bildete dann seit 1815 die Hauptstadt des kleinen gleichnam.
Freistaates und wurde nach dem Aufstande des J. 1846 neuerdings österreichisch, hat sich aber bis zur Gegenwart ein durchaus polnisches Ge-
präge bewahrt.

Das **Schloß** (*Zamek królewski*, Pl. B 4, 5), am s.w. Ende der
Altstadt auf einem breiten Hügelrücken, dem *Wawel*, durch Ladislaus Łokietek im xiv. Jahrh. gegründet, durch Kasimir d. Gr. und
seit 1500 durch Sigismund I. erneut, besteht jetzt nach vielen
Bränden und Zerstörungen aus einer Anzahl gewaltiger Einzelbauten, zum größern Teil aus der Zeit Augusts II., die seit 1846
als Kaserne und Spital dienen. Eine würdige Wiederherstellung
des Gebäudes wird geplant. Zur Besichtigung des Innern wende
man sich an den Kastellan.

An der Westseite des Schlosses erhebt sich die \*Schloß- oder
**Domkirche** (Pl. A B 4), an Stelle eines älteren, bis auf die Krypta
zerstörten romanischen Gebäudes im J. 1320 gegründet, 1359 unter
Kasimir dem Großen geweiht, die Grabkirche der polnischen
Könige und Helden.

Das INNERE, ursprünglich eine dreischiffige gotische Basilika mit gerad-
linigem Chor und Chorumgang, seit dem xv. Jahrh. von zahlreichen Re-
naissance-Kapellen umgeben, wurde im xviii. Jahrh. stark modernisiert.
An der Eingangswand, l. vom Hauptportal, die \*Bronzegrabplatte des
Kronmarschalls Peter Kmity († 1505) von *Peter Vischer* und zwei spätgotische
Kapellen, seit 1431 an Stelle der ehem. Seitenportale erbaut; in der (l.)
heil. Kreuzkapelle alte Wandmalereien der *ruthenischen Schule* (1470) und
die Denkmäler des (l.) Königs Ladislaus Jagiello († 1434) und des (r.) Königs
Kasimir IV. Jagiello († 1492), letzteres, mit dem liegenden Porphyrbild des
Verstorbenen, von dem aus Krakau (?) gebürtigen Nürnberger Bildhauer
*Veit Stoß (Stwosz)*; in der Mitte das Denkmal des Bischofs Sołtyk († 1788),
bekannt durch seine Opposition auf dem poln. Landtag 1767 gegen die
Russen, die ihn gefangen nach Petersburg schleppten, wie auf dem Relief
zu schauen. — Rechtes Seitenschiff, 1. Kap. *Thorwaldsen's* segnender
Christus, schönes Marmorstandbild, leider schlecht beleuchtet; die Büsten
des Grafen Arthur Potocki und seiner Mutter, ebenfalls von *Thorwaldsen*.
— 3. Kap., mit Grabtafeln der polnischen Herrscher aus dem Hause Wasa
(Sigismund, Ladislaus IV., Johann Kasimir); prachtvolle Bronzethüren
von Mich. Weinhold aus Danzig (1763). — Die 4. oder \*Sigismundkapelle,
von *Bartolommeo Berecci* aus Florenz 1519-20 erbaut, 1894 restauriert, mit
vergoldeter Kuppel und reichen Ornamenten von der Hand des Sienesen

nischen Könige, einst durch eine Galerie direkt mit dem Schloß verbunden,
mit dem Thron von rotem Marmor, schönen neuen Glasfenstern und dem
Denkmal des Königs Stefan Bathori († 1586) aus rotem Marmor; weiter
die Grabmäler der Bischöfe Gamrat (1547) und Tomicki (1535), von dem
Paduaner Giov. Maria gen. *Mosca*, dem Erbauer des bischöfl. Palastes. —
Im Chor, vor dem Hochaltar die geätzte Bronzegrabplatte des Kardinals
Friedrich Jagiello († 1503), mit einer spätern (1510) Reliefplatte davor,
welche die Präsentation des Bischofs vor der Madonna darstellt, von *Peter
Vischer*(?). — In der Mitte der Kirche, unter einem Baldachin, in einem
von silbernen Engeln getragenen silbernen Sarg die Gebeine des von König
Boleslaus im J. 1079 am Altar erschlagenen Bischofs von Krakau, des h.
Stanislaus, Schutzheiligen der Polen. — Im linken Seitenschiff,
neben dem Chor, eine Gruft mit den Gebeinen des Dichters A. Mickiewicz
(S. 293). — Am Anfang des rechten Seitenschiffes bezeichnet eine
kupferne Fallthüre den Eingang zu der romanischen Krypta (s. oben) und
der 1788 von Stanislaus August erbauten, seit 1873 erweiterten Königs-
gruft, in der außer vielen polnischen Königen in drei Särgen die drei
tapfersten Polen ruhen: Johann Sobieski († 1696), Polens letzter Ritter,
Josef Poniatowski, der 1813 in der Elster ertrank, und Thaddäus Kościuszko,
der 1817 zu Solothurn in der Verbannung starb. In einem vierten Sarg
die Gebeine König Wladislaus' IV. und seiner Gemahlin. Eintritt wochentags 10 und 5 Uhr, 20 kr. — In der Schatzkammer (Mo. Mi. Fr. 10 U.
Vm. zugänglich, außer an Feiertagen) Reste des ehem. poln. Reichsschatzes,
kostbare Meßgewänder und kunstvolle Gefäße aus edeln Metallen. Gedruckte deutsche Erklärung 10 kr.

Unter den übrigen 36 Kirchen Krakaus ragt die *Marienkirche* (Pl. B 3) am Ringplatz hervor, eine dreischiffige gotische
Basilika ohne Querhaus, mit langgestrecktem einschiffigen Chor,
1226 gestiftet, im XIV. Jahrh. umgebaut, im XV. und XVI. an beiden
Seiten mit Kapellenreihen versehen, 1889-93 nach *Matejko's* Entwürfen restauriert und überaus reich ausgemalt. Der 81m h. nördl.
Turm, mit (erneutem) von acht Spitztürmchen umgebenem Helm,
ist der höchste der Stadt.

Im Innern, das man durch einen Renaissance-Vorbau betritt, ist
die Hauptsehenswürdigkeit der riesige *Hochaltar*, das Hauptwerk von
*Veit Stoß*, 1477-89 ausgeführt, neuerdings gut restauriert, mit reicher Bemalung und Vergoldung; in der Mitte in kolossalen Figuren der Tod der
Maria; darüber Himmelfahrt und Krönung der Jungfrau; auf den Doppel-
flügeln 18 große Reliefs aus dem Leben Christi. Am Eingang *Bronzegrabplatte des Pater Salomo († 1500) von *Peter Vischer*; am Eingang zum Chor
ein Altar von *Mosca*, daneben ein kolossales *Crucifix (Anf. des XVI. Jahrh.).

Schräg gegenüber der Kirche, in der Mitte des Ringplatzes, das
120m lange **Tuchhaus,** poln. *Sukiennice* (Pl. B 3), im XIV. Jahrh.
durch Kasimir d. Gr. begonnen, im XVI. von dem Paduaner *Mosca*
umgebaut, 1876-79 größtenteils erneut; im Erdgeschoß ein über-
wölbter Gang mit zahlreichen Krämerbuden.

Im 1. Stock (Eingang gegenüber dem unten gen. Mickiewicz-Denkmal)
1. das 1883 gegründete POLNISCHE NATIONAL-KUNSTMUSEUM (tägl. 11-3 Uhr,
20 kr.): moderne Gemälde poln. Künstler, u. a. Bilder von *Matejko*, Kościuszko bei Raclawice 1794 und Huldigung Alberts von Brandenburg 1525,
*Siemiradzki*, die lebenden Fackeln des Nero; Gemälde polnischer und
ruthenischer Meister des XVI. u. XVII. Jahrhunderts; Abgüsse plastischer
Werke; geschnittene Steine; Kupferstiche und Handzeichnungen (Besichtigung nur Sa.); Erinnerungen an Kościuszko, Mickiewicz, u. a.; — r. die
PERMANENTE GEMÄLDEAUSSTELLUNG (tägl. 11-4, 30 kr.): *Matejko* († 1893),
Schlacht bei Grunwald 1410; Einzug der Jungfrau von Orleans in Reims
1429, sowie andere neue Bilder und Skulpturen poln. Meister.

Vor dem Tuchhaus, gegenüber der Siennagasse, das 1894 ent-

hüllte *Erststandbild* des Dichters *Adam Mickiewicz* (1798-1855),
von Rieger; an der Rückseite, gegenüber der Annagasse, ein gotischer Turm aus dem xv. Jahrhundert, der einzige Überrest des
1820 abgebrochenen Rathauses, und die Hauptwache.

Die *Galerie der Gräfin Potocka*, Ringplatz, Ecke der Bracka-
gasse, ist nur mit besondrer Empfehlung zugänglich (Gemälde
von *Giorgione, Palma Vecchio, G. Romano, Giov. Bellini, P. Bordone*
u. a.).

Südl. gelangt man vom Ringplatz durch die Grodzkagasse und
Dominikanergasse zur **Dominikanerkirche** (Pl. B 4), einem goti-
schen, nach dem Brande von 1850 fast ganz erneuten Bau des xIII.-
xvi. Jahrhunderts; im Chor l. die *Bronzegrabplatte des berühmten
Humanisten Fil. Buonaccorsi gen. Callimachus († 1496), Erziehers
König Sigismunds I., wahrscheinlich von *Peter Vischer.* — Auf der
W.-Seite der Grodzkagasse die **Franziskanerkirche** (Pl. B 4) aus
dem xiii. Jahrh., später mehrfach umgebaut, mit dem Grabmal des
Königs Ladislaus Jagiello († 1434). Im ehem. Refectorium des
dazu gehörigen Franziskanerklosters das städtische *technisch-in-
dustrielle Museum* (tägl. 10-1 und 3-5 U., So. frei, sonst 20 kr.).
— Gegenüber der *fürstbischöfl. Palast* (Pl. B 3, 4), von Mosca erbaut,
nach dem Brande von 1850 renoviert.

In der Nähe n.w. die Gebäude der von Kasimir d. Gr. 1364 gestifteten **Jagellonischen Universität** (Pl. A 3). Die *neue Universität*, mit Fassade nach den Anlagen, ein Prachtbau im got. Stil
nach *Księżarski's* Plänen (1881-87), mit stattlichem Vestibül und
schöner Aula, enthält im Erdgeschoß das *archäolog. Museum* (an
Wochentagen 12-1 U. geöffnet) und die *kunsthistor. Sammlung der*
Universität (Gipsabgüsse etc.). Unweit, Annagasse 8, das im xv.
Jahrh. erbaute, 1839-72 z. T. erneute alte Universitätsgebäude, mit
prächtigem gotischen *Hof von 1492; im Innern jetzt die *Universi-
tätsbibliothek* (c. 50 000 Bände, tägl. außer So. 9-1 U. zugänglich);
im alten Bibliotheksaal Fresken von *Stachowitz.* Anstoßend das
1588 gegründete *St. Anna-Obergymnasium.* — Gegenüber auf der
andern Seite der Annagasse die Universitäts- und Pfarrkirche zu
*St. Anna* (Pl. A 3), mit reicher Stuckdekoration und einem 1824
errichteten Denkmal des Nikolaus Kopernikus († 1543).

Am Stefansplatz das *alte Stadttheater* (Pl. B 3); in der Nähe,
Slawkowskagasse, die 1873 gegründete poln. *Akademie der Wissenschaften* (Pl. B 3) mit Bibliothek, Altertümern, physiograph. Sammlung und Gemäldegalerie (tägl. außer So. 11-1 U.). — Weiter, an den
Anlagen, Pijarskagasse 6, das *Museum Czartoryski* (Pl. B 2, 3;
geöffnet Di. u. Fr. 10-1), eine reichhaltige Sammlung von Kunstgegenständen aller Art.

Erdgeschoß. L. im Vorraum einige etruskische Graburnen; mittelalterliche und Renaissance-Skulpturen deutscher und ital. Herkunft. — Im
1. Zimmer antike Skulpturen, Lampen und Goldschmuck; geschnittene
Steine; kleinere ägyptische Altertümer. — Im 2. Z. deutsche und venezianische Gläser; spanische, ital. u. a. Majoliken; eine altarabische Lampe;

Porzellansammlung (prächtiges altes Meißner Service). — Im 3. Zimmer
antike Marmorbildwerke.
  I. S t o c k.  R. die *Bibliothek*, 1. Waffen, Emaillen und Elfenbein-
schnitzereien.
  II. S t o c k.  Im 1. Zimmer die *Gemälde-Galerie* mit zahlreichen guten
Bildern besonders der italieniszhen und holländischen Schulen; hervorzuheben: (r.) 187. *Hans Holbein d. J.* (?), männl. Bildnis; 238. *J. Clouet*,
weibl. Bildnis; 106. *A. van Dyck* (?), desgl.; 110. *Kaspar Netscher*, Bildnis
eines polnischen Knaben; *105. *Rembrandt*, Landschaft (1638); 173. *G. Schalken*,
im Weinkeller; 186. *G. Dou*, männl. Bildnis; — 166. *Jac. von Ruisdael*,
Landschaft; ohne No. *Watteau*, Liebesscene; — 213. *Benozzo Gozzoli*,
Madonna; ohne No. *Garofalo*, Madonna mit Heiligen; 157. *Verrocchio* (?),
heil. Familie; 176. *Mantegna* (?), Tochter der Herodias; ohne No. *Raffael*,
Bildnis eines schönen jungen Mannes (unfertig, um 1510 entstanden);
*Leonardo da Vinci* (?), Brustbild eines jungen Mädchens mit einem
Hermelin in den Armen („Castitas"); 190. *Giorgione* (?), h. Liberalis; 194.
*Palma Vecchio* (?), heil. Familie; 234. *Franc. Francia* (?), Madonna. — Im
2. Zimmer zahlreiche gute Miniaturbildnisse besonders der franz. Schule;
außerdem: 263. *Matejko*, Scene aus dem polnischen Aufstande von 1863. —
In den folgenden Zimmern ägyptische Altertümer, antike Gläser. *Thon-
figuren aus Tanagra; griechische Vasen; griech. und etruskische Bronzen
(No. 1 schöne etruskische Situla); silberne Spiegelkapsel (Herkules und
Omphale) aus bester griechischer Zeit; Schränke; Wandteppiche, u. a.

  Weiter n.ö. in den Anlagen das *Floriansthor* (Pl. B 2) und das
1498 errichtete Rondell, ein wunderliches Bauwerk, nahezu der
einzige Rest der ehem. Befestigungen. — Vor dem Rondell, in der
Vorstadt *Kleparz*, am Matejkoplatz die *Kunstakademie;* weiter die
**Florianskirche** (Pl. C 2), aus dem xii. Jahrb., später wiederholt
umgebaut, mit vier (1893 restaurierten) Bildern von *Hans von Kulm-
bach;* in einer Seitenkapelle r. der spätgotische *Johannesaltar, aus
der Werkstatt des *Veit Stoß* (1518). — Südöstl. vom Floriansthor,
Ecke der Spitalgasse, das neue Stadttheater (Pl. C 3), 1891-93 nach
*Zawiejski's* Entwurf im Spätrenaissence-Stil erbaut, innen hübsch
eingerichtet und mit einem prächtigen Vorhang von H. Siemiradzki
(1894), dem Stolz der Stadt, geschmückt.
  Die Stadt ist innerhalb der neuen Festungswerke rings umgeben von Vorstädten: s.w. *Stradom* mit der Festungs-Kommandan-
tur; w. *Nowy Świat*, n.w. *Piasek*, mit der alten Kirche der Heimsuchung Mariä; n. *Kleparz* mit den Getreide- u. Viehmärkten der
Stadt, der Kunstakademie und der Florianskirche; ö. *Wesoła* mit
den Spitälern zu St. Lazarus und St. Ludwig, der medicin. Klinik,
dem botan. Garten der Universität (Pl. D 3; Eintr. tägl. außer
Sa. und So.), der Sternwarte (Pl. D 3) und s. ö. dem Schlachthaus ;
s. *Kazimierz*, das Judenviertel, mit dem Paulinerkloster, der
Michaels-, Katharinen-, Fronleichnams- und Dreifaltigkeitskirche.
S. führt von hier die Franz-Josefs-Brücke über die Weichsel nach
*Podgórze* (13100 E.). Südl. der kegelförmige, von einem trigono-
metrischen Signalgerüst gekrönte *Krakusberg* (276m), der Faust-
*(Twardowski)* oder Blocksberg, der von Menschenhänden zu-
sammengetragene Grabhügel des alten Krakus, der, wie die Sage
berichtet, den Drachen erschlug und der Gründer von Krakau wurde.
  Der *Kościuszkohügel* (333m), 1 St. s.w., am besten zu Wagen
(Einsp. 1½ fl.; akkordieren!) zu besuchen, ist ein c. 20m h.

Erdaufwurf in Form eines Schneckenbergs, 1820-23 zu Ehren
Kościuszko's unter thätiger Mitwirkung der gesamten Bevölkerung auf dem seit 1855 in ein Fort umgewandelten *Bronisławaberge*
zusammengetragen. *Aussicht auf das turmreiche Krakau und
Podgórze, über dessen letzten Häusern der Krakusberg (S. 299),
südl. die Hohe Tatra, selten von Schnee frei, w. die Beskiden, aus
welchen die Babiagóra (1725m) hervortritt, auf die Weichsel, die
man in weiter Ausdehnung verfolgen kann, w. auf einer Anhöhe
der stattliche Marmorbau des Kamaldulenser-Klosters *Bielany.*

*Salzbergwerke zu Wieliczka. Eisenbahn über *Bierżanów* in
38 Min. Ein- oder Zweispänner 5-8 fl. (s. S. 295). *Wieliczka* (254m; mehrere Whser.) ist ein ansehnlicher Ort von 6000 E. Der Eintritt in die
Gruben ist Di., Do. u. Sa. 3 U. allgemein gestattet, falls nicht auf diese
Tage ein Feiertag fällt; sonst am folgenden Tage. Zu anderen Zeiten fahre
man sogleich beim Schloß vor und bitte um die Erlaubnis einfahren zu
dürfen; dieselbe wird erteilt gegen Erlegung der dafür bestimmten Taxe,
die sich nach der Anzahl der Personen und der Beleuchtungsart richtet
(Eintritt pro Person 2 fl.; Beleuchtung 1. Kl. 1-20 Pers. 55 fl., 21-30 Pers.
60 fl., 31-40 Pers. 65 fl., jede Pers. mehr bis zu 100 je 1 fl. 60 kr.; 2 Kl. 1-15
Pers. 45 fl., 16-30 Pers. 50 fl., 31-40 Pers. 55 fl.; 3. Kl. 1-10 Pers. 25 fl., 11-20
Pers. 30 fl., 21-30 Pers. 35 fl.; 4. Kl. 1-10 Pers. 20 fl., 11-20 Pers. 25 fl., 21-30
Pers. 30 fl. Im Einfahrtshaus legt man Staubmantel und Käppi an (10 kr.)
und folgt nun dem Bergbeamten. Die Wanderung im Bergwerk dauert
2 St., wonach der Wagen an den Schacht zu bestellen ist. Bei der Ausfahrt mittels Maschine werden von jeder Person 30 kr. erhoben. Im
Grabenhaus werden beim Austritt kleine Gegenstände aus Steinsalz,
meistens 10 kr. das Stück, angeboten.

Die größte Tiefe dieser Salzbergwerke beträgt 280m; sie beschäftigen
über 700 Arbeiter, fördern jährlich c. 1 200 000 Centner Steinsalz, und bestehen aus 7 übereinanderliegenden Stockwerken und 11 Schachten.
Größte Ausdehnung des Salzstocks von W. nach O. 3800m, von N. nach
S. 950m. In den Stockwerken, durch zahllose Stufen verbunden, ein
Labyrinth von Gängen, zusammen wenigstens 80 Meilen lang, welche oft
in bedeutender Höhe wieder durch Brücken verbunden sind. Die Gruben
enthalten 16 Teiche, deren mehrere mit Nachen befahren werden können.
Die ausgebrochenen Kammern werden zum Teil zu Magazinen benutzt,
darunter gegen 70 von bedeutender Größe, einige architektonisch verziert,
mit Kronleuchtern u. dgl., alles aus Salz gehauen, sehr schön bei fest-
licher Beleuchtung. Auch zwei (durch die große Überschwemmung im
Herbst 1868 teilweise zerstörte) Kapellen mit Altar, Bildsäulen und andern Verzierungen sind aus Salz gehauen, in deren größerer am 3. Juli
Messe gelesen und ein Frühstück gegeben wird. Einige der unterirdischen Säle haben 25-30m Höhe. Das Steinsalz von Wieliczka ist vollkommen fest, ohne Spalten und fremdartige Teile, übrigens meist nicht
weiß, sondern von schwarzgrauer Farbe. Es wird wie in einem Steinbruch ausgehauen, doch erfolgt der Abbau nur in den unteren Stockwerken.
Die Förderung in den Gruben geschieht auf Pferdebahnen, die eine Länge
von 40km haben; zu Tage gefördert wird es mittels 7 Dampfmaschinen.

Ausflug in die Hohe Tatra, über *Sucha* und *Chabówka*, von wo
*Zakopane, Javorina* und *Tatra-Höhlenhain* zu Wagen über *Neumarkt* bequem
zu erreichen sind, s. *Baedeker's Österreich-Ungarn.*

# 57. Von Krakau nach Lemberg und Czernowitz.

Bis Lemberg, 342km, K. K. STAATSBAHN, Schnellzug in 7½ St. für 16 fl.,
10 fl. 71, 5 fl. 36 kr. (Restaurationswagen), Personenzug in 10 St. für 10 fl.
71, 72 fl. 14, 3 fl. 57 kr.; von Lemberg bis Czernowitz, 264km, Schnellzug
in 6½ St. für 13 fl. 75, 9 fl. 18, 4 fl. 59 kr., Personenzug in 8¾ St. für
9 fl. 18, 6 fl. 12, 3 fl. 6 kr.

*Krakau* s. S. 294. Die Bahn überschreitet die *Weichsel;* r.
*Podgórze-Plaszów* (S. 299) und der *Krakusberg.* 9km *Bierżanów*
(Zweigbahn nach *Wieliczka,* s. S. 300); 19km *Podłęże;* 29km *Kłaj;*
38km **Bochnia** (225m; *Bahnrestaur.*), Kreisstadt mit 8703 E. und
bedeutenden Salzbergwerken, die mit denen von Wieliczka zu-
sammenhängen (s. oben).—51km *Słotwina;* 61km *Biadoliny;* 70km
*Bogumiłowice.* — 78km **Tarnów** *(Hôtel Krakau; Bahnrestaur.),* Be-
zirkshauptstadt mit 27 575 E., am *Dunajec,* unweit der Mündung
der *Biala,* Knotenpunkt der Bahn nach *Stróze* (S. 291; 58km in
1³/₄St.); interessantes altes Rathaus; im Dom merkwürdige Denkmäler der Familien Ostrogski und Tarnowski.

99km *Czarna;* 111km *Dembica* (Bahnrestaur.), mit fürstl. Rad-
ziwill'schem Schloß (Zweigbahn n. nach *Roswadów* und *Nadbrzezie*);
124km *Ropczyce;* 132km *Sędziszów;* 143km *Trzciana;* 158km
*Rzeszów* (Bahnrestaur.), Stadt mit 11 953 E. und altem Schloß
(Zweigbahn s. nach *Jasło,* S. 305). — 175km *Łańcut* (4483 E.),
mit gräfl. Potocki'schem Schloß und Park. — 195km *Przeworsk,*
mit Schloß und Park des Fürsten Lubomirski. — 210km **Jarosłau**
*(Bahnrestaur.; *Hôt. Victoria; Schwarzer Adler),* dem Fürsten Czartoryski gehörige Stadt mit 17 919 E., am *San* (Nebenfluß der Weichsel),
dessen l. Ufer. die Bahn bis Przemyśl folgt (Zweigbahn n.ö. über
*Rawaruska* nach *Sokal* und *Belzec*).

223km *Radymno;* 238km *Zurawica.*—245km **Przemyśl** *(Hôt.
Przemysl; H. d. l'Europe; Bahnrestaur.),* alte Stadt (35250 Einw.)
und wichtige Festung am San, Sitz eines kath. und griech. Bischofs,
mit 6 Kirchen und lebhaftem Handel, neuerdings befestigt. Auf
einem Hügel die Ruinen eines angeblich von Kasimir dem Gr. erbauten Schlosses.

Nach Chyrów, 36km in 1 St. 20 Min. über *Nizankowice* und *Dobro-
mil. Chyrów* und von da nach *Stryj* s. S. 305,

257km *Medyka,* 272km *Mościska,* 282km *Chorośnica,* 291km
*Sądowa-Wisznia;* 310km *Gródek* (Bahnrest.), Stadt mit 10 717 E.,
zwischen zwei Seen; 315km *Kameniobród;* 326km *Mszana;* 333km
*Zimnawoda-Rudno.*

342km **Lemberg.** — G a s t h.: H ô t. de F r a n c e; H ô t. G e o r g e;
(mit Fahrkarten-Bureau); H ô t. L a n g; H. d'A n g l e t e r r e; H. d e l'E u-
r o p e; H. d e V a r s o v i e. — **Restaur.** *Stadtmüller,* bei der Dominikanerkirche; *Theater-Café* am Ferdinandsplatz, meist von Polen besucht;
*Wiener Café* am heil. Geistplatz; dort auch das deutsche Casino, wo
Fremde unentgeltlich eingeführt werden. — *Bahnrestaur.*

*Lemberg,* polnisch *Lwów,* franz. *Léopol,* Hauptstadt von Galizien mit 127 638 Einw. (über 21 000 Juden), Sitz eines röm.-
kath., griech.-unierten und armenisch-kath. Erzbischofs, mit 14
kath., 1 griech., 1 armen. und 1 prot. Kirche, 2 Synagogen,
mehreren kath. und griech. Klöstern. Die Stadt selbst ist klein,
in den vier Vorstädten (*Halitscher, Lyczakower, Krakauer* und
*Zolkiewer* Vorstadt) sind die schönsten Häuser. Am Ring, dem
Hauptplatz der Stadt, mit 4 hübschen monumentalen Brunnen,

das 1828-37 erbaute *Rathaus* mit dem *Städtischen Museum für Industrie* und 80m h. Turm. — Unter den Kirchen hervorzuheben die *römisch-kathol.* *Kathedrale*, im Innern spätgotisch, mit hübschen Fresken; die *armenische Archikathedralkirche*, im armenischbyzant. Stil (xv. Jahrh.), davor die Statue des h. Christoph; die *Dominikanerkirche*, mit Grabmal der Gräfin Dunin-Borkowska von Thorwaldsen, und die *griechisch-unierte Kathedrale* im Basilikenstil, auf einer Anhöhe am Georgsplatz.

Gleichfalls am Georgsplatz das 1877 vollendete *Polytechnicum*, stattliches Gebäude mit gut eingerichteten Instituten, u. a. dem großen chemisch-techn. Laboratorium. Von sonstigen wissenschaftlichen und gemeinnützigen Anstalten sind zu nennen : die *naturhistor. Sammlungen* im Universitätsgebäude (Akademiestr.), mit dem anstoßenden *botan. Garten* und der *Landesforstschule* (bemerkenswerthe forstwissenschaftl. Sammlungen); das *allgem. Krankenhaus* mit großen Kliniken; die *Landesirrenanstalt* in der Vorstadt Kulparkow. — In der Slowackistr., dem *Stadtpark* gegenüber, das *Sitzungsgebäude des Landesausschusses.* — In der Kleparowskagasse das schöne viertürmige *Invalidenhaus.* — Im *Theater* (im Sommer geschlossen), in der Skarbekstr., poln. Schauspiel, poln.-ital. Oper (die Solisten singen ital., der Chor polnisch).

Die *Universität* (c. 1000 Studierende), 1784 von Kaiser Josef II. gegründet, wurde 1805 nach Gewinnung der Krakauer Universität aufgelöst, nach Wiederabtrennung Krakaus im J. 1816 als „Franzens-Universität" neu eröffnet. Beim Bombardement der Stadt am 2. u. 3. Nov. 1848 brannte das Universitätsgebäude ab, wobei die Sammlungen und die Bibliothek fast gänzlich vernichtet wurden; die Universität wurde in das ehem. Jesuitenconvictsgebäude zu St. Nikolai verlegt, wo sie noch heute ist. Sammlungen und Bibliothek wurden seitdem erneut.

Das *Ossoliński'sche National-Institut* in der Ossolińskigasse hat Sammlungen, die namentlich für poln. Litteratur und Geschichte von Bedeutung sind. Das Institut hat seine eigene Druckerei, eine Bibliothek, eine Sammlung histor. Porträts, Antiquitäten, Münzkabinett etc. — Das *Dzieduszycki'sche Privatmuseum* für galiz. Landeskunde, in der Theatergasse, ist stets zugänglich.

Von Lemberg nach Stryj, 75km in 2 St. für 2 fl. 40, 1.60, 80 kr. Die Bahn führt über *Glinna-Nawarya* und das Schwefelbad *Pustomty* durch das hübsche *Szczerek-Thal* nach (27km) *Szczerzec*, mit bedeutenden Gipsbrüchen, und überschreitet jenseit (45km) *Mikołajów Drohowyże* den *Dniester*. Weiter durch waldreiche Gegend über (59km) *Bilcze-Wolica* nach (75km) *Stryj* (S. 305), Knotenpunkt der Bahn Chyrów-Stanislau (R. 58) und der Bahn Ławoczne-Munkacs.

Von Lemberg nach Odessa, 738km, Eisenbahn in 27 St. über (50km) *Krasne*, Knotenpunkt der Bahn nach *Brody, Radziwiłów* (russ. Grenzstation) und *Kiew*; weiter (140km) *Tarnopol* (26097 E.), (191km) *Podwołoczyska*, letzte österr. Station; gegenüber am l. Ufer des Podhorce die russische Grenzstation *Wołoczysk* (*Bahnrest.*). Von hier über *Shmerinka*, Knotenpunkt der Bahn Kasatin-Brest u. Kiew, *Birsula*, Knotenpunkt der Bahn Charkow-Moskau, *Rasdelnaja*, Knotenpunkt der Bahn Bender-Jassy-Roman, nach *Odessa*.

Die Bahn von Lemberg nach Czernowitz führt bis Halicz durch einförmiges Hochland mit tiefeingeschnittenen Thälern. — 10km *Siechów.* Bei (24km) *Staresioło* r. ein altes halb zerfallenes Schloß, im Mittelalter zum Schutz gegen die Tataren gebaut, jetzt Eigentum des Grafen Potocki und zum Teil als Brauerei benutzt. 35km *Bóbrka-Chlebowice;* 43km *Wybranówka;* 50km *Borynicze;* 63km *Chodorów* (Judenstadt); 70km *Bortniki;* 77km *Nowosielce;* 87km *Bukaczowce* (Bahnrest.); 99km *Burszyn*, mit fürstl. Jablonowski'schem Schloß. — 111km **Halicz,** *(Bahnrest.),* 4km w. der Bahn am r. Ufer des *Dniester* hübsch gelegen, mit Schloßruine auf einem Hügel, Hauptstadt des ehem. Fürstentums Halitsch, seit 1387 polnisch.

Bei der Weiterfahrt erscheint r. in der Ferne der lange Gebirgszug der Karpaten. Die Bahn überschreitet den Dniester auf hübscher Brücke und tritt bei (125km) *Jezupol* an die *Bystrica.*

139km **Stanislau** *(Goldner Adler;* Restaur. *Ganz, Fischer;* *Bahnrestaur.),* lebhafte Handelsstadt mit 22230 Einw., nach dem Brande von 1868 regelmäßig und freundlich wieder aufgebaut, Knotenpunkt der Bahn ö. nach *Husiatyn,* w. nach Stryj-Chyrów-Bielitz (S. 305).

151km *Markowce;* 161km *Ottynia;* 178km *Korszów.* R. treten die Karpathen näher heran, besonders die *Czerna-Hora* (2057m). — 194km **Kołomea** *(Bahnrest.;* Hot. *Angelski* am Hauptplatz), Stadt am *Pruth* mit 29838 E. ; r. nahe der Bahn die freundliche deutsche Kolonie (Vorstadt) mit evang. Kirche. Zweigbahn w. nach *Słoboda rungurska.*

202km *Matyjowce.* Hinter (213km) *Zabłotów* tritt die Bahn auf das r. Ufer des Pruth, vor (229km) *Śniatyn-Załucze* (die Stadt Śnyatin, mit 10920 E., liegt 5km entfernt) wieder auf das l. — 241km *Nepołokoutz,* 250km *Łużan.* Vor (263km) *Zuczka* (Zweigbahn w. nach *Nowosielitza*) öffnet sich r. ein prächtiger Blick auf die einen Hügel sich hinanziehende Stadt Czernowitz mit ihren zahlreichen Kuppeln und Türmen. Abermals über den Pruth nach

264km **Czernowitz.** — GASTH.: *Adler am Ringplatz; *H.Central, Rathhausstr. 6; *Kronprinz v. Österreich, Goldnes Lamm, beide Siebenbürger Gasse; Hôt. Weiß, Ringplatz (nicht billig); H. de Moldavie, Lemberger Gasse. — H. de Paris, Ecke von Lemberger Gasse u. Ringplatz; Goldne Birne, Siebenbürger Gasse, beide 3. Ranges.

RESTAURATIONEN in den 3 ersten. Hotels; außerdem *Maier's* Bierhaus, Bischofsgasse, neben Hôt. Adler; Restaur. im neuen *Musikvereinsgebäude,* Mehlplatz; guter Moldauer Wein u. kaltes Frühstück in den Weinstuben der Spezereihandlungen *Tabacar* und *Paczenski*, am Ringplatz. — CAFÉS: *C. de l'Europe,* Herrngasse; *Wilckens,* Herrngasse (im 1. Stock das Casino; Fremde können eingeführt werden); *C. Wien,* Lembergergasse; *Baß* (auch Restaur.) und *Zakrewski,* Siebenbürgergasse; *C. du Théâtre* beim Hôt. Moldavie; *Tesars* (auch Conditorei), Ringplatz.

BÄDER. Wannen- und Dampfbäder im *Sofienbad,* russische Gasse, und im *Türkenbad* am Türkenbrunnen. Das *städt. Bad* im Volksgarten ist nur im Sommer geöffnet. Flußbäder im Pruth zunächst der Brücke.

Czernowitz, die Hauptstadt der Bukowina, liegt an und auf einer Anhöhe am r. Ufer des Pruth, über den parallel mit der

Eisenbahnbrücke oine neue Straßenbrücke führt. Die Stadt hat
(einschließlich der weit ausgedehnten Vorstädte) 54 040 Einw.
(über 15 000 Juden), ist Sitz der Landesregierung der Bukowina,
eines griech.-orient. Erzbischofs und Consistoriums, des Landesgerichts, sowie einer Universität (s. unten).
Von den Gebäuden der Stadt (sämtlich neuern Ursprungs) ist
das hervorragendste die *erzbischöfl. Residenz*, auf dem sog. Bischofs-
berge am Ende der Bischofsgasse, ein imposanter Ziegelrohbau
im byzant. Stil, nach Hlawka's Plänen 1864-75 errichtet. Im
Innern (Führung durch den Kastellan) namentlich der prächtig
dekorierte *Festsaal sehenswert; vom Turm hübsche Aussicht auf
Stadt und Umgegend.
Die Kirchen von Czernowitz sind wenig bedeutend. Die größte
ist die *griech.-oriental. Kathedrale* am Franz-Josefsplatz, ein Kuppelbau nach dem Muster der Isaakskirche in St. Petersburg, 1864
vollendet. An der Ecke der Armenier- und Schlangengasse die
hübsche *armenisch-kathol. Kirche*, im gemischten gotisch-roman.
Stil, 1875 eingeweiht. Die *römisch-kath. Pfarrkirche* in der Lem-
bergorgasse, die *griech.-kath.* (gewöhnlich *russische* oder *ruthenische*)
*Kirche* in der russischen Gasse, die *evang. Kirche* in der Bischofsgasse und die neue griech.-oriental. *Parascewakirche* bieten nichts
Bemerkenswertes. Hervorragender ist der neue *Jüdische Tempel*,
ein schöner Bau im maurisch-oriental. Stil, nach Zachariewicz's
Plänen 1877 vollendet, mit weithin sichtbarer Kuppel; Inneres
geschmackvoll ohne Überladung.
Die *Universität*, 1875 zur Säcularfeier der österreich. Besitznahme der Bukowina eröffnet (ohne medicinische Facultät), hat
c. 250 Hörer. Die Vorlesungen finden zum Teil im Pädagogium
in der Bischofsgasse statt, zum Teil im Priesterhause bei der
Residenz, wo auch die naturwissenschaftl. u. a. Sammlungen.
Auf dem Austriaplatz das zur Säkularfeier 1875 (s. oben)
errichtete *Austria-Monument*, nach Pekary's Entwurf, die Marmor-
figur der Austria auf mit Bronzereliefs und Inschriften geschmück-
tem Sockel von grünem Karpatensandstein. — In der Schulgasse
das hübsch ausgestattete neue *Stadttheater* (im Sommer geschlossen).
Am Südende der Stadt der viel besuchte *Volksgarten* (Eisen-
bahnhaltstelle) mit schattigen Anlagen; in demselben das *Schützenhaus* mit Restauration, das *städt. Badhaus* und s.w. der *botan.
Garten*. Andere hübsche Spaziergänge auf den *Bischofsberg* zum
*Banaiden-Wäldchen* mit Aussicht auf die Stadt; zum (³/₄ St.)
Wäldchen von *Horecza* (bei der interessanten alten Kirche schöner
Blick über das untere Pruththal), etc.

Von Czernowitz nach Bukarest, 540km, Schnellzug in 16 St. —
82km *Hatna* (Zweigbahn w. nach *Kimpolung*, 67km). — 90km *Suczawa*,
österr. Grenzstation, Zollrevision von Rumänien her. 93km *Burdujeni*, Zollrevision nach Rumänien, Paßrevision (wer keinen hat, giebt einem Juden
1 fl., der dann Bürgschaft leistet). Weiter stets unweit des *Szeret*, Haupt-
flusses der Moldau, deren Grenze gegen Rußland bis unterhalb Jassy der
*Pruth* bildet. — 108km *Verestie* (Zweigbahn nach *Botosani*). — 151km *Pas-

*cani*, Knotenpunkt der Bahn *Jassy-Kischenew-Odessa*. — 194km *Roman;* 238km *Bakeu; 322km Marasesci* (Zweigbahn über *Tecuciu* einerseits nach *Berlad*, anderseits nach *Galatz*); 341km *Focsani;* 411km *Buzeu* (Zweigbahn über *Braila* nach *Galatz*); 480km *Ploesci*; 540km *Bukarest.*

## 58. Von Stanislau über Stryj, Neu-Zagorz und Saybusch nach Dieditz.

587km. Österreich. Staatsbahn in 20-24 St. für 18, 12, 6 fl.

*Stanislau* s. S. 303. Die Bahn überschreitet die *Bystrica*, dann vor dem gewerbreichen Städtchen (42km) *Kalusz* die *Lomnica* Jenseit (66km) *Krechowice* nähert sie sich den n. Ausläufern der Karpathen; hübsche Gebirgslandschaften. Von (70km) *Dolina* führt eine 10km l. Lokalbahn nach dem großen Dampfsägewerk *Wygoda.* Weiter über die *Swica* nach (83km) *Bolechów* und über (93km) *Morszyn*, mit Moorbädern, und den *Stryjfluß* nach (108km) **Stryj** *(Bahnrestaur.)*, Bezirksstadt von 16276 E. mit bedeutenden Viehmärkten, wegen der Flußbäder als Sommeraufenthalt besucht, Knotenpunkt der Bahn Munkacs-Lemberg (s. S. 302).

122km *Gaje-Wyzne;* 129km *Bolechowce-Neudorf.* Von (135km) **Drohobycz** *(Bahnrestaur.)*, Bezirksstadt (17784 E.) mit Schloß, schöner goth. Hauptkirche, bedeutenden Salzsiedereien und lebhaftem Handel, führt eine Zweigbahn s.w. im *Tyśmienica-Thal* nach (12km) *Boryslaw*, mit ergiebigen Petroleum- und Erdwachslagern (Jahresproduction c. 600000 Ctr. Petroleum). In der Nähe (10km s. von Drohobycz) Bad *Truskawiec*, mit Schwefel- und Kochsalzquellen. — 148km *Dobrowlany;* 164km *Dublany-Kranzberg;* dann über den *Dniester* nach (178km) *Sambor*, Bezirksstadt von 14324 E. Die Bahn überschreitet den *Strwiaz* (Nebenfluß des Dniester) und erreicht am l. Ufer desselben über *Nadyby* und *Gleboka-Felsztyn*, 209km **Chyrów** *(Bahnrestaur.)*, Knotenpunkt der Bahn nach Przemyśl (S. 301). Weiter bis (228km) *Krościenko* am l. Ufer des Strwiaz, dann am r. Ufer durch waldreiche Gebirgsgegend. 232km *Ustrzyki;* 253km *Olszanica;* dann durch einen kurzen Tunnel in das *San-Thal* nach (264km) *Lisko-Lukawica*, am r. Ufer, und über den San und die *Oslawa* nach (273km) **Neu-Zagórz** *(Bahnrestaur.)*, mit bedeutender Korbflechtindustrie, Knotenpunkt der Karpatenbahn über Mezö-Laborcz nach *Legenye-Mihályi.*

Die galizische Transversalbahn bleibt bis (279km) *Sanok*, Stadt von 5000 E., am l. Ufer des San und wendet sich dann w. über *Nowosielce-Gniewosz, Zarszyn, Rymanów* nach (311km) *Iwonicz*, besuchtes Bad mit jod- u. bromhaltigen Kochsalzquellen. — 318km *Krosno.* Die Bahn überschreitet bei (326km) *Jedlicze* die *Jasiolka*, bei (341km) *Jaslo* (Zweigbahn n. nach *Rzeszów*, S. 301) die *Wisloka* und tritt dann in das freundliche *Ropa-Thal.* Von (366km) *Zagórzany* führt eine Zweigbahn s.w. nach (5km) *Gorlice*, gewerbthätige Stadt (Webereien) mit 4500 E., auf steiler Anhöhe an der Ropa gelegen. In der Nähe bedeutende Asphaltlager.

Die Transversalbahn steigt von Zagórzany in w. Richtung durch
das *Moszczanka-* und *Wolska-Thal* bis (377km) *Wola Łużańska*
und senkt sich dann in das Thal der *Biała* nach (387km) *Słróze*
(Bahnrestaur.), wo r. die Bahn von Tarnow einmündet (S. 301).
Weiter am r. Ufer der Biała nach (390km) **Grybow** (849m), hübsch
gelegenes Städtchen mit bedeutenden Naphta-Raffinerien. Hier
auf 120m l., 20m h. Viadukt über die Biała; dann in großen Krüm-
mungen die Abhänge des *Górki* (665m) umziehend, durch malerische Gebirgslandschaften zur Stat. (401km) *Ptaszkówa* (475m),
auf der Wasserscheide zwischen Biała und Dunajec. Hinab ins
*Królowa-Thal* nach (410km) *Kamionka* und
     418km **Neu-Sandec** *(Bahnrestaur.)*, 3km s. von der gleichn.
Stadt (12 712 E.), am r. Ufer des *Dunajec* an der Einmündung
der *Kamienica* in weiter Ebene gelegen. Eisenbahn über *Orló* nach
*Eperjes* und *Kaschau* s. *Baedeker's Österreich-Ungarn.*
     Die Bahn überschreitet den Dunajec auf langem Viadukt, folgt
in n. Richtung seinem l. Ufer bis (429km) *Marcinkowice* und wendet sich dann l. in das Thal des *Smolnikbachs*. Weiter meist unbedeutende Stationen : 448km *Limanowa;* 458km *Tymbark;* 470km
*Mszana dolna*, hier über die *Mszana;* dann im *Raba-Thal* nach
*Rabka* und (485km) **Chabówka** *(Bahnrestaur.)*, Station für *Neumarkt* und *Zakopane* (s. S. 300).
     Weiter in n.w. Richtung bis (495km) *Jordanów ;* dann durch
das malerische *Skawa-Thal* über *Osielec* und (512km) *Maków* nach
(520km) **Sucha** *(Bahnrestaur.)*, Knotenpunkt der Krakauer Bahn.
     Nach Podgórze (Krakau) Eisenbahn in 2¹/₂ St. über *Kalwarya*
(Zweigbahn nach *Bielitz*, s. unten), und *Skawina* (Zweigbahn nach *Oświęcim*,
S. 294). Von *Podgórze-Bonarka* Verbindungsbahn nach *Krakau* (S. 294).
     Die Bahn führt durch freundliche waldreiche Thäler über *La-
chowice* bis (535km) *Hucisko*, senkt sich in das *Koszarawa-Thal*
und führt über (544km) *Jeleśnia* und (552km) *Friedrichshütte*, die
*Soła* überschreitend, nach der Station (555km) *Saybusch-Zabłocie*
(Bahnrestaur.), ¹/₄ St. von der am r. Ufer der Soła an der Mündung der Koszarawa gelegenen Stadt **Saybusch** (polnisch *Żywiec*),
mit 4700 E. und sehenswertem alten Schloß. In der Nähe große
industrielle und landwirtschaftl. Anlagen des † Erzherzogs Albrecht.
     Nach Sillein 88km, Eisenbahn über *Zwardoń* und *Csácsa* in 5¹/₂ St.
— *Sillein* s. *Baedeker's Österreich-Ungarn.*
     Weiter in n.w. Richtung durch das Thal der *Biala*, die hier die
Grenze zwischen Galizien und Österreich.-Schlesien bildet, nach
(575km) **Bielitz**, ansehnliche Fabrikstadt (14 499 E.) am l. Ufer der
Biala, mit bedeutender Schafwollwaren - Industrie, Maschinen-
fabriken etc. Stattliches Schloß mit schönem Park. Gegenüber am
r. Ufer der Biala die galizische Stadt *Biala* (7620 E.), gleichfalls
mit blühender Industrie und bedeutendem Handel.
     Bei (587km) *Dziedilz* mündet die Bahn in die Oderberg-Kra-
kauer Bahn (S. 294).

# Register.

Druck von Breitkopf und Härtel in Leipzig.

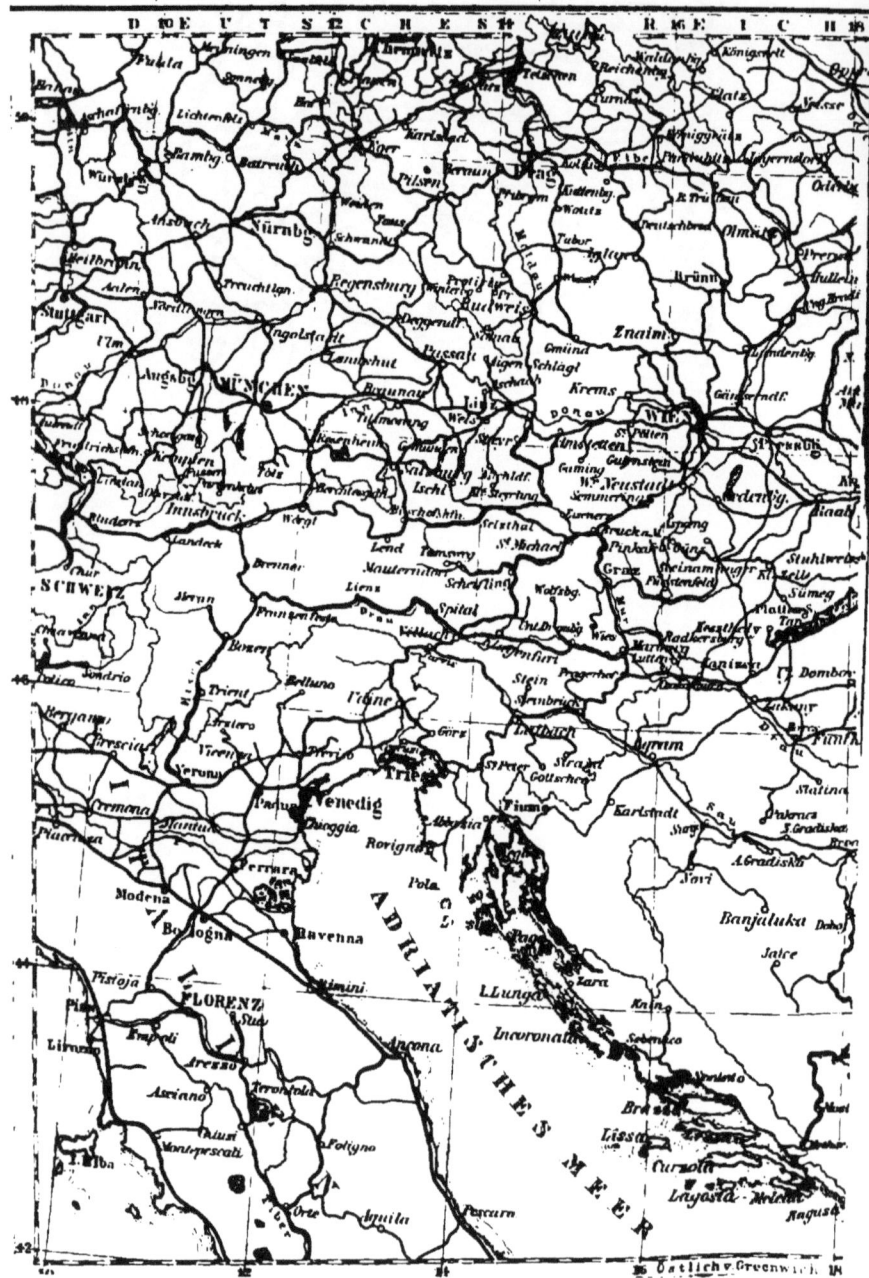